D1725505

Umweltgutachten 2016

Impulse für eine integrative Umweltpolitik

Mai 2016

Erich Schmidt Verlag

Bibliografische Information der Deutschen Bibliothek
Die Deutsche Bibliothek verzeichnet diese Publikation in der deutschen Nationalbibliografie;
detaillierte bibliografische Daten sind im Internet über dnb.ddb.de abrufbar.

Weitere Informationen zu diesem Titel finden Sie im Internet unter
ESV.info/ 978-3-503-167708

ISBN 978-3-503-167708

Alle Rechte vorbehalten
© Erich Schmidt Verlag GmbH & Co. KG, Berlin 2016
www.ESV.info

Satz: Typework Layoutsatz & Grafik GmbH, Augsburg
Druck: Senser-Druck GmbH, Augsburg

Sachverständigenrat für Umweltfragen (SRU)

Prof. Dr.-Ing. Martin Faulstich
(Vorsitzender)
    Professor für Umwelt- und Energietechnik
    an der Technischen Universität Clausthal und
    Geschäftsführer des CUTEC Instituts

Prof. Dr. Karin Holm-Müller
(stellvertretende Vorsitzende)
    Professorin für Ressourcen- und Umweltökonomik
    an der landwirtschaftlichen Fakultät
    der Rheinischen Friedrich-Wilhelms-Universität Bonn

Prof. Dr.-Ing. Harald Bradke
    Honorarprofessor an der Universität Kassel und
    Leiter des Competence Centers Energietechnologien
    und Energiesysteme im Fraunhofer-Institut für System-
    und Innovationsforschung ISI in Karlsruhe

Prof. Dr. Christian Calliess
    Professor für öffentliches Recht, insbesondere Umweltrecht,
    und Europarecht am Fachbereich Rechtswissenschaft
    der Freien Universität Berlin

Prof. Dr. Heidi Foth
    Professorin für Umwelttoxikologie und
    Direktorin des Instituts für Umwelttoxikologie
    der Martin-Luther-Universität Halle-Wittenberg

Prof. Dr. Manfred Niekisch
    Professor für Internationalen Naturschutz
    an der Goethe-Universität Frankfurt und
    Direktor des Frankfurter Zoos

Prof. Dr. Miranda Schreurs
    Professorin für Vergleichende Politikwissenschaft und
    Leiterin des Forschungszentrums für Umweltpolitik
    an der Freien Universität Berlin

Dieses Gutachten beruht auch auf der sachkundigen und engagierten Arbeit der Mitarbeiterinnen und Mitarbeiter des SRU. Zum wissenschaftlichen Stab des Umweltrates gehörten während der Arbeiten an diesem Gutachten:

DirProf. Dr. phil. Christian Hey (Generalsekretär), Dr. Julia Hertin (stellvertretende Generalsekretärin), Dr.-Ing. Mechthild Baron, Dr. rer. nat. Henriette Dahms, Dr. rer. nat. Ulrike Doyle, Ass. jur. Miriam Dross LL.M., Carl-Friedrich Elmer, Alexander Franke M.A., Dipl.-Geogr. Stefanie Jung, Ann Kruse M.Sc., Dipl.-Ing. agr. Till Kuhn, Lisa Nabitz M.A., Dr. rer. nat. Markus Salomon, Dr. rer. nat. Elisabeth Schmid, Dr. phil. Sibyl D. Steuwer, Dr. agr. Sabine Täuber, Annette Volkens M.A., Ass. iur. Sophie Wiegand, Dipl. Ernähr. Jan Wiese.

Zu den Mitarbeiterinnen und Mitarbeitern der Geschäftsstelle gehören außerdem: Petra Busch, Ute Fritsch, Susanne Junker, Rainer Kintzel, Pascale Lischka, Dipl.-Bibl. (FH) Susanne Winkler und Sabine Wuttke.

Konrad Gürtler, Stefan Jerzembek, Janna Kuhlmann, Nina Lefeldt, Björn Mohr, Maximiliane Rüger und Elaine Verhaert haben die Arbeit des SRU im Rahmen eines Praktikums unterstützt.

Geschäftsstelle des Sachverständigenrates für Umweltfragen (SRU)
Luisenstraße 46, 10117 Berlin
Tel.: (030) 26 36 96-0
info@umweltrat.de, http://www.umweltrat.de

(Redaktionsschluss: 31. Dezember 2015)

Danksagung

Der SRU dankt den Vertretern der Ministerien und Ämter des Bundes und der Länder sowie den Vertretern von Wissenschaft, Wirtschaft und Gesellschaft, die er konsultiert hat und ohne deren Kenntnisse, Forschung oder Erfahrungen das vorliegende Gutachten nicht möglich gewesen wäre:

Bundesministerium für Umwelt, Naturschutz, Bau und Reaktorsicherheit (BMUB): ORR'in Dr. Kerstin Anders, ORR Dr. Rainer Benthin, ORR Philip-Andreas Bopst, Jasper Braam, RR'in Dr. Sandra Golder, MinDir Dietmar Horn, Dr. Horst Freiberg, RegDir Peter Fritsch, MinR'in Dr. Sabine Gärtner, MinR Dr. Andreas Jaron, RDir'in Dr. Silke Karcher, Dr. Heidrun Kleinert, RDir Dr. Harald Kohl, RDir Dr. Jörg Mayer-Ries, RDir Dr. Uwe Neuser, MinDir'in Dr. Elsa Nickel, Cornelia Neukirchen, RegDir'in Nilgün Parker, Florian Raecke, Jasmin Raith, ORR Jens Schumacher, Alexandrina Soubeva

Bundesamt für Naturschutz (BfN): WissOR Dr. Peter Finck, Prof. Dr. Beate Jessel, WissDir Dr. Manfred Klein, DirProf Dr. Uwe Riecken, Dr. Heiko Schumacher

Umweltbundesamt: DirProf'in Dr. Petra Greiner, DirProf'in Dr. Jutta Klasen, DirProf Christoph Kühleis; DirProf'in Ingrid Nöh, Gertrude Penn-Bressel, Eleonora Petersohn, Christina Pickl, Anne-Sophie Reinhardt, Dr. Beatrice Schwarz-Schulz, WissDir Dr. Jörn Wogram, Alexandra Zirkel

Bundesministerium für Arbeit und Soziales (BMAS): MinR Dr. Klaus Bermig, MinDirig'in Rose Langer, MinR Martin Vogt

Bundesministerium für Bildung und Forschung (BMBF): MinR Dr. Volkmar Dietz

Bundesministerium für Ernährung und Landwirtschaft (BMEL): Stefan Hüsch, MinR Dr. Thomas Schneider, Dr. Wolfgang Zornbach

Bundesministerium der Justiz und für Verbraucherschutz (BMJV): Dr. Rainer Metz, MinDirig Dr. Wolfgang Rühl, MinR'in Sonja Kreitmair, MinR'in Barbara Leier

Bundesministerium für Wirtschaft und Energie (BMWi): MinR'in Beatrix Brodkorb, Christiane Hoerner-Warias

Bundesinstitut für Bau-, Stadt- und Raumforschung: WD Dr. Fabian Dosch

Berliner Energieagentur: Achim Neuhäuser

Buildings Performance Institute Europe: Ralf Lottes

Bund für Umwelt und Naturschutz: Tomas Brückmann, Tilmann Heuser, Corinna Hölzel

Bundesverband der Deutschen Industrie: Dr. Carsten Rolle

Bundesverband der Energie- und Wasserwirtschaft: Dr. Michaela Schmitz

Caritasverband Frankfurt: Ulrich Schäferbarthold

Concordia Universität Montreal-Quebec: Prof. Dr. Jochen Jaeger

Christian-Albrechts-Universität zu Kiel: Prof. Dr. Konrad Ott

Deutsche Akademie der Technikwissenschaften: Dr. Christine Kühnel

Deutsches Institut für Urbanistik: Dr. Stephanie Bock, Ricarda Pätzold, Thomas Preuß

Deutsches Institut für Wirtschaftsforschung: Prof. Dr. Karsten Neuhoff, Dr. Aleksandar Zaklan

Forum Energie, Verband Deutscher Maschinen- und Anlagenbau: Dr. Carola Kantz

Fraunhofer-Institut für System- und Innovationsforschung ISI: Dr. Vicki Duscha, Dr. Clemens Rohde, Dr. Barbara Schlomann, Dr. Jan Steinbach

Freie Universität Berlin, Forschungszentrum für Umweltpolitik: Dr. Klaus Jacob, Dr. Kirsten Jörgensen, Dr. Dörte Ohlhorst, Dr. Kerstin Tews, Stefan Werland

FSE Sachverständigenbüro für Feuchteschäden, Schimmelpilzanalysen & Energieberatung: Holger Gerken

Germanwatch: Christoph Bals

Helmholtz-Zentrum für Umweltforschung: Dr. Jana Bovet, Prof. Dr. Erik Gawel, Dr. Saskia Knillmann, Prof. Dr. Matthias Liess, Dr. Stefan Möckel

ifo Zentrum für Energie, Klima und erschöpfbare Ressourcen: Prof. Dr. Karen Pittel

Institut für Bevölkerung und Entwicklung: Dr. Reiner Klingholz

Institut für Geodäsie und Geoinformation – Rheinische Friedrich-Wilhelms-Universität Bonn: Prof. Dr.-Ing. Theo Kötter

Institut für Landes- und Stadtentwicklung: Prof. Dr. Stefan Siedentop

Institut für Städtebau, Wohnungswirtschaft und Bausparwesen: Dr. Peter Runkel

Institut Wohnen und Umwelt GmbH: Dr. Holger Cischinsky

Institute for Advanced Sustainability Studies: Dr. Patrick Matschoss, Dr. Rainer Quitzow

Institute for Agricultural and Fisheries Research: Maarten Crivits

Julius-Kühn-Institut, Bundesinstitut für Kulturpflanzen: Dr. Hella Kehlenbeck, Dr. Dietmar Roßberg, Dr. Jörn Strassemeyer

Lechwerke AG: Matthias Schwanitz

Ministerium für ländlichen Raum und Verbraucherschutz Baden-Württemberg: Andreas Kärcher

NABU – Naturschutzbund Deutschland: Ulrich Kriese

Niedersächsischer Landesbetrieb für Wasserwirtschaft, Küsten- und Naturschutz: Anouchka Jankowski

Nordwestdeutsche Forstliche Versuchsanstalt: Dr. Peter Meyer, Prof. Dr. Hermann Spellmann

Öko-Institut: Dr. Johanna Cludius, Dr. Corinna Fischer, Verena Graichen, Prof. Dr. Rainer Grießhammer, Dr. Katja Schumacher

Pestizid Aktions-Netzwerk: Susan Haffmans, Dr. Gesine Schütte

Reiner Lemoine Institut: Dr. Kathrin Goldammer

SpreeGas, Gesellschaft für Gasversorgung und Energiedienstleistung: Anke Wislaug

Stiftung Naturlandschaften Brandenburg: Dr. Hans-Joachim Mader

Thünen Institut, Institut für Waldökosysteme: Prof. Dr. Andreas Bolte; Franz Kroiher

Universität Rostock, Institut für Landnutzung: Prof. Dr. Bärbel Gerowitt

Verband der Chemischen Industrie: Dr. Burkhard Mielke, Dr. Evelyn Roßkamp

Vereinigung Deutscher Wissenschaftler: Dr. Steffi Ober

Zentrum für Europäische Wirtschaftsforschung: Dr. Peter Heindl

Zoologische Gesellschaft Frankfurt: Manuel Schweiger

Rheinische Friedrich-Wilhelms-Universität Bonn, Institut für Lebensmittel- und Ressourcenökonomik: Prof. Dr. Robert Finger, Thomas Böcker

Verband Berlin-Brandenburgischer Wohnungsunternehmen: Siegfried Rehberg, Dr. Jörg Lippert

Verband Haus und Grund: Florentine Raspé

Wirtschaftsrat der CDU: Dr. Wolfgang Große Entrup

Auf seinen Ratssitzungen hat der SRU sieben Anhörungen durchgeführt, bei denen er insbesondere Vertreter der Wissenschaft und wichtige Unternehmens- und Umweltverbände befragt hat. Als Teil seiner Qualitätssicherungsstrategie führt der SRU regelmäßig ein pluralistisches Reviewverfahren zu den Gutachtenentwürfen durch. Dabei wird jedes Kapitel von einer Reihe von externen Fachleuten mit verschiedenen fachlichen Perspektiven kommentiert. Den zuständigen Ministerien wurden die Gutachtentexte vorab zur Verfügung gestellt. Der SRU dankt BMUB, BMEL, BMWi, BMBF, BMJV sowie UBA und BfN für hilfreiche und detaillierte Anmerkungen.

Unterstützung für das Umweltgutachten erhielt der SRU auch durch ein externes Sachverständigengutachten, in dem das Wuppertal Institut für Klima, Umwelt, Energie die Zukunftsfähigkeit der Energieforschung des Bundes analysiert hat (Prof. Dr. Manfred Fischedick, Dr. Daniel Vallentin, Dr. Karoline Augenstein, Benjamin Best, Theresa König, Jonas Friege und Katja Pietzner).

Die volle Verantwortung für das vorliegende Gutachten übernehmen die Mitglieder des Sachverständigenrates für Umweltfragen.

Inhalt

Kurzfassung

Die ökologischen Handlungsnotwendigkeiten in der EU und in Deutschland sind so groß, dass sie mit den bisherigen Ansätzen eines nachsorgenden oder selbst eines technisch-vorsorgenden Umweltschutzes alleine nicht mehr bewältigt werden können. Beim Klimaschutz und in vielen anderen Handlungsfeldern müssen Eingriffe in den Naturhaushalt substanziell vermindert werden, um wichtige Ökosystemleistungen aufrecht zu erhalten. Allerdings ist die Umweltpolitik mit starken Widerständen konfrontiert. Diese beziehen sich auf vermeintlich unnötige regulatorische Belastungen und Einschränkungen. So wird die Gefährdung der Wettbewerbsfähigkeit der deutschen Industrie oder der Landwirtschaft durch zu hohe Kosten befürchtet. Oder es werden soziale Fragen wie die aktuelle Wohnungsnot oder die Energiearmut gegen eine effektive Umweltpolitik angeführt. Solche Einwände bedürfen einer differenzierten Bewertung und gelegentlich auch einer deutlichen Zurückweisung.

Dabei sind vermittelnde und gesellschaftlich attraktive Gestaltungsangebote gefragt, um Zielkonflikte zu entschärfen. Dieser Herausforderung stellt sich der Sachverständigenrat für Umweltfragen (SRU) im Umweltgutachten 2016. Er konzentriert sich auf sechs ausgewählte Schwerpunktthemen. Diesen ist gemeinsam, dass sie sich im Spannungsfeld zwischen umweltpolitischen und wirtschafts- oder sozialpolitischen Zielsetzungen verorten lassen. Ziel des Gutachtens ist es, Impulse für umweltorientierte Reform- und Gestaltungsansätze in diesen politikfeldübergreifenden Schwerpunktthemen zu setzen. In diesem Sinne muss Umweltpolitik integrativ werden.

1. Vorreiterpolitik für eine ökologische Transformation

Es gibt eine breite wissenschaftliche Diskussion um die Erfolgsbedingungen tief greifender, ökologisch motivierter Transformationen der Industriegesellschaft. Transformationen werden als notwendig erachtet, um die Ressourcennutzung, Emissionen und Abfälle auf ein deutlich niedrigeres Niveau zu senken. Sie umfassen technischen, gesellschaftlichen und institutionellen Wandel und zielen auf grundlegende, systemische Innovationen über längere Zeiträume. Sie stellen daher besondere Ansprüche an staatliche Akteure. Einerseits ist dieser Wandel auf so vielen Feldern nicht zentral steuerbar, andererseits besteht aber ein besonders hoher Koordinationsbedarf. Die Energiewende mit dem Ziel einer weitgehenden Dekarbonisierung in allen energieverbrauchenden Sektoren bis zur Mitte des Jahrhunderts ist das prominenteste Beispiel hierfür. Ähnlich grundlegende systemische Änderungen sind aber auch hinsichtlich der Kreislaufführung wichtiger Ressourcen, der Flächenschonung oder einer naturverträglichen Landwirtschaft und Ernährungsweise erforderlich.

Der SRU ist der Auffassung, dass Deutschland aus den folgenden Gründen bei einem solchen nachhaltigen Umbau der Industriegesellschaft eine Vorreiterrolle einnehmen sollte:

- Deutschland steht aufgrund seiner internationalen Verflechtung in der Verantwortung. Neue Indikatoren zeigen, dass Deutschland unter Berücksichtigung des internationalen Handels erheblich auf die natürlichen Ressourcen anderer Länder zurückgreift.

- Eine erfolgreiche Vorreiterpolitik schafft internationale Zukunftsmärkte. Sie ist zudem Treiber der wirtschaftlichen Modernisierung durch die Verbreitung energie- und ressourceneffizienter Technologien oder neuer Systemlösungen.

- Deutschland hat exzellente Voraussetzungen dafür, ein globaler „Vorreiter der Transformation" zu werden. Dazu zählen ein starkes Innovationssystem, eine große Wirtschaftskraft und eine – im Grundsatz – breite gesellschaftliche Unterstützung für aktive Umweltpolitik.

- Globale Umweltpolitik benötigt nationale Vorreiter. In der Vergangenheit waren es häufig einzelne Länder, deren Vorreiterrolle eine internationale Einigung auf einem relativ hohen Schutzniveau ausgelöst hat. Eine glaubwürdige internationale Verhandlungsposition zum Erhalt der natürlichen Lebensgrundlagen setzt zudem eine national ambitionierte Politik voraus.

- Eine Vorreiterpolitik wirkt nicht nur global, sondern schafft auch vielfältigen Nutzen auf der nationalen und lokalen Ebene. Beispielsweise können Klimaschutzmaßnahmen auch die lokale Luftqualität verbessern, die städtische Lebensqualität steigern oder Brennstoffkosten einsparen.

In einigen Handlungsfeldern nimmt Deutschland bereits eine Vorreiterrolle ein, insbesondere bei der Umstellung der Stromversorgung auf erneuerbare Energien. In anderen Bereichen gilt dies nicht oder nur bedingt. Ein Negativbeispiel ist die Agrarpolitik, wo Deutschland eher auf eine Abschwächung der ökologischen Reformbemühungen der Europäischen Kommission hingewirkt hat und auch national die Spielräume für eine ambitionierte Umsetzung ungenutzt ließ. Hier fehlt bereits ein breiter Konsens für eine umweltgerechte und zukunftsfähige Landwirtschaft.

Staatliches Handeln ist für das Gelingen von Transformationen unverzichtbar, denn kein anderer Akteur hat vergleichbare Ressourcen, um strukturelle Reformen voranzubringen. Die Anforderungen an staatliches Handeln unterscheiden sich in den wesentlichen Phasen eines idealtypischen Transformationsprozesses (s. Abb. 1).

Während in der Frühphase vielfältigen technologischen und sozialen Innovationen Raum gegeben werden sollte, stehen später Richtungssicherheit und stabile Rahmenbedingungen für Investitionen im Vordergrund. Dies kann technologiepolitische Weichenstellungen erfordern, die nicht mit Verweis auf „Technologieneutralität" vermieden werden sollten. Zwei wichtige politische Aufgaben sind in der Vergangenheit vernachlässigt worden:

- Um Innovationen zum Durchbruch zu verhelfen, müssen in vielen Bereichen inkrementelle, technologisch „ausgereizte" Entwicklungspfade verlassen

Abbildung 1

Rolle staatlicher Steuerung im Innovationsprozess

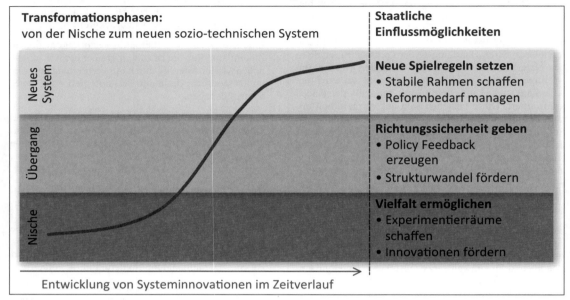

SRU/UG 2016/Abb. 1

werden. Dieser Strukturwandel sollte aktiv gestaltet werden. Dabei sollten aus Umweltsicht nicht mehr zukunftsfähige Technologien und Produktionssysteme – beispielsweise die Verstromung von Braunkohle oder eine hochintensive Landwirtschaft, die zulasten der Biodiversität geht – schrittweise zurückgedrängt werden, auch mithilfe des Ordnungsrechts.

– Es sollte stärker mitgedacht werden, wie ein beschleunigter ökologischer Umbau der Industriegesellschaft mehr gesellschaftliche Akzeptanz finden kann. Umweltpolitik sollte aktiv Allianzen für ökologische Transformationsprozesse schmieden. Vertreter innovativer Branchen sollten gleichberechtigt mit Vertretern des Status quo beteiligt werden. Ein gesellschaftlich getragenes Leitbild und sichtbare positive Nebeneffekte können die Bildung von Koalitionen unterstützen. Negativ betroffene Branchen und Regionen sollten bei der Bewältigung des Umbaus unterstützt werden.

Transformationsprozesse spielen sich auf verschiedenen politischen Ebenen ab, von lokal über national bis global. Häufig ist dabei eine positive Wechselwirkung zu beobachten, bei der nationale Vorreiter beispielsweise die europäische Politik antreiben, was wiederum Gestaltungsspielräume für ambitionierte Politiken in anderen Mitgliedstaaten schafft. Wichtig ist daher, die Mechanismen für eine positive Verstärkung zwischen den Ebenen zu nutzen und diese nicht zu blockieren. Der SRU sieht daher

beispielsweise kritisch, dass die Regierungskoalition sich für EU-Vorgaben nur eine sogenannte „1:1-Umsetzung" vorgenommen hat.

Transformationen sind wissensintensiv. Die Forschungspolitik ist ein zentraler Hebel zur Unterstützung des ökologischen Wandels. Die Agenda einer missionsorientierten und transformativen Forschungspolitik sollte weiter ambitioniert umgesetzt werden. Dabei sollte die Forschungspolitik noch transparenter und beteiligungsoffener gestaltet, Technikentwicklung stärker sozialwissenschaftlich begleitet, die Ressortzusammenarbeit verbessert und die Förderung nicht zukunftsfähiger Forschungsbereiche beendet werden.

2. Anspruchsvoller Klimaschutz und industrielle Wettbewerbsfähigkeit

In der Diskussion um eine ambitionierte nationale Klimapolitik wird oftmals das Argument vorgebracht, diese gefährde die Wettbewerbsfähigkeit der deutschen Industrie oder führe sogar zu einer Deindustrialisierung. Diese Befürchtungen erweisen sich bei genauer Analyse jedoch als weithin unbegründet. Im Lichte des Klimaabkommens von Paris kann ferner nicht mehr von einem Alleingang Deutschlands im Hinblick auf eine anspruchsvolle nationale Klimaschutzpolitik gesprochen werden. Für einzelne Branchen müssen Sorgen hinsichtlich ihrer internationalen Wettbewerbsfähigkeit dennoch ernst genommen werden. Andererseits bietet eine klimapolitische

Abbildung 2

Klimapolitik und Erhalt industrieller Wettbewerbsfähigkeit

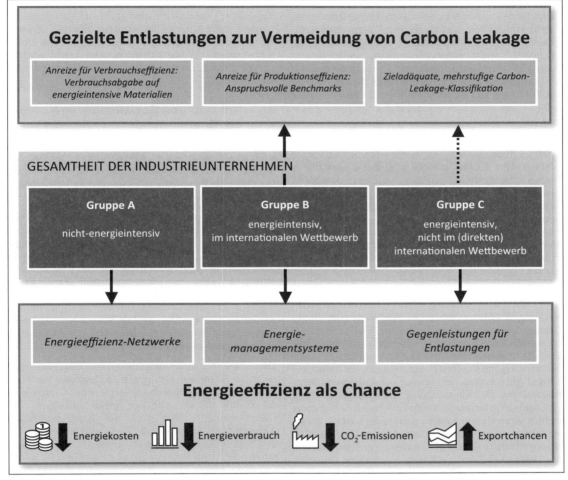

Vorreiterrolle vielfältige Chancen für die Modernisierung der Volkswirtschaft und für die deutsche Exportwirtschaft. Es bedarf daher einer sachlichen und differenzierten Betrachtung (s. Abb. 2).

Durchschnittlich machen in der deutschen Industrie die Energiekosten nur etwa 2 % der Gesamtkosten aus. Für die Mehrzahl der Industriebetriebe wären mithin selbst substanzielle Energiekostensteigerungen verkraftbar. Auch sind die Energiestückkosten (der Anteil der Energiekosten an der Bruttowertschöpfung) der deutschen Industrie als Ganzes im internationalen Vergleich durchaus konkurrenzfähig, sie sind beispielsweise geringer als in den meisten europäischen Staaten oder in China. Zudem wird die Wettbewerbsfähigkeit der Industrie von vielen weiteren Faktoren bestimmt. So sind ein stabiler

Ordnungsrahmen, eine leistungsfähige Infrastruktur, Innovationspotenzial, ein gutes Ausbildungssystem und förderndes Arbeitsumfeld sowie die Versorgungssicherheit mit Energie und Rohstoffen als sehr bedeutsam einzustufen.

Energiekosten spielen nur für wenige energieintensive Branchen eine zentrale Rolle. Als energieintensiv gelten beispielsweise die Sektoren Metallerzeugung, Nichteisenmetalle, Papier, Grundstoffchemie und Steine-Erden. Für besonders energieintensive Produkte, die einem starken internationalen Preiswettbewerb ausgesetzt sind, sind flankierende Maßnahmen nötig, die eine Verlagerung der Produktion ins Ausland verhindern.

Die Chancen einer anspruchsvollen Energieeffizienzpolitik sollten systematischer genutzt werden. Viele Industrieunternehmen können Energiepreissteigerungen weitgehend kompensieren, indem sie ihre Energieeffizienz verbessern. Zahlreiche Studien belegen große noch vorhandene wirtschaftliche Energieeffizienzpotenziale in vielen Branchen. Diese werden jedoch aufgrund verschiedener Hemmnisse nicht erschlossen. Insbesondere wird den Energiekosten in strategischen Unternehmensentscheidungen nicht-energieintensiver Branchen keine ausreichende Priorität beigemessen. Dass die bisherigen Aktivitäten der Industrie noch nicht ausreichen, liegt auch an einem zum Teil inadäquaten Design der Instrumente zur Förderung der industriellen Energieeffizienz. Diese sollten daher angepasst, ergänzt und ambitionierter ausgestaltet werden.

Der SRU empfiehlt eine langfristig angelegte, integrierte Energieeffizienzpolitik, die von verbindlichen Zielen gestützt wird. Es bedarf eines kohärent ausgestalteten Instrumentenmixes aus ordnungsrechtlichen Standards, finanziellen Anreizen, förderpolitischen Elementen sowie Beratungs- und Informationsprogrammen. Hierdurch sollte ein verstärkter Einsatz von Energie- und Umweltmanagementsystemen initiiert werden. Energieeffizienz-Netzwerke, in denen Unternehmen sich über die beste Praxis austauschen, sollten flächendeckend aufgebaut werden.

Energie- und klimapolitische Sonderregelungen zur Vermeidung einer Verlagerung von Produktion und Treibhausgasemissionen (Carbon Leakage) sollten nur für gefährdete Branchen gelten. Tatsächlich ist der Kreis der entlasteten Branchen jedoch wesentlich umfangreicher. Der SRU empfiehlt eine kritische Überprüfung der zahlreichen energiepolitischen Begünstigungen der Industrie – sowohl auf europäischer als auch auf nationaler Ebene. Entlastungen, die nicht stichhaltig im Hinblick auf Carbon Leakage oder gravierende Wettbewerbsnachteile begründet werden können, sollten zurückgenommen werden. Wo sie berechtigt sind, sollten sie auf das notwendige Maß begrenzt werden. Durch eine mehrstufige Klassifikation der Leakage-Gefährdung könnten betroffene Branchen gezielter entlastet werden.

Im Rahmen des europäischen Emissionshandels wird auch in Zukunft eine kostenlose Zuteilung von Emissionsberechtigungen an Leakage-gefährdete Unternehmen erfolgen. Die Menge kostenlos zugeteilter Emissionsberechtigungen sollte dabei an ambitionierte Benchmarks und stärker an aktuelle Produktionsvolumina der Unternehmen gekoppelt werden. Eine europaweite Verbrauchsabgabe auf besonders emissionsintensive Materialien kann verhindern, dass die kostenlose Vergabe Anreize für einen klimaschonenden Materialverbrauch unterläuft. Diese Abgabe würde auf heimisch produzierte sowie importierte Materialien erhoben und sich in ihrer Höhe am Zertifikatspreis orientieren. Sie würde fällig, sobald die Materialien an europäische Endverbraucher verkauft werden. Die Einführung einer solchen Abgabe sollte nach Ansicht des SRU geprüft werden.

Auf nationaler Ebene empfiehlt der SRU, die bisher sehr heterogenen Berechtigungsvoraussetzungen für die Vielzahl energiepolitischer Entlastungen – soweit sachlich angemessen – zu vereinheitlichen und stringent am Ziel der Vermeidung von industriellen Verlagerungen auszurichten. Der begünstigte Energieverbrauch sollte – wo handhabbar – durch anspruchsvolle Benchmarks begrenzt werden, um Anreize für weitere Energieeffizienzverbesserungen zu stärken. Darüber hinaus sollten Unternehmen nur dann entlastet werden, wenn sie im Gegenzug ambitionierte Energieeffizienzmaßnahmen nachweisen können.

3. Umwelt- und Sozialpolitik im Kontext der Energiewende

Steigende Preise für umweltschädliche Güter sind ein wichtiges Element einer effektiven Umweltpolitik. Sie haben aber oftmals unerwünschte soziale Nebenwirkungen. Dies kann die Akzeptanz von Umweltpolitik beeinträchtigen.

Exemplarisch wird dieses Spannungsfeld zwischen Umwelt- und Sozialpolitik am Beispiel der Energiewende deutlich: Zwar sind steigende Preise als Steuerungsinstrument für einen insgesamt sinkenden Energieverbrauch wichtig, jedoch treffen sie einkommensschwache Haushalte überproportional stark. Deren anteilige Ausgaben für Strom und Wärme sind höher, obgleich ihre absoluten Energieausgaben unterdurchschnittlich sind (s. Abb. 3). Die Wirkungen steigender Energiepreise auf einkommensschwache Haushalte stellen daher ein ernst zu nehmendes Problem dar.

Dennoch sollten die unmittelbaren Verteilungswirkungen nicht zur Argumentation gegen Maßnahmen zur Fortsetzung der Energiewende genutzt werden. Vielmehr ist die Politik aus Gründen der Sozialstaatlichkeit, der Daseinsvorsorge, aber auch der gesellschaftlichen Akzeptanz angehalten, sich der Zielkonflikte von Umwelt- und Sozialpolitik anzunehmen. Lösungen zur Kompensation oder Abmilderung steigender Energiepreise sollten vorrangig, aber nicht ausschließlich im Politikfeld Sozialpolitik gesucht werden. Dabei sollte Sozialpolitik weiter gefasst werden und über die sozialen Transfersysteme hinausgehen, sodass sie auch Haushalte mit niedrigem Einkommen außerhalb der Transfersysteme erreicht. Sozialpolitische Maßnahmen müssen einkommensschwachen Haushalten Anpassungen an steigende Preise ermöglichen und sie darin unterstützen, Energie effizienter zu nutzen und ihren Energieverbrauch zu senken. Im günstigsten Fall ergeben sich Synergien zwischen umwelt- und sozialpolitischen Zielsetzungen.

Informatorische und verhaltensorientierte Maßnahmen können – oftmals zu geringen Kosten – die Reaktionsfähigkeit einkommensschwacher Haushalte auf Energiepreissteigerungen erhöhen. Hierdurch steigt die Effektivität von Preissteuerungsinstrumenten, während finanzielle Belastungen abgemildert werden. Insbesondere Ansätze einer niederschwelligen kostenlosen Energieberatung sollten daher weiter gestärkt werden. Sie sind mit Programmen zum geförderten Austausch ineffizienter

Abbildung 3

**Absolute Energieausgaben und relative Energiekostenbelastung
nach Haushaltseinkommen**

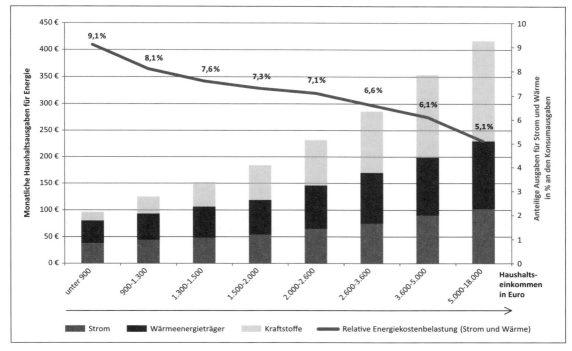

SRU/UG 2016/Abb. 3

durch energieeffiziente Haushaltsgeräte zu verknüpfen. Solche (kombinierten) Programme sollten verstärkt und dauerhaft durch öffentliche Mittel finanziert werden und auch den Bereich Wärme zunehmend einbeziehen, da hier erhebliche Energieeinsparpotenziale bestehen. Bei Transferempfängern reduzieren Einsparungen im Bereich Wärme auch die Ausgaben von Bund und Kommunen.

Die Energieeffizienz von Gebäuden und der Wärmeversorgung ist von hoher Bedeutung für den Klimaschutz. Steigende Preise für Wärmeenergie sind aus Umweltsicht zu begrüßen, da sie eine Reihe volkswirtschaftlich sinnvoller Maßnahmen auch privatwirtschaftlich rentabel machen. Die im Mietrecht verankerten Möglichkeiten zur Umlage der Kosten energetischer Sanierung, aber auch weiterer Modernisierungsinvestitionen, machen die Sanierung für Vermieter attraktiver. Sie können aber gerade für einkommensschwache Haushalte zu einer untragbaren Erhöhung der Kaltmiete führen, da diese oftmals nicht durch geringere Wärmekosten ausgeglichen werden kann.

Die Umlagefinanzierung sollte daher zielgenauer ausgerichtet werden. Das Mietrecht sollte deutlicher als bislang zwischen energetischer und wohnwertsteigernder Sanierung unterscheiden. Die Umlagemöglichkeiten für

allgemeine Modernisierungsinvestitionen sollten verringert werden. Zukünftig sollten Überlegungen angestellt werden, wie die durch Sanierung erzielten Energieeinsparungen im Rahmen der Sanierungsumlage berücksichtigt werden können. Darüber hinaus sollte geprüft werden, inwieweit die staatlichen Förderprogramme für energetische Sanierungen an die Effektivität der Sanierungsmaßnahme (d. h. der erzielten Energieeinsparung) gekoppelt werden können. Dies kann geschehen, indem die bisherige Ausrichtung am Zielwert für den Energieverbrauch nach Sanierung durch den Einbezug des Ausgangszustandes ergänzt wird. Da staatliche Fördermittel nicht in die umlegbaren Sanierungskosten einbezogen werden dürfen, sinkt gerade bei hoher Einsparung die Belastung der Mieter. Indem Förderprogramme auf Effektivität ausgerichtet werden, könnten klimapolitische Wirksamkeit und Sozialverträglichkeit gleichermaßen verbessert werden.

Die Politik hat nur begrenzte Möglichkeiten Einfluss auf die Gestaltung der Stromtarife zu nehmen. Der SRU hält es aber für möglich, die Zahlung des Grundpreises unmittelbar mit der Bereitstellung einer gering bemessenen Strommenge, einem „Inklusivkontingent", zu verbinden. Dieser Tarifbestandteil sollte für alle Kunden eines Stromversorgers zu identischen Konditionen und damit diskriminierungsfrei gelten. Hierdurch kann die Situation einkommensschwacher Haushalte verbessert werden, ohne die Lenkungswirkung des Strompreises zu vermindern. Wird dieses „Inklusivkontingent" mit einem Prepaid-System verbunden, kann es einen wichtigen Beitrag zur Sicherung des menschenwürdigen Existenzminimums leisten.

Ergänzend sind Veränderungen in der Berechnungssystematik der Sozialtransfers notwendig. Um soziale Härten zu vermeiden, müssen Grundsicherung und Wohngeld auf realistischen Energiekosten basieren. Darüber hinaus sollten Obergrenzen für die Kosten der Unterkunft und das Wohngeld neben der Kaltmiete den energetischen Zustand des Gebäudes berücksichtigen. Hierdurch würden auch in sozial benachteiligten Gebieten Anreize zur energetischen Sanierung gestärkt. Einkommensschwache Haushalte könnten energetisch sanierten Wohnraum nutzen, ohne dass die Ausgaben der öffentlichen Hand deutlich steigen. Wenngleich die Kosten der Unterkunft auf kommunaler Ebene festgelegt werden, sollte der Bund hier einen bundesweit gültigen Rahmen setzen.

4. Flächenverbrauch und demografischer Wandel

Der zu hohe Flächenverbrauch ist nach wie vor eines der schwerwiegenden ungelösten Umweltprobleme in Deutschland. Die Schäden an Natur und Umwelt durch Versiegelung und Zerschneidung sind erheblich und zumeist unumkehrbar. Siedlungsflächen und Straßen kosten nicht nur Lebensraum, sondern behindern auch Wanderungsbewegungen von Tieren und Pflanzensamen, verändern Boden- und Wasserhaushalt und beeinträchtigen in vielerlei Hinsicht die biologische Vielfalt. In der nationalen Nachhaltigkeitsstrategie wurde daher bereits 2002 das Ziel verankert, die Flächenneuinanspruchnahme bis zum Jahr 2020 auf 30 ha pro Tag zu reduzieren. Trotz einer Vielzahl von Maßnahmen in den Bundesländern und Kommunen wird dieses Ziel nicht erreicht werden. Derzeit werden immer noch durchschnittlich 69 ha Fläche pro Tag neu in Anspruch genommen, obwohl sowohl die EU (bis 2050) als auch der Bundesrat (bis 2030) ein Netto-Null-Ziel anstreben (vgl. Abb. 4).

Langfristige gesellschaftliche Veränderungen wie der demografische Wandel eröffnen Möglichkeiten, den Flächenverbrauch zu verringern: Trotz aktuell starker Zuwanderung wird die Bevölkerungszahl mittel- und langfristig deutlich sinken. Allerdings verläuft die Entwicklung regional sehr unterschiedlich. In einigen Ballungsräumen und Wachstumsregionen überwiegt der Zuzug. In anderen Regionen wandert die Bevölkerung stetig ab.

Einer der Haupttreiber des Flächenverbrauchs ist die weiter hohe Nachfrage nach Wohnraum. Gründe dafür sind unter anderem der Wunsch nach großen Wohnungen und die wachsende Zahl von Ein- oder Zweipersonenhaushalten. Paradoxerweise ist der Flächenverbrauch in

Abbildung 4

Flächenverbrauch senken: Das Netto-Null-Ziel

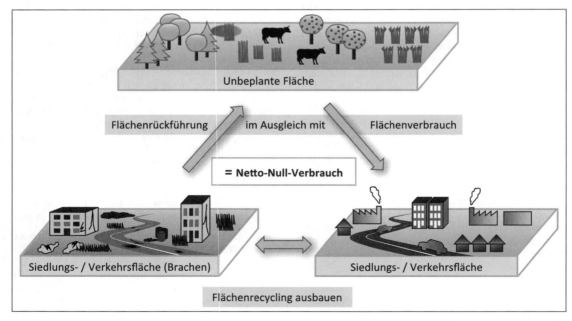

Regionen mit Bevölkerungswachstum wegen hoher Mieten und Bodenpreise eher gering. Dagegen wird in Regionen mit abnehmender Bevölkerung – auch aufgrund der niedrigeren Bodenpreise – weiterhin relativ viel Fläche in Anspruch genommen.

Zudem weisen Kommunen teilweise in der Hoffnung auf Bevölkerungszunahme weiterhin Wohnbauflächen aus, obwohl keine konkrete Nachfrage besteht.

In den Ballungsgebieten wird Wohnraum in großem Umfang nachgefragt. Benötigt werden kurzfristig vor allem günstige Mietwohnungen, die sich nur im Geschosswohnungsbau realisieren lassen. Hier sollte Wohnraum vor allem innerstädtisch geschaffen werden, beispielsweise auf nicht bebauten sowie ineffizient genutzten Flächen, sanierten Altlasten- oder Gewerbeflächen. Die Herausforderung besteht darin, eine solche Verdichtung mit dem Ziel einer gesteigerten Lebensqualität in Einklang zu bringen. Damit kann verhindert werden, dass auf die „grüne Wiese" ausgewichen wird.

Um den Flächenverbrauch deutlich zu reduzieren, müssen auf Bundesebene zentrale Weichen für eine wirksame Flächenpolitik gestellt werden:

– Das Ziel sollte sein, den Flächenverbrauch bis 2030 auf netto null zu senken. Das bestehende Flächenziel der Nationalen Nachhaltigkeitsstrategie sollte in diesem Sinne fortgeschrieben werden.

– Die Bundesregierung sollte bindende maximale Flächenverbrauchsziele für den Bundesverkehrswegeplan aufstellen.

Planungs- und baurechtliche Instrumente müssen fortentwickelt werden:

– In der Raumplanung sollten Obergrenzen für die Flächenausweisung eingeführt werden, weil nur so die Neuausweisung von Bau- und Gewerbegebieten wirkungsvoll begrenzt werden kann.

– Innenentwicklungspotenziale sollten obligatorisch erfasst werden. Die Kommunen sollen Baugebiete nur dann ausweisen dürfen, wenn sie mangelnde Innenentwicklungspotenziale belegen.

– Bei jeder Versiegelung sollte die Möglichkeit einer Entsiegelung an anderer Stelle geprüft werden.

Der SRU empfiehlt außerdem folgende ökonomische Maßnahmen:

– Die Bundesregierung sollte bestehende Förderinstrumente überprüfen, um die Subventionierung des Flächenverbrauchs zu beenden. So wird beispielsweise der Flächenverbrauch durch die Pendlerpauschale indirekt gefördert.

– Mit der Grundsteuer sind gegenwärtig Fehlanreize verbunden. Durch die höhere Besteuerung von bebauten gegenüber unbebauten Grundstücken wird der Spekulation Vorschub geleistet und es bestehen zu wenige Anreize, innerstädtisches Bauland zu nutzen. Es sollte geprüft werden, inwieweit bebaute und unbebaute Grundstücke zukünftig gleichmäßig mit Grundsteuer belastet werden können und daneben die Größe der Fläche einbezogen werden kann.

– Kommunen können bereits jetzt die Infrastrukturkosten von geplanten Neubaugebieten mithilfe von Folgekostenrechnern abschätzen. Diese Rechner sollten so weiterentwickelt werden, dass auch die zukünftige Kostenentwicklung für vorhandene Siedlungen bei sinkender Bevölkerungszahl deutlich wird.

– Alleinstehende Senioren haben oft viel Wohnraum zur Verfügung, während manche Familien keine größeren Wohnungen finden. Es sollten deshalb Anreize für einen Generationenwechsel im Bestand und Angebote für generationenübergreifendes Wohnen geschaffen werden.

– Der Flächenhandel sollte als chancenreiches Instrument auf seine Praxistauglichkeit und seine Wirkungen weiterhin geprüft und vorangetrieben werden.

Der Flächenverbrauch sollte dringend reduziert werden. Dabei bieten regional angepasste Lösungen die Chance, verschiedene gesellschaftliche Ziele zu fördern: weniger Flächen verbrauchen, die infrastrukturellen Folgekosten des demografischen Wandels senken und preiswerten sowie altersgerechten Wohnraum zur Verfügung stellen.

5. Mehr Raum für Wildnis in Deutschland

Wildnisgebiete, in denen sich die Natur vom Menschen völlig unbeeinflusst entwickelt hat, existieren im dicht besiedelten Deutschland kaum noch. Zunehmend gibt es jedoch Bestrebungen, die Natur auf bestimmten Flächen sich selbst zu überlassen. Dieser sogenannte Prozessschutz begreift die Natur als dynamisches Geschehen und gibt ergebnisoffenen natürlichen Prozessen einen Raum. Die nationale Biodiversitätsstrategie setzt das Ziel, dass sich bis 2020 auf mindestens 2 % der deutschen Landesfläche Wildnis entwickeln können soll (heute: ca. 0,6 %).

Für Deutschland ist der Prozessschutz eine relativ neue Entwicklung. Lange Zeit prägten Konzepte den Naturschutz, die einen bestimmten Zustand aktiv bewahren wollen. Durch Prozessschutz können bestimmte Arten und Lebensräume durchaus verloren gehen, es entstehen jedoch besondere Strukturen, die vielen bedrohten Arten als Lebensraum dienen (Abb. 5).

Im Unterschied zu anderen Naturschutzstrategien bietet der Wildnisschutz die Möglichkeit, zu lernen, wie sich die Natur ohne menschliche Eingriffe in ihrer eigenen Dynamik entwickelt. Darüber hinaus ist unberührte Natur ein besonderer Erfahrungsraum, der einen Gegensatz zu der technisierten Zivilisation bildet und gerade aus diesem Grund von vielen Menschen geschätzt wird. Zudem gibt es vielfältige Synergien: Wildnisgebiete sind ein wichtiger Bestandteil des nationalen Biotopverbundes, von großer

Abbildung 5

Wildnisschutz – Begründungen und Synergien

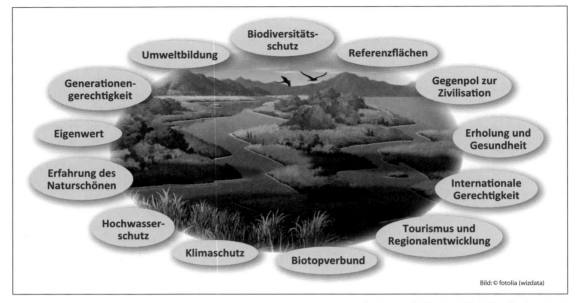

Biodiversitäts-
schutz

Umweltbildung

Referenzflächen

Generationen-
gerechtigkeit

Gegenpol zur
Zivilisation

Eigenwert

Erholung und
Gesundheit

Erfahrung des
Naturschönen

Internationale
Gerechtigkeit

Hochwasser-
schutz

Tourismus und
Regionalentwicklung

Klimaschutz

Biotopverbund

Bild: © fotolia (wizdata)

SRU/UG 2016/Abb. 5; Bild © fotolia (wizdata)

Bedeutung für den Klima- und Hochwasserschutz und können Tourismus und Regionalentwicklung fördern. Auf welchen Flächen Prozessschutz sinnvoll ist, muss jeweils im konkreten Einzelfall abgewogen werden.

Nach Auffassung des SRU ist der Prozessschutz ein wichtiges, gleichberechtigtes Naturschutzinstrument unter anderen. Er begrüßt ausdrücklich das 2 %-Wildnisziel. Es kann aber nur erreicht werden, wenn insbesondere die Bundesländer engagiert und zügig die notwendigen Flächen bereitstellen und sichern. Der SRU empfiehlt folgende Maßnahmen:

– Es muss klar definiert werden, unter welchen Bedingungen Gebiete einen Beitrag zum 2 %-Wildnisziel der nationalen Biodiversitätsstrategie leisten. Diese Anforderungen müssen verbindliche Kriterien zur Mindestgröße und Unzerschnittenheit enthalten sowie einen ergebnisoffenen Prozessschutz festschreiben.

– Die bereits vorhandenen und langfristig gesicherten Wildnisgebiete in Deutschland müssen bilanziert werden.

– Im Rahmen eines Forschungsvorhabens des Bundesamtes für Naturschutz wurden bereits potenziell geeignete Wildnisflächen identifiziert. Im nächsten Schritt müssen nun diejenigen Flächen ausgewählt werden, die sowohl naturschutzfachlich als auch unter praktischen Gesichtspunkten (z. B. Eigentumsverhält-

nisse, umgebende Landschaft, Ausgangszustand) für Prozessschutz infrage kommen.

– Menschliche Eingriffe in natürliche Dynamiken sollten soweit wie möglich unterbleiben. Dazu zählen nach Auffassung des SRU auch das Wildtiermanagement und die gezielte Bekämpfung von gebietsfremden Arten. Lediglich in einer Übergangsphase nach der Einrichtung eines Wildnisgebiets können bestimmte Eingriffe sinnvoll sein.

– Der Staat hat als Eigentümer großer Flächen eine besondere Verantwortung. Das 2 %-Wildnisziel kann nur erreicht werden, wenn Bund und Länder ausreichende Flächen bereitstellen. Darüber hinaus sollten Naturschutzorganisationen und -stiftungen beim Erwerb von Flächen und der Finanzierung der Folgekosten durch öffentliche Gelder unterstützt werden.

– Wildnisflächen sollten möglichst als geschützter Teil von Natur und Landschaft nach dem Bundesnaturschutzgesetz ausgewiesen und damit dauerhaft gesichert werden.

– Die Verwaltungen von Wildnisgebieten sollten finanziell und personell besser ausgestattet werden. Dies gilt insbesondere in den Bereichen Öffentlichkeitsarbeit, Umweltbildung, Forschung und Monitoring.

– Bei der Suche nach Flächen zur Einrichtung neuer Wildnisgebiete ist von Anfang an ein ergebnisoffenes und von Mitbestimmung geprägtes Beteiligungsverfahren zu wählen, in das alle wichtigen Akteure eingebunden sein sollten.

– Eine intensive Öffentlichkeitsarbeit soll das Thema Wildnis stärker in das Bewusstsein der breiten Öffentlichkeit rücken und Akzeptanz fördern. Eine solche Wildniskampagne muss sowohl auf Fakten basieren als auch positive Emotionen der Menschen ansprechen.

– Bund und Länder sollten eine gemeinsame, durch Naturschutzverbände und Stiftungen unterstützte nationale Wildnisinitiative auf den Weg bringen, in der sie ihr Vorgehen koordinieren.

Auch wenn sich in den letzten 15 bis 20 Jahren der Gedanke des Prozessschutzes politisch zunehmend etabliert hat, steht die Entwicklung von Wildnis in Deutschland erst am Anfang, denn die Natur entwickelt sich über lange Zeiträume.

6. Besserer Schutz der Biodiversität vor Pestiziden

Pestizide (Pflanzenschutzmittel und Biozide) werden eingesetzt, um bestimmte Organismen – wie zum Beispiel Mikroben, Insekten oder Pflanzen – zu schädigen, zu töten oder in ihrer Ausbreitung zurückzudrängen. Der offene Einsatz dieser Stoffe in der Umwelt ist aufgrund ihrer Wirkeigenschaften mit Risiken für die Biodiversität verbunden.

In der Landwirtschaft dienen Pflanzenschutzmittel dem Schutz der Pflanzen und Pflanzenerzeugnisse und der Verbesserung der landwirtschaftlichen Produktion. Die landwirtschaftliche Verwendung von Pflanzenschutzmitteln wie Insektiziden, Herbiziden und Fungiziden ist eine wichtige Ursache für den weiterhin anhaltenden Rückgang der Biodiversität in der Agrarlandschaft. Besonders betroffen sind unter anderem Feldvögel, Wildbienen und Hummeln, Amphibien und Wildkräuter. Dabei können Pflanzen und Tiere direkt geschädigt werden, zum Beispiel in Form von Vergiftungen. Es gibt aber auch indirekte Wirkungen, indem beispielsweise der Lebensraum bestimmter Arten oder deren Nahrungsgrundlagen beeinträchtigt werden (s. Abb. 6).

Pflanzenschutzmittel belasten außerdem Oberflächengewässer und Grundwasserkörper. Gerade in kleinen Fließgewässern der Agrarlandschaft können dadurch empfindliche Arten wie Köcherfliegenlarven oder auch Pilze geschädigt werden, die eine wichtige Nahrungsquelle für andere Arten darstellen.

Biozide kommen in privaten Haushalten und in beruflichen Anwendungen vor allem als Desinfektionsmittel, im Produktschutz und in der Schädlingsbekämpfung zum Einsatz. Aussagen zu den Umweltauswirkungen von Biozideinträgen sind aufgrund der schlechten Datenlage bisher kaum möglich.

Zwar werden sowohl Pflanzenschutzmittel als auch Biozide bei ihrer Zulassung bereits einer umfangreichen

Abbildung 6

Wirkungen von Pestiziden auf die Biodiversität

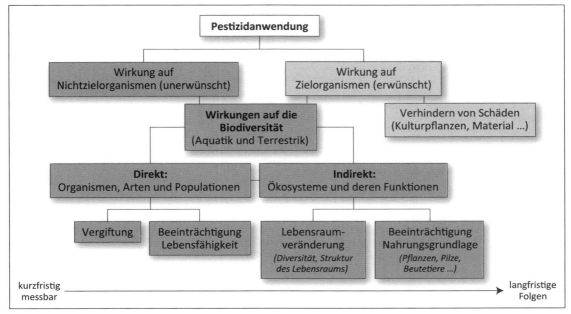

SRU/UG 2016/Abb. 6

Umweltrisikobewertung unterzogen, diese weist aber Defizite auf. So sollten in Zukunft zum Beispiel die Wirkungen auf besonders empfindliche Arten besser berücksichtigt werden. Bei der Umweltrisikobewertung im Zulassungsverfahren können aber nicht alle schädlichen Auswirkungen auf die Biodiversität mit vertretbarem Aufwand abgebildet werden. Außerdem wird die Berücksichtigung von additiven und kumulativen Wirkungen verschiedener Pestizidprodukte durch die auf ein Produkt bezogene Zulassung erschwert. Es sind daher über das Zulassungsverfahren hinaus Maßnahmen notwendig.

Voraussetzung für zielgenaue, risikomindernde Maßnahmen sind Kenntnisse über Anwendungsdaten und Einträge in die Umwelt, ein adäquates Monitoring und Indikatoren, die Aussagen zur Wirkung von Pestiziden in der Umwelt zulassen. Hier besteht dringender Handlungsbedarf. In Bezug auf die Pflanzenschutzmittel kommt der SRU zu folgenden Empfehlungen, die darauf abzielen, die Informationsbasis zu verbessern:

— Sowohl die Anwendungsdaten, die die beruflichen Anwender laut Pflanzenschutzgesetz vorhalten müssen, als auch Daten, die im Rahmen von gesetzlich vorgeschriebenen statistischen Erhebungen gewonnen werden, sollten regelmäßig den zuständigen Behörden zur Verfügung gestellt werden. Ziel sollte eine systematische und räumlich differenzierte Erhebung der Anwendungsdaten sein.

— Es sollte ein Programm für die Überwachung der Pflanzenschutzmittelbelastung von Kleingewässern eingerichtet werden. Ebenso sollte ein flächendeckendes Biodiversitätsmonitoring aufgebaut werden, um Veränderungen in der Umwelt schneller erkennen zu können.

Außerdem können folgende Maßnahmen dazu beitragen, den dringend erforderlichen Schutz der Biodiversität und der Gewässer zu verbessern:

— Der SRU empfiehlt die Einführung einer Abgabe auf Pflanzenschutzmittel. Diese generiert finanzielle Mittel, um Monitoring, Beratung und weiterführende Maßnahmen auszubauen. Darüber hinaus kann eine Abgabe eine Lenkungswirkung entfalten und zu einer Gesamtreduktion des Pflanzenschutzmitteleinsatzes führen. Wenn die Abgabensätze entsprechend ausdifferenziert sind, kann sie zudem zu einer Substitution von Produkten mit hohem Risikopotenzial beitragen.

— Es müssen Refugien und Pufferzonen geschaffen werden, die frei von jeglichem Pflanzenschutzmitteleinsatz sind. Dazu zählen zum Beispiel Gewässerrandstreifen und Blühstreifen an den Feldrändern. Dringend geklärt werden sollte, ob das Anlegen von solchen ökologischen Ausgleichsflächen über Auflagen bei der Anwendung von Pflanzenschutzmitteln festgelegt werden kann. Zusätzlich können solche Flächen über Agrarumwelt und Klimaschutzmaßnahmen und über Umweltauflagen im Rahmen der europäischen Direktzahlungen für landwirtschaftliche

Flächen (sog. Greening) geschaffen werden. Dafür ist es aber erforderlich, sowohl die Agrarumweltprogramme als auch das Greening weiterzuentwickeln, damit diese stärkere Wirkung entfalten. Eine Ausweitung des ökologischen Landbaus trägt ebenfalls zu einer Entlastung der Umwelt bei.

Die genannten Maßnahmen sollten auch dazu genutzt werden, um den bestehenden Nationalen Aktionsplan zur nachhaltigen Anwendung von Pflanzenschutzmitteln weiterzuentwickeln.

Für Biozide ist es zunächst erforderlich, eine bessere Datenlage zur Umweltbelastung zu erarbeiten, um darauf aufbauend Maßnahmen zu entwickeln. Als ein erster Schritt sollten die Verkaufsdaten für relevante prioritäre Produkte erhoben werden, um eine bessere Kenntnis

der Eintragsdaten in die Umwelt zu bekommen. Außerdem sollte ein systematisches Monitoring für Biozide aufgebaut und etabliert werden.

Ausblick

Mit dem Umweltgutachten 2016 setzt der SRU Impulse für eine integrative Umweltpolitik. An ausgewählten Beispielen kann gezeigt werden, dass es Gestaltungsoptionen gibt, Zielkonflikte zwischen ökologischen, wirtschaftlichen und sozialen Zielen zu entschärfen und gleichzeitig das Gewicht ökologischer Belange zu stärken. Voraussetzungen sind zumeist eine präzise und differenzierte Analyse der Problemlage, eine langfristige Vision und integrierte Ansätze, die gemeinsam von Umweltpolitik und anderen Politikfeldern entwickelt werden. Dabei hat der Gedanke der ökologischen Transformation die nationale und internationale Agenda erreicht. So haben die Vereinten Nationen im Herbst 2015 unter dem Motto „Transformation unserer Welt" die „2030 Agenda für eine nachhaltige Entwicklung" verabschiedet. Die 17 Ziele für eine nachhaltige Entwicklung folgen einer integrierten Sichtweise. Sie zeigen, dass soziale und wirtschaftliche Entwicklung sowie Friedenssicherung nur gelingen können, wenn auch die natürlichen Lebensgrundlagen erhalten und die natürlichen Ressourcen nachhaltig bewirtschaftet werden. Andernfalls „ist das Überleben vieler Gesellschaften gefährdet".

Ein solcher systemischer und transformativer Ansatz reicht weit über eine umwelttechnische Innovationsstrategie hinaus und setzt auch auf einen gesellschaftlichen Wertewandel sowie nachhaltige Konsumstile.

Solchen Anforderungen stellt sich auch das Bundesministerium für Umwelt, Naturschutz, Bau und Reaktorsicherheit mit dem zeitgleich zum Umweltgutachten 2016 entwickelten „Integrierten Umweltprogramm". Mit dem Programm soll ein „transformativer Ansatz verfolgt werden, der Umweltpolitik als Treiber hin zu einer nachhaltigen Gesellschaft sieht". Inwieweit dieser Anspruch eingelöst wird, kann in diesem Gutachten noch nicht bewertet werden.

Es ist aber offensichtlich, dass es sich bei Transformationen weder um unmittelbar planbare noch um kurzfristig erreichbare Entwicklungen handelt. Vielmehr ist eine langfristige Orientierung aller Akteure durch die Formulierung weitreichender und konkreter umweltpolitischer Ziele erforderlich, die bei allen tagespolitischen Umsetzungsproblemen immer im Auge behalten werden sollten.

Einleitung

1. Mit besorgniserregender Beschleunigung steigen global die Ressourceninanspruchnahme und die Schadstoffemissionen. Die Vereinten Nationen haben in ihrer „2030 Agenda für eine nachhaltige Entwicklung" festgestellt, dass die Belastungsfähigkeit des Erdsystems begrenzt ist und bestimmte Wachstumstrends nicht fortgesetzt werden können. Wirtschaft und Gesellschaft sind auf den Erhalt funktionsfähiger natürlicher Lebensgrundlagen angewiesen. Jenseits des sicheren Handlungsraumes eines intakten Erdsystems ist ein gutes Leben für große Teile der Menschheit nicht mehr möglich oder zumindest erheblichen Risiken ausgesetzt.

2. Die Umweltpolitik steht folglich vor einer neuen Entwicklungsphase. In einer „reaktiven" Frühphase der Umweltpolitik ging es zunächst um die punktuelle Abwehr einzelner offensichtlicher Gefahren, die großräumige Verteilung von Schadstoffen oder die Reparatur von Umweltschäden. Mittlerweile hat sich konzeptionell eine integrierte, am Vorsorgeprinzip und dem Stand der Technik ausgerichtete ökologische Modernisierungsstrategie durchgesetzt. Diese setzt auf das Wachstum sogenannter grüner Märkte für umweltfreundliche oder saubere Technologien, eine Substitution gefährlicher durch weniger gefährliche Stoffe und auf die Integration umweltpolitischer Anforderungen in einzelne Politikfelder. Diese Ansätze haben in vielen Fällen zu sichtbaren Erfolgen geführt. Dies gilt insbesondere für die Verminderung einzelner Luftschadstoffe aus Industrie und Verkehr, die Gewässerbelastung aus stationären Quellen, eine ausdifferenzierte Abfallwirtschaft oder die Ausweisung vieler Naturschutzgebiete.

3 . Die bisherige Umweltpolitik hat aber insgesamt noch keine hinreichende Trendumkehr herbeiführen können. Der unakzeptabel hohe Verlust der Biodiversität, die beobachtbaren Folgen des Klimawandels, der beträchtliche Flächenverbrauch oder die zu hohen Belastungen mit einzelnen gesundheitsgefährdenden Luftschadstoffen wie Feinstaub und Stickstoffoxiden sind bekannte Beispiele. Die Herausforderungen und notwendigen Antworten erfordern heute eine größere Wirkungstiefe im Sinne einer „strukturellen Ökologisierung" von Wirtschaft, Politik und Gesellschaft. In ihrem 7. Umweltaktionsprogramm hat die EU die Vision eines langfristig angelegten transformativen Wandels hin zur Klimaneutralität aller Bereiche, zur Kreislaufwirtschaft, zur Senkung des Ressourcenbedarfs, in Richtung einer naturschonenden Landwirtschaft und des Stopps der Flächeninanspruchnahme entwickelt. Eine solche transformative Vision wird durch technische Innovation allein nicht erreichbar sein, sie wird durch gesellschaftlichen Wertewandel, neue Konsumstile, einen tief greifenden Strukturwandel von Industrie und Infrastrukturen und von neuen Institutionen und Regulierungsformen begleitet sein müssen.

4. Deutschland besitzt die ökonomischen und gesellschaftlichen Voraussetzungen, um eine solche Trendwende einzuleiten. Die deutsche Umweltpolitik kann eine wichtige Vorbildfunktion entfalten, wenn sie zeigt, wie ein hohes Wohlstandsniveau mit der Einhaltung ökologischer Grenzen grundsätzlich vereinbar ist. Erfolgreiche Innovationen finden oft Nachahmer in anderen Ländern. Zugleich bildet eine Vorreiterrolle auch die Grundlage für eine glaubwürdige Verhandlungsposition bei der Weiterentwicklung internationaler Umweltabkommen.

5. Ein solcher Anspruch erhöht substanziell die Anforderung an die Politik, verschiedene Bereiche und verschiedene Handlungsebenen zu integrieren. So werden zum Beispiel zentrale Lösungsbeiträge in Zukunft von den verschiedenen Fachpolitiken jenseits der Umweltpolitik entwickelt werden. Besonders offensichtlich ist der Integrations- und Anpassungsbedarf im Hinblick auf die Wirtschafts- und Sozialpolitik und bei verschiedenen Formen der Landnutzung.

6. Oftmals wird die Frage kontrovers diskutiert, ob Deutschland eine umweltpolitische Vorreiterrolle einnehmen soll und unter welchen Bedingungen dies mit wirtschafts- und standortpolitischen Zielen vereinbar ist. Der SRU hält viele wirtschaftspolitische Bedenken gegen eine umweltpolitische Vorreiterrolle für überzogen. Eine Vorreiterrolle bietet auch Chancen für Innovationen und Exporte. Auch sozialpolitisch gibt es Bedenken gegenüber einem ambitionierten Umweltschutz, etwa bei der Energiewende und bei Maßnahmen zur Minderung des Flächenverbrauchs. Nach Ansicht des SRU steht aber in erster Linie die Sozial- und Wohnungspolitik in der Pflicht Lösungsbeiträge zu entwickeln, um soziale Verwerfungen zu vermeiden. Auch bei der Landnutzung – beispielsweise der Land- und Forstwirtschaft – stehen immer wieder Schutzziele und Ertragsziele in Konflikt zueinander. Der SRU ist hier der Auffassung, dass der Erhalt der Biodiversität einen höheren Stellenwert erhalten muss, um die natürlichen Lebensgrundlagen zu sichern.

7. In diesem Sinne lenkt das Umweltgutachten 2016 den Blick auf Bereiche, in denen das Spannungsverhältnis zwischen umweltpolitischen und anderen politischen Zielen besonders groß erscheint. Ziel des Gutachtens ist es dabei, Impulse für umweltorientierte Reform- und Gestaltungsprozesse zu setzen.

8. In dem Kapitel „Vorreiterpolitik für eine ökologische Transformation" werden die Konturen einer transformativen Umweltpolitik weiterentwickelt und insbesondere die neuen Anforderungen an erfolgreiches staatliches Handeln ausgeführt. Dabei wird die Rolle des Staates auf verschiedenen Ebenen und in unterschiedlichen Phasen einer Transformation beleuchtet. Es geht hier nicht nur um technischen, sondern auch um sozialen, kulturellen, politischen und institutionellen Wandel. Eine besondere Herausforderung besteht darin, diese verschiedenen Wandlungsprozesse zusammen zu sehen und dabei günstige Entscheidungsmomente für strategische Weichenstellungen zu identifizieren. Erfolgreiche nationale Transformationen können wichtige Impulse für europäische und internationale Ebenen geben, die wiederum transformative nationale Politiken verstärken können.

9. In dem Kapitel „Anspruchsvoller Klimaschutz und industrielle Wettbewerbsfähigkeit" befasst sich der SRU kritisch mit der These, eine ambitionierte nationale und europäische Klimapolitik gefährde die internationale Wettbewerbsfähigkeit der deutschen Industrie. Er unterscheidet hierbei zwischen dem weit überwiegenden Teil der Industrie, der geringe Energiekostenanteile aufweist, sowie besonders energie- und handelsintensiven Branchen, bei denen Maßnahmen zum Schutz vor Produktionsverlagerungen und Carbon Leakage notwendig sind. Der SRU entwickelt Vorschläge, wie Entlastungen und flankierende Maßnahmen so ausgestaltet werden können, dass sie einerseits diese Schutzfunktion effektiv ausfüllen und andererseits Innovations- und Effizienzanreize erhalten sowie Mitnahmeeffekte vermieden werden.

10. Im Kapitel „Umwelt- und Sozialpolitik im Kontext der Energiewende" geht es um die Bewältigung des Zielkonfliktes zwischen umweltpolitisch notwendigen Preissignalen und einer sozialverträglichen Verteilungswirkung. Im Mittelpunkt stehen durch die Energiewende induzierte direkte und indirekte Preissteigerungen für Strom, Wärme und Miete und die Vermeidung sozialer Härten für einkommensschwache Haushalte. Um diesen Zielkonflikt abzumildern, bedarf es der Beratung und der Unterstützung von effizienzorientierten Investitionen. Erforderlich sind auch strukturelle Veränderungen der Stromtarife, ein neues, ökologisch effektiveres Design der Effizienzpolitik im Wärmemarkt und eine stärker den Lebensrealitäten der Betroffenen angepasste flankierende Sozialpolitik. Der Verzicht auf Preissignale für Energieeffizienz und Energieeinsparung wäre der falsche Weg.

11. In dem Kapitel „Flächenverbrauch und demografischer Wandel" widmet sich der SRU dem persistenten Problem des zu hohen Flächenverbrauchs. Starker Treiber des Flächenverbrauchs ist der Wohnungsbau. Langfristige gesellschaftliche Veränderungen wie der demografische Wandel eröffnen neue Chancen, den Flächenverbrauch gerade in diesem Bereich zu verringern. Trotz aktuell starker Zuwanderung wird die Bevölkerungszahl mittel- und langfristig sinken. Gleichzeitig steigt die Nachfrage

nach preiswertem Wohnraum, dies aber regional konzentriert in Großstädten und Ballungsräumen. Naheliegend ist eine deutliche Begünstigung des innerstädtischen Geschosswohnungsbaus, der wesentlich weniger Fläche in Anspruch nimmt als der Bau von Einfamilienhäusern auf der „Grünen Wiese". Regional angepasste Strategien bieten daher die Chance, gleichzeitig den Flächenverbrauch zu senken, preiswerten Wohnraum zur Verfügung zu stellen und Folgekosten des demografischen Wandels zu verringern.

12. Um eine andere Flächenkonkurrenz geht es bei dem Thema „Mehr Raum für Wildnis in Deutschland". Bei Wildnis- bzw. Prozessschutzgebieten werden gezielt Flächen aus der wirtschaftlichen Nutzung genommen. Der SRU begründet, warum Wildnisgebiete einen wichtigen Stellenwert im Naturschutz verdienen und dass sie vielfältige Synergiepotenziale mit anderen Umweltbereichen haben. Er zeigt auf, unter welchen Bedingungen die Akzeptanz dieses wichtigen Naturschutzansatzes gesichert werden kann. Der SRU beschreibt die Herausforderungen auf dem Weg zum Ziel der Bundesregierung, dass sich die Natur auf mindestens 2 % der Landesfläche Deutschlands wieder ohne direkte menschliche Eingriffe entwickeln kann. Er stellt die Verantwortung der öffentlichen Hand, insbesondere der Länder, für die nächsten Schritte heraus.

13. Das Kapitel „Besserer Schutz der Biodiversität vor Pestiziden" benennt den derzeitigen Pflanzenschutzmitteleinsatz als einen wichtigen Faktor für den Biodiversitätsverlust in der Agrarlandschaft. Das zeigt sich zum Beispiel in der Diskussion um den Rückgang der Bestäuber. Gerade im Hinblick auf den Erhalt der Biodiversität ist das bisherige Zulassungsverfahren für Pflanzenschutzmittel und Biozide verbesserungswürdig, stößt aber auch insgesamt an seine Grenzen. Für einen besseren Schutz der Umwelt bedarf es eines umfassenderen Blickes auf die Belastung und die Wirkungen. Hieraus ergeben sich Anforderungen an eine verbesserte Datenlage zur Pestizidanwendung und zum Umweltmonitoring. Dies gilt im Besonderen auch für den bislang wenig beachteten Einsatz von Bioziden. Außerdem müssen Anreize zur Minderung des Pflanzenschutzmitteleinsatzes und für die Einrichtung von Ausgleichs- und Regenerationsräumen in der Agrarlandschaft geschaffen werden.

Kapitel 1

Inhalt

Abbildungen

1 Vorreiterpolitik für eine ökologische Transformation

1.1 Einleitung

1.1.1 Globale Wachstumstrends erfordern eine ökologische Transformation

14. Seit etwa der Mitte des letzten Jahrhunderts haben sich sozio-ökonomische Wachstumstrends – beispielsweise die Bevölkerungsentwicklung, das Wirtschaftswachstum, das Verkehrsaufkommen, die Nahrungsmittelproduktion und die Energieerzeugung – global stark beschleunigt (s. Abb. 1-1). Die mit diesen Entwicklungen verbundenen Umweltbelastungen nehmen in vielen Bereichen dramatisch zu. Damit steigt auch das Risiko von abrupten und irreversiblen Umweltveränderungen mit gravierenden sozialen, politischen und wirtschaftlichen Folgen. Bei der Überfrachtung der Umwelt mit Nährstoffen durch die Tier- und Nutzpflanzenproduktion, beim Verlust an Biodiversität und beim Klimawandel wurden planetarische Grenzen bereits überschritten (IPCC 2014; ROCKSTRÖM et al. 2009; STEFFEN et al. 2015b; WBGU 2014b). Der menschliche Einfluss auf das globale Erdsystem ist inzwischen so stark, dass Naturwissenschaftler sich mit der Frage auseinandersetzen, ob diese Entwicklung als neue geologische Epoche – als sogenanntes Anthropozän – angesehen werden sollte (STEFFEN et al. 2015b; CRUTZEN 2002). Auch in Europa zeichnen sich beim Zustand der Umwelt – trotz einiger Verbesserungen der Qualität von Wasser, Boden und Luft – für die meisten Bereiche negative Langzeittrends ab (EEA 2015b; Statistisches Bundesamt 2014; MEYERHOFF und PETSCHOW 2014; Deutscher Bundestag 2015).

Angesichts der tiefgreifenden Veränderungen, die erforderlich sind, um die Dynamik einer zunehmenden Übernutzung von Ressourcen und Senken zu durchbrechen, ist die aktuelle Umweltkrise nicht nur eine technische, sondern vor allem eine politische und gesellschaftliche Herausforderung. Notwendig sind nicht nur neue technische Lösungen, sondern Strategien, um politische Entscheidungsprozesse in der Demokratie besser an diesen Erfordernissen auszurichten und zu beschleunigen.

1.1.2 Vom technischen Umweltschutz zum sozio-technischen Wandel

15. In der Vergangenheit war Umweltpolitik besonders dann erfolgreich, wenn Probleme klar abgegrenzt, Verursacher bekannt und technisch wirksame Lösungen verfügbar waren. Dabei war mit anspruchsvollem Umweltschutz auch wirtschaftlicher Erfolg verbunden, wenn es gelang, die in umweltpolitischen Vorreiterländern entwickelten Technologien und Produkte auch international erfolgreich zu vermarkten. Unterstützend wirkte, dass auch die Umweltpolitik der Vorreiterländer internationale Verbreitung fand. Ein ökologischer Strukturwandel, also das Wachstum umweltschonenderer Branchen und das Schrumpfen stark verschmutzender Branchen, ging mit dieser Art des technischen Umweltschutzes in den verursachenden Sektoren und Politikbereichen in der Regel nicht einher.

Abbildung 1-1

Die Beschleunigung des menschlichen Einflusses auf das Erdsystem

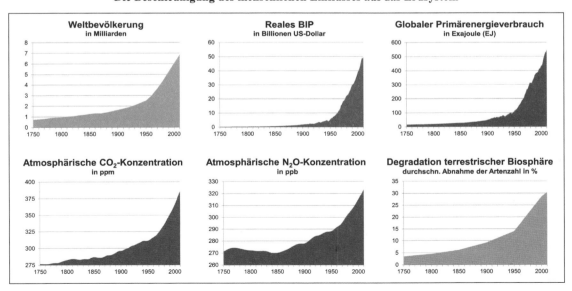

SRU/UG 2016/Abb. 1-1; Datenquelle: STEFFEN et al. 2015a

Dieses Modell des Umweltschutzes stößt heute in vielen Bereichen an seine Grenzen. Dies gilt insbesondere für Umweltprobleme, die nur teilweise durch technische Lösungen vermieden werden können, beispielsweise den Biodiversitätsverlust und den Flächenverbrauch (s. Kap. 4 und 5). Auch dort, wo technische Lösungen erfolgreich sind, besteht die Gefahr, dass Verbesserungen durch eine Zunahme der verursachenden ökonomischen Aktivität – beispielsweise steigende Verkehrsleistung – teilweise oder sogar vollständig aufgezehrt werden (vgl. SRU 2012).

Angesichts der Dynamik der globalen Trends ist es dringend erforderlich, grundlegende Änderungsprozesse in verschiedenen Handlungsfeldern anzustoßen. Unter einer solchen ökologischen Transformation versteht der Sachverständigenrat für Umweltfragen (SRU) im Folgenden weitreichende Veränderungen der Industriegesellschaft, die sich über mehrere Jahrzehnte erstrecken können. Sie umfassen neben einem radikalen Technikwandel auch soziale und institutionelle Innovationen mit dem Ziel eines Wirtschaftens innerhalb planetarischer Grenzen (SRU 2012; SCHNEIDEWIND und SINGER-BRODOWSKI 2013).

Die damit verbundenen Herausforderungen stellen sich für verschiedene Handlungsfelder unterschiedlich dar: Das Langfristziel eines klimaneutralen Deutschlands erfordert nicht nur den Ausbau der erneuerbaren Energien und die weitgehende Elektrifizierung vieler Verwendungsbereiche, es verändert die politische und ökonomische Struktur der Energieerzeugung, ist eine Herausforderung für die Flexibilität des Energiesystems und erfordert die Koordination vieler Akteure und Systemkomponenten (SRU 2013b). Das Ziel einer Kreislaufführung von Rohstoffen reicht weit über abfallwirtschaftliche Recyclingvorgaben hinaus und erfordert neue Geschäftsmodelle sowie einen Wandel von Produktdesign und Nutzerverhalten. Eine Transformation des Agrarsektors ist mit einem Paradigmenwechsel hin zu naturverträglichen Formen der Landwirtschaft und neuen Konsummustern, wie eines reduzierten Fleischkonsums, verbunden. Umweltpolitik darf somit nicht auf den Ausbau der klassischen Umweltbranchen und die verstärkte Anwendung umweltverträglicher Technologien begrenzt sein, sondern muss auch gesellschaftliche Transformationsprozesse umfassen (FANKHAUSER et al. 2013, S. 903; MOSTERT 2011, S. 404; EEA 2015b).

1.1.3 Deutschland als Vorreiter der Transformation

16. Viele nationale und internationale Akteure betonen inzwischen die Notwendigkeit, weitreichende Transformationen anzustoßen (REISCH und BIETZ 2014; Enquete-Kommission „Wachstum Wohlstand Lebensqualität" 2013; Europäische Kommission 2014b; WBGU 2014b; United Nations Secretary-General's High-Level panel on Global Sustainability 2012; MEYERHOFF und PETSCHOW 2014; UBA 2013; United Nations – General Assembly 2015). Diese Erkenntnisse führen nicht immer

zu konkreten Umsetzungsschritten. Ziel dieses Kapitels ist es, die politischen und gesellschaftlichen Erfolgsbedingungen eines solchen Wandels näher zu beleuchten und sie in einem nächsten Schritt auf zentrale Handlungsfelder umweltpolitischer Transformation zu beziehen. Solche Handlungsfelder sind nicht nur im nationalen, sondern auch im europäischen und internationalen Kontext zu begreifen. Aus diesem Grunde hebt der SRU in diesem Kapitel den Zusammenhang zwischen ökologischen Transformationen und Vorreiterrolle hervor.

17. Gegen die Bemühung, ökologische Transformationen in Deutschland anzustoßen, wird gelegentlich eingewandt, dass rein nationale Anstrengungen bei globalen Problemen keinen wesentlichen Nutzen haben. So kritisierte der Wissenschaftliche Beirat des Bundesfinanzministeriums, dass Deutschland beim Klimaschutz durch zu hohe wirtschaftliche Kosten „in Vorleistung" gehe, obwohl nationale Emissionsminderungen ohne ein wirksames globales Abkommen wirkungslos blieben (Wissenschaftlicher Beirat beim BMF 2010). Demgegenüber spricht sich der SRU ausdrücklich dafür aus, dass Deutschland bei den Bemühungen für den nachhaltigen Umbau der Industriegesellschaft eine Vorreiterrolle einnimmt. Umweltpolitische Vorreiter zeichnen sich dadurch aus, dass sie Neuerungen umsetzen, die vorbildlich sind und die von anderen Ländern nachgeahmt werden. Dafür sprechen aus Sicht des SRU zahlreiche Argumente:

– Globale Umweltpolitik benötigt nationale Vorreiter: In der Vergangenheit waren es häufig einzelne Länder, deren Vorreiterrolle eine internationale Einigung auf einem relativ hohen Schutzniveau ermöglicht hat. Sowohl der europäische als auch der internationale Umweltschutz gründeten häufig auf Initiativen, die bereits auf nationaler Ebene erprobt waren (s. Kap. 1.3). Vorreiter können die internationale Wahrnehmung von Themen schärfen, Problemlösungen aufzeigen und diese aktiv in die internationalen Verhandlungsprozesse einbringen. Ohne aktive Vorreiter ist dynamische internationale Umweltpolitik nicht zu erwarten.

– Bei der Erhaltung unterschiedlicher globaler, nationaler und lokaler Schutzgüter können Synergien genutzt werden: So ist die Stärkung umweltfreundlicher Verkehrsträger nicht nur ein Beitrag zum globalen Klimaschutz, sondern kann auch die lokale Luftqualität verbessern, Verkehrslärm verringern und die Lebensqualität in Ballungsräumen steigern (SRU 2012, Kap. 5). Solche Zusatznutzen werden durch einen „polyzentrischen Ansatz" erreicht: Viele Akteure ergreifen auf verschiedenen Handlungsebenen Maßnahmen und lernen voneinander (OSTROM 2009). Die multilaterale internationale Klimapolitik muss weiterhin einen wichtigen Beitrag für den Klimaschutz leisten (s. a. Tz. 31). Aber auch wenn es noch nicht gelungen ist, einen globalen einheitlichen Ansatz abzustimmen, darf dies nicht dazu führen, dass sinnvolle umweltpolitische Maßnahmen ausbleiben. Das Zusammenwirken zwischen globalen Top-down-Ansätzen und lokalen Bottom-up-Ansätzen hat der SRU zuletzt am Beispiel der Stickstoffproblematik erläutert (SRU 2015c, Kap. 2 und 3).

– Deutschland hat exzellente Voraussetzungen, ein globaler Vorreiter für ökologische Transformationen zu werden. Zu diesen Voraussetzungen zählen insbesondere ein starkes Innovationssystem, eine große Wirtschaftskraft und eine stabile gesellschaftliche Unterstützung für aktive Umweltpolitik.

– In vielen Fällen stärkt Vorreiterpolitik die Wettbewerbsfähigkeit. Durch nationale Regulierung kann die Entstehung innovativer Märkte („Lead Markets") unterstützt werden. So ist der Anteil der Umweltsektoren an der Wirtschaftsleistung in Deutschland beständig gewachsen (s. a. Tz. 30 und Tz. 135).

– Der ökologische Fußabdruck Deutschlands reicht weit über die nationalen Grenzen hinaus. Neue verbrauchsbasierte Indikatoren zeigen, dass Deutschland durch Importe in erheblichem Maße auf die natürlichen Ressourcen anderer Kontinente zurückgreift und deutlich stärker in der Verantwortung steht, als dies bei rein nationaler Betrachtung sichtbar wird (BRINGEZU und SCHÜTZ 2014; EEA 2015b, S. 40 f.; HOFF et al. 2014).

– Schließlich kann Deutschland nicht von anderen Ländern fordern, was es selbst nicht leistet. Eine glaubwürdige Position bei internationalen Verhandlungen zum Erhalt der natürlichen Lebensgrundlagen setzt auch eigene – gegebenenfalls auch einseitige – Maßnahmen voraus (s. a. Tz. 30).

1.2 Neuere theoretische Ansätze der Transformationsforschung

18. Der Forschungsstand zu umweltpolitischen Transformationsprozessen hat sich in den letzten Jahren ausdifferenziert. Erkenntnisse über Transformationsprozesse entstammen nicht allein einer Disziplin. Sie entspringen unter anderem den Forschungsfeldern des Transition Managements, der Innovations- und Diffusionsforschung, der Postwachstums- und Suffizienzforschung sowie dem Change Management (SCHNEIDEWIND 2013; für eine Differenzierung der innovationsorientierten Literatur s. QUITZOW 2013). In der frühen Transformationsforschung wurde vor allem der Einfluss von technischen Innovationen auf technologischen Wandel untersucht (DOSI 1988). Im Laufe der Zeit wurde diese Perspektive erweitert und Veränderungen zunehmend als sozio-technischer Wandel beschrieben (GEELS 2004; MALERBA 2002). Zur Erklärung von Änderungen werden nun auch soziale und institutionelle Innovationen als einflussreiche Faktoren herangezogen (PEREZ 2009; SCHAFFRIN et al. 2014; NEGRO 2007; DOLATA 2009; HEKKERT et al. 2007; SCHNEIDEWIND 2013). Technische und gesellschaftliche Entwicklung findet in wechselseitiger Anpassung statt, was auch als Koevolution verstanden wird (GEELS 2004; HEKKERT et al. 2007; ROTMANS und

LOORBACH 2008; DOLATA 2009; ROTMANS et al. 2001).

Zentrale Forschungsfragen betreffen die Charakteristika, Schlüsselakteure, Mechanismen und Treiber eines ökologischen Strukturwandels. Die Änderungsdynamik wird außerdem von den sich im Wandel befindlichen öffentlichen Diskursen, Erzählungen und Leitbildern in unterschiedlichen Handlungsfeldern beeinflusst (SCOONES et al. 2015a; für eine Gesamtauswertung s. a. GRIEß-HAMMER und BROHMANN 2015).

19. Die Transformationsforschung stellt die grundsätzliche Frage nach der Steuerbarkeit von Transformationsprozessen. In der Literatur wird beschrieben, dass diese Prozesse nicht zentral gesteuert werden, sondern sich vielmehr verschiedene polyzentrische Veränderungsprozesse – nicht notwendigerweise harmonisch – nebeneinander her entwickeln. Faktoren dieser Koevolution sind beispielsweise Technologiewandel, Markttrends, der gesellschaftliche Wertewandel oder die Zyklen sozialer Bewegungen. Auf der einen Seite gibt es also einen erhöhten Steuerungs- und Koordinationsbedarf. Auf der anderen Seite gibt es für die vielen Trends kein Steuerungszentrum. Diesen Sachverhalt bezeichnet der SRU als Steuerungsparadox. Vor diesem Hintergrund wird in der Diskussion auch die Rolle des Staates im Rahmen einer marktwirtschaftlichen Grundordnung neu interpretiert. Die Fähigkeit des Staates, all diese Veränderungsprozesse zu steuern, wird häufig skeptisch gesehen (COLANDER und KUPERS 2014). Staatliches Handeln hat aber nach Ansicht vieler Autoren für das Gelingen von Transformationen eine große Bedeutung, denn kein anderer Akteur hat vergleichbare Ressourcen, um Prozesse zu koordinieren, einzelne Innovationen hoch zu skalieren und Unsicherheiten zu verringern (MAZZUCATO 2015; GRIEßHAMMER und BROHMANN 2015; DOLATA 2008). Wettbewerblich organisierte Märkte werden weiterhin eine zentrale und unverzichtbare Rolle spielen. Staatliches Handeln dient vor allem dazu, diesen den angemessenen Ordnungs- und Orientierungsrahmen zu setzen, insbesondere dort, wo externe Effekte oder andere Formen von Marktversagen festgestellt werden.

1.2.1 Zentrale Rolle von Innovationen

20. Innovationen stehen am Anfang von Transformationsprozessen (für das Grundschema s. insbesondere GEELS 2004; 2002; GEELS und SCHOT 2007). Sie entstehen oft in ökonomischen und gesellschaftlichen Nischen. In diesen häufig durch politische Maßnahmen, private gemeinwohlorientierte Initiativen oder separate Unternehmensbereiche geschützten Nischen können sich radikale Innovationen jenseits der allgemein üblichen (Markt-)Regeln, Institutionen und Praktiken leichter entwickeln. Beispiele aus der Vergangenheit sind der ökologische Landbau und das private Carsharing.

21. Eine entscheidende Phase der Transformationsprozesse tritt ein, wenn diese Nischeninnovationen breitere gesellschaftliche, politische und ökonomische

Relevanz erhalten und damit auch Einfluss auf die Spielregeln, Normen, Institutionen und Machtkonstellationen nehmen. Die Transformationsforschung stellt diesen Übergang von der Nische zum etablierten Regelsystem gelegentlich als Diffusions- und Beschleunigungsprozess dar (NEGRO 2007). Andere begreifen ihn als wenig planbaren Suchprozess und betonen die Konflikthaftigkeit von Transformationsprozessen (NEWELL 2015).

Der Transformationsforschung zufolge gelten Innovationen als Treiber von Veränderungen, wenn sie in den Wettbewerb mit Regeln und Praktiken des bestehenden Feldes treten (FLIGSTEIN und McADAM 2011, S. 9). Wie JÄNICKE (2010; 2013) am Beispiel verschiedener nationaler Klimaschutzziele und des Ausbaus der erneuerbaren Energien gezeigt hat, kann hierbei eine wechselseitige Beschleunigung von politischen Zielvorgaben und Maßnahmen, technologischer Innovation und Marktdynamik in den jeweiligen Politikfeldern ein wichtiger Treiber transformativer Prozesse sein.

Der Staat kann Innovationen bremsen oder aber innovative Nischen unterstützen und abschirmen, indem er Nischenakteuren Raum zum Experimentieren gibt, finanzielle Förderung gewährt oder die Netzwerkbildung unterstützt (LOORBACH und ROTMANS 2010; GEELS und SCHOT 2007; KEMP et al. 1998; MARKARD et al. 2012; FLIGSTEIN und McADAM 2011; BAUKNECHT et al. 2015). Er kann sowohl auf die Angebotsseite (Entwicklung von Innovationen) als auch auf die Nachfrageseite (Nutzung von Innovationen) lenkend einwirken. Nicht zuletzt kann er die Diffusion von Innovationen auf die nächste Ebene und hin zu einer breiten Anwendung fördern.

Die politische Dimension von Transformationsprozessen

22. Damit eine Innovation in die Phase einer breiten Anwendung übertritt, ist es häufig nicht ausreichend, sie nur zu fördern (SZARKA 2012; HOWLETT 2014). Wesentliche Gründe dafür sind zum einen starke und langfristig gewachsene technologische und institutionelle Pfadabhängigkeiten und zum anderen Abwehrstrategien der etablierten Industrien und anderer Akteure gegenüber innovativen Praktiken (SZARKA 2012, u. v. m.). Diese politische Dimension wird in der Transformationsliteratur erst seit kurzem ausdrücklich untersucht (GEELS 2014; LOCKWOOD 2015; MEADOWCROFT 2009; SCOONES et al. 2015b; NEWELL 2015; JORDAN und MATT 2014). Bisher hat der größte Teil der sozialwissenschaftlichen Transformationsforschung den Staat weniger aus einer macht- und interessenpolitischen (s. insbes. STIRLING 2014; zum Machtbegriff in der umweltpolitischen Forschung s. PARTZSCH 2015; WEILAND und PARTZSCH 2015), sondern eher aus einer Governance- oder Institutionen-Perspektive untersucht.

23. Ausgangspunkt dieser Ansätze ist ein erweitertes Verständnis von Transformationsprozessen: So definiert die neuere Forschung Transformationen als grundlegende Restrukturierung der Machtverhältnisse innerhalb eines strategischen Handlungsfeldes (FLIGSTEIN und McADAM 2011; ähnlich auch NEWELL 2015; GEELS 2014, S. 15 und 17; STIRLING 2014). Dieser Ansicht zufolge widersprechen zumeist die Treiber der Innovation zunehmend der Logik des bestehenden Handlungsfeldes. Innovationen sind danach mehr als nur sozio-technische Veränderungen. Sie verschieben, wenn auch oft nur inkrementell, das Kräfteverhältnis zwischen den am Status quo interessierten Koalitionen und den veränderungsorientierten Akteuren. Die daraus resultierenden Machtpositionen und Interessenkonflikte bestimmen Möglichkeiten und Grenzen für Veränderung (FLIGSTEIN und McADAM 2011).

Die grundsätzliche Dynamik wird in der Literatur folgendermaßen dargestellt: Diejenigen, die Veränderungen anstoßen, wollen Innovationen von der Nische zur breiten Anwendung verhelfen und fordern dadurch das bestehende System heraus. Sie werden in der angelsächsischen Literatur deshalb auch „Challenger", also Herausforderer, genannt. Ihnen stehen die Status-quo-Interessen gegenüber (in der Literatur: „Incumbents") (SCHNEIDER und VEUGELERS 2010; WELLS und NIEUWENHUIS 2012; HESS 2014; GEELS 2014; SMINK et al. 2015; KUNGL 2015; WASSERMANN et al. 2015). Um sie analytisch fassbar zu machen, werden beide Akteursgruppen in der Literatur idealtypisch unterschieden:

In der Theorie wird erwartet, dass Status-quo-Interessen eine Bewahrung des bestehenden Systemzustandes bzw. die Stabilität des Handlungsfeldes anstreben. Status-quo-Interessen werden von jenen Akteuren vertreten, die einen überproportional großen Einfluss auf das Handlungsfeld ausüben und deren Interessen und Anschauungen sich zumeist stark in der vorherrschenden Organisationsform des Handlungsfeldes ausdrücken (FLIGSTEIN und McADAM 2011, S. 5). Sie zögern, sich selbst am innovativen Markt zu beteiligen, insbesondere wenn sie fürchten, dadurch Verluste in ihren bisherigen, etablierten Geschäftsfeldern zu erleiden. Inkrementelle Verbesserungen fallen ihnen leichter als radikale Innovationen (SCHNEIDER und VEUGELERS 2010).

24. Wenn Status-quo-Interessen einen großen Einfluss haben, kann dies zu sogenannten Lock-in-Effekten führen. Eine Änderung des Status quo findet selbst dann nicht statt, wenn sie mit ökonomischen oder gesellschaftlichen Vorteilen verbunden wäre. Die Kosten, die Interessengruppen durch die Änderung befürchten, führen dazu, dass sie einen grundlegenderen Wandel ablehnen. Ein Beispiel für ein Lock-in ist der weitere Ausbau CO_2-intensiver Energiesysteme trotz vorhandener Alternativen (UNRUH 2000, S. 8 ff.; HOLM-MÜLLER und WEBER 2010). Es gibt verschiedene Akteursgruppen, die durch Status-quo-Interessen geprägt sind. So können auch staatliche Akteure ein Interesse daran haben, die dominierende Logik des Handlungsfeldes, nach der sie selbst agieren, zu verstärken (s. Tz. 27 f.). Das schützt typischerweise die Vertreter von Status-quo-Interessen (FLIGSTEIN und McADAM 2011, S. 6; GEELS 2014, S. 7). FLIGSTEIN und McADAM (2011, S. 15) erachten aus diesem Grund eine Neuorientierung staatlicher Intervention als notwendige Bedingung für grundlegende Veränderungsprozesse. Auch innerhalb von Wirtschaftsbranchen und Unternehmen gibt es Lock-ins, die gesellschaftlichem Wandel entgegenstehen können (siehe z. B. WELLS und NIEUWENHUIS 2012, S. 1687).

25. Den Status-quo-Interessen stehen Veränderungsinteressen gegenüber. Sie werden zunächst von Akteuren vertreten, die Nischen belegen und vergleichsweise wenig Einfluss auf die Funktionsweise des Handlungsfeldes nehmen (FLIGSTEIN und McADAM 2011, S. 6). Sie fordern die bestehenden sozio-technischen Systeme heraus und streben einen transformativen Wandel an. Sie erfahren aber eine vergleichsweise geringe Unterstützung durch Politik, Verwaltung und Öffentlichkeit. Demgegenüber wurde die Handlungspraxis der Status-quo-Interessen über meist viele Jahre von staatlichen und gesellschaftlichen Akteuren zumindest im Grundsatz akzeptiert und getragen (ebd., S. 9, 14 und 17). Das stellt eine zusätzliche Hürde für Innovationen durch Herausforderer dar.

Die Zuordnung zu einer Interessengruppe kann sich im Zeitverlauf ändern. Darüber hinaus kann der gleiche Akteur mit seinen Interessen in einem Handlungsfeld eher Status-quo-Interessen vertreten, während er in einem anderen Handlungsfeld als Vertreter von Veränderungsinteressen auftritt. Schließlich können Veränderungsinteressen auch untereinander in Konkurrenz stehen.

Damit Phasen der Unsicherheit produktiv zur Unterstützung des gewünschten Wandels genutzt werden, können staatliche Akteure Änderungsprozesse fördern, insbesondere indem sie hemmende Dynamiken innerhalb eines Handlungsfeldes gezielt angehen, langfristig orientierte Sachurteile jenseits der Status-quo-Interessen stärker gewichten, Veränderungsinteressen stärker beteiligen und in die Entscheidungsfindung einbinden oder die Reformer im Lager der Besitzstandsinteressen stärken (ebd., S. 17).

Abbildung 1-2 zeigt die unterschiedlichen Aufgaben staatlicher Steuerung und ordnet sie den Phasen in einem Transformationsprozess zu. Aus der Abbildung wird auch deutlich, dass wesentliche Aufgaben staatlicher Steuerung jenseits der Innovationsförderung liegen. Während der Staat zu Beginn von Transformationsprozessen vor allem die Entwicklung von Innovationen fördert, kommt ihm im weiteren Prozess die Aufgabe zu, Richtungssicherheit für die Akteure zu schaffen und auch die Verlierer des Strukturwandels zu adressieren. In einem neuen System ist es Aufgabe des Staates, stabile Rahmenbedingungen zu schaffen und zu sichern.

1.2.2 Rolle des Staates bei der Gestaltung des Strukturwandels

26. Bislang standen die direkte Förderung von Innovationen und die Schaffung von Rahmenbedingungen für die Einführung neuer Produkte im Fokus der politischen Aufmerksamkeit. Die Erfahrung zeigt aber, dass es nicht ausreicht, Innovationen zu fördern, wenn ein Struktur-

Abbildung 1-2

Rolle staatlicher Steuerung im Innovationsprozess

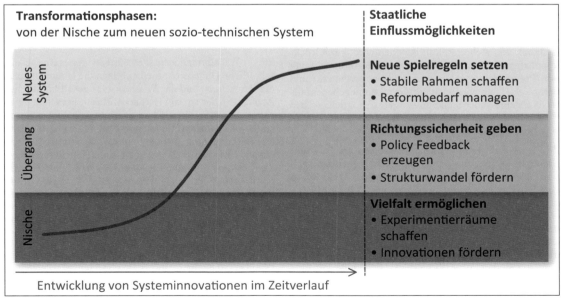

wandel angestrebt wird. Damit Transformationsprozesse erfolgreich sein können, müssen auch hemmende Strukturen abgebaut werden. Ein Strukturwandel muss also politisch gestaltet und koordiniert werden, damit ein gesellschaftlicher Interessenausgleich möglich ist und Transformationen beschleunigt werden. Begleitet werden muss somit nicht nur ein Wandel der Technologien, sondern auch der parallel dazu verlaufende Wandel der Branchenstrukturen und die damit verbundenen gesellschaftlichen Auswirkungen, zum Beispiel beim Kohleausstieg oder dem Übergang zur Elektromobilität (SRU 2015a).

1.2.2.1 Rückkopplungsprozesse nutzen

27. Die Phase des Übergangs stellt in Transformationsprozessen hohe Anforderungen an die politische Steuerung (LOCKWOOD 2015). Es ist besonders schwierig, über einen längeren Zeitraum gewachsene und deshalb stabile politische Muster zu verändern und Pfadabhängigkeiten sowie instrumentelle Lock-ins zu überwinden (JORDAN et al. 2012; UNRUH 2000; s. a. Tz. 22). Die Transformationspolitik steht vor einer widersprüchlichen Aufgabe. Einerseits muss sie flexibel auf Änderungen reagieren und Anpassungen vornehmen. Andererseits muss sie Unsicherheiten reduzieren, um potenziellen Investoren Richtungssicherheit zu geben. Mitunter kommt der Politik die Aufgabe zu, bestehende Regulierungen, die dem Wandel entgegenstehen, anzupassen. Das Steuerungskonzept der „reflexiven Governance" begegnet diesen Anforderungen komplexer sozio-ökologischer und sozio-technischer Problemstellungen mit einer Strategie gemeinschaftlicher Lern-, Experimentier- und Anpassungsprozesse (VOß und BORNEMANN 2011). Voraussetzung dafür sind wissensbasierte, offene, partizipative, pluralistische und dialogorientierte Prozesse und Institutionen. Durch die Gestaltung von Rückkopplungsprozessen – beispielsweise über die Spielregeln politischer Prozesse oder beim Instrumentendesign – kann „reflexive Governance" umgesetzt werden. Über einen Zeitraum von mehreren Politikzyklen wird durch Rückkopplungsmechanismen die erwünschte Anreizwirkung von Politikinstrumenten nach und nach verstärkt und optimiert. Dabei wird auch die Korrektur gegebenenfalls nicht angemessener Steuerungsimpulse möglich.

Positives und negatives Policy Feedback

28. Als Policy Feedback bezeichnet man eine politische Strategie, welche die politischen Rahmenbedingungen und Machtverhältnisse für zukünftiges politisches Handeln bewusst und schrittweise gestaltet (JORDAN und MATT 2014). *Positives* Feedback ist dabei definiert als ein Vorgang, der der Stabilisierung und Stärkung eines gewünschten Zieles dient und der auf verstärkende Rückkopplungseffekte setzt: Eine politische Maßnahme stärkt die wirtschaftliche Bedeutung einer das gewünschte Ziel unterstützenden Akteurskoalition, die wiederum eine Nachbesserung der politischen Impulse durchsetzt. *Negatives* Feedback wirkt umgekehrt: Akteure, die das politische Ziel bekämpfen, werden durch politische Maß-

nahmen schrittweise geschwächt. Das Gestalten von Policy Feedback kann also dazu beitragen, Pfadabhängigkeiten und Lock-in-Effekte sowohl aufzubrechen als auch bewusst zu gestalten (JORDAN und MATT 2014). Die aktive Gestaltung dieser beiden Feedback-Dynamiken wird von der Transformationsliteratur insbesondere in Übergangsprozessen hin zu nachhaltigeren Gesellschaften für wichtig erachtet, um gezielt Umwelt- und Nachhaltigkeitsinteressen zu unterstützen. Denn diese sind vergleichsweise unterrepräsentiert sowie tendenziell schlechter organisiert als Interessengruppen innerhalb der Produktionssphäre (s. a. LOCKWOOD 2015; ANDERSEN und WOYKE 2003).

Revisionsprozesse und Monitoring-Mechanismen bieten Möglichkeiten zur Neubewertung politischer Maßnahmen. Sie sind damit zentrale Instrumente einer „reflexiven Governance", schaffen Momente der Anpassung an neue Gegebenheiten oder lösen Rückkopplungsprozesse aus, um gewünschte Effekte zu verstärken (JORDAN und MATT 2014). Monitoringsysteme schaffen Transparenz und wirken damit dem Anreiz entgegen, dass Akteure von – in der Regel – Gemeingütern profitieren, ohne selbst einen Beitrag zu deren Erhalt zu leisten (Trittbrettfahrerproblem). Wird die politische Entscheidungsfindung weiteren Teilnehmern geöffnet, können umfangreiche Wissensressourcen genutzt werden. Damit können auch jene Innovationen identifiziert werden, die soziale Akzeptanz erfahren. In diesem Sinne unterstützen partizipative Prozesse politische Entscheidungsträger, denen im Übergang die Aufgabe zukommt, gesellschaftlich erwünschte Trends zu identifizieren und zu stärken, um einer Fragmentierung von Innovationsprozessen entgegenzuwirken (NEWELL 2015; JACOBS und WEAVER 2015; s. a. STEVENSON und DRYZEK 2014; zu grundsätzlichen Strategien von Entscheidungsträgern s. a. FLIGSTEIN und McADAM 2011, S. 17).

1.2.2.2 Bedeutung neuer Allianzen

29. Transformationsprozesse haben immer eine gesellschaftliche Dimension: Sie benötigen die Unterstützung, die Ressourcen und das Wissen vieler gesellschaftlicher Akteure. In der sozialwissenschaftlichen Forschung gibt es viele Ansätze, die erklären, wie innovative Ideen durch starke Akteurskoalitionen unterstützt werden. Eine Koalitionsbildung gründet auf der Vorstellung eines gemeinsamen Ziels. Sie ist umso stabiler, je tiefergehend die Übereinstimmung nicht nur im Hinblick auf die politischen Ziele, sondern auch in Bezug auf essenzielle Wertvorstellungen sind (bei SABATIER (1993): „core beliefs"). Verbreitete Konzepte in diesem Bereich sind der „advocacy coalition framework" (ebd.), „discourse coalitions" (HAJER 1997) und „transnational advocacy networks" (KECK und SIKKINK 1999).

Durch die Bedeutungszuweisung von Sachverhalten (engl. Framing) und das Schaffen einer „gemeinsamen Erzählung" (Narrativ) können staatliche Akteure die Koalitionsbildung unterstützen. Dies dient dazu, Kristallisationspunkte zur Identifikation gemeinsamer Ziele und Wertvorstellungen sowie Aufmerksamkeit für Zusatznutzen (Co-Benefits) zu schaffen. Narrative fördern nicht nur die Bildung von Koalitionen, sondern sie stabilisieren sie auch und kräftigen ihr politisches Gewicht (VAN ASSCHE et al. 2014; LEIPPRAND et al. 2016). Narrative sind auch für die Verbreitung von Diskursen förderlich (KOOIJA et al. 2014), sie können also Transformationsprozesse unterstützen. Aber auch nicht-staatliche Akteure, insbesondere wenn sie über wenig materielle Ressourcen verfügen, nutzen verstärkt die „Macht des Diskurses", indem sie durch wechselseitiges Lernen und Überzeugen ihren Interessen und Ideen zu Einfluss verhelfen wollen (KECK und SIKKINK 1999; STONE 2000; TEWS 2002; WEILAND und PARTZSCH 2015). Staatliche Akteure können durch die Initiierung partizipativ angelegter Strategieprozesse und langfristiger Roadmaps, wie sie der SRU wiederholt empfohlen hat und wie sie vielfach auch umgesetzt wurden, einen zentralen Beitrag für das Framing und die Allianzbildung für eine ökologische Transformation leisten.

1.3 Transformationsorientierte Politik im Mehrebenensystem

1.3.1 Internationale Verbreitung von Innovationen durch Vorreiter

30. In der globalisierten und vernetzten Welt finden Veränderungsprozesse notwendigerweise in einem komplexen System statt, das aus lokalen, regionalen, nationalen und internationalen Ebenen besteht. Ökologische Transformationen können daher nicht rein national gedacht werden. Dennoch spielen Nationalstaaten in der Umweltpolitik eine entscheidende Rolle, wie die Forschung zu umweltpolitischen Vorreitern gezeigt hat (HOLZINGER 1994; JÄNICKE und WEIDNER 1997; ANDERSEN und LIEFFERINK 1997; LIEFFERINK und ANDERSEN 1998). Untersucht wurde die Bedeutung von ambitionierter nationaler Politik für die Gestaltung regulativer Trends. Die Forschungsergebnisse zeigen, dass Vorreiter auch international Innovationen fördern, indem sie die technologische und ökonomische Machbarkeit umweltpolitischer Lösungen demonstrieren und so die Einführung ähnlicher Politiken in anderen Ländern legitimieren (JÄNICKE 2005, S. 140; LIEFFERINK et al. 2009; KNILL et al. 2012). Durch die Diffusion ambitionierter Umweltstandards und anderer Politikinstrumente (BUSCH und JÖRGENS 2012) beschleunigen Vorreiter also den Wandel zu einem wirksamen Umweltschutz auch in anderen Ländern (JÄNICKE 2012a; 2014). Vielfach wurde gezeigt, dass Vorreiterpolitik die Wettbewerbsfähigkeit der Vorreiterländer beeinflusst und sie in zahlreichen Fällen stärkt: Nationale Standards diffundieren international, nationale Regulierung reizt frühzeitig die Entstehung innovativer Märkte („Lead Markets") an, eröffnet Exportchancen und in einigen Fällen ziehen die Rahmenbedingungen auch Investoren an (z. B. BEISE et al. 2003; JACOB et al. 2005; BEISE 2004; CLEFF und

RENNINGS 2012; QUITZOW et al. 2014; DE CIAN et al. 2012; zur Internationalisierung von Innovationssystemen s. a. CARLSSON 2006; für neuere Forschungsergebnisse zur Porter-Hypothese z. B. ANDRÉ et al. 2009; CONSTANTINI und MAZZANTI 2012; SCHWAB und SALA-I-MARTÍN 2014, S. 55).

Bedeutung von Vorreitern bei einer transformativen Agenda

31. Die sozial- und gesellschaftswissenschaftliche Umweltforschung der letzten Dekaden hat somit gezeigt, dass eine aktive, ambitionierte Umweltpolitik von Nationalstaaten sowohl ökologische als auch ökonomische Vorteile haben kann. Ein bedeutender Teil der Forschung zu Vorreitern basierte allerdings auf einem rein technischen Innovationsverständnis (WEIDNER 2008, S. 11 und 22; JÄNICKE und JACOB 2004; JÄNICKE 2005). Technische Innovationen oder einzelne umweltpolitische Maßnahmen lassen sich einfacher globalisieren als komplexe sozio-technische Transformationen. Die Dynamik politischer Prozesse in den unterschiedlichen Ländern ist durch ihre nationalen Wahlsysteme, spezifischen Institutionen, politischen Diskurse und Konfliktlinien sowie Wirtschaftsstrukturen geprägt (von PRITTWITZ 2007). Die Policy-Transferforschung hat ergeben, dass sich erfolgreiche Politiken nur dann international übertragen lassen, wenn solche Strukturen sich für den Transfer als kompatibel erweisen (DOLOWITZ und MARSH 2000; ROSE 2002; MOSSBERGER und WOLNAM 2003; TEWS und JÄNICKE 2005; STONE 1999; 2000; KECK und SIKKINK 1999; TEWS et al. 2003). Bei komplexen und normativen gesellschaftlichen Änderungsprozessen – beispielsweise einer Energie- oder Mobilitätswende – liegt es nahe, dass eine Übertragung in andere Länder weniger einfach zu realisieren ist. Auch wenn jedes Land seinen spezifischen Transformationspfad entwickelt, können dennoch ökonomische Chancen für Vorreiterländer bestehen.

Vorreiter können eine besondere Rolle dabei spielen, Bündnispartner für Veränderungsprozesse über den nationalen Raum hinaus zu gewinnen und internationale Diskurse mitzugestalten. Transnationale Kommunikation erhöht die Wahrscheinlichkeit der Übernahme von Politiken (HOLZINGER und KNILL 2004). Verstärkt wird diese Dynamik durch die voranschreitende Globalisierung und Vernetzung, die auch zur Internationalisierung jener Märkte führt, die durch die Regulierung angereizt werden. Eine erfolgreiche Vorreiterpolitik ist ein potenzieller Ausgangspunkt für die Entwicklung und Stärkung einer gemeinsamen Identität innovationsorientierter Akteure über nationale Grenzen hinweg. So argumentiert NYE (2004), dass durch attraktive Politikmodelle die Verbreitung von politischen Ideen und Werten unterstützt wird, was er auch als „soft power" bezeichnet. Indem sie Handlungsalternativen aufdecken, können innovative Politiken darüber hinaus eine Ausweitung jener Akteurskoalitionen bewirken, die Wandel unterstützen. („Expanding Menus of Alternatives", JACOBS und WEAVER 2015, S. 448 f.).

Gute Ausgangslage für Deutschland als Vorreiter ökologischer Transformationen

32. Damit ein Staat eine Vorreiterrolle erfolgreich ausfüllen kann, sind bestimmte Rahmenbedingungen sowie situative und strategische Faktoren von Vorteil. Analysen zeigen, dass Deutschland vor diesem Hintergrund eine gute Ausgangsposition besitzt.

33. Staatliches Vorreiterverhalten korreliert zunächst mit einem hohen Niveau wirtschaftlicher Entwicklung (JÄNICKE 2005; SCHWAB und SALA-I-MARTÍN 2014; VOGEL 1997). Deutschland ist die größte Volkswirtschaft der Europäischen Union (EU) und hat einen Anteil von etwa 20 % am gesamten Europäischen Bruttoinlandsprodukt (Statista 2015). Das Vorgehen einer großen Industrienation wie Deutschland wird international aufmerksam verfolgt, wie das Beispiel der Energiewende zeigt. Insofern erhöht eine hohe wirtschaftliche Leistungsfähigkeit auch die potenzielle Vorbildfunktion für andere Länder.

Deutschland gehört mit Schweden, Dänemark und Finnland zu den Ländern mit der höchsten Innovationskraft (Europäische Kommission 2014d). Das deutsche Innovationssystem zeichnet sich dabei unter anderem durch eine enge Vernetzung zwischen Unternehmen und Forschungseinrichtungen aus. Bei Exporten von Technologiegütern ist Deutschland weltweit mit führend (BMBF 2014a). Im Zeitverlauf hat Deutschland seine technische Innovationsleistung im internationalen Vergleich verbessert und gefestigt („Kommission gibt Startschuss für neuen Innovationsindikator", Pressemitteilung der Europäischen Kommission vom 13. September 2013; Deutsche Telekom Stiftung et al. 2014). Das wird vor allem auf den spezialisierten sowie gut vernetzten Mittelstand zurückgeführt (HARTMANN et al. 2014). In Deutschland gibt es das Potenzial komplexe Innovationen hervorzubringen, die erforderlich sind, um weitreichende gesellschaftliche Änderungsprozesse in Gang zu setzen und zu beschleunigen (NEUMANN et al. 2015). Gerade auch im Bereich umweltfreundlicher Technologien zeichnet sich Deutschland durch seine Innovationsfähigkeit aus und nimmt in internationalen Vergleichsstudien immer vordere Plätze ein (FANKHAUSER et al. 2013; van der SLOT und van den BERG 2012; HANEMAAIJER et al. 2014). Insgesamt befindet sich der Umweltsektor in Deutschland auf einem hohen Entwicklungsstand. Sein Anteil am Bruttoinlandsprodukt wächst seit Jahren und hat mit 13 Prozent in 2013 ein vergleichsweise hohes Niveau erreicht (BÜCHELE et al. 2014, S. 9; van der SLOT und van den BERG 2012).

34. Eine weitere wichtige Voraussetzung für Vorreiterverhalten ist die Funktionsfähigkeit politischer Institutionen (JÄNICKE 2005; SCHWAB und SALA-I-MARTÍN 2014). Die empirische Forschung hat gezeigt, dass der Staat eine sehr einflussreiche Rolle bei der Entwicklung von Innovationen und Technologiepfaden hat und in diesem Sinne auch als „unternehmerischer Staat" verstanden werden kann (MAZZUCATO 2014). Dies gilt insbesondere auch für den Umweltbereich (JÄNICKE 2012b). Deutschland besitzt nicht nur eine stabile demokratische Grundordnung und ein verlässliches Rechtssystem, sondern gestaltet auch eine aktive Umweltpolitik, die sich auf einen parteiübergreifenden Grundkonsens stützen kann. Es existieren Strategien und Instrumente für eine aktive Förderung von Umweltinnovationen, beispielsweise das Umweltinnovationsprogramm. Dabei wurden nicht nur wichtige Institutionen geschaffen, um die Zutrittsbarrieren für die Innovatoren im Bereich der Umwelttechnologien zu senken, sondern auch partizipative Prozesse und wissensbasierte Diskurse gestärkt. In ihrem Umweltbericht 2015 kündigt die Bundesregierung an, dass sie mit einem integrierten Umweltprogramm langfristige Ziele und Schwerpunkte anvisiert: „Mit diesem Programm soll ein transformativer Ansatz verfolgt werden, der Umweltpolitik als Treiber hin zu einer nachhaltigen Gesellschaft sieht." (Deutscher Bundestag 2015, S. 183).

Parallel zur Herausbildung von Industriezweigen, die umwelttechnologische Innovationen hervorgebracht haben, hat sich in Deutschland eine entsprechende Fachwissenschaft etabliert, ausdifferenziert und qualifiziert (SPERFELD und ZSCHIESCHE 2015, S. 27 und 75 f.). Sie geht über die Forschung an den traditionellen Einrichtungen wie Universitäten und Forschungsgesellschaften hinaus und hat zur Entwicklung einer eigenständigen, dynamischen Forschungslandschaft geführt. In deutschen Verwaltungen finden auf allen Ebenen umwelt- und klimapolitische Integrationsprozesse statt, die allerdings noch erweitert und vertieft werden sollten, um auch sektorale Politiken, wie beispielsweise die Verkehrs- und Landwirtschaftspolitik, stärker auf Nachhaltigkeit auszurichten (vgl. SRU 2012, Kap. 11).

35. Nicht zuletzt werden die breite gesellschaftliche Verankerung des Umweltschutzes und eine aktive Zivilgesellschaft als wichtige Bedingungen für umweltpolitisches Vorreiterverhalten identifiziert (JÄNICKE 2005). In der deutschen Gesellschaft ist das Umweltbewusstsein hoch, postmaterielle Werte sind relativ weit verbreitet. 86 Prozent der deutschen Bevölkerung fordern eine starke Umweltpolitik auf nationaler Ebene, die Mehrheit sieht inzwischen positive Synergien zwischen Umweltschutz und ökonomischen Zielen wie Wettbewerbsfähigkeit, Wohlstand und Arbeitsplätze (BMUB und UBA 2015). Darüber hinaus findet Umweltschutz in Deutschland eine breite zivilgesellschaftliche Unterstützung. Während auf lokaler und regionaler Ebene zahlreiche Beteiligungsmöglichkeiten bestehen, war die nationale Politik in der Vergangenheit tendenziell durch korporatistische Politikmuster geprägt. Dabei werden vor allem große Interessenverbände aktiv in den Politikformulierungsprozess eingebunden, während kleinere Akteursgruppen und die breitere Öffentlichkeit insbesondere vom vorparlamentarischen Prozess weitgehend ausgeschlossen bleiben (für einen Überblick über die Organisation der Interessensvertretung in Deutschland. ANDERSEN und WOYKE 2003; VOELZKOW 2007).

Gerade in den für ökologische Transformationen relevanten Bereichen der Umwelt- und Energiepolitik deuten sich hier allerdings Veränderungen hin zu mehr Transparenz und Beteiligung an. Beispiele hierfür finden sich bei der Energiewende, der Klima- und Ressourcenpolitik sowie im Rahmen der Agendaprozesse zur Forschungspolitik.

1.3.2 Bedeutung von Vorreiterrollen im Mehrebenensystem der Europäischen Union

36. Die europäische Handlungsebene ist für eine nationale Transformationspolitik von zentraler Bedeutung. Mit ihr verbinden sich sowohl Handlungsrestriktionen als auch -chancen. In der EU ist die Rolle von Vorreitern nicht zu unterschätzen. Sie geben neue Impulse für europäische Politiken und tragen so zu einer dynamischen Mehrebenenverflechtung bei. Mit einer anspruchsvollen europäischen Umweltpolitik erweitern sich wiederum die Gestaltungsspielräume für transformative nationale Politiken. Die EU spielt ihrerseits eine wichtige Rolle bei der Gestaltung internationaler Umweltabkommen und kann auf dieser Ebene sich verstärkende Prozesse initiieren.

Begrenzte nationale Gestaltungsspielräume im europäischen Binnenmarkt

37. In der EU sind einige Handlungsfelder besonders stark europäisiert, so insbesondere der Binnenmarkt, die Agrar- und Strukturpolitik oder die europäische Umweltpolitik. Die EU setzt in diesen Politikfeldern Regeln und stellt Rahmenbedingungen auf, die national berücksichtigt werden müssen. Nationale Politik muss in diesem Sinne „gemeinschaftsverträglich" sein, das heißt den besonderen Stellenwert der europäischen Marktintegration respektieren und die verschiedenen marktschaffenden Politiken umsetzen (SCHARPF 1999; 2003; KNILL 2003; GEHRING 1996). In diesem Sinne bildet die EU immer auch eine Handlungsrestriktion.

In der Umsetzung existieren dennoch vielfach große Ausgestaltungsspielräume: So enthält die Umweltpolitik oftmals Planungs- und Regulierungsaufträge, die in den Mitgliedstaaten erst materiell ausgefüllt werden müssen. Die EU formuliert zum Beispiel im anlagenbezogenen Umweltschutz lediglich Mindeststandards, die national auch strenger gefasst werden können (sogenannte Schutzverstärkung, vgl. Art. 193 des Vertrags über die Arbeitsweise der Europäischen Union (AEUV) (zu den Voraussetzungen CALLIESS/RUFFERT 2011, Art. 193 Rn. 1 ff.). Bei der Formulierung von Umwelthandlungszielen setzt sie vielfach auf abgestufte nationale Beiträge (target oder burden sharing), um das europäische Ziel erreichen zu können (GEHRING 1996; SRU 2007).

Europäisierung nationaler Vorreiterrollen

38. Die EU hat effektive Mechanismen entwickelt, um nationale Politiken schnell zu europäisieren, insbesondere dort, wo nationale Maßnahmen den einheitlichen Binnen-markt gefährden könnten. Dies gilt zum Beispiel für produktbezogene Umweltstandards (GEHRING 1996; HOLZINGER und SOMMERER 2011; KNILL 2003), die Abfallpolitik (TÖLLER 2012), aber zum Teil auch für die europäische Klima- oder Energiepolitik (SCHREURS und TIBERGHIEN 2010; WETTESTAD et al. 2012; CALLIESS und HEY 2013b; JORDAN und RAYNER 2010). Aus einem Vergleich von 17 umweltpolitischen Maßnahmen zwischen 1979 und 2000 ergab sich, dass eine Einigung in der EU eher auf hohem Niveau erfolgte, als dass es zu einer Einigung auf dem kleinsten gemeinsamen Nenner kam (HOLZINGER und SOMMERER 2011). Insbesondere bei Produktstandards bestand ein zwingender Harmonisierungsbedarf zur Vermeidung von nationalen Handelsbeschränkungen. Hierbei kam es häufig zu einem Anhebung des umweltpolitischen Ambitionsniveaus (zu den Einflussfaktoren s. a. HOLZINGER und SOMMERER 2011, S. 230; HOLZINGER 2003; SCHARPF 1997, S. 522; 2003; für internationale Beispiele s. VOGEL 1997; DREZNER 2001). In der EU haben Vorreiter Anreize zur Europäisierung ihrer nationalen Umweltpolitiken, weil dadurch nationale Innovationen stabilisiert, durch den Export des eigenen Modells neue Märkte geschaffen und die nationalen Anpassungskosten an EU-Vorgaben minimiert werden können (HÉRITIER et al. 1994; KNILL 2003, S. 124 f.; KNILL et al. 2012).

Mit ihrem Initiativmonopol spielt die Europäische Kommission in diesem institutionellen System eine besondere Rolle. Indem sie nationale regulative Modelle und Problemlösungen als Blaupause für ihre eigenen Vorschläge nutzt, belohnt sie vielfach Vorreiterverhalten. Im Gegensatz zum „Initiierungsdilemma" bei internationalen Verhandlungen gibt es also für Vorreiterländer einen Vorteil, weil für sie die Chance größer wird, dass das eigene Modell von der Europäischen Kommission aufgegriffen wird und sich damit europäisiert (GEHRING 1994, S. 229; KNILL 2003, S. 131 f.).

Das institutionelle System der EU gilt als relativ offen für innovative Problemlösungen (PETERS 1994). Zugleich hat die EU eine einigungsorientierte politische Kultur und Institutionen entwickelt, in denen nach gemeinsamen Lösungen und Kompromissen gesucht wird (NEYER 2004; 2006; JACHTENFUCHS 2008, S. 393 f.; EICHENER 2000; GEHRING 2000). Damit bieten sich grundsätzlich Chancen für die Europäisierung nationaler transformativer Politiken und somit auch für deren innenpolitische Stabilisierung.

Darüber hinaus ist die EU ein wichtiges Bindeglied zwischen der globalen und der nationalen Umweltpolitik. Sie versteht sich oft als Motor internationaler Umweltabkommen und versucht daher in Konzipierung und Umsetzung von Maßnahmen vorbildlich zu erscheinen (OBERTHÜR und RABITZ 2014; OBERTHÜR und GROEN 2014; OBERTHÜR 2008).

Zyklen der europäischen Umweltpolitik

39. Die Europäische Kommission hat in den letzten Jahren zahlreiche Strategiepapiere mit einer transformativen Agenda formuliert, so beispielsweise den Fahrplan für eine klimaschonende Ökonomie bis 2050, den Ressourceneffizienzplan (SRU 2012, Tz. 686 ff.), die Biodiversitätsstrategie oder zusammenfassend das 7. Umweltaktionsprogramm mit seiner Vision eines guten Lebens innerhalb planetarischer Grenzen (HEY 2014; EEA 2015b; Europäische Kommission 2014b).

Abbildung 1-3 illustriert, dass eine anspruchsvolle Transformationsagenda auf europäischer Ebene bereits ausformuliert wurde. Zum Teil hat die Europäische Kommission für diese Initiativen Unterstützung durch den Europäischen Rat, den Ministerrat und das Europäische Parlament erhalten, so zum Beispiel für die Dekarbonisierung der europäischen Wirtschaft. Sie kann damit in strategischen Handlungsfeldern eine transformative Agenda vorantreiben. Insbesondere im Wechselspiel mit Mitgliedstaaten, die ähnlich weitreichende Agenden verfolgen, ergeben sich hierdurch zahlreiche Anknüpfungspunkte für eine sich gegenseitig verstärkende Europäisierung nationaler Politiken und eine vorbildliche nationale Konkretisierung europäischer Strategien, somit einer Verstärkung auf mehreren Ebenen (Multi-Level

Reinforcement) (SCHREURS und TIBERGHIEN 2007; 2010).

40. Die politischen Schwerpunkte der EU schwanken jedoch im Zeitablauf zwischen einer eher wirtschaftsnahen und einer transformativen Agenda (von HOMEYER und WITHANA 2011, S. VIII und 225; HEY 2014). Eine besondere Herausforderung besteht darin, eine ökologisch transformative und langfristige Agenda über diese Zyklen hinweg zu stabilisieren. In Zeiten der aktuellen politischen und wirtschaftlichen Krisenentwicklungen ist eher eine Schwächung der EU im Allgemeinen (vgl. KASSIM und LYONS 2013) und der Umweltpolitik im Besonderen zu erwarten. Dabei findet in der Regel weniger ein Abbau von Umweltstandards als vielmehr eine Politik des Vertagens und des Nicht-Entscheidens statt (vgl. STEINEBACH und KNILL 2015). Die seit Ende 2014 amtierende Europäische Kommission versteht sich als wesentlich wirtschaftsnäher und politischer als ihre Vorgänger (von ONDARZA 2014). Dies spiegelt sich in der Hierarchisierung der neuen Kommission, erneuten Bemühungen zum Bürokratieabbau und einer „besseren Rechtsetzung" (Better Regulation Agenda) sowie der versuchten und tatsächlich erfolgten Rücknahme einiger umweltpolitischer Vorhaben wider (Europäische Kommission 2015d; s.a. Abschn. 1.4.1). Zentrale

Abbildung 1-3

Langfristige Übergangs-/Zwischenziele der europäischen Umweltpolitik

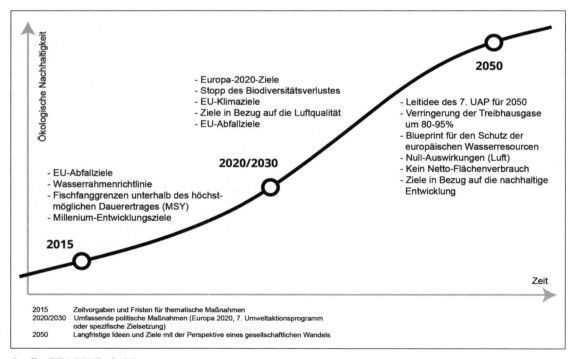

Quelle: EEA 2015b, S. 26

Umweltschutzrichtlinien, wie etwa die FFH-Richtlinie 92/43/EWG und die Vogelschutzrichtlinie 2009/147/EG werden aktuell einem sogenannten Fitness Check unterzogen, um zu prüfen, ob diese modernisiert und zusammengeführt werden können. Die noch in der Diskussion befindliche Neuverhandlung dieser Richtlinien birgt das Risiko, dass Schutzstandards abgeschwächt werden. Der Fokus dieser Initiativen liegt auf der Überprüfung „unnötiger regulatorischer Kosten" und der Rechtsvereinfachung, insbesondere für kleine und mittlere Unternehmen, aber weniger auf der dynamischen Weiterentwicklung von Schutzpolitiken. Besonders kritisch ist in diesem Zusammenhang zu sehen, dass sich die Europäische Kommission abwertend über nationales umweltpolitisches Vorreiterverhalten äußert. Die in Art. 193 AEUV vorgesehene Möglichkeit einer nationalen Schutzverstärkung bezeichnet sie in ihrer Mitteilung zur besseren Rechtsetzung als „Goldplating", also als unnötiges Ausschmücken. Bestehende nationale Vorreiterpolitiken werden wegen der „unnötigen" Kosten für Unternehmen und Behörden kritisiert. Dementsprechend sollen sich die Mitgliedstaaten in Zukunft rechtfertigen, wenn sie weitergehende Maßnahmen ergreifen (Europäische Kommission 2015d, S. 8). Die Kritik der Europäischen Kommission an umweltpolitischen Vorreiterrollen wird auch von den Regierungsparteien CDU und SPD mitgetragen. Diese haben sich in ihrem Koalitionsvertrag explizit dafür ausgesprochen, Richtlinien möglichst wortgleich aus dem europäischen Recht umzusetzen (sogenannte 1:1-Umsetzung, CDU et al. 2013, S. 12) und den nationalen Handlungsspielraum nicht auszunutzen – Richtlinien setzen gerade auf dem Gebiet des Umweltrechts oftmals europäische Mindeststandards, die aber von den Mitgliedstaaten übertroffen werden können. Dieses Schutzverstärkungsprinzip berücksichtigt die unterschiedlichen natürlichen und wirtschaftlichen Gegebenheiten der Mitgliedstaaten besser als eine vollständige Harmonisierung. Eine solche würde nationale Vorreiterpolitiken verhindern und damit die Schutzverstärkungsmöglichkeit nach Art. 193 AEUV unmöglich machen.

1.4 Transformative Politik in einzelnen Handlungsfeldern

41. Die folgenden Abschnitte zielen darauf ab, die konzeptionellen Erkenntnisse über eine transformative Politik auf konkrete Handlungsfelder anzuwenden. Wie könnten tiefgreifende Veränderungsprozesse konkret in verschiedenen Sektoren aussehen? Inwiefern befindet sich Deutschland bereits auf dem Weg, solche Prozesse vorzudenken und umzusetzen? Welche Chancen, Hemmnisse und Ansatzpunkte für staatliches Handeln gibt es in wichtigen Problembereichen?

Ausgewählt wurden drei zentrale umweltpolitische Handlungsfelder, die auch im 7. Umweltaktionsprogramm der EU eine wichtige Rolle spielen (Europäische Kommission 2014b): Klimaschutz, Kreislaufwirtschaft und Biodiversitätsschutz in der Landwirtschaft. In Deutschland befinden sich diese Handlungsfelder in unterschiedlichen Entwicklungsphasen und stehen damit auch für spezifische Transformationsherausforderungen. Quer zu den drei thematisch abgegrenzten Handlungsfeldern steht ein viertes, die Forschungspolitik. Sie bietet wichtige Ressourcen, um die ökologischen Herausforderungen der Zukunft zu bewältigen.

1.4.1 Klimaschutz

42. Aus der Perspektive des Klimaschutzes wird besonders deutlich, warum grundlegende Transformationen von Wirtschaft und Gesellschaft notwendig sind: Das globale Wirtschaftssystem basiert im Wesentlichen auf der Nutzung von fossilen Rohstoffen. Von einer weitgehenden Dekarbonisierung wären nahezu alle Bereiche der Wirtschaft und Gesellschaft betroffen, nicht nur Energiesysteme, sondern beispielsweise auch Verkehrs- und Landnutzungssysteme. Es ist daher kein Zufall, dass das Nachdenken über Transformationen vielfach eng mit der Klimawissenschaft verknüpft ist (z. B. WBGU 2011).

1.4.1.1 Die politische Bedeutung nationaler Vorreiter für die globale Klimapolitik

43. Klimastabilität ist ein globales öffentliches Gut. Maßnahmen zur Verringerung von Treibhausgasemissionen kommen allen zugute. Daher gibt es aus der Sicht einzelner Staaten wenig Anreize, eine Vorreiterrolle einzunehmen, sondern einen starken Anreiz für Trittbrettfahrerverhalten. Um diese sogenannte Allmendeproblematik beim Klimaschutz zu überwinden, bemühen sich Teile der internationalen Staatengemeinschaft seit zwanzig Jahren um ein bindendes internationales Abkommen. Während die Verabschiedung des Kyoto-Protokolls im Jahr 1997 als Durchbruch bewertet wurde, geriet die internationale Klimapolitik in den letzten Jahren in eine Krise (PARKER et al. 2012; PARKER und KARLSSON 2010; OBERTHÜR und GROEN 2014). Nach dem Scheitern der Klimakonferenz 2009 in Kopenhagen verbreitete sich die Auffassung, dass es „starker zusätzlicher Kräfte auf dem Spielfeld des Klimaschutzes [bedarf], welche die politischen Entscheidungsträger zu entschlossenem Handeln drängen und komplementär wirksame Maßnahmen in eigener Regie ergreifen" (WBGU 2014a, S. 3). Mit der Klimakonferenz von Paris im Herbst 2015 fand ein Kurswechsel von einem globalen Top-down-Ansatz hin zu einer flexibleren Steuerung durch nationale Selbstverpflichtungen statt. Damit wird nationalen Vorreitern für den Erfolg der internationalen Klimapolitik eine entscheidende Rolle zugewiesen. Ambitionierte Vorschläge einzelner Staaten können andere Staaten ermutigen, ihre Selbstverpflichtungen zu erhöhen. Auch in der Vergangenheit wurde Klimapolitik maßgeblich von Vorreitern angetrieben. Insbesondere die EU und Deutschland galten sowohl in der Außen- als auch in der Selbstwahrnehmung als klimapolitische Vorreiter (BÄCKSTRAND und ELGSTRÖM 2013; ELGSTRÖM 2007; STEINBACHER und PAHLE 2015; AXELROD und SCHREURS 2015; ECKERSLEY 2013). Neben neuen und detaillierteren Erkenntnissen aus der Klimaforschung waren vor allem Vorreiterländer wichtige klimapolitische Treiber. Diese Länder haben über starke nationale Ziele und Politiken die Machbarkeit von Klimaschutz gezeigt und Kooperationen auf internationaler Ebene aktiv vorangetrieben (SAUL und SEIDEL 2011; s. a. SCHREURS 2012).

44. Ermöglicht wird dies auch dadurch, dass Klimapolitik große Zusatznutzen erschließen kann, wie zum Beispiel eine Verbesserung der Luftqualität oder Kostenreduktionen im öffentlichen Gesundheitswesen (BUONOCORE et al. 2015). Zusatznutzen ergeben sich nicht nur für die menschliche Gesundheit, den Naturschutz und andere Umweltgüter (z. B. ANENBERG et al. 2012; EDENHOFER et al. 2015), sondern auch im industriepolitischen Sinne (z. B. WALZ 2015; s. a. Tz. 135). Diese Anreize machen Klimaschutz auch auf lokaler Ebene attraktiv und das Argument, dass Klimaschutz als Allmendeproblematik nur durch globales Handeln überwunden werden kann, wird dadurch entkräftet. Da der Zusatznutzen insbesondere auf dezentraler Ebene wirksam wird, erweitert er den Handlungsspielraum klimapolitischer Akteure auf allen politischen Ebenen. Polyzentrische Lösungsansätze, das heißt nicht hierarchisch koordinierte Aktivitäten auf verschiedenen Ebenen, haben zusätzlich zu internationalen Regimes einen Mehrwert: Auf dezentraler Ebene bauen Akteure eher das für effektive Selbstorganisation und Kooperation nötige Vertrauen auf. Im Rahmen polyzentrischer Governance-Ansätze wird eine Vielzahl an Lösungsansätzen getestet und entwickelt. Dies erhöht die Resilienz des Gesamtsystems (OSTROM 2009; COLE 2015; WBGU 2011; 2014a). Die Anzahl nationaler Klimaschutzmaßnahmen steigt beständig (NACHMANY et al. 2014; FANKHAUSER et al. 2014; LACHAPELLE und PATERSON 2013). Dennoch wird das Argument des vielfältigen zusätzlichen Nutzens bisher nicht ausreichend in der Klimapolitik berücksichtigt (IPCC 2014, S. 30). Narrative bieten eine Möglichkeit, verstärkt auf den Zusatznutzen von Klimapolitik hinzuweisen. Ein Beispiel dafür ist die Verknüpfung von Klima- und Friedenspolitik durch den französischen Staatspräsidenten François Hollande bei den Klimaverhandlungen im Dezember 2015 in Paris. Ähnlich äußerte sich auch Bundesumweltministerin Barbara Hendricks im Vorfeld der Verhandlungen mit dem Satz „Klimapolitik ist Friedenspolitik", der in der Berichterstattung über die internationalen Klimaverhandlungen in Paris aufgegriffen wurde und den Diskurs mitprägte.

1.4.1.2 Die deutsche Energiewende: Vorreiter der Transformation?

45. Die Energiewende in Deutschland verbindet klimapolitische Ziele mit einer industriepolitischen Agenda. Das klimapolitische Zielsystem der Energiewende ist dabei zumindest für 2020 und 2030 deutlich ehrgeiziger als dasjenige der EU (zu den Klimazielen s. a. SRU 2013b, Tz. 1; 2015a). Mit der Energiewende hat Deutschland die internationale Aufmerksamkeit auf sich gezogen und seine

innovationspolitische Reputation an das Gelingen der Energiewende geknüpft (STEINBACHER und PAHLE 2015; GIZ 2012; Konrad-Adenauer-Stiftung 2013; Agentur für Erneuerbare Energien 2014). Ausgangspunkt und Kern der Energiewende sind neben dem beschleunigten Atomausstieg die Förderung des Zubaus von Erneuerbare-Energien-Anlagen und die Steigerung der Energieeffizienz. Mit dem Erneuerbare-Energien-Gesetz (EEG) hat Deutschland ein Instrument geschaffen, das Investitionssicherheit bietet (d. h. „geduldiges Kapital" bereitstellt, vgl. MAZZUCATO 2014), langfristige Kostensenkungspotenziale erschließt und die erneuerbaren Energien schrittweise aus der technologischen Nische geführt hat.

Das EEG ist in mehrfacher Hinsicht Ausdruck einer erfolgreichen Vorreiterpolitik: Die Kosten von Photovoltaik (PV) und Windkraft sind massiv gesunken und haben anderen Ländern den Einstieg in die Technologie ermöglicht. Das EEG wurde von vielen Ländern erfolgreich nachgeahmt (SOLORIO et al. 2014). Die EU hat solche nationalen instrumentellen Wege zur Umsetzung der europäischen Ziele zum Ausbau der erneuerbaren Energien lange geduldet. Darüber hinaus hat es auch im Sinne eines positiven Policy Feedbacks (vgl. Tz. 27 f.) das Kräfteverhältnis der energiepolitischen Akteure verändert: Vertreter der Erneuerbare-Energien-Branchen zählen nicht länger ausschließlich zu den Herausforderern des alten Systems („Veränderungsinteressen"), sie sind mittlerweile Teil eines sich stark verändernden Status-quo-Regimes geworden (SRU 2013b; WASSERMANN et al. 2015).

46. Eine transformative Politik ist die Energiewende, weil sie weit über den Ausbau erneuerbarer Energien hinausgeht. Sie belegt anschaulich, vor welchen Herausforderungen tiefgreifende sozio-technische Umgestaltungsprozesse stehen. Dies gilt insbesondere für die Übergangsphase zwischen Nischenentwicklung und neuem sozio-technischem Regime:

– Technische Veränderungen wie der Ausbau von erneuerbaren Energien, von Stromnetzen und der Elektromobilität gehen mit zahlreichen rechtlichen, ökonomischen und gesellschaftlichen Veränderungen einher: Dazu zählen beispielsweise die Reform von Planungsverfahren und regulatorischen Rahmenbedingungen sowie die Veränderungen von Märkten, Geschäftsmodellen und Verbraucherverhalten.

– Transformationen folgen keinem Masterplan, auch wenn langfristige Orientierungs- und Eckpunkte unverzichtbar sind: Die Erfahrung der letzten Jahre zeigt, dass bestimmte Effekte und Probleme von Veränderungsprozessen nicht langfristig vorhergesagt werden können. Dies gilt umso mehr, als Technologie- und Kostenentwicklungen mit strukturellen Unsicherheiten verbunden sind. Ob und wann beispielsweise Elektrofahrzeuge aufgrund sinkender Kosten und steigender Reichweiten attraktiv für Verbraucher werden, ist schwer zu prognostizieren. Auch die Frage, in welchem Maße sich PV-Speichersysteme massiv marktgetrieben verbreiten, hängt von verschiedenen ökonomischen, technischen und regulatorischen Faktoren ab. Angesichts dieser Unsicherheiten und potenziell dynamischer Entwicklungen wird ein regelmäßiges Nachsteuern in vielen Bereichen unabdingbar sein, gerade um eine gewisse Richtungssicherheit zu gewährleisten.

47.   Damit Deutschland Vorreiter bleiben und die Energiewende erfolgreich weiterführen kann, müssen nicht nur neue Technologien aufgebaut, sondern auch technologische Pfade, die mitunter zu „Lock-in-Effekten" führen, verlassen und veraltete Technologien rückgebaut werden (vgl. Abschn. 1.3.2). Diese schwierige Aufgabe wird im Rahmen der Energiewende noch nicht erfolgreich bewältigt. Strukturwandel, der nicht allein durch Marktkräfte, sondern auch durch politische Intervention hervorgerufen wird, trifft auf verständliche Widerstände der Betroffenen. Die kontroversen Diskussionen über eine zusätzliche Belastung alter Kohlekraftwerke durch den sogenannten Klimabeitrag (BMWi 2015a) zeigen, dass für eine Beschleunigung des Strukturwandels sowohl politische Durchsetzungskraft als auch überzeugende instrumentelle Lösungen sowie auch positive Angebote an die Verlierer von Strukturwandel notwendig sind. Der SRU (2015a) hat sich im Hinblick auf diese Herausforderung für einen nationalen Kohlekonsens ausgesprochen. Dieser sollte durch eine Plattform aus Vertretern der Energiewirtschaft, von Bund und Ländern, Verbänden sowie der Wissenschaft nach dem Vorbild der Ethikkommission „Gemeinschaftswerk Energiewende" erarbeitet werden. Der Prozess sollte hochrangig gesteuert und aktiv durch Bundesbehörden, Ministerien und wissenschaftliche Untersuchungen begleitet werden. Die erfolgreiche Bewältigung von Strukturbrüchen in der Vergangenheit hat gezeigt, dass ein sozialverträglich gestalteter Strukturwandel hin zu einer klimaverträglichen Energieversorgung möglich ist (z. B. Stahlindustrie). Zur Flankierung sollte ein hinreichend ausgestattetes Bund-Länderprogramm entwickelt werden, in dem verschiedene Einzelmaßnahmen (z. B. Schaffung von Sozialplänen, Vermeidung betriebsbedingter Kündigungen, Umschulungs- und Qualifizierungsmaßnahmen) gebündelt werden (SRU 2013b; 2015a). Rechtzeitig begonnen und langfristig angelegt würde ein solcher Kohlekonsens Vertrauen in die Energiewende fördern, polarisierende Konflikte entschärfen und Planungssicherheit für alle Akteure schaffen.

1.4.1.3 Die Europäische Union als Hemmnis und Chance für transformative Vorreiterpolitik

Der europäische Binnenmarkt als Hemmnis für nationale Vorreiter

48.   Der durch das Klima- und Energiepaket 2020 gestärkte innereuropäische Konsens für eine gemeinschaftliche Klimapolitik und eine europäische Energiewende (CALLIESS und HEY 2013a) wurde durch das Ausbleiben ambitionierter und verbindlicher nationaler Ziele für den Ausbau erneuerbarer Energien und Energieeffizienz für das Jahr 2030 (Europäischer Rat 2014) geschwächt. Dies hemmt die Klimaschutzpolitik der Mitgliedstaaten. Auf der einen Seite sehen Beobachter in den aktuellen Entwicklungen eine Schwächung europäischer Integration im Energiebereich. Insbesondere ein schwacher europaweiter Governance-Rahmen zur Umsetzung der Ziele weise darauf hin, dass zukünftige Lösungen individuell durch Mitgliedstaaten gestaltet werden (FISCHER und GEDEN 2015). Auf der anderen Seite nimmt die europäische Politik im Rahmen der auf den europäischen Binnenmarkt fokussierten Energieunion zunehmend Einfluss auf die Ausgestaltung nationaler Förderpolitiken für erneuerbare Energien und schränkt den Handlungsspielraum der Mitgliedstaaten deutlich ein (TEWS 2015). So hat die Europäische Kommission mit einer Neufassung der Leitlinien für staatliche Umweltschutz- und Energiebeihilfen 2014 bis 2020 (Europäische Kommission 2014c) mit einigem Erfolg Ziele des europäischen Energiebinnenmarktes gegenüber der nationalen Förderung für erneuerbare Energien durchgesetzt (KAHL 2015; WUSTLICH 2014). Hintergrund der beihilferechtlichen Auflagen ist vor allem die befürchtete wettbewerbsverzerrende Wirkung der Einspeisevergütung. So sanken beispielsweise in Zeiten hoher Einspeisung von Strom aus Wind und Sonne in Deutschland die Strompreise in den Niederlanden – was zu Einkommenseinbußen der dortigen Stromproduzenten und Unmutsäußerungen der niederländischen Regulierungsbehörde aufgrund der Wettbewerbsverzerrungen geführt hat (BAYER und BAKER 2014, S. 19). Die Praxis nationalstaatlicher Klimapolitik findet also zwischen Vorreiteranspruch und den Erfordernissen des Energiebinnenmarktes statt. In diesem Spannungsverhältnis gilt es immer wieder, Gestaltungs- und Handlungsspielräume für Vorreiterverhalten zu bewahren. Trotz eines gewissen Spannungsverhältnisses zur Energiekompetenz des Art. 194 AEUV kommt der umweltpolitischen Schutzverstärkungsklausel des Art. 193 AEUV insoweit zentrale Bedeutung zu.

Emissionshandel erschwert Vorreiterverhalten

49.   Der Emissionshandel bietet aufgrund massiver Zertifikatsüberschüsse kaum wirksame Anreize zum Klimaschutz und erschwert zudem nationales Vorreiterverhalten: Sinken durch nationale Maßnahmen die CO_2-Emissionen in vom Emissionshandel betroffenen Branchen, so werden Zertifikate frei, die von anderen Emittenten genutzt werden können. Daher ist es möglich, dass nationale Minderungsaktivitäten in den vom europäischen Emissionshandel erfassten Sektoren nicht die europäischen Gesamtemissionen senken (der sog. Wasserbetteffekt, vgl. SRU 2015a). Maßnahmen außerhalb der Emissionshandelssektoren – also beispielsweise Haushalte und Verkehr – sind davon allerdings nicht betroffen.

Dem Wasserbetteffekt kann entgegen gewirkt werden, wenn die durch zusätzliche Emissionsminderungen frei werdenden Zertifikate stillgelegt werden, wie dies beispielsweise vom Bundesministerium für Wirtschaft und Energie (BMWi) im Rahmen eines „Klimabeitrags" (BMWi 2015b) vorgeschlagen wurde. Darüber hinaus können nationale Maßnahmen auf eine langfristige Dynamisierung der Klimapolitik abzielen, indem sie im politischen Prozess dazu beitragen, die europäischen Ziele zu verschärfen. Zu begrüßen ist, dass zukünftig die sogenannte Marktstabilitätsreserve den Spielraum für nationale Vorreiter vergrößern wird (Europäische Kommission 2014f; SRU 2015a, Tz. 12; s. a. Tz. 127). Sie soll durch den Abbau von Zertifikatsüberschüssen verlässliche Rahmenbedingungen und Anreize zur Emissionsminderung gewährleisten.

Die Spannungen, die sich aus den unterschiedlichen klimapolitischen Zielen Deutschlands und der EU ergeben, haben zu Forderungen nach einer Aufweichung der nationalen Klimaziele geführt (z. B. Wirtschaftsrat der CDU 2015). Dagegen hält der SRU es aus zwei Gründen für sinnvoll, dass Deutschland auch für 2030 an möglichst verbindlichen und ehrgeizigeren klimapolitischen Zielen als die EU festhält (Treibhausgasminderungsziele Deutschland: − 55 %, EU: − 40 % gegenüber 1990). Erstens werden durch die Einführung der Marktstabilitätsreserve zusätzliche nationale Emissionsminderungen nicht nur in den Nicht-Handelssektoren, sondern auch in den Handelssektoren wirksam. Zweitens würde das Aufgeben eines nationalen Klimaziels die deutsche Energiewende verlangsamen. Dadurch würde Deutschland auch eine Verfehlung seiner Langfristziele riskieren und die Glaubwürdigkeit des politisch breit getragenen Energiekonzepts für 2020 (BMWi und BMU 2010) und somit auch das Vertrauen von Investoren und Finanzmärkten beschädigen.

EU als Chance für nachhaltige Klima- und Energiepolitik

50. Während der Binnenmarkt und der Emissionshandel einer ambitionierten nationalen Energiepolitik bestimmte Grenzen setzen, bietet die EU aber auch viele Chancen für eine Wende hin zu erneuerbaren Energien. Zusammen mit ähnlich orientierten Mitstreitern kann Deutschland sich für ambitionierte Ziele zur Emissionsminderung und zum Ausbau der erneuerbaren Energien einsetzen. So konnten sich in der Vergangenheit die progressiven Kräfte auf EU- und nationalstaatlicher Ebene gegenseitig verstärken (SCHREURS und TIBERGHIEN 2007; s. a. HEY 2009 zu der Koalition zwischen Staatsoberhäuptern und Umweltministern; SCHREURS und TIBERGHIEN 2010). Auch wenn das Klima- und Energiepaket 2030 nicht den ambitioniertesten Forderungen entspricht, kann der Erhalt der Zieltrias als Beleg für eine europäische Vorreiterrolle in der Klimapolitik gewertet werden (SRU 2013a). Das grenzüberschreitend vernetzte Stromsystem Europas und verkoppelte Strommärkte helfen nicht nur Kosten zu senken, sondern erhöhen auch die Versorgungssicherheit und erleichtern den Ausgleich der fluktuierenden Einspeisung von Strom aus Sonne und Wind. Länder und Regionen mit großen und gut erschließbaren Speicherkapazitäten, wie etwa in Skandinavien und im Alpenraum, können ebenfalls dazu beitragen, die schwankende Einspeisung aus erneuerbaren Energien auszugleichen. Europäische Institutionen wie unter anderem das Pentalaterale Energieforum bieten weitere Ansatzpunkte für eine enge Kooperation, beispielsweise bei der grenzüberschreitenden Berechnung von gesicherter Leistung und bei der effizienten Nutzung von Grenzkuppelstellen. Auf globaler Ebene ist die EU ein einflussreicher Akteur, der internationale Klimapolitik voranbringen kann. Die europäische Klimapolitik und das europäische Institutionengefüge wirken also nicht nur hemmend auf nationale Vorreiterpolitik, sondern bieten auch Chancen für den Klimaschutz.

1.4.1.4 Schlussfolgerungen

51. Die Energiewende ist ein Beispiel für eine transformative Vorreiterpolitik. Sie zeigt aber auch die Herausforderungen auf, die mit einem solchen Projekt verbunden sind. Sozio-technische Transformationen erfordern Veränderungen von großer Breite und Tiefe. So wichtig langfristige Zielmarken und Fahrpläne für die Energiewende sind, so wird es keinen Masterplan für alle Details der Energiewende geben können. Umso wichtiger wird das Konzept einer reflexiven Governance, die Experimentieren und Lernen ermöglicht. Die Energiewende belegt die Notwendigkeit, nicht nur den Aufbau neuer Technologien zu fördern, sondern auch den Rückbau bestehender Technologien vorzudenken und zu unterstützen. Dies ist vor allem dann politisch Erfolg versprechend, wenn Akteurskonstellationen langfristig bewusst unterstützt werden und neue Akteure entsprechend ihrer zunehmenden Bedeutung in den verschiedenen demokratischen Arenen repräsentiert werden. In diesem Sinne sollte der langfristige Strukturwandel der Kohlebranche in Deutschland bereits jetzt im Rahmen akteursübergreifender Plattformen angelegt werden, um im Rahmen konsensualer Entscheidungsfindung einen sozial- und klimaverträglichen Umbau mit Planungssicherheit für alle Akteure zu gewährleisten. (SRU 2015a)

52. Mit Blick auf die internationale Dimension bestätigen sich die Vorteile eines polyzentrischen Handlungsansatzes. Europäische Politiken sollten daher so ausgestaltet werden, dass es einzelnen Mitgliedstaaten ermöglicht wird, ambitioniertere Pfade einzuschlagen. So sollte die Bundesregierung nicht nur an ihren weiterreichenden klimapolitischen Zielen für 2030 festhalten, sondern diese auch im Emissionshandelssektor mit zusätzlichen Maßnahmen unterlegen. Wichtig ist dabei aus politischen und ökonomischen Gründen, bei allen Abstufungen von Zielen und Instrumenten nicht die Erreichung gesamteuropäischer Ziele außer Acht zu lassen. Politisch sollte die Glaubwürdigkeit der EU als treibender internationaler Verhandlungspartner nicht gefährdet werden. Ökonomisch sollte auf die Synergie zwischen nationalen und europäischen Maßnahmen geachtet werden. Beim Emissionshandel wäre dieses

Kriterium beispielsweise durch das Zusammenspiel von Marktstabilitätsreserve (s. Tz. 49) und Klimabeitrag erfüllt gewesen (SRU 2015a).

1.4.2 Kreislaufwirtschaft

53. Ökologische Transformationen erfordern auch die Entkopplung der weltweit unverändert steigenden Wirtschaftsleistung vom Ressourcenverbrauch und seinen Umweltwirkungen (SRU 2012, Tz. 114). Im breiteren Kontext der Debatte um Ressourcenschonung spielt die Weiterentwicklung einer Kreislaufwirtschaft („circular economy") dabei eine Schlüsselrolle. In der neueren Literatur wird Kreislaufwirtschaft sehr breit gefasst als die Summe aller Maßnahmen, die die Nutzungsdauer und Nutzungsintensität von Rohstoffen und Materialien in der Volkswirtschaft substanziell erhöhen. Diese Idee ist dann transformativ, wenn sie technische Produktinnovationen, veränderte Konsummuster, neue Geschäftsmodelle, einen förderlichen politischen Rahmen und ein neues ökonomisches Paradigma entwickelt (EEA 2014; UNEP 2011; FISCHER-KOWALSKI et al. 2011; ANDERSEN 2007).

Der Aufbau einer Kreislaufwirtschaft gilt als eine klassische Win-win-Politik, weil ökonomische Ziele – wie Stärkung der inländischen Wertschöpfung, Schaffung von Arbeitsplätzen und Verminderung der Verwundbarkeit gegen Weltmarktpreisschwankungen – mit Umweltentlastungen einhergehen können (BRINGEZU und BLEISCHWITZ 2009; FISCHER-KOWALSKI et al. 2011). Zugleich entstehen neue und größere Märkte durch das Wachstum von Umwelttechnologiebranchen (VDI Zentrum Ressourceneffizienz 2011). In innovationsorientierten Rohstoffdiskursen wird dem Recycling als (Sekundär-)Rohstoffquelle eine wichtige Bedeutung beigemessen (WERLAND 2012). Nach einer Schätzung könnten durch eine umfassende Kreislaufwirtschaft bis 2030 positive Effekte in Höhe von 7 % des europäischen Bruttosozialprodukts im Vergleich zum derzeitigen Entwicklungsszenario erzielt werden (Ellen MacArthur Foundation et al. 2015, S. 12).

1.4.2.1 Von der linearen Wertschöpfungskette zum Wertschöpfungskreislauf

54. In europäischen Programmen und Plänen für eine ressourceneffiziente Ökonomie nimmt die Kreislaufwirtschaft einen prominenten Platz ein (Europäische Kommission 2010; 2011; 2014b). Die Europäische Kommission strebt eine umfassende Kreislaufführung aller Ressourcen mit besonderem Fokus auf Metalle und mineralische Rohstoffe an. Im Juli 2014 hat die Kommission daher nach mehrjährigen Vorarbeiten ein Politikpaket für eine Kreislaufwirtschaft vorgeschlagen (Europäische Kommission 2014e), das ein geteiltes Echo fand. Die legislativen Teile wurden von der im November 2014 neu gewählten Kommission, im Kontext ihrer neuen Politik der besseren Regulierung (sog. Better Regulation Package s. a. SRU 2016), Anfang 2015 wieder zurückgezogen. Ein überarbeiteter Vorschlag zur Revision verschiedener

Abfallrichtlinien wurde Ende 2015 vorgelegt. Der dazugehörige Aktionsplan enthält zahlreiche Initiativen, um den Kreislaufwirtschaftsgedanken auch – jenseits der Abfallpolitik – in der Produktpolitik, bei der Rohstoffgewinnung, dem Produktdesign, der Produktion bis hin zu neuen Konsummustern sowie in den Rahmenbedingungen für den Sekundärrohstoffmarkt zu verankern. Benannt werden für Produktion und Verbrauch vor allem „Vorschläge", „Prüfaufträge", „bessere Durchsetzung" bestehender Regulierungen sowie der Wissensaustausch (Europäische Kommission 2015a).

55. Bisher setzte die Umweltpolitik primär auf Instrumente der Abfallpolitik, um Elemente einer Kreislaufwirtschaft zu etablieren. Die erfolgreichen Strategien (getrennte Erfassung, technische Aufbereitung, Gewinnung von Rezyklaten, für die ein Markt besteht oder geschaffen werden kann) erfassen jedoch nur die Wertschöpfungsstufen in der Rückführungsphase (s. Abb. 1-4). Innerhalb einer Kreislaufwirtschaft ist das Handlungsspektrum erheblich breiter: Grundlegende Innovationssprünge sind zukünftig eher bei Planung und Herstellung von Produkten und damit außerhalb der Abfallpolitik zu erwarten (RLI 2015; Ellen MacArthur Foundation et al. 2015; BASTEIN et al. 2013, S. 20; WIJKMAN und SKÅNBERG 2015).

Schließlich gehört zu einer umfassenden Kreislaufwirtschaft auch die Vermeidung des Rohstoffverbrauchs – eine Dimension, die nicht allein technisch gelöst werden kann, sondern auch mit einer Veränderung von Konsum- und Lebensstilen verbunden ist (JARON 2014). Dazu gehört zum Beispiel die parallele Nutzung von Produkten durch mehrere Nutzer, zu mehreren Zwecken oder in mehreren Zyklen durch Aufarbeitung.

Für die abfallwirtschaftlichen Fragen besteht ein bewährtes rechtliches Steuerungsinstrumentarium. Jenseits des Abfallrechts stellen sich jedoch grundsätzliche Fragen der Steuerung: Während weiche Instrumente (informatorische und auf Eigenverantwortung setzende) breite Akzeptanz bei wirtschaftlichen Akteuren finden, erweisen sich ordnungsrechtliche Instrumente (z. B. Ökodesignvorschriften) oder Ansätze der Kosteninternalisierung (Ressourcenbesteuerung, erweiterte Produzentenverantwortung) als durchweg kontrovers (GRAAF 2015).

1.4.2.2 Kreislaufwirtschaft durch Abfallpolitik: Vom Vorreiter zum Wächter des Status quo?

56. Deutschland gehört in Europa seit langer Zeit zu den Vorreitern beim Aufbau einer Kreislaufwirtschaft. Die deutsche Abfallwirtschaft gilt im europäischen und internationalen Vergleich als vorbildlich. Die Kreislaufwirtschaft befindet sich in Deutschland nach zwanzig Jahren bereits an der Schwelle zur zweiten Generation. Die unter heutigen Bedingungen durch das abfallrechtliche Instrumentarium wirtschaftlich erschließbaren Potenziale sind vielfach schon ausgeschöpft, es geht nunmehr um Innovationen in Produktdesign und der

Abbildung 1-4

Wertschöpfungskreislauf

SRU/UG 2016/Abb. 1-4

Produktverantwortung. Hierdurch sollen möglichst langlebige Produkte, wiederverwertbare Komponenten oder das Recycling hochwertiger Rohstoffe ermöglicht werden. In der EU ist indes noch nicht einmal die Politik der ersten Generation konsequent implementiert worden. Eine Allianzbildung des Vorreiterlandes Deutschland mit einer sehr engagierten Europäischen Kommission ist bei der Vorbereitung des Politikpakets für die Kreislaufwirtschaft von 2014 nicht geglückt. Die Kommissionsvorschläge trafen auf deutliche, zum Teil gut nachvollziehbare, fachliche Kritik aus dem Bundesministerium für Umwelt, Naturschutz, Bau und Reaktorsicherheit (BMUB). Der Hintergrund wird im Folgenden rekonstruiert.

57. Als Teil der Politik für ein ressourceneffizientes Europa gehörte das im Juni 2014 vorgelegte Legislativpaket der Europäischen Kommission zur Kreislaufwirtschaft zu den wichtigsten politischen Projekten in der Amtszeit des Umweltkommissars Potočnik. Es orientierte sich in seinen Zielen an dem – mit Blick auf die drei jeweiligen Vorreiterländer in der EU – nachweislich erreichbaren Stand (vgl. Europäische Kommission 2014a, S. 52). Dieses Paket umfasste eine Reihe von regulär erforderlichen Überprüfungen des europäischen Abfallrechts (der Verpackungsrichtlinie 94/62/EG, der Deponierichtlinie 99/31/EG und der Abfallrahmenrichtlinie 2008/98/EG). Primär zielte es auf eine Fortsetzung des auf EU-Ebene eingeschlagenen Pfades einer stoffstrom- und massenbezogenen Abfallpolitik ab. Die Europäische Kommission ging in ihrem Impact Assessment insgesamt (und auch für ein Vorreiterland wie Deutschland) von substanziellen Wohlfahrtseffekten ihrer Vorschläge aus (Europäische Kommission 2014a, S. 63 ff.).

Obwohl sich hierdurch die Chance einer Europäisierung der vergleichsweise anspruchsvollen deutschen Abfallpolitik ergeben hätte, stieß der Kommissionsvorschlag in Deutschland auf erhebliche fachliche Kritik aus dem BMUB und dem Bundesrat. Besonders strittig waren die hohen Recyclingvorgaben wegen ihrer Verknüpfung mit einer neuen, einheitlichen Berechnungsmethode für die Zielwerte. Geplant waren Recyclingquoten, bei denen die Umwandlungs- und Sortierverluste vom Anlageninput abgezogen werden (Europäische Kommission 2014e, Art. 9 Abs. 4 und 5). Mit dieser Berechnung hätte Deutschland deutlich geringere Quoten vorzuweisen. Infrage gestellt wurde, ob die neuen Ziele technisch erreichbar und ökologisch sinnvoll seien (Bundesrat 2014; EUWID 2014c; ROGALSKI 2015, S. 40), sodass das BMUB im Ergebnis diese Recyclingquoten ablehnte. Auch die europaweite Einhaltung eines Deponiezieles, das festlegt, welcher prozentuale Anteil der Abfälle deponiert werden darf, wurde vom BMUB als „illusionär" bezeichnet (EUWID 2014a). Sinnvoll seien vielmehr qualitative Ziele, welche die Anforderungen an Deponiegut definieren. Anstelle von „langfristigen, teils realitätsfernen Zielen" seien zeitnah Maßnahmen gefordert, „die verstärkt darauf hinwirken, dass alle Mitgliedstaaten die in der geltenden (Deponie-)Richtlinie gesetzten Ziele für 2020 erreichen können", bevor neue, noch ambitioniertere Quoten festgelegt würden (EUWID 2014b). Viele der Bedenken seien auf der Fachebene der Europäischen Kommission im Vorfeld vorgetragen, aber nicht berücksichtigt worden (JARON 2014). Im Februar 2015 beschloss die neu gewählte Europäische Kommission, im Rahmen ihrer Initiative zur besseren Rechtsetzung den Vorschlag zurückzunehmen und einen revidierten vorzulegen (s. a. Europäische Kommission 2015b). Eine der politischen Begründungen hierfür war auch die begrenzte Unterstützung aus den Mitgliedstaaten für ein gemeinsames und anspruchsvolles Ziel für 2030 (vgl. auch: DOUMET und HERMANNS 2014, S. 260).

Erst zu diesem Zeitpunkt hat sich das BMUB sehr deutlich gegen die Rücknahme des Kommissionsvorschlags positioniert, diese Haltung auch aktiv in den Umweltministerrat eingebracht und in einem gemeinsamen Schreiben der Umweltminister vom Dezember 2014 hervorgehoben (EUWID 2015). Diese öffentlichkeitswirksame, aktive politische Unterstützung des ursprünglichen Kommissionsvorschlags folgte recht unvermittelt auf die vorherige, sehr kritische bis ablehnende fachliche Positionierung. Die naheliegende Chance für eine fachlich vorbereitete und auch auf der politischen Ebene frühzeitig und hochrangig entwickelte Allianz für eine Europäisierung anspruchsvoller abfallpolitischer Ziele zwischen Deutschland, anderen Vorreiterländern wie Österreich oder Belgien und der Europäischen Kommission wurde damit auf beiden Handlungsebenen verpasst.

Das faktische Vorreiterland Deutschland hält sich auch im Kontext der Debatte um einen revidierten Kommissionsvorschlag im Laufe des Jahres 2015 mit öffentlich wahrnehmbaren politischen Initiativen zurück, während sich andere Akteure, sowohl Mitgliedstaaten als auch das Europäische Parlament bereits positioniert haben (Europäisches Parlament 2015; Defra 2015).

58. Es bleibt damit der Gesamteindruck einer ambivalenten Haltung der Bundesregierung zwischen einer politisch unterstützenden und einer am Status quo ausgerichteten fachlichen Haltung. Eine auch öffentlichkeitswirksam in der EU kommunizierte Strategie, wie die durchaus erfolgreiche deutsche Abfallpolitik europäisiert und zugleich national weiterentwickelt werden kann, ist wenig erkennbar. Das neue Paket zur Kreislaufwirtschaft bietet nun eine zweite Chance mitzugestalten, wie der Kreislaufwirtschaftsgedanke europaweit Anwendung finden wird. Bei allem fachlichen Diskussionsbedarf bieten die Absichtserklärungen im Aktionsplan des Kreislaufwirtschaftspaketes 2015 für Deutschland die Chance, aktiv, öffentlich und in Allianz mit anderen Vorreiterländern für eine wirkungsvolle Umsetzung zu sorgen.

1.4.2.3 Kreislaufwirtschaft durch Produktpolitik: Auf dem Weg zum Vorreiter?

59. Die Europäische Kommission hat im Kreislaufwirtschaftspaket 2015 Produktpolitik, Ressourceneffizienz und Kreislaufwirtschaft in ihren Zusammenhängen aufgegriffen. Dies könnte eine tragfähige Ausgangsposition für eine transformative Kreislaufwirtschaftspolitik werden, da insbesondere Produkt- und Abfallpolitik aufeinander abgestimmt werden müssen.

Auf der europäischen Ebene bietet die Ökodesign-Richtlinie 2009/125/EG die Chance, ein ressourceneffizientes Produktdesign einzufordern. In den Anhängen I und II sind bereits vielfältige Möglichkeiten verankert, um

allgemeine Mindestanforderungen zu stellen. Vorgaben für Lebensdauer und Reparaturfähigkeit, Recyclingfähigkeit und Schadstoffarmut, Qualität (u. a. kritische Rohstoffe, Materialvielfalt, Anteil an Sekundärrohstoff) und Quantität (Gewicht) der eingesetzten Rohstoffe sind möglich und sinnvoll (FULVIO und TALENS PEIRO 2015; JEPSEN et al. 2015; VHK 2014; JEPSEN et al. 2012). Untersuchungen haben gezeigt, dass dies für einzelne Aspekte und Produktgruppen bereits im ausstehenden Ökodesign-Arbeitsplan 2015 bis 2017 möglich ist (BIO by Deloitte et al. 2014a; 2014b).

Gleichzeitig bestehen vor allem auf Seiten der Industrie grundsätzliche Bedenken gegen staatliche Eingriffe in die Produktpolitik: Ökodesign dürfe „sich nicht durch die Hintertür zu einem Instrument umfassender staatlicher Produktionslenkung entwickeln" (DIHK 2008; s. a. VCI 2013). Gefordert wird eine Weiterentwicklung der Richtlinie „mit Augenmaß" ohne Ausdehnung auf Rohstoffaspekte oder weitere Produktgruppen (BDI 2014; CECED et al. 2015).

60. Auf deutscher Ebene gibt es erste Initiativen für eine zweite Generation einer Kreislaufwirtschaftspolitik über die Abfallpolitik hinausgehend. Das Deutsche Ressourceneffizienzprogramm und seine im Entwurf bekannte Weiterentwicklung (ProgRess II) formuliert durchaus anspruchsvolle volkswirtschaftliche, kreislaufwirtschaftliche und produktspezifische Ziele und Handlungsansätze: Ein neues Indikatoren- und Zielsystem soll eingeführt werden, das den Ersatz von Primärrohstoffen durch Sekundärrohstoffe widerspiegelt. Deren Anteil soll „langfristig gesteigert" werden (BMUB 2015a, S. 49). Die Realisierung soll aber vor allem über informatorische und eigenverantwortliche Instrumente erreicht werden (BMU 2012; BMUB 2015a).

Für die Produktpolitik enthält der Entwurf von ProgRess II das Ziel, „dass alle neuen und novellierten Durchführungsverordnungen zur Ökodesign-Richtlinie von 2015 bis 2020 mit Materialeffizienzanforderungen unterlegt werden, die für die jeweiligen Produktgruppen von besonderer Relevanz sind. Dies schließt Anforderungen an die Produktinformation mit ein" (BMUB 2015a). Die Umsetzung der Richtlinie über Elektro- und Elektronik-Altgeräte 2012/19/EU (WEEE-Richtlinie) in deutsches Recht besagt, dass Hersteller ihre Elektro- und Elektronikgeräte möglichst so zu gestalten haben, dass insbesondere die Wiederverwendung, die Demontage und die Verwertung von Altgeräten, ihren Bauteilen und Werkstoffen berücksichtigt und erleichtert werden. Eine Konkretisierung wird über die Verordnungsermächtigungen möglich. Zu begrüßen wäre, wenn die in § 24 Elektro- und Elektronikgerätegesetz 2015 vorgesehene Behandlungsverordnung über die Anforderungen der Richtlinie hinaus konkrete und messbare Ziele bezüglich der qualitativen und quantitativen Rückgewinnung von wertstoffhaltigen Komponenten enthalten würde. Dies könnte positive Auswirkungen auf die Produktgestaltung haben.

61. Ein weiteres wichtiges Handlungsfeld ist die öffentliche Beschaffung, über die der Staat einen großen Einfluss auf die Entwicklung von innovativen Produkten und Dienstleistungen hat (UBA-Forschungsvorhaben aus den Jahren 2008, 2011, 2012, 2015, 2016). Das öffentliche Beschaffungswesen besitzt mit einem geschätzten Umfang von 13 % des Bruttoinlandsproduktes (BIP) (BMUB 2015d) erhebliches Potenzial, umweltfreundliche Innovationen zu fördern. In einzelnen Bereichen geschieht dies erfolgreich wie bei der Verwaltungsvorschrift zur Beschaffung energieeffizienter Produkte und Dienstleistungen, oft wird es aber noch nicht ausreichend genutzt (Staatssekretärsausschuss für nachhaltige Entwicklung 2015). Deutschland könnte aber die öffentliche Auftragsvergabe wesentlich wirksamer als bisher nutzen und auch die verbesserten rechtlichen Möglichkeiten auf EU-Ebene ausschöpfen, zum Beispiel indem Umweltsiegel in die Vergabe einbezogen werden. Die Einhaltung der quantitativen Ziele (z. B. den Anteil des Einsatzes von Recyclingpapier mit dem Blauen Engel bis 2020 soweit möglich auf 95 % zu steigern), die die Bundesregierung sich mit dem „Maßnahmenprogramm Nachhaltigkeit" gesetzt hat, sollte überwacht und dokumentiert werden. Der Entwurf zu ProgRess II nennt das konkrete Ziel, bis 2020 alle neuen Rahmenverträge der Bundesverwaltung für Standardprodukte (Dienst- und Lieferleistungen) mit konkreten Ressourcenschutzanforderungen zu versehen. Hier wäre ein Monitoring der erreichten Wirkung sinnvoll.

1.4.2.4 Schlussfolgerungen

62. Die Entwicklung einer Kreislaufwirtschaft ist eine Handlungspriorität in der EU. Deutschland ist insbesondere bei der abfallwirtschaftlichen Dimension in vielfacher Hinsicht technisch und ökonomisch führend. Gleichwohl erscheint die Haltung gegenüber der EU-Kreislaufwirtschaftspolitik eher defensiv. Der SRU empfiehlt dem BMUB, eine aktivere Vorreiterpolitik für eine europäische Kreislaufwirtschaft zu entwickeln, zumal die Diskussion um deren Neuausrichtung mit dem aktuellen Vorschlag zum Kreislaufwirtschaftspaket neu eröffnet ist. Notwendig sind

- eine eigene Vision, wie sich die nationale und europäische Kreislaufwirtschaft bis 2030 entwickeln sollte, sowohl im Hinblick auf den erneuten Legislativvorschlag der Europäischen Kommission als auch auf eine Erweiterung der Agenda jenseits der bisherigen abfallrechtlichen Instrumente,

- die Integration von „Design-für-Ressourcenschonung-Aspekten" in die Durchführungsmaßnahmen der Ökodesign-Richtlinie voranzutreiben,

- die frühzeitige, aktive und öffentliche Kommunikation der deutschen Ansätze von Kreislaufwirtschaft auf europäischer Ebene und

- die rechtzeitige Bildung und Stärkung innovationsorientierter Allianzen für eine anspruchsvolle Kreislaufwirtschaft in der EU.

Auch auf nationaler Ebene sind die Handlungspotenziale der Bundesregierung bei Weitem nicht ausgeschöpft. ProgRess I und II formulieren über die Abfallwirtschaft hinausgehende anspruchsvolle politische Ziele. Die sehr guten Handlungsansätze werden jedoch nur zögerlich mit ökonomischen oder regulative Instrumenten unterlegt. Es ist aber zu bezweifeln, dass nur mit „weichen" Instrumenten der Netzwerkbildung, der Innovationsförderung und des Know-how-Transfers ein Qualitätssprung in der Ressourcenproduktivität erreicht werden kann (SRU 2015b).

1.4.3 Biodiversität und Agrarpolitik

63. Intensive landwirtschaftliche Produktionsweisen gehören zu den wichtigsten Verursachern des Biodiversitätsverlustes in Deutschland (BfN 2015; s. a. Kap. 6.5). So ist die Bundesrepublik weit davon entfernt, die gesteckten Ziele der nationalen Biodiversitätsstrategie in Agrarlandschaften zu erreichen (BMUB 2015b). Der Handlungsbedarf ist gut dokumentiert (EEA 2015a; SRU 2015c; 2013c; 2009) und die verschiedenen Politiken, die direkt oder indirekt Auswirkungen auf die Umweltverträglichkeit der Landwirtschaft haben, werden regelmäßig novelliert. Deutschland greift diese Handlungschancen jedoch nur verhalten auf und verfehlt neben den Biodiversitätszielen auch andere einschlägige Umweltqualitäts- und Reduktionsziele des europäischen Umweltrechts, insbesondere im Hinblick auf den Gewässerschutz und die Luftreinhaltung (SRU 2015c, S. 249 ff.; 2013a, S. 9 f.). Im Hinblick auf die Bemühungen der Europäischen Kommission um eine ökologische Reform der europäischen Agrarpolitik wird Deutschland eher als Bremser, keinesfalls als Vorreiter gesehen (s. Tz. 66 f.).

64. Den Umweltbelastungen liegt auch ein politisch gewollter, marktgetriebener Strukturwandel in der Landwirtschaft zugrunde. Durch die zunehmende Liberalisierung der Agrarmärkte in den vorangegangenen GAP-Reformen und im Rahmen bi- und multilateraler Handelsübereinkommen sehen sich die Erzeuger heute mit erheblichen Preisvolatilitäten konfrontiert (von LEDEBUR und SCHMITZ 2011; TIETZ et al. 2011, S. 10). Dies ist aktuell im Bereich Milcherzeugung zu beobachten. Daneben sind der Handel und das verarbeitende Gewerbe als Abnehmer landwirtschaftlicher Produkte hoch konzentriert. Zudem ist seit vielen Jahren ein starker Preiswettbewerb im Lebensmittelbereich zu sehen (BALMANN et al. 2012; WBA 2015, S. 55; HOFFMANN 2012). In der Kombination führen diese Faktoren, auch aufgrund der Marktkonstellationen zwischen Erzeugern, Verarbeitern und Handel, teilweise zu einem hohen Preisdruck für die Erzeuger. Auf diesen reagiert ein Großteil mit Wachstum und Intensivierung der Produktion oder es kommt zu einem Ausscheiden der Betriebe (BUCKWELL et al. 2014, S. 22). Gleichzeitig besteht eine hohe Flächenkonkurrenz durch die hohe globale Nachfrage nach tierischen Erzeugnissen und nachwachsenden Rohstoffen. Auch dies hat in den vergangenen Jahrzehnten die Intensivierung der Landwirtschaft und die Entkopplung von tierischer und pflanzlicher Produktion vorangetrieben; eine Entwicklung, die vielfach zulasten von umweltnahen Produktionsweisen geht. Ein Beispiel hierfür ist der Rückgang extensiv genutzten Grünlands (BfN 2014; SRU 2015c, Tz. 207 ff.; HEIẞENHUBER et al. 2015, S. 50 und 72 ff.).

65. Diese Entwicklungen laufen konträr zu dem zunehmenden gesellschaftlichen Bewusstsein für und den Konsumentenwünschen nach mehr Naturverträglichkeit und Tierwohl im Kontext landwirtschaftlicher Produktion (BMELV 2013; SRU 2015c, Tz. 245–251 und 516–534; WBA 2015, S. 66 ff.). Für den Landwirtschaftssektor fehlt ein gemeinsames Leitbild, das diesem Wertewandel Rechnung trägt. Ein solches Narrativ würde dazu beitragen, die aus Umweltsicht notwendigen Reformen der Agrarpolitik und der landwirtschaftsbezogenen Umweltpolitik in Richtung zu mehr ökologischer Nachhaltigkeit voranzutreiben. Die Änderungen im Landwirtschaftssektor müssen in dem Sinne transformativ sein, dass sie alle Umsetzungsebenen umfassen, das heißt Effizienz-, Konsistenz- und Suffizienzstrategien miteinander kombinieren (SRU 2015c, Tz. 50–58). Die Potenziale für einen effizienteren Einsatz von Düngemitteln und Pflanzenschutzmitteln in der landwirtschaftlichen Produktion sind erheblich (BLAG 2012; OENEMA et al. 2009; BUCKWELL et al. 2014). Konsistenzorientierte Ansätze setzen auf eine naturverträgliche Anpassung der Produktion zum Beispiel durch eine verstärkte Kreislaufführung von Nährstoffen (vgl. SRU 2015c, Tz. 55 f.). Suffizienzstrategien setzen vor allem bei einer deutlichen Verminderung des Fleischkonsums und anderer tierischer Produkte an und adressieren somit einen der wichtigsten Treiber der heutigen intensiven Landnutzung (SRU 2015c, Tz. 45 und 337; 2012, Tz. 159 ff.)

1.4.3.2 Die Rolle Deutschlands in der europäischen Agrarpolitik

66. Die gemeinsame europäische Agrarpolitik (GAP) ist ein zentraler Hebel für die Ausrichtung der Landwirtschaft. Sie verfügt über ein enormes finanzielles Budget und die Möglichkeit, dies durch politische Mechanismen und Kontrollinstrumente an Umweltleistungen zu knüpfen. Dieses Potenzial für eine grünere GAP wird bisher, trotz einiger Anläufe der Europäischen Kommission, nicht ausreichend genutzt (PEʹER et al. 2014, S. 1090). Der SRU (2013c, S. 3 f.) hat sich in einem Kommentar mit den einzelnen Elementen der Kommissionsvorschläge zur GAP-Reform befasst und seine Empfehlungen in die Diskussion eingebracht. Im Rahmen des Sondergutachtens „Stickstoff: Lösungsstrategien für ein drängendes Umweltproblem" hat er die Ergebnisse der Reform kritisch beleuchtet (SRU 2015c, Tz. 446–451).

Die Positionierung Deutschlands in den Verhandlungen zur gemeinsamen Agrarpolitik zeigt eine Tendenz, die auf Beharrung und Status-quo-Interessen gegenüber Umweltinteressen ausgerichtet ist. Politikwissenschaftliche Analysen stellen immer wieder die Fähigkeit der deutschen

und europäischen Landwirtschaftspolitik heraus, sich erfolgreich von anderen gesellschaftlichen Anforderungen abzuschotten (GREER 2013; 2014; DAUGBJERG und ROEDERER-RYNNING 2014; ROEDERER-RYNNING 2015b; 2015a). Der Landwirtschaftssektor wird als ein besonderer Typ von Politiknetzwerk charakterisiert. Er erhält *„längerfristig bestehende Beziehungen zwischen einer politischen Partei, bestimmten, ihre Klientel repräsentierenden Verbänden und dem für die betreffende Politik (z. B. Agrarpolitik) zuständigen Ministerium"* aufrecht (MAYNTZ 2008, S. 47). Der große politische Einfluss der Landwirtschaft basiert weniger auf ihrer unmittelbaren wirtschaftlichen Bedeutung, als vielmehr auf ihrer Rolle, die Ernährung der Bevölkerung zu sichern. Außerdem besitzt die Landwirtschaft eine hohe gesellschaftliche Akzeptanz in landwirtschaftlich geprägten Regionen. Schließlich ist die heutige intensive Landwirtschaft Teil eines Produktionssystems, in dem sowohl die Vorleistungsindustrie als auch die nachgelagerten Stufen der Verarbeitung und des Handels eher Interesse an einer intensiven landwirtschaftlichen Produktionsweise haben (SRU 2008, Tz. 1037). Die Landwirtschaft kann mit den sehr hohen Subventionen, der hohen Dichte an Marktinterventionen und einer ausdifferenzierten Landwirtschaftsverwaltung als ein „staatsnaher" Sektor charakterisiert werden. In der politikwissenschaftlichen Literatur wird solchen staatsnahen Sektoren ein hoher Grad an „Selbststeuerung", „Verselbstständigung" und „Pfadabhängigkeit" zugeschrieben (MAYNTZ und SCHARPF 1995, S. 13 f.). Eine umfassende, aktuelle und fundierte politikwissenschaftliche Analyse der Akteure und Institutionen der deutschen Agrarpolitik und ihrer Reform- und Beharrungskräfte steht allerdings aus. Die Evidenz ist daher partiell und nicht aktuell (vgl. die Untersuchung von RIEGER (2007) zur Schlüsselstellung des Deutschen Bauernverbandes bei der Vertretung landwirtschaftlicher Interessen).

67. Historisch gehört Deutschland nicht zu den aktiven Reformkräften in der europäischen Agrarpolitik und ist als Teil eines „konservativen Modells" in der EU verortet (HÄRTEL 2011, S. 44; SRU 2008, Tz. 1038; BISSELS und OPPERMANN 2011, S. 147). Deutschland steht vielfach im Bündnis mit anderen großen Mitgliedstaaten, die bei den vergangenen Reformen versucht haben, die wiederholten Anläufe zu einer ökologischen Qualifizierung der Subventionen auszubremsen oder aufzuweichen (FEINDT 2007; SRU 2008, Tz. 1040; 2015c, Tz. 228 und 446; JASPER 2013; DBV 2012; GREER 2013; BUREAU 2012). Im Gegensatz zu einer Reihe von Mitgliedstaaten wie Großbritannien, Schweden, Dänemark und die Niederlande, hat sich Deutschland wiederholt gemeinsam mit Frankreich in den Verhandlungen für den Erhalt des Agrarbudgets mit einer starken ersten Säule und gegen eine anspruchsvolle Verknüpfung der Agrarförderung an Umweltanforderungen eingesetzt (GREER 2013, S. 127 f.). Die damalige Landwirtschaftsministerin Aigner bezeichnete die Ausweisung von 7 % ökologischen Vorrangflächen im Rahmen der Verhandlungen um das Greening 2013 als „absurd" (EurActiv 2013). Die

Bundesregierung hatte gegenüber den Kommissionsvorschlägen zur Reform der europäischen Agrarpolitik betont, dass sich Deutschland nicht als Vorreiter einer ökologischen Reform sieht, sondern als Vorreiter darin, „die heimische Landwirtschaft fit für den Weltmarkt zu machen" (BMELV 2011, S. 2). „[Das] Prinzip der pauschalen Abgeltung öffentlicher Güter und Leistungen der Landwirtschaft mittels Direktzahlungen [habe] sich grundsätzlich bewährt [...]" (ebd. S. 2). Auch die Gestaltungsspielräume für eine umweltpolitisch anspruchsvolle nationale Umsetzung der Reformen von 2013 wurden nicht hinreichend genutzt (AbL 2015, S. 17–24; SRU 2015c, Tz. 447 ff.). Bei der Umschichtung von Mitteln der ersten Säule in die zweite Säule (Förderung der ländlichen Entwicklung), in der Gelder deutlich zielgerichteter eingesetzt werden können, bleibt Deutschland deutlich hinter anderen Mitgliedstaaten wie Großbritannien, Estland und Lettland zurück (AbL 2015, S. 19). PE´ER et al. (2014) kommen insgesamt zu dem Urteil, dass die europäische Agrarreform im Hinblick auf eine Verbesserung des Schutzes der Biologischen Vielfalt „versagt" hat. Die Bundesregierung dürfte durch ihre Positionierung in den Verhandlungen (s. o.) maßgeblich dazu beigetragen haben.

Es gibt noch weitere Beispiele, die belegen, dass eine stärkere Ausrichtung des Agrarsektors an Umwelt- und damit an Gemeinwohlinteressen politisch von deutscher Seite nicht oder nicht ausreichend forciert wird. Deutschland zeigt regelmäßig eine mangelhafte Umsetzung der europäischen Umweltrichtlinien mit Landwirtschaftsbezug. Zu nennen sind beispielsweise die Umsetzung der Wasserrahmenrichtlinie 2000/60/EG (SRU 2015c, Tz. 358–393) und der Nitratrichtlinie 91/676/EWG (SRU 2015c, Tz. 411–437). Der Europäische Gerichtshof (EuGH) stellte 2002 fest, dass die Düngeverordnung von 1996 keine vollständige Umsetzung der Nitratrichtlinie darstellte (EuGH v. 14. März 2002 – Rs. C-161/00). Die Europäische Kommission hat im Jahr 2013 ein weiteres Vertragsverletzungsverfahren eingeleitet („Nitratbelastung im Grundwasser: Kommission fordert Deutschland zum Handeln auf", Pressemitteilung der Europäischen Kommission vom 10. Juli 2014). Andere Länder, wie zum Beispiel Dänemark, haben deutlich entschlossener auf die Nitratbelastung durch die Landwirtschaft reagiert (SRU 2015c, Tz. 306 und 417; van GRINSVEN et al. 2012; KRONVANG et al. 2008). Eine Ursache der Defizite ist die Sonderbehandlung und Privilegierung des Landwirtschaftssektors im nationalen Umwelt- und sonstigen Fachrecht (MÖCKEL et al. 2014; MÖCKEL 2015; EKARDT 2014), die historische Ursachen hat. Seit langem schon wird gefordert, die „gute fachliche Praxis" für die Landwirtschaft so auszugestalten, dass anspruchsvolle, konkrete und durchsetzbare Anforderungen, zum Beispiel im Hinblick auf die landwirtschaftliche Bodennutzung, geschaffen werden müssen. Vielfach seien die Landwirte bisher von umweltrechtlichen Regelungen ausgenommen, ohne dass gleichwertige fachrechtliche Regelungen bestehen (MÖCKEL 2014, S. 14 ff.; SRU 2015c, S. 316 ff.).

1.4.3.3 Reformkräfte in der deutschen Landwirtschaft

68. Ein Veränderungsdruck auf die Landwirtschaftspolitik der Bundesregierung, hin zu einer ökologischeren Ausrichtung, kommt vor allem von „außen oder unten" (SRU 2008, Tz. 1040 f.), unter anderem durch Finanzrestriktionen öffentlicher Haushalte und Anpassungen an Welthandelsabkommen (TANGERMANN 2012, S. 322; DAUGBJERG 2014), aber auch durch die EU, die die Einhaltung umweltrechtlicher Vorschriften einfordert (SRU et al. 2013; LASKOWSKI und ZIEHM 2014, S. 316). Daneben gehen Impulse von einer wachsenden Tierwohl- und Verbraucherschutzbewegung aus, die bestimmte Methoden einer intensiven Tierhaltung ethisch nicht für vertretbar hält oder ein verändertes Konsumverhalten aus Gesundheitsgründen anstrebt und umsetzt, sowie von zunehmenden gesellschaftlichen Erwartungen an eine umweltschonendere Landwirtschaft (WBA 2015, S. 61 ff; ZANDER et al. 2013; Wir haben es satt! 2015). Hinzu kommt wachsender lokaler Protest gegen den Neubau von Anlagen der Intensivtierhaltung (WBA 2015, S. 63; NIEMANN 2014).

Zahlreiche Umweltverbände mit hoher Mitgliederzahl setzen sich für die Erhaltung der Biodiversität und Änderungen in der Agrarpolitik ein (SPERFELD und ZSCHIESCHE 2015). Auch der Gewässerschutz und hierbei insbesondere die Verbände der Wasserversorgung organisieren ein einflussreiches ökonomisches Interesse an einer Verminderung diffuser Stoffeinträge. Ihr Fokus liegt allerdings auf dem Gesundheits- und Trinkwasserschutz (BDEW 2014a; 2014b). Auch die Verbände des ökologischen Landbaus und der bäuerlichen Landwirtschaft können ein Korrektiv in der Debatte bilden. Im vergangenen Reformprozess für die gemeinsame Agrarpolitik haben sie sich beispielsweise zusammen mit zahlreichen weiteren Akteuren für eine umweltfreundlichere Ausrichtung eingesetzt (EuroNatur und AbL 2013). Diese Verbände sind aber ökonomisch und politisch weniger einflussreich als der Deutsche Bauernverband, der eine besondere Schlüsselrolle in der agrarpolitischen Entscheidungsfindung spielt (BRAND 2009; RIEGER 2007, S. 299 f.). Es gibt aber auch staatliche Akteure, die seit Jahren auf Veränderungen drängen (RIEGER 2007). Reformimpulse für eine umweltverträglichere Ausrichtung der Landwirtschaft gehen unter anderem von umweltpolitischen Akteuren aus Bund und Ländern aus. Das BMUB hat sich bereits im Vorfeld des 7. Umweltaktionsprogramms der EU aktiv dafür eingesetzt, dass die Umweltfolgen der Stickstoffeinträge einen prominenteren Platz einnehmen und dass „die Nährstoffkreisläufe" (Stickstoff und Phosphor) nachhaltiger und ressourceneffizienter gelenkt werden (Europäische Kommission 2014b, Tz. 28). Die Idee einer Stickstoffstrategie, wie vom SRU vorgeschlagen, wird einen prominenten Platz im geplanten Integrierten Umweltprogramm „Perspektive 2030" einnehmen. Das Umweltbundesamt (UBA) hat sich aktiv und öffentlich für ambitionierte Minderungsziele für Ammoniak und Stickstoffoxide in der Novelle der

NEC-Richtlinie 2001/81/EG eingesetzt (UBA 2015). Unterstützung für strengere ordnungsrechtliche und ökonomische Instrumente zur Reduzierung der Stickstoffeinträge aus der Landwirtschaft wird insbesondere aus den Bundesländern artikuliert. Ein Beispiel dafür ist die gemeinsame Vorlage von Agrar- und Umweltausschuss für eine Stellungnahme des Bundesrates (Bundesrat 2015), in der eine Stickstoffstrategie und Nachbesserungen der Düngeverordnung gefordert werden.

1.4.3.4 Schlussfolgerungen

69. Die Hemmnisse für eine ökologische Transformation des Agrarsektors sind derzeit groß. Es fehlt hierfür eine gemeinsam getragene Vision. Die Akteure, die das politische Leitbild maßgeblich definieren, sind eher skeptisch gegenüber einer ökologischen Reform eingestellt und der Spielraum zur Mitgestaltung für andere konstruktive Akteursgruppen ist zu gering. Es gibt eine überdeutliche Asymmetrie der Einflusspotenziale einiger Produktionsinteressen gegenüber den Schutzinteressen. Damit Umweltinteressen ein angemessenes Gewicht erhalten, müssen die reformorientierten Akteure schrittweise gestärkt werden (vgl. Tz. 27 f.).

70. Es bedarf einer breit angelegten und konstruktiven Diskussion über eine nachhaltige Landwirtschaft, an der sich die Landwirte beteiligen und in der stärker als bisher die unterschiedlichen und teils widersprüchlichen Interessen innerhalb des Sektors deutlich werden. In der Landwirtschaft hat der Staat durch fordernde und fördernde Maßnahmen die Möglichkeit, zu einer Politikbeschleunigung beizutragen. Durch Fördermaßnahmen können die Anteile einer relativ umweltverträglichen Landwirtschaft gesteigert werden. Dies bringt wiederum weitere Innovationen mit sich und stärkt reformorientierte Akteurskonstellationen (so analog in anderen Bereichen beobachtet (JÄNICKE 2013; 2010)). Die Übertragung von innovativen Ansätzen aus der Forschung in die Praxis ist auch Ziel der 2012 ins Leben gerufenen „Europäischen Innovationspartnerschaft Landwirtschaftliche Produktivität und Nachhaltigkeit" (Europäische Kommission 2015c). Politische Reformprojekte, wie die Novelle der Düngeverordnung, die Überprüfung des Greenings der gemeinsamen Agrarpolitik oder Änderungen in der Luftreinhaltepolitik, fordern von den Akteuren des Sektors, sich mit neuen Lösungen zu befassen (vgl. auch Kap. 6). Gleichzeitig sollte der Staat deutlich stärker jene Akteure unterstützen, die in ihrer Wirtschaftsweise bereits Umweltverträglichkeit über das gesetzliche Mindestmaß hinaus umsetzen und damit zu den Vorreitern des Sektors gehören. Die Förderung des Ökolandbaus ist ein Beispiel hierfür. Die Nachfrage nach Bioprodukten steigt in Deutschland kontinuierlich (BÖLW 2015, S. 15). Zugleich stagniert der Anteil der entsprechend bewirtschafteten Fläche und folglich steigen die Importe von Bioprodukten (BMEL 2015a, S. 12). Das neue Programm des Bundesministeriums für Ernährung und Landwirtschaft (BMEL) „Zukunftsstrategie Ökologischer Landbau", das Ende 2016 veröffentlicht werden soll, zielt auch darauf, dieses

Marktpotenzial besser zu nutzen (BMEL 2015b). Der SRU befürwortet die Initiative und empfiehlt, dass das Programm wirkungsvoll ausgestaltet wird.

71. Wichtige Innovationsimpulse einer „grünen Transformation" gehen auch von zivilgesellschaftlichen Bewegungen aus. Der öffentlichen und politischen Debatte um die „Massentierhaltung" und um Ernährungsstile (Tz. 64 f.) kommt hiermit eine herausragende Bedeutung für Veränderungen zu. Die Erwartungen und Sorgen dieser Bewegungen sollten daher von der Politik konstruktiv aufgegriffen werden (vgl. dazu WBA 2015). Verbraucher-, Umwelt-, Naturschutz- und reformbereite Landwirtschaftsinteressen sollten im formellen und informellen Beratungs- und Entscheidungssystem der Landwirtschaftspolitik von Bund und Ländern deutlich aufgewertet werden. Die Landwirtschaftspolitik muss in diesem Sinne dem pluralistischen Charakter der verschiedenen gesellschaftlichen Interessen an einer veränderten Agrarpolitik stärker Rechnung tragen. Eine privilegierte Stellung des Deutschen Bauernverbandes bei der Interessenvertretung gegenüber den Landwirtschaftsministerien von Bund und Ländern (RIEGER 2007, S. 300) ist nicht mehr zeitgemäß. Andere landwirtschaftliche Verbände und gesellschaftliche Gruppen müssen gleichberechtigt Berücksichtigung finden.

72. Selbst wenn die zentrale Verantwortung für die Ausrichtung der Landwirtschaftspolitik im Agrarressort liegt, müssen die Voraussetzungen dafür geschaffen werden, dass sich die umweltpolitischen Akteure stärker einbringen können, vor allem in der Ausrichtung der europäischen Agrarpolitik und der Konkretisierung des landwirtschaftlichen Fachrechts (s. u.). Dafür müssen auch institutionelle Voraussetzungen geschaffen werden. Beispielsweise ist zu erwägen, das Mitgestaltungsrecht des Umweltressorts in agrarpolitischen Fragen mit erheblicher ökologischer Bedeutung zu stärken. Der SRU hat schon in seinem Umweltgutachten 2012 vorgeschlagen, dem Umweltministerium ein suspensives Widerspruchsrecht im Kabinett einzuräumen, wenn es um solche Fragen geht (SRU 2012, Tz. 712). In seinem Sondergutachten hat der SRU im Kontext seines Vorschlags zu einer Stickstoffstrategie einige organisatorische und institutionelle Optionen zur Stärkung der Umweltbelange in politischen Entscheidungsprozessen diskutiert (SRU 2015c, Tz. 628 ff.). Diese können in vielen Fällen auf den weiteren Komplex Agrar- und Agrarumweltpolitik übertragen werden. Ziel sollte letztendlich eine inhaltliche Politikintegration in dem Sinne sein, dass ökologische Aspekte in der Landwirtschaftspolitik immer mitgedacht werden.

Um eine ökologische Transformation in der Landwirtschaft zu erreichen, müssen vor allem endlich die boden- und naturschutzbezogenen Mindeststandards der landwirtschaftlichen Produktionsweisen konkretisiert werden, da diese die praktische Konkretisierung dieses Wandels darstellen. Dafür ist erstens erforderlich die Zuständigkeit für die Konkretisierung der guten fachlichen Praxis dem für Umweltfragen zuständigen BMUB zuzuweisen. Das ressortzuständige Ministerium ist der richtige Akteur, um

Anforderungen an die gute fachliche Praxis zu erlassen, da es die größte Fachkompetenz besitzt. Um eine ausreichende Abstimmung mit dem landwirtschaftlichen Ressort herzustellen, ist – umgekehrt wie es derzeit der Fall im Düngegesetz und Pflanzenschutzgesetz ist – ein Einvernehmensgebot mit dem BMEL vorzusehen (MÖCKEL et al. 2014, S. 372). Zweitens sollten im Bundesnaturschutzgesetz und im Bundes-Bodenschutzgesetz Verordnungsermächtigungen eingeführt bzw. die bestehenden erweitert werden, um die materiellen Vorgaben vollzugsfähig auszugestalten. Im Wasserhaushaltsgesetz und Bundes-Immissionsschutzgesetz sollten gesetzliche Anforderungen an die gute fachliche Praxis in der Landwirtschaft konkretisiert und schärfer ausgestaltet werden (SRU 2015c; Tz. 409 f.).

In der Naturschutz-Offensive 2020 fordert das BMUB, bei der Prüfung des Greenings im Jahr 2017 die Greening-Anforderungen an die Direktzahlungen nachzuschärfen. In der nächsten EU-Finanzperiode sollten die unkonditionierten Direktzahlungen beendet werden (BMUB 2015c, S. 1). Um die nächste Reform aktiver mitgestalten und substanziell in eine stärkere Umweltausrichtung lenken zu können, muss sich das BMUB aber stärker einbringen und das Thema entsprechend auch personell stärker besetzen.

Mit dem Integrierten Umweltprogramm „Perspektive 2030" und der Stickstoffstrategie (BMUB 2015c; Deutscher Bundestag 2015) sollte die Bundesregierung den Veränderungsdruck auf die Landwirtschaft erhöhen. Dazu muss es ihr gelingen, die Tiefe der notwendigen Änderungen zu kommunizieren, eine klare, ressortübergreifend getragene Reformperspektive zu entwickeln und anspruchsvolle Ziele zu definieren. Deshalb sollten landwirtschaftliche Akteure, insbesondere das BMEL, in die Entwicklung einer integrierten Stickstoffstrategie einbezogen werden. Insofern erachtet der SRU diese neuen Strategieprozesse auch als Chance, die politischen Prioritäten der Bundesregierung hin zu einer ökologisch verträglicheren Landwirtschaft zu verschieben.

73. Im föderalen System der Bundesrepublik Deutschland kommt den Bundesländern mit ihren eigenen Gesetzgebungskompetenzen eine besondere Rolle zu. Sie können auf Landesebene eigene politische Schwerpunkte für eine umweltverträglichere Landwirtschaft setzen und diese durch Instrumente wie die anspruchsvolle Ausgestaltung ordnungsrechtlicher Auflagen umsetzen (Beispiele siehe u. a. SRU 2015c, Tz. 315 ff.; s. a. Kap. 6.6). Auch haben die Länder Gestaltungsspielraum und -verantwortung bei der Ausgestaltung der Förderprogramme zur ländlichen Entwicklung (zweite Säule der gemeinsamen europäischen Agrarpolitik). Über den Bundesrat haben sie Mitsprachemöglichkeiten bei der Ausgestaltung der Gemeinschaftsaufgabe Agrarstruktur und Küstenschutz. All dies bietet Möglichkeiten, Maßnahmen wie dem Vertragsnaturschutz, dem Ökolandbau und anderen freiwilligen Agrarumweltmaßnahmen Priorität einzuräumen. Der SRU ist der Auffassung, dass die Bundesländer dies zur Mitwirkung an einer Transformation der Land-

wirtschaft stärker nutzen sollten (SRU 2015c, Tz. 355, 370–390 und 451; SRU 2013c).

1.4.4 Forschungspolitik

1.4.4.1 Transformationsorientierte Forschungspolitik

74. Traditionell war die Forschungs- und Innovationspolitik in Deutschland – wie auch in anderen Ländern – vorrangig auf eine „themenneutrale" Förderung von Technologie und Wettbewerbsfähigkeit ausgerichtet. Im Verlauf der letzten Dekade hat jedoch die Auffassung zunehmend an Einfluss gewonnen, dass die Forschungs- und Innovationspolitik stärker auf bestimmte prioritäre Handlungsfelder ausgerichtet werden sollte. Die Diskussion über die Rolle von Forschung und Forschungsförderung im Hinblick auf wichtige gesellschaftliche Herausforderungen wird intensiv geführt, nicht nur auf internationaler Ebene (z. B. Future Earth 2014; PALSSON et al. 2013; STILGOE et al. 2013; OWEN et al. 2012), sondern zunehmend auch in Deutschland (vgl. z. B. Wissenschaftsrat 2015; GRUNWALD 2015; SCHNEIDEWIND 2015; SCHNEIDEWIND und SINGER-BRODOWSKI 2013; von WISSEL 2015; ROHE 2015). Leitbegriffe dieser Diskussionen sind beispielsweise „transformative Wissenschaft", „große gesellschaftliche Herausforderungen" und „verantwortungsvolle Forschung und Innovation".

Hinter dieser neuen wissenschaftlichen und forschungspolitischen Agenda stehen verschiedene Begründungsstränge. Aus Umweltsicht steht im Vordergrund, dass die anstehenden Veränderungsprozesse nur mit wissenschaftlicher Unterstützung erfolgreich sein können: Transformationen in Richtung Nachhaltigkeit und Klimaverträglichkeit sind dringlich, um die menschlichen Existenzgrundlagen nicht zu gefährden (vgl. auch WBGU 2011). Dabei sind vielfältige wissenschaftliche Wissensbestände erforderlich, um die verschiedenen ökologischen Herausforderungen zu verstehen und ihnen zu begegnen (Wissenschaftsrat 2015). Wissenschaft kann – wie beispielsweise die vom Intergovernmental Panel on Climate Change periodisch erarbeiteten Sachstandsberichte zeigen – nicht nur Entwicklungsdynamiken beschreiben und Folgen abschätzen, sondern auch helfen, zukunftsfähige technologische und sozio-ökonomische Entwicklungspfade vorzudenken.

Gleichzeitig ist zunehmend in Zweifel zu ziehen, dass rein marktgetriebener technologischer Fortschritt und wirtschaftliches Wachstum systematisch und dauerhaft Wohlstand und Lebensqualität verbessern (vgl. SRU 2012, Kap. 1). Die Ökoeffizienz vieler Branchen und Produkte wurde in der Vergangenheit durch vorwiegend inkrementelle Innovationen erheblich verbessert. Zunehmend sind jedoch auch radikale Innovationen und systemische Transformationen notwendig, die ohne gezielte Steuerungsimpulse aus Politik und Gesellschaft nicht verwirklicht werden.

Die sozialwissenschaftliche Technikforschung hat detailliert herausgearbeitet, dass Technikentwicklung auch ein sozialer Prozess ist, der sich aus gesellschaftlichen Erwartungen und Leitbildern ebenso speist wie aus technischen Möglichkeiten (BIJKER und LAW 1994; RIP et al. 1995). Daraus folgt, dass technologische Trajektorien insbesondere im frühen Stadium des Innovationsprozesses als sozial gestaltbar angesehen werden (GUSTON 2008). Durch eine Umgestaltung von Prozessen der Forschung und Technologieentwicklung soll die Wissensproduktion transparenter, reflexiver, sozial robuster und nachhaltiger ausgestaltet werden (z. B. STILGOE et al. 2013; SCHNEIDEWIND und SINGER-BRODOWSKI 2013).

Schließlich hat sich der Blick auf das Verhältnis zwischen Staat und Markt im Innovationsprozess verändert. Die Innovationsforschung hat die früher weit verbreitete Auffassung, die Politik dürfe keine Technologien favorisieren, da der Markt solche Entscheidungen effizienter treffe, durch empirische Studien widerlegt: Viele der erfolgreichen und bahnbrechenden Innovationen haben ihre Ursprünge nicht in privatwirtschaftlicher Innovation, sondern gehen auf staatliche Forschungsförderung zurück (MAZZUCATO 2014). Einflussreiche Innovationsstrategien basieren nicht selten auf weitsichtigen politischen Visionen und der strategischen Ausrichtung von öffentlichen Investitionen in Forschung und Entwicklung auf entsprechende Langfristziele (ebd.). Das bewusste Adressieren globaler gesellschaftlicher Problemfelder kann damit zum Erfolgsfaktor im internationalen Wettbewerb werden.

75. Der Diskurs über transformationsorientierte Forschungs- und Innovationspolitik hat auch in Deutschland an Unterstützung gewonnen, bleibt aber vor allem in den etablierten Wissenschaftsorganisationen kontrovers. Kritiker des Konzepts der transformativen Forschung befürchten eine Instrumentalisierung der Wissenschaft durch gesellschaftliche Einzelinteressen, eine Schwächung der Forschungsfreiheit, Aufweichung von Qualitätsanforderungen der Wissenschaft zugunsten von gesellschaftlicher Relevanz sowie eine Entgrenzung zwischen Politik und Wissenschaft zuungunsten beider Sphären (Die Zeit v. 18. September 2014; STROHSCHNEIDER 2014; vgl. auch GRUNWALD 2015).

76. Nach Auffassung des SRU sollten gerade öffentliche Investitionen in Forschung und Entwicklung auf nachhaltige Entwicklungspfade ausgerichtet sein, denn die Frage, ob und wie es der Menschheit gelingt, langfristig innerhalb der ökologischen Grenzen zu wirtschaften, ist die zentrale Herausforderung der Gegenwart. Diese Aufgabe muss aber sehr differenziert angegangen werden. Die Agenda transformativer Forschung ist für viele, aber längst nicht für alle Bereiche der Wissenschaft relevant.

1.4.4.2 Anforderungen an eine transformationsorientierte Forschung und Forschungspolitik

77. Bislang sind vor allem übergreifende Überlegungen angestellt worden, inwieweit sich transformative, nachhaltige bzw. verantwortungsvolle Wissenschaft von anderen Forschungsansätzen unterscheidet und welche Anforderungen sich daraus ergeben (STILGOE et al. 2013; OWEN et al. 2012; WBGU 2011; GRIEẞHAMMER et al. 2012; OBER 2014; Wissenschaftsrat 2015; SCHNEIDEWIND und SINGER-BRODOWSKI 2013). Dieser Literatur lassen sich eine Reihe von zentralen Anforderungen entnehmen. Im Wesentlichen soll die transformationsorientierte Forschung

- lösungsorientiert zur Bewältigung gesellschaftlicher Herausforderungen beitragen und dabei langfristige ökologische Grenzen und Knappheiten berücksichtigen sowie politische und gesellschaftliche Handlungsstrategien entwickeln,

- technologische und soziale Innovationen im Zusammenspiel untersuchen und ein breites Spektrum an disziplinären Perspektiven im gesamten Forschungsprozess zusammenführen,

- neben der wissenschaftlichen Qualität auch die gesellschaftliche Akzeptanz von Innovationspfaden sicherstellen, indem sie transparent arbeitet sowie relevante Akteure beteiligt und ihr Wissen nutzt.

Bei der Frage, was solche grundsätzlichen Überlegungen konkret für die vielfältigen Formen von Forschung und Forschungsförderung bedeuten, steht die Diskussion jedoch noch relativ am Anfang. Ein Beispiel für die Konkretisierung solcher Anforderungen ist der von BMUB und UBA herausgegebene Wegweiser für politikrelevante Nachhaltigkeitsforschung (JAHN und KEIL 2012).

78. Die forschungspolitischen Positionspapiere der Bundesregierung zeigen, dass angestrebt wird, die Forschungsförderung stärker auf zentrale gesellschaftliche Ziele auszurichten. Seit der ersten Revision der Hightech-Strategie im Jahr 2010 (BMBF 2010) sind der missionsorientierte Ansatz und die Orientierung an gesellschaftlichen Zielen ein zentrales Element der Forschungs- und Innovationspolitik der Bundesregierung. Die neue Hightech-Strategie von 2014 (BMBF 2014b) erweiterte zudem den Innovationsbegriff um soziale Innovationen und bezieht die Gesellschaft als zentralen Akteur mit ein. Darüber hinaus deuten zahlreiche Programme des Bundesministeriums für Bildung und Forschung (BMBF) – beispielsweise die Initiative „Zukunftsstadt" und das Rahmenprogramm „Forschung für eine nachhaltige Entwicklung" – auf eine Öffnung traditionell eher verschlossener Politiknetzwerke im Forschungsbereich hin.

Inwiefern sich allerdings die Programmatik konkret in Strukturen, Inhalten und Instrumenten der Forschungsförderung (Projektförderung, institutionelle Förderung und Ressortforschung) widerspiegelt, ist noch nicht systematisch untersucht worden. Eine entsprechende Evaluation müsste auch notwendigerweise auf potenziell kontroversen, normativen Grundannahmen darüber beruhen, welches die gesellschaftlichen Herausforderungen sind und welche Art von Transformationen zu ihrer Überwindung benötigt werden. Prioritäre Herausforderungen können nicht durch die Wissenschaft allein, sondern müssen in einem offenen und pluralistischen Diskurs identifiziert werden (Wissenschaftsrat 2015, S. 19 f.). Einen breiten gesellschaftlichen Konsens über die grobe Ausrichtung zukünftiger Entwicklungspfade gibt es in Deutschland lediglich im Bereich der Energiewende. Da mit dem überparteilich unterstützten Energiekonzept langfristige Ziele bei der Umgestaltung des Energiesystems aufgestellt wurden, ist hier ein Abgleich mit aktuellen Forschungsprioritäten noch vergleichsweise robust möglich (BMWi/BMU 2010).

1.4.4.3 Beispiel Energieforschung

79. Eine vom SRU beauftragte Kurzstudie des Wuppertal Instituts zur Forschungsförderung der Bundesregierung im Energiebereich (FISCHEDICK et al. 2015) zeigt einerseits, dass die politischen Ziele und Prioritäten der Energiewende einen deutlichen Niederschlag gefunden haben. Die entsprechenden Forschungsausgaben wurden im Zuge der Energiewende deutlich erhöht, verstärkt werden inter- und transdisziplinäre Forschungsvorhaben gefördert und Beteiligungsmöglichkeiten an der Formulierung der Forschungsprogrammatik wurden ausgeweitet. Andererseits ist die Forschungsförderung zur Unterstützung des tiefgreifenden strukturellen Umbauprozesses des Energiesystems weiter durch einige Defizite gekennzeichnet (ebd.). Basierend auf der Studie kommt der SRU zu folgenden Einschätzungen:

– Die Ziele der Energiewende spiegeln sich nicht durchgängig in der Programmatik der Forschung wider, dies gilt insbesondere für die institutionelle Förderung. So floss 2013 fast die Hälfte der institutionellen Förderung für die Helmholtz-Gemeinschaft in die Fusionsforschung. Im gesamten Energieforschungsprogramm machten die Bereiche „Fusion" und „nukleare Sicherheit und Endlagerung" 2014 noch etwa ein Viertel aller Mittel aus. Die Verantwortung für eine Ausrichtung der Forschungsagenda auf Zukunftsfähigkeit liegt aber auch bei den grundfinanzierten Forschungseinrichtungen selbst, da sie über große Spielräume bei der Definition ihrer Arbeitsschwerpunkte verfügen.

– Obwohl die beteiligten Ministerien zum Teil ausführliche Berichte über ihre Energieforschungsausgaben erstellen, bleibt es für Außenstehende schwierig, Daten zusammenzustellen, die einen systematischen Abgleich der Forschungsprioritäten mit den Zielen der Energiewende erlauben. Wünschenswert wäre eine detaillierte und aufschlussreichere Aufschlüsselung der Energieforschungsausgaben aller Ressorts als bisher im Bundesbericht Energieforschung vorgenommen.

– Der Fokus der Energieforschung des Bundes liegt weiterhin im technischen Bereich. Die nicht-technischen Dimensionen von Transformationen (ökonomische, gesellschaftliche und rechtliche Fragen) werden noch nicht ausreichend erforscht.

– Einige für die Energiewende wichtige Themenbereiche (z. B. Rebound-Forschung, Energiesuffizienz) werden bislang zu wenig adressiert.

– Das BMBF hat mit dem „Forschungsforum Energiewende" einen relativ transparenten und beteiligungsoffenen Prozess angestoßen, der zukünftige Prioritäten der Energieforschung entwickeln soll. Allerdings haben Vertreter von zivilgesellschaftlichen Verbänden kritisiert, dass ihre Auffassungen und Vorschläge (z. B. die Finanzierung eines Kopernikus-Projekts im Themenbereich Energieeffizienz) im Ergebnis kaum berücksichtigt worden seien. An den entscheidungsrelevanten Gremien und Netzwerken der Energieforschungsgovernance sind gesellschaftliche Akteure noch nicht ausreichend beteiligt. So ist beispielsweise kritisiert worden, dass im Hightech-Forum – einem wichtigen innovationspolitischen Beratungsgremium der Bundesregierung – zwar ein Spektrum gesellschaftlicher Gruppen vertreten ist, darunter jedoch kein Repräsentant von Umweltschutzinteressen. Vertreter von Umweltverbänden berichten, dass etablierte Akteure ihre Interessen weiterhin gut durchsetzen können, während zivilgesellschaftliche Organisationen zu bestimmten informellen Netzwerken keinen Zugang haben (FISCHEDICK et al. 2015). Darüber hinaus fehlen zivilgesellschaftlichen Organisationen oft auch die finanziellen und personellen Ressourcen, um in erforderlicher Intensität zu partizipieren (ebd.).

– Trotz der Einführung verschiedener Mechanismen zur Verbesserung der Ressortkoordination (Frühkoordinierung, gemeinsame Förderinitiativen etc.) ist die interministerielle Zusammenarbeit in der Energieforschung weiter deutlich verbesserungsfähig. Abstimmungsprozesse im Rahmen der Frühkoordinierung werden nicht selten auch dazu genutzt, politisch oder fachlich unerwünschte Forschungsprojekte eines anderen Ressorts zu verzögern oder zu blockieren. Ressortübergreifende Initiativen bleiben die Ausnahme. Die Bemühungen des BMBF, mit dem „Forschungsforum Energiewende" und der Förderinitiative „Kopernikus-Projekte für die Energiewende" stärker in der Energieforschung auch jenseits der Grundlagenforschung aktiv zu werden, werden vom federführend zuständigen BMWi kritisch betrachtet. An der Ausarbeitung der Förderinitiative hat sich das BMWi nach Aussagen von Beobachtern daher nicht beteiligt (FISCHEDICK et al. 2015).

1.4.4.4 Schlussfolgerungen

80. Insgesamt sind bereits wichtige Anstrengungen unternommen worden, um nicht nur Förderprioritäten an aktuelle Politikziele anzupassen, sondern auch prozedurale

Anforderungen wie Transparenz, Vernetzung, Inter- und Transdisziplinarität aufzunehmen. Der SRU würdigt ausdrücklich die Bemühungen der Bundesregierung – insbesondere des BMBF – die Agenda einer missionsorientierten und transformativen Forschungspolitik konstruktiv umzusetzen. Aufgrund der langjährig gewachsenen formellen und informellen Strukturen ist dies jedoch nur ein erster Schritt, um öffentliche Ausgaben für Forschung und Entwicklung stärker auf Transformationsprozesse auszurichten sowie die etablierten Netzwerke stärker zu öffnen. Ein noch deutlich ambitionierteres Umsteuern in der Forschungspolitik ist möglich und wünschenswert. Die Wissenschaft selbst sollte diesen Prozess durch eine systematisierende Reflexion der bisherigen Erkenntnisse und Erfahrungen unterstützen. Der SRU empfiehlt folgende Maßnahmen:

– Transparenz und Beteiligung in der Forschungsgovernance stärken: Forschungspolitische Entscheidungsgremien sollten noch transparenter und beteiligungsoffener ausgestaltet werden, denn Entscheidungen über die Allokation von Forschungsmitteln haben immer auch eine normative Komponente. Die politische Kontroverse um die Besetzung des Hightech-Forums zeigt, dass eine Quotierung nach gesellschaftlichen Großgruppen nicht ausreicht, um breite gesellschaftliche Legitimation herzustellen. Wichtig ist, dass die Beteiligten ein angemessenes Spektrum an Werthaltungen, Rationalitäten und Argumenten repräsentieren. Für strukturell unterausgestattete, Gemeinwohlinteressen vertretende Organisationen müssen Wege gefunden werden, ihre Beteiligung an forschungspolitischen Prozessen auch finanziell zu fördern. Darüber hinaus sollten etablierte Wissenschaftsorganisationen (wie z. B. die Großforschungseinrichtungen und Wissenschaftsakademien) Ansätze entwickeln, um sich gegenüber der Gesellschaft stärker zu öffnen. Bei solchen Wissenschaftsakademien, die den Anspruch haben in Politik und Gesellschaft hineinzuwirken, erscheint beispielsweise das Verfahren der Kooptation von neuen durch bisherige Mitglieder nicht mehr zeitgemäß.

– Forschung zu sozio-ökonomischen Transformationsbedingungen stärken: Die Technikentwicklung stellt nur ein Element von Problemlösungen dar. Ebenso wichtig ist es, gesellschaftliche Bedingungen für die Diffusion von Innovationen und die Umgestaltung sozio-technischer Systeme zu untersuchen. Diese Forschungszweige haben zwar in den letzten Jahren an Bedeutung gewonnen, sind aber weiterhin deutlich zu schwach ausgestattet. Der SRU spricht sich für eine deutliche Erhöhung der Mittel für die sozialwissenschaftliche Forschung zu zentralen Transformationsfeldern (z. B. Energie, Landwirtschaft und Verkehr) aus.

– Technologieentwicklung stärker sozialwissenschaftlich und partizipativ begleiten: Die Technikkontroversen der Vergangenheit haben gezeigt, dass gesellschaftliche Akzeptanz von Technologien und Infrastrukturen von zentraler Bedeutung ist. Das BMBF sollte daher Formate einfordern, die zivilgesellschaftliche Akteure im Rahmen von Technologieentwicklung frühzeitig beteiligen. Dies ist bei bestimmten Förderinitiativen (beispielsweise den „Kopernikus-Projekten für die Energiewende") bereits angelegt, sollte aber ausgeweitet und konkretisiert werden. Wichtig ist dabei, dass die gesellschaftliche Perspektive nicht in separaten Projekten bearbeitet, sondern in technisch orientierte Projekte integriert wird.

– Langfristige Forschungsprioritäten definieren und Ressortzusammenarbeit verbessern: Es ist unvermeidlich, dass verschiedene Verwaltungseinheiten innerhalb der Bundesregierung mit unterschiedlichen Perspektiven und Prioritäten an Forschungsaufgaben herangehen. Bisher entspricht die Zusammenarbeit der Ressorts in vielen Fällen weiterhin eher dem Modell einer negativen Koordination (zum Begriff: SCHARPF 1993), bei der Initiativen eines anderen Ressorts abgewehrt werden, wenn sie eigenen Interessen zuwider laufen. Eine strategische, zukunftsorientierte Forschungsförderung kann jedoch nur gelingen, wenn ein gemeinsames Grundverständnis ressortübergreifend erarbeitet wird und Konflikte (z. B. über Zuständigkeiten oder zukunftsträchtige Technologiepfade) frühzeitig ausgeräumt werden (positive Koordination). Die Prioritäten der langfristigen Forschungsförderung sollten von den betroffenen Ressorts gemeinsam formuliert werden. Dies erfordert neben Gremien und Initiativen (interministerielle Arbeitsgruppen, gemeinsame Förderinitiativen) auch einen kulturellen Wandel in der Verwaltung, der bislang erst in Ansätzen erkennbar ist.

– Förderung nicht mehr zeitgemäßer Forschungsbereiche beenden: Es sollte systematisch überprüft werden, welche Forschungsbereiche angesichts der aktuellen politischen Zielstellung sowie der technischen Entwicklungen nicht mehr förderwürdig sind. Dies könnte im Energiebereich beispielsweise Forschung zur Extraktion von fossilen Ressourcen oder zur inkrementellen Verbesserung von Kohlekraftwerken betreffen. Bei der Fusionsforschung mag die politische Entscheidung, sie als Zukunftsoption nicht vollständig aufzugeben, vertretbar sein. Angesichts anderer drängender, unmittelbarer Herausforderungen bei der Energieversorgung (Dekarbonisierung des Verkehrssektors, Lastmanagement, Netze, Energiespeicherung etc.) hat die Fusionsforschung nach Auffassung des SRU derzeit jedoch keine hohe Priorität. Es sollte daher kurzfristig überprüft werden, inwiefern Ausgaben gesenkt oder zeitlich gestreckt werden können, ohne die bestehenden Forschungsinfrastrukturen im Kern zu gefährden. Darüber hinaus sollte die grundsätzliche Sinnhaftigkeit der Fusionsforschung im Lichte aktueller Kosten- und Technologieentwicklungen regelmäßig überprüft werden.

1.5 Schlussfolgerungen und Handlungsempfehlungen

81. Eine ökologische Modernisierung wird nicht mehr ausreichen, die im 7. Umweltaktionsprogramm der Europäischen Union verankerte Vision eines „guten Lebens innerhalb planetarischer Grenzen" zu erreichen. Ein Wirtschaften innerhalb der Belastbarkeitsgrenzen unseres Planeten erfordert sehr weitreichende Verminderungen der Ressourceninanspruchnahme und der Schadstoffemissionen. Diese sind durch technikbasierte Innovationen alleine nicht erreichbar. Es bedarf daher einer Erweiterung des Innovationsverständnisses um die Dimensionen kulturellen, gesellschaftlichen und institutionellen Wandels. Vorrangige Aufgabe der Umweltpolitik wird es sein, die Idee entsprechend umfassend ausgerichteter ökologischer Transformationen weiterzuentwickeln und in konkrete Handlungskonzepte umzusetzen.

Plädoyer für eine transformationsorientierte Umweltpolitik

82. Umfassende Transformationen können nur gelingen, wenn kulturelle, politische, ökonomische und institutionelle Veränderungen im Rahmen einer Koevolution in eine ähnliche Richtung weisen. Dies lässt sich jedoch staatlich nicht verordnen. Man kann hier von einem Steuerungsparadox sprechen. Es zeichnet sich dadurch aus, dass es einen erhöhten Steuerungs- und Koordinationsbedarf gibt, ohne dass es für die vielen Trends ein Steuerungszentrum gibt. Gerade deshalb bleibt der Staat mit all seinen rechtlichen, finanziellen und symbolischen Ressourcen von zentraler Bedeutung. An ihn stellen sich sogar zusätzliche Anforderungen.

So benötigt die Umweltpolitik weiterhin anspruchsvolle langfristige Ziele mit Zwischenschritten, um Öffentlichkeit, Wirtschaft und Politik Richtungssicherheit und den vielfältigen Einzelaktivitäten eine Orientierung zu geben. Auf europäischer Ebene leisten dies die langfristigen Fahrpläne für eine klimaschonende Wirtschaft oder die Kreislaufwirtschaft, auf nationaler Ebene spielen hierfür die Fortschrittsberichte zur Nachhaltigkeitsstrategie und das geplante integrierte Umweltprogramm eine zentrale Rolle. Der SRU empfiehlt daher, dass im Rahmen dieser Strategien und Programme konkrete umweltpolitische Handlungsziele für 2030 und – wo sinnvoll – auch für 2050 formuliert werden. Solche Ziele müssen mit Maßnahmenprogrammen glaubwürdig unterlegt werden.

Von besonderer Bedeutung ist die öffentliche Kommunikation des umweltpolitischen Handlungsbedarfs: Ein hohes Wohlstandsniveau und Friedenssicherung sind nur unter der Voraussetzung eines grundlegenden ökologisch motivierten Wandels dauerhaft möglich. Um solche Zusammenhänge erkennbar zu machen und breite gesellschaftliche Unterstützung zu gewinnen, bedarf es entsprechender „großer Erzählungen".

Unvermindert wichtig bleibt eine effektive Umweltpolitikintegration. Umweltpolitische Ziele müssen in strate-
gische sektorale Handlungsziele übersetzbar sein und in den verschiedenen Ministerien auch handlungsorientierend werden. Der SRU hat bereits in früheren Gutachten Instrumente einer besseren Umweltpolitikintegration vorgeschlagen, wie die gemeinsame Federführung für Querschnittsthemen, ein suspensives Vetorecht für das Umweltministerium oder eine verstärkte Unterstützung durch das Bundeskanzleramt (Mainstreaming).

Transformationen sind wissensintensiv. Dies gilt insbesondere für die Analyse der Problemstruktur, der sozio-technischen Handlungsoptionen, der Treiber des Wandels, der Narrative, der institutionellen Hemmnisse und der unerwünschten Nebenfolgen. Aus diesem Grunde wird die Transformationsforschung zur zentralen Erfolgsbedingung, auch um dem Steuerungsparadox ein Stück weit zu begegnen. Die Bundesregierung, insbesondere das BMBF, unternimmt bereits wichtige Anstrengungen, um nicht nur Förderprioritäten an langfristige Politikziele anzupassen, sondern auch prozedurale Anforderungen wie Transparenz, Vernetzung, Inter- und Transdisziplinarität aufzunehmen. Um die langjährig gewachsenen formellen und informellen Strukturen zu verändern, ist aber ein noch deutlich ambitionierteres Umsteuern in der Forschungspolitik wünschenswert. Alle Ressorts sollten ihre Forschungsaktivitäten mit Blick auf Transformationsanforderungen überprüfen, die Förderung nicht mehr zeitgemäßer Forschungsbereiche beenden sowie Transparenz und zivilgesellschaftliche Beteiligung stärken. Die Tatsache, dass Transformationen sozio-technischen Wandel erfordern, sollte systematisch bedacht werden. Dies bedeutet insbesondere, dass die Sozialwissenschaften in die Programmgestaltung umfassend integriert werden und nicht nur als Anhang einer technikorientierten Forschungsagenda betrachtet werden. Forschungsergebnisse können Anlass und Hebel sein, um gemeinsame Vorstellungen über sinnvolle Pfade der Transformation zwischen Politik, Wirtschaft und Gesellschaft zu entwickeln. Aus diesem Grunde sollten Forschungsdialoge und ressortübergreifende Forschungsinitiativen ausgebaut werden.

83. Eine transformationsorientierte Politik muss alle Phasen eines Transformationsprozesses situationsgerecht im Blick behalten. Idealtypisch wird zwischen Nischen, der schnellen Hochskalierung und der Durchsetzung eines neuen Modells unterschieden.

Nischen, Reallabore und Pilotprojekte spielen in der Anfangsphase von Transformationsprozessen eine besondere Rolle. Die Bundesregierung benötigt stärker als bisher systematisch aufbereitete Informationen, die frühzeitig gesellschaftliche Trends und Veränderungen erfassbar machen. Bedenkenswert wäre ein regelmäßig erscheinender Bericht der Bundesregierung über Nischen ökologischer Transformationen, der sich qualifiziert mit deren Entwicklungs- und Problemlösungspotenzialen, Hemmnissen und Entfaltungschancen befasst.

Nischen bedürfen einer unterstützenden Politik, die im Idealfall eine Hochskalierung erfolgreicher Technologien aber auch sozialer Innovationen bewirkt, so wie es in den letzten 15 Jahren mit dem von Bürgern mitgetragenen Ausbau der Windkraft und der Photovoltaik gelungen ist. In der Phase, in der Innovationen sich aus der Nische heraus im Markt durchsetzen, werden Verfahren gebraucht, um zukunftsfähige Gewinnerindustrien zu identifizieren. In solchen Phasen sind, wegen des engen Zusammenhangs zwischen neuen Technologien und den zumeist stark regulierten oder staatlich finanzierten Infrastrukturen, sorgfältig vorbereitete und umfassend geprüfte technologiepolitische Entscheidungen unausweichlich. Solche Weichenstellungen benötigen allerdings eine regelmäßige Evaluation. Das Konzept einer „reflexiven" Governance, die immer wieder technologiepolitische Weichenstellungen auch auf ihre unbeabsichtigten Folgewirkungen überprüft und gegebenenfalls anpasst, hat hierbei eine zentrale Bedeutung. Nur durch lernende Innovationssysteme können Fehlentscheidungen korrigiert werden – so wie es zum Beispiel bei der Bioenergiepolitik erfolgt ist. Durch sie können aber auch strategisch richtige Innovationspfade regelmäßig verstärkt werden.

Schließlich kommt der Bundesregierung die besondere Verantwortung zu, den notwendigen Strukturwandel gesellschaftlich zu vermitteln und ein Mindestmaß an Konsens zu suchen, einen langfristorientierten Ordnungsrahmen für den Strukturwandel zu entwickeln und diesen sozialpolitisch zu flankieren. Der SRU hat diese Aufgabe zuletzt in einem Kommentar zur Zukunft der Kohle bis 2040 begründet. Innovative und auch strukturkonservative Akteure müssen dabei eingebunden und neue Formen gesellschaftlicher Partizipation über die Beteiligung organisierter Verbände hinaus gefunden werden.

84. Nationale Transformationen müssen immer im europäischen Kontext gedacht werden. Nationale Politik erfährt durch die EU Handlungsrestriktionen, aber auch Handlungs- und Gestaltungsaufträge. So hat die Europäische Kommission langfristige Fahrpläne für eine klimaschonende, ressourceneffiziente und resiliente Wirtschaft entwickelt. Die Bundesregierung sollte diese Fahrpläne aktiv aufgreifen, sie weiterentwickeln, konkretisieren und vor allem durch eine eigene vorbildliche Praxis verstärken.

Zugleich sollte sie einer Agenda, die versucht, wirtschaftliche Interessen gegenüber öffentlichen Anliegen wie dem Umweltschutz einseitig zu privilegieren, eine klare Absage erteilen. Insbesondere das Vorhaben der Europäischen Kommission, im Rahmen einer Strategie für Bürokratieabbau und bessere Rechtsetzung eine weitergehende nationale Umweltpolitik zu unterbinden und eine 1:1-Umsetzung europäischer Vorgaben anzustreben, ist nicht sachgerecht und widerspricht dem Sinn und Zweck des EU-Vertrags.

Aktive Vorreiterpolitik betreiben

85. Vorreiter sind für die Dynamik sowohl der europäischen Umweltpolitik als auch der internationalen Umweltpolitik unverzichtbar. Umweltpolitische Vorreiter zeichnen sich dadurch aus, dass sie Neuerungen umsetzen,

die vorbildlich sind und die von anderen Ländern nachgeahmt werden. Politisch und wirtschaftlich erfolgreich sind sie vor allem dann, wenn sie ihre Erfahrungen international aktiv kommunizieren, Allianzen bilden und somit Impulse für transformative Politikansätze und die internationale Diffusion von Erfolgsstrategien geben.

Insgesamt hat Deutschland hervorragende Voraussetzungen für eine Vorreiterpolitik. Hierzu gehören das hohe wirtschaftliche Entwicklungsniveau, der hohe Anteil innovationsorientierter Industrien, der große gesellschaftliche Rückhalt für Umweltfragen sowie die erheblichen Wissens- und Forschungskapazitäten. Der SRU empfiehlt der Bundesregierung daher, umweltpolitisches Vorreiterverhalten zum allgemeinen Markenzeichen deutscher Umwelt- und Nachhaltigkeitspolitik zu machen. Deutschland war und ist in einigen Handlungsfeldern durchaus als Vorreiterland einzustufen, in anderen Handlungsfeldern fehlen jedoch langfristige Leitbilder und die Bereitschaft, europäische Reformtrends zu unterstützen.

Klimapolitik

86. Die Energiewende ist das bisher am weitesten reichende Beispiel einer transformativen Vorreiterrolle. Deutschland hat ehrgeizigere kurz- und mittelfristige Klimaschutz- und Ausbauziele für erneuerbare Energien im Stromsektor als die EU, einen langfristigen Fahrplan und mittelfristige zielorientierte Handlungsprogramme, wie den das Aktionsprogramm Klimaschutz 2020 und den Klimaschutzplan 2050. Die Energiewende findet breite gesellschaftliche Unterstützung, nicht zuletzt auch weil sie nicht nur ein Projekt weniger Energieversorger ist, sondern weil viele Bürger direkt oder in Form von Beteiligungen den Ausbau der erneuerbaren Energien vorantreiben. Das Handlungsprogramm sollte allerdings nachgebessert werden. Für den weiteren Erfolg der Energiewende im Stromsektor ist – neben vielen anderen Herausforderungen – entscheidend, dass die Kohleverstromung zügig verringert wird. Nur wenn ein Konsens zum Ausstieg aus der Kohleverstromung gelingt, wird auch die Energiewende gelingen können.

Deutschland war bisher Motor der europäischen Klimapolitik und hat verbindliche und dynamische europäische Ausbauziele für die erneuerbaren Energien und große nationale Freiräume für eine situationsgerechte Instrumentenwahl vertreten. Mit der Agenda für eine europäische Energieunion hat dieser Erfolgsansatz in der EU an Rückhalt verloren. Umso wichtiger ist es, dass Deutschland auch die europäische Energiewende aktiv vorantreibt.

Kreislaufwirtschaft

87. Mit hohen Recyclingquoten und dem Ende der Deponierung unvorbehandelten Abfalls hat Deutschland im europäischen Vergleich ein weit überdurchschnittlich anspruchsvolles abfallwirtschaftliches Niveau erreicht. Die unter heutigen Bedingungen durch das abfallrechtliche Instrumentarium wirtschaftlich erschließbaren Potenziale für eine umfassend konzipierte Kreislaufwirtschaft sind vielfach schon ausgeschöpft. In Deutschland befindet sich die Kreislaufwirtschaft daher nach zwanzig Jahren bereits an der Schwelle zu einer „zweiten Generation": Es geht in der Weiterentwicklung der Kreislaufwirtschaft um Innovationen im Produktdesign und der Produktverantwortung. Hierdurch sollen möglichst langlebige Produkte, die Verwendung wiederverwertbarer Komponenten und das Recycling hochwertiger Rohstoffe ermöglicht werden.

Allerdings kann man von einer deutschen Vorreiterposition ohne aktive Europäisierung sprechen. Die Chance einer Europäisierung der anspruchsvollen deutschen Vorgaben für die Deponierung unbehandelten Abfalls und für das Recycling von Siedlungsabfall ist im Vorfeld des ersten Kommissionsvorschlages für eine Kreislaufwirtschaft von 2014 auch wegen fachlicher Differenzen zwischen Europäischer Kommission und dem BMUB verpasst worden. Anlässlich der Neuvorlage des Kreislaufwirtschaftspaketes der Europäischen Kommission im Dezember 2015 empfiehlt der SRU daher eine engere Verkoppelung zwischen den Fach- und den politischen Ebenen auf nationaler und europäischer Ebene sowie einen profilierteren, öffentlichkeitswirksamen politischen Auftritt Deutschlands. Dafür ist ein Zusammenwirken ambitionierter Akteure im europäischen Mehrebenensystem unerlässlich. Deutschland sollte sich hier klar zu einer Vorreiterrolle bekennen und Impulse für den europäischen Gesetzgebungsprozess setzen.

Hinsichtlich der Herausforderung eines verbesserten Produktdesigns empfiehlt der SRU, das „weiche" Handlungsprogramm von ProgRess II um ordnungsrechtliche und marktwirtschaftliche Instrumente zu erweitern.

Biodiversität und Landwirtschaftspolitik

88. Gerade im Problemfeld Landwirtschaft und Biodiversitätsschutz spielt die europäische Politikebene mit ihren wirkmächtigen Instrumenten eine zentrale Rolle. Bei der Integration von Umweltbelangen in die Agrarpolitik nimmt Deutschland jedoch weder bei der Weiterentwicklung der gemeinsamen europäischen Agrarpolitik noch in der Umsetzung und Gestaltung nationaler Politiken eine Vorreiterrolle ein. Aus der Perspektive des Natur- und Gewässerschutzes besteht ein erheblicher Reformbedarf. Eine Öffnung der agrarpolitischen Entscheidungsfindung gegenüber den heute sehr vielfältigen Interessen sollte oberste Priorität erhalten. Das betrifft insbesondere Interessen an einer umweltschonenden Landwirtschaft sowie an Natur-, Tier- und Verbraucherschutz. Ein wichtiger Schritt wäre die Entwicklung eines Leitbilds einer nachhaltigen Landwirtschaft, an dem sowohl die landwirtschaftlichen als auch die Umweltakteure zu beteiligen sind. Ohne institutionelle Änderungen, die für die notwendigen, weitreichenden Reformen Sorge tragen, wird dies nicht gelingen. Der SRU betont deshalb, dass ein Einvernehmen der Umweltministerien und Umweltverwaltungen auf allen Ebenen bei agrarpolitischen Fragen von hoher ökologischer Relevanz erforderlich ist.

1.6 Literatur

AbL (Arbeitsgemeinschaft bäuerliche Landwirtschaft) (2015): Bäuerliche Landwirtschaft ist unsere Zukunftslandwirtschaft. Hamm: AbL. http://www.abl-ev.de/fileadmin/Dokumente/AbL_ev/Agrarpolitik/15-03-Beilage_Bauernstimme-kl.pdf (16.11.2015).

Agentur für Erneuerbare Energien (2014): Die deutsche Energiewende in der internationalen Presse. Ein Blick hinter die weltweite Berichterstattung zur deutschen Energiepolitik Berlin: Agentur für Erneuerbare Energien. Renews Kompakt 21. http://www.unendlich-viel-energie.de/mediathek/hintergrundpapiere/die-deutsche-energiewende-in-der-internationalen-presse (22.06.2015).

Andersen, M. S. (2007): An introductory note on the environmental economics of the circular economy. Sustainability Science 2 (1), S. 133–140.

Andersen, M. S., Liefferink, D. (1997): European Environmental Policy. The Pioneers. Manchester: Manchester University Press.

Andersen, U., Woyke, W. (2003): Handwörterbuch des politischen Systems der Bundesrepublik Deutschland. 5., überarb. und aktualisierte Aufl. Opladen: Leske + Budrich.

André, F. J., González, P., Porteiro, N. (2009): Strategic quality competition and the Porter Hypothesis. Journal of Environmental Economics and Management 57 (2), S. 182–194.

Anenberg, S. C., Shindell, D., Amann, M., Faluvegi, G., Klimont, Z., Janssens-Maenhout, G., Pozzoli, L., Van Dingenen, R., Vignati, E., Emberson, L. (2012): Global air quality and health co-benefits of mitigating near-term climate change through methane and black carbon emission controls. Environmental Health Perspectives 120 (6), S. 831–839.

Axelrod, R. S., Schreurs, M. A. (2015): Environmental Policy Making and Global Leadership in the European Union. In: Axelrod, R. S., VanDeveer, S. D. (Hrsg.): The Global Environment. Institutions, Law, and Policy. 4th ed. Los Angeles: Sage, S. 157–186.

Bäckstrand, K., Elgström, O. (2013): The EU´s role in climate change negotiations: from leader to 'leadiator'. Journal of European Public Policy 20 (10), S. 1369–1386.

Balmann, A., Glauben, T., Graubner, M., Grings, M., Hirschauer, N., Schaft, F., Wagner, P. (Hrsg.) (2012): Unternehmerische Landwirtschaft zwischen Marktanforderungen und gesellschaftlichen Erwartungen. 51. Jahrestagung der Gesellschaft für Wirtschafts- und Sozialwissenschaften des Landbaues e.V. vom 28. bis 30. September. Münster: Landwirtschaftsverlag. Schriften der Gesellschaft für Wirtschafts- und Sozialwissenschaften des Landbaues e.V. 47.

Bastein, T., Roelofs, E., Rietfeld, E., Hoogendoorn, A. (2013): Opportunities for a circular economy in the

Netherlands. Delft: TNO. http://www.institut-economie-circulaire.fr/attachment/447647/ (28.08.2015).

Bauknecht, D., Brohmann, B., Grießhammer, R. (2015): Transformationsstrategien und Models of Change für nachhaltigen gesellschaftlichen Wandel. Gesellschaftlicher Wandel als Mehrebenenansatz. Bericht des AP2. Dessau-Roßlau: Umweltbundesamt. UBA-Texte 66/2015.

Bayer, E., Baker, P. (2014): Report on the Dutch power system. Country Profile. Berlin: Agora Energiewende.

BDEW (Bundesverband der Energie- und Wasserwirtschaft) (2014a): Positionierung zur Novellierung der Düngeverordnung. Berlin: BDEW.

BDEW (2014b): Zunehmende Nitratbelastungen im Grundwasser bedrohen Trinkwasserqualität. Berlin: BDEW. Hintergrundinformationen. http://www.bdew.de/internet.nsf/id/36F70F215AF58945C1257D62003343AF/$file/Hintergrund%20Nitratbelastungen.pdf (12.11.2014).

BDI (Bundesverband der Deutschen Industrie) (2014): EU-Ökodesign-Richtlinie: Augenmaß bei der politischen Steuerung des Produktdesigns! Berlin: BDI. BDI-Positionspapier D 0649.

Beise, M. (2004): Lead markets: country-specific drivers of the global diffusion of innovations. Research Policy 33 (6–7), S. 997–1018.

Beise, M., Blazejczak, J., Edler, D., Jacob, K., Jänicke, M., Loew, T., Petschow, U., Rennings, K. (2003): The Emergence of Lead Markets for Environmental Innovations. Berlin: Forschungsstelle für Umweltpolitik. FFU-Report 02-2003.

BfN (Bundesamt für Naturschutz) (2015): Artenschutz-Report 2015. Tiere und Pflanzen in Deutschland. Bonn: BfN. https://www.bfn.de/fileadmin/BfN/presse/2015/Dokumente/Artenschutzreport_Download.pdf (21.05.2015).

BfN (2014): BfN Grünland-Report: Alles im Grünen Bereich? Bonn: BfN.

Bijker, W. E., Law, J. (1994): Shaping technology/building society: Studies in sociotechnical change. New. Cambridge, Mass.: MIT Press.

BIO by Deloitte, Öko-Institut, ERA Technology (2014a): Preparatory Study to establish the Ecodesign Working Plan 2015 – 2017 implementing Directive 2009/125/EC. Task 2: Supplementary Report „Identification or resource-relevant product groups and horizontal issues". New York, Berlin, Leatherhead: BIO by Deloitte, Öko-Institut, ERA Technology. http://www.ecodesign-wp3.eu/sites/default/files/Ecodesign%20WP3%20Task%202_Supplementary%20report%20on%20resources_17092014_0.pdf (28.08.2015).

BIO by Deloitte, Öko-Institut, ERA Technology (2014b): Preparatory Study to establish the Ecodesign Working Plan 2015 – 2017 implementing Directive 2009/125/EC. Task 4: Draft Report. New York, Berlin, Leatherhead: BIO by Deloitte, Öko-Institut, ERA Technology. http://www.ecodesign-wp3.eu/sites/default/files/Ecodesign%20WP3_Draft%20Task%204%20Report_15102014.pdf (16.11.2015).

Bissels, S., Oppermann, R. (2011): Analyse und Bewertung von Reformvorschlägen zur Gemeinsamen Agrarpolitik (GAP) im Hinblick auf Ressourcenschutz und Nachhaltigkeit. In: Reinhardt, H. (Hrsg.): Die Gemeinsame Agrarpolitik (GAP) der Europäischen Union nach 2013. Frankfurt am Main: Edmund Rehwinkel-Stiftung der Landwirtschaftlichen Rentenbank. Schriftenreihe der Rentenbank 27, S. 141–177.

BLAG (Bund-Länder-Arbeitsgruppe zur Evaluierung der Düngeverordnung) (2012): Evaluierung der Düngeverordnung – Ergebnisse und Optionen zur Weiterentwicklung. Abschlussbericht. Braunschweig: Johann Heinrich von Thünen-Institut, Institut für Ländliche Räume.

BMBF (Bundesministerium für Bildung und Forschung) (2014a): Innovationen für die Produktion, Dienstleistung und Arbeit von morgen. Berlin: BMBF. http://www.bmbf.de/pub/Innovationen_Produktion_Dienstleistung_Arbeit_bf.pdf (22.06.2015).

BMBF (2014b): Die neue Hightech-Strategie. Innovationen für Deutschland. Berlin: BMBF.

BMBF (2010): Ideen. Innovation. Wachstum. Hightech-Strategie 2020 für Deutschland. Bonn: BMBF.

BMEL (Bundesministerium für Ernährung und Landwirtschaft) (2015a): Ökologischer Landbau in Deutschland. Bonn: BMEL.

BMEL (2015b): Eine Zukunftsstrategie für den ökologischen Landbau. Berlin: BMEL. https://www.bmel.de/DE/Landwirtschaft/Nachhaltige-Landnutzung/Oekolandbau/_Texte/ZukunftsstrategieOekologischerLandbau.html (16.11.2015).

BMELV (Bundesministerium für Ernährung, Landwirtschaft und Verbraucherschutz) (2013): Ökobarometer 2013. Repräsentative Bevölkerungsbefragung im Auftrag des Bundesministeriums für Ernährung, Landwirtschaft und Verbraucherschutz. Berlin: BMELV. http://www.bmel.de/SharedDocs/Downloads/Ernaehrung/Oekobarometer_2013.pdf;jsessionid=E06B07D742A7BCB-F8A71FBE2B4610C17.1_cid382?__blob=publicationFile (16.11.2015).

BMELV (2011): Stellungnahme der Bundesregierung zur Mitteilung der Europäischen Kommission. „Die GAP bis 2020". Berlin: BMELV. Stellungnahme.

BMU (Bundesministerium für Umwelt, Naturschutz und Reaktorsicherheit) (2012): Deutsches Ressourceneffizienzprogramm (ProgRess). Programm zur nachhaltigen Nutzung und zum Schutz der natürlichen Ressourcen. Berlin: BMU. http://www.emas.de/fileadmin/user_upload/06_service/PDF-Dateien/BMU_ProgRess_2012.pdf (10.09.2015).

BMUB (Bundesministerium für Umwelt, Naturschutz, Bau, und Reaktorsicherheit) (2015a): Deutsches Ressourceneffizienzprogramm (ProgRess) II: Fortschrittsbericht 2012 – 2015 und Fortschreibung 2016 – 2019. Entwurf. Version RA 10.08.2015. Berlin: BMUB. http://www.bmub.bund.de/fileadmin/Daten_BMU/Download_PDF/Ressourceneffizienz/progress_II_broschuere_de_bf.pdf (10.09.2015).

BMUB (2015b): Indikatorenbericht 2014 zur Nationalen Strategie zur biologischen Vielfalt. Berlin: BMUB. http://www.bmub.bund.de/fileadmin/Daten_BMU/Download_PDF/Naturschutz/indikatorenbericht_2014_biolog_vielfalt_bf.pdf (10.06.2015).

BMUB (2015c): Naturschutz-Offensive 2020. Für biologische Vielfalt! Berlin: BMUB.

BMUB (2015d): Umweltfreundliche öffentliche Beschaffung. Stand: 13.05.2015. Berlin: BMUB. http://www.bmub.bund.de/themen/wirtschaft-produkte-ressourcen/produkte-und-umwelt/umweltfreundliche-beschaffung/ (16.11.2015).

BMUB, UBA (Umweltbundesamt) (2015): Umweltbewusstsein in Deutschland 2014. Ergebnisse einer repräsentativen Bevölkerungsumfrage. Berlin, Dessau-Roßlau: BMUB, UBA.

BMWi (Bundesministerium für Wirtschaft und Energie) (2015a): Eckpunkte-Papier „Strommarkt" für die Energieklausur mit den Koalitionsfraktionen am 21. März 2015. Berlin: BMWi. http://www.bmwi.de/BMWi/Redaktion/PDF/E/eckpunkte-papier-strommarkt,property=pdf,bereich=bmwi2012,sprache=de,rwb=true.pdf (15.04.2015).

BMWi (2015b): Der nationale Klimaschutzbeitrag der deutschen Stromerzeugung. Ergebnisse der Task Force „CO2-Minderung". Berlin: BMWi. http://www.bmwi.de/BMWi/Redaktion/PDF/C-D/der-nationale-klimaschutzbeitrag-der-deutschen-stromerzeugung,property=pdf,bereich=bmwi2012,sprache=de,rwb=true.pdf (15.04.2015).

BMWi, BMU (2010): Energiekonzept für eine umweltschonende, zuverlässige und bezahlbare Energieversorgung. Berlin: BMWi, BMU.

BÖLW (Bund Ökologische Lebensmittelwirtschaft) (2015): Zahlen, Daten, Fakten: Die Bio-Branche 2015. Berlin: BÖLW. http://www.boelw.de/fileadmin/Dokumentation/Rechtstexte/BOELW_ZDF_2015_web.pdf (16.11.2015).

Brand, F. (2009): Die Relevanz des Resilienz-Ansatzes für eine Theorie nachhaltiger Entwicklung. In: Egan-Krieger, T. von, Schultz, J., Thapa, P. P., Voget, L. (Hrsg.): Die Greifswalder Theorie starker Nachhaltigkeit: Ausbau, Anwendung und Kritik. Marburg: Metropolis. Beträge zur Theorie und Politik starker Nachhaltigkeit 2, S. 225–240.

Bringezu, S., Bleischwitz, R. (Hrsg.) (2009): Sustainable resource management: Global trends, visions and policies. Sheffield: Greenleaf Publishing.

Bringezu, S., Schütz, H. (2014): Indikatoren und Ziele zur Steigerung der Ressourcenproduktivität. PolRess Arbeitspapier A.S 1.4. Wuppertal: Wuppertal Institut für Klima, Umwelt, Energie.

Büchele, R., Henzelmann, T., Panizza, P., Wiedemann, A. (2014): GreenTech made in Germany 4.0. Umwelttechnologie-Atlas für Deutschland. Berlin: Bundesministerium für Umwelt, Naturschutz, Bau und Reaktorsicherheit.

Buckwell, A., Heissenhuber, A., Winfried, B., Uhre, A. N., Williams, A., Poláková, J., Blum, W. E. H., Schiefer, J., Lair, G., Schießl, P., Krämer, C., Haber, W. (2014): The Sustainable Intensification of European Agriculture. A Review Sponsored by the RISE Foundation. Brussels: RISE Foundation

Bundesrat (2015): Empfehlungen der Ausschüsse zu Punkt ... der 933. Sitzung des Bundesrates am 8. Mai 2015. Sondergutachten des Sachverständigenrates für Umweltfragen. Stickstoff: Lösungsstrategien für ein drängendes Umweltproblem. Berlin: Bundesrat. Bundesratsdrucksache 62/1/15.

Bundesrat (2014): Beschluss des Bundesrates. Vorschlag für eine Richtlinie des Europäischen Parlaments und des Rates zur Änderung der Richtlinien 2008/98/EG über Abfälle, 94/62/EG über Verpackungen und Verpackungsabfälle, 1999/31/EG über Abfalldeponien, 2000/53/EG über Altfahrzeuge, 2006/66/EG über Batterien und Akkumulatoren sowie Altbatterien und Altakkumulatoren sowie 2012/19/EU über Elektro-und Elektronikaltgeräte – COM(2014) 397 final; Ratsdok. 11598/14. Berlin: Bundesrat. Bundesratsdrucksache 308/14 (Beschluss).

Buonocore, J. J., Luckow, P., Norris, G., Spengler, J. D., Biewald, B., Fisher, J., Levy, J. I. (2015): Health and climate benefits of different energy-efficiency and renewable energy choices. Nature Climate Change. First published online. http://dx.doi.org/10.1038/nclimate2771 (09.11.2015).

Bureau, J.-C. (2012): Where Is the Common Agricultural Policy Heading? Intereconomics 47 (6), S. 316–321.

Busch, P.-O., Jörgens, H. (2012): Governance by diffusion: exploring a new mechanism of international policy coordination. In: Meadowcroft, J., Langhelle, O., Ruud, A. (Hrsg.): Governance, Democracy and Sustainable Development. Moving Beyond the Impasse. Cheltenham, Northampton, Mass.: Edward Elgar, S. 221–248.

Calliess, C., Hey, C. (2013a): Multilevel Energy Policy in the EU: Paving the Way for Renewables? Journal for European Environmental and Planning Law 10 (2), S. 87–131.

Calliess, C., Hey, C. (2013b): Renewable Energy Policy in the European Union: A Contribution to Meeting International Climate Protection Goals? In: Ruppel, O. C., Roschmann, C., Ruppel-Schlichting, K. (Hrsg.): Climate Change. Vol. 2: Policy, diplomacy and governance in a changing evironment. Baden-Baden: Nomos, S. 477–528.

Calliess, C., Ruffert, M. (Hrsg.) (2011): EUV/AEUV. Das Verfassungsrecht der Europäischen Union mit Europäischer Grundrechtecharta. Kommentar. 4. Aufl. München: Beck.

Carlsson, B. (2006): Internationalization of innovation systems: A survey of the literature. Research Policy 35 (1), S. 56–67.

CDU (Christlich Demokratische Union Deutschlands), CSU (Christlich-Soziale Union in Bayern), SPD (Sozialdemokratische Partei Deutschlands) (2013): Deutschlands Zukunft gestalten. Koalitionsvertrag zwischen CDU, CSU und SPD, 18. Legislaturperiode. Berlin: CDU, CSU, SPD. http://www.bundesregierung.de/Content/DE/_Anlagen/2013/2013-12-17-koalitionsvertrag.pdf;jsessionid=C0E-966A76B061A5F03E4553FC28C816C.s2t1?__blob=publicationFile&v=2 (17.06.2014).

CECED, DIGITALEUROPE, EPEE (European Partnership for Energy and the Environment), LightingEurope (2015): Position on the revision of the Ecodesign Framework Directive. Brussels, : CECED, DIGITALEUROPE, EPEE, LightingEurope.

Cleff, T., Rennings, K. (2012): Are there any first mover advantages for pioneering firms? Lead market oriented business strategies for environmental innovation. European Journal of Innovation Management 15 (4), S. 491–513.

Colander, D. C., Kupers, R. (2014): Complexity and the Art of Public Policy: Solving Society's Problems from the Bottom Up. Princeton, NJ: Princeton University Press.

Cole, D. H. (2015): Advantages of a Polycentric Approach to Climate Change Policy. Nature Climate Change 2015 (5), S. 114–118.

Constantini, V., Mazzanti, M. (2012): On the green and innovative side of trade competitiveness? The impact of environmental policies and innovation on EU exports. Research Policy 41 (1), S. 132–153.

Crutzen, P. J. (2002): Geology of mankind. Nature 415 (6867), S. 23.

Daugbjerg, C. (2014): Explaining Reform and Reversal of the EU's Common Agricultural Policy, 1992–2013. ECPR General Conference, 3–6 September 2014, Glasgow.

Daugbjerg, C., Roederer-Rynning, C. (2014): The EU's Common Agricultural Policy: A Case of Defensive Policy Import. In: Falkner, G., Müller, P. (Hrsg.): EU Policies in a Global Perspective: Shaping or Taking International Regimes? London: Routledge, S. 38–57.

DBV (Deutscher Bauernverband) (2012): Stellungnahme des Deutschen Bauernverbands e.V. (DBV) für die 78. Sitzung des Ausschusses für Ernährung, Landwirtschaft und Verbraucherschutz zur Öffentlichen Anhörung zum Thema: „GAP-Reform". Berlin: Deutscher Bundestag, Ausschuss für Ernährung, Landwirtschaft und Verbraucherschutz.

De Cian, E., Bosetti, V., Tavoni, M. (2012): Technology innovation and diffusion in „less than ideal" climate policies: an assessment with the WITCH model. Climatic Change 114 (1), S. 121–143.

Defra (Department of Environment Food and Rural Affairs) (2015): Draft Own Initiative Report of the Committee on the Environment, Public Health an Food Safety on resource efficiency: moving towards a circular economy. London: The Stationery Office. Information note.

Deutsche Telekom Stiftung, BDI (Bundesverband der Deutschen Industrie), Fraunhofer ISI (Fraunhofer Institut Systemtechnik und Innovationsforschung), ZEW (Zentrum für Europäische Wirtschaftsforschung), UNU-MERIT (2014): Der Innovationsindikator 2014. Bonn, Berlin, : Deutsche Telekom Stiftung, BDI. http://www.innovationsindikator.de/fileadmin/user_upload/Dokumente/Innovationsindikator_2014.pdf (22.06.2015).

Deutscher Bundestag (2015): Unterrichtung durch die Bundesregierung. Umweltbericht 2015. Auf dem Weg zu einer modernen Umweltpolitik. Berlin: Deutscher Bundestag. Bundestagsdrucksache 18/6470.

DIHK (Deutscher Industrie- und Handelskammertag) (2008): Ökodesign mit Augenmaß. Stellungnahme. Berlin: DIHK. http://www.dihk.de/ressourcen/downloads/DIHK_Stellungnahme_OekodesignRL_Nov_2008.pdf/at_download/file?mdate=1289469187667 (10.09.2015).

Dolata, U. (2009): Technological innovations and sectoral change. Transformative capacity, adaptability, patterns of change: An analytical framework. Research Policy 38 (6), S. 1066–1076.

Dolata, U. (2008): Soziotechnischer Wandel, Nachhaltigkeit und politische Gestaltungsfähigkeit. In: Lange, H. (Hrsg.): Nachhaltigkeit als radikaler Wandel. Die Quadratur des Kreises? Wiesbaden: VS Verlag für Sozialwissenschaften, S. 261–286.

Dolowitz, D. P., Marsh, D. (2000): Learning from Abroad: The Role of Policy Transfer in Contemporary Policy-Making. Governance 13 (1), S. 5–23.

Dosi, G. (1988): Sources, procedures and microeconomic effects of innovation. Journal of Economic Literature 26 (3), S. 1120–1171.

Doumet, J., Hermanns, I. (2014): Der Legislativvorschlag zur Änderung der Abfallrahmenrichtlinie und weiterer Richtlinien. AbfallR 13 (6), S. 258–269.

Drezner, D. W. (2001): Globalization and Policy Convergence. International Studies Review 3 (1), S. 53–78.

Eckersley, R. (2013): Does Leadership Make a Difference? The European Union's Shifting Authority in the Climate Negotiations. Gespräch an der Freien Universiät Berlin, 29. Mai 2013.

Edenhofer, O., Jakob, M., Creutzig, F., Flachsland, C., Fuss, S., Kowarsch, M., Lessmann, K., Mattauch, L., Siegmeier, J., Steckel, J. C. (2015): Closing the emission price gap. Global Environmental Change 31, S. 132–143.

EEA (European Environment Agency) (2015a): State of nature in the EU. Results from reporting under the nature directives 2007 – 2012. Luxembourg: Publications Office of the European Union. EEA Technical Report 2/2015.

EEA (2015b): Die Umwelt in Europa. Zustand und Ausblick 2015. Synthesebericht. Kopenhagen: EEA.

EEA (2014): EEA Signals 2014. Well-beeing and the environment. Building a resource-efficient and circular economy in Europe. Luxembourg: Publications Office of the European Union.

Eichener, V. (2000): Das Entscheidungssystem der Europäischen Union. Institutionelle Analyse und demokratie-theoretische Bewertung. Opladen: Leske + Budrich.

Ekardt, F. (2014): Agrarprivileg im Umweltrecht – noch zeitgemäß? In: Kloepfer, M. (Hrsg.): Umweltschutz als Rechtsprivileg. Berlin: Duncker & Humblot. Schriften zum Umweltrecht 180, S. 111–125.

Elgström, O. (2007): The European Union as a leader in international multilateral negotiations – a problematic aspiration? International Relations 21 (4), S. 445–458.

Ellen MacArthur Foundation, McKinsey Center for Business and Environment, SUN (Stiftungsfonds für Umweltökonomie und Nachhaltigkeit) (2015): Growth within. A circular economy vision for a competitive Europe. London, Cowes, Bonn: Ellen MacArthur Foundation, McKinsey Center for Business and Environment, SUN.

Enquete-Kommission „Wachstum Wohlstand Lebensqualität" (2013): Schlussbericht der Enquete-Kommission „Wachstum, Wohlstand, Lebensqualität – Wege zu nachhaltigem Wirtschaften und gesellschaftlichem Fortschritt in der Sozialen Marktwirtschaft". Berlin: Deutscher Bundestag. Bundestagsdrucksache 17/13300.

EurActiv (2013): EU fallow farmland goal ‚absurd', says German minister. Brüssel: EurActiv. http://www.euractiv. com/cap/eu-fallow-farmland-goal-absurd-g-news-517152 (10.09.2015).

EuroNatur, AbL (Arbeitsgemeinschaft bäuerliche Landwirtschaft) (2013): Eine andere Agrarpolitik ist möglich. Deutschland muss die großen Möglichkeiten der EU-Agrarreform nutzen für eine bäuerliche, umwelt- und tierschutzfördernde Landwirtschaft. Gemeinsame Forderungen zur Umsetzung der EU-Agrarreform. Rheinbach, Hamm: EuroNatur, Arbeitsgemeinschaft bäuerliche Landwirtschaft.

Europäische Kommission (2015a): Annex to the Communication from the Commission to the European Parliament, the Council, the European Econome and Social Committee and the Committee of the Regions. Closing the loop – An EU action plan for the Circular Economy. COM(2015) 614. Brüssel: Europäische Kommission.

Europäische Kommission (2015b): Circular Economy Strategy (Roadmap). Brüssel: Europäische Kommission. http://ec.europa.eu/smart-regulation/impact/planned_ia/docs/2015_env_065_env+_032_circular_economy_en.pdf (15.12.2015).

Europäische Kommission (2015c): Europäische Innovationspartnerschaft „Landwirtschaftliche Produktivität und Nachhaltigkeit" (EIP-AGRI). Brüssel: Europäische Kommission. http://ec.europa.eu/agriculture/research-innovation/eip-agriculture/index_de.htm (15.12.2015).

Europäische Kommission (2015d): Mitteilung der Kommission an das Europäische Parlament, den Rat, den Europäischen Wirtschafts- und Sozialausschuss und den Ausschuss der Regionen. Bessere Ergebnisse durch bessere Rechtsetzung – Eine Agenda der EU. COM(2015) 215 final. Brüssel: Europäische Kommission.

Europäische Kommission (2014a): Commission Staff Working Document. Impact Assessment. Proposal for reviewing the European waste management targets. DRAFT x/x/2014. Brüssel: Europäische Kommission.

Europäische Kommission (2014b): Gut leben innerhalb der Belastbarkeitsgrenzen unseres Planeten. Allgemeines Umweltaktionsprogramm der Union für die Zeit bis 2020. Luxemburg: Amt für Veröffentlichungen der Europäischen Union.

Europäische Kommission (2014c): Mitteilung der Kommission. Leitlinien für staatliche Umweltschutz- und Energiebeihilfen 2014–2020 (2014/C 200/01). Brüssel: Europäische Kommission. Amtsblatt der Europäischen Union C 200/1.

Europäische Kommission (2014d): State of the Innovation Union. Taking stock 2010–2014. Brüssel: Europäische Kommission.

Europäische Kommission (2014e): Vorschlag für eine Richtlinie des europäischen Parlaments und des Rates zur Änderung der Richtlinien 2008/98/EG über Abfälle, 94/62/EG über Verpackungen und Verpackungsabfälle, 1999/31/EG über Abfalldeponien, 2000/53/EG über Altfahrzeuge, 2006/66/EG über Batterien und Akkumulatoren sowie Altbatterien und Altakkumulatoren sowie 2012/19/EU über Elektro- und Elektronik-Altgeräte. COM(2014) 397 final. Brüssel: Europäische Kommission.

Europäische Kommission (2014f): Vorschlag für einen Beschluss des Europäischen Parlaments und des Rates über die Einrichtung und Anwendung einer Marktstabilitätsreserve für das EU-System für den Handel mit Treibhausgasemissionszertifikaten und zur Änderung der Richtlinie 2003/87/EG. COM(2014) 20 final. Brüssel: Europäische Kommission.

Europäische Kommission (2011): Mitteilung der Kommission an das Europäische Parlament, den Rat, den europäischen Wirtschafts- und Sozialausschuss und den

Ausschuss der Regionen. Fahrplan für ein ressourcenschonendes Europa. KOM(2011) 571 endg. Brüssel: Europäische Kommission.

Europäische Kommission (2010): Communication from the Commission. Europe 2020. A strategy for smart, sustainable and inclusive growth. COM(2010) 2020 final. Brüssel: Europäische Kommission.

Europäischer Rat (2014): Tagung des Europäischen Rates (23./24. Oktober 2014). Schlussfolgerungen zum Rahmen für die Klima- und Energiepolitik bis 2030. Brüssel: Europäischer Rat.

Europäisches Parlament (2015): Ressourceneffizienz: Wege zu einer Kreislaufwirtschaft. Entschließung des Europäischen Parlaments vom 9. Juli 2015 zu dem Thema „Ressourceneffizienz: Wege zu einer Kreislaufwirtschaft" (2014/2208(INI)). Brüssel: Europäisches Parlament. P8_TA-PROV(2015)0266.

EUWID (Europäischer Wirtschaftsdienst) (2015): Umweltminister gegen Kurs der neuen EU-Kommission. EUWID Recycling und Entsorgung 2015 (50), S. 25.

EUWID (2014a): BMUB: Neue Deponieziele der Kommission „unpräzise, unbestimmt und illusionär". EUWID Recycling und Entsorgung 2014 (45), S. 25–26.

EUWID (2014b): Hendricks für realistische Quoten und Bürokratieabbau. EUWID Recycling und Entsorgung 2014 (45), S. 2.

EUWID (2014c): Kritik am Kreislaufwirtschaftsparket der EU Kommission aus Deutschland. EUWID Recycling und Entsorgung 2014 (38), S. 20.

Fankhauser, S., Bowen, A., Calel, R., Dechezleprêtre, A., Grover, D., Rydge, J., Sato, M. (2013): Who will win the green race? In search of environmental competitiveness and innovation. Global Environmental Change 23 (5), S. 902–913.

Fankhauser, S., Gennaioli, C., Collins, M. (2014): Domestic dynamics and international influence: What explains the passage of climate change legislation? London: Centre for Climate Change Economics and Policy, Grantham Research Institute on Climate Change and the Environment. Centre for Climate Change Economics and Policy Working Paper 175. Grantham Research Institute on Climate Change and the Environment Working Paper 156.

Feindt, P. H. (2007): Integration von Umweltbelangen in die europäische Agrarpolitik. Institutioneller Wandel und Politik-Lernen im Mehrebenensystem. In: Jacob, K., Biermann, F., Busch, P.-O., Feindt, P. H. (Hrsg.): Politik und Umwelt. Wiesbaden: VS Verlag für Sozialwissenschaften. Politische Vierteljahresschrift, Sonderheft 39, S. 382–405.

Fischedick, M., Vallentin, D., Augenstein, K., Best, B., König, T., Friege, J., Pietzner, K., Voss, T. (2015): Forschungsförderung der Bundesregierung im Bereich

Energie. Wuppertal: Wuppertal Institut für Klima, Umwelt, Energie. Gutachten. Version 1 vom 17. August 2015.

Fischer-Kowalski, M., Swilling, M., Weizsäcker, E. U. von, Ren, Y., Moriguchi, Y., Crane, W., Krausmann, F., Eisenmenger, N., Giljum, S., Hennicke, P., Romero Lankao, P., Siriban Manalang, A. (2011): Decoupling natural resource use and environmental impacts from economic growth. A report of the Working Group on Decoupling to the International Resource Panel. Genf: United Nations Environment Programme.

Fischer, S., Geden, O. (2015): Die Grenzen der Energieunion. Berlin: Stiftung Wissenschaft und Politik. SWP-Aktuell 36/2015.

Fligstein, N., McAdam, D. (2011): Toward a general theory of strategic action fields. Sociological Theory 29 (1), S. 1–26.

Fulvio, A., Talens Peiro, L. (2015): Environmental Footprint and Material Efficiency Support for Product Policy. Report on benefits and impacts/costs of options for different potential material efficiency requirements for Dishwashers. Ispra: European Commission, Joint Research Centre. JRC95187.

Future Earth (2014): Strategic Research Agenda 2014. Priorities for a global sustainability research strategy. Paris: International Council for Science.

Geels, F. W. (2014): Regime resistance against low-carbon transitions: Introducing politics and power into the multi-level perspective. Theory, Culture & Society 31 (5), S. 21–40.

Geels, F. W. (2004): From sectoral systems of innovation to socio-technical systems. Insights about dynamics and change from sociology and institutional theory. Research Policy 33 (6–7), S. 897–920.

Geels, F. W. (2002): Technological transitions as evolutionary reconfiguration processes. A multi-level perspective and a case-study. Research Policy 31 (8–9), S. 1257–1274.

Geels, F. W., Schot, J. (2007): Typology of sociotechnical transition pathways. Research Policy 36 (3), S. 399–417.

Gehring, T. (2000): Die Bedeutung spezialisierter Entscheidungsprozese für die Problemlösungsfähigkeit der Europäischen Union. In: Grande, E., Jachtenfuchs, M. (Hrsg.): Wie problemlösungsfähig ist die EU? Regieren im europäischen Mehrebenensystem. Baden-Baden: Nomos. Staatslehre und politische Verwaltung 4, S. 77–112.

Gehring, T. (1996): Governing in nested institutions: environmental policy in the European Union and the case of packaging waste. Journal of European Public Policy 4 (3), S. 337–354.

Gehring, T. (1994): Der Beitrag von Institutionen zur Förderung der internaitonalen Zusmmenarbeit. Lehren aus der institutionellen Struktur der EG. Zeitschrift für internationale Beziehungen 1 (2), S. 211–242.

GIZ (Gesellschaft für Internationale Zusammenarbeit) (2012): Germany in the Eyes of the World. Key findings of the GIZ survey 'Germany viewed from abroad – the implications for international cooperation'. Bonn, Eschborn: GIZ.

Graaf, L. (2015): Positionen und Begründungen zu Instrumenten der Ressourcenpolitik. PolRess-Akteursanalyse. PolRess AP5 – Diskurse, Vernetzung und Kommunikation. Berlin: Forschungszentrum für Umweltpolitik.

Greer, A. (2014): Is the CAP still compartmentalised? An examination of the 2013 CAP reform. Paper prepared for the ECPR General Conference, Glasgow, 3 – 6 September 2014. Colchester: European Consortium for Political Research. http://ecpr.eu/Filestore/PaperProposal/8d3d13 63-a163-4730-9a81-318e848b9661.pdf (08.06.2014).

Greer, A. (2013): The Common Agricultural Policy and the EU budget: stasis or change? European Journal of Government and Economics 2 (2), S. 119–136.

Grießhammer, R., Brohmann, B. (2015): Wie Transformationen und gesellschaftliche Innovationen gelingen können. Transformationsstrategien und Models of Change für nachhaltigen gesellschaftlichen Wandel. UFOPLAN-Vorhaben – FKZ 37121113. Freiburg, Darmstadt, Berlin: Öko-Institut.

Grießhammer, R., Jahn, T., Korbun, T., Kraemer, R. A., Leggewie, C., Renn, O., Schneidewind, U., Zahrnt, A. (2012): Verstehen – Bewerten – Gestalten. Transdisziplinäres Wissen für eine nachhaltige Gesellschaft. Memorandum zur Weiterentwicklung der sozial-ökologischen Forschung in Deutschland. Berlin: Gesellschaft Sozial-ökologische Forschung im BMBF.

Grinsven, H. J. M. van, Berge, H. F. M. t., Dalgaard, T., Fraters, B., Durand, P., Hart, A., Hofman, G., Jacobsen, B. H., Lalor, S. T. J., Lesschen, J. P., Osterburg, B., Richards, K. G., Techen, A.-K., Vertès, F., Webb, J., Willems, W. J. (2012): Management, regulation and environmental impacts of nitrogen fertilization in northwestern Europe under the Nitrates Directive; a benchmark study. Biogeoscience 2012 (9), S. 5143–5160.

Grunwald, A. (2015): Transformative Wissenschaft – eine neue Ordnung im Wissenschaftsbetrieb? GAIA 24 (1), S. 17–20.

Guston, D. H. (2008): Innovation policy: Not just a jumbo shrimp. Nature 454 (7207), S. 940–941.

Hajer, M. A. (1997): The politics of environmental discourse. Ecological modernization and the policy process. Oxford, New York: Clarendon Press.

Hanemaaijer, A., Manders, T., Raspe, O., Berge, M. van den, Brandes, L., Esch, S. van der, Notenboom, J., Reudink, M. (2014): Green gains. In search of opportunities for the Dutch economy. Den Haag: PBL Netherlands Environmental Assessment Agency. http://www.pbl.nl/sites/default/files/cms/publicaties/PBL-2014-Greengains-1262.pdf (23.06.2015).

Härtel, I. (2011): Die gemeinsame Agrarpolitik (GAP) der Europäischen Union nach 2013 in juristischer Perspektive. In: Reinhardt, H. (Hrsg.): Die Gemeinsame Agrarpolitik (GAP) der Europäischen Union nach 2013. Frankfurt am Main: Edmund Rehwinkel-Stiftung der Landwirtschaftlichen Rentenbank. Schriftenreihe der Rentenbank 27, S. 41–70.

Hartmann, E. A., Engelhardt, S. von, Hering, M., Wangler, L., Birner, N. (2014): Der iit-Innovationsfähigkeitsindikator. Ein neuer Blick auf die Voraussetzungen von Innovationen. Berlin: Institute for Innovation and Technolgy. iit perspektive – Working Paper of the Institute for Innovation and Technolgy 16. http://www.iit-berlin.de/de/indikator/downloads/iit_perspektive_innovationsfaehigkeitsindikator.pdf (23.06.2015).

Heißenhuber, A., Haber, W., Krämer, C. (2015): 30 Jahre SRU-Sondergutachten „Umweltprobleme der Landwirtschaft" – eine Bilanz. Dessau-Roßlau: Umweltbundesamt. UBA-Texte 28/2015.

Hekkert, M. P., Suurs, R. A. A., Negro, S. O., Kuhlmann, S., Smits, R. E. H. M. (2007): Functions of innovation systems: A new approach for analysing technological change. Technological Forecasting and Social Change 74 (4), S. 413–432.

Héritier, A., Mingers, S., Knill, C., Becka, M. (1994): Die Veränderung von Staatlichkeit in Europa. Ein regulativer Wettbewerb: Deutschland, Großbritannien und Frankreich in der Europäischen Union. Opladen: Leske + Budrich.

Hess, D. J. (2014): Sustainability transitions: A political coalition perspective. Research Policy 43 (2), S. 278–283.

Hey, C. (2014): Das 7. Umweltaktionsprogramm – ein Interimsprogramm. In: Ewer, W., Ramsauer, U., Reese, M., Rubel, R. (Hrsg.): Methodik – Ordnung – Umwelt. Festschrift für Hans-Joachim-Koch aus Anlass seines siebzigsten Geburtstags. Berlin: Duncker & Humblot. Schriften zum Öffentlichen Recht 1279, S. 617–635.

Hey, C. (2009): Rediscovery of hierarchy: The new EU climate policies. Conference, EU Environmental Policy and Governance: the Challenge of Climate Change and beyond, European University Institute, Florence, 20 – 21 June 2008. Version: 8.1.2009. http://www.umweltrat.de/SharedDocs/Downloads/EN/06_Background_Information/2008_06_Rediscovery_of_hierarchy.pdf?__blob=publicationFile (19.06.2015).

Hoff, H., Nykvist, B., Carson, M. (2014): „Living well, within the limits of our planet"? Measuring Europe's growing external footprint. Stockholm: Stockholm Environment Institute. Working Paper 2014-05.

Hoffmann, A. (2012): Preiswettbewerb im deutschen Lebensmitteleinzelhandel: Empirische Analysen anhand von Scannerdaten. Kiel, Christian-Albrechts-Universität,

Agrar- und Ernährungswissenschaftliche Fakultät, Dissertation.

Holm-Müller, K., Weber, M. (2010): Plädoyer für eine instrumentelle Flankierung des Emissionshandels im Elektrizitätssektor. http://www.umweltrat.de/cae/servlet/contentblob/1098104/publicationFile/88541/2010_06_Emissionshandel_Strom.pdf (18.08.2010).

Holzinger, K. (2003): Common goods, matrix games and institutional response. European Journal of International Relations 9 (2), S. 173–212.

Holzinger, K. (1994): Politik des kleinsten gemeinsamen Nenners? Umweltpolitische Entscheidungsprozesse in der EG am Beispiel der Einführung des Katalysatorautos. Berlin: Edition Sigma.

Holzinger, K., Knill, C. (2004): Competition and Cooperation in Environmental Policy. Individual and Interaction Effects. Journal of Public Policy 24 (1), S. 25–47.

Holzinger, K., Sommerer, T. (2011): „Race to the Bottom" or „Race to Brussels"? Environmental Competition in Europe. Journal of Common Market Studies 49 (2), S. 315–339.

Homeyer, I. von, Withana, S. (2011): Final Report for the Assessment of the 6th Environment Action Programme. Berlin, Brussels: Ecologic Institute, IEEP. DG ENV.1/SER/2009/0044.

Howlett, M. (2014): Why are policy innovations rare and so often negative? Blame avoidance and problem denial in climate change policy-making. Global Environmental Change 29, S. 395–403.

IPCC (Intergovernmental Panel on Climate Change) (2014): Summary for Policymakers. In: Edenhofer, O., Pichs-Madruga, R., Sokona, Y., Farahani, E., Kadner, S., Seyboth, K., Adler, A., Baum, I., Brunner, S., Eickemeier, P., Kriemann, B., Savolainen, J., Schlömer, S., Stechow, C. von, Zwickel, T., Minx, J. C. (Hrsg.): Climate Change 2014: Mitigation of Climate Change. Contribution of Working Group III to the Fifth Assessment Report of the Intergovernmental Panel on Climate Change. Cambridge, New York: Cambridge University Press, S. 1–30.

Jachtenfuchs, M. (2008): Institutionelle Struktur und Governance in der EU. In: Schuppert, G. F., Zürn, M. (Hrsg.): Governance in einer sich wandelnden Welt. Wiesbaden: VS Verlag für Sozialwissenschaften. Politische Vierteljahresschrift, Sonderheft 41, S. 383–400.

Jacob, K., Beise, M., Blazecjzak, J., Edler, D., Haum, R., Jänicke, M., Löw, T., Petschow, U., Rennings, K. (2005): Lead Markets for Environmental Innovations. Heidelberg: Physica. ZEW Economic Studies 27.

Jacobs, A. M., Weaver, R. K. (2015): When Policies Undo Themselves: Self-Undermining Feedback as a Source of Policy Change. Governance 28 (4), S. 441–457.

Jahn, T., Keil, F. (2012): Politikrelevante Nachhaltigkeitsforschung. Anforderungsprofil für Forschungsförderer, Forschende und Praxispartner aus der Politik zur Verbesserung und Sicherung von Forschungsqualität – Ein Wegweiser. Dessau-Roßlau: Umweltbundesamt.

Jänicke, M. (2014): Multi-Level Reinforcement in Climate Governance. In: Brunnengräber, A., Di Nucci, M. R. (Hrsg.): Im Hürdenlauf zur Energiewende. Von Transformationen, Reformen und Innovationen. Wiesbaden: Springer VS, S. 35–47.

Jänicke, M. (2013): Accelerators of Global Energy Transition: Horzontal and Vertical Reinforement in Multi-Level Governance. Potsdam: Institute for Advanced Sustainability Studies. IASS Working Paper.

Jänicke, M. (2012a): Dynamic governance of clean-energy markets: how technical innovation could accelerate climate policies. Journal of Cleaner Production 22 (1), S. 50–59.

Jänicke, M. (2012b): Megatrend Umweltinnovation. Zur ökologischen Modernisierung von Wirtschaft und Staat. 2., aktualisierte Aufl. München: oekom.

Jänicke, M. (2010): Die Akzeleration von technischem Fortschritt in der Klimapolitik – Lehren aus Erfolgsfällen. Zeitschrift für Umweltpolitik & Umweltrecht 33 (4), S. 367–389.

Jänicke, M. (2005): Trend-setters in environmental policy. The character and role of pioneer countries. European Environment 15 (2), S. 129–142.

Jänicke, M., Jacob, K. (2004): Lead Markets for Environmental Innovations. A New Role for the Nation State. Global Environmental Politics 4 (1), S. 29–46.

Jänicke, M., Weidner, H. (Hrsg.) (1997): National Environmental Policies. A Comparative Study of Capacity-Building. Berlin: Springer.

Jaron, A. (2014): Das deutsche Abfallvermeidungsprogramm. Müll und Abfall 46 (8), S. 420–423.

Jasper, U. (2013): EU-Agrarpolitik im Kraftfeld der Interessen. Über den Endspurt bei der aktuellen Reformdebatte und die anhaltende Blockadepolitik der Bundesregierung – Ausgang offen. In: AgrarBündnis (Hrsg.): Der kritischer Agrarbericht 2013. Schwerpunkt: Agrarrefom. Hamm: ABL Verlag, S. 25–30.

Jepsen, D., Spengler, L., Augsberg, L. (2015): Delivering resource-efficient products. How Ecodesign can drive a circular economy in Europe. Brussels: European Environmental Bureau. http://www.eeb.org/index.cfm/library/report-delivering-resource-efficient-products/ (28.08.2015).

Jepsen, D., Spengler, L., Reihlen, A., Wirth, O. (2012): Integration der Ressourceneffizienz in die Ökodesign-Richtlinie. Konzeptionelle Grundlagen und zentrale Ergebnisse. Endbericht FKZ 3708 95 300. Stand: Dezember 2012. Hamburg: Ökopol. http://www.eup-network.de/fileadmin/user_upload/Produktgruppen/V_526-1_Zusammenfassender_Ergebnisbericht_final.pdf?PHPSESSID=96ce841abeff0b1e23ad1b1e6490ec3c (28.08.2015).

Jordan, A., Asselt, H. van, Berkhout, F., Huitema, D., Rayner, T. (2012): Understanding the Paradoxes of Multilevel Governing: Climate Change Policy in the European Union. Global Environmental Politics 12 (2), S. 43–66.

Jordan, A., Matt, E. (2014): Designing policies that intentionally stick: policy feedback in a changing climate. Policy Sciences 47 (3), S. 227–247.

Jordan, A., Rayner, T. (2010): The evolution of climate policy in the European Union: An historical overview. In: Jordan, A., Huitema, D., Asselt, H. van, Rayner, T., Berkhout, F. (Hrsg.): Climate Change Policy in the European Union. Confronting the Dilemmas of Mitigation and Adaptation. Cambridge: Cambridge University Press, S. 52–80.

Kahl, H. (2015): Viele Wege führen nach Rom: Die Preisfindung bei der Förderung erneuerbarer Energien im Beihilferecht der EU und Subventionsrecht der WTO. Zeitschrift für Umweltrecht 26 (2), S. 67–72.

Kassim, H., Lyons, B. (2013): The New Political Economy of EU State Aid Policy. Journal of Industy, Competitiveness and Trade 13 (1), S. 1–21.

Keck, M. E., Sikkink, K. (1999): Transnational advocacy networks in international and regional politics. International Social Science Journal 51 (159), S. 89–101.

Kemp, R., Schot, J., Hoogma, R. (1998): Regime shifts to sustainability through processes of niche formation: The approach of strategic niche management. Technology Analysis & Strategic Management 10 (2), S. 175–195.

Knill, C. (2003): Europäische Umweltpolitik. Steuerungsprobleme und Regulierungsmuster im Mehrebenensystem. Opladen: Leske + Budrich. Governance 4.

Knill, C., Heichel, S., Arndt, D. (2012): Really a frontrunner, really a Straggler? Of environmental leaders and laggards in the European Union and beyond – A quantitative policy perspective. Energy Policy 48, S. 36–45.

Konrad-Adenauer-Stiftung (2013): Wahrnehmung der deutschen Energiewende in Schwellenländern. Ergebnisse einer qualitativen Expertenbefragung in Brasilien, China und Südafrika. Berlin: Konrad-Adenauer-Stiftung.

Kooija, H.-J., Van Assche, K., Lagendijk, A. (2014): Open Concepts as Crystallization Points and Enablers of Discursive Configurations: The Case of the Innovation Campus in the Netherlands. European Planning Studies 22 (1), S. 84–100.

Kronvang, B., Andersen, H. E., Børgesen, C., Dalgaard, T., Larsen, S. E., Bøgestrand, J., Blicher-Mathiasen, G. (2008): Effects of policy measures implemented in Denmark on nitrogen pollution of the aquatic environment. Environmental Science & Policy 11 (2), S. 144–152.

Kungl, G. (2015): Stewards or sticklers for change? Incumbent energy providers and the politics of the German energy transition. Energy Research & Social Science 8, S. 13–23.

Lachapelle, E., Paterson, M. (2013): Drivers of national climate policy. Climate Policy 13 (5), S. 547–571.

Laskowski, S. R., Ziehm, C. (2014): Gewässerschutzrecht. In: Koch, H.-J. (Hrsg.): Umweltrecht. 4., vollst. überarb. Aufl. München: Vahlen, S. 296–358.

Ledebur, E.-O. von, Schmitz, J. (2011): Preisvolatilität auf landwirtschaftlichen Märkten. Braunschweig: Johann Heinrich von Thünen-Institut, Institut für Marktanalyse und Agrarhandelspolitik. Arbeitsberichte aus der vTI-Agrarökonomie 05/2011.

Leipprand, A., Flachsland, C., Pahle, M. (2016): Energy Transition on the Rise: an Analysis of Policy Narratives in German Parliamentary Debates. Innovation: The European Journal of Social Science Research. Im Erscheinen, geplant als Teil einer Spezialausgabe.

Liefferink, D., Andersen, M. S. (1998): Strategies of the 'green' member states in EU environmental policy-making. Journal of European Public Policy 5 (2), S. 254–270.

Liefferink, D., Arts, B., Kamstra, J., Ooijevaar, J. (2009): Leaders and laggards in environmental policy: a quantitative analysis of domestic policy outputs. Journal of European Public Policy 16 (5), S. 677–700.

Lockwood, M. (2015): The political dynamics of green transformations: feedback effects and institutional context. In: Scoones, I., Leach, M., Newell, P. (Hrsg.): The Politics of Green Transformations. Abingdon, New York, NY: Routledge, S. 86–101.

Loorbach, D., Rotmans, J. (2010): The practice of transition management: Examples and lessons from four distinct cases. Futures 42 (3), S. 237–246.

Malerba, F. (2002): Sectoral systems of innovation and production. Research Policy 31 (2), S. 247–264.

Markard, J., Raven, R., Truffer, B. (2012): Sustainability transitions: An emerging field of research and its prospects. Research Policy 41 (6), S. 955–967.

Mayntz, R. (2008): Von der Steuerungstheorie zu Global Governance. In: Schuppert, G. F., Zürn, M. (Hrsg.): Governance in einer sich wandelnden Welt. Wiesbaden: VS Verlag für Sozialwissenschaften. Politische Vierteljahresschrift, Sonderheft 41, S. 43–61.

Mayntz, R., Scharpf, F. W. (Hrsg.) (1995): Gesellschaftliche Selbstregelung und politische Steuerung. Frankfurt am Main: Campus.

Mazzucato, M. (2015): The green entrepreneurial State. In: Scoones, I., Leach, M., Newell, P. (Hrsg.): The Politics of Green Transformations. Abingdon, New York, NY: Routledge, S. 134–152.

Mazzucato, M. (2014): Das Kapital des Staates. Eine andere Geschichte von Innovation und Wachstum. München: Kunstmann.

Meadowcroft, J. (2009): What about the politics? Sustainable development, transition management, and long term energy transitions. Policy Sciences 42 (4), S. 323–340.

Meyerhoff, J., Petschow, U. (2014): Perspektiven der ökonomischen Bewertung von Ökosystemleistungen. Ökologisches Wirtschaften 29 (2), S. 27–29.

Möckel, S. (2015): Argarumweltrecht heute und morgen. Zeitschrift für Umweltrecht 26 (3), S. 131–141.

Möckel, S. (2014): Verbesserte Anforderungen an die gute fachliche Praxis der Landwirtschaft. Zeitschrift für Umweltrecht 25 (1), S. 14–23.

Möckel, S., Köck, W., Rutz, C., Schramek, J. (2014): Rechtliche und andere Instrumente für vermehrten Umweltschutz in der Landwirtschaft. Dessau-Roßlau: Umweltbundesamt. UBA-Texte 42/2014.

Mossberger, K., Wolnam, H. (2003): Policy Transfer as a Form of Prospective Policy Evaluation: Challenges and Recommendations. Public Administration Review 63 (4), S. 428–440.

Mostert, P. H. (2011): Die Umweltaußenpolitik Deutschlands: Auf dem Boden der Realität. In: Jäger, T., Höse, A., Oppermann, K. (Hrsg.): Deutsche Außenpolitik. 2., aktualisierte und erw. Aufl. Wiesbaden: VS Verlag für Sozialwissenschaften, S. 394–413.

Nachmany, M., Fankhauser, S., Townshend, T., Collins, M., Landesman, T., Matthews, A., Pavese, C., Rietig, K., Schleifer, P., Setzer, J. (2014): The GLOBE Climate Legislation Study: A Review of Climate Change Legislation in 66 Countries. London: GLOBE International, Grantham Research Institute, London School of Economics. http://www.lse.ac.uk/GranthamInstitute/wp-content/uploads/2014/03/Globe2014.pdf (23.06.2015).

Negro, S. O. (2007): Dynamics of technological innovation systems. The case of biomass energy. Utrecht: Koninklijk Nederlands Aardrijkskundig Genootschap, Copernicus Institute for Sustainable Development and Innovation. Netherlands Geographical Studies 356.

Neumann, K., Bösche, E., Richter, M., Schließer, R., Wangler, L., Hartmann, E. A. (2015): Innovationsmotor Energiewende. Berlin: Institute for Innovation and Technolgy. iit perspektive – Working Paper of the Institute for Innovation and Technolgy 23. http://www.iit-berlin.de/de/publikationen/innovationsmotor-energiewende//at_download/download (23.06.2015).

Newell, P. (2015): The politics of green transformations in capitalism. In: Scoones, I., Leach, M., Newell, P. (Hrsg.): The Politics of Green Transformations. Abingdon, New York, NY: Routledge, S. 68–85.

Neyer, J. (2006): The deliberative turn in integration theory. Journal of European Public Policy 13 (5), S. 779–791.

Neyer, J. (2004): Explaining the unexpected efficiency and effectiveness in European decision-making. Journal of European Public Policy 11 (1), S. 19–38.

Niemann, E. (2014): Bauernhöfe statt Agrarfabriken. Die Erfolgsgeschichte eines zivilgesellschaftlichen Netzwerks. In: AgrarBündnis (Hrsg.): Der kritische Agrarbericht 2014. Schwerpunkt: Tiere in der Landwirtschaft. Hamm: ABL Verlag, S. 51–56.

Nye, J. S. (2004): Soft power: The means to success in world politics New York, NY: Public Affairs.

Ober, S. (2014): Wissenschaftspolitik demokratischer gestalten. GAIA 23 (1), S. 11–13.

Oberthür, S. (2008): Die Vorreiterrolle der EU in der internationalen Klimapolitik: Erfolge und Herausforderungen. Politische Bildung 41 (2), S. 39–57.

Oberthür, S., Groen, L. (2014): EU Performance in the International Climate Negotiations in 2013: Scope for Improvement. Brussels: Institute for European Studies. Policy Brief 2014/01. http://www.ies.be/files/2014_1_PB.pdf (23.06.2015).

Oberthür, S., Rabitz, F. (2014): On the EU´s performance and leadership in global environmental governance: the case of the Nagoya Protocol. Journal of European Public Policy 21 (1), S. 39–57.

Oenema, O., Witzke, H. P., Klimont, Z., Lesschen, J. P., Velthof, G. L. (2009): Integrated assessment of promising measures to decrease nitrogen losses from agriculture in EU-27. Agriculture, Ecosystems & Environment 133 (3–4), S. 280–288.

Ondarza, N. von (2014): Struktur- und Kulturwandel in Brüssel – Jean Claude Juncker richtet die Kommission wie eine europäische Regierung aus. Berlin: Stiftung Wissenschaft und Politik. SWP-Aktuell 65/2014.

Ostrom, E. (2009): A polycentric approach for coping with climate change. Background paper to the 2010 World Development Report. Washington, DC: The World Bank. Policy Research Working Paper 5095.

Owen, R., Macnaghten, P., Stilgoe, J. (2012): Responsible research and innovation: From science in society to science for society, with society. Science and Public Policy 39 (6), S. 751–760.

Palsson, G., Szerszynski, B., Sörlin, S., Marks, J., Avrile, B., Crumley, C., Hackmann, H., Holm, P., Ingram, J., Kirman, A., Buendía, M. P., Weehuizen, R. (2013): Reconceptualizing the „Anthropos" in the Anthropocene: Integrating the social sciences and humanities in global environmental change research. Environmental Science & Policy 28, S. 3–13.

Parker, C. F., Karlsson, C. (2010): Climate change and the European Union's leadership moment: an inconvenient truth? Journal of Common Market Studies 48 (4), S. 923–943.

Parker, C. F., Karlsson, C., Hjerpe, M., Linnér, B.-O. (2012): Fragmented climate change leadership: making sense of the ambiguous outcome of COP-15. Environmental Politics 21 (2), S. 268–286.

Partzsch, L. (2015): Umweltpolitik: Welche Macht führt zum Wandel? In: Partzsch, L., Weiland, S. (Hrsg.): Macht und Wandel in der Umweltpolitik. Baden-Baden: Nomos. Zeitschrift für Politikwissenschaft, Sonderband 2015,2, S. 7–26.

Pe'er, G., Dicks, L. V., Visconti, P., Arlettaz, R., Báldi, A., Benton, T. G., Collins, S., Dieterich, M., Gregory, R. D., Hartig, F., Henle, K., Hobson, P. R., Kleijn, D., Neumann, R. K., Robijns, T., Schmidt, J., Shwartz, A., Sutherland, W. J., Turbé, A., Wulf, F., Scott, A. V. (2014): EU agricultural reform fails on biodiversity. Science 344 (6188), S. 1090–1092.

Perez, C. (2009): Technological revolutions and techno-economic paradigms. Cambridge Journal of Economics 34 (1), S. 185–202.

Peters, B. G. (1994): Agenda-Setting in the European Union. Journal of European Public Policy 1 (1), S. 9–26.

Prittwitz, V. von (2007): Vergleichende Politikanalyse. Stuttgart: Lucius & Lucius. UTB 2871.

Quitzow, R. (2013): Towards an integrated approach to promoting environmental innovation and national competitiveness. Innovation and Development 3 (2), S. 277–296.

Quitzow, R., Walz, R., Köhler, J., Rennings, K. (2014): The concept of „lead markets" revisited: Contribution to environmental innovation theory. Environmental Innovation and Societal Transitions 10, S. 4–19.

Reisch, L., Bietz, S. (2014): Zeit für Nachhaltigkeit – Zeiten der Transformation: Elemente einer Zeitpolitik für die gesellschaftliche Transformation zu nachhaltigeren Lebensstilen. Transformationsstrategien und Models of Change für nachhaltigen gesellschaftlichen Wandel. Bericht des AP4.2. Dessau-Roßlau: Umweltbundesamt. UBA-Texte 68/2014.

Rieger, E. (2007): Bauernverbände. Agrarische Interessenpolitik, institutionelle Ordnung und politischer Wettbewerb. In: Winter, T. von, Willems, U. (Hrsg.): Interessenverbände in Deutschland. Wiesbaden: VS Verlag für Sozialwissenschaften, S. 294–315.

Rip, A., Misa, T. J., Schot, J. (Hrsg.) (1995): Managing technology in society: the approach of constructive technology assessment. London: Pinter.

RLI (Raad voor de leefomgeving en infrastructuur) (2015): Circular economy. From wish to practice. Den Haag: RLI. http://en.rli.nl/sites/default/files/circular-economy.pdf (28.08.2015).

Rockström, J., Steffen, W., Noone, K., Persson, Å., Chapin, F. S., Lambin, E. F., Lenton, T. M., Scheffer, M., Folke, C., Schellnhuber, H. J., Nykvist, B., De Wit, C. A., Hughes, T., Leeuw, S. van der, Rodhe, H., Sörlin, S., Snyder, P. K., Costanza, R., Svedin, U., Falkenmark, M., Karlberg, L., Corell, R. W., Fabry, V. J., Hansen, J., Walker, B., Liverman, D., Richardson, K., Crutzen, P. J., Foley, J. A. (2009): Planetary boundaries: exploring the safe operating space for humanity. Ecology and Society 14 (2), Art. 32.

Roederer-Rynning, C. (2015a): The Common Agricultural Policy: The Fortress Challenged. In: Wallace, H., Pollack, M., Young, A. (Hrsg.): Policy-Making in the European Union. 7th ed. Oxford: Oxford University Press, S. 196–219.

Roederer-Rynning, C. (2015b): The Third Era of European Farm Governance. In: Witzleb, N., Arranz, A. M., Winand, P. (Hrsg.): The European Union and Global Engagement: Institutions, Policies and Challenges. Cheltenham: Edward Elgar, S. 89–103.

Rogalski, W. (2015): Gut gemeint ist nicht gut gemacht. Der ursprüngliche EU-Richtlinienvorschlag „Zero Waste-Paket" beinhaltet mehrere unrealistische Vorgaben. ReSource 2015 (1), S. 37–40.

Rohe, W. (2015): Vom Nutzen der Wissenschaft für die Gesellschaft. Eine Kritik zum Anspruch einer transformativen Wissenschaft. GAIA 24 (2), S. 156–159.

Rose, R. (2002): Ten Steps in Learning Lessons from Abroad. Florence: European University Institute. EUI Working Paper RSC 2002/05.

Rotmans, J., Kemp, R., Asselt, M. van (2001): More evolution than revolution: transition management in public policy. Foresight 3 (1), S. 15–31.

Rotmans, J., Loorbach, D. (2008): Transition Management: reflexive governance of societal complexity through searching, learning, and experimenting. In: Bergh, J. C. J. M. van den, Bruinsma, F. R. (Hrsg.): Managing the Transition to Renewable Energy. Theory and Practice from Local, Regional and Macro Perspectives. Cheltenham: Edward Elgar, S. 15–46.

Sabatier, P. A. (1993): Advocacy-Koalitionen, Policy-Wandel und Policy-Lernen: Eine Alternative zur Phasenheuristik. In: Windhoff-Héritier, A. (Hrsg.): Policy-Analyse. Kritik und Neuorientierung Opladen: Westdeutscher Verlag. Politische Vierteljahresschriften, Sonderheft 24, S. 116–148.

Saul, U., Seidel, C. (2011): Does leadership promote cooperation in climate change mitigation policy? Climate Policy 11 (2), S. 901–921.

Schaffrin, A., Sewerin, S., Seubert, S. (2014): The innovativeness of national policy portfolios – climate policy change in Austria, Germany, and the UK. Environmental Politics 23 (5), S. 860–883.

Scharpf, F. W. (2003): Politische Optionen im vollendeten Binnenmarkt. In: Jachtenfuchs, M., Kohler-Koch, B. (Hrsg.): Europäische Integration 2. Aufl. Opladen: Leske + Budrich. Uni-Taschenbücher : UTB für Wissenschaft 1853, S. 21–254.

Scharpf, F. W. (1999): Governing in Europe. Effective and democratic? Oxford: Oxford University Press.

Scharpf, F. W. (1997): Introduction: the problemsolving capacity of multi-level governance. Journal of European Public Policy Sciences 4 (4), S. 520–538.

Scharpf, F. W. (1993): Positive und negative Koordination in Verhandlungssystemen. In: Héritier, A. (Hrsg.): Policy-Analyse – Kritik und Neuorientierung. Opladen: Westdeutscher Verlag. Politische Vierteljahresschrift, Sonderheft 24, S. 57–83.

Schneider, C., Veugelers, R. (2010): On young highly innovative companies: why they matter and how (not) to policy support them. Industrial and Corporate Change 19 (4), S. 969–1007.

Schneidewind, U. (2015): Transformative Wissenschaft – Motor für gute Wissenschaft und lebendige Demokratie. Reaktion auf A.Grunwald. 2015. Transformative Wissenschaft – eine neue Ordnung im Wissenschaftsbetrieb? GAIA 24/1: 17– 20. GAIA 24 (2), S. 88–91.

Schneidewind, U. (2013): Transformative Literacy. Gesellschaftliche Veränderungsprozesse verstehen und gestalten. GAIA 22 (2), S. 82–86.

Schneidewind, U., Singer-Brodowski, M. (2013): Transformative Wissenschaft. Klimawandel im deutschen Wissenschafts- und Hochschulsystem. Marburg: Metropolis.

Schreurs, M. A. (2012): Breaking the impasse in the international climate negotiations: The potential of green technologies. Energy Policy 48, S. 5–12.

Schreurs, M. A., Tiberghien, Y. (2010): European Union Leadership in Climate Change: Mitigation through Multilevel Reinforcement. In: Harrison, K., Sundstrom, L. M. (Hrsg.): Global Commons, Domestic Decisions: The Comparative Politics of Climate Change. Cambridge, Mass.: MIT Press, S. 23–66.

Schreurs, M. A., Tiberghien, Y. (2007): Multi-level Reinforcement: Explaining European Union Leadership in Climate Change. Global Envionmental Politics 7 (4), S. 19–46.

Schwab, K., Sala-i-Martín, X. (Hrsg.) (2014): The Global Competitiveness Report 2014–2015. Full Data Ed. Cologny/Geneva: World Economic Forum.

Scoones, I., Leach, M., Newell, P. (Hrsg.) (2015a): The politics of green transformations. Abingdon, New York, NY: Routledge.

Scoones, I., Newell, P., Leach, M. (2015b): The politics of green transformations. In: Scoones, I., Leach, M., Newell, P. (Hrsg.): The Politics of Green Transformations. Abingdon, New York, NY: Routledge, S. 1–24.

Slot, A. van der, Berg, W. van den (2012): Clean Economy, Living Planet: The Race to the Top of Global Clean Energy Technology Manufacturing. Amsterdam: Roland Berger Strategy Consultants. http://www.rolandberger.be/media/pdf/Roland_Berger_WWF_Clean_Economy_20120606.pdf (24.06.2015).

Smink, M. M., Hekkert, M. P., Negro, S. O. (2015): Keeping sustainable innovation on a leash? Exploring incumbents' institutional strategies. Business Strategy and the Environment 24 (2), S. 86–101.

Solorio, I., Öller, E., Jörgens, H. (2014): The German Energy Transition in the Context to the EU Renewable Energy Policy. A Reality Check! In: Brunnengräber, A., Di Nucci, M. R. (Hrsg.): Im Hürdenlauf zur Energiewende. Von Transformationen, Reformen und Innovationen. Wiesbaden: Springer VS, S. 189–200.

Sperfeld, F., Zschiesche, M. (2015): Umweltverbände als relevante Akteure nahaltiger Transformationsprozesse. Berlin: Unabhängiges Institut für Umweltfragen.

SRU (Sachverständigenrat für Umweltfragen) (2016): Umwelt und Freihandel: TTIP umweltverträglich gestalten. Berlin: SRU. Stellungnahme 19.

SRU (2015a): 10 Thesen zur Zukunft der Kohle bis 2040. Berlin: SRU. Kommentar zur Umweltpolitik 14.

SRU (2015b): Kurzkommentar zu ProgRess II. Berlin: SRU. Kommentar zur Umweltpolitik 16. http://www.umweltrat.de/SharedDocs/Downloads/DE/05_Kommentare/2012_2016/2015_09_KzU_16.pdf;jsessionid=E6C602D-17F10DBB26E68AC503E27DB93.1_cid335?__blob=publicationFile (16.11.2015).

SRU (2015c): Stickstoff: Lösungsstrategien für ein drängendes Umweltproblem. Sondergutachten. Berlin: Erich Schmidt.

SRU (2013a): An Ambitious Triple Target for 2030. Comment to the Commission´s Green Paper „A 2030 Framework for Climate and Energy Policies" (COM(2013) 169 final). Berlin: SRU. Comment on Environmental Policy 12.

SRU (2013b): Den Strommarkt der Zukunft gestalten. Sondergutachten. Berlin: Erich Schmidt.

SRU (2013c): Die Reform der europäischen Agrarpolitik: Chancen für eine Neuausrichtung nutzen. Berlin: SRU. Kommentar zur Umweltpolitik 11.

SRU (2012): Umweltgutachten 2012. Verantwortung in einer begrenzten Welt. Berlin: Erich Schmidt.

SRU (2009): Für eine zeitgemäße Gemeinsame Agrarpolitik (GAP). Berlin: SRU. Stellungnahme 14.

SRU (2008): Umweltgutachten 2008. Umweltschutz im Zeichen des Klimawandels. Berlin: Erich Schmidt.

SRU (2007): Umweltverwaltungen unter Reformdruck. Herausforderungen, Strategien, Perspektiven. Sondergutachten. Berlin: Erich Schmidt.

SRU, WBA (Wissenschaftlicher Beirat für Agrarpolitik beim Bundesministerium für Ernährung, Landwirtschaft und Verbraucherschutz), WBD (Wissenschaftlicher Beirat für Düngungsfragen beim Bundesministerium für Ernährung, Landwirtschaft und Verbraucherschutz) (2013): Novellierung der Düngeverordnung: Nährstoffüberschüsse wirksam begrenzen. Kurzstellungnahme der Wissenschaftlichen Beiräte für Agrarpolitik (WBA) und für Düngungsfragen (WBD) beim Bundesministerium für Ernährung, Landwirtschaft und Verbraucherschutz (BMELV) und des Sachverständigenrates für Umweltfragen der Bundesregierung (SRU) zur Novellierung der „Düngeverordnung" (DüV). WBA, WBD, SRU. Berlin. http://www.umweltrat.de/SharedDocs/Downloads/DE/04_Stellungnahmen/2012_2016/2013_08_AS_Novellierung_Duengeverordnung.pdf?__blob=publicationFile (03.09.2013).

Staatssekretärsausschuss für nachhaltige Entwicklung (2015): Nachhaltigkeit konkret im Verwaltungshandeln umsetzen. Maßnahmenprogramm Nachhaltigkeit. Berlin: Staatssekretärsausschuss für nachhaltige Entwicklung. http://www.bundesregierung.de/Content/DE/_Anlagen/2015/03/2015-03-30-massnahmenprogramm-nachhaltigkeit.pdf;jsessionid=13A2434BFF17B-19B08E9A3CEFFED67AB.s4t2?__blob=publicationFile&v=3 (16.11.2015).

Statista (2015): Europäische Union: Bruttoinlandsprodukt (BIP) in den Mitgliedsstaaten in jeweiligen Preisen im Jahr 2013 (in Milliarden Euro). Zugriff: 06.02.2015. Hamburg: Statista. http://de.statista.com/statistik/daten/studie/188776/umfrage/bruttoinlandsprodukt-bip-in-den-eu-laendern/. (22.06.2015).

Statistisches Bundesamt (2014): Nachhaltige Entwicklung in Deutschland. Indikatorenbericht 2014. Wiesbaden: Statistisches Bundesamt.

Steffen, W., Broadgate, W., Deutsch, L., Gaffney, O., Ludwig, C. (2015a): The trajectory of the Anthropocene: The Great Acceleration. The Anthropocene Review 2 (1), S. 81–89.

Steffen, W., Richardson, K., Rockström, J., Cornell, S. E., Fetzer, I., Bennett, E. M., Biggs, R., Carpenter, S. R., Vries, W. de, Wit, C. A. de, Folke, C., Gerten, D., Heinke, J., Mace, G. M., Persson, L. M., Ramanathan, V., Reyers, B., Sörlin, S. (2015b): Planetary boundaries: Guiding human development on a changing planet. Science 347 (6223), 1259855.

Steinbacher, K., Pahle, M. (2015): Leadership by diffusion and the German Energiewende. Potsdam: Potsdam Institut für Klimafolgenforschung. Discussion Paper. https://www.pik-potsdam.de/members/pahle/dp-ew-leadership-2015.pdf (24.06.2015).

Steinebach, Y., Knill, C. (2015): The impact of economic trends on environmental policy-making. Ökologisches Wirtschaften 30 (3), S. 41–45.

Stevenson, H., Dryzek, J. S. (2014): Democratizing Global Climate Governance. Cambridge: Cambridge University Press.

Stilgoe, J., Owen, R., Macnaghten, P. (2013): Developing a framework for responsible innovation. Research Policy 42 (9), S. 1568–1580.

Stirling, A. (2014): Transforming power: Social science and the politics of energy choices. Energy Research & Social Science 1, S. 83–95.

Stone, D. (2000): Non-governmental policy-transfer: The strategies of independent policy institutes. Governance 13 (1), S. 45–62.

Stone, D. (1999): Learning lessons and transferring policy across time, space and disciplines. Politics 19 (1), S. 51–59.

Strohschneider, P. (2014): Zur Politik der Transformativen Wissenschaft. In: Brodocz, A., Herrmann, D., Schmidt, R., Schulz, D., Wessel, J. S. (Hrsg.): Die Verfassung des Politischen. Festschrift für Hans Vorländer. Wiesbaden: Springer VS, S. 175–192.

Szarka, J. (2012): Climate Challenges, Ecological Modernization, and Technological Forcing: Policy Lessons from a Comparative US-EU Analysis. Global Environmental Politics 12 (2), S. 87–109.

Tangermann, S. (2012): CAP Reform and the Future of Direct Payments. Intereconomics 47 (6), S. 321–325.

Tews, K. (2015): Europeanization of energy and climate policy: The struggle between competing ideas of coordinating energy transitions. Journal of Environment and Development 24 (3), S. 267–291.

Tews, K. (2002): Der Diffusionsansatz für die vergleichende Policy-Analyse. Wurzeln und Potenziale eines Konzepts. Berlin: Forschungsstelle für Umweltpolitik. FFU-Report 02-2002.

Tews, K., Busch, P.-O., Jörgens, H. (2003): The Diffusion of New Environmental Policy Instruments. Berlin: Forschungsstelle für Umweltpolitik. FFU-report 01-2002.

Tews, K., Jänicke, M. (Hrsg.) (2005): Die Diffusion umweltpolitischer Innovationen im internationalen System. Wiesbaden: VS Verlag für Sozialwissenschaften.

Tietz, A., Grajewski, R., Osterburg, B., Schmidt, T., Forstner, B., Efken, J., Wendt, H., Englert, H. (2011): 1. Fortschrittsbericht 2010 zum Nationalen Strategieplan der Bundesrepublik Deutschland für die Entwicklung ländlicher Räume 2007 bis 2013. Braunschweig: Johann Heinrich von Thünen-Institut.

Töller, A. E. (2012): Warum kooperiert der Staat. Kooperative Umweltpolitik im Schatten der Hierarchie. Baden-Baden: Nomos. Staatslehre und politische Verwaltung 15.

UBA (Umweltbundesamt) (2015): Reaktiver Stickstoff in Deutschland. Ursachen, Wirkungen, Maßnahmen. Dessau-Roßlau: UBA. http://www.umweltbundesamt.de/sites/default/files/medien/378/publikationen/reaktiver_stickstoff_in_deutschland_0.pdf (06.05.2015).

UBA (Hrsg.) (2013): Treibhausgasneutrales Deutschland im Jahr 2050. Hintergrund. Dessau-Roßlau: UBA.

UNEP (United Nations Environment Programme) (2011): Towards a GREEN economy. Pathways to Sustainable Development and Poverty Eradication. A Synthesis for Policy Makers. Genf: UNEP.

United Nations – General Assembly (2015): Transforming our world: the 2030 Agenda for Sustainable Development. Resolution adopted by the General Assembly on 25 September 2015. New York: United Nations, General Assembly. http://www.un.org/ga/search/view_doc.asp?symbol=A/RES/70/1&Lang=E (10.11.2015).

United Nations Secretary-General's High-Level panel on Global Sustainability (2012): Resilient people, resilient planet. A future worth choosing. New York: United Nations.

Unruh, G. C. (2000): Understanding carbon lock-in. Energy Policy 28 (12), S. 817–830.

Van Assche, K., Beunen, R., Duineveld, M. (2014): The Power of Stories. In: Van Assche, K., Beunen, R., Duineveld, M. (Hrsg.): Evolutionary Governance Theory. An introduction. Heidelberg: Springer. Springer Briefs in Economics, S. 45–54.

VCI (Verband der Chemischen Industrie) (2013): VCI-Stellungnahme zur Kommissionsmitteilung „Eine stärkere europäische Industrie bringt Wachstum und wirtschaftliche Erholung". Frankfurt am Main: VCI. https://www.vci.de/vci/downloads-vci/top-thema/vci-position-zur-kommissionsmitteilung-industrie-staerken-reindustrialisierung-europas-de.pdf (10.09.2015).

VDI Zentrum Ressourceneffizienz (2011): Umsetzung von Ressourceneffizienz-Maßnahmen in KMU und ihre Treiber. Identifizierung wesentlicher Hemmnisse und Motivatoren im Entscheidungsprozess von KMU bei der Inanspruchnahme öffentlicher Förderprogramme zur Steigerung der Ressourceneffizienz. Berlin: VDI Zentrum Ressourceneffizienz.

VHK (Van Holsteijn en Kemna) (2014): Exploratory analysis of resource efficiency requirements in Ecodesign: Review of practical and legal implications. Delft: VHK

Voelzkow, H. (2007): Die Institutionalisierung der Politikbeteiligung von Verbänden in Deutschland. In: Winter, T. von, Willems, U. (Hrsg.): Interessenverbände in Deutsch-land. Wiesbaden: VS Verlag für Sozialwissenschaften, S. 139–169.

Vogel, D. (1997): Trading up and governing across: transnational governance and environmental protection. Journal of European public policy 4 (4), S. 556–571.

Voß, J.-P., Bornemann, B. (2011): The Politics of Reflexive Governance: Challenges for Designing Adaptive Management and Transition Management. Ecology and Society 16 (2), Art. 9.

Walz, R. (2015): Green Industrial Policy in Europe. Intereconomics 50 (3), S. 145–152.

Wassermann, S., Reeg, M., Nienhaus, K. (2015): Current challenges of Germany's energy transition project and competing strategies of challengers and incumbents: The case of direct marketing of electricity from renewable energy sources. Energy Policy 76, S. 66–75.

WBGU (Wissenschaftlicher Beirat der Bundesregierung Globale Umweltveränderungen) (2014a): Klimaschutz als Weltbürgerbewegung. Berlin: WBGU. Sondergutachten.

WBGU (2014b): Zivilisatorischer Fortschritt innerhalb planetarischer Leitplanken. Ein Beitrag zur SDG-Debatte. Berlin: WBGU. Politikpapier 8.

WBGU (2011): Welt im Wandel. Gesellschaftsvertrag für eine Große Transformation. Hauptgutachten. Berlin: WBGU.

Weidner, H. (2008): Klimaschutzpolitik: Warum ist Deutschland ein Vorreiter im internationalen Vergleich? Zur Rolle von Handlungskapazitäten und Pfadabhängigkeit. Berlin: Wissenschaftszentrum Berlin für Sozialforschung. Discussion paper SP IV 2008-303.

Weiland, S., Partzsch, L. (2015): Zum Nexus von Macht und Wandel. In: Partzsch, L., Weiland, S. (Hrsg.): Macht und Wandel in der Umweltpolitik. Baden-Baden: Nomos. Zeitschrift für Politikwissenschaft, Sonderband 2015,2, S. 225–235.

Wells, P., Nieuwenhuis, P. (2012): Transition failure: Understanding continuity in the automotive industry. Technological Forecasting and Social Change 79 (9), S. 1681–1692.

Werland, S. (2012): Debattenanalyse Rohstoffknappheit. PolRess Arbeitspapier AS 5.1. Berlin: Forschungszentrum für Umweltpolitik.

Wettestad, J., Eikeland, P. O., Nilsson, M. (2012): EU climate and energy policy: A hesitant supranational turn? Global Environmental Politics 12 (2), S. 67–86.

Wijkman, A., Skånberg, K. (2015): The Circular Economy and Benefits for Society. Swedish Case Study Shows Jobs and Climate as Clear Winners. An interim report by the Club of Rome with support from the MAVA Foundation and the Swedish Association of Recycling Industries. Winterthur: Club of Rome. http://www.clubofrome.org/

cms/wp-content/uploads/2015/04/Final-version-Swedish-Study-13-04-15-till-tryck-ny.pdf (28.08.2015).

Wir haben es satt! (2015): Wir haben Agrarindustrie satt! Berlin: Wir haben es satt! http://www.wir-haben-es-satt. de/start/home/ (16.11.2015).

Wirtschaftsrat der CDU (2015): Neuausrichtung der Energie- und Klimapolitik. Für einen leistungsstarken Industriestandort Deutschland in Europa. Berlin: Wirtschaftsrat der CDU e.V.

Wissel, C. von (2015): Die Eigenlogik der Wissenschaft neu verhandeln. Implikationen einer transformativen Wissenschaft. GAIA 24 (3), S. 152–155.

Wissenschaftlicher Beirat Agrarpolitik beim BMEL (Wissenschaftlicher Beirat Agrarpolitik beim Bundes-ministerium für Ernährung und Landwirtschaft) (2015): Wege zu einer gesellschaftlich akzeptierten Nutztier-haltung. Gutachten. Berlin Wissenschaftlicher Beirat Agrarpolitik beim BMEL.

Wissenschaftlicher Beirat beim BMF (Wissenschaftlicher Beirat beim Bundesministerium der Finanzen) (2010): Klimapolitik zwischen Emissionsvermeidung und Anpassung. Berlin: Wissenschaftlicher Beirat beim BMF.

Wissenschaftsrat (2015): Zum wissenschaftspolitischen Diskurs über Große gesellschaftliche Herausforderungen. Positionspapier. Köln: Wissenschaftsrat.

Wustlich, G. (2014): Das Erneuerbare-Energien-Gesetz 2014. Grundlegend neu – aber auch grundlegend anders? Neue Zeitschrift für Verwaltungsrecht 33 (17), S. 1113–1121.

Zander, K., Isermeyer, F., Bürgelt, D., Chirsoph-Schulz, I., Salamon, P., Weible, D. (2013): Erwartungen der Gesellschaft an die Landwirtschaft. Gutachten im Auftrag der Stiftung Westfälische Landschaft. Braunschweig: Johann Heinrich von Thünen-Institut.

Die Zeit (18.09.2014): Grefe, C., Sentker, A.: Streit ums Mitspracherecht. Interview mit Günter Stock und Uwe Schneidewind, S. 41.

Kapitel 2

Inhalt

Abbildungen

Tabellen

2 Anspruchsvoller Klimaschutz und industrielle Wettbewerbsfähigkeit

2.1 Einleitung

89. Deutschland ist traditionell eine bedeutende und exportstarke Industrienation. Das deutsche verarbeitende Gewerbe hat im EU-Vergleich eine hohe Bedeutung und trägt mit 22 % überdurchschnittlich zur nationalen Bruttowertschöpfung bei. Die deutsche Industrie ist mithin ein zentraler Faktor für Beschäftigung und Wohlstand. Gleichzeitig ist sie derzeit für etwa 30 % des Endenergieverbrauchs Deutschlands verantwortlich. Ihre direkten Emissionen, ohne Berücksichtigung indirekter Emissionen durch den Bezug von Fremdstrom und anderen Vorleistungen, entsprechen circa 20 % des deutschen Treibhausgasausstoßes. In Anbetracht dessen, dass die Bundesregierung mit dem Projekt Energiewende ambitionierte energie- und klimapolitische Ziele verfolgt, fällt der Industrie damit hinsichtlich der Zielerreichung eine zentrale Rolle zu. Diese besteht einerseits darin, ihren eigenen Energieverbrauch und Treibhausgasausstoß durch eine Verbesserung der Energieeffizienz zu mindern und andererseits marktfähige energieeffiziente und klimaverträgliche Produkte und Prozesse zu entwickeln.

90. Seitens der Industrie werden Befürchtungen geäußert, dass sich durch die Energiewende für in Deutschland angesiedelte Unternehmen wirtschaftliche Nachteile im internationalen Wettbewerb ergeben könnten. Dies geschieht unter Verweis auf klima- und energiepolitische Belastungen in Form von steigenden Energiekosten und nicht planbaren Rahmenbedingungen. Im Zentrum der öffentlichen Diskussion stehen dabei neben potenziellen ökonomischen Risiken für den Industriestandort Deutschland (u. a. durch die Gefährdung industrieller Wertschöpfungsketten und von Innovationsclustern) auch ökologische Risiken durch Emissionsverlagerungen (sog. Carbon Leakage, s. Tz. 122), die von einer ambitionierten Energie- und Klimapolitik ausgehen könnten,

Für die Industrie sind Energiekosten allerdings nur einer von vielen Standortfaktoren und – je nach Branche – vielfach auch nur ein nachrangiges Kriterium. Ein starker Mittelstand, hoch qualifizierte Fachkräfte, Kooperationen und Netzwerke für Forschung und Entwicklung, eine hohe Innovationskraft insbesondere im Bereich der Technologieentwicklung sowie eine starke Internationalisierung sind nur einige der positiven Wettbewerbs- und Standortfaktoren Deutschlands. Beobachtete Verschiebungen innerhalb der deutschen Industriestruktur und Produktionsverlagerungen bestimmter Industriezweige in andere Länder sind oftmals vielmehr Ausdruck eines Strukturwandels aufgrund fundamentaler wirtschaftlicher Entwicklungen und keine Folge zu hoher energiepolitischer Belastungen. Beispielhaft seien hier die zunehmende internationale Arbeitsteilung, der beschleunigte wirtschaftliche Aufholprozess vieler Schwellenländer, die Verlagerung der Absatzschwerpunkte in diese und ein dadurch bedingter Produktionsnachzug genannt.

Gleichwohl ist nicht von der Hand zu weisen, dass der Standort Deutschland für die Herstellung einiger energieintensiver Produkte mit steigenden Energiekosten unrentabel werden könnte. Die auf nationaler und europäischer Ebene eingesetzten Instrumente, die der Vermeidung von Carbon Leakage und dem Erhalt der Wettbewerbsfähigkeit dienen sollen, haben somit in einigen Fällen ihre Berechtigung. Die mit diesem Ziel gewährten Entlastungen der Industrie sind jedoch sehr umfangreich und können Anreize zur Minderung des Energieverbrauchs unterlaufen. Daher müssen sie genau auf ihre Zweckmäßigkeit und geeignete Reformoptionen hin geprüft werden.

91. Eine anspruchsvolle nationale und europäische Energie- und Umweltpolitik eröffnet den Unternehmen gleichzeitig Chancen, innovative Technologien zu entwickeln und damit einen Wettbewerbsvorsprung im internationalen Markt zu generieren (vgl. Kap. 1). Historisch gesehen verfolgt Deutschland seit langem eine relativ anspruchsvolle Umweltpolitik und konnte seine Position als wettbewerbsfähiges und exportstarkes Industrieland sogar ausbauen. In der Vergangenheit profitierte die deutsche Wirtschaft häufig von dieser ambitionierten Umweltpolitik, indem ähnlich anspruchsvolle umweltpolitische Regulierungen zeitverzögert in anderen Ländern folgten und sich deutsche Unternehmen durch ihren Wettbewerbsvorsprung frühzeitig mit innovativen Technologien in diesen Märkten positionieren konnten.

Durch eine ambitionierte Energie- und Klimapolitik können Innovationen insbesondere im Bereich Energieeffizienz angereizt werden. Diese können nicht nur neue Marktchancen für Technologieanbieter eröffnen, sondern auch die Energiekostenbelastung der Industrie dämpfen. Die Industrie nimmt die Chancen einer ambitionierten Energieeffizienzsteigerung, die gerade auch vor dem Hintergrund einer Dekarbonisierungsstrategie von zentraler Bedeutung sind, allerdings bisher nur unzureichend wahr. Obwohl Potenziale, Hemmnisse, fördernde Faktoren und Instrumente zur Förderung der industriellen Energieeffizienz weitgehend bekannt sind, werden die vorhandenen wirtschaftlichen Potenziale nur unvollständig erschlossen.

92. Das vorliegende Kapitel beleuchtet das grundsätzliche Spannungsfeld von Umwelt- und Industriepolitik und befasst sich mit der Frage, inwieweit eine ambitionierte Umweltpolitik die internationale Wettbewerbsfähigkeit Deutschlands beeinträchtigt oder auch eine stärkende Wirkung entfalten kann. Dies wird am Beispiel der Energie- und Klimapolitik diskutiert, wobei ein besonderer Fokus auf die zentrale Rolle der industriellen Energieeffizienz gerichtet wird. Wesentliches Leitmotiv des Sachverständigenrates für Umweltfragen (SRU) bei der Bewertung der industriellen Implikationen einer ambitionierten Energie- und Klimapolitik ist neben den wirtschaftlichen Folgen stets vor allem die (globale) Umweltwirkung. Zunächst erfolgt in Kapitel 2.2 eine Analyse der Industriestruktur sowie der Bedeutung der Energiekosten am Standort Deutschland. Kapitel 2.3

erörtert mögliche Gefahren einer Verlagerung von industrieller Produktion und Treibhausgasemissionen, die mit unilateraler Klimapolitik einhergehen könnten. Kapitel 2.4 zeigt die Perspektiven einer Energieeffizienzsteigerung als Reaktionsmöglichkeit für die deutsche Industrie bei steigenden Energiepreisen auf. Dabei werden auch die Chancen einer möglichen Technologieführerschaft durch Innovationen im Bereich Energieeffizienz betrachtet. Anschließend werden in Kapitel 2.5 mögliche Reformoptionen für die Entlastungstatbestände sowohl im europäischen Emissionshandel als auch bei nationalen energiepolitischen Abgaben diskutiert. Kapitel 2.6 schließt mit einer Priorisierung von möglichen Handlungsempfehlungen.

2.2 Bedeutung der Energiekosten für die deutsche Industrie

2.2.1 Bedeutung der Industrie

93. Deutschland ist traditionell ein Industriestandort und eine der bedeutendsten Industrienationen weltweit. Das verarbeitende Gewerbe (im Folgenden synonym mit Industrie verwendet) ist für die deutsche Wirtschaft im Hinblick auf Wertschöpfung, Beschäftigung und Einkommen sehr wichtig. Es weist in den letzten Jahren einen stabilen Anteil an der Bruttowertschöpfung (Produktionswert abzüglich der Vorleistungen, also nur der im Produktionsprozess geschaffene Mehrwert) auf einem hohen Niveau von 22 bis 23 % auf (EU-Durchschnitt im Jahr 2012: 15 %), rund 18 % aller Erwerbstätigen sind in diesem Sektor beschäftigt. Darüber hinaus leistet die deutsche Industrie zur europäischen industriellen Bruttowertschöpfung mit 30 % den größten Beitrag – gefolgt von Italien, Frankreich und Großbritannien (Eurostat 2014b; Statistisches Bundesamt 2015b). Im globalen Vergleich ist Deutschland gemessen am Bruttoinlandsprodukt (BIP) nach China, den USA und Japan die viertgrößte Volkswirtschaft (IMF 2014). Die deutsche Industrie erwirtschaftete im Jahr 2012 einen Umsatz von 1,74 Billionen Euro, 45 % hiervon wurden im Ausland erzielt (Statistisches Bundesamt 2015a). Der Export hat einen maßgeblichen Anteil am deutschen Wirtschaftswachstum. Deutschland ist gemäß der Welthandelsorganisation (World Trade Organization – WTO) mit einem Anteil von 7,7 % am weltweiten Warenexport hinter China (11,2 %) und den USA (8,4 %) drittgrößte Exportnation (Stand 2012: WTO 2013).

Die niedrigen Nettoanlageinvestitionen der deutschen Industrie werden gelegentlich als Frühindikator für eine drohende Deindustrialisierung Deutschlands infolge der Klima- und Energiepolitik genannt (siehe u. a. BDI 2015; VCI 2014). Nachdem in den Krisenjahren 2009/2010 die Abschreibungen die Investitionen überstiegen, werden aktuell wieder positive Nettoanlageinvestitionen von zuletzt 5,9 Mrd. Euro ausgewiesen (Stand 2014). Dies entspricht allerdings lediglich 0,2 % des BIP. Insbesondere einige energieintensive Wirtschaftszweige verzeichnen aktuell noch immer negative Investitionsquoten (Statistisches Bundesamt 2015c).

94. Das verarbeitende Gewerbe verbraucht rund ein Drittel der deutschen Endenergie. Drei Viertel der Endenergie entfallen hierbei auf Wärmeanwendungen (AGEB 2015). Darüber hinaus hat das verarbeitende Gewerbe mit 47 % den größten Anteil am deutschen Nettostromverbrauch (AGEB 2014; BDEW 2015). Das verarbeitende Gewerbe verursachte im Betrachtungsjahr 2012 prozessbedingte Emissionen von rund 63 Mio. t CO_{2eq} sowie zusätzlich direkte energiebedingte Emissionen in Höhe von rund 121 Mio. t CO_{2eq} (UBA 2015). Insgesamt ist die Industrie also für mehr als 20 % der deutschen Treibhausgasemissionen direkt verantwortlich und somit nach der Energiewirtschaft der zweitbedeutendste Emittent. Indirekte energiebedingte Emissionen durch den Fremdstrombezug der Industrie fallen zusätzlich an. Im Vergleich zu 1990 hat die Industrie sowohl die direkten energiebedingten als auch die prozessbedingten Emissionen um 35 % reduziert. Diese CO_2-Einsparungen konnten insbesondere bis zum Jahr 2005 unter anderem durch wirtschaftliche Umstrukturierung realisiert werden. Seitdem stagniert der Ausstoß tendenziell (UBA 2015).

95. Der deutsche Industriesektor ist heterogen aufgestellt und verfügt über eine komplexe Spezialisierungsstruktur. Vor allem hat sich ein gut aufgestellter Mittelstand entwickelt, der maßgeblich zur Wertschöpfung und zur Stabilität des Industriesektors beiträgt. Die deutsche Industrie weist zum Teil noch geschlossene Wertschöpfungsketten auf, ist aber auch Teil der globalen Arbeitsteilung (vgl. Abschn. 2.2.4). Insgesamt muss die deutsche Industrie also differenziert betrachtet werden. Mit Fokus auf den Energieverbrauch kann insbesondere zwischen zwei Gruppen unterschieden werden:

– Unternehmen mit durchschnittlichem oder unterdurchschnittlichem Energieverbrauch und somit geringem Energiekostenanteil ohne Sonderregelungen sowie

– energieintensive Unternehmen und Prozesse, deren Kosten im Zusammenhang mit der Energienutzung aber zugleich durch Befreiungstatbestände gesenkt werden, um die internationale Wettbewerbsfähigkeit nicht zu gefährden.

2.2.2 Unterschiedliche Relevanz von Energiekosten

96. Die Industrie in Deutschland hatte 2012 im Mittel einen Energiekostenanteil von 2,1 % am Bruttoproduktionswert. Dieser Anteil war in den letzten Jahren stabil (Statistisches Bundesamt 2014b; BMWi 2014a). Eine Reihe umsatzstarker Wirtschaftszweige mit einem hohen Beschäftigungsanteil hat vergleichsweise geringe Energiekostenanteile am Bruttoproduktionswert, wie zum Beispiel die Herstellung von Kraftwagen (0,8 %) oder der Maschinenbau (1,0 %). Für Industrieunternehmen aus diesen Branchen dürften steigende Energiekosten demnach keinen maßgeblichen Einfluss auf ihre Wettbewerbsfähigkeit ausüben.

Daneben gibt es Wirtschaftszweige, die als energieintensiv einzustufen sind. Im verarbeitenden Gewerbe sind dies die Sektoren Papier/Pappe und Glas/Glaswaren, Steine/Erden, Grundstoffchemie, Metallerzeugung sowie Nichteisen-Metalle und Gießereien. Zusammen tragen sie 12 % zur industriellen Bruttowertschöpfung bei (Statistisches Bundesamt 2014a). Die genannten energieintensiven Wirtschaftszweige verbrauchen jedoch 64 % der industriellen Endenergie und emittieren somit die meisten industriellen Treibhausgase (ROHDE 2013; UBA 2015). Auch innerhalb dieser Wirtschaftszweige ist eine differenzierte Betrachtung notwendig. So sind nur bestimmte Produkte oder Prozesse besonders energieintensiv, wie zum Beispiel innerhalb der Grundstoffchemie die Herstellung von Ethylen oder Chlor. Da vor allem die energieintensiven Wirtschaftszweige für einen wesentlichen Teil des industriellen Energieverbrauchs und der CO_2-Emissionen verantwortlich sind, ist es erforderlich, dass auch für diese Wirtschaftszweige starke Anreize zur Energieeffizienzsteigerung und CO_2-Minderung gesetzt werden. Dabei ist darauf zu achten, dass keine Carbon-Leakage-Gefahren entstehen, die grundsätzlich für energieintensive Industriezweige von Relevanz sein können (s. Kap. 2.3).

Energieträgerpreise

97. Erdöl und Steinkohle sind global handelbare Energieträger, deren Preise sich am Weltmarkt bilden und daher zwischen den verschiedenen Weltregionen ähnlich sind. Die Verbraucherpreise hingegen variieren international aufgrund unterschiedlicher nationaler Besteuerung und staatlich induzierter Preisbestandteile. Prinzipiell unterschiedlich erfolgt die Preisbildung bei den leitungsgebundenen Energieträgern Gas und Strom. Regionale Einflüsse sowie technische Aspekte bestimmen hierbei neben nationalen Steuern und Abgaben den Preis.

98. Stromkosten haben aktuell mit knapp zwei Dritteln den größten Anteil an den Gesamtenergiekosten der deutschen Industrie. Im Jahr 2000 lag ihr Anteil nur bei etwas mehr als der Hälfte (BMWi 2014a). Ein europäischer Vergleich der industriellen Endkundenstrompreise zeigt, dass dieser für Industrieunternehmen in Deutschland oberhalb des EU-Mittelwertes liegt (Eurostat 2014a). Jedoch ist keine ausreichende Vergleichbarkeit zwischen den einzelnen EU-Mitgliedstaaten gegeben, da keine einheitlichen Vorgaben für Strompreismeldungen gelten.

99. Die Höhe der effektiven Strompreise für Unternehmen variiert und wird durch die Entlastung von Steuern, Umlagen und Abgaben determiniert (z. B. EEG-Umlage oder Netzentgelte). Hierbei gilt, dass die Privilegierung steigt, je höher Abnahmemenge, -kontinuität und Stromintensität ausfallen (BMWi 2014c; GRAVE und BREITSCHOPF 2014; KÜCHLER und WRONSKI 2014; GRAVE et al. 2015). Im Allgemeinen ist festzustellen, dass – relativ betrachtet – große Stromverbraucher in der Regel deutlich geringere Abgaben zahlen als kleine und mittelständische Industrieunternehmen. Diese erreichen oftmals fixierte Schwellenwerte für Entlastungstatbestände nicht. Größere Unternehmen überschreiten hingegen entsprechende Sockelbeiträge und können somit von der Privilegierung profitieren (Tz. 156, 178). So müssen beispielsweise gemäß Besonderer Ausgleichsregelung des Erneuerbare-Energien-Gesetzes (EEG 2014) stromkostenintensive Unternehmen zunächst einen Selbstbehalt für die erste Gigawattstunde leisten, bevor die Begrenzung der EEG-Umlage greift (§ 64 EEG 2014). Dies ist besonders dann kritisch, wenn Unternehmen unterschiedlicher Größe vergleichbare Produkte herstellen, wie es zum Beispiel auf den Bereich der Papierherstellung zutrifft (FRIEDRICHSEN und AYDEMIR 2014).

Stromintensive Großunternehmen haben in der Regel geringere spezifische Strombezugskosten je Megawattstunde als der Durchschnitt. Strompreise werden entweder bilateral zwischen Stromversorger und Stromgroßverbraucher ausgehandelt oder letztere beziehen den Strom direkt oder über Zwischenhändler an der Börse. Die Strompreise von stromintensiven Großunternehmen sind Großhandelspreise und orientieren sich an den Strombörsen (EEX Terminhandel; EPEX Spotmarkt). Die Preise an den Spotmärkten wie auch an den Terminmärkten sind in Europa tendenziell rückläufig (BMWi 2014a; GRAVE und BREITSCHOPF 2014; PESCIA und REDL 2014).

Da der Endkundenstrompreis für Unternehmen mit einem Jahresverbrauch von über 150 GWh vielen Vergünstigungen unterliegt, dürfte er erheblich vom durchschnittlichen Industriestrompreis abweichen. Die reduzierten, also tatsächlichen Preise werden aber nicht amtlich erfasst, weshalb in der Literatur nur mit Schätzwerten gearbeitet werden kann und hinsichtlich der Belastungssituation der Unternehmen keine ausreichende Transparenz besteht. Der SRU empfiehlt, eine aggregierte, anonymisierte Datenbank zu Strompreisen der Industrie unter Berücksichtigung datenschutzrechtlicher Aspekte aufzubauen, um Transparenz zu schaffen und die Wettbewerbssituation der Branchen angemessen bei der Ausgestaltung von Entlastungsregelungen berücksichtigen zu können. GRAVE et al. (2015) analysierten die Industriestrompreise unter Berücksichtigung von Sonderregelungen und Befreiungen unter anderem beispielhaft für je ein Elektrostahlunternehmen (127 MW, 572 GWh, 22 % Energiekosten an der Bruttowertschöpfung) in Deutschland, den Niederlanden, in Frankreich, Großbritannien, Italien, Dänemark, im US-Bundesstaat Texas, in Kanada, Korea, China und Japan. Sie kamen zu dem Ergebnis, dass länderübergreifend der wesentliche Bestandteil des Strompreises die direkten Beschaffungskosten in Form der Stromgroßhandelspreise sind (s. Abb. 2-1). Der deutsche Strompreis liegt dabei im europäischen Mittelfeld; die Strompreise in den USA (Texas) und Korea fallen niedriger, in Japan deutlich höher aus. Eine vergleichbare Analyse für die Chlor-Alkali-Elektrolyse attestiert deutschen Chlorproduzenten einen unterdurchschnitt-

Abbildung 2-1

Vergleich von Strompreisen der Elektrostahlerzeugung

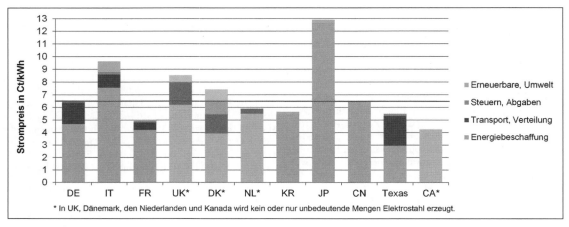

SRU/UG 2016/Abb. 2-1; Datenquelle: GRAVE et al. 2015

lichen Strompreis. Lediglich Chemieunternehmen aus Frankreich und den USA zahlen geringere Strompreise (GRAVE et al. 2015). Ohne Privilegierung müssten die jeweiligen deutschen Beispielunternehmen mehr als den doppelten Strompreis zahlen. Dies könnte die Wettbewerbsfähigkeit ihrer Produkte gefährden. Generelle Aussagen zu den Auswirkungen auf die Branchen sind hingegen nicht möglich (ebd.).

100. Auch wenn erwartet wird, dass der Ausbau der erneuerbaren Energien aufgrund ihrer niedrigen variablen Kosten preissenkend auf den Börsenstrompreis wirkt, kann die schrittweise Herausnahme von Kohlekraftwerkskapazitäten zunächst zu höheren Börsenpreisen führen (ausführlich vgl. hierzu REITZ et al. 2014; r2b energy consulting und HWWI 2014; SRU 2015). Politikinstrumente sollten so ausgestaltet werden, dass Wirkungen auf den Strompreis eher moderat bleiben und dies bei den Sonderregelungen für die privilegierten Unternehmen berücksichtigt wird. Im Falle eines Anstiegs des Stromgroßhandelspreises wird die EEG-Umlage geringer ausfallen, sodass der Strompreisanstieg für nicht-begünstigte Stromkunden im Vergleich zu privilegierten Industrieunternehmen geringer ausfallen wird.

Energiestückkosten

101. Ein aussagekräftigerer Indikator als Energieträgerpreise für die Energiekostenbelastung sind Energiestückkosten. Diese sind definiert als Kosten des Energieeinsatzes pro Einheit Bruttowertschöpfung (Europäische Kommission – Generaldirektion Wirtschaft und Finanzen 2014). In Abbildung 2-2 ist ersichtlich, dass die Kostenbelastung der deutschen Industrie zugenommen hat. So sind die Energiestückkosten von 7,9 % im Jahr 1995 auf 11,9 % im Jahr 2008 gestiegen und seitdem auf 9,4 % in 2011 gesunken. Im Zeitverlauf waren die Energiestückkosten der deutschen Industrie stets unter denen des

Mittelwerts der EU-27 und haben ein ähnlich niedriges Niveau wie in den USA oder in Großbritannien. Auch liegen sie deutlich unter denen von Konkurrenzländern wie China, Japan, Frankreich oder Italien (GERMESHAUSEN und LÖSCHEL 2015; LÖSCHEL et al. 2014a). Die gute Positionierung Deutschlands hinsichtlich der Energiestückkosten spiegelt die deutsche Industriestruktur wider. Deutschland ist spezialisiert auf qualitativ hochwertige und wertschaffende Produkte. Aufgrund jener Spezialisierungsstruktur reagiert die deutsche Industrie weniger stark auf steigende Energiekosten als beispielsweise China mit mehr energieintensiven und weniger wertschöpfenden Produkten. Auch dieser Ansatz zeigt, dass nationale Energiepreissteigerungen nicht die internationale Wettbewerbsfähigkeit der gesamten deutschen Industrie maßgeblich beeinflussen. Für einzelne Produkte kann dies aber durchaus der Fall sein.

2.2.3 Industrielle Standortfaktoren

102. Steigende Energieträgerpreise werden in Deutschland oftmals mit industriellen Standortnachteilen bzw. sinkender Wettbewerbsfähigkeit und damit einhergehender Gefahr von Produktions- und Beschäftigungsrückgang in Zusammenhang gebracht. Wettbewerbsfähigkeit ist allgemein definiert als die Fähigkeit eines Unternehmens, sich am Markt gegenüber Konkurrenten zu behaupten. Die Determinanten der Wettbewerbsfähigkeit sind dabei nur zum Teil unternehmensabhängig. Sie werden auch stark durch regulatorische Rahmenbedingungen, wie beispielsweise die Umweltpolitik, geprägt (MECKE 2015; GAWEL und KLASSERT 2013). Aus Abbildung 2-3 wird ersichtlich, dass Energiekosten lediglich ein Kriterium bei der Standortwahl sind.

103. Eine Vielzahl an Indizes und Befragungen attestiert der deutschen Industrie eine (überdurchschnittlich) hohe

Abbildung 2-2

Energiestückkosten im verarbeitenden Gewerbe im internationalen Vergleich

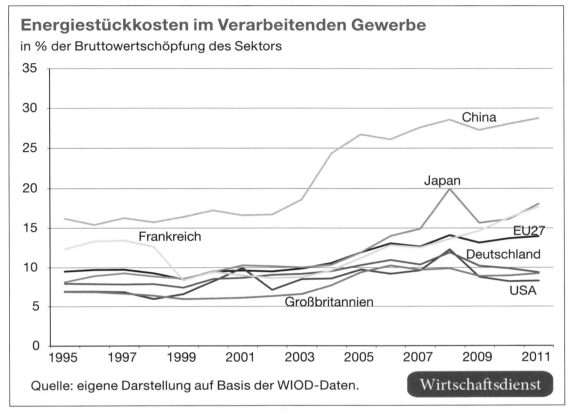

Energiestückkosten im Verarbeitenden Gewerbe

in % der Bruttowertschöpfung des Sektors

Quelle: eigene Darstellung auf Basis der WIOD-Daten.

Wirtschaftsdienst

Quelle: GERMESHAUSEN und LÖSCHEL 2015

Standortqualität und internationale Wettbewerbsfähigkeit, auch wenn sich die jeweils angewendeten Methoden und getroffenen Annahmen zum Teil unterscheiden (Europäische Kommission 2014b; Deloitte 2012; CALAHOR-RANO et al. 2012; GRAVE et al. 2015; sowie auch Deutschland gesamtwirtschaftlich: The World Bank 2013; SCHWAB und SALA-I-MARTÍN 2014; EY 2015; VÖPEL und WOLF 2015; MILLER et al. 2014; A.T. Kearney 2014; IMD Business School 2015; GWARTNEY et al. 2015). Zu den Stärken Deutschlands zählen insbesondere:

– ein stabiler Ordnungsrahmen (hohe Rechtssicherheit, marktwirtschaftliche Grundregeln, geringe Korruption, strenge Monopolkontrolle, Transparenz)

– eine intensive nationale und internationale Vernetzung

– eine ausgeprägte Technologieorientierung, hochwertige Produkte

– eine hohe Innovationskraft, leistungsfähige Forschung und Entwicklung

– eine moderne, leistungsfähige und sichere Infrastruktur

– ein starker Mittelstand

– eine gute Ausstattung mit Fachkräften, Bildungssystem (duale Ausbildung).

104. Der (Industrie-)Standort Deutschland wurde hingegen bei folgenden Kriterien kritisch bewertet:

– demografischer Wandel, zukünftige Verfügbarkeit von Fachkräften

– komplexe Bürokratie (insbes. für kleine und mittlere Unternehmen – KMU) wie strikte Arbeitsmarktregulierung, Steuersystem

– Kostenbelastung durch Bürokratie, Steuern/Abgaben, Arbeitnehmerentgelte, Energie

– politische Planungsunsicherheit der Energiewende

– rückläufige öffentliche Investitionsquote in die Infrastruktur.

Abbildung 2-3

Industrielle Standortfaktoren

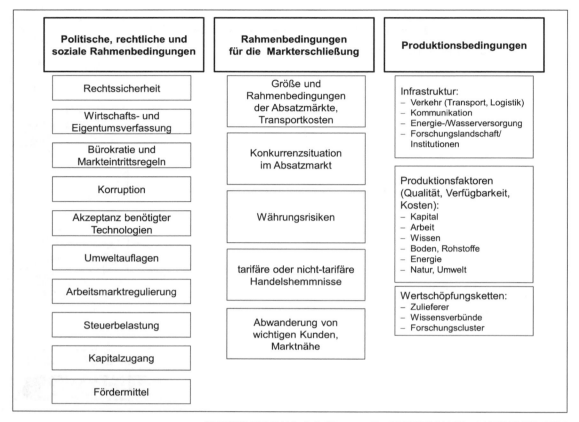

Politische, rechtliche und soziale Rahmenbedingungen	Rahmenbedingungen für die Markterschließung	Produktionsbedingungen
Rechtssicherheit	Größe und Rahmenbedingungen der Absatzmärkte, Transportkosten	Infrastruktur: – Verkehr (Transport, Logistik) – Kommunikation – Energie-/Wasserversorgung – Forschungslandschaft/ Institutionen
Wirtschafts- und Eigentumsverfassung		
Bürokratie und Markteintrittsregeln	Konkurrenzsituation im Absatzmarkt	Produktionsfaktoren (Qualität, Verfügbarkeit, Kosten): – Kapital – Arbeit – Wissen – Boden, Rohstoffe – Energie – Natur, Umwelt
Korruption		
Akzeptanz benötigter Technologien	Währungsrisiken	
Umweltauflagen		
Arbeitsmarktregulierung	tarifäre oder nicht-tarifäre Handelshemmnisse	Wertschöpfungsketten: – Zulieferer – Wissensverbünde – Forschungscluster
Steuerbelastung	Abwanderung von wichtigen Kunden, Marktnähe	
Kapitalzugang		
Fördermittel		

SRU/UG 2016/Abb. 2-3; Datenquelle: BERLEMANN und TILGNER 2006

105. In der Gesamtschau zeigt sich, dass Deutschland zahlreiche Standortvorteile für Industrieunternehmen bietet und damit im globalen Vergleich überdurchschnittlich gut positioniert ist.

2.2.4 Auslandsaktivitäten

106. In den letzten zwei Dekaden hat sich die Globalisierung von Wirtschaft, Gesellschaft und Politik stark intensiviert. Entwicklungs- und Schwellenländer wachsen hierbei im Allgemeinen stärker als etablierte Industrieländer (LANG et al. 2015). Gesunkene globale Marktanteile der Industrieländer sind somit insbesondere auf den wirtschaftlichen Aufholprozess der Entwicklungs- und Schwellenländer zurückzuführen. Zudem verfügen etablierte Industrieländer über eine stärkere Ausgangsbasis. So ist beispielsweise im Jahr 2014 das BIP pro Kopf in Deutschland mit 47.773 US-Dollar etwa um das Sechsfache höher als in China (7.571 US-Dollar) oder um das Dreißigfache höher als das in Indien (1.607 USDollar).

Wenngleich aufstrebende Entwicklungs- und Schwellenländer größere prozentuale Zuwachsraten beim BIP pro Kopf verzeichnen (z. B. China + 7,3 % im Vergleich zu Deutschland mit + 1,6 %), liegt die absolute Steigerung des BIP pro Kopf in Deutschland mit 764 US-Dollar deutlich über der in China mit 553 US-Dollar (IMF 2015a; 2015b). Aus dem Wirtschaftswachstum der Schwellenländer ergeben sich zusätzlich neue Absatzmärkte für Exportprodukte für Industrieländer wie Deutschland, die wiederum den heimischen Standort stärken.

107. Die deutsche Industrie ist international gut aufgestellt. Die Internationalisierungsaktivitäten haben seit Mitte der 1990er-Jahre zugenommen und hatten ihren Höhepunkt im Jahr 2003 (ZANKER et al. 2013). Die sektorübergreifenden deutschen Auslandsdirektinvestitionen sind absolut zwar gestiegen, jedoch hat die relative Bedeutung des verarbeitenden Gewerbes dabei abgenommen (s. Tab. 2-1).

Tabelle 2-1

Deutsche Auslandsdirektinvestitionen

	2000	2012	Trend
deutsche Auslandsdirektinvestitionen in Mrd. Euro	520	1.162	↑
davon Anteil dt. Investoren aus dem verarbeitenden Gewerbe	34 %	23 %	↓
davon Anteil in das ausländische verarbeitende Gewerbe	24 %	16 %	↓
SRU/UG 2016/Tab. 2-1; Datenquelle: Deutsche Bundesbank 2015			

Produktionsverlagerungen sind in erster Linie unternehmensspezifische Entscheidungen, die auch von intraindustriellen Verflechtungen und produktbezogenen Faktoren abhängig sind (GRAVE et al. 2015). Gemäß einer repräsentativen Umfrage des verarbeitenden Gewerbes sind rund ein Fünftel der gesamten Produktionskapazitäten deutscher Industriebetriebe im Ausland angesiedelt. Die Auslandsaktivität korreliert positiv mit der Unternehmensgröße. So haben vier von fünf deutschen Großunternehmen (> 1.000 Mitarbeiter) ausländische Produktionskapazitäten geschaffen (ZANKER et al. 2013).

108. Mehr als die Hälfte der ausländischen Produktionskapazitäten wurden in Ländern der EU, vor allem in Osteuropa, aufgebaut. Die restlichen Auslandskapazitäten verteilen sich schwerpunktmäßig auf den asiatischen Raum – mit China als wichtigstem Einzelland – sowie Nord- und Mittelamerika (ZANKER et al. 2013; DIHK 2014).

109. Befragungen zeigen, dass ausländische Produktionskapazitäten weniger zulasten des deutschen Standorts aufgebaut werden (LANG et al. 2015; ZANKER et al. 2013; DIHK 2014). Zwei Drittel der Befragten geben an, dass die Auslandsproduktion den deutschen Standort ergänze oder sogar sichere. Eine Ausnahme bilden kleine Unternehmen. Hier verdrängt die Auslandsproduktion zu 50 % die Inlandsproduktion (LANG et al. 2015). In diesem Zusammenhang sind Investitionen in Deutschland eher Erhaltungs- und Modernisierungsinvestitionen (62 %). Im Ausland dominieren hingegen Ausbau- und Aufbauinvestitionen (54 %) (ebd.).

110. Eine komplette Verlagerung von Tätigkeiten ins Ausland findet in der Industrie in der Regel nicht statt. Qualifizierte Bereiche wie Forschung und Entwicklung oder auch die Unternehmenssteuerung werden überwiegend von Deutschland aus geführt. Auch der Großteil der Produktionsaktivitäten erfolgt schwerpunktmäßig in Deutschland. Tätigkeiten, die die Nähe zu im Ausland ansässigen Kunden sowie einfache Zuarbeiten erfordern, sind verstärkt auch im Ausland angesiedelt (LANG et al. 2015). So zählen vor allem Branchen mit einem höheren Anteil an einfacher manueller Tätigkeit, wie Hersteller von Datenverarbeitungsgeräten, elektrischen Geräten und Optik oder auch Unternehmen der Bekleidungsindustrie, zu den verlagerungsintensiven Branchen (ZANKER et al. 2013).

111. Die zwei Hauptmotive für Investitionen in ausländische Standorte sind eine kostengünstigere Produktion als im Heimatland sowie Marktzugang und -erschließung. In aufstrebenden Entwicklungs- und Schwellenländern wächst der Absatzmarkt vor Ort stark. Durch (zusätzliche) ausländische Standorte können deutsche Unternehmen neue Märkte erschließen und außerdem Handelshemmnisse, die beim Export zum Tragen kämen, umgehen. In diesem Zusammenhang investieren Unternehmen zudem in den Aufbau von Vertrieb und Kundendienst. So ist beispielsweise der direkte Kontakt zu bedeutenden Kunden wichtig; auch erleichtert eine Kundennähe die Herstellung von individuell angepassten Produkten (ZANKER et al. 2013; DIHK 2014; GRAVE et al. 2015). Das Kostenmotiv verliert somit tendenziell an Bedeutung (ZANKER et al. 2013; DIHK 2014; LANG et al. 2015).

Jede vierte Verlagerung ins Ausland wird rückgängig gemacht. Als Hauptgründe dafür, dass deutsche Unternehmen wieder an den Heimatstandort zurückkehren, werden unter anderem Qualitätsprobleme, niedrige Produktivität oder auch unterschätzte Kosten für die Internationalisierungsaktivität genannt (ZANKER et al. 2013).

112. Insgesamt lässt sich feststellen, dass der industrielle Sektor in Bezug auf Beschäftigung, Wachstum und Lebensstandard für Deutschland von hoher Relevanz ist. Die industrielle Wettbewerbsfähigkeit gestaltet sich komplex und zeichnet sich durch eine Vielzahl von relevanten Faktoren aus. Strom- und Treibhausgaszertifikatspreise spielen für nicht-energieintensive Unternehmen hierbei eher eine untergeordnete Rolle. Deutschland ist im internationalen Vergleich überdurchschnittlich gut positioniert und bewertet. Der Aufbau von ausländischen Produktionsstandorten durch deutsche Unternehmen scheint die Wettbewerbsfähigkeit der deutschen Mutterunternehmen zu stärken und kein Indiz für eine Deindustrialisierung Deutschlands zu sein.

2.3 Verlagerungsrisiken als Folge ambitionierter Klimapolitik

113. Im Zusammenhang mit der deutschen Energiewende und einer anspruchsvollen europäischen Klimapolitik werden regelmäßig Befürchtungen geäußert, dass der Industriestandort Deutschland gefährdet sein könnte. Demnach führte eine ambitionierte Energie- und Klimapolitik zu einer Schwächung der heimischen Industriestruktur und einer Verlagerung von wirtschaftlicher Aktivität (z. B. HEYMANN 2013; 2014; KEMPERMANN und BARDT 2014). Neben einer Verschlechterung von wirtschaftlicher Leistungsfähigkeit und der Beschäftigungssituation gingen damit auch ungewollte Umweltfolgen in Form von Emissionsverlagerungen einher (z. B. AICHELE und FELBERMAYR 2011; 2012; 2015). Um dieses Argument kritisch zu beleuchten, wird im Folgenden zunächst die Theorie von energiekostenbedingten Verlagerungs- und Carbon-Leakage-Risiken dargestellt. Der Theorie wird die derzeit verfügbare Empirie gegenübergestellt, die bisher keine stichhaltigen Belege für signifikante Verlagerungseffekte erbracht hat. Es werden zudem in knapper Form Faktoren und Mechanismen beleuchtet, die bei der Beurteilung der globalen Effektivität unilateraler europäischer oder nationaler klimapolitischer Maßnahmen zu berücksichtigen sind.

2.3.1 Mögliche Verlagerungspfade

114. Klima- und Energiepolitik kann die Produktionskosten für heimische Industriegüter erhöhen. Die klimapolitikinduzierten Produktionskostensteigerungen können dabei sowohl Folge einer direkten Bepreisung des Energieverbrauchs (z. B. durch die Erhöhung von Steuern und Abgaben oder mittels Emissionshandel) sein als auch aus regulatorischen Vorgaben, die eine Veränderung der Produktionsprozesse erfordern, resultieren (The World Bank 2015a, S. 12 ff.). Stehen die heimischen Industriegüter im Wettbewerb mit ausländischer Produktion, die nicht von gleichrangigen klimapolitischen Maßnahmen betroffen ist, verschlechtert sich ihre preisliche Wettbewerbssituation bzw. – wenn die gestiegenen Kosten nicht weitergegeben werden – ihre Erlössituation. Dies kann die energiekosteninduzierte Verlagerung industrieller Produktion zur Folge haben. In einer groben Einordnung können zwei Verlagerungspfade nach Art und zeitlicher Dimension unterschieden werden. Zudem ist zwischen direkten und indirekten Effekten zu differenzieren.

Kurzfristige Verlagerung: Der Produktionspfad

115. Der erste Pfad beschreibt durch Klimapolitik induzierte regionale Verschiebungen der Güterproduktion innerhalb bestehender Produktionskapazitäten und vollzieht sich vor allem in kurzer und mittlerer Frist (MARCU et al. 2013, S. 4; The World Bank 2015a, S. 14 f.; REINAUD 2008, S. 31). Infolge eines energiepolitikbedingten Anstiegs der variablen Produktionskosten kann es zu einer Verringerung des inländischen Produktionsvolumens und der Kapazitätsauslastung der betroffenen Branchen kommen, der ein Anstieg der Produktion im klimapolitisch weniger stark regulierten Ausland gegenübersteht.

Langfristige Verlagerung: Der Investitionspfad

116. Der zweite Pfad, über den eine Abwanderung industrieller Wertschöpfung stattfinden kann, ist der Investitionspfad (MARCU et al. 2013, S. 4; The World Bank 2015a, S. 15; REINAUD 2008, S. 31). Dieser umfasst Produktionsverlagerungen durch Änderungen der Investitionstätigkeit aufgrund unilateraler klimapolitischer Maßnahmen. Verschlechtert sich durch klimapolitische Eingriffe die Wettbewerbsposition bzw. verringern sich die Kapitalrenditen heimischer Produktionskapazitäten, können Ersatz- oder Neuinvestitionen im Inland unterbleiben und stattdessen in klimapolitisch weniger regulierten Regionen erfolgen. Während die zuvor beschriebene Verlagerung über den Produktionspfad eine Reaktion auf relative Änderungen der kurzfristigen Produktionskosten in bestehenden Kapazitäten darstellt, vollziehen sich Verlagerungen über den Investitionspfad im Rahmen längerfristiger Investitionszyklen. Wie zuvor erläutert, spielen bei Entscheidungen über neue Produktionsstandorte bzw. Reinvestitionen allerdings weit mehr Faktoren als die Energiepreise eine Rolle (vgl. Abschn. 2.2.3).

Indirekte Verlagerungseffekte durch Schädigung von Wertschöpfungsketten

117. Neben Verlagerungsrisiken für unmittelbar von steigenden Energiekosten betroffene Branchen werden oftmals auch potenzielle Gefahren durch indirekte Effekte angeführt, die sich in einer langfristigen Schwächung der deutschen Industrie manifestieren könnten (z. B. KEMPERMANN und BARDT 2014; HEYMANN 2014; FELBERMAYR et al. 2013; BARDT 2014). Dies kann sowohl vor- als auch nachgelagerte Wertschöpfungsstufen betreffen. Als einer der wesentlichen Erfolgsfaktoren der deutschen Industrie gilt ihre enge Verzahnung innerhalb heimischer Wertschöpfungsketten (LANG et al. 2015; BARDT und KEMPERMANN 2013; BDI 2013). Dieser wird eine große Bedeutung für die Sicherstellung hoher Produktqualität und Innovationsdynamik beigemessen. Indirekte Wettbewerbsfähigkeits- und Verlagerungsgefahren könnten demnach aus negativen Auswirkungen auf solche Wertschöpfungsketten resultieren. Würden einzelne Elemente – vor allem energieintensive Branchen – aus der Wertschöpfungskette herausbrechen, könnte die Innovations- und Wirtschaftskraft Deutschlands erheblich leiden (KEMPERMANN und BARDT 2014; BARDT 2014). Dies beträfe gerade Innovationen, die aus einer Systembetrachtung heraus in Innovationsclustern entlang der Wertschöpfungskette entstehen. Die enge Einbindung in heimische Wertschöpfungsketten lässt sich andererseits auch als Gegenargument für die These, dass energieintensive Branchen auf Energiepreissteigerungen mit Abwanderung reagieren würden, interpretieren (NEUHOFF et al. 2013; LANG et al. 2015, S. 15; IEA 2013, S. 279). Wird ein Teil der Produktion verlagert, würden sich die in die Wertschöpfungskette integrierten Unternehmen ihrer Systemvorteile berauben.

118. Verlagerungsgefahren könnten auch dann bestehen, wenn die unmittelbar von einer Energiekostenerhöhung betroffenen Branchen nicht direkt im internationalen Wettbewerb stehen, das heißt wenn ihre produzierten Güter international wenig gehandelt werden. Werden die gestiegenen Herstellungskosten von energieintensiven Vorprodukten an nachgelagerte Wertschöpfungsstufen, die selbst nicht energieintensiv sind, weitergereicht, kann deren internationale Wettbewerbsfähigkeit geschwächt werden (FELBERMAYR et al. 2013; AICHELE et al. 2014). In vielen Branchen übertreffen die indirekten, in Vorprodukten enthaltenen Energiekosten die direkte Energiekostenbelastung (LÖSCHEL et al. 2015, S. 94 ff.).

119. Die Gefahr von durch Energiekostensteigerungen verursachten Verlagerungen hängt mithin nicht ausschließlich von der internationalen Wettbewerbsintensität in den unmittelbar betroffenen Branchen ab, sondern auch von jener in den weiterverarbeitenden Sektoren (FELBERMAYR et al. 2013). Angesichts anderweitiger Standortvorteile Deutschlands ist die Gefahr der Abwanderung von Wertschöpfungsketten aufgrund einer moderaten Mehrbelastung einzelner Wertschöpfungsstufen allerdings als begrenzt anzusehen. Ferner ist festzuhalten, dass industrielle Wertschöpfungsketten ohnehin schon stark internationalisiert sind. Wie Abschnitt 2.2.4 gezeigt hat, ließ sich eine Schwächung des verarbeitenden Gewerbes in Deutschland hierdurch nicht feststellen – eher scheint das Gegenteil der Fall zu sein.

120. Auch wenn es fraglich erscheint, ob aus solchen branchenübergreifenden Effekten eine Deindustrialisierungsgefahr für den Fall (moderat) ansteigender Energiepreise abgeleitet werden kann, ist die wirtschaftliche Interdependenz heimischer Wertschöpfungsketten bei der Analyse von Auswirkungen energiepolitischer Maßnahmen dennoch zukünftig stärker zu berücksichtigen. Um durch gezielte Entlastungen industrielle Verlagerungsgefahren zu minimieren und gleichzeitig Anreize zur effizienten Energienutzung aufrecht zu erhalten, sind fundierte Kenntnisse über indirekte Wirkungen von Energiekostensteigerungen auf die Wettbewerbsfähigkeit der Industrie eine Voraussetzung. Daher sieht der SRU weiteren Forschungsbedarf in diesem Bereich.

2.3.2 Auswirkungen auf die globalen Treibhausgasemissionen: Carbon-Leakage-Risiken

121. Das aus Klimaschutzperspektive entscheidende Maß zur Bewertung nationaler sowie europäischer Energie- und Klimapolitikmaßnahmen sind deren Auswirkungen auf den globalen Treibhausgasausstoß. Die nachfolgenden Abschnitte beschäftigen sich daher damit, wie sich der globale Treibhausgasausstoß im Zuge wirtschaftlicher Anpassungen an veränderte klimapolitische Rahmenbedingungen entwickelt. Die Interaktion zwischen unilateraler Klimapolitik und dem Emissionsniveau außerhalb des klimapolitisch regulierten Gebietes werden unter dem Begriff Carbon Leakage diskutiert.

Definition von Carbon Leakage

122. Unter Carbon Leakage wird im Allgemeinen ein Anstieg der Treibhausgasemissionen als Folge regional begrenzter klimapolitischer Maßnahmen, der außerhalb des klimapolitisch regulierten Gebietes stattfindet, verstanden. Eine Kennzahl zur Ermittlung der Stärke dieses Effekts findet sich in der Carbon-Leakage-Definition des Intergovernmental Panel on Climate Change (IPCC 2007, S. 224), nach welcher der Emissionsanstieg außerhalb des regulierten Gebietes zur innerhalb des klimapolitischen Inlands erzielten Emissionsminderung ins Verhältnis gesetzt wird:

$$Carbon\ Leakage\ Rate = \frac{\Delta Emissionen\ im\ (regulatorischen)\ Ausland}{-\Delta Emissionen\ im\ (regulatorischen)\ Inland}$$

Wesentlich für die Bestimmung des Carbon-Leakage-Effektes ist, dass die berücksichtigten Emissionsänderungen im In- und Ausland in einem kausalen Zusammenhang mit den im regulatorischen Inland ergriffenen klimapolitischen Maßnahmen stehen. Die Carbon Leakage Rate von (regional begrenzten) Treibhausgas-Minderungsbemühungen ist somit ein Maß für deren relative Effektivität in globaler Perspektive.

Regulatorisches Gefälle und Carbon Leakage

123. Zwar kann eine Verlagerung von industrieller Produktion und Treibhausgasemissionen grundsätzlich auftreten, wenn in einer Region einseitig klimapolitische Maßnahmen ergriffen oder verschärft werden. Kritisch wird eine solche Entwicklung jedoch im Wesentlichen dann gesehen, wenn sich durch einseitige Maßnahmen das klimapolitische Gefälle zwischen Regionen, die in (direkten oder indirekten) Handelsbeziehungen miteinander stehen, verschärft (The World Bank 2015a, S. 11).

Im Lichte des Klimaabkommens von Paris kann nicht mehr von einem Alleingang Deutschlands oder der EU gesprochen werden. Auch außerhalb der EU ist in zahlreichen Staaten zunehmende klimapolitische Aktivität zu beobachten. Dies belegen nicht zuletzt die im Rahmen der Klimaverhandlungen gegebenen freiwilligen Emissionsminderungszusagen. Hervorzuheben sind dabei insbesondere die jüngsten Entwicklungen in China und den USA, den beiden größten Volkswirtschaften der Welt und wichtigen Handelspartnern Deutschlands und Europas. Neben einer Vielzahl weiterer Maßnahmen umfassen die klimapolitischen Aktivitäten außerhalb der EU oftmals gerade auch die Bepreisung des Treibhausgasausstoßes, beispielsweise durch den Aufbau von Emissionshandelssystemen (The World Bank 2015b). Neben einigen landesweiten Emissionshandelssystemen (z. B. Neuseeland, Südkorea) werden derzeit in China und den USA, welche den weltweit deutlich höchsten Treibhausgasausstoß aufweisen, regionale Handelssysteme etabliert oder sind in Planung. Diese regionalen Handelssysteme können bzw. sollen (im Falle Chinas) letztendlich in einen landesweiten Emissionshandel münden. Somit erscheint die Annahme plausibel, dass sich die Gefahren von Carbon Leakage als Konsequenz nationaler und europäischer Klimaschutzanstrengungen im Zeitlauf verringern. Solange hingegen noch ein signifikantes internationales Gefälle in der klimapolitischen Regulierung des Industriesektors besteht, sind Carbon-Leakage-Risiken bei der Politikgestaltung angemessen zu berücksichtigen (s. Kap. 2.5).

Emissionsintensität als Determinante des Carbon-Leakage-Effekts

124. Finden klimapolitisch induzierte industrielle Verlagerungen in Regionen mit weniger stringenter Regulierung statt, ist das Carbon-Leakage-Ausmaß von den Produktionsbedingungen im „Zielland" determiniert. Hier sind insbesondere die Energieintensität der Produktion, die maßgeblich von der verwendeten Technologie bestimmt wird, und die (marginale) Treibhausgasintensität der Energieversorgung zu nennen. Zusammen determinieren beide Faktoren die Treibhausgasintensität der Produktion. Je höher die Treibhausgasintensität im „Zielland" der industriellen Verlagerung und je geringer im „abgebenden" Land, desto größer ist der Carbon-Leakage-Effekt. Wenn aufgrund klimapolitischer Maßnahmen – oder auch aus anderen Gründen – die Produktion in moderne, neu gebaute Anlagen im regulatorischen Ausland verlagert wird bzw. deren Energieversorgung wenig treibhausgasintensiv ist (z. B. aufgrund einer Stromversorgung aus Wasserkraft), kann eine Verlagerung durchaus zu einer Dekarbonisierung der Industrieproduktion führen. So findet sich in vielen Schwellenländern aufgrund der sehr schnellen wirtschaftlichen Entwicklung oftmals ein relativ junger und mit moderner, bester verfügbarer Technik (BVT) ausgestatteter Anlagenpark (IEA 2015; NEUHOFF et al. 2014). Erfolgt die Abwanderung aus klimapolitischen Gründen aus Regionen mit hohem Kohleanteil im Energiemix, ist eine Dekarbonisierung der Produktion im Zuge der Verlagerung nicht ungewöhnlich (BOSCH und KUENEN 2009). Dennoch müsste auch in diesem Fall gemäß der oben genannten Definition von Carbon Leakage gesprochen werden, da der heimische Emissionsrückgang zumindest partiell von einem Emissionsanstieg im Ausland kompensiert wird, obwohl eine Netto-Reduktion des Treibhausgasausstoßes verbliebe.

Carbon Leakage über den Energiepreispfad

125. Neben Carbon Leakage aufgrund industrieller Verlagerungen über den Produktions- und Investitionspfad können (sektorübergreifende) Carbon-Leakage-Effekte zudem über den Energiepreispfad auftreten. Eine klimapolitikinduzierte Verminderung der heimischen Nachfrage nach fossilen Energieträgern wirkt senkend auf deren Preis, wodurch es zu einen Anstieg des Brennstoffabsatzes außerhalb der klimapolitisch regulierten Region kommen kann (PAROUSSOS et al. 2015, S. 208; The World Bank 2015a, S. 15). Carbon Leakage über den Energiepreispfad ist kein industriespezifischer Mechanismus, sondern weitgehend unabhängig davon, in welchem Sektor der heimische Verbrauch (fossiler) Energieressourcen infolge

klimapolitischer Maßnahmen reduziert wird. Da der Fokus dieses Kapitels auf das Risiko möglicher industrieller Verlagerungen und ihre ökologischen Implikationen gerichtet ist, wird dieser Carbon-Leakage-Pfad im Folgenden nicht weiter betrachtet.

2.3.3 Nationale Minderungsmaßnahmen und Carbon Leakage über den europäischen Emissionshandel

126. Eine wichtige Rolle für die Effektivität einzelner Klimapolitikmaßnahmen spielen Wechselwirkungen mit dem sonstigen klimapolitischen Rahmen. Insbesondere für nationale Maßnahmen ist das Zusammenspiel mit dem europäischen Emissionshandelssystem (European Union Emissions Trading System – EU ETS) von herausgehobener Bedeutung. Das EU ETS setzt eine EU-weite verbindliche Obergrenze (Cap) für die Treibhausgasemissionen aus stationären Anlagen in Industrie und Stromerzeugung. Demzufolge würde ein verringerter Treibhausgasausstoß der (deutschen) Industrie bei einem bindenden Cap durch steigende Emissionen anderer Emittenten im Geltungsbereich des EU ETS, welche die frei werdenden Emissionszertifikate nutzen, neutralisiert. Die Gesamtemissionen auf europäischer Ebene blieben somit von nationalen Minderungsaktivitäten unberührt. Nationale Maßnahmen zur Verringerung der industriellen Treibhausgasemissionen würden somit über den Mechanismus des EU ETS, der zu Intra-EU-Leakage führt, eine Carbon Leakage Rate von mindestens 100 % aufweisen. Käme es zudem zu einer Abwanderung heimischer industrieller Emittenten ins außereuropäische Ausland, wo sie keinem Cap unterliegen, wäre ein Anstieg der globalen Treibhausgasemissionen die Folge – selbst bei relativ klimafreundlicher Produktion im Ausland.

127. Im Kontext des aktuellen Zustands und der absehbaren Reformen des EU ETS ist diese Argumentation jedoch zu relativieren (SRU 2015). Angesichts eines derzeitigen – und auch für die nächsten Jahre prognostizierten – massiven Angebotsüberhangs im CO_2-Zertifikatsmarkt stellt das Cap des EU ETS derzeit keine bindende Restriktion dar (EEA 2014; Agora Energiewende 2015). In der gegenwärtigen und mittelfristig absehbaren Marktsituation würden frei werdende Zertifikate aus verminderten Emissionen der (deutschen) Industrie folglich nicht von anderen Emittenten innerhalb des EU ETS genutzt, sondern den kumulierten Überschuss weiter erhöhen. Die Treibhausgasemissionen in der EU würden damit kurz- und mittelfristig effektiv sinken.

Zukünftig sollen hohe Zertifikatsüberschüsse in eine Marktstabilitätsreserve (MSR) für das EU ETS überführt werden, aus der sie bei relativ knappem Angebot in den Zertifikatsmarkt zurückgeführt werden können (Europäisches Parlament und Rat der Europäischen Union 2015; Europäische Kommission 2014e). Die MSR soll Ungleichgewichte im Zertifikatsmarkt korrigieren, um so verlässliche Rahmenbedingungen und einen flexiblen, volkswirtschaftlich effizienten Emissionsminderungspfad zu gewährleisten (GILBERT et al. 2014). Ein hoher Zertifikatsbestand in der MSR eröffnet der europäischen Klimapolitik allerdings auch zusätzliche Spielräume für eine dauerhafte zusätzliche Emissionsminderung. So erleichtert eine volle Reserve, anspruchsvolle Zielvorgaben für das EU ETS zu verabschieden. Wenn aufgrund strengerer Klimaziele die Anzahl der neu ausgegebenen Zertifikate verknappt wird, ließe sich durch die Rückführung von Zertifikaten aus der MSR ein starker Anstieg des Zertifikatspreises und damit der Emissionsminderungskosten vermeiden. Zwar lägen in diesem Fall die tatsächlichen Emissionen oberhalb des verschärften zukünftigen Emissionszielwertes für die EU ETS-Sektoren, aber die kumulierten Emissionen würden dennoch sinken, da die „Auffüllung" der MSR gleichbedeutend mit der „Übererfüllung" früherer Ziele ist. Die zusätzlichen zukünftigen Emissionsminderungen würden über den Mechanismus der MSR zeitlich vorgezogen, was zu einer kostenmindernden Glättung des Vermeidungspfades führt (GILBERT et al. 2014). Alternativ könnten Zertifikate aus der MSR auch dauerhaft stillgelegt werden, anstatt sie wieder vollständig in den Markt zurückzuführen. Die einfache mechanische Argumentation, dass zusätzliche Anstrengungen zur Minderung des Treibhausgasausstoßes der (deutschen) Industrie im globalen Maßstab bestenfalls wirkungslos oder aufgrund von Carbon Leakage sogar kontraproduktiv sind, gilt somit in einer differenzierteren Betrachtung nicht mehr.

2.3.4 Relevanz von Carbon-Leakage-Risiken

128. Die Bestimmung von Carbon-Leakage-Raten ist methodisch und hinsichtlich des Datenaufwands sehr komplex. Die Studienlage zur tatsächlichen Relevanz von Carbon-Leakage-Effekten zeigt ein sehr heterogenes Bild. Bei der Mehrheit von quantitativen Studien zur Abschätzung des (potenziellen) Ausmaßes von Carbon Leakage handelt es sich um Modellierungen, deren Ergebnisse stark annahmengetrieben sind. Neben den Annahmen zu ökonomischen Parametern werden die Ergebnisse stark von den Annahmen hinsichtlich der präzisen Ausgestaltung der klimapolitischen Instrumente sowie den ergriffenen Maßnahmen zur Vermeidung von Leakage-Effekten bestimmt. Die geschätzten Carbon-Leakage-Raten weisen demzufolge eine große Spannweite auf (HEALY et al. 2015; PAROUSSOS et al. 2015; The World Bank 2015a, S. 18 ff.). Die Bandbreite reicht dabei von einem insgesamt negativen Leakage-Effekt, das heißt einer Multiplikatorwirkung unilateraler Klimapolitik, bis zu Raten von über 100 %, was einem globalen Emissionsanstieg entspricht. Sehr hohe Carbon-Leakage-Raten werden allerdings nur unter extremen Modellierungsannahmen (wie z. B. einer vollständigen Substituierbarkeit heimischer durch ausländische Produktion) erzielt. Mehrheitlich bewegen sich die Ergebnisse im Bereich von deutlich weniger als 25 %. Mithin würde nur ein geringer Teil der heimischen Treibhausgasreduktion durch einen Emissionsanstieg im Ausland neutralisiert. Pauschale Aussagen zur Stärke von Carbon-Leakage-Effekten sind jedoch nicht möglich. Stattdessen bedarf es einer Analyse

unter Beachtung der genauen Ausgestaltung der klimapolitischen Maßnahmen und ihres spezifischen Kontextes.

129. Erste Evaluierungen der beiden abgeschlossenen Handelsperioden des EU ETS konnten kein signifikantes Carbon Leakage durch Verlagerung industrieller Aktivität feststellen (PETRICK und WAGNER 2014; BOLSCHER et al. 2013; GRUBB et al. 2009; BRANGER et al. 2013; The World Bank 2015a, S. 24 ff.; 2015b, S. 59 ff.; HEALY et al. 2015). Angesichts des relativ kurzen betrachteten Zeitraums haben die Ergebnisse vor allem mit Blick auf Produktionsleakage Relevanz, während für abschließende Aussagen zu Investitionsleakage eine längerfristige Betrachtung nötig ist. Aufgrund der für die Industrie großzügigen Zertifikatszuteilungsregeln und des über die meiste Zeit niedrigen Zertifikatspreises sind Verallgemeinerungen daraus jedoch noch nicht ableitbar. Dennoch lässt sich eine Tendenz erkennen, dass das Ausmaß von Carbon Leakage ex-post als geringer bewertet wird als ex-ante erwartet (HEALY et al. 2015; The World Bank 2015a; 2015b, S. 58 f.). Dies legt die Vermutung nahe, dass ex-ante Studien tendenziell die Treibhausgas-Vermeidungspotenziale unterschätzen und die Vermeidungskosten sowie die Preiselastizitäten überschätzen.

Mit Blick auf die deutsche Energiewende kann die Befürchtung einer schleichenden Deindustrialisierung Deutschlands und damit einhergehendem Carbon Leakage bisher nicht stichhaltig belegt werden. Ferner zeichnen die wachsenden Außenhandelsüberschüsse Deutschlands nicht das Bild einer sich deindustrialisierenden Wirtschaft. Zwar bedarf die beobachtete Investitionszurückhaltung des produzierenden Gewerbes (Statistisches Bundesamt 2015c) größerer Beachtung, aber ein kausaler Zusammenhang dieser Entwicklung mit der Energiewende lässt sich bisher nicht fundiert belegen. Ähnlich wie für das EU ETS gilt es auch bei der Beurteilung der Wirkungen der Energiewende zu berücksichtigen, dass der deutschen Industrie verschiedene Entlastungen von Kosten der Energiewende gewährt werden. Grundsätzlich erscheint für die überwiegende Mehrheit der Unternehmen die Verlässlichkeit energiepolitischer Rahmenbedingungen von größerer Bedeutung für Investitionsentscheidungen zu sein als moderate Unterschiede in den Energiekosten. Dementsprechend gilt auch für nationale Entlastungsregeln, dass eine verlässliche, rechtssichere Ausgestaltung wichtiger als eine maximale finanzielle Entlastungswirkung ist.

130. Generell stellen sich bei der quantitativen Analyse von Carbon-Leakage-Wirkungen vielfältige methodische und datenbezogene Herausforderungen. Als besonders schwierig erweist sich die Abschätzung indirekter Leakage-Gefahren, das heißt Auswirkungen auf Branchen, die nur mittelbar von klimapolitischen Maßnahmen betroffen sind. Bei empirischen Analysen besteht zudem stets die Gefahr, dass sich die Wirkungen von Energie- und Klimapolitik einerseits und generellen ökonomischen Globalisierungstrends (z. B. eine verstärkte internationale Arbeitsteilung oder die beschleunigte Verschiebung von Absatzmärkten in schnell wachsende Schwellenländer) andererseits überlagern und kaum exakt separieren lassen. Hierdurch können die Leakage-Wirkungen einer anspruchsvollen Klimapolitik leicht überschätzt werden (DECHEZLEPRÊTRE und SATO 2014).

2.3.5 Globale Treibhausgasminderungen durch Technologiediffusion

131. Bisher fokussierte das Kapitel auf Gefahren von „positivem" Carbon Leakage aufgrund von Produktions- und Investitionsverlagerungen in weniger strikt regulierte Regionen. Positives Carbon Leakage bedeutet hierbei, dass der Treibhausgasausstoß im Ausland als Folge heimischer Klimapolitik ansteigt. Unilaterale Klimapolitik kann jedoch auch zu einer Verminderung der Treibhausgasemissionen im weniger regulierten Ausland führen, mithin negative Leakage-Effekte haben (BARKER et al. 2007; GERLAGH und KUIK 2014; GOLOMBEK und HOEL 2004). Ambitionierte unilaterale Energie- und Klimapolitik induziert oftmals technischen Fortschritt (NEWELL et al. 2006; POPP 2002; POPP et al. 2010), der durch Diffusion global positive Umwelteffekte erzeugen kann. In den klimapolitischen Vorreiterregionen werden energiesparende bzw. klimaschonende Technologien entwickelt und durchlaufen eine Kostendegression. Nachdem sie durch Kostensenkungen auch in Regionen mit geringeren Energiepreisen bzw. ohne Bepreisung von Treibhausgasemissionen aus Unternehmenssicht Wirtschaftlichkeit erreicht haben, erfolgt die globale Verbreitung der umweltverträglicheren Technologien. Insbesondere in Schwellenländern kann es durch solche Effekte zu sprunghaften Verbesserungen der Produktionstechnologie („Leapfrogging") kommen (DECHEZLEPRÊTRE et al. 2011; GLACHANT et al. 2013). Gerade auch bei „sauberen" Technologien und in energieintensiven Branchen sind diese Spill-over-Effekte von Innovationen zu beobachten (DECHEZLEPRÊTRE et al. 2013). Angesichts der schnell wachsenden Nachfrage nach energieintensiven Produkten in Schwellenländern kann durch Technologiediffusion ein großes Emissionsminderungspotenzial erschlossen werden. Wird das hiesige Innovationstempo durch eine wenig ambitionierte Klimapolitik gebremst, kann dies auch global den technischen Fortschritt hin zu klimaverträglicheren Produktionsweisen verlangsamen.

132. Letztlich ist der Zusammenhang zwischen ambitionierter Klimapolitik – auch in energieintensiven Wirtschaftszweigen – und ihrer Carbon-Leakage-Wirkung weniger eindeutig als häufig vermutet. Es ist keineswegs zwingend, dass durch anspruchsvolle Klimapolitik im Industriesektor erzielte heimische Emissionsminderungen aufgrund wirtschaftlicher Anpassungsreaktionen und Carbon Leakage im globalen Kontext weitgehend wirkungslos sind. Insbesondere wenn es gelingt, durch ambitionierte Klimapolitik technologische Innovationen anzureizen und durch zielgerichtete Entlastungen industrielle Abwanderung zu verhindern, kann eine Dekarbonisierung der industriellen Produktion auch im globalen Maßstab erreicht werden. In diesem Fall kann unilaterale

Klimapolitik seitens der EU oder Deutschlands sogar Multiplikatoreffekte über den Technologiepfad generieren. Die sich aus einer – klimapolitisch induzierten – Technologieführerschaft ergebenden wirtschaftlichen Chancen für die Industrie sind Gegenstand der Abschnitte 2.4.2 und 2.4.3.

2.4 Handlungsoptionen I: Energieeffizienz als Chance für die Wettbewerbsfähigkeit der Industrie und den Standort Deutschland

133. Die Wettbewerbsauswirkungen steigender Energiepreise hängen immer auch davon ab, inwieweit es den Unternehmen als Reaktion auf Preissteigerungen gelingt, den Energieverbrauch zu senken. Deshalb widmen sich die nun folgenden Ausführungen der Frage, welche Chancen die Umsetzung von Energieeffizienzmaßnahmen als Reaktion auf eine anspruchsvolle Energie- und Klimapolitik und damit für eine Stärkung der Wettbewerbsfähigkeit der Industrie und den Standort Deutschland eröffnen. Durch Energieeffizienz generierte Energiekosteneinsparungen werden von der Industrie eher als Nebeneffekt von getätigten Investitionen betrachtet, als dass sie als produktivitätssteigernde, die Wettbewerbsfähigkeit erhaltende Möglichkeit wahrgenommen werden. Tatsächlich kann Energieeffizienz für die Industrie jedoch als „Energieressource" betrachtet werden (IEA 2014a). Denn mittels einer Steigerung eben dieser können Unternehmen ihren Energiebedarf senken, ihre Energiekosten reduzieren, ihre Wettbewerbsfähigkeit stärken und gleichzeitig einen Beitrag zum Klimaschutz leisten (ECEEE 2014; IEA 2014b). Darüber hinaus entstehen neue Märkte und Geschäftsfelder für Anbieter von Energieeffizienztechnologien und -dienstleistungen (IEA 2014a).

In der Vergangenheit wurden in der Industrie bereits vorhandene Energieeffizienzpotenziale realisiert, gleichwohl bleiben zahlreiche wirtschaftliche Potenziale bisher ungenutzt (vgl. Abschn. 2.4.1). Viele Investitionen in Energieeffizienzmaßnahmen sind mit einer hohen internen Verzinsung wirtschaftlich, werden jedoch aufgrund verschiedener Hemmnisse von der Industrie nicht umgesetzt. Abschnitt 2.4.2 zeigt die volkswirtschaftlichen und betriebswirtschaftlichen Vorteile der Energieeffizienz zur Steigerung der Wettbewerbsfähigkeit auf und analysiert die im Rahmen der derzeitigen Instrumentierung noch bestehenden Hemmnisse. Der sich aus der Analyse des Kapitels ergebende Reformbedarf des aktuellen Instrumentariums soll noch bestehende, meist nicht oder kaum beachtete Marktdefizite und Hemmnisse adressieren und gleichzeitig fördernde Faktoren gezielt nutzen.

2.4.1 Entwicklung der Energieeffizienz im Zeitverlauf

134. Die deutsche Industrie beansprucht derzeit etwa 30 % des gesamten Endenergieverbrauchs in Deutschland (BMWi 2015). Ziel der Bundesregierung bis zum Jahr 2050 ist es, die Endenergieproduktivität (definiert als das

Verhältnis der Bruttowertschöpfung zum bereinigten Endenergieverbrauch) über alle Sektoren jährlich um 2,1 % gegenüber 2008 zu steigern (BMWi und BMU 2010; Annahme zum BIP-Wachstum in der dazugehörigen Studie SCHLESINGER et al. 2010: 0,8 % pro Jahr). Dies entspricht etwa einer Halbierung des Primärenergie-verbrauchs im selben Zeitraum.

In den vergangenen zwei Jahrzehnten verzeichnete die Industrie konstante Effizienzzuwächse von durchschnitt-lich rund 1,3 % pro Jahr bezogen auf die Bruttowertschöp-fung (exkl. Vorleistungen) und rund 1,9 % bezogen auf den Bruttoproduktionswert (inkl. Vorleistungen, Material-verbrauch, Einsatz an Handelsware, Kosten für Lohn-arbeiten etc.) (LÖSCHEL et al. 2014b). Dieser Fortschritt ist allerdings nur bei Vernachlässigung der strukturellen Effekte zu konstatieren. Fokussiert man auf die jüngere Entwicklung in der letzten Dekade, wird nach einer Komponentenzerlegung deutlich, dass die Effizienzsteige-rung hauptsächlich durch strukturelle Effekte zu er-klären ist. Diese wurde unter anderem zwischen 2000 und 2008 durch eine Verschiebung der Nachfrage in Richtung weniger energieintensiver Industrien sowie zwischen 2008 und 2012 durch die Wirtschaftskrise ausgelöst (SCHLO-MANN et al. 2014). Unter der Annahme einer konstanten Industriestruktur, die den Wert um strukturelle Effekte bereinigt und somit auf den technisch induzierten Energie-effizienzfortschritt fokussiert, ermittelt eine Studie von SCHLOMANN et al. (2014) sogar eine leichte Erhöhung der Energieintensität um 0,1 % pro Jahr im Zeitraum von 2000 bis 2012. Auch ein Vergleich mit den europäischen Ländern bei konstanter Industriestruktur zeigt, dass Deutschland in Bezug auf die industrielle Energieeffizienz zwar nahe am EU-Durchschnitt zu verorten ist, aber keine Vorreiterrolle einnimmt (Enerdata 2015).

2.4.2 Volks- und betriebswirtschaftliche Vorteile der Energieeffizienz

135. Auf einzelwirtschaftlicher Ebene profitieren sowohl Unternehmen, welche Energieeffizienzmaß-nahmen umsetzen, als auch Hersteller, die Produkte und Dienstleistungen in Bezug auf Energieeffizienz anbieten (vgl. Abschn. 2.4.3). Unternehmen, welche zur Redu-zierung ihrer eigenen Energiekosten Energieeffizienzmaß-nahmen durchführen, steigern durch die Kostenreduktion ihre Wettbewerbsfähigkeit und leisten resultierend aus einer CO_2-Reduktion gleichzeitig einen Beitrag zum Klimaschutz. Durch zusätzliche Investitionen erfolgt eine Substitution des Energieeinsatzes durch Kapitaleinsatz. Das Unternehmen steigert seine Energieproduktivität und profitiert langfristig von den Energiekosteneinsparungen (PEHNT et al. 2009). Insbesondere endkundennahe Branchen können zudem auch von einer positiven Image-wirkung profitieren (JOCHEM et al. 2014). Zusätzlich können Synergien zwischen der Verbesserung der Energie-effizienz und Materialeinsparungen, Emissionsmin-derungen oder einer Erhöhung der Produktionskapazitäten hinzukommen. Die Umsetzung von Energieeffizienzmaß-nahmen kann den Unternehmen einen strategischen Wett-

bewerbsvorteil verschaffen und mindert zudem den Einfluss von steigenden Energiepreisen sowie die Ab-hängigkeit von Änderungen der politischen Rahmen-bedingungen (wie z. B. Gesetze und Verordnungen).

Eine Verminderung des Energieverbrauchs trägt auf volks-wirtschaftlicher Ebene zu einer größeren Versorgungs-sicherheit sowie zu einer Reduzierung der Importab-hängigkeit bei, die gleichzeitig mit einer Reduzierung der Vulnerabilität gegenüber Energiepreisschwankungen einhergeht (IEA 2014a). Summiert man alle genannten Effekte, kommt es insgesamt zu einer Erhöhung der gesamtwirtschaftlichen Produktivität sowie einer Ver-besserung der Außenhandelsposition. Sogenannte Zweit-runden- oder Multiplikatoreffekte, wie zum Beispiel gestiegene Einkommen, führen zu weiteren volkswirt-schaftlichen Effekten (PEHNT et al. 2011). Der tatsäch-liche Rückgang des Energieverbrauchs ist jedoch sowohl vom direkten als auch vom indirekten Rebound-Effekt determiniert. Der direkte Rebound-Effekt ist durch ein geändertes Nutzerverhalten bestimmt (z. B. ein sparsames Auto wird häufiger gefahren; s. Tz. 197), wohingegen der indirekte Rebound-Effekt aus einem geänderten Nach-frageverhalten (z. B. Kauf eines anderen Guts) resultiert (BMUB 2015; für einen Überblick z. B.: SORRELL 2007; van den BERGH 2011). Die Herausforderung liegt in der empirischen Erfassung und Bewertung des Ausmaßes eben dieser Effekte (insbesondere des indirekten Rebound-Effekts).

2.4.3 Neue Märkte zur Stärkung der heimischen Wertschöpfung

136. Die International Energy Agency (IEA) erwartet ein starkes Wachstum in den Energieeffizienzmärkten (IEA 2014b). Auch der Umwelttechnologie-Atlas des Bundesministeriums für Umwelt, Naturschutz, Bau und Reaktorsicherheit (BMUB) klassifiziert den Energie-effizienzmarkt bis zum Jahr 2025 als einen von sechs Leitmärkten (BÜCHELE et al. 2014). Auf der An-gebotsseite kann durch eine ambitionierte Effizienzpolitik ein Innovationsschub ausgelöst werden, durch den An-lagenbauer und Zulieferer energieeffizienter Investitions-güter neue Märkte erschließen beziehungsweise frühzeitig ihre Marktposition durch Qualitätsführerschaft stärken (ECEEE 2013). Seitens der Bundesregierung wird die deutsche Wirtschaft bei der Erschließung ausländischer Märkte durch die seit 2007 bestehende „Exportinitiative Energieeffizienz" mittels eigens dafür eingerichteter Geschäftsstellen unterstützt (BMWi und BMUB 2014a). Eine Evaluation attestiert der „Exportinitiative Energie-effizienz" positive Gesamtwirkungen. Besonders betont wird seitens der Unternehmen die Dachmarke „Energie-effizienz – Made in Germany" (FINKEL et al. 2013). In Anbetracht der mittel- und langfristig steigenden Ressourcenpreise sowie auch international zunehmender Klimaschutzbemühungen, die ein rasches Wachstum der Märkte für energieeffiziente Technologien erwarten lassen, bieten die hohen Marktanteile der deutschen Hersteller eine gute Basis für einen Ausbau der Qualitätsführerschaft und weiteres Umsatzwachstum in den verschiedenen Technologiefeldern (vgl. Tz. 17). Ein frühzeitiges Erschließen dieser neuen Märkte ermöglicht den Unternehmen Preis- und Kostenvorteile durch Skalen- und Lernkurveneffekte resultieren aus der Größe ihres Heimatmarktes. Dies stärkt die mittel- und langfristige Position deutscher Unternehmen auch im internationalen Markt und wirkt somit positiv auf deren Wettbewerbsfähigkeit (LEHR et al. 2012; WALZ et al. 2008; BEISE und RENNINGS 2005). Dadurch ergibt sich ebenso eine gute Ausgangsposition für weiteres Wachstum auch in anderen Technologiefeldern.

2.4.4 Hemmende und fördernde Faktoren für die Realisierung von wirtschaftlichen Energieeffizienzpotenzialen

137. Energieeffizienz kann eine vielversprechende Reaktionsmöglichkeit der Industrie auf steigende Energiepreise sein und gleichzeitig zu einer Steigerung der Wettbewerbsfähigkeit führen. Gleichwohl ist zu beobachten, dass erhebliche rentable Energieeinsparpotenziale sowohl branchenübergreifend in Bezug auf Querschnittstechnologien als auch hinsichtlich der sehr heterogenen Prozesse in der Industrie nicht realisiert werden. In der Wissenschaft existieren zahlreiche Studien, die die Höhe und Entwicklung von Energieeffizienzpotenzialen in der Industrie untersuchen. Während einige konservative oder Referenzszenarien, die im Wesentlichen auf einer Business-as-usual-Perspektive basieren, eine steigende Tendenz des Energiebedarfs konstatieren, belegen zahlreiche nationale und internationale Studien je nach Branche divergierende, erhebliche noch vorhandene Energieeffizienzpotenziale (u. a. BRAUNGARDT et al. 2014; PEHNT et al. 2011; GRAICHEN et al. 2011; SEEFELDT et al. 2007; AGRICOLA et al. 2013; FLEITER et al. 2013). Wenngleich diese Studien unterschiedliche Daten und Prämissen, wie zum Beispiel analysierte Branchen, variierende Zeithorizonte, Potenzialdefinitionen, Zinssätze, für die Berechnung der wirtschaftlichen Maßnahmen oder Annahmen der Politikmaßnahmen für die Szenarien zugrunde legen und somit keine unmittelbare Vergleichbarkeit gegeben ist, kommen sie dennoch zu ähnlichen Ergebnissen. Summiert man alle Potenziale, so könnte der industrielle Endenergieverbrauch bis 2050 mehr als halbiert werden. Die wirtschaftlichen Potenziale sind nicht gleich verteilt, sondern technologieabhängig und variieren zwischen den einzelnen Branchen.

138. Unter Business-as-usual-Annahmen, also bei Abwesenheit von weiteren Politikmaßnahmen, wird die Energienachfrage in der EU bis 2050 weiter steigen (BOßMANN et al. 2012). Mithilfe der Aktivierung der vorhandenen wirtschaftlichen Energieeffizienzpotenziale in der Industrie kann dieses Wachstum gestoppt werden. Um einen Anstieg der absoluten industriellen Energienachfrage zu begrenzen, reichen allerdings moderate Effizienzsteigerungen langfristig nicht aus. Vielmehr gilt es, eine Entkopplung der Energieintensität vom Wirtschafts-

wachstum mittels ambitionierter und vor allem verbindlicher Einsparziele konsequent zu verfolgen und signifikante Einsparungen zu generieren. Eine breite Diffusion der BVT und die Entstehung neuer organisatorischer sowie Produkt- und Prozessinnovationen vorausgesetzt, bietet eine Steigerung der Energieeffizienz ein großes und kostengünstiges Potenzial, CO_2-Emissionen und den Verbrauch von Energieressourcen zu reduzieren (IEA 2009).

Hemmende Faktoren

139. Angesichts der großen wirtschaftlichen Potenziale stellt sich die Frage, warum diese trotz ihrer hohen Rentabilität in der Unternehmensrealität nicht vollständig umgesetzt werden. In der Literatur besteht, basierend auf empirischen Analysen, ein breiter Konsens über die vorhandene Diskrepanz zwischen der Realisierung der als wirtschaftlich bewerteten Energieeffizienzmaßnahmen (als erreichbar bewerteter Zustand) und deren tatsächlicher Umsetzung (Ist-Zustand). Dieses Phänomen wird allgemein als „Energieeffizienzlücke" beschrieben (JAFFE und STAVINS 1994; SORRELL et al. 2011; 2000). Die dafür ausschlaggebenden Hemmnisse variieren sowohl zwischen den Branchen als auch zwischen den Unternehmen unterschiedlicher Größe.

In kleineren Unternehmen sind insbesondere Informationsdefizite, beispielsweise in Form von unzureichenden prozessspezifischen Detailkenntnissen oder fehlendem Wissen über Energieverbräuche und Optionen zur Energieeffizienzsteigerung, ein Hindernis. Kleineren Unternehmen mangelt es überdies oft an auf Energiefragen spezialisiertem Personal und sie konzentrieren sich aus Kapazitätsgründen häufig vorrangig auf ihr Kerngeschäft (GRUBER und BRAND 1991). Oftmals stehen auch andere Investitionsprioritäten oder ein Mangel an verfügbarem Kapital für die Umsetzung von Energieeffizienzmaßnahmen in Unternehmen im Wege (FLEITER et al. 2012). Mit Blick auf Investitionsentscheidungen ist die Methode der Investitionsbewertung in vielen Unternehmen problematisch. Eine prioritäre Orientierung an Amortisationszeiten und der Höhe der Investitionssumme führen dazu, dass selbst wirtschaftliche Maßnahmen mit einer internen Verzinsung von mehr als 30 % nicht realisiert werden (JOCHEM et al. 2010).

Neben den branchenübergreifenden Hemmnissen existieren außerdem branchenspezifische Hemmnisse, die häufig aus prozessspezifischen Herausforderungen bei der Umsetzung von Energieeffizienzmaßnahmen resultieren (z. B. Änderungen im Energieverbund integrierter Hüttenwerke). Regulatorische Unsicherheit sowie eine Risikoaversion seitens der Unternehmen hemmen zusätzlich Aktivitäten im Bereich der Energieeffizienz (ROHDIN und THOLLANDER 2006). Dies gilt insbesondere in Kombination mit von den Unternehmen befürchteten Unsicherheiten im produktionsbezogenen Kontext von Energieeffizienzmaßnahmen, beispielsweise die Sorge um negative Produkt- oder Prozesseigenschaften oder Qualitätsprobleme sowie Störungen des Produktionsablaufs.

Fördernde Faktoren

140. Neben den vielfältigen Hemmnissen bei der Umsetzung von Energieeffizienzmaßnahmen identifizieren einige Studien auch fördernde Faktoren. Methodisch basieren diese Studien auf Interviews und quantitativen Befragungen (z. B. CAGNO und TRIANNI 2013; THOLLANDER et al. 2013; ROHDIN und THOLLANDER 2006), die mitunter eine subjektive Einschätzung beinhalten können. Im Bereich der institutionellen und organisatorischen fördernden Faktoren forcieren das Vorhandensein eines Energiemanagement- und Effizienzbenchmarkingsystems, ein Engagement der Führungsebene bzw. die Sensitivität des Managements hinsichtlich Energiethemen sowie hoch motivierte und an Energieeffizienzfragen interessierte Mitarbeiter eine Steigerung der Energieeffizienz (ebd.). Des Weiteren spielen sozialpsychologische Wirkungsweisen, wie die Anerkennung eines Akteurs in einer sozialen Gruppe (beispielsweise des Energieverantwortlichen, Einkäufers oder Maschinenführers), eine Rolle bei Investitionsentscheidungen und hinsichtlich der Motivation energieeffizienten Verhaltens (JOCHEM et al. 2010). ROHDIN und THOLLANDER (2006) identifizieren in ihrer Studie als weiteren wichtigen förderlichen Faktor eine langfristig angelegte Strategie in Bezug auf Energiethemen. Darüber hinaus sind unternehmensstrategische Aspekte wie Synergien zwischen Verbesserungen der Energieeffizienz und weiteren Unternehmenszielen (Materialeinsparungen, Emissionsminderungen etc.) sowie eine positive Imagewirkung von Relevanz.

2.4.5 Legislativer Rahmen der Energieeffizienzpolitik

141. Für von Energiepreissteigerungen betroffene Industrieunternehmen stellt die Steigerung der Energieeffizienz eine zielführende Reaktionsmöglichkeit dar, um den Energiepreisanstieg zu kompensieren und ihre internationale Wettbewerbsfähigkeit zu erhalten. Auf der einen Seite können bestehende Hemmnisse seitens der Politik durch geeignete Instrumente und Maßnahmen abgebaut und damit die Umsetzung von wirtschaftlichen Maßnahmen gefördert werden. Auf der anderen Seite sind jedoch auch das Engagement der Unternehmen und die Selbstorganisation der Wirtschaft gefragt, welche ohne staatlichen Eingriff durch die Umsetzung wirtschaftlicher Maßnahmen ihre Wettbewerbsfähigkeit kosteneffizient und eigenständig stärken können. Die folgenden Ausführungen beschreiben zunächst den politischen Rahmen zur Erschließung der wirtschaftlichen Energieeffizienzpotenziale und entwickeln anhand der zuvor skizzierten Hemmnisse Vorschläge für eine Schärfung des Instrumentenmix auf nationaler Ebene, die beide Aspekte – die Selbstorganisation der Wirtschaft und auch die geeignete politische Steuerung – adressieren.

142. Im Lichte der derzeitigen Entwicklungen scheint es sehr unwahrscheinlich, dass das von der Europäischen Kommission verabschiedete Energieeffizienzziel einer Primärenergiereduktion von 20 % (gegenüber Projektionen) bis zum Jahr 2020 (Europäische Kommission 2007) realisiert wird, vor allem weil seine Rechtsverbindlichkeit im Gegensatz zu den anderen beiden Zielen nicht durchgesetzt werden konnte. Die im Jahr 2012 verabschiedete Energieeffizienz-Richtlinie 2012/27/EU soll einen wesentlichen Impuls zur Schließung dieser Lücke geben (Europäische Kommission 2012b). Der im Dezember 2014 in Deutschland verabschiedete Nationale Aktionsplan Energieeffizienz (NAPE, nicht zu verwechseln mit dem NEEAP), welcher derzeit sukzessive umgesetzt wird, soll der nationalen Umsetzungspflicht der Energieeffizienz-Richtlinie nachkommen und maßgeblich zur Schließung der „Energieeffizienzlücke" auf nationaler Ebene beitragen (BMWi 2014b). Dennoch hat die Europäische Kommission im Juni 2015 ein Vertragsverletzungsverfahren gegen Deutschland eingeleitet, da es die Meldung der vollständigen Umsetzung der Energieeffizienz-Richtlinie in Brüssel versäumte („Kommission erhebt Klage gegen Griechenland und schickt letzte Mahnung an Deutschland wegen mangelnder Umsetzung der Energieeffizienzrichtlinie", Pressemitteilung der Europäischen Kommission vom 18. Juni 2015).

143. Betrachtet man den langfristigen Horizont der Energieeffizienzpolitik auf europäischer Ebene, so lässt auch dies Raum für größere Anstrengungen. Mit einer avisierten jährlichen Energieeinsparung von 1,5 % bis 2020 sind die Ziele der Energieeffizienz-Richtlinie wenig ambitioniert. Auch der von der EU im Herbst 2014 verabschiedete Rahmen zur Energie- und Klimapolitik bis zum Jahr 2030 (Europäische Kommission 2014c) fällt mit einem indikativen, nicht bindenden, auf den Primärenergieverbrauch bezogenen Ziel von 27 % für die Energieeffizienz wenig ambitioniert aus (SRU 2013). Hinzu kommt, dass die Berechnung des Ziels anhand der prognostizierten Referenzentwicklung des Energieverbrauchs stark von den in der Berechnung getroffenen Annahmen zu Diskontierungsraten und Wirtschaftswachstum abhängig ist (vgl. hierzu auch: HERMELINK und de JAGER 2015). Die EU vergibt damit aus Sicht des SRU eine wesentliche Chance zur Steigerung der Energieeffizienz. Die Europäische Kommission plant, dieses Ziel im Jahr 2020 erneut zu überprüfen und unter Umständen auf 30 % anzuheben (Europäischer Rat 2014). Wenn die EU als auch die Bundesregierung das Ziel einer kontinuierlichen Senkung des Primärenergieverbrauchs tatsächlich erreichen wollen, ist aus Sicht des SRU ein verlässlicher Politikpfad in Form einer ambitionierten Energieeffizienzpolitik verbunden mit verbindlichen Energieeffizienzzielen zwingend erforderlich.

2.4.5.1 Nationale Ausgestaltungsmöglichkeiten

144. Derzeit besteht auf nationaler Ebene eine Reihe von Steuerungsansätzen im Bereich der Energieeffizienzpolitik, die zum Teil durch die Energieeffizienz-Richtlinie auf europäischer Ebene induziert wurden. Diese umfassen verschiedene ordnungsrechtliche und ökonomische Instrumente sowie Informations- und Förderprogramme zur Hebung von Energieeffizienzpotenzialen. In Anbetracht der Tatsache, dass in Deutschland das Energieeffizienzziel bis 2020 voraussichtlich nicht erreicht werden wird (SCHLOMANN et al. 2014), muss der Instrumentenmix in Verbindung mit ambitionierten Anstrengungen insbesondere im Bereich der Industrie, welche einen großen Beitrag zum Energieverbrauch leistet, aus Sicht des SRU dringend angepasst und verschärft werden. Der von der Bundesregierung veröffentlichte NAPE trägt diesem Umstand zumindest in Teilen Rechnung und strebt an, Ziele, Instrumente und Verantwortungen im Bereich der Energieeffizienz zusammenzuführen (BMWi 2014b). Das von der Bundesregierung gesetzte Ziel bis 2020 wird jedoch voraussichtlich auch mit den zusätzlichen Maßnahmen aus dem NAPE, die die Sektoren Industrie und GHD sowie Haushalte und Gebäude adressieren, nicht erreicht. Auch die Expertenkommission zum Monitoring-Prozess „Energie der Zukunft" bezweifelt, dass die im NAPE vorgesehenen Maßnahmen zur Schließung der „Energieeffizienzlücke" ausreichen werden (LÖSCHEL et al. 2015). Gleichwohl enthält der NAPE hinsichtlich der Instrumentierung einige neue Ansätze für die Energieeffizienzpolitik, wie unter anderem wettbewerbliche Ausschreibungen und die Gründung von 500 Energieeffizienz-Netzwerken bis 2020. Gesetzt den Fall, dass sie ambitioniert ausgestaltet werden, können sie einen deutlichen Beitrag zur Reduktion des industriellen Energieverbrauchs leisten (BMWi 2014b). Hinzu kommen neben anderen die Top-Runner-Strategie im Bereich des Labeling als auch eine bis zum Dezember 2015 umzusetzende Energieauditpflicht für große Unternehmen (Nicht-KMU), denen im wissenschaftlichen Begleitvorhaben neben den Netzwerken der größte Beitrag zur Einsparung attestiert wird (SCHLOMANN et al. 2014). Aus Sicht des SRU sind die jüngsten Entwicklungen des NAPE im Bereich der Energieeffizienzpolitik ein Schritt in die richtige Richtung. Er weist aber auch gleichzeitig darauf hin, dass eine zeitnahe Umsetzung der geplanten Einzelmaßnahmen des NAPE für die Zielerreichung maßgeblich ist. Diese steht bei einigen Maßnahmen, wie etwa den wettbewerblichen Ausschreibungen oder der Top-Runner-Initiative, noch aus (Stand zum Redaktionsschluss Dezember 2015). Nur wenn diese zeitnah umgesetzt werden, können sie auch den vorgesehenen Beitrag zur Zielerreichung generieren.

Der SRU empfiehlt, zukünftig Energie- und Umweltmanagementsysteme sowie Energieeffizienz-Netzwerke in Kombination mit Benchmarking und Datenerhebungen bzw. -sammlungen einzuführen. Ziel ist es, Anreize für eine effektive Nutzung von Energie- und Umweltmanagementsystemen sowie Energieeffizienz-Netzwerken zu schaffen und eine verstärkte Kopplung von gewährten Privilegierungen an ambitioniert ausgestaltete Gegenleistungen zu erreichen. Darüber hinaus begrüßt der SRU die Pilotphase der wettbewerblichen Ausschreibungen und empfiehlt diese im Sinne eines Lernprozesses genau

zu evaluieren (s. Tz. 148). Eine detaillierte Analyse und Bewertung der einzelnen Politikoptionen des NAPE kann im Rahmen dieses Gutachtens nicht erfolgen. Dennoch möchte der SRU einige seiner Empfehlungen im Folgenden näher skizzieren.

Energiemanagementsysteme in Verbindung mit Benchmarking

145. Bereits 2011 hat sich der SRU für eine verpflichtende Einführung von Energiemanagementsystemen (EMS) für Industriebetriebe unter Berücksichtigung der Unternehmensgröße und Energieintensität ausgesprochen (SRU 2011, Tz. 410; s. a. FLEITER et al. 2013). Aufgrund der bisher noch nicht hinreichenden Diffusion der EMS (gültige Zertifikate < 3.500 in Deutschland im Jahr 2014: ISO 2015) möchte der SRU diese Empfehlung erneut bekräftigen. EMS dienen der unternehmensspezifischen Erfassung und Überwachung der Energieverbräuche und bieten Ansatzpunkte zur Identifikation von Maßnahmen zur Steigerung der Energieeffizienz (SCHULZE et al. 2016). Gleichzeitig ist dieser Ansatz geeignet, die Priorität des Themas Energieeffizienz innerhalb des Unternehmens zu beeinflussen (SIVILL et al. 2013). In Ansätzen ist dies in der nationalen Implementierung von Art. 8 Energieeffizienz-Richtlinie berücksichtigt. Im Rahmen der verpflichtenden Einführung von Energieaudits für Unternehmen, die keine KMU sind, ermöglicht das Energiedienstleistungsgesetz alternativ auch die Einführung eines EMS (BAFA 2015). Von dieser Energieauditpflicht sind in Deutschland etwa 50.000 Unternehmen betroffen (Deutscher Bundestag 2015). Der SRU empfiehlt diesen Unternehmen ausdrücklich, die Möglichkeit wahrzunehmen, das verpflichtende Energieaudit innerhalb der Einführung eines EMS oder im Rahmen der Teilnahme an einem Energieeffizienz-Netzwerk zu erarbeiten (BAFA 2015).

Die Qualität dieses Instrumentariums ist ein entscheidender Faktor für die Durchführung von Effizienzmaßnahmen und sollte für eine Überwindung der Hemmnisse mit fachlich fundierten und verständlich aufbereiteten Informationen in Verbindung mit einer qualifizierten und unabhängigen Beratung kombiniert werden. Grundsätzlich herrscht kein Mangel an Informationsverfügbarkeit, sondern das Problem besteht vielmehr darin, dass Informationen nicht zielgruppenadäquat bereitgestellt werden und mit hohem Aufwand seitens der Unternehmen interpretiert werden müssen (FLEITER et al. 2013). Informations- und Beratungsmaßnahmen (insbesondere für KMU) sowie staatliches Monitoring sind folglich von besonderer Relevanz. Die Bereitstellung von Informationen senkt Such- und Transaktionskosten und dient der Transparenz über den Mehrwert („co-benefits") von Energieeffizienzmaßnahmen (IEA 2014a). Darüber hinaus sind qualifizierte und auf Energieeffizienz sensibilisierte Mitarbeiter von besonderer Bedeutung. Aus diesem Grund empfiehlt der SRU die Ausgestaltung der dualen Ausbildung, der einschlägigen Studiengänge und Weiterbildungsangebote stärker auf diese Thematik auszurichten.

146. Benchmarking, das heißt ein unternehmensinterner oder -externer Vergleich im Bereich Energie, kann im Energiemanagement ebenfalls eine wichtige Rolle spielen. Damit sich ambitionierte branchen- oder prozessspezifische Benchmarks herausbilden können, müssen die Industrie- und Beratungsakteure (und ggf. Akteure öffentlicher Verwaltung) in einem vertrauensvollen Rahmen zusammenarbeiten, um auf der einen Seite ein hohes Maß an Repräsentativität sowie Homogenität der Gruppe an Unternehmen und auf der anderen Seite die Vertraulichkeit der Daten sicherzustellen (RATJEN et al. 2013).

Lernende Energieeffizienz-Netzwerke

147. Wie eingangs erwähnt ist ein wesentlicher Bestandteil des NAPE die Gründung von 500 Energieeffizienz-Netzwerken bis zum Jahr 2020. Dazu wurde Anfang Dezember 2014 die „Initiative Energieeffizienz-Netzwerke" samt einer Vereinbarung zwischen der Regierung und den Verbänden und Organisationen der deutschen Wirtschaft über die Einführung dieser Netzwerke gegründet (BMWi 2014b). Der Netzwerk-Ansatz, welcher auf die Selbstorganisation der Wirtschaft setzt, ist aus Sicht des SRU ausdrücklich zu begrüßen. PALM und THOLLANDER (2010) haben in einer Studie gezeigt, dass die spezifische Unternehmenskultur nicht nur zu unterschiedlichen Einschätzungen von Hemmnissen für Energieeffizienz in der Industrie führt, sondern auch zu unterschiedlichen Bewertungen von Informationsquellen. Für viele Befragte war die Expertise von Kollegen im Unternehmen oder der Branche von hoher Bedeutung. Der Wissensaustausch auf dieser Ebene ist somit essenziell und sollte gefördert werden. Auch um Transaktionskosten zu senken und das Wissen um Einsparpotenziale zu erweitern und zur Anwendung zu bringen, haben sich Unternehmen zu sogenannten Lernenden Energieeffizienz-Netzwerken (LEEN-Netzwerke) zusammengeschlossen, in welchen zehn bis fünfzehn Unternehmen in einer Region gemeinsam ihre Energieeffizienz steigern, indem sie ihre Erfahrungen austauschen und voneinander lernen (GIGLI und DÜTSCHKE 2012; MAI et al. 2014). Das ursprünglich aus der Schweiz stammende Konzept beinhaltet neben einer Eingangsberatung, verbunden mit einer energetischen Bewertung, ein gemeinsames Energieeffizienzziel im Netzwerk, regelmäßige Treffen verbunden mit einem Erfahrungsaustausch sowie ein jährliches Monitoring zur Überwachung des Fortschritts. Das LEEN-Managementsystem sichert einen einheitlichen Mindeststandard zum Aufbau und Betrieb solcher Netzwerke (JOCHEM et al. 2010). Erste empirische Auswertungen zeigen, dass die Netzwerkteilnehmer mehr in Energieeffizienzmaßnahmen investieren und in der Lage sind, eine Verdopplung des Energieeffizienzfortschritts im Vergleich zum Durchschnitt der Industrie zu erreichen. Zudem bewertet eine Mehrheit der Netzwerkteilnehmer den Nutzen im Vergleich zum Aufwand als hoch (KÖWENER et al. 2014). Der strukturierte Austausch von Ideen, Problemen und Lösungen verbunden mit einem Lernprozess und Wissenstransfer mindert gleichzeitig die Such- und Entscheidungskosten (SCHMID 2004; MAI et al. 2014). Der ideelle Wettbewerb, ausgelöst durch das Energieeffizienzziel auf Unternehmens- und Netzwerkebene, hat in der Vergangenheit oftmals sogar zu einer Übererfüllung der im Netzwerk gesetzten Ziele geführt (KÖWENER et al. 2014).

Energieeffizienz-Netzwerke könnten ein wichtiger Baustein zur Marktaktivierung sein, denn sie überwinden zahlreiche Hemmnisse (vgl. Tz. 139), die durch die bereits bestehenden Politikinstrumente nur unzureichend adressiert werden, und nutzen gleichzeitig die genannten fördernden Faktoren (Tz. 140). Der SRU empfiehlt daher, in Zukunft verstärkt den Aufbau dieser Netzwerke voranzutreiben. Allerdings sollte dabei dringend beachtet werden, dass nur bei einer strukturierten und standardisierten Vorgehensweise, die die genannten Elemente der Netzwerkarbeit beinhaltet, an die bisherige Empirie der erreichten Energieeffizienzfortschritte angeknüpft werden kann. Der LEEN-Standard kann hier beispielsweise als ein Vorbild fungieren. Der SRU merkt weiterhin an, dass die Fokussierung auf die Freiwilligkeit der Teilnahme voraussichtlich für eine Diffusion von 500 Netzwerken nicht ausreichend ist. Eine Kopplung der Netzwerkpartizipation an Ausnahmetatbestände oder andere finanzielle Anreize kann zu einer schnelleren Diffusion dieses Ansatzes beitragen. Der SRU empfiehlt Unternehmen unter anderem die Möglichkeit, das verpflichtende Energieaudit gemäß Energiedienstleistungsgesetz (BAFA 2015) im Rahmen eines Energieeffizienz-Netzwerks durchzuführen. Damit können sie von Synergien und den Vorteilen der Netzwerkarbeit profitieren, so beispielsweise von einer konkreten Zielsetzung zur Energieeinsparung, einem intensiven fachlichen Austausch und einem Auf- und Ausbau der eigenen Energiekompetenzen im Unternehmen (Initiative Energieeffizienz-Netzwerke 2015).

Wettbewerbliche Ausschreibungen

148. Ein im NAPE für Deutschland neues, marktwirtschaftliches Instrument sind wettbewerbliche Ausschreibungen von Maßnahmen zur Steigerung der Energieeffizienz (BMWi 2014b). Bezüglich der operativen Ausgestaltung des Instruments liegen derzeit noch keine detaillierten Informationen vor. Im Rahmen der Implementierung kann die Bundesregierung insbesondere von den Erfahrungen eines in der Schweiz seit mehreren Jahren praktizierten Ausschreibungsmodells profitieren (WINKLER et al. 2012). Eine nach zweijähriger Laufzeit durchgeführte Evaluation der etwa halbjährlich offen ausgeschriebenen Tranchen dieses Programms hat gezeigt, dass das Ausschreibungsmodell in der Schweiz nur bedingt die theoretischen Stärken gegenüber anderen Methoden der Allokation von Fördermitteln entfalten konnte (PERRIN et al. 2012). Die Designfragen des Instruments, wie etwa Entscheidungen hinsichtlich offener oder geschlossener Ausschreibungen, der Additionalität der Förderung, der Zeiträume, der Berücksichtigung der Akteursvielfalt, der Bewertungskriterien der Angebote, der Messung und Verifizierung der Einsparungen, der Vergütungsmuster, der Sanktionen, der Kenntnis der

Akteure bezüglich der Ausschreibung und viele andere Punkte mehr, entscheiden maßgeblich über dessen Handhabbarkeit und Wirtschaftlichkeit. Der SRU empfiehlt die Pilotphase des Ausschreibungsmodells genau zu beobachten und eine umfassende Evaluierung für alle Ausschreibungsrunden vorzunehmen, die die Möglichkeit bietet, das Instrument anschließend anzupassen.

Gegenleistungen für Ausnahmeregelungen

149. Zusätzlich sollte aus Sicht des SRU eine verstärkte Kopplung der aktuell gewährten Ausnahmetatbestände an ambitioniert ausgestaltete Gegenleistungen der Industrie, wie beispielsweise der Einführung von EMS, Teilnahme an Energieeffizienz-Netzwerken oder der Umsetzung von wirtschaftlichen Energieeffizienzmaßnahmen, vollzogen werden. Erste Ansätze dazu finden sich zum Beispiel in der Novelle der Besonderen Ausgleichsregelung im EEG 2014, im Energie- sowie im Stromsteuergesetz (EnergieStG bzw. StromStG) und der damit verbundenen Spitzenausgleich-Effizienzsystemverordnung (SpaEfV). In ersterem Zusammenhang muss gemäß § 64 Abs. 1 Nr. 3 EEG 2014 jedes Unternehmen für eine Privilegierung ein zertifiziertes Energiemanagementsystem betreiben. Ähnliches gilt für den sogenannten Spitzenausgleich: Um eine Steuerentlastung zu erhalten, müssen Unternehmen ein zertifiziertes Energie- oder Umweltmanagementsystem einführen. Für KMU können abweichend alternative Systeme eingeführt werden. Ab dem Jahr 2015 hängen die Gewährung und die Höhe des Spitzenausgleichs maßgeblich davon ab, ob die Industrie die vereinbarte Reduzierung der Energieintensität von 1,3 % pro Jahr (später 1,35 % pro Jahr) erreicht, was jährlich in einem wissenschaftlichen Gutachten überprüft wird (BMWi 2012). Wird das Ziel nicht erreicht, sinkt der Spitzenausgleich oder kann möglicherweise ganz entfallen. Es wurde vielfach Kritik an den Zielwerten geäußert, da diese nur temperatur- und konjunkturbereinigt berechnet werden und somit durch den autonomen Fortschritt und strukturellen Wandel ohne große Anstrengungen der Industrie erreicht werden können. Aus Sicht des SRU gilt es unbedingt eine Verschärfung und Vereinfachung dieses Prozesses anzustreben, um eine reale Steigerung der Energieeffizienz zu erreichen.

Ein vielversprechendes Beispiel aus der Schweiz ist die Kopplung der Ausnahmetatbestände der CO_2-Abgabe an unternehmensindividuelle Zielvereinbarungen zur Steigerung der Energieeffizienz, was als ein Vorbild hinsichtlich der Umsetzung fungieren kann (BfE 2014). Dieser Mechanismus führte in etwas mehr als einer Dekade zu einer verstärkten Diffusion der Energieeffizienz-Netzwerke (in der Schweiz Energie-Modell genannt) mit etwa 20 Teilnehmern im Jahr 2001 und knapp 2.000 Teilnehmern im Jahr 2013 (EnAW 2013). Entsprechend der empirischen Erfahrungen des Energie-Modells in der Schweiz und der Netzwerke in Deutschland schätzen Wissenschaftler, dass der Impuls einer Kopplung der Ausnahmetatbestände an Gegenleistungen in Deutschland bis zu 700 Netzwerke bis zum Jahr 2020 induzieren

könnte (JOCHEM et al. 2010). Die durch den NAPE angestrebten 500 Netzwerke sind ein wichtiger Baustein auf diesem Weg, der jedoch seitens der Wirtschaft in der konkreten Umsetzung mit Nachdruck verfolgt werden muss.

2.4.5.2 Notwendigkeit einer konsistenten Energieeffizienzpolitik

150. Die Steigerung der Energieeffizienz ist eine maßgebliche Voraussetzung für das Gelingen der Energiewende. Um dieses Ziel zu erreichen, ist ein ausreichendes Preissignal für die Industrie notwendig, aber aufgrund der bestehenden Hemmnisse sowie der geringen Preiselastizitäten für eine Adoption von Energieeffizienzmaßnahmen nicht hinreichend. Vielmehr ist eine auf die Hemmnisse ausgerichtete, langfristig angelegte, integrierte Energieeffizienzpolitik erforderlich, die von verbindlichen Energieeffizienzzielvorgaben gestützt wird (SRU 2013). Aufgrund der Heterogenität der bestehenden Hemmnisse ist kein Instrument alleine in der Lage, in umfassender und kosteneffizienter Weise die Potenziale zu heben. Vielmehr bedarf es eines kohärent ausgestalteten Instrumentenmix, der vor allem auch nicht-ökonomische Hemmnisse adressiert, bestehend aus ordnungsrechtlichen Standards, förderpolitischen Elementen und Beratungs- und Informationsprogrammen. Dabei sollten die bestehenden erfolgreichen Politikinstrumente verstetigt, weiterentwickelt und nachgeschärft werden. Flankierend können neue Instrumente, wie beispielsweise wettbewerbliche Ausschreibungen, im Sinne eines Lernprozesses in einer Pilotphase getestet werden. Es gilt jedoch zu beachten, dass jedes neue Instrument auf einen seit Jahren bestehenden Instrumentenmix trifft, dessen Wechselwirkungen (und Überschneidungen) ex-ante berücksichtigt werden müssen. Oftmals kann die Politik auch nur eine informative, die Umsetzung anreizende und unterstützende Rolle spielen. Darüber hinaus sind jedoch auch das Engagement der Unternehmen und die Selbstorganisation der Wirtschaft gefragt, denn dort sind die Kompetenz, die Vernetzung durch die Verbände und vor allem das Vertrauen untereinander, welches besonders bei KMU eine Rolle spielt, vorhanden. Von besonderer Relevanz für Energieeffizienzinvestitionen sind für die Unternehmen langfristige Planbarkeit und stabile politische Rahmenbedingungen.

2.5 Handlungsoptionen II: Gezielte Entlastungen zur Vermeidung von Carbon Leakage

151. Um die im Klimaabkommen von Paris vereinbarten Ziele erreichen zu können, wird eine Verteuerung des Energieverbrauchs lenkungspolitisch voraussichtlich unvermeidbar sein (vgl. auch Kap. 3.2). Die immer noch vorhandenen Effizienzpotenziale könnten – insbesondere in energieintensiven Branchen – einen substanziellen Energiepreisanstieg nicht vollständig kompensieren. Für die Produzenten sehr energieintensiver, im internationalen Wettbewerb stehender Produkte wäre somit von einer tatsächlichen Wettbewerbsgefährdung und Carbon-Leakage-Risiken infolge steigender Energiepreise auszugeben. Dies gilt zumindest dann, wenn – aufgrund unterschiedlicher Ambition und Geschwindigkeit der Klimapolitik – die politisch induzierte Veränderung der Energiepreise zwischen wirtschaftlich konkurrierenden Regionen deutlich voneinander abweicht (vgl. Tz. 123).

In diesen Fällen können entlastende Maßnahmen, um die Wettbewerbsfähigkeit besonders betroffener Branchen zu erhalten und Carbon Leakage zu vermeiden, grundsätzlich gerechtfertigt sein. Solche Entlastungen müssen jedoch zieladäquat und angemessen sein und dürfen keine Fehlanreize in Bezug auf die Realisierung von Energieeinsparpotenzialen setzen. In diesem Kapitel werden zunächst grundlegende Prinzipien für die zweckmäßige Gestaltung von Entlastungen dargelegt (Abschn. 2.5.1). Vor diesem Hintergrund werden anschließend die gegenwärtigen Privilegierungen auf europäischer (Abschn. 2.5.2) und nationaler (Abschn. 2.5.3) Ebene kritisch beleuchtet und mögliche Reformoptionen aufgezeigt. Der Fokus wird dabei insbesondere auch auf die anstehende Revision des europäischen Emissionshandels, dem zentralen Instrument europäischer Klimapolitik, gerichtet.

2.5.1 Kriterien für die Ausgestaltung von Entlastungen

152. Finanzielle Entlastungen werden Industrieunternehmen sowohl im Rahmen des EU ETS als auch von nationalen Steuern und Abgaben gewährt. Für die anstehende Reform des EU ETS sowie für eine Neuordnung der nationalen Entlastungen können allgemeine Gestaltungsprinzipien formuliert werden, an denen sich die EU und die Bundesregierung orientieren sollten.

Carbon-Leakage-Risiken effektiv mindern

153. Ein offenkundig zentrales Kriterium zur Beurteilung von Anti-Leakage-Instrumenten ist ihre Fähigkeit, Carbon Leakage auch tatsächlich effektiv zu vermeiden. Hierzu müssen sie ein klimapolitikbedingtes Kostendifferenzial zwischen heimischer Produktion und Produktion in weniger stringent regulierten Regionen mindern, sofern diese in (preislicher) Konkurrenz stehen. Für Produktionsleakage ist dabei vor allem die Wirkung von klimapolitischen und entlastenden Maßnahmen auf die variablen Produktionskosten relevant, während für Investitionsleakage die Wirkung auf die langfristigen Profitaussichten maßgeblich ist (vgl. Tz. 115 f.).

Qualifikationskriterien für Entlastungen an der Zielstellung orientieren

154. Entlastungen sollten sich allerdings auf jene Branchen und Produkte beschränken, bei denen sich aus einem solchen Kostendifferenzial auch eine tatsächliche signifikante Verlagerungsgefahr ergibt. Dies betrifft Güter, die direkt oder indirekt (d. h. über weiterverarbeitete Produkte) im internationalen Wettbewerb stehen und deren Produktionskosten ohne Entlastungen zugleich

substanziell ansteigen. Wenn Entlastungen sich nicht darauf konzentrieren, drohen eine Verwässerung von Anreizen zur Emissionsminderung und der Verzicht auf öffentliche Einnahmen, die dann nicht für andere (Klimaschutz-)Zwecke zur Verfügung stehen oder durch verzerrende Steuern an anderer Stelle ausgeglichen werden müssen.

Ferner könnte der Entlastungsumfang nach Maßgabe des Carbon-Leakage-Risikos gestaffelt werden, sodass die relative Entlastung mit dem Grad der Wettbewerbsfähigkeits-Gefährdung anstiege. Hierdurch ließe sich die Zielgenauigkeit der Privilegierung verbessern. Zudem könnten so der Lobbydruck bei der Definition von Entlastungsberechtigten und potenzielle Wettbewerbsverzerrungen zwischen Branchen gemindert werden, da mit einer binären Entlastungssystematik (d. h. volle oder gar keine Entlastung) die finanziellen Implikationen der Privilegierungsentscheidung sehr hoch wären.

Steuerungsfunktion der Internalisierung von Klimakosten erhalten

155. Entlastungsmaßnahmen sollten zu möglichst geringen Wettbewerbsverzerrungen und Beeinträchtigungen der allokativen Effizienz des Marktes führen. Allokative Effizienz erfordert, dass der Preis aller Güter ihre Klimakosten widerspiegelt und damit die Substitution emissionsintensiver durch weniger klimaschädliche Produkte angereizt wird. Klimapolitikinduzierte Veränderungen der Wettbewerbsposition innerhalb des heimischen Marktes zwischen verschiedenen Gütergruppen – zulasten energieintensiver Produkte – stellen folglich eine gewünschte Anpassungsreaktion dar und rechtfertigen keinen Eingriff.

Fehlanreize durch Sprungstellen vermeiden

156. Zur Vermeidung von Fehlanreizen und Wettbewerbsverzerrungen sollten vom Energieverbrauch abhängige Diskontinuitäten (d. h. Sprungstellen) in der Energieabgabenbelastung soweit möglich vermieden werden. Fehlanreize können insbesondere dann entstehen, wenn die Gewährung von Entlastungen daran gekoppelt ist, dass bestimmte Schwellenwerte hinsichtlich des Energieverbrauchs oder der Energiekostenbelastung übersprungen werden. Sinkt die absolute Abgabenlast bei Erreichen des Schwellenwertes, könnten für Unternehmen, deren Energiekostenbelastung knapp unterhalb des Schwellenwertes liegt, Anreize zu verstärktem Energieverbrauch gesetzt werden. Eine ökologisch und volkswirtschaftlich kontraproduktive Verschlechterung der Energieeffizienz lohnte sich mithin aus betriebswirtschaftlicher Perspektive.

Um solche potenziellen Fehlanreize weitgehend zu vermeiden, sollten die Berechtigungsvoraussetzungen möglichst auf Produkt-, Prozess-, oder Branchenebene definiert werden, sodass die Qualifizierung für Entlastungen durch das einzelne Unternehmen weniger beeinflussbar ist. Hierdurch würde zudem Verzerrungen des Wettbewerbs innerhalb einer Branche, beispielsweise zwischen

Unternehmen unterschiedlicher Größe, entgegengewirkt. Diese entstünden, wenn manche Unternehmen einer Branche den zur Entlastung berechtigenden Schwellenwert erreichen, wohingegen andere – kleinere oder energieeffizienter arbeitende – unterhalb des Schwellenwertes blieben und daher signifikant höhere spezifische Energiekosten zu tragen hätten.

Anreize zur Steigerung der Energieeffizienz erhalten

157. Die Gewährung von Entlastungen zur Vermeidung von Carbon Leakage darf nicht dazu führen, dass wirtschaftliche Potenziale zur Senkung des Energieverbrauchs und Treibhausgasausstoßes ungenutzt bleiben. Wichtig für den Erhalt von (ökonomischen) Anreizen für Effizienzverbesserungen ist ein starkes marginales Emissionspreissignal. Hierzu bietet sich, soweit administrativ praktikabel, insbesondere die Begrenzung des begünstigten Energieverbrauchs durch den Einsatz von produktspezifischen Benchmarks an. Die Benchmarks geben den entlastungsfähigen Energieverbrauch (bzw. die kostenlos zugeteilte Menge Emissionszertifikate) je Tonne Produkt an. Energieverbrauchsmengen bzw. Treibhausgasemissionen oberhalb eines ambitionierten Benchmark-Wertes würden nicht oder in deutlich geringerem Maße entlastet. Ein an produktbezogenen Benchmarks bemessenes Entlastungsvolumen kann ferner dazu beitragen, Probleme und Fehlanreize bei der Branchenzuordnung sowie Wettbewerbsverzerrungen zwischen heterogenen Unternehmen abzumildern.

Entlastungen an Gegenleistungen koppeln

158. Die regulatorischen Rahmenbedingungen sollten sicherstellen, dass wirtschaftliche Energieeffizienzpotenziale erschlossen werden. Einerseits kann ein hinreichend starkes marginales Energiepreissignal ökonomische Anreize hierfür setzen, andererseits können Maßnahmen zur Effizienzsteigerung auch direkt als Gegenleistung für die Gewährung von Entlastungen eingefordert werden (vgl. Tz. 149). Angesichts der oben aufgezeigten Hemmnisse für Energieeffizienzinvestitionen erscheinen Verpflichtungen zu Gegenleistungen selbst dann sinnvoll, wenn ein solches Preissignal vorhanden ist.

Eine eher schwache Ausprägung direkter Gegenleistungen ist die Verpflichtung entlasteter Unternehmen zur Einführung eines Energiemanagementsystems bzw. adäquater Ersatzmaßnahmen. Das Identifizieren von wirtschaftlichen Effizienzpotenzialen mithilfe eines Energiemanagementsystems sichert jedoch nicht, dass diese auch tatsächlich erschlossen werden. Daher könnte verlangt werden, dass wirtschaftliche Maßnahmen zur Effizienzverbesserung umgesetzt werden müssen, um die Entlastungen (in vollem Umfang) zu erhalten. Hierzu müsste eine Wirtschaftlichkeitsschwelle definiert werden, ab der Maßnahmen verpflichtend sind. Die Praktikabilität eines solchen Ansatzes auf europäischer und nationaler Ebene gilt es weiter zu prüfen.

2.5.2 Europäische Ebene

159. Auf EU-Ebene bildet das europäische Emissionshandelssystem (EU ETS) das zentrale Instrument der Klimapolitik im Industriebereich. Durch die Verpflichtung von energieintensiven Industrieunternehmen zur Vorhaltung von Emissionszertifikaten entsprechend ihres Treibhausgasausstoßes wird zunächst eine Bepreisung von Treibhausgasemissionen erreicht, wodurch Anreize für deren Verminderung gesetzt werden sollen. Um der Gefahr von Nachteilen für die europäische Industrie im internationalen Wettbewerb und damit verbundenen Carbon-Leakage-Risiken zu begegnen, wurden die Regeln für die Zertifikatszuteilung jedoch so gestaltet, dass die Industrie weitgehend von effektiven Zusatzkosten entlastet wird. Neben einer Gratiszuteilung von Emissionszertifikaten können besonders stromintensive Industrieunternehmen auch eine finanzielle Kompensation für Kosten erhalten, die ihnen indirekt über den Strompreis durch den Emissionshandel entstehen. Die Regelungen zur Entlastung der Industrie stoßen auf Kritik, die sich sowohl an den Kriterien zur Abgrenzung (vermeintlich) Carbon Leakage gefährdeter Branchen als auch an der angewandten Methode zur kostenlosen Zertifikatszuteilung entzündet.

2.5.2.1 Kritische Bewertung der Carbon-Leakage-Kriterien

Status Quo

160. Im Rahmen der Erstallokation von Emissionszertifikaten im EU ETS wird derzeit zwischen drei Emittentengruppen unterschieden. Die Zuteilung während der Handelsperiode 2013 bis 2020 erfolgt in Abhängigkeit von der Klassifizierung der emittierenden Anlage. Stromproduzenten müssen ihre Zertifikate grundsätzlich über Auktionen erwerben. Industrieunternehmen, deren internationale Wettbewerbsfähigkeit durch die partielle Ersteigerung von Zertifikaten als gefährdet angesehen wird, erhalten ihren Bedarf an Emissionszertifikaten weitgehend – wenn auch nicht vollständig – kostenfrei zugeteilt (DEHSt 2014). Alle weiteren Industrieunternehmen, die dem EU ETS unterliegen, erhalten zunächst 80 % ihres errechneten Zertifikatsbedarfs gratis zugeteilt. Dieser Anteil sinkt bis zum Ende der aktuellen Handelsperiode im Jahr 2020 auf 30 % ab und soll gemäß des aktuellen Kommissionsvorschlags zur Reform des EU ETS (Europäische Kommission 2015b) auf diesem Niveau fixiert werden. Der Zertifikatsbedarf eines Unternehmens wird dabei auf Basis historischer Produktionsmengen sowie produktspezifischer Benchmark-CO_2-Intensitäten berechnet.

161. Die Aufnahme in die Carbon-Leakage-Liste, welche die als gefährdet angenommenen Branchen führt, basiert auf den Kriterien Handelsintensität und Kostenbelastung durch das EU ETS. Qualifiziert für die Liste sind Branchen, bei denen entweder die Handelsintensität oder die durch den Emissionshandel entstehende zusätzliche Kostenbelastung (gemessen als Anteil an der Bruttowertschöpfung) den Schwellenwert von 30 % übersteigt.

Der ermittelte Kostenanstieg umfasst dabei sowohl direkte Kosten durch den Kauf von Zertifikaten zur Abdeckung der Emissionen vor Ort als auch indirekte Kosten durch die Überwälzung von Emissionskosten in der Stromerzeugung. Die Handelsintensität einer Branche ist als Summe von Exporten und Importen geteilt durch die Summe von Importen und heimischer Produktion definiert. Zudem wird ein kombiniertes quantitatives Kriterium angewendet: Branchen mit einer Handelsintensität von über 10 % und einer Kostenbelastung von mindestens 5 % gelten ebenfalls als Leakage gefährdet. Ferner können Branchen noch auf Basis einer qualitativen Bewertung, deren Kriterien die branchenspezifische Markt- und Gewinnsituation sowie das Emissionsvermeidungspotenzial umfassen, in die Liste aufgenommen werden (s. Emissionshandels-Richtlinie 2003/87/EG). Gemäß dieser quantitativen Kriterien und der qualitativen Bewertung fanden circa 60 % aller Branchen, die für etwa 95 % aller industriellen Emissionen im EU ETS verantwortlich sind, Eingang in die Carbon-Leakage-Liste (Europäische Kommission 2015a; de BRUYN et al. 2013, S. 5).

Die mithin sehr weite Auslegung einer Leakage-Gefährdung ruft Kritik hervor (z. B. MARTIN et al. 2014; de BRUYN et al. 2013). Diese betrifft insbesondere die eindimensionalen Schwellenwerte. Weder ein hoher CO_2-Kostenanteil noch eine hohe Handelsintensität allein implizieren ernsthafte Carbon-Leakage-Gefahren. So ist von geringer Leakage-Gefahr auszugehen, wenn ein Produkt zwar intensiv gehandelt wird, die CO_2-Kosten jedoch nur einen vernachlässigbaren Anteil an den gesamten Produktionskosten ausmachen. Wird ein Produkt kaum international gehandelt, beispielsweise aufgrund hoher Transportkosten, führt auch eine substanzielle Kostensteigerung kaum zu einer Produktionsverlagerung ins Ausland. In letztgenanntem Fall sind allerdings noch mögliche Wirkungen auf nachgelagerten Wertschöpfungsstufen, die eine höhere Handelsintensität aufweisen, durch verteuerte Vorleistungen zu berücksichtigen. Die große Mehrheit aller Branchen auf der Leakage-Liste qualifiziert sich indes über das Handelskriterium. Bei vielen dieser Branchen beträgt die zusätzliche Kostenbelastung bei Verzicht auf eine Gratiszuteilung weniger als 1 % der Bruttowertschöpfung (Europäische Kommission 2014d; 2014a). Auch wenn die jeweiligen absoluten Emissionen dieser Branchen meist vergleichsweise gering sind, machen sie kumuliert jedoch circa ein Viertel der gesamten im EU ETS erfassten Emissionen der Industrie aus (de BRUYN et al. 2013, S. 20).

Anders als die Carbon-Leakage-Liste für die Zertifikatszuteilung enthalten die Bedingungen für die – durch die Nationalstaaten optional zu gewährende – Kompensation von EU ETS bedingten Strompreiserhöhungen lediglich ein quantitatives Kriterium. Um zur Strompreiskompensation berechtigt zu sein, müssen Branchen das kombinierte Kriterium aus Handelsintensität (10 %) und *indirekter* (d. h. über den Strompreis) zusätzlicher Kostenbelastung (5 %) erfüllen oder auf Antrag in einer qualitativen Prüfung als Leakage gefährdet eingestuft werden (Europäische Kommission 2012a).

162. Ein weiterer Kritikpunkt setzt an der Berechnung der Kostenbelastung durch das EU ETS an. Wie bei der Erstellung der Carbon-Leakage-Liste für die Jahre 2013 und 2014, wurde auch für den Zeitraum von 2015 bis 2019 ein Zertifikatspreis von 30 €/t CO_2 zugrunde gelegt, obwohl sowohl der aktuelle als auch der für die nächste Dekade prognostizierte Zertifikatspreis weit unterhalb dieses Wertes liegt. Ferner wird für die Berechnung der Kostenbelastung von einem höheren Zertifikatzukaufbedarf ausgegangen als derzeit realistisch erscheint (de BRUYN et al. 2013, S. 23 ff.). Bei der Berechnung der Handelsintensität ist zu kritisieren, dass mit dem EU ETS vergleichbare klimapolitische Maßnahmen in Ländern außerhalb der EU nicht hinreichend Berücksichtigung finden (ebd., S. 28 ff.). Ergreifen Länder außerhalb der EU vergleichbare Maßnahmen, besteht kein klimaregulatorisches Gefälle mehr, sodass der Wert für die Handelsintensität um den Handel mit Staaten mit ähnlichem klimapolitischem Ambitionsniveau korrigiert werden sollte.

Reformoptionen

163. Eine Reform des Verfahrens zur Bestimmung Leakage gefährdeter Branchen sollte daher einerseits realistische Annahmen hinsichtlich der tatsächlichen Kostenbelastung durch den Emissionshandel zugrunde legen und andererseits auf Handelsbeziehungen mit Staaten, zu denen ein tatsächliches klimapolitisches Gefälle besteht, fokussieren. Auf Basis solchermaßen realitätsnäher ermittelter Werte für die Handelsintensität und Kostenbelastung sollte auch die Anwendung dieser Kriterien verschärft werden, um eine den tatsächlichen Gefahren adäquatere Leakage-Liste erstellen zu können.

Branchen, die mit der Begründung von Leakage-Gefahren von der Auktionierung weitgehend ausgenommen werden, sollten sowohl im internationalen Wettbewerb stehen als auch spürbar in ihren Kosten betroffen sein. Die Bedingungen für die Gratiszuteilung von Emissionszertifikaten würden sich damit stärker an jenen für die Strompreiskompensation orientieren. Dabei sollten die Schwellenwerte für die automatische Zuordnung zur Leakage-Liste hinreichend anspruchsvoll sein, um nicht implizit eine pauschale Wettbewerbsgefährdung der europäischen Industrie zu unterstellen. Für Branchen, die diese Schwellenwerte nicht erreichen, aber bei denen eine Leakage-Gefährdung auch nicht auszuschließen ist, sollte eine qualitative Bewertung auf Basis einer standardisierten Verfahrensweise durchgeführt werden (GRAICHEN et al. 2013). Eine solche Bewertung kann gerade auch für jene energieintensiven Branchen erfolgen, die selbst eine vergleichsweise niedrige Handelsintensität aufweisen, aber bei denen sich ein Kostenanstieg durch den Emissionshandel nachteilig auf die Wettbewerbsfähigkeit nachgelagerter Wertschöpfungsstufen auswirken kann (FELBERMAYR et al. 2013).

164. Mit Blick auf die Systematik zur Bestimmung der Carbon-Leakage-Gefährdung stellt der von der Europäischen Kommission am 15. Juli 2015 vorgelegte Reformvorschlag (Europäische Kommission 2015b) für die vierte Handelsperiode des EU ETS (2021 – 2030) im Grundsatz eine Verbesserung dar. Er sieht nur noch ein kombiniertes quantitatives Kriterium vor. Dieses ergibt sich aus der Multiplikation von Handels- und CO_2-Intensität (kg CO_2 je Euro Bruttowertschöpfung). Liegt dieser Wert für eine Branche oberhalb von 0,2, werden für dessen Produktion Zertifikate in voller Höhe der Benchmark-CO_2-Intensität kostenlos zugeteilt. Für Branchen, bei denen dieser Wert bei mindestens 0,18, jedoch nicht oberhalb von 0,2 liegt, ist eine Gratisallokation in voller Höhe nach einer qualitativen Prüfung möglich. Für die übrigen Produkte, die nicht Eingang in die Carbon-Leakage-Liste finden, liegt die kostenlose Allokation weiterhin bei 30 % der Benchmark-CO_2-Intensität.

Angesichts des sehr niedrigen Schwellenwertes des kombinierten Kriteriums würde eine solche Reform die Zielgenauigkeit der Regelungen zum Schutz vor Carbon Leakage allerdings nicht maßgeblich erhöhen. Hierdurch würde die Carbon-Leakage-Liste zwar um circa zwei Drittel auf etwa 50 verbleibende Branchen verkürzt. Betroffen von einer Streichung wären indes vor allem Branchen mit hoher Handelsintensität, aber sehr geringer zusätzlicher Kostenbelastung durch den Emissionshandel. Diese Branchen repräsentieren allerdings lediglich etwa 2 % der vom EU ETS erfassten Emissionen der Industrie (Europäische Kommission 2015a).

Der Schwellenwert, der automatisch zu einer vollständigen Gratisallokation berechtigt, sollte daher deutlich höher ausfallen, um die Zielgenauigkeit der Carbon-Leakage-Liste zu verbessern und Windfall-Profite bzw. Mitnahmeeffekte zu reduzieren. Auch das Impact Assessment für die EU ETS-Reform geht erst bei deutlich höheren Werten für das kombinierte Kriterium von hoher bzw. sehr hoher Carbon-Leakage-Gefahr aus. Leakage gefährdete Branchen, die einen ambitionierteren Schwellenwert nicht erreichen, könnten weiterhin über eine qualitative Prüfung in die Liste aufgenommen werden. Dies könnte erneut auf sehr emissions- und energieintensive Branchen zutreffen, deren Produkte lediglich indirekt über nachgelagerte Wertschöpfungsstufen im internationalen Wettbewerb stehen (s. Tz. 117 ff.).

Ferner kann die im Impact Assessment positiv bewertete, im Kommissionsvorschlag jedoch nicht aufgegriffene Option einer Abstufung der Leakage-Gefährdung zu einem treffgenaueren Schutz vor Carbon Leakage beitragen. Hierdurch ließe sich der Umfang der Gratiszuteilung von Zertifikaten nach Maßgabe der (mittels mehrerer Schwellenwerte) ermittelten Wettbewerbsgefährdung staffeln, wie es beispielsweise im kalifornischen Emissionshandelssystem angelegt ist.

165. Auch Vorschläge einer tiefer greifenden Reform der angelegten Kriterien sollten nicht vorschnell verworfen und zumindest weiterhin auf ihre Eignung geprüft

werden. So wäre die Preiselastizität der internationalen Handelsströme bzw. die Fähigkeit zum Durchreichen von Zertifikatskosten (ohne dabei signifikant Marktanteile zu verlieren) ein grundsätzlich besserer Indikator für die Wettbewerbsintensität einer Branche (FELBERMAYR et al. 2013; AICHELE et al. 2014). Durch Nutzung eines solchen Indikators könnten beispielsweise Branchen, deren Handelsintensität insgesamt zwar hoch, deren tatsächliche preisliche Wettbewerbsintensität aufgrund starker Produktdifferenzierung jedoch eher gering ist, hinsichtlich ihrer Leakage-Gefährdung herabgestuft werden. Allerdings ist seine Ermittlung und Anwendung auch wesentlich komplexer und kontroverser.

2.5.2.2 Kritische Bewertung der Zuteilungsmethode

Status Quo

166. Für Unternehmen in Branchen, die als Carbon Leakage gefährdet klassifiziert sind, wird in der dritten Handelsperiode des EU ETS (2013 – 2020) die Menge kostenlos zugeteilter Zertifikate auf Basis historischer Produktionsmengen und eines produktspezifischen Effizienz-Benchmarks berechnet. Ein ähnliches Verfahren wie bei der Gratisallokation von Emissionsrechten wird auch für die Kompensation von emissionshandelsbedingten Stromkostensteigerungen angewandt. Die finanzielle Kompensation, die von den Mitgliedstaaten an die betroffenen inländischen Unternehmen gezahlt werden kann, bemisst sich ebenfalls an historischen Produktionsvolumina und Stromverbrauchsbenchmarks.

Grundsätzlich werden vom Emissionshandel betroffene Unternehmen versuchen, die ihnen bei der Produktion für die Vorhaltung von Zertifikaten entstehenden Kosten einzupreisen. Wenn die Unternehmen die Zertifikatskosten aufgrund intensiven internationalen Wettbewerbs nicht ohne signifikanten Verlust von Marktanteilen weiterreichen können, verschlechtert sich die Wirtschaftlichkeit der heimischen Produktion, sofern die Zertifikate erworben werden müssen. Die Gratiszuteilung soll daher Gewinneinbußen und sich daraus ergebende Anreize zur Produktionsverlagerung verhindern. Aufgrund der nicht von der aktuellen Produktionsmenge abhängigen Zuteilung verbleiben allerdings Anreize, die Zertifikatskosten einzupreisen und gegebenenfalls einen preisinduzierten Nachfrage- und Produktionsrückgang in Kauf zu nehmen, da die dabei frei werdenden Zertifikate veräußert werden können. Somit kann die derzeitige Ausgestaltung der Gratiszuteilung von Zertifikaten Anreize zum Produktionsleakage nicht vollständig eliminieren. Dies gilt insbesondere bei hohen Zertifikatspreisen, wenn die Zertifikatskosten in Relation zur Gewinnmarge hoch sind und wenn Unternehmen über ungenutzte Kapazitäten im regulatorischen Ausland verfügen, in welche die Produktion verlagert werden kann. Die Erwartung einer Kürzung der Gratiszuteilung in der nachfolgenden Handelsperiode vermindert indes den Anreiz zur vollen Einpreisung der Zertifikatskosten, wenn hierdurch die gegenwärtige

Absatz- bzw. Produktionsmenge sinken könnte. Zudem werden die Spielräume für eine Drosselung der heimischen Produktion dadurch begrenzt, dass bei Unterschreiten eines gewissen Produktionsniveaus die Gratiszuteilung unmittelbar reduziert wird. Bei Schließung von Produktionsstätten entfällt das Anrecht auf die kostenlose Zertifikatszuteilung, wodurch auch die Anreize zum Investitionsleakage verringert werden.

Sofern Unternehmen aus diesen Erwägungen auf die (vollständige) Weitergabe des Emissionspreissignals verzichten, werden allerdings die Anreize zur nachfrageseitigen Substitution energieintensiver Produkte vermindert. Es bestünden lediglich Anreize für Industrieunternehmen, durch Prozessverbesserungen und gegebenenfalls Brennstoffsubstitution ihre Emissionen zu mindern, da die hierdurch eingesparten Emissionszertifikate in vollem Umfang gewinnwirksam werden. Nachfolgend werden zwei alternative Zertifikatszuteilungsmethoden sowie sie jeweils ergänzende Instrumente knapp diskutiert, welche die Schwächen des bisherigen Ansatzes aufgreifen und diesen in der vierten Handelsperiode des EU ETS (2021 – 2030) ablösen könnten.

Vollauktionierung und Grenzausgleichsmaßnahmen

167. Grenzausgleichsmaßnahmen bei gleichzeitiger vollständiger Verauktionierung von Emissionszertifikaten stellen eine Alternative zur kostenlosen Zertifikatszuteilung an Branchen dar, die als Carbon Leakage gefährdet gelten (z. B. BRANGER und QUIRION 2014; DISSOU und EYLAND 2011; KUIK und HOFKES 2010; BECKER et al. 2013; ISMER und NEUHOFF 2007; CONDON und IGNACIUK 2013; MONJON und QUIRION 2010). Unter Grenzausgleichsmaßnahmen wird die Korrektur der Preise importierter und exportierter energieintensiver Produkte um eine Klimakomponente verstanden. Im Falle des EU ETS entspricht diese Klimakomponente den Kosten, die europäischen Unternehmen durch die Verpflichtung zur Vorhaltung von Emissionsrechten entstehen. Um Wettbewerbsverzerrungen auf dem heimischen Markt zu mindern, würden Einfuhren von Produkten aus Ländern, die keine vergleichbare klimapolitische Regulierung aufweisen, finanziell belastet. Dies kann entweder über eine direkte Abgabe oder die Verpflichtung zum Kauf von Emissionszertifikaten erfolgen. Ausfuhren von Produkten, die als Leakage gefährdet bewertet wurden, würden entsprechend finanziell entlastet, um ihre preisliche Wettbewerbsfähigkeit auf internationalen Märkten zu sichern. Aufgrund des mit Grenzausgleichsmaßnahmen verbundenen hohen administrativen Aufwands wären sie auf relativ wenige, sehr emissionsintensive und gleichzeitig im internationalen Wettbewerb stehende Produkte zu beschränken. Auch bei Grenzausgleichsmaßnahmen sollte die Höhe des finanziellen Grenzausgleichs an produktspezifischen Benchmarks orientiert werden.

Sowohl Produktions- als auch Investitionsleakage begünstigende Anreizstrukturen würden durch Grenzausgleichsmaßnahmen weitestgehend vermieden. Wird die finanzielle Kompensation bei Produktausfuhren an Benchmarks und nicht an den tatsächlich entstandenen Zertifikatskosten orientiert, würden auch vornehmlich exportierende Hersteller angereizt möglichst emissionseffizient zu produzieren. Durch Erhalt des Emissionspreissignals könnten Grenzausgleichsmaßnahmen zudem auf dem heimischen Markt allokativ effiziente Marktreaktionen induzieren, das heißt eine preisbedingte Nachfrageverlagerung zugunsten weniger emissionsintensiver Güter.

168. Diesen theoretischen Stärken von Grenzausgleichsmaßnahmen als Instrument zur Korrektur eines klimapolitischen Regulierungsgefälles stehen in der Praxis jedoch auch erhebliche Schwierigkeiten entgegen. Dies betrifft einerseits methodische Herausforderungen, wie beispielsweise die Berechnung der Grenzausgleichshöhe. Kontrovers sind andererseits insbesondere auch die Einschätzungen hinsichtlich der Vereinbarkeit von Grenzausgleichsmaßnahmen mit internationalem Handelsrecht. Zudem stoßen sie auf erheblichen politischen Widerstand internationaler Handelspartner, sodass handelspolitische Gegenreaktionen befürchtet werden. Gerade aus letztgenannten Gründen werden Grenzausgleichsmaßnahmen derzeit geringe Realisierungschancen eingeräumt. Vor diesem Hintergrund sollte im Zuge der Reform des EU ETS der nachfolgenden Option verstärkte Beachtung geschenkt werden.

Output basierte Allokation und Konsumabgabe für treibhausgasintensive Güter

169. Der wesentliche Unterschied zwischen der Output basierten (oder auch dynamischen) Allokation von Emissionszertifikaten und der bisher im EU ETS angewandten Zuteilungsmethode liegt darin, dass das Volumen kostenlos zugeteilter Zertifikate nicht auf Basis historischer, sondern aktueller Produktionsmengen festgelegt wird (BORKENT et al. 2014; QUIRION 2009; MONJON und QUIRION 2011). Die Zertifikatsmenge sollte dabei weiterhin anhand produktspezifischer Benchmarks ermittelt werden. Das den Unternehmen gratis zur Verfügung gestellte Zertifikatsbudget steht somit nicht bereits am Anfang einer Handelsperiode fest, sondern variiert in Abhängigkeit von ihrem wirtschaftlichen Aktivitätsniveau.

Da mit einer Ausweitung der Produktion ein Anrecht auf zusätzliche Gratiszertifikate einhergeht, ändert sich auch das Preissetzungskalkül der Unternehmen. Der Wert der mit einer zusätzlichen Produktionseinheit hinzukommenden Gratiszertifikate wird nicht in das Produkt eingepreist, da dem Unternehmen keine (Opportunitäts-)Kosten durch die Nutzung dieser Zertifikatsmenge entstehen. Dies hat einerseits zur Folge, dass Gefahren von Produktionsleakage gemindert werden. Andererseits findet auch keine (bzw. eine abgeschwächte) Veränderung der relativen Preisstrukturen zugunsten klimafreundlicher Produkte statt. Allokative Effizienz, das heißt eine preisinduzierte Verschiebung der Nachfrage in Richtung klimaverträglicherer Konsummuster, wird somit nicht erreicht (vgl. Tz. 155). Der Anreiz, die Produktionsprozesse energieeffizienter zu gestalten, bleibt hingegen vollumfänglich erhalten, weil dadurch die Notwendigkeit zum Zertifikatszukauf verringert bzw. die Menge überschüssiger, zu verkaufender Zertifikate ansteigt.

170. Neben der effektiven Minderung von sowohl Produktions- als auch Investitionsleakage-Risiken, läge ein weiterer Vorteil der Output basierten Zertifikatsallokation in ihrer größeren Robustheit gegenüber unerwarteten gesamtwirtschaftlichen Entwicklungen. Wie das Beispiel der europäischen Finanz- und Wirtschaftskrise zeigt, können anhaltende Abweichungen vom prognostizierten wirtschaftlichen Wachstumspfad die Anreizwirkung des Instruments Emissionshandel – durch einen massiven Verfall der Zertifikatspreise aufgrund des auflaufenden Zertifikatsüberangebots – dauerhaft beschädigen. Bei Output basierter Allokation nimmt der Umfang gratis zugeteilter Zertifikate im Falle eines krisenbedingten industriellen Produktionsrückgangs ab. Würden die „eingesparten" Zertifikate direkt der MSR (oder einer anderen Reserve) zugeführt, könnte eine schnellere und passgenauere Steuerung des im Markt befindlichen Zertifikatsvolumens erreicht werden. Hierdurch könnte voraussichtlich die Stabilität des Zertifikatspreises und damit die Investitionssicherheit von Projekten zur Treibhausgasminderung verbessert werden. Dabei muss jedoch gewährleistet bleiben, dass ein stärkeres Wirtschaftswachstum als prognostiziert nicht zum Verfehlen der Emissionsreduktionsziele führt. Dies könnte, wie es bereits im derzeitigen System der Fall ist, durch Anwendung eines Korrekturfaktors erreicht werden: Übersteigt das Produktionsvolumen die Erwartungen und stehen nicht mehr ausreichend Emissionszertifikate aus der Reserve zur Verfügung, wird die produktspezifische Gratiszuteilung gekürzt.

171. Der Allokationsmechanismus für die gegenwärtige dritte Handelsperiode des EU ETS stellt faktisch eine Mischform aus pauschalisierter bzw. fixer und Output basierter bzw. dynamischer Gratiszuteilung dar. Zwar ist die Zuteilung von Gratiszertifikaten innerhalb der dritten Handelsperiode weitgehend unabhängig von der Produktionsaktivität in diesem Zeitraum, jedoch bestimmen diese Produktionsvolumina – bei Beibehaltung der Zuteilungsmethode – die in der nächsten Handelsperiode verfügbaren Gratiszertifikate. Somit bewegt sich das strategische und Preissetzungsverhalten der betroffenen Industrieunternehmen zwischen den für die beiden Zuteilungsmethoden zu erwartenden Verhaltensweisen. Letztlich sichert die aktuelle Zuteilungsmethode so weder allokative Effizienz noch eine effektive Vermeidung von Produktionsleakage. Der seitens der Kommission für die vierte Handelsperiode vorgeschlagene Allokationsmechanismus bleibt in dieser Grundstruktur unverändert, das heißt er orientiert sich an historischen Produktionsvolumina. Durch eine geplante Anpassung der Zertifikatsallokation an aktualisierte Produktionsdaten zur Mitte der Handelsperiode sowie flexiblere Regeln zur Anpassung der Allokation an signifikante Änderungen der laufenden Produktionsmenge macht er jedoch einen Schritt in Richtung dynamischer Allokation.

172. Um die wesentliche Schwachstelle Output basierter Zertifikatszuteilung, ihre mangelhafte allokative Effizienz, zu kompensieren, wäre eine komplementäre verbrauchsseitige Treibhausgasbepreisung erforderlich. Hierzu böte sich als Ergänzung des EU ETS eine EU-weite konsumbasierte Abgabe auf besonders energie- bzw. emissionsintensive Materialien, die am stärksten von der Gratiszertifikatsallokation profitieren, an (ACWORTH et al. 2014; NEUHOFF et al. 2015). Die Höhe der Abgabe würde sich nach dem CO_2-Zertifikatspreis und den – bei Verwendung bester verfügbarer Technik – spezifischen Treibhausgasemissionen bei der Herstellung der Materialien richten, wobei für letztere auf die produktspezifischen Benchmarks des EU ETS zurückgegriffen werden sollte (ebd.). Damit kann für die Verbraucher emissionsintensiver Materialien das CO_2-Preissignal wiederhergestellt werden, das durch die Output basierte Allokation ansonsten auf der Verwendungsseite verloren ginge bzw. stark abgeschwächt würde. Durch die Kopplung an die Benchmarks und den Zertifikatspreis des EU ETS findet eine exakte Kompensation statt.

Um Carbon-Leakage-Gefahren zu vermeiden, würde die Abgabe gleichermaßen auf heimisch produzierte als auch importierte Güter erhoben, wohingegen exportierte Güter nicht belastet würden (ACWORTH et al. 2014; NEUHOFF et al. 2015). Somit enthalten die Preise aller Güter auf dem heimischen Markt, unabhängig von ihrem Herkunftsland, eine Klimakomponente, während (effizient produzierte) europäische Produkte keinen durch das EU ETS verursachten Nachteil auf dem Weltmarkt erfahren.

Die konsumbasierte Klimaabgabe könnte ähnlich bestehender Verbrauchssteuern, wie beispielsweise auf Tabak oder Alkohol, ausgestaltet werden (ACWORTH et al. 2014; NEUHOFF et al. 2015). Die Zahlungsverpflichtung kann somit entlang der Wertschöpfungsketten weitergereicht werden. Für importierte weiterverarbeitete Produkte, die größere Mengen emissionsintensiv hergestellter Materialien enthalten, wäre die Abgabe ebenfalls zu entrichten. Abführungspflichtig wird die Abgabe, sobald die emissionsintensiven Materialien von der Produktions- in die – europäische – Konsumsphäre übertreten. Hierdurch wird gewährleistet, dass die Verbraucher die Klimakosten verschiedener Produktalternativen bei ihren Konsumentscheidungen berücksichtigen, auch wenn diese nicht in den Produktions- bzw. Importpreisen enthalten sind. Durch die Anknüpfung der Abgabe an den Eintritt in die Konsumsphäre kann auch dem in der Carbon-Leakage-Debatte vorgebrachten Wertschöpfungskettenargument (vgl. Tz. 117 ff.) Rechnung getragen werden.

173. Die Kombination von Output basierter freier Allokation von Emissionsrechten mit einer konsumorientierten Abgabe für besonders energie- und emissionsintensive Materialien könnte effektiv Carbon-Leakage-Risiken vermindern und würde gleichzeitig finanzielle Anreize zur Treibhausgasreduktion auf der Produktionsseite (durch effizientere Herstellungsprozesse und Brennstoffwechsel) und der Verbrauchsseite (durch Substitution und effizienten Einsatz emissionsintensiver

Güter) setzen. Abschließend sei noch betont, dass die Einführung einer solchen Instrumentenkombination auch mit der vom SRU begrüßten mehrstufigen Carbon-Leakage-Klassifikation vereinbar ist. In Branchen mit mittleren und geringen Leakage-Risiken, deren Produkte nicht mit der Konsumabgabe belegt werden, würde das Emissionspreissignal aufgrund der reduzierten Gratisallokation zumindest partiell weitergereicht und Anreize zur effizienten Materialverwendung gesetzt.

Allerdings stellen sich hinsichtlich der Implementierung einer das EU ETS ergänzenden Konsumabgabe derzeit auch noch einige ungelöste rechtliche, administrative sowie methodische Fragen. So gilt es vertieft zu prüfen, ob und wie durch eine diskriminierungsfreie Ausgestaltung der Konsumabgabe handelsrechtlichen und -politischen Bedenken erfolgreich, erfolgreicher als bei Grenzausgleichsmaßnahmen, begegnet werden kann. Auch sind die Vorteile einer sachgerechten und anreizkompatiblen Treibhausgasbepreisung gegen die administrativen Kosten dieser Bepreisungsvariante abzuwägen. Allerdings werden viele der erforderlichen Daten derzeit bereits ohnehin erfasst, sodass diese Kosten voraussichtlich nicht prohibitiv hoch sein würden. Letztlich muss der Ertrag der Einführung dieses Instruments, in Form einer verbesserten klimapolitischen Lenkungswirkung bei effektivem Carbon-Leakage-Schutz, die damit verbundenen Kosten übersteigen. Um den administrativen Aufwand möglichst gering zu halten, sollte sich die Abgabe grundsätzlich auf wenige besonders treibhausgasintensive Materialien beschränken, die allerdings einen Großteil der gesamten industriellen Emissionen ausmachen.

174. Angesichts der Schwächen der derzeitigen Ausgestaltung des Emissionshandels, der voraussichtlich noch für längere Zeit bestehenden Differenzen in regionalen CO$_2$-Preisen sowie der Widerstände gegenüber Grenzausgleichsmaßnahmen empfiehlt der SRU mit Blick auf die Reform des EU ETS für die dritte Handelsperiode die Option einer Konsumabgabe ergänzend zu einer stärker Output basierten Zertifikatsallokation sorgfältig zu prüfen. Dazu sollten auch Erfahrungen mit ähnlichen Ansätzen in anderen Ländern intensiv verfolgt und ausgewertet werden. Nichtsdestotrotz sollten Grenzausgleichsmaßnahmen als Alternative nicht vorschnell vollständig verworfen werden.

2.5.3 Nationale Ausnahmetatbestände

175. Auf nationaler Ebene ist die Landschaft von Ausnahmen und Begünstigungen deutlich unübersichtlicher als im Kontext des EU ETS. Die deutsche Industrie profitiert von einer Vielzahl energiepolitischer Vergünstigen (beispielsweise bei der EEG-Umlage, der Strom- und Energiesteuer, der KWK-Umlage, der Offshore-Haftungsumlage, bei den Netzentgelten). Diese werden oftmals auch mit Verweis auf Carbon-Leakage-Gefahren und Sorgen um die internationale Wettbewerbsfähigkeit begründet. Trotz dieses Begründungskontextes weisen die Berechtigungsvoraussetzungen häufig keinen Bezug zu

plausiblen Kriterien für die Beurteilung einer Wettbewerbsfähigkeits- bzw. Carbon-Leakage-Gefährdung auf. Ferner geht die gegenwärtige Ausgestaltung der Begünstigungen oftmals mit Fehlanreizen und verzerrenden Wirkungen einher.

Grundsätzlich empfiehlt der SRU eine kritische Überprüfung der zahlreichen energiepolitischen Privilegien der Industrie. Diese sollte mit Blick auf die kumulativen Wirkungen der verschiedenen klima- und energiepolitischen Be- und Entlastungen erfolgen. Wo Entlastungen nicht stichhaltig unter Verweis auf ungerechtfertigte Wettbewerbsnachteile und Carbon-Leakage-Risiken begründet werden können, sollten sie abgeschafft oder eingeschränkt werden. Wo sie berechtigt sind, sollten sie auf das notwendige Maß begrenzt bleiben. Zudem ist darauf zu achten, dass die Ausgestaltung der Entlastungen wirksame Anreize setzt, die vorhandenen wirtschaftlichen Effizienzpotenziale zu erschließen.

176. Unter Bezugnahme auf die in Abschnitt 2.5.1 definierten Kriterien werden nachfolgend exemplarisch einige Schwachstellen und Reformoptionen der gegenwärtigen Ausgestaltung von energiepolitischen Entlastungen in Deutschland skizziert.

Noch viel mehr als für die europäische Ebene gilt für die nationalen Entlastungen, dass die Berechtigungsvoraussetzungen keinen zieladäquaten Bezug auf Wettbewerbsfähigkeits-Gefährdungen oder Leakage-Risiken erkennen lassen (GAWEL und KLASSERT 2013; GAWEL und PURKUS 2015). Sowohl bei den Netzentgelten, der KWK-Umlage als auch der Offshore-Haftungsumlage wird nur auf die Stromkostenintensität sowie die absolute Abnahmemenge rekurriert. Auch bei der Stromsteuer werden zusätzliche Entlastungen über die generelle Entlastung des produzierenden Gewerbes hinaus anhand von Belastungskriterien gewährt. Weder werden Handelsintensität oder Preiselastizität als quantitative Kriterien herangezogen, noch findet eine qualitative Prüfung von Wettbewerbswirkungen statt. Ernsthafte Gefährdungen der Wettbewerbsfähigkeit infolge einer Begrenzung der Entlastungen sind somit in vielen Fällen nicht zu erwarten. Eine Ausnahme bildet lediglich die – auch auf Druck der Europäischen Kommission 2014 nochmals reformierte – Besondere Ausgleichsregelung im EEG 2014. Doch auch hier ist der Begünstigtenkreis sehr weit gefasst und wurde im Zuge der Novellen fortlaufend vergrößert. Allein zwischen 2012 und 2015 hat sich die Zahl der begünstigten Unternehmen des produzierenden Gewerbes auf 2.052 etwa verdreifacht und die begünstigte Strommenge stieg um fast ein Fünftel auf 95 TWh (BMWi und BAFA 2015; FIEDLER und WRONSKI 2015).

Sofern Wettbewerbsfähigkeits-Gefährdungen oder Leakage-Risiken als Rechtfertigungsgrundlage für Entlastungen angeführt werden, sind Begünstigtenkreis und Entlastungsumfang stringent und transparent an diesen Zielen auszurichten. Dies erfordert, die Berechtigungsvoraussetzungen um ein Kriterium für die Handelsauswirkungen eines Energiekostenanstiegs zu erweitern.

Hierbei kann teilweise auf bereits vorhandene, beispielsweise für die Strompreiskompensationsregelung erhobene Datengrundlagen zurückgegriffen werden (NEUHOFF et al. 2013; Agora Energiewende 2014). Dabei ist indes zu beachten, dass nationale energiepolitische Steuern und Abgaben auch die relative Wettbewerbsfähigkeit zwischen Unternehmen innerhalb der EU berühren. Daher sind EU-interne Unterschiede in der energiepolitischen Regulierung aus wirtschaftspolitischer Sicht von Relevanz, obgleich EU-interne Verlagerungen keinen unmittelbaren Effekt auf die globalen Treibhausgasemissionen haben.

Die Berechtigungsvoraussetzungen der verschiedenen nationalen Privilegierungstatbestände sollten, soweit sachlich gerechtfertigt, aus Gründen der Transparenz, Konsistenz und administrativen Handhabbarkeit weitgehend harmonisiert werden. Dies gilt insbesondere dann, wenn sie sich auf die gleiche Legitimationsgrundlage berufen. Ferner könnte durch eine kriterienbasierte stärkere Staffelung des Privilegierungsumfangs eine Entlastung der nicht-begünstigten Stromverbraucher erreicht werden, da hierdurch das finanzielle Gesamtvolumen der Privilegierungen sinken würde.

177. Die Belastungsfunktionen für die energieverbrauchsbezogenen nationalen Umlagen enthalten Sprungstellen. Bei Überschreiten bestimmter unternehmensbezogener Schwellenwerte hinsichtlich der Energiekostenbelastung sinkt die absolute Abgabenbelastung. Für Unternehmen können damit kontraproduktive Anreize zur Energieverbrauchssteigerung einhergehen. § 94 EEG 2014 ermächtigt die Bundesregierung, standardisierte Stromverbrauchsreferenzwerte festzulegen. Sie sollte davon zeitnah und möglichst umfassend (sofern mit vertretbarem Aufwand ermittelbar) Gebrauch machen, um diese Fehlanreize zu eliminieren. Auch dabei kann teilweise auf die Vorarbeiten im Rahmen der Strompreiskompensationsregelung zurückgegriffen werden.

178. Eine Gemeinsamkeit der derzeitigen nationalen Vergünstigungen ist, dass sie kein starkes marginales Energiepreissignal an die Industrieunternehmen aussenden. Daher könnten, soweit vorhanden, Stromverbrauchsreferenzwerte für eine Begrenzung des entlastungsfähigen Stromverbrauchs auf eine Menge, die einer stromeffizienten Produktionsweise entspricht, herangezogen werden. Hierdurch würde den Unternehmen ein ökonomischer Anreiz zur Steigerung ihrer Energieeffizienz gegeben. Stattdessen weist die durchschnittliche Belastung durch die verschiedenen Umlagen, hinsichtlich der abgenommenen Strommenge degressiven Verlauf auf, da die Entlastungen für den gesamten Energiebezug oberhalb eines fixen Selbstbehalts gewährt werden. Dadurch werden nicht nur ökonomische Effizienzanreize unterlaufen, sondern zudem werden kleinere Unternehmen einer Branche gegenüber größeren Wettbewerbern benachteiligt. Um brancheninterne Wettbewerbsverzerrungen zu verhindern und damit Effizienzanreize auch bei jenen Unternehmen bestehen, die einen großen Teil ihres benötigten Stroms selbst produzieren, sollten

energiepolitische Abgaben auch den Eigenstromverbrauch angemessen, das heißt stärker als bisher, belasten.

179. Auch wenn eine vollständig bruch- und verzerrungsfreie Gestaltung der Entlastungen praktisch nicht umzusetzen sein wird, ließen sich durch die Berücksichtigung der in Abschnitt 2.5.1 dargestellten Prinzipien die derzeit bestehenden Fehlanreize und Verzerrungen dennoch substanziell reduzieren. Letztlich gilt es, die Anreizkompatibilität der Regulierung und ihre administrative Praktikabilität, unter Berücksichtigung maßgeblicher rechtlicher Einschränkungen, abzuwägen. Unzweifelhaft ist jedoch, dass die gegenwärtige verzerrende und wenig zieladäquate Ausgestaltung erheblichen Spielraum für Verbesserungen lässt.

2.6 Zusammenfassung und Empfehlungen

180. Deutschland ist traditionell eine starke Industrienation. Das deutsche verarbeitende Gewerbe hat im EU-Vergleich eine hohe Bedeutung. Es trägt mit 22 % überdurchschnittlich zur deutschen Bruttowertschöpfung bei. Damit ist die Industrie von zentraler Bedeutung für Beschäftigung und Wohlstand. Gleichzeitig weist die Industrie mit knapp 30 % neben dem Verkehrssektor den höchsten Endenergieverbrauch aller Verbrauchssektoren auf. Damit fällt ihr eine zentrale Rolle in der Energiewende und bei der Erreichung der europäischen Klimaschutzziele zu. Diese besteht einerseits darin, ihren eigenen Energieverbrauch und Treibhausgasausstoß zu mindern, und andererseits, innovative, marktfähige energieeffiziente und klimaverträgliche Produkte und Prozesse zu entwickeln.

Heterogene Industrielandschaft erfordert differenzierte Risikobetrachtung

181. Im Rahmen der sektoralen Verteilung von klima- und energiepolitischen Belastungen wird häufig auf die besondere Betroffenheit der Industrie verwiesen. Durch anspruchsvolle klimapolitische Maßnahmen, die auch mit einer Verteuerung des Energieverbrauchs einhergehen können, drohe eine Schwächung der industriellen Basis Deutschlands. Zudem bestünde die Gefahr weitgehender ökologischer Wirkungslosigkeit aufgrund von Carbon Leakage als Folge einer Beeinträchtigung der internationalen Wettbewerbsfähigkeit der Industrie und daraus resultierenden Produktions- bzw. Standortverlagerungen. Eine pauschalisierte Argumentation wird der Komplexität der Thematik allerdings nicht gerecht und kann zu einer Überzeichnung von Leakage-Gefahren führen. Stattdessen ist eine differenzierte Betrachtung notwendig, welche die Heterogenität der verschiedenen Branchen berücksichtigt.

Tatsächlich wird die Wettbewerbsfähigkeit der Industrie von vielen Faktoren bestimmt. So sind ein stabiler Ordnungsrahmen, eine leistungsfähige Infrastruktur, Innovationspotenzial, ein gutes Ausbildungssystem und ein förderndes Arbeitsumfeld sowie die Versorgungssicherheit mit Energie und Rohstoffen als sehr relevant einzustufen. Insgesamt verfügt Deutschland im internationalen Vergleich über eine hohe Standortqualität. In der öffentlichen Debatte wird die Höhe der Energiekosten, insbesondere der Stromkosten, jedoch als gravierender Standortnachteil thematisiert, der die Wettbewerbsfähigkeit der deutschen Industrie entscheidend mindere und sogar zu einer substanziellen Deindustrialisierung Deutschlands führen könne. Dabei gilt allerdings, dass Energie nur für wenige Branchen ein zentraler Produktionskostenfaktor ist. So gelten beispielsweise Metallerzeugung, Nichteisen-Metalle, Papiergewerbe, Grundstoffchemie und Verarbeitung von Steine-Erden als energieintensiv. Für die Mehrheit der Branchen, wie zum Beispiel Maschinen- und Fahrzeugbau, sind Energiekosten – mit einer Größenordnung von maximal 2 % der Produktionskosten – von untergeordneter Bedeutung, sodass sie von Energiepreissteigerungen vergleichsweise wenig betroffen sind.

Chancen einer ambitionierten Energieeffizienzpolitik nutzen

182. Für von Energiepreissteigerungen betroffene Industrieunternehmen stellt die Steigerung der Energieeffizienz eine Reaktionsmöglichkeit dar, um den Energiepreisanstieg zu kompensieren. Zahlreiche Studien belegen große noch vorhandene wirtschaftliche Energieeffizienzpotenziale, die jedoch aufgrund verschiedener Hemmnisse bislang nicht realisiert worden sind. Auf politischer Ebene existiert bereits eine Vielzahl von Maßnahmen zur Förderung der industriellen Energieeffizienz. Diese zeigen jedoch nicht immer die gewünschte und erforderliche Wirkung. Angesichts des notwendigen Reformbedarfs des Instrumentariums ist eine langfristig angelegte, integrierte Energieeffizienzpolitik erforderlich, die von verbindlichen Energieeffizienzzielvorgaben gestützt wird. Es bedarf eines kohärent ausgestalteten Instrumentenmix, bestehend aus ordnungsrechtlichen Standards, finanziellen Anreizen, förderpolitischen Elementen sowie Beratungs- und Informationsprogrammen. Dabei sollten die bestehenden erfolgreichen Politikinstrumente verstetigt, weiterentwickelt und nachgeschärft werden. Der SRU empfiehlt unter anderem, Anreize für die effektive Nutzung von Energie- und Umweltmanagementsystemen sowie die Etablierung von Energieeffizienz-Netzwerken in Kombination mit Datenerhebungen und Benchmarking zu setzen. Darüber hinaus sind jedoch auch das Engagement der Unternehmen und die Selbstorganisation der Wirtschaft gefragt, denn dort sind die Kompetenz, die Vernetzung mittels der Verbände und vor allem das Vertrauen untereinander, welches besonders bei KMU eine Rolle spielt, vorhanden. Von hoher Relevanz für die Unternehmen sind für Investitionen im Bereich Energieeffizienz insbesondere eine langfristige Planbarkeit und stabile politische Rahmenbedingungen.

Carbon-Leakage-Maßnahmen zielgenau ausgestalten

183. Für einige sehr energieintensive, im internationalen Wettbewerb stehende Produkte ist von einer tatsächlichen Wettbewerbsgefährdung und Carbon-Leakage-Risiken infolge steigender Energiepreise auszugehen. Bei der Herstellung dieser Produkte können auch die immer noch vorhandenen Effizienzpotenziale einen substanziellen Energiepreisanstieg nicht hinreichend kompensieren. Die Zahl der wirklich betroffenen Produkte steht jedoch nicht im Einklang mit dem sehr umfangreichen Kreis derjenigen Branchen, die tatsächlich von energiepolitischen Abgaben entlastet werden. Grundsätzlich empfiehlt der SRU daher eine kritische Überprüfung der zahlreichen energiepolitischen Entlastungen der Industrie, sowohl auf europäischer als auch auf nationaler Ebene. Wo diese nicht stichhaltig unter Verweis auf signifikante Wettbewerbsnachteile und insbesondere Carbon-Leakage-Risiken begründet werden können, sollte deren Einschränkung erfolgen. Wo sie berechtigt sind, sollten sie auf das notwendige Mindestmaß begrenzt werden. In diesem Zusammenhang wäre auch eine stärkere Harmonisierung von nationalen und europäischen energiepolitischen Vergünstigungen wünschenswert.

184. Für den europäischen Emissionshandel zeigt ein Blick auf die Liste der Sektoren, die ihre Zertifikate weitgehend kostenlos erhalten, die sehr weitreichende Definition wettbewerbsgefährdeter Branchen. Diese Branchen decken mit etwa 95 % nahezu sämtliche Industrieemissionen ab. Die Kriterien zur Qualifizierung für die Carbon-Leakage-Liste sollten künftig treffgenauer auf tatsächliche Leakage-Risiken ausgerichtet werden, wodurch sich der Begünstigtenkreis einschränken ließe. Durch eine mehrstufige Klassifikation der Leakage-Gefährdung könnte der Entlastungsumfang zudem nach Maßgabe des branchenspezifischen Verlagerungsrisikos stärker differenziert werden. Ferner sollten die Annahmen hinsichtlich der Zertifikatspreise und der Klimapolitik in Wettbewerbsregionen an die Realität angepasst werden. Durch eine Fokussierung der kostenlosen Zertifikatszuteilung (und der Strompreiskompensation im Rahmen des EU ETS) auf jene Branchen, bei denen echte Verlagerungsgefahren bestehen, ließen sich die öffentlichen Einnahmen aus dem Emissionshandel deutlich steigern. Dies gilt umso mehr, wenn durch eine Anpassung des Emissionsbudgets eine Verknappung der gesamten zur Verfügung stehenden Zertifikatsmenge und somit ein Anstieg ihrer Preise erreicht wird. Die dann zur Verfügung stehenden Gelder könnten für Investitionen in die Transformation des Energiesystems und die Unterstützung von Maßnahmen zur Verbesserung der Energieeffizienz genutzt werden. Neben ökologischen Erträgen ließen sich hierdurch Impulse für eine nachhaltige positive wirtschaftliche Entwicklung realisieren, die gerade in Zeiten der europäischen Wirtschafts- und Schuldenkrise benötigt werden. Hierzu zählen eine zunehmende heimische Wertschöpfung, eine Verminderung der Vulnerabilität gegenüber exogenen Energiepreisrisiken und die Erschließung neuer Märkte für innovative Energietechnologien.

Anreize zu klimaverträglichem Wirtschaften auch für entlastete Branchen gewährleisten

185. Ferner sollte für die vierte EU ETS-Handelsperiode eine Reform der Zuteilungsmethode für die kostenlose Zertifikatsvergabe angestrebt werden. Diese sollte neben einer effektiven Verhinderung von Carbon Leakage sicherstellen, dass Hersteller Anreize zu Effizienzverbesserungen und Verbraucher Anreize zum Konsum möglichst klimaverträglicher Produkte erhalten. Hierzu kann der Übergang zu einer stärker Output basierten Allokation in Kombination mit einer konsumseitigen Belastung ausgewählter, besonders energieintensiver Materialien beitragen, der sorgfältig geprüft werden sollte. Letzteres könnte durch eine europaweite Abgabe umgesetzt werden, die auf heimisch produzierte sowie importierte Materialien erhoben wird. Sie würde fällig, sobald die Materialien an europäische Endverbraucher verkauft werden. Die Höhe der Abgabe würde sich am Zertifikatspreis im EU ETS orientieren, um das durch die Output basierte Allokation unterdrückte CO_2-Preissignal wiederherzustellen. Erweisen sich diese administrativ und rechtlich anspruchsvollen Ansätze bis zu Beginn der vierten EU ETS-Handelsperiode als nicht umsetzbar, sind auch Optionen für eine spätere Einführung zu prüfen. Dies gilt insbesondere dann, wenn sich, trotz des Klimaabkommens von Paris, keine substanziellen Fortschritte in Richtung einer Angleichung der klimapolitischen Regulierung der industriellen Produktion abzeichnen. Eine Staffelung der Gratiszuteilung von Zertifikaten entsprechend der branchenspezifischen Verlagerungsrisiken und Möglichkeiten zur Weitergabe der Zertifikatskosten kann und sollte bereits zu Beginn der nächsten Handelsperiode erfolgen. Eine Gratiszuteilung in voller Höhe des CO_2-Benchmarks sollten nur noch Branchen mit sehr hohem Carbon-Leakage-Risiko erhalten.

186. Die Notwendigkeit der Reduktion des bereits aufgelaufenen Zertifikatsüberschusses bleibt von einer Anpassung der Kriterien zur Bestimmung der Carbon-Leakage-Gefahr sowie einer Reform der Zuteilungsregeln unberührt. Zur Wiederherstellung und Aufrechterhaltung der Anreizfunktion des Emissionshandels ist eine Erhöhung des Ambitionsniveaus, durch eine Erhöhung des Reduktionsfaktors und ggf. die Stilllegung überschüssiger Zertifikate in der MSR, unvermeidbar.

187. Auf nationaler Ebene ist die Landschaft von Ausnahmen und Begünstigungen deutlich unübersichtlicher als im Kontext des EU ETS. Die deutsche Industrie profitiert von einer Vielzahl energiepolitischer Vergünstigen, die oftmals auch mit Verweis auf Carbon-Leakage-Gefahren und Sorgen um die internationale Wettbewerbsfähigkeit begründet werden. Trotz dieses Begründungskontextes weisen die Berechtigungsvoraussetzungen meist keinen hinreichenden Bezug zu sinnvollen Kriterien für die Beurteilung einer Carbon-Leakage-Gefährdung auf. Der SRU empfiehlt, sämtliche Entlastungstatbestände auf ihre sachliche Angemessenheit zu prüfen und ihre Berechtigungsvoraussetzungen zweckadäquat auf das verfolgte Ziel auszurichten. Zudem sollte eine stärkere

Harmonisierung der Berechtigungsvoraussetzungen angestrebt werden. Um Fehlanreize und Wettbewerbsverzerrungen zu minimieren, sollten die Qualifizierungskriterien für Entlastungen möglichst auf Prozess-, Produkt- oder Branchenebene und nicht auf Unternehmensebene ansetzen.

Gemeinsames Merkmal der national gewährten Vergünstigungen ist das Fehlen eines starken marginalen Energiepreissignals, das an die Industrieunternehmen ausgesendet wird. Mithin werden die ökonomischen Anreize für technische Verbesserungen zur Senkung des Energieverbrauchs und des Treibhausgasausstoßes deutlich abgeschwächt. Dazu sollte, soweit administrativ handhabbar, eine Begrenzung des begünstigten Energieverbrauchs durch den Einsatz von produktspezifischen Benchmarks erfolgen. Hierbei kann auch auf bereits im Rahmen der Strompreiskompensationsregelung erhobene Datengrundlagen zurückgegriffen werden. Damit nicht lediglich Anreize zur Reduktion des Bezugs von Strom aus dem öffentlichen Netz gesetzt werden, ist auch der Eigenstromverbrauch angemessen, das heißt stärker als bisher, zu belasten. Darüber hinaus sollten Privilegierungstatbestände zukünftig stärker an ambitioniert ausgestaltete Gegenleistungen in Form von (wirtschaftlichen) Maßnahmen zur Energieeffizienzsteigerung der Industrie gekoppelt werden.

Klimapolitik als Chance und nicht als Hindernis begreifen

188. Abschließend seien noch die internationale Sichtbarkeit der Energiewende und die Vorbildfunktion Deutschlands betont. Die Herausforderung besteht darin, zu zeigen, dass die Transformation des Energiesystems ohne Schwächung der industriellen Basis zu bewerkstelligen ist. Dabei kann sich Deutschland aus ökologischer und ökonomischer Vernunft jedoch nicht in einen Wettbewerb um die günstigsten Energiepreise begeben, sondern muss seine Wettbewerbsfähigkeit durch innovative, hochwertige Produkte stärken. Anstatt eine ambitionierte Energie- und Klimapolitik als Hemmnis für die wirtschaftliche Entwicklung wahrzunehmen, sollte der Fokus daher verstärkt auf die Chancen gerichtet werden, die sich hierdurch ergeben. Der SRU begrüßt, dass diese Chancen grundsätzlich auch von der Bundesregierung gesehen werden. So lassen sich durch eine Steigerung der Energieeffizienz der Energiekostendruck und die Abhängigkeit von Energieträgerimporten mindern. Die Substitution von Energieimporten durch heimische Wertschöpfung entfaltet Multiplikatoreffekte und induzierte Innovationen eröffnen Chancen in stetig wachsenden „grünen" Märkten. Letzteres verweist auf einen ökologischen Nutzen ambitionierter heimischer Klimapolitik, der über den nationalen und europäischen Kontext hinausgeht. Durch die internationale Diffusion induzierten Technologiefortschritts kann ein Beitrag zum Klima- und Umweltschutz auch auf globaler Ebene geleistet werden. Um (exportfähige) Produkt- und Prozessinnovationen hervorzubringen, gerade auch im Bereich der Umwelt-

und Energieeffizienztechnologien, sind allerdings entsprechende Anreize notwendig, zu denen auch ein angemessenes Preissignal zählt. Eine ökologisch wie ökonomisch nachhaltige Industrie kann nicht dadurch gesichert werden, dass sie großflächig von Energiepreissignalen abgeschirmt wird. Zudem wird die breite politische Zustimmung und gesellschaftliche Akzeptanz für die Energiewende unterminiert, wenn die Kosten (des Umbaus) der Energieversorgung weitestgehend auf private Haushalte sowie auf nicht beziehungsweise wenig entlastete gewerbliche und industrielle Verbraucher abgewälzt werden.

2.7   Literatur

A.T. Kearney (2014): The 2014 A.T.Kearney Foreign Direct Investment Confidence Index, Ready for Takeoff. https://www.atkearney.com/research-studies/foreign-direct-investment-confidence-index/2014 (08.01.2016).

Acworth, W., Haussner, M., Ismer, R., Neuhoff, K. (2014): Including consumption in the EU ETS – Administrative implementation of a consumption based charge. London: Climate Strategies.

AGEB (Arbeitsgemeinschaft Energiebilanzen) (2015): Auswertungstabellen zu Energiebilanz Deutschland 1990 bis 2014. Stand: 26.08.2015. Berlin: AGEB. http://www.ag-energiebilanzen.de/index.php?article_id=29&fileName=ausw_25082015_ov.pdf (14.09.2015).

AGEB (2014): Energieverbrauch in Deutschland im Jahr 2013. Stand: März 2014. Berlin: AGEB.

Agora Energiewende (2015): Stromexport und Klimaschutz in der Energiewende. Analyse der Wechselwirkungen von Stromhandel und Emissionsentwicklung im fortgeschrittenen europäischen Strommarkt. Hintergrund. Berlin: Agora Energiewende.

Agora Energiewende (2014): Vorschlag für eine Reform der Umlage-Mechanismen im Erneuerbare Energien Gesetz (EEG). Studie des Öko-Instituts im Auftrag von Agora Energiewende. Berlin: Agora Energiewende. Impulse.

Agricola, A.-C., Perner, J., Joest, S., Bothe, D., Czernie, M., Heuke, R., Kalinowska, D., Peters, S. (2013): Steigerung der Energieeffizienz mit Hilfe von Energieeffizienz-Verpflichtungssystemen. Berlin, Köln: Deutsche Energie-Agentur, Frontier Economics.

Aichele, R., Felbermayr, G. J. (2015): Kyoto and Carbon Leakage: An Empirical Analysis of the Carbon Content of Bilateral Trade. Review of Economics and Statistics 97 (1), S. 104–115.

Aichele, R., Felbermayr, G. J. (2012): Kyoto and the carbon footprint of nations. Journal of Environmental Economics and Management 63 (3), S. 336–354.

Aichele, R., Felbermayr, G. J. (2011): Internationaler Handel und Carbon Leakage. ifo Schnelldienst 64 (23), S. 26–30.

Aichele, R., Felbermayr, G., Heiland, I. (2014): EEG und internationaler Wettbewerb: Ist die besondere Ausgleichsregelung haltbar? ifo Schnelldienst 67 (2), S. 23–29.

BAFA (Bundesamt für Wirtschaft und Ausfuhrkontrolle) (2015): Merkblatt für Energieaudits nach den gesetzlichen Bestimmungen der §§ 8 ff. EDL-G. Eschborn: BAFA. http://www.bafa.de/bafa/de/energie/energie_audit/publikationen/merkblatt_energieaudits.pdf (14.10.2015).

Bardt, H. (2014): Erhöhung der EEG-Kosten als Investitionshemmnis für stromintensive Unternehmen. Köln: Institut der deutschen Wirtschaft. IW Policy Paper 3/2014. http://www.iwkoeln.de/_storage/asset/148374/storage/master/file/7409382/download/IW%20policy%20paper%20Investitionen%20energieintensive%20Unternehmen.pdf (18.03.2016).

Bardt, H., Kempermann, H. (2013): Folgen der Energiewende für die deutsche Industrie. Köln: Institut der deutschen Wirtschaft. IW Positionen 58.

Barker, T., Junankar, S., Pollitt, H., Summerton, P. (2007): Carbon Leakage from Unilateral Environmental Tax Reforms in Europe, 1995–2005. Energy Policy 35 (12), S. 6281–6292.

BDEW (Bundesverband der Energie- und Wasserwirtschaft) (2015): Energiedaten. 9.3: Netto-Elektrizitätsverbrauch nach Verbrauchergruppen, 1991 bis 2014 in GWh. Stand: 08/2015. Berlin: BDEW. https://www.bdew.de/internet.nsf/id/DE_Energiedaten (14.10.2015).

BDI (Bundesverband der Deutschen Industrie) (2015): Energiekosten entwickeln sich zum Investitionshemmnis. Berlin: BDI. http://bdi.eu/artikel/news/energiekosten-entwickeln-sich-zum-investitionshemmnis/ (12.01.2016).

BDI (2013): Industrielle Wertschöpfungsketten. Wie wichtig ist die Industrie? Berlin: BDI.

Becker, D., Brzeskot, M., Peters, W., Will, U. (2013): Grenzausgleichsinstrumente bei unilateralen Klimaschutzmaßnahmen. Eine ökonomische und WTO-rechtliche Analyse. Zeitschrift für Umweltpolitik & Umweltrecht 36 (3), S. 339–373.

Beise, M., Rennings, K. (2005): Lead markets and regulation: a framework for analyzing the international diffusion of environmental innovations. Ecological Economics 52 (1), S. 5–17.

Bergh, J. C. J. M. van den (2011): Industrial energy conservation, rebound effects and public policy. Vienna: United Nations Industrial Development Organization. Working Paper 12/2011.

Berlemann, M., Tilgner, J. (2006): Determinanten der Standortwahl von Unternehmen – ein Literaturüberblick. ifo Dresden berichtet 2006 (6), S. 14–24.

BfE (Bundesamt für Energie) (2014): Zielvereinbarungen mit dem Bund zur Steigerung der Energieeffizienz. Richtlinie, 30. September 2014. Bern: BfE.

BMUB (Bundesministerium für Umwelt, Naturschutz, Bau und Reaktorsicherheit) (2015): Klimaschutz in Zahlen. Fakten, Trends und Impulse deutscher Klimapolitik, Ausgabe 2015. Berlin: BMUB.

BMWi (Bundesministerium für Wirtschaft und Energie) (2015): Energiedaten: Gesamtausgabe. Stand: Oktober 2015. Berlin: BMWi.

BMWi (2014a): Die Energie der Zukunft. Ein gutes Stück Arbeit. Erster Fortschrittsbericht zur Energiewende. Berlin: BMWi.

BMWi (2014b): Mehr aus Energie machen. Ein gutes Stück Arbeit. Nationaler Aktionsplan Energieeffizienz. Berlin: BMWi.

BMWi (2014c): Zweiter Monitoring-Bericht „Energie der Zukunft". Berlin: BMWi.

BMWi, BAFA (Bundesamt für Wirtschaft und Ausfuhrkontrolle) (2015): Hintergrundinformationen zur Besonderen Ausgleichsregelung. Antragsverfahren 2014 auf Begrenzung der EEG-Umlage 2015. Berlin, Eschborn: BMWi, BAFA. www.bafa.de/bafa/de/energie/besondere_ausgleichsregelung_eeg/publikationen/bmwi/eeg_hintergrundpapier_2015.pdf (15.03.2016).

BMWi, BMUB (2014a): Erneuerbare Energien und Energieeffizienz – Made in Germany: Die Exportinitiativen „Erneuerbare Energien" und „Energieeffizienz". Ressortbericht des Bundesministeriums für Wirtschaft und Energie für den Staatssekretärsausschuss für nachhaltige Entwicklung. Berlin: BMWi, BMUB.

BMWi, BMUB (2014b): Initiative Energieeffizienz-Netzwerke Vereinbarung zwischen der Regierung der Bundesrepublik Deutschland und Verbänden und Organisationen der deutschen Wirtschaft über die Einführung von Energieeffizienz-Netzwerken. . Berlin: BMWi, BMUB.

BMWi (Bundesministerium für Wirtschaft und Technologie) (2012): Bekanntmachung der Vereinbarung zwischen der Regierung der Bundesrepublik Deutschland und der deutschen Wirtschaft zur Steigerung der Energieeffizienz. Bundesanzeiger vom 16.10.2012. http://www.bmwi.de/BMWi/Redaktion/PDF/V/vereinbarung-zwischen-der-regierung-der-bundesrepublik-deutschland-und-der-deutschen-wirtschaft-zur-steigerung-der-energieeffizienz,property=pdf,bereich=bmwi2012,sprache=de,rwb=true.pdf (15.03.2016).

BMWi, BMU (Bundesministerium für Umwelt, Naturschutz und Reaktorsicherheit) (2010): Energiekonzept für eine umweltschonende, zuverlässige und bezahlbare Energieversorgung. Berlin: BMWi, BMU.

Bolscher, H., Graichen, V., Hay, G., Healy, S., Lenstra, J., Meindert, L., Regeczi, D., Schickfus, M.-T. von, Schumacher, K., Timmons-Smakman, F. (2013): Carbon Leakage Evidence Project. Factsheets for Selected Sectors. Rotterdam, Berlin, Cambridge, Delft: ECORYS, Öko-Institut, Cambridge Econometrics, TNO.

Borkent, B., Gilbert, A., Klaassen, E., Neelis, M., Blok, K. (2014): Dynamic allocation for the EU Emissions Trading System. Enabling sustainable growth. Final report. Utrecht: Ecofys.

Bosch, P., Kuenen, J. (2009): Greenhouse gas efficiency of industrial activities in EU and Non-EU. Utrecht: TNO. TNO-034-UT-2009-01420_RPT-ML.

Boßmann, T., Eichhammer, W., Elsland, R. (2012): Concrete Paths of the European Union to the 2°C Scenario: Achieving the Climate Protection Targets of the EU by 2050 through Structural Change, Energy Savings and Energy Efficiency Technologies. Accompanying scientific report – Contribution of energy efficiency measures to climate protection within the European Union until 2050 (Draft). Karlsruhe: Fraunhofer Institute for Systems and Innovation Research ISI.

Branger, F., Quirion, P. (2014): Would border carbon adjustments prevent carbon leakage and heavy industry competitiveness losses? Insights from a meta-analysis of recent economic studies. Ecological Economics 99, S. 29–39.

Branger, F., Quirion, P., Chevallier, J. (2013): Carbon leakage and competitiveness of cement and steel industries under the EU ETS: Much ado about nothing. Nogent sur Marne: Centre international de recherche sur l'environnement et le développement. CIRED Working Paper 53-2013.

Braungardt, S., Eichhammer, W. E., Rainer, Fleiter, T., Klobasa, M., Krail, M., Pfluger, B., Reuter, M., Schlomann, B., Sensfuss, F., Tariq, S., Kranzl, L., Dovidio, S. (2014): Study evaluating the current energy efficiency policy framework in the EU and providing orientation on policy options for realising the cost-effective energy efficiency – saving potential until 2020 and beyond. Karlsruhe, Vienna, Rome: Fraunhofer ISI, Pricewaterhouse-Coopers, Technische Universität Wien. http://www.isi.fraunhofer.de/isi-wAssets/docs/x/en/projects/Final-Report_EvaluationEnergyEfficiency_2020_2030.pdf (14.10.2015).

Bruyn, S. de, Nelissen, D., Koopman, M. (2013): Carbon leakage and the future of the EU ETS market. Impact of recent developments in the EU ETS on the list of sectors deemed to be exposed to carbon leakage. Final report. Delft: CE Delft.

Büchele, R., Henzelmann, T., Panizza, P., Wiedemann, A. (2014): GreenTech made in Germany 4.0. Umwelttechnologie-Atlas für Deutschland. Berlin: Bundesministerium für Umwelt, Naturschutz, Bau und Reaktorsicherheit.

Cagno, E., Trianni, A. (2013): Exploring drivers for energy efficiency within small- and medium-sized enterprises: First evidences from Italian manufacturing enterprises. Applied Energy 104, S. 276–285.

Calahorrano, L., Demary, M., Grömling, M., Kroker, R., Lichtblau, K., Matthes, J., Schröder, C. (2012): Die Messung der industriellen Standortqualität. Endbericht. Studie im Auftrag des Bundesministeriums für Wirtschaft und Technologie (BMWi). Köln: Institut der deutschen Wirtschaft, IW Consult GmbH. Projekt I C 4 – 02 05 15 – 12/11.

Condon, M., Ignaciuk, A. (2013): Border Carbon Adjustment and International Trade. A Literature Review. Paris: Organisation for Economic Co-operation and Development. OECD Trade and Environment Working Papers 2013/06.

Dechezleprêtre, A., Glachant, M., Haščič, I., Johnstone, N., Ménière, Y. (2011): Invention and Transfer of Climate Change-Mitigation Technologies: A Global Analysis. Review of Environmental Economics and Policy 5 (1), S. 109–130.

Dechezleprêtre, A., Martin, R., Mohnen, M. (2013): Knowledge spillovers from clean and dirty technologies: A patent citation analysis. London: Grantham Research Institute on Climate Change and the Environment, London School of Economics, Imperial College, University College London. http://personal.lse.ac.uk/dechezle/DMM_sept2013.pdf (14.10.2015).

Dechezleprêtre, A., Sato, M. (2014): The impacts of environmental regulations on competitiveness. London: Grantham Reserach Institute on Climate Change and the Environment, Global Green Growth Institute. Policy brief.

DEHSt (Deutsche Emissionshandelsstelle) (2014): Zuteilung 2013–2020: Ergebnisse der kostenlosen Zuteilung von Emissionsberechtigungen an Bestandsanlagen für die 3. Handelsperiode 2013–2020. Berlin: DEHSt. http://www.dehst.de/SharedDocs/Downloads/DE/Publikationen/Zuteilungsbericht.pdf;jsessionid=B12EF280EABF874BC5E96B72F82A4037.2_cid292?__blob=publicationFile (08.01.2016).

Deloitte (2012): Global Manufacturing Competitiveness Index 2013. New York, NY: Deloitte.

Deutsche Bundesbank (2015): Statistische Sonderveröffentlichung 10. Bestandserhebung über Direktinvestitionen 2003–2014. Frankfurt am Main: Deutsche Bundesbank. https://www.bundesbank.de/Redaktion/DE/Downloads/Veroeffentlichungen/Statistische_Sonderveroeffentlichungen/Statso_10/2015.pdf?__blob=publicationFile (01.05.2016).

Deutscher Bundestag (2015): Gesetzentwurf der Bundesregierung. Entwurf eines Gesetzes zur Teilumsetzung der Energieeffizienzrichtlinie und zur Verschiebung des Außerkrafttretens des § 47g Absatz 2 des Gesetzes gegen Wettbewerbsbeschränkungen. Berlin: Deutscher Bundestag. Bundestagsdrucksache 18/3373.

DIHK (Deutscher Industrie- und Handelskammertag) (2014): Auslandsengagement steigt – besonders in Europa. Auslandsinvestitionen in der Industrie, Frühjahr 2014. Berlin: DIHK.

Dissou, Y., Eyland, T. (2011): Carbon Control Policies, Competitiveness, and Border Tax Adjustments. Energy Economics 33 (3), S. 556–564.

ECEEE (European Council for an Energy Efficient Economy) (2014): What we will gain from more ambitious energy efficiency goals in the EU. Let's not waste energy – or an opportunity. Stockholm: ECEEE.

ECEEE (2013): European competitiveness and energy efficiency: Focusing on the real issue. A discussion paper. Stockholm: ECEEE. http://www.eceee.org/all-news/press/2013/the-real-issue-on-energy-and-competitiveness/ee-and-competitiveness (14.10.2015).

EEA (European Environment Agency) (2014): Trends and projections in Europe 2014. Tracking progress towards Europe´s climate and energy targets for 2020. Luxembourg: Publications Office of the European Union. EEA Report 6/2014.

EnAW (Energieagentur der Wirtschaft) (2013): Tätigkeitsbericht 2013. Zürich: EnAW.

Enerdata (2015): ODYSSEE MURE Database. Key Indiactors – Industry – Energy intensity of manufacturing adjusted to EU average structure (at ppp). Grenoble: Enerdata. http://www.indicators.odyssee-mure.eu/online-indicators.html (15.10.2015).

Europäische Kommission – Generaldirektion Wirtschaft und Finanzen (2014): Energy Economic Developments in Europe. Brüssel: Europäische Kommission, Generaldirektion Wirtschaft und Finanzen. European Economy 1/2014. http://ec.europa.eu/economy_finance/publications/european_economy/2014/pdf/ee1_en.pdf (16.10.2015).

Europäische Kommission (2015a): Commission Staff Working Document. Impact Assessment. Accompanying the document: Proposal for a Directive of the European Parliament and of the Council amending Directive 2003/87/EC to enhance cost-effective emission reductions and lowcarbon investments. SWD(2015) 135 final. Brüssel: Europäische Kommission.

Europäische Kommission (2015b): Vorschlag für eine Richtlinie des Europäischen Parlaments und des Rates zur Änderung der Richtlinie 2003/87/EG zwecks Verbesserung der Kosteneffizienz von Emissionsminderungsmaßnahmen und zur Förderung von Investitionen in CO_2-effiziente Technologien. KOM(2015) 337 endg. Brüssel: Europäische Kommission.

Europäische Kommission (2014a): Commission Staff Working Document Impact Assessment. Accompanying the document Commission Decision determining, pursuant to Directive 2003/87/EC of the European Parliament and the Council, a list of sectors and subsectors which are deemed to be exposed to a significant risk of carbon leakage for the period 2015–2019. Brüssel: Europäische Kommission.

Europäische Kommission (2014b): Commission staff working document. Reindustrialising Europe. Member States' Competitiveness Report 2014. SWD(2014) 278. Brüssel: Europäische Kommission.

Europäische Kommission (2014c): From General Secretariat of the Council to Delegations. European Council (23 and 24 October 2014). Conclusions. 2030 Climate and Energy Policy Framework. Brüssel: Europäische Kommission. EUCO 169/14, CO EUR 13, CONCL 5.

Europäische Kommission (2014d): Results of carbon leakage assessments for 2015–19 list (based on NACE Rev.2) as sent to the Climate Change Committee on 5 May 2014. Brüssel: Europäische Kommission.

Europäische Kommission (2014e): Vorschlag für einen Beschluss des Europäischen Parlaments und des Rates über die Einrichtung und Anwendung einer Marktstabilitätsreserve für das EU-System für den Handel mit Treibhausgasemissionszertifikaten und zur Änderung der Richtlinie 2003/87/EG. COM(2014) 20 final. Brüssel: Europäische Kommission.

Europäische Kommission (2012a): Mitteilung der Kommission. Leitlinien für bestimmte Beihilfemaßnahmen im Zusammenhang mit dem System für den Handel mit Treibhausgasemissionszertifikaten nach 2012. (SWD(2012) 130 final) (SWD(2012) 131 final). Brüssel: Europäische Kommission. Amtsblatt der Europäischen Union C 158/4.

Europäische Kommission (2012b): Richtlinie 2012/27/EU des Europäischen Parlaments und des Rates vom 25. Oktober 2012 zur Energieeffizienz, zur Änderung der Richtlinien 2009/125/EG und 2010/30/EU und zur Aufhebung der Richtlinien 2004/8/EG und 2006/32/EG. Brüssel: Europäische Kommission. Amtsblatt der Europäischen Union. http://eur-lex.europa.eu/legal-content/DE/TXT/PDF/?uri=CELEX:32012L0027&from=DE (08.01.2016).

Europäische Kommission (2007): European Council Action Plan (2007–2009). Energy Policy for Europe (EPE). Presidency Conclusions of the European Council of 8/9 March 2007. Brussels: Europäische Kommission. 7224/1/07 REV 1 16 ANNEX I.

Europäischer Rat (2014): Tagung des Europäischen Rates (23./24. Oktober 2014). Schlussfolgerungen zum Rahmen für die Klima- und Energiepolitik bis 2030. Brüssel: Europäischer Rat.

Europäisches Parlament, Rat der Europäischen Union (2015): Beschluss (EU) 2015/1814 des Europäischen Parlaments und des Rates vom 6. Oktober 2015 über die Einrichtung und Anwendung einer Marktstabilitätsreserve für das System für den Handel mit Treibhausgasemissionszertifikaten in der Union und zur Änderung der

Richtlinie 2003/87/EG (Text von Bedeutung für den EWR). Brüssel: Europäisches Parlament, Rat der Europäischen Union. Amtsblatt der Europäischen Union L 264/1.

Eurostat (2014a): Preise Elektrizität für Industrieabnehmer, ab 2007 – halbjährliche Daten. Luxemburg: Eurostat. http://ec.europa.eu/eurostat/web/products-datasets/-/nrg_pc_205 (15.10.2015).

Eurostat (2014b): VGR nach 10 Wirtschaftsbereichen – zu jeweiligen Preisen. Luxemburg: Eurostat. http://ec.europa.eu/eurostat/web/products-datasets/-/nama_nace10_c (15.10.2015).

EY (Ernst & Young) (2015): The EY Attractiveness Survey. Neuer Schwung. Standort Deutschland 2015. Stuttgart: EY.

Felbermayr, G. J., Aichele, R., Zimmer, M., Heiland, I. (2013): Entwicklung eines Maßes für die Intensität des internationalen Wettbewerbs auf Unternehmens- oder Sektorebene. Kurzgutachten im Auftrag des Bundesministeriums für Wirtschaft und Technologie. Endbericht. Überarbeitete Version. München: ifo Institut.

Fiedler, S., Wronski, R. (2015): Energiepreisbericht 2015: Besondere Ausgleichsregelung und Industriestrompreise. Berlin: Forum Ökologisch-Soziale Marktwirtschaft. Studien 09/15.

Finkel, T., Koch, C., Roloff, N. (2013): Evaluierung der Exportinitiative Energieeffizienz. Endbericht. Studie im Auftrag des Bundesministeriums für Wirtschaft und Technologie. Hamburg: Como Consult GmbH.

Fleiter, T., Schleich, J., Ravivanpong, P. (2012): Adoption of energy-efficiency measures in SMEs – An empirical analysis based on energy audit data from Germany. Energy Policy 51, S. 863–875.

Fleiter, T., Schlomann, B., Eichhammer, W. (Hrsg.) (2013): Energieverbrauch und CO2-Emissionen industrieller Prozesse – Einsparpotenziale, Hemmnisse und Indstrumente. Stuttgart: Fraunhofer Verlag.

Friedrichsen, N., Aydemir, A. (2014): Effects of energy and climate political regulations on electricity prices in paper, steel and aluminium production – a comparison for Germany, the Netherlands, the UK and France. Peer-Reviewed Paper. In: ECEEE (European Council for an Energy Efficient Economy) (Hrsg.): eceee 2014 Industrial Summer Study on Energy Efficiency. Proceedings. Retool for a competitive and sustainable industry. 2–5 June, Papendal, Arnhem, the Netherlands. Stockholm: ECEEE, S. 311–321. http://publica.fraunhofer.de/eprints/urn_nbn_de_0011-n-2946060.pdf (15.10.2015).

Gawel, E., Klassert, C. (2013): Probleme der besonderen Ausgleichsregelung im EEG. Zeitschrift für Umweltrecht 24 (9), S. 467–479.

Gawel, E., Purkus, A. (2015): Die Rolle von Energie- und Strombesteuerung im Kontext der Energiewende. Zeitschrift für Energiewirtschaft 39 (2), S. 77–103.

Gerlagh, R., Kuik, O. (2014): Spill or leak? Carbon leakage with international technology spillovers: A CGE analysis. Energy Economics 45, S. 381–388.

Germeshausen, R., Löschel, A. (2015): Energiestückkosten als Indikator für Wettbewerbsfähigkeit. Wirtschaftsdienst 95 (1), S. 46–50.

Gigli, M., Dütschke, E. (2012): Kraftakt oder Kinderspiel? Die Initiation eines industriellen Energieeffizienz-Netzwerks. uwf UmweltWirtschaftsForum 20 (1), S. 21–25.

Gilbert, A., Lam, L., Sachweh, C., Smith, M., Taschini, L., Kollenberg, S. (2014): Assessing design options for a market stability reserve in the EU ETS. London: Ecofys. https://www.gov.uk/government/uploads/system/uploads/attachment_data/file/391793/Assessing_design_options_for_a_market_stability_reserve_in_the_EU_ETS_Final_report.pdf (16.06.2015).

Glachant, M., Dussaux, D., Ménière, Y., Dechezleprêtre, A. (2013): Greening Global Value Chains. Innovation and the International Diffusion of Technologies and Knowledge. Washington, DC: World Bank. Policy Research Working Paper 6467.

Golombek, R., Hoel, M. O. (2004): Unilateral Emission Reductions and Cross-Country Technology Spillovers. Advances in Economic Analysis & Policy 3 (2), S. 1–27.

Graichen, V., Gores, S., Penninger, G., Zimmer, W., Cook, V., Schlomann, B., Fleiter, T., Strigel, A., Eichhammer, W., Ziesing, H.-J. (2011): Energieeffizienz in Zahlen. Endbericht. Dessau-Roßlau: Umweltbundesamt. Climate Change 13/2011. https://www.umweltbundesamt.de/sites/default/files/medien/461/publikationen/4136.pdf (15.10.2015).

Graichen, V., Schumacher, K., Healy, S., Hermann, H., Harthan, R., Stork, M., Borkent, B., Mulder, A., Blinde, P., Lam, L. (2013): Support to the Commission for the determination of the list of sectors and subsectors deemed to be exposed to a significant risk of carbon leakage for the years 2015–2019 (EU Emission Trading System). Final report. Berlin, Utrecht: Öko-Institut, Ecofys.

Grave, K., Breitschopf, B. (2014): Strompreise und ihre Komponenten. Ein internationaler Vergleich. Berlin, Karlsruhe: Ecofys, Fraunhofer-Institut für Systemtechnik und Innovationsforschung ISI.

Grave, K., Hazrat, M., Boeve, S., Blücher, F. von, Bourgault, C., Bader, N., Breitschopf, B., Friedrichsen, N., Arens, M., Aydemir, A., Pudlik, M., Duscha, V., Ordonez, J., Lutz, C., Großmann, A., Flaute, M. (2015): Stromkosten der energieintensiven Industrie. Ein internationaler Vergleich. Zusammenfassung der Ergebnisse. Berlin, Karlsruhe: Ecofys, Fraunhofer-Institut für System- und Innovationsforschung ISI.

Grubb, M., Brewer, T. L., Sato, M., Heilmayr, R., Fazekas, D. (2009): Climate Policy and Industrial Competitiveness: Ten Insights from Europe on the EU Emissions Trading System. Washington, DC: The German Marshall Fund of the United States. Climate & Energy Paper Series 09.

Gruber, E., Brand, M. (1991): Promoting energy conservation in small and medium-sized companies. Energy Policy 19 (3), S. 279–287.

Gwartney, J., Lawson, R., Hall, J. (2015): Economic Freedom of the World: 2015 Annual Report. Geneva: Fraser Institute.

Healy, S., Schumacher, K., Stroia, A., Slingerland, S. (2015): Review of literature on EU ETS Performance. A literature review and gap analysis of policy evaluations. Freiburg, Darmstadt, Berlin: Öko-Institut. Öko-Institut Working Paper 2/2015.

Hermelink, A. H., Jager, D. de (2015): Evaluating our future. The crucial role of discount rates in European Commission energy system modelling. Stockholm, Berlin: European Council for an Energy Efficient Economy, Ecofys.

Heymann, E. (2014): Hohe Energiepreise in Deutschland führen zu Carbon Leakage. Energiewirtschaftliche Tagesfragen 64 (4), S. 45–48.

Heymann, E. (2013): Carbon Leakage: Ein schleichender Prozess. Frankfurt am Main: Deutsche Bank Research. Aktuelle Themen: Natürliche Ressourcen.

IEA (International Energy Agency) (2015): Energy Technology Perspectives 2015. Mobilising Innovation to Accelerate Climate Action. Paris: IEA.

IEA (2014a): Capturing the Multiple Benefits of Energy Efficiency. Paris: IEA.

IEA (2014b): Energy Efficiency Market Report 2014. Market Trends and Medium-Term Prospects. Paris: IEA.

IEA (2013): World Energy Outlook 2013. Paris: IEA.

IEA (2009): Energy Technology Transitions for Industry. Strategies for the Next Industrial Revolution. Paris: IEA.

IMD Business School (2015): IMD World Competitiveness Yearbook 2015. Lausanne: IMD Business School.

IMF (International Monetary Fund) (2015a): World Economic Outlook Database, October 2015, Gross domestic product per capita, current prices, U.S. dollars. Washington, DC: IMF. http://www.imf.org/external/pubs/ft/weo/2015/02/weodata/weorept.aspx?sy=2010&ey=2014&scsm=1&ssd=1&sort=country&ds=%2C&br=1&c=924%2C134%2C534&s=NGDPDPC&grp=0&a=&pr1.x=94&pr1.y=7 (12.11.2015).

IMF (2015b): World Economic Outlook: Adjusting to Lower Commodity Prices. October 2015. Washington, DC: IMF. World Economic and Financial Surveys.

IMF (2014): World Economic Outlook Database, Gross domestic product, current prices (U.S. dollars).

Initiative Energieeffizienz-Netzwerke (2015): Praxis-Leitfaden zur Initiative Energieeffizienz-Netzwerke. Stand: 17. Juni 2015. Berlin: Initiative Energieeffizienz-Netzwerke. http://bdi.eu/download_content/EnergieUndRohstoffe/Initiative_Energieeffizienz-Netzwerke.pdf (15.10.2015).

IPCC (Intergovernmental Panel on Climate Change) (2007): Climate Change 2007: Mitigation. Contribution of Working Group III to the Fourth Assessment Report of the Intergovernmental Panel on Climate Change. Cambridge: Cambridge University Press.

Ismer, R., Neuhoff, K. (2007): Border tax adjustment: a feasible way to support stringent emission trading. European Journal of Law and Economics 24 (2), S. 137–164.

ISO (International Organization for Standardization) (2015): The ISO Survey of Management System Standard Certifications. 2014. ISO 50001, Energy Management. Vernier, Geneva: ISO. http://www.iso.org/iso/iso-survey (19.02.2016).

Jaffe, A. B., Stavins, R. N. (1994): The Energy-efficiency Gap. What Does it Mean? Energy Policy 22 (10), S. 804–810.

Jochem, E., Lösch, O., Mai, M., Mielicke, U., Reitze, F. (2014): Energieeffizienz in der deutschen Industrie – bachliegende Chancen. Energiewirtschaftliche Tagesfragen 64 (1–2), S. 81–85.

Jochem, E., Mai, M., Ott, V. (2010): Energieeffizienznetzwerke – beschleunigte Emissionsminderungen in der mittelständischen Wirtschaft. Zeitschrift für Energiewirtschaft 34 (1), S. 21–28.

Kempermann, H., Bardt, H. (2014): Risiken der Energiewende für die Industrie. Energiewirtschaftliche Tagesfragen 64 (3), S. 33–39.

Köwener, D., Nabitz, L., Mielicke, U., Idrissova, F. (2014): Learning energy efficiency networks for companies – saving potentials, realization and dissemination. In: ECEEE (European Council for an Energy Efficient Economy) (Hrsg.): eceee 2014 Industrial Summer Study on Energy Efficiency. Proceedings. Retool for a competitive and sustainable industry. 2–5 June, Papendal, Arnhem, the Netherlands. Stockholm: ECEEE, S. 91–100. http://publica.fraunhofer.de/eprints/urn_nbn_de_0011-n-2946303.pdf (16.10.2015).

Küchler, S., Wronski, R. (2014): Industriestrompreise in Deutschland und den USA: Überblick über Preisniveau, Preiszusammensetzung und Erhebungsmethodik. Kurzanalyse im Auftrag des Bundesverbands Erneuerbare Energie (BEE). Berlin: Forum Ökologisch-Soziale Marktwirtschaft. FÖS-Paper 05/2014.

Kuik, O., Hofkes, M. (2010): Border adjustment for European emissions trading: Competitiveness and carbon leakage. Energy Policy 38 (4), S. 1741–1748.

Lang, T., Lichtblau, K., Fritsch, M., Millack, A., Schmitz, E., Bertenrath, R. (2015): Globale Kräfteverschiebung. Unternehmen und Strukturwandel. Kräfteverschiebungen in der Weltwirtschaft – Wo steht die deutsche Industrie in der Globalisierung? Köln, Berlin: IW Consult GmbH, Bundesverband der Deutschen Industrie. http://www.bdi.eu/download_content/Studie_Globale-Kraefteverschiebung.pdf (16.10.2015).

Lehr, U., Lutz, C., Pehnt, M. (2012): Volkswirtschaftliche Effekte der Energiewende: Erneuerbare Energien und Energieeffizienz. Osnabrück, Heidelberg: Gesellschaft für Wirtschaftliche Strukturforschung mbH, ifeu – Institut für Energie- und Umweltforschung.

Löschel, A., Erdmann, G., Staiß, F., Ziesing, H.-J. (2015): Stellungnahme zum vierten Monitoring-Bericht der Bundesregierung für das Berichtsjahr 2014. Expertenkommission zum Monitoring-Prozess „Energie der Zukunft". Berlin, Münster, Stuttgart: Expertenkommission zum Monitoring-Prozess „Energie der Zukunft".

Löschel, A., Erdmann, G., Staiß, F., Ziesing, H.-J. (2014a): Stellungnahme zum ersten Fortschrittsbericht der Bundesregierung für das Berichtsjahr 2013. Expertenkommission zum Monitoring-Prozess „Energie der Zukunft". Berlin, Münster, Stuttgart: Expertenkommission zum Monitoring-Prozess „Energie der Zukunft".

Löschel, A., Erdmann, G., Staiß, F., Ziesing, H.-J. (2014b): Stellungnahme zum zweiten Monitoring-Bericht der Bundesregierung für das Berichtsjahr 2012. Expertenkommission zum Monitoring-Prozess „Energie der Zukunft". Berlin, Mannheim, Stuttgart: Expertenkommission zum Monitoring-Prozess „Energie der Zukunft".

Mai, M., Gebhardt, T., Wahl, F., Dann, J., Jochem, E. (2014): Transaktionskosten bei Energieeffizienz-Investitionen in Unternehmen. Eine empirische Untersuchung in Energieeffizienz-Netzwerken Deutschlands. Zeitschrift für Energiewirtschaft 38 (4), S. 269–279.

Marcu, A., Egenhofer, C., Roth, S., Stoefs, W. (2013): Carbon Leakage: An overview. Brussels: Centre for European Policy Studies. CEPS Special Report 79.

Martin, R., Muûls, M., Preux, L. B. de, Wagner, U. J. (2014): On the empirical content of carbon leakage criteria in the EU Emissions Trading Scheme. Ecological Economics 105, S. 78–88.

Mecke, I. (2015): Internationale Wettbewerbsfähigkeit. Wiesbaden: Springer Gabler Verlag. Gabler Wirtschaftslexikon Online. http://wirtschaftslexikon.gabler.de/Definition/internationale-wettbewerbsfaehigkeit.html (28.10.2015).

Miller, T., Holmes, K. R., Kim, A. B. (2014): 2014 Index of Economic Freedom. Washington, DC, New York: The Heritage Foundation, Dow Jones & Company.

Monjon, S., Quirion, P. (2011): Addressing leakage in the EU ETS: Border adjustment or output-based allocation? Ecological Economics 70 (11), S. 1957–1971.

Monjon, S., Quirion, P. (2010): How to design a border adjustment for the European Union Emissions Trading System? Energy Policy 38 (9), S. 5199–5207.

Neuhoff, K., Acworth, W., Dechezleprêtre, A., Dröge, S., Sartor, O., Sato, M., Schopp, A. (2014): Staying with the leaders. Europe's path to a successful low-carbon economy. London: Climate Strategies.

Neuhoff, K., Acworth, W., Ismer, R., Sartor, O., Zetterberg, L. (2015): Maßnahmen zum Schutz vor Carbon Leakage für CO_2-intensive Materialien im Zeitraum nach 2020. DIW Wochenbericht 82 (29–30), S. 679–688.

Neuhoff, K., Küchler, S., Rieseberg, S., Wörlen, C., Heldwein, C., Karch, A., Ismer, R. (2013): Vorschlag für die zukünftige Ausgestaltung der Ausnahmen für die Industrie bei der EEG-Umlage. Berlin: Deutsches Institut für Wirtschaftsforschung. Politikberatung kompakt 75. http://www.diw.de/documents/publikationen/73/diw_01.c.431913.de/diwkompakt_2013-075.pdf (16.10.2015).

Newell, R. G., Jaffe, A. B., Stavins, R. N. (2006): The effects of economic and policy incentives on carbon mitigation tehnologies. Energy Economics 28 (5–6), S. 563–578.

Palm, J., Thollander, P. (2010): An interdisciplinary perspective on industrial energy efficiency. Applied Energy 87 (10), S. 3255–3261.

Paroussos, L., Fragkos, P., Capros, P., Fragkiadakis, K. (2015): Assessment of carbon leakage through the industry channel: The EU perspective. Technological Forecasting and Social Change 90 (Part A), S. 204–219.

Pehnt, M., Arens, M., Duscha, M., Eichhammer, W., Fleiter, T., Gerspacher, A., Idrissova, F., Jessing, D., Jochem, E., Kutzner, F., Lambrecht, U., Lehr, U., Lutz, C., Paar, A., Reitze, F., Schlomann, B., Seefeld, F., Thampling, N., Toro, F., Vogt, R., Wenzel, B., Wünsch, M. (2011): Energieeffizienz: Potenziale, volkswirtschaftliche Effekte und innovative Handlungs- und Förderfelder für die Nationale Klimaschutzinitiative. Endbericht. Heidelberg, Karlsruhe, Berlin, Osnabrück, Freiburg: ifeu – Institut für Energie- und Umweltforschung, Fraunhofer-Institut für System- und Innovationsforschung, Prognos AG, Gesellschaft für Wirtschaftliche Strukturforschung mbH.

Pehnt, M., Lutz, C., Seefeldt, F., Schlomann, B., Wünsch, M., Lehr, U., Lambrecht, U., Fleiter, T. (2009): Klimaschutz, Energieeffizienz und Beschäftigung. Potenziale und volkswirtschaftliche Effekte einer ambitionierten Energieeffizienzstrategie für Deutschland. Bericht im Rahmen des Forschungsvorhabens „Wissenschaftliche Begleitforschung zu übergreifenden technischen, ökologischen, ökonomischen und strategischen Aspekten des nationalen Teils der Klimaschutzinitiative". Heidelberg, Karlsruhe, Berlin: ifeu – Institut für Energie- und Umweltforschung Heidelberg, Fraunhofer ISI, GWS, Prognos. http://www.bmu.de/files/pdfs/allgemein/application/pdf/studie_energieeffizienz.pdf (02.07.2010).

Perrin, S., Mörikofer, A., Gutzwiller, L., Plan, E., Demont, S., Winkler, C. (2012): Evaluation der wettbewerblichen Ausschreibungen. Bern: Bundesamt für Energie.

Pescia, D., Redl, C. (2014): Comparing electricity prices for industry. An elusive task – illustrated by the German Case. Berlin: Agora Energiewende. 036/02-A-2014/EN.

Petrick, S., Wagner, U. J. (2014): The Impact of Carbon Trading on Industry: Evidence from German Manufacturing Firms. Berlin, Kiel, Mannheim: German Institute for Economic Research, Kiel Institute for the World Economy, Department of Economics, University of Mannheim. http://papers.ssrn.com/sol3/papers.cfm?abstract_id=2389800 (16.10.2015).

Popp, D. (2002): Induced Innovation and Energy Prices. American Economic Review 92 (1), S. 160–180.

Popp, D., Newell, R., Jaffe, A. B. (2010): Energy, the Environment, and Technological Change. In: Hall, B. H., Rosenberg, N. (Hrsg.): Handbook of the Economics of Innovation. Vol. 2. Amsterdam: Elsevier, S. 873–937.

Quirion, P. (2009): Historic versus output-based allocation of GHG tradable allowances: a comparison. Climate Policy 9 (6), S. 575–592.

r2b energy consulting, HWWI (Hamburgisches WeltWirtschaftsInstitut) (2014): Aktionsprogramm Klimaschutz 2020: Konsequenzen potenzieller Kraftwerksstilllegungen. Köln, Hamburg: r2b energy consulting, HWWI. http://www.bdi.eu/download_content/EnergieUndRohstoffe/2014_11_19_r2b_HWWI_Gutachten_BDI_Klimaschutz.pdf (02.03.2015).

Ratjen, G., Lackner, P., Kahlenborn, W., Gsellmann, J. (2013): Energieeffizienz-Benchmarking. Methodische Grundlagen für die Entwicklung von Energieeffizienz-Benchmarkingsystemen nach EN 16231. Endbericht. Berlin, Wien: adelphi, Österreichische Energieagentur.

Reinaud, J. (2008): Issues Behind Competitiveness and Carbon Leakage. Focus on Heavy Industry. Paris: International Energy Agency.

Reitz, F., Gerbaulet, C., Hirschhausen, C. von, Kemfert, C., Lorenz, C., Oei, P.-Y. (2014): Verminderte Kohleverstromung könnte zeitnah einen relevanten Beitrag zum deutschen Klimaschutzziel leisten. DIW Wochenbericht 81 (47), S. 1219–1229.

Rohde, C. (2013): Erstellung von Anwendungsbilanzen für das Jahr 2012 für das verarbeitende Gewerbe mit Aktualisierungen für die Jahre 2009–2011. Studie für die Arbeitsgemeinschaft Energiebilanzen (AGEB), Entwurf. Karlsruhe: Fraunhofer-Institut für System- und Innovationsforschung ISI.

Rohdin, P., Thollander, P. (2006): Barriers to and driving forces for energy efficiency in the non-energy intensive manufacturing industry in Sweden. Energy 31 (12), S. 1836–1844.

Schlesinger, M., Hofer, P., Kemmler, A., Kirchner, A., Strassburg, S., Fürsch, M., Nagl, S., Paulus, M., Richter, J., Trüby, J., Lutz, C., Khorushun, O., Lehr, U., Thobe, I. (2010): Energieszenarien für ein Energiekonzept der Bundesregierung. Studie. Basel, Köln, Osnabrück: Prognos AG, Energiewirtschaftliches Institut, Gesellschaft für Wirtschaftliche Strukturforschung mbH. Projekt Nr. 12/10.

Schlomann, B., Reuter, M., Lapillonne, B., Pollier, K., Rosenow, J. (2014): Monitoring of the „Energiewende" – Energy Efficiency Indicators for Germany. Karlsruhe: Fraunhofer-Institut für System- und Innovationsforschung ISI. Working Paper Sustainability and Innovation S10/2014.

Schmid, C. (2004): Energieeffizienz in Unternehmen. Eine wissensbasierte Analyse von Einflussfaktoren und Instrumenten. Zürich: vdf Hochschulverlag.

Schulze, M., Nehler, H., Ottosson, M., Thollander, P. (2016): Energy management in industry – a systematic review of previous findings and an integrative conceptual framework. Journal of Cleaner Production 112 (5), S. 3692–3708.

Schwab, K., Sala-i-Martín, X. (Hrsg.) (2014): The Global Competitiveness Report 2014–2015. Full Data Ed. Cologny, Geneva: World Economic Forum.

Seefeldt, F., Wunsch, M., Michelsen, C., Baumgartner, W., Ebert-Bolla, O., Matthes, U., Leypoldt, P., Herz, T. (2007): Potenziale für Energieeinsparung und Energieeffizienz im Lichte aktueller Preisentwicklungen. Basel, Berlin, Zürich: Prognos, Basics, Progtrans. Endbericht 18/06.

Sivill, L., Manninen, J., Hippinen, I., Ahtila, P. (2013): Success factors of energy management in energy-intensive industries: Development priority of energy performance measurement. International Journal of Energy Research 37 (8), S. 936–951.

Sorrell, S. (2007): The Rebound Effect: An assessment of the evidence for economy-wide energy savings from improved energy efficiency. London: UK Energy Research Centre.

Sorrell, S., Mallett, A., Nye, S. (2011): Barriers to industrial energy efficiencvy: A literature review. Vienna: United Nations Industrial Development Organization. Development Policy, Statistics and Research Branch Working Paper 10/2011.

Sorrell, S., Schleich, J., Scott, S., O´Malley, E., Trace, F., Boede, U., Ostertag, K., Radgen, P. (2000): Reducing barriers to energy efficiency in private and public organisations. Final Report. Brighton, Karlsruhe, Dublin: Science Policy Research Unit, University of Sussex,

Fraunhofer-Institut für System- und Innovationsforschung ISI, Economic and Social Research Institute. JOS3CT970022.

SRU (Sachverständigenrat für Umweltfragen) (2015): 10 Thesen zur Zukunft der Kohle bis 2040. Berlin: SRU. Kommentar zur Umweltpolitik 14.

SRU (2013): An Ambitious Triple Target for 2030. Comment to the Commission's Green Paper „A 2030 Framework for Climate and Energy Policies" (COM(2013) 169 final). Berlin: SRU. Comment on Environmental Policy 12.

SRU (2011): Wege zur 100 % erneuerbaren Stromversorgung. Sondergutachten. Berlin: Erich Schmidt.

Statistisches Bundesamt (2015a): Beschäftigte und Umsatz der Betriebe im Verarbeitenden Gewerbe: Deutschland, Jahre, Wirtschaftszweige (42271). Wiesbaden: Statistisches Bundesamt. https://www-genesis. destatis.de/genesis/online/data;jsessionid=D52ED0736B-25F81761336A57888829DB.tomcat_GO_1_1?operation =begriffsRecherche&suchanweisung_language=de& suchanweisung=42271&x=7&y=7 (28.10.2015).

Statistisches Bundesamt (2015b): Erwerbstätige und Arbeitnehmer nach Wirtschaftsbereichen (Inlandskonzept) Stand: 18.08.2015. Wiesbaden: Statistisches Bundesamt. https://www.destatis.de/DE/ZahlenFakten/GesamtwirtschaftUmwelt/Arbeitsmarkt/Erwerbstaetigkeit/TabellenErwerbstaetigenrechnung/ArbeitnehmerWirtschaftsbereiche.html (28.10.2015).

Statistisches Bundesamt (2015c): Volkswirtschaftliche Gesamtrechnungen. Arbeitsunterlage Investitionen. 2. Vierteljahr 2015. Wiesbaden: Statistisches Bundesamt. https://www.destatis.de/DE/Publikationen/Thematisch/VolkswirtschaftlicheGesamtrechnungen/Inlandsprodukt/InvestitionenPDF_5811108.pdf?__blob=publicationFile (28.10.2015).

Statistisches Bundesamt (2014a): Produzierendes Gewerbe. Beschäftigung und Umsatz der Betriebe des Verarbeitenden Gewerbes sowie des Bergbaus und der Gewinnung von Steinen und Erden 2013. Wiesbaden: Statistisches Bundesamt. Fachserie 4, Reihe 4.1.1. https://www.destatis.de/DE/Publikationen/Thematisch/IndustrieVerarbeitendesGewerbe/Konjunkturdaten/MonatsberichtJ2040411137004.pdf?__blob=publicationFile (28.10.2015).

Statistisches Bundesamt (2014b): Produzierendes Gewerbe. Kostenstruktur der Unternehmen des Verarbeitenden Gewerbes sowie des Bergbaus und der Gewinnung von Steinen und Erden 2012. Wiesbaden: Statistisches Bundesamt. Fachserie 4, Reihe 4.3. https://www. destatis.de/DE/Publikationen/Thematisch/IndustrieVerarbeitendesGewerbe/Strukturdaten/Kostenstruktur2040430127004.pdf?__blob=publicationFile (28.10.2015).

Thollander, P., Backlund, S., Trianni, A., Cagno, E. (2013): Beyond barriers – A case study on driving forces for improved energy efficiency in the foundry industries in Finland, France, Germany, Italy, Poland, Spain, and Sweden. Applied Energy 111, S. 636–643.

UBA (Umweltbundesamt) (2015): Nationale Trendtabellen für die deutsche Berichterstattung atmosphärischer Emissionen 1990–2013. Stand: 29.05.2015. Dessau-Roßlau: UBA. https://www.umweltbundesamt.de/sites/default/files/medien/376/dokumente/nationale_trendtabellen_fuer_die_deutsche_berichterstattung_atmosphaerischer_emissionen_1990-2013_1.xlsx (28.10.2015).

VCI (Verein der Chemischen Industrie) (2014): Die Wettbewerbsfähigkeit des Chemiestandorts Deutschland im internationalen Vergleich. Rückblick und Zukunftsperspektiven. Bericht auf Basis der VCI-Oxford Economics-Studie. Frankfurt am Main: VCI.

Vöpel, H., Wolf, A. (2015): The International Business Compass 2015. Update and Subject Focus Labor Market Performance. Hamburg: BDO AG Wirtschaftsprüfungsgesellschaft, Hamburgisches WeltWirtschafts Institut.

Walz, R., Ostertag, K., Doll, C., Eichhammer, W., Frietsch, R., Helfrich, N., Marscheider-Weidemann, F., Sartorius, C., Fichter, K., Beucker, S., Schug, H., Eickenbusch, H., Zweck, A., Grimm, V., Luther, W. (2008): Innovationsdynamik und Wettbewerbsfähigkeit Deutschlands in grünen Zukunftsmärkten. Dessau-Roßlau, Berlin: Umweltbundesamt, Bundesministerium für Umwelt, Naturschutz und Reaktorsicherheit. Umwelt, Innovation, Beschäftigung 03/08.

Winkler, C., Demont, S., Plan, E. (2012): Wettbewerbliche Ausschreibungen 2013 für Effizienzmassnahmen im Elektrizitätsbereich. Ausschreibung für Projekte und Programme vom 30.11.2012. Bern: Bundesamt für Energie. http://www.bfe.admin.ch/php/modules/publikationen/stream.php?extlang=de&name=de_587185514.pdf&endung=Wettbewerbliche%20Ausschreibungen%202013%20f%FCr%20Effizienzmassnahmen%20im%20Elektrizit%E4tsbereich (08.01.2016).

The World Bank (2015a): Carbon Leakage – Theory, Evidence and Policy Design. Washington, DC: The World Bank. Technical Note 11.

The World Bank (2015b): State and Trends of Carbon Pricing. Washington, DC, Utrecht: World Bank Group, Ecofys. World Bank Climate Change.

The World Bank (2013): Doing Business 2014: Understanding Regulations for Small and Medium-Size Enterprises. 11th ed. Washington, DC: The World Bank. http://www.doingbusiness.org/~/media/GIAWB/Doing%20Business/Documents/Annual-Reports/English/DB14-Full-Report.pdf (08.01.2016).

WTO (World Trade Organization) (2013): World Trade Report 2013. Factors shaping the future of world trade. Geneva: WTO. https://www.wto.org/english/res_e/booksp_e/world_trade_report13_e.pdf (28.10.2015).

Zanker, C., Kinkel, S., Maloča, S. (2013): Globale Produktion von einer starken Heimatbasis aus: Verlagerungsaktivitäten deutscher Unternehmen auf dem Tiefstand. Karlsruhe: Fraunhofer-Institut für System- und Innovationsforschung ISI. Mitteilungen aus der ISI-Erhebung Modernisierung der Produktion 63. http://econstor.eu/bitstream/10419/71285/1/73979597X.pdf (28.10.2015).

Kapitel 3

Inhalt

Abbildungen

Tabellen

3 Umwelt- und Sozialpolitik im Kontext der Energiewende

3.1 Einleitung

189. Die Frage nach den sozialen Auswirkungen umweltpolitischer Maßnahmen spielt eine wichtige Rolle für die breite öffentliche Unterstützung von Umweltpolitik. Zur Erreichung umweltpolitischer Ziele werden allerdings in vielen Fällen Maßnahmen erforderlich sein, die zu höheren Preisen und damit einer stärkeren Kostenbelastung der Bürger führen. Eine Änderung der landwirtschaftlichen Produktionsweise würde die Preise für viele Nahrungsmittel erhöhen, eine Besteuerung von Flugbenzin würde das Fliegen und damit den Urlaub verteuern. Auch die Energiewende, welche beispielhaft im Fokus dieses Kapitels steht, hat zu Belastungen der Haushalte durch erhöhte Ausgaben für Strom und Wohnen geführt.

In der Vergangenheit haben insbesondere die gestiegenen Haushaltsstrompreise zu einer Diskussion über Energiearmut geführt. Die zuletzt stark rückläufigen Weltmarktpreise für fossile Energieträger haben zwar zu sinkenden Preisen für die Verbraucher beigetragen. Dennoch werden angesichts der klimapolitischen Handlungsnotwendigkeiten Fragen des gerechten Umgangs mit den Belastungen der Energiewende eine langfristige Herausforderung für die Umwelt- und Sozialpolitik bleiben.

190. Preise sind ein unverzichtbares und ökonomisch oftmals sehr effizientes Steuerungsinstrument der Umweltpolitik. Idealerweise spiegeln Preise ökonomische Knappheit bei der Nutzung von Ressourcen oder Senken wider. Eine wesentliche durch umwelt- und energiepolitische Instrumente einzupreisende Knappheit betrifft die Aufnahmekapazität der Atmosphäre für Treibhausgase. Die Knappheit der Senkenkapazität kann durch verschiedene Instrumente zur Beeinflussung des Energiepreises berücksichtigt werden, zum Beispiel über Steuern und Abgaben auf den Energieverbrauch oder über Emissionshandelssysteme. Darüber hinaus können Preisanstiege und Belastungswirkungen auch indirekt aus ordnungsrechtlichen klimapolitischen Maßnahmen – wie etwa CO_2-Grenzwerten oder Energieeffizienzstandards – resultieren. Beispielsweise können energetische Sanierungen durch die Umlage von Investitionen zu steigenden Kaltmieten führen.

191. Bei den Belastungen durch steigende Energiepreise – wie auch der Beanspruchung der Umwelt – sind Diskrepanzen zwischen verschiedenen Einkommensgruppen empirisch belegt. Einerseits nehmen der durchschnittliche absolute Energieverbrauch und damit der ökologische Fußabdruck eines Haushalts mit steigendem verfügbarem Einkommen zu. Dies liegt an einer größeren Wohnfläche pro Kopf, einer umfassenderen Ausstattung mit Energie verbrauchenden Geräten oder einer höheren Verkehrsleistung (u. a. Statistisches Bundesamt 2015c). Andererseits nimmt der Anteil der Energieausgaben an den Konsumausgaben mit steigendem Einkommen ab. Für einkommensschwache Haushalte fallen Energiepreis-anstiege somit stärker ins Gewicht. Zudem verfügen diese Haushalte häufig nur über begrenzte Möglichkeiten, auf Kostensteigerungen mit einer Verringerung ihres Energieverbrauchs zu reagieren, zum Beispiel weil ihnen Kapital zur Anschaffung energieeffizienter Produkte oder auch Wissen über Möglichkeiten zur Verbrauchsreduktion fehlen.

192. Mithin zeigt sich ein Spannungsfeld zwischen umwelt- und sozialpolitischen Zielen, zwischen der erwünschten Lenkungswirkung steigender Energiepreise und den sozialen Folgen für einen Teil der Bevölkerung. Obgleich die Verteuerung von Energie umweltpolitisch durchaus gewollt ist, muss die Politik sich der Verteilungswirkung bei der konkreten Ausgestaltung und Flankierung des klimapolitischen Instrumentariums stellen. Dies ist auch mit Blick auf das im Grundgesetz (GG) verankerte soziale Staatsziel geboten. Diesem Spannungsfeld widmet sich der Sachverständigenrat für Umweltfragen (SRU) im vorliegenden Kapitel. Für Strom- und Heizkosten sowie einige indirekte, durch die Energiewende induzierte Kosten der Haushalte soll ausgelotet werden, wie dieser Konflikt entschärft werden kann. Dabei wird auch die Rolle der Sozial- und Verteilungspolitik beleuchtet.

193. Kapitel 3.2 skizziert zunächst in knapper Form die grundsätzliche Legitimation umweltpolitischer Eingriffe und die Rolle von Preisen für die Anpassung an neue Knappheit. Kapitel 3.3 erläutert das Sozialstaatsprinzip des Grundgesetzes und dessen Umsetzung in der Sozialpolitik. Dabei steht die oft diskutierte Energiearmut im Vordergrund. Um die Relevanz der hier behandelten Problemlage zu verdeutlichen, werden in Kapitel 3.4 empirische Befunde zur Energiekostenbelastung privater Haushalte und Hintergründe zur Berücksichtigung von Energiekosten in den sozialen Transfersystemen dargestellt. Als zentralen Hebel zur Bekämpfung von Energiearmut stellt Kapitel 3.5 die Bedeutung von Energieeffizienzsteigerungen heraus. Daran anschließend erörtert Kapitel 3.6 Instrumente zur Verminderung der Kostenbelastung privater – insbesondere einkommensschwacher – Haushalte im Bereich Strom, während das folgende Kapitel 3.7 den Fokus auf den Bereich Wärme legt. Kapitel 3.8 ergänzt diese Anregungen um Vorschläge zur Ausgestaltung sozialpolitischer Maßnahmen. Das Kapitel „Umwelt- und Sozialpolitik im Kontext der Energiewende" endet mit Schlussfolgerungen in Kapitel 3.9.

3.2 Preise als umweltpolitisches Lenkungsinstrument

Legitimation umweltpolitischer Eingriffe

194. Bei fehlender Einpreisung anfallender Umweltkosten können umweltschädliche Aktivitäten und umweltschädlich hergestellte Produkte zu günstig – das heißt unterhalb ihrer tatsächlichen gesamtwirtschaftlichen Kosten – angeboten werden. Hierdurch kommt es zu einer Verzerrung von Produktions- und Konsumentscheidungen zulasten umweltverträglicher Güter und Produktionsverfahren. Da eine Einpreisung von Umwelt- und Gesundheitsschäden in der Regel nicht über den Markt erfolgt, ist es Aufgabe des Staates, korrigierend einzugreifen. Energieerzeugung bzw. -umwandlung verursachen eine Vielzahl von Umweltschäden (BREITSCHOPF 2012; UBA 2012a; 2012b; SRU 2011). Beispielhaft können hier die Belastung von Luft, Wasser und Boden mit Schadstoffen aus der Verbrennung fossiler Energieträger oder der Klimawandel genannt werden. Werden diese Schäden den Verursachern nicht angelastet, so handelt es sich um sogenannte externe Kosten und es kommt zu den oben genannten Verzerrungen.

Zur Korrektur solcher Verzerrungen stehen verschiedene umweltpolitische Instrumente zur Verfügung, die grob in ordnungsrechtliche und marktwirtschaftliche Instrumente unterteilt werden können (u. a. ENDRES 2013; FEESS 2007). Marktwirtschaftliche Instrumente wie Steuern und Abgaben oder handelbare Verschmutzungsrechte sollen über Preisänderungen Verhaltensanpassungen bei Produzenten und Konsumenten hervorrufen. Bei ordnungsrechtlichen Instrumenten ist die preissteigernde Wirkung dagegen eher ein Nebeneffekt. Auch solche indirekten Preiseffekte drücken aber letztlich Knappheit aus und führen zu Anpassungsreaktionen der Konsumenten (SRU 2012, Tz. 205 – bezogen auf den Lebensmittelkonsum).

Klimapolitische Zielfindung

195. Umweltpolitische Ziele sollen die existierende ökologische Knappheit berücksichtigen und auf dieser Basis den Rahmen bestimmen, in dem wirtschaftliches Handeln stattfindet. In der klimapolitischen Diskussion ist der Ausgangspunkt für die Ableitung von Treibhausgasemissionszielen die Festlegung auf einen maximalen Anstieg der globalen Durchschnittstemperatur. Dies geschieht in einem politischen Prozess unter Berücksichtigung des wissenschaftlichen Kenntnisstands. Auf der 21. Konferenz der Vertragsstaaten der Klimarahmenkonvention (COP 21) in Paris wurde 2015 das bereits seit 2010 geltende 2°-Ziel (als maximale Differenz zum vorindustriellen Temperaturniveau) in einem völkerrechtlichen Abkommen bestätigt, wobei die globale Erwärmung möglichst auf 1,5 °C begrenzt werden soll. Hierdurch soll das Überschreiten von irreversiblen Kipppunkten weitgehend vermieden werden. Aus dem 2°-Ziel (bzw. dem 1,5°-Ziel) lassen sich – unter bestimmten Annahmen – globale sowie nationale Emissionsbudgets und -pfade ableiten (z. B. IPCC 2013; MEINSHAUSEN et al. 2009; WBGU 2009, S. 22 ff.). Die Bundesregierung strebt eine Reduktion der Treibhausgasemissionen Deutschlands bis 2050 um 90 bis 95 % gegenüber 1990 an (CDU 2013, S. 50; BMWi und BMU 2010; BMU 2007).

Theoretisch wären anspruchsvolle Reduktionsziele für Treibhausgase durch eine vollständige Dekarbonisierung der Energieversorgung zu erreichen, auch ohne den Energieverbrauch zu senken. Doch führt beispielsweise ein höherer Verbrauch regenerativen Stroms auch zu höheren benötigten Erzeugungs-, Netz- sowie Speicher- bzw. Backup-Kapazitäten und damit zu höheren Kapital-

kosten. Hinzu kommen Nutzungskonkurrenzen um knappe Flächen sowie negative externe Effekte, die auch bei der Nutzung erneuerbarer Energien entstehen. Daher ist die Senkung des Energieverbrauchs ein unverzichtbarer Teil der Energiewende. Wesentlicher Ansatzpunkt hierfür sind Verbesserungen der Energieeffizienz, die es ermöglichen, eine gegebene Menge (und Qualität) von Energiedienstleistungen mit weniger Energieeinsatz bereitzustellen (s. Abschn. 3.5.2 sowie Kap. 2.4).

Kostenwirkungen von Klimapolitik

196. Idealerweise greift die Politik so in den Markt ein, dass die angestrebten Ziele zu möglichst geringen volkswirtschaftlichen Kosten erreicht werden. Hierbei sind marktwirtschaftliche Instrumente zur unmittelbaren Bepreisung des Treibhausgasausstoßes mittels Steuern und Abgaben oder Emissionshandel zumindest in der Theorie den anderen Ansätzen überlegen. Sie setzen Anreize sowohl zur Energieverbrauchsreduktion als auch zum Einsatz möglichst klimaverträglicher Energiequellen. Aufgrund einer Vielfalt von Marktunvollkommenheiten kommt ihre idealtypische Effizienz gerade auch mit Blick auf langfristig wirkende Klimaschutzinvestitionen jedoch nur unvollständig zum Tragen. Beispielhaft wären hier Informationsdefizite und „begrenzte Rationalität" oder auch institutionelle Hindernisse zu nennen (GILLINGHAM und PALMER 2014; Tz. 223). Nötig ist daher ein breites Portfolio von komplementären Politikansätzen, die die unverzichtbare Bepreisung des Treibhausgasausstoßes ergänzen (SRU 2011; 2008; GAWEL et al. 2013; FISCHER et al. 2012).

Gemeinsam ist den Elementen einer wirksamen Klimaschutzpolitik, dass sie die Preise für Energie, Wohnen, Nahrungsmittel und weitere Konsumgüter erhöhen. Die Verteuerung erfolgt dabei einerseits durch die unmittelbare und explizite Bepreisung von Treibhausgasemissionen oder Energieverbrauch. Darüber hinaus entstehen Kosten und ändern sich Preise indirekt, etwa aufgrund verschärfter ordnungsrechtlicher Klimaschutzanforderungen (z. B. die energetische Qualität von Haushaltsgeräten und Gebäuden) oder der Finanzierung von Klimaschutzinvestitionen (z. B. den Ausbau der erneuerbaren Energien). Dies gilt in der Summe aller Maßnahmen, auch wenn sich einzelne Klimaschutzinvestitionen bereits relativ kurzfristig rentieren, insbesondere durch Einsparung von Energieträgerkosten und gegebenenfalls bessere Qualität der Energiedienstleistung. Die Verteuerung spiegelt letztlich die umweltpolitisch erforderliche Verknappung der Aufnahmekapazität der Atmosphäre für Treibhausgase wider.

Notwendigkeit steigender Energiepreise und Reform der Energiebesteuerung

197. Eine (kontinuierliche) Verteuerung des Faktors Energie ist auch geboten, um die klimapolitische Effektivität von Maßnahmen zur Steigerung der Energieeffizienz zu erhalten. Mit steigender Energieeffizienz werden bei konstanten Energieträgerpreisen Energiedienstleistungen günstiger. Steigt dadurch die Nachfrage nach der günstiger werdenden Energiedienstleistung, wird von einem (direkten) Rebound-Effekt gesprochen. Hierdurch können die mit einer Energieeffizienzverbesserung zunächst einhergehenden Energieeinsparungen partiell oder sogar vollständig aufgezehrt werden (GILLINGHAM et al. 2016; GILLINGHAM 2014; SANTARIUS 2012; BARKER et al. 2009; SORRELL 2007; MADLENER und ALCOTT 2006; GREENING et al. 2000). Steigen die Energiepreise im Einklang mit dem Energieproduktivitätsfortschritt, können Rebound-Effekte effektiv vermieden werden (von WEIZSÄCKER et al. 2010). Um den Rebound-Effekt wirksam einzudämmen, ist es grundsätzlich unerheblich, ob das ansteigende Preissignal vom Markt ausgeht oder politisch induziert ist. Mit zuletzt stark rückläufigen Preisen gingen von den Entwicklungen an den internationalen Energiemärkten allerdings eher gegenteilige, verbrauchssteigernde Impulse aus. Angesichts des knappen, mit dem 2°-Ziel zu vereinbarenden, verbleibenden Emissionsbudgets und der umfangreichen Vorräte an fossilen Energieträgern ist auch in Zukunft nicht zu erwarten, dass hinreichende Preissignale vom Markt ausgehen werden (SRU 2015).

Eine steuernde staatliche Rolle ist somit zunehmend erforderlich. Auf nationaler Ebene stellt die Energiebesteuerung den wesentlichen Ansatzpunkt hierfür dar. In ihrer derzeitigen Form weist die Energiebesteuerung allerdings erhebliche konzeptionelle Schwächen auf (GAWEL und PURKUS 2015). So werden verschiedene Energieträger ohne Bezug auf ihren jeweiligen Energiegehalt und das Treibhausgaspotenzial unterschiedlich behandelt. Überdies variieren die Steuersätze je nach Verwendungszweck: Beispielsweise wird der Bereich Wärmeerzeugung weit weniger steuerlich belastet als Kraftstoffe. Ferner profitiert die Industrie von verschiedenen Entlastungen, zu denen der SRU in Kapitel 2 ausführlicher Stellung bezieht. Hierdurch entstehen Verzerrungen, die verhindern können, dass Investitionen zur Minderung des Energieverbrauchs in jene Verwendungen fließen, in denen der Mitteleinsatz die größten Energie- und Treibhausgaseinsparungen bewirkt.

Daher sieht der SRU grundlegenden Reformbedarf bei der Energiebesteuerung. Diese sollte im Rahmen einer verstärkten Ökologisierung des Steuersystems weiterentwickelt und dynamisiert werden. Zum einen sollten die Steuersätze für verschiedene Energieerzeugnisse schrittweise an ihrem jeweiligen spezifischen Treibhausgaspotenzial sowie ihrem Energiegehalt ausgerichtet werden. Zum anderen sollte durch eine dynamische Anpassung der Besteuerung gewährleistet sein, dass das Energiepreissignal auch im Zuge weiterer Effizienzfortschritte hinreichend stark bleibt, um die gesetzten Klimaziele zu erreichen. Um den Haushalten und Marktakteuren Planungssicherheit zu bieten, sollte der Anstieg des Energiepreispfads dabei möglichst vorhersehbar sein. Eine vertiefte Analyse des im Einzelnen bestehenden Reformbedarfs sowie möglicher Anpassungsschritte ist jedoch außerhalb des Fokus dieses Kapitels (z. B. GAWEL und PURKUS 2015; SRU 2004, Tz. 70 ff.).

Verteilungswirkungen steigender Energiepreise

198.   Energiepreissteigerungen haben allerdings oftmals unerwünschte Verteilungswirkungen. Haushalte, die einen überdurchschnittlich großen Anteil ihres verfügbaren Einkommens für Energieverbrauchsausgaben aufwenden, sind von steigenden Preisen überproportional stark betroffen. Handelt es sich bei den überproportional Betroffenen vor allem um relativ einkommensschwache Haushalte, das heißt, sind Haushaltseinkommen und Anteil der Energieverbrauchskosten negativ korreliert, spricht man von einer regressiven Wirkung der Verteuerung des Energiekonsums. Eine solche Regressivität lässt sich vor allem beim Strom und – in etwas weniger starker Form – bei der Wärmeenergie beobachten (HEINDL und LÖSCHEL 2015; SCHUMACHER et al. 2015; s. a. Tz. 206 ff.). Angesichts der regressiven Wirkung steigender Energiepreise muss sich die Politik den potenziellen Konflikten zwischen klima- und sozialpolitischen Zielen widmen, nicht zuletzt auch, um die gesellschaftliche Akzeptanz der Energiewende zu erhalten und zu erhöhen. In einem noch näher zu bestimmenden Maße ergibt sich dies auch aus der Sozialstaatsbestimmung des Grundgesetzes.

3.3   Energiearmut – Anforderungen an den Gesetzgeber

3.3.1   Das Sozialstaatsprinzip als Maßstab einer gesicherten Energieversorgung

199.   Welchen Anforderungen die sozialen Sicherungssysteme bezüglich der Verfügbarkeit des lebensnotwendigen Energiebedarfs gerecht werden müssen, ergibt sich für die Bundesrepublik im Kern aus der Sozialstaatsbestimmung des Art. 20 Abs. 1 Grundgesetz. Das Sozialstaatsprinzip verpflichtet den Staat, für eine gerechte Sozialordnung zu sorgen (BVerfGE 59, S. 231, 263). Dazu gehören insbesondere die Abwehr von Not und Armut, die Errichtung eines Systems der sozialen Sicherung, die Herstellung eines sozialen Ausgleichs sowie die sozialverträgliche Gestaltung der freiheitlichen Wirtschaftsordnung (MAURER 2010, S. 236 f.). Angesichts der Offenheit dieser Aufgabenstellung und der vielfältigen Vorstellungen davon, was „soziale Gerechtigkeit" ausmacht und wie sie zu erreichen ist, kann aus dem Sozialstaatsprinzip nicht abgeleitet werden, wie dieses Ziel im Einzelnen herzustellen ist. Es handelt sich aber um einen verbindlichen verfassungsrechtlichen Gestaltungsauftrag, der sich primär an den Gesetzgeber richtet (ständige Rechtsprechung seit BVerfGE 1, S. 97). Ihm ist es aufgegeben, das Sozialstaatsprinzip zu konkretisieren und zu verwirklichen. Dabei verfügt er über einen erheblichen Spielraum, das Spannungsverhältnis insbesondere zwischen den wirtschaftlichen Freiheitsrechten, den volkswirtschaftlichen Rahmenbedingungen und dem Sozialstaatsziel nach seinen Vorstellungen zu regeln.

Die Frage einer sozialverträglichen Gestaltung der Energieversorgung berührt vor allem zwei klassische sozialstaatliche Tätigkeitsfelder: Zum einen die Gewährung sozialer Leistungen für Hilfsbedürftige, insbesondere die Sicherstellung eines menschenwürdigen Existenzminimums, zum anderen die sogenannte Daseinsfürsorge, also die Bereitstellung der unter den heutigen Lebensbedingungen existenznotwendigen Güter und Dienstleistungen, insbesondere auch der Energieversorgung.

3.3.1.1 Die Sicherung des Existenzminimums und soziale Hilfen

200. Im Folgenden soll die Systematik der für dieses Kapitel wichtigsten sozialstaatlichen Leistungen, nämlich die Grundsicherung und das Wohngeld, kurz dargestellt werden. Eine empirische Einordnung folgt in Kapitel 3.4. Zu den „selbstverständlichen Verpflichtungen" des Sozialstaats (BVerfGE 40, S. 121, 133) gehört die Fürsorge für Hilfsbedürftige. Eine besondere Stellung nimmt dabei die Pflicht zur Gewährleistung eines menschenwürdigen Existenzminimums ein. Diese Pflicht wird verfassungsrechtlich außer aus dem Sozialstaatsprinzip auch aus dem Grundrecht auf die Unverletzlichkeit der Menschenwürde (Art. 1 Abs. 1 GG) hergeleitet (seit BVerwGE 1, S. 159, 161 f.; zuletzt BVerfGE 125, S. 175, 222; BVerfG, Beschluss v. 23. Juli 2014, 1 BvL 10/12, Rn. 74). Es handelt sich daher um ein Grundrecht. Allerdings bedarf auch dieses Grundrecht der Konkretisierung durch den Gesetzgeber, da aus dem Verfassungstext nicht unmittelbar abzuleiten ist, wie das menschenwürdige Existenzminimum zu einem bestimmten Zeitpunkt zu quantifizieren ist, wer als hilfsbedürftig zu gelten hat und worin die Hilfsleistungen bestehen sollen. Der grundrechtliche Anspruch richtet sich daher nur darauf, dass der Gesetzgeber die von ihm vorzusehenden Leistungsansprüche an den konkreten Bedarfen der Betroffenen ausrichtet, seine Entscheidung tragfähig begründet und insgesamt die Untergrenze eines menschenwürdigen Existenzminimums nicht unterschritten wird (BVerfGE 125, S. 175, 225 f.; BVerfGE 132, S. 134, 165).

Was als Minimum für ein menschenwürdiges Leben anzusehen ist, richtet sich nicht zuletzt nach dem jeweiligen Entwicklungsstand und den bestehenden Lebensbedingungen der Gesellschaft (BVerfGE 125, S. 175, 222). Unstrittig ist insoweit, dass das Existenzminimum nicht nur das zum Überleben „physiologisch Notwendige" umfasst, sondern auch die Pflege sozialer Kontakte sowie ein Mindestmaß an gesellschaftlicher und kultureller Teilhabe (NEUMANN 1995; BVerfGE 125, S. 175, 223). Eine ausreichende Energieversorgung zum Heizen, zur Warmwasserbereitung sowie zum Betrieb heute üblicher elektrischer Geräte, etwa auch Telekommunikationsgeräte, ist daher ohne weiteres zum Existenzminimum zu zählen (vgl. BVerfGE 132, S. 134, 160).

Im bestehenden Sozialrecht wird das menschenwürdige Existenzminimum (außer teilweise im Asylrecht) durch die Grundsicherung abgedeckt. Diese unterteilt sich zum

einen in die „Grundsicherung für Arbeitssuchende" nach dem zweiten Buch des Sozialgesetzbuchs (SGB II), im allgemeinen Sprachgebrauch oft als „ALG II" oder „Hartz IV" bezeichnet. Zum anderen gibt es die Sozialhilfe nach SGB XII, deren bedeutendste Leistung die „Grundsicherung im Alter und bei Erwerbsminderung" ist. Der sogenannte Regelbedarf, also die Leistungshöhe für den Regelfall (vorbehaltlich eines individuellen Mehrbedarfs), wird nach den Kriterien des SGB XII festgelegt und vom SGB II für Arbeitssuchende übernommen (§ 20 Abs. 5 SGB II), sodass die Höhe des Regelbedarfs in beiden Grundsicherungsformen gleich ist. Der Regelbedarf wird an die Leistungsberechtigten ausgezahlt, die darüber prinzipiell frei verfügen können, damit aber auch grundsätzlich ihre gesamten Ausgaben des normalen Lebensunterhalts bestreiten müssen. Aus dem Regelbedarf sind insbesondere die Kosten für Haushaltsstrom zu begleichen. Zur Systematik von Grundsicherung und Wohngeld als weiterer im Zusammenhang mit Energiepreisen stehender sozialer Transferleistung siehe Abbildung 3-1.

Die Kosten für Unterkunft und Heizung sind vom Regelbedarf nicht umfasst, sondern werden den Leistungsbeziehern gesondert erstattet. Zu den Kosten für Unterkunft und Heizung zählen neben der Kaltmiete (einschließlich der sogenannten kalten Nebenkosten wie z. B. Wasser- und Abwasserversorgung und Hausreinigung) auch die warmen Nebenkosten, also Heizung und Warmwasser. Die Kosten für Unterkunft und Heizung werden innerhalb eines festgelegten Rahmens grundsätzlich vom Leistungsträger in der Höhe erstattet, in der sie tatsächlich anfallen. Nur unangemessen hohe Heizkosten werden nicht übernommen (§ 22 Abs. 1 Satz 1 SGB II, § 35 Abs. 1 Satz 1 und Abs. 4 Abs. 1 Satz 1 SGB XII; s. Tz. 215). Im Gegensatz zum Haushaltsstrom, bei dem der Leistungsempfänger selbst dafür verantwortlich ist, die Kosten aus dem ihm zustehenden Regelbedarf zu begleichen, kommt für die wichtigen Energiedienstleistungen Heizung und Warmwasser also letztlich der Leistungsträger in voller Höhe auf (zum Sonderfall der strombasierten dezentralen Warmwasserbereitung s. Tz. 216).

Wohngeld

201. Eine andere soziale Leistung, die Geringverdienern ein „angemessenes und familiengerechtes Wohnen" (§ 1 Abs. 1 Wohngeldgesetz – WoGG) ermöglichen soll, ist das Wohngeld. Dieses soll dem Umstand Rechnung tragen, dass die Lage auf dem Wohnungsmarkt und insbesondere die Wohnungsmieten die wirtschaftliche Leistungsfähigkeit vieler Menschen übersteigen (NIEDERMEYER in: ROLFS/GIESEN/KREIKEBOHM/ UDSCHING 2015, § 7 SGB I Rn. 3). Das Wohngeld wird als Mietzuschuss oder, für Wohnungseigentümer, als Lastenzuschuss gezahlt. Der Bezug von Leistungen der Grundsicherung schließt einen Anspruch auf Wohngeld aus, da die Grundsicherung die Kosten für Unterkunft und Heizung bereits abdeckt. Die Höhe des Wohngeldes richtet sich unter anderem nach der Höhe der Kaltmiete einschließlich der kalten Nebenkosten, wobei die zuschuss-

Abbildung 3-1

Ausgewählte soziale Transferleistungen

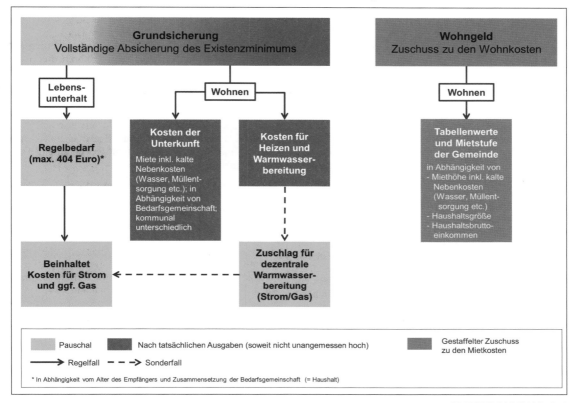

SRU/UG 2016/Abb. 3-1

fähige Höchstmiete regional gestaffelt und tabellarisch festgelegt ist, um dem regional stark voneinander abweichenden Mietenniveau Rechnung zu tragen. Die Kosten für Heizung und Warmwasser finden dabei explizit keine Berücksichtigung (§ 9 Abs. 2 Nr. 1 WoGG).

3.3.1.2 Energieversorgung als Aufgabe der Daseinsvorsorge

202. Eine weitere Ausprägung des Sozialstaatsprinzips, die überdies eine besondere Nähe zum Thema Energieversorgung aufweist, ist die sogenannte Daseinsvorsorge. Der Begriff bezeichnet die staatliche Aufgabe, bestimmte Güter und Infrastrukturen, die unter den heutigen Lebensumständen existenznotwendig sind, jedermann bereitzustellen (z. B. Wasserversorgung, Verkehrs- und Telekommunikationsinfrastruktur). Ein klassischer Anwendungsbereich ist die Energieversorgung, derer der Bürger zur Sicherung einer menschenwürdigen Existenz unumgänglich bedarf (BVerfGE 66, S. 248, 258). Die spezifisch sozialstaatliche Dimension der Daseinsvorsorge liegt darin, dass die Versorgung der Bevölkerung zu möglichst für *alle* tragbaren Bedingungen angestrebt wird

(RÜFNER 2006, Rn. 13). Sozial Schwächere dürfen nicht benachteiligt oder ausgeschlossen werden (ZACHER 2004, Rn. 64).

Der Staat muss die entsprechenden Dienstleistungen nicht selbst erbringen. Die Versorgungsleistung kann auch durch private, renditeorientierte Unternehmen erfolgen. Die Daseinsvorsorgeverantwortung des Staates erfordert dann jedoch einen regulativen Rahmen, der die allgemeine Güterversorgung zu verträglichen Konditionen zu gewährleisten vermag. Wo dieses Ziel verfehlt wird, stehen dem Staat unterschiedliche Reaktionsmöglichkeiten offen. Unter anderem ist eine Subventionierung der Preise bzw. ihre Senkung durch den Abbau der darauf erhobenen Abgaben prinzipiell möglich. ZACHER (2004, Rn. 66) betont jedoch, dass ein reduzierter Preis das eigentliche Problem, nämlich die Ungleichheit der individuellen Leistungsfähigkeit, nur verlagert, dafür aber auch diejenigen profitieren lässt, die sich den marktkonformen Preis durchaus leisten können. Eine andere Möglichkeit, um auch sozial schwachen Haushalten den Zugang zu Gütern der Daseinsvorsorge zu ermöglichen, liegt daher in der Sozialpolitik, zum Beispiel in Transferleistungen zur Sicherung des Lebensunterhalts (RÜFNER 2006, Rn. 8). Nicht zuletzt mit Blick auf die aus Art. 20a GG folgende Verpflichtung zum Umweltschutz (SRU 2011, Tz. 8 ff.) sind im Bereich der Energieversorgung darüber hinaus Energieeffizienzmaßnahmen in Betracht zu ziehen, die auch den ärmeren Haushalten Energieeinsparungen ermöglichen, ohne sie über Gebühr zu belasten.

3.3.2 Energiearmut in Deutschland?

203. Soziale Transferleistungen sind ein unverzichtbares Element, um allen Bürgern den Zugang zu existenziellen Gütern und Dienstleistungen zu gewährleisten. Den Transferleistungen ist allerdings immanent, dass sie an bestimmte Einkommens- und Vermögensgrenzen gekoppelt sind. Haushalte, deren Nettoeinkommen nur geringfügig oberhalb dieser Grenzen liegt, können sich in einer ähnlich schwierigen ökonomischen Situation befinden, ohne jedoch von den sozialen Transferleistungen zu profitieren. Dies betrifft beispielsweise Beschäftigte im Niedriglohnsektor oder Rentner mit relativ geringen Rentenansprüchen – ein Problem, das sich in der Zukunft noch verschärfen wird (BÄCKER und SCHMITZ 2013, S. 6; NEUHOFF et al. 2012). Hinzu kommt, dass ein erheblicher Teil jener Haushalte, denen ein Anspruch auf soziale Hilfsleistungen eigentlich zusteht, diesen aus unterschiedlichen Gründen nicht geltend macht („verdeckte Armut", s. BRUCKMEIER und WIEMERS 2012; NEUHOFF et al. 2012). Nach Angaben des Statistischen Bundesamtes erhielten 2013 9,1 % der Bevölkerung eine soziale Mindestsicherung, weitere 1,7 % der Haushalte erhielten Wohngeld („7,38 Millionen Empfänger/-innen von sozialer Mindestsicherung am Jahresende 2013", Pressemitteilung 426/14 des Statistischen Bundesamtes vom 1. Dezember 2014; „Fast 665.000 Haushalte bezogen am Jahresende 2013 Wohngeld", Pressemitteilung 243/15 des Statistischen Bundesamtes vom 1. Juli 2015). Demgegenüber lag die Armutsgefährdungsquote 2013 in Deutschland bei 16,2 % der Haushalte (Statistisches Bundesamt 2015a). Ein besonders großes Ausmaß dieser Nichtinanspruchnahme wird im Bereich der Altersarmut vermutet. So kommt BECKER (2012) in einer Studie zu dem Ergebnis, dass im Jahr 2007 68,3 % der Personen über 65 den ihnen zustehenden Grundsicherungsanspruch nicht wahrnahmen.

204. Es existiert somit ein „Graubereich", in dem armutsgefährdete Haushalte von den staatlichen Transferleistungen nicht erreicht werden. Als armutsgefährdet gelten nach Definition der Europäischen Union bzw. des Statistischen Bundesamtes Haushalte, deren Einkommen höchstens 60 % des durchschnittlichen mittleren Einkommens beträgt (Deutscher Bundestag 2014, S. 4). Gerade diese Haushalte werden von steigenden Energiepreisen sowie von Kosten für Energieeffizienzmaßnahmen (insbesondere von steigenden Mieten durch die energetische Gebäudesanierung) überproportional belastet. Zu diskutieren ist daher, ob es in Deutschland eine so bisher nicht wahrgenommene „Energiearmut" gibt, die vom

bestehenden Sozialsystem möglicherweise nicht angemessen berücksichtigt wird.

Der Begriff Energiearmut wird in Deutschland vor allem in der politischen Debatte um die steigenden Kosten des direkten Energieverbrauchs verwendet. Der Fokus liegt dabei auf den Wirkungen des Erneuerbare-Energien-Gesetzes (EEG), das in den letzten Jahren durch die steigende Umlagefinanzierung (kurz EEG-Umlage) einen erheblichen Anteil an der Entwicklung des Haushaltsstrompreises hat. Energiearmut betrifft jedoch auch die Frage nach ausreichender und bezahlbarer Raumwärme sowie Warmwasserbereitung, möglicherweise auch von Mobilität. In der Literatur findet der Begriff eher in diesem weiten Sinne Verwendung, es fehlt jedoch an einer allgemein anerkannten Definition.

Der Europäische Wirtschafts- und Sozialausschuss beschreibt Energiearmut als „die Schwierigkeit oder Unmöglichkeit, seine Wohnstätte angemessen und zu einem korrekten (in der englischen Fassung: *affordable*) Preis zu heizen sowie über weitere grundlegende Energiedienstleistungen wie Beleuchtung, Verkehr oder Strom für Internet und sonstige Geräte zu einem angemessenen Preis zu verfügen" (EWSA 2011). Diese Definition nimmt wichtige Elemente des britischen Verständnisses von „fuel poverty" auf, das sich in einer seit den späten 1970er-Jahren andauernden Debatte herausgebildet hat, wobei hier der Schwerpunkt auf der Wärmeversorgung liegt (ISHERWOOD und HANCOCK 1979; TEWS 2013). Der britische Warm Homes and Energy Conservation Act (WHECA) sieht Personen als energiearm an, die einem Haushalt mit geringerem Einkommen angehören und deren Wohnung nicht zu vertretbaren Kosten geheizt werden kann (Art. 1 Abs. 1 WHECA).

Diese Definitionen stimmen darin überein, dass sie nicht nur die tatsächlichen Energieausgaben eines Haushalts betrachten, sondern mit dem Kriterium der Angemessenheit der Energieversorgung (bzw. der Vertretbarkeit der Kosten) ein zusätzliches normatives Element beinhalten. Maßgebend ist demnach, welchen Anteil seines Einkommens ein Haushalt für seinen (angemessenen) Energiebedarf ausgeben muss oder müsste (TEWS 2013). Dies schließt auch solche Haushalte ein, die wegen ihres geringen Einkommens auf Energiedienstleistungen wie Raumwärme verzichten und deshalb faktisch nur relativ geringe Energieausgaben tätigen. Umgekehrt bleiben Energiekosten unberücksichtigt, die aus einem unangemessenen und verschwenderischen Energieverbrauch resultieren. Als Stärke dieses Ansatzes hebt die Literatur die Einbeziehung von Energieeffizienzfragen hervor (HILLS 2012; TEWS 2013). Die oftmals unzureichende Energieeffizienz armutsgefährdeter Haushalte wird als strukturelles Problem betrachtet, das Energiearmut verstärkt oder erst entstehen lässt. Gerade diese Haushalte verfügen nicht über die notwendigen Mittel, um ihre Energieeffizienz durch die Anschaffung neuer Geräte oder gar die Wohnraumsanierung zu steigern. In Großbritannien gelten Maßnahmen zur Steigerung der Energieeffizienz als integraler Bestandteil der Energiearmutsbekämpfung (HILLS 2012).

Als schwierig erweist es sich aber, das so erst abstrakt umschriebene Phänomen der Energiearmut zu konkretisieren und in seinem Ausmaß zu ermitteln. Zudem enthalten die oben genannten Definitionen auslegungsbedürftige Begriffe (z. B. angemessener Energiebedarf, vertretbare Kosten), deren genaue Bestimmung ebenfalls Unsicherheiten aufweist. In einer ersten Annäherung wird häufig eine ursprünglich in Großbritannien entwickelte quantifizierte Definition verwendet, wonach Haushalte, die mehr als 10 % ihres Einkommens für die Versorgung mit Energie aufbringen müssen, als energiearm gelten (EWSA 2013, S. 23; EPEE 2009, S. 3). Diese Definition ist jedoch nicht ohne Anpassungen übertragbar, da sich die klimatischen Bedingungen ebenso unterscheiden wie die Art der Wärmeerzeugung. Zudem sind die sozialen Sicherungssysteme national unterschiedlich ausgestaltet (EPEE 2009, S. 3). Trotz dieser Schwierigkeiten könnte eine wissenschaftlich fundierte und statistisch hinterlegbare Definition von Energiearmut einen wertvollen Beitrag dazu leisten, die Auswirkungen der steigenden Energiepreise sowie der Energie- und Klimaschutzpolitik auf die ärmeren Haushalte besser zu erfassen (s. a. EWSA 2013, S. 24). In der Wissenschaft werden bereits unterschiedliche Definitionen und Berechnungsmethoden diskutiert, mit denen sich die Zahl der von Energiearmut betroffenen Haushalte ermitteln lässt (HEINDL und LÖSCHEL 2015; HEINDL 2014).

3.4 Energiekosten privater Haushalte und deren Berücksichtigung in den sozialen Transfersystemen

205. Nachdem die Energiepreise für private Haushalte in den 1990er-Jahren nominal ein relativ stabiles Niveau aufwiesen (und damit real zum Teil sogar fielen), war seit der Jahrtausendwende ein Aufwärtstrend zu beobachten (Abb. 3-2). Im Zuge des Rückgangs der Preise für fossile Energieträger auf den internationalen Märkten sind auch die Preise für Haushaltskunden in den letzten Jahren rückläufig bzw. stagnierend. Ein deutlicher Rückgang ist insbesondere bei Heizöl zu beobachten, dessen Endkundenpreis stark von den Entwicklungen am Weltmarkt bestimmt wird und mithin eine relativ hohe Volatilität aufweist.

206. In der Summe haben diese Preisentwicklungen dazu geführt, dass der durchschnittliche Anteil an den Konsumausgaben, der in Deutschland für die Versorgung mit Strom und Wärme aufgebracht werden musste, von 4,7 % im Jahr 1998 auf 6,4 % im Jahr 2013 gestiegen ist (Statistisches Bundesamt 2015b, S. 17; 2010, S. 24). Die rückläufigen Preise für fossile Energieträger haben diesen Anteil zuletzt wieder fallen lassen.

Dabei zeigt sich eine sehr heterogene Energiekostenbelastung zwischen verschiedenen Gruppen von Haushalten. Der Anteil der für Strom und Wärme eingesetzten Konsumausgaben wird maßgeblich vom Haushaltsnettoeinkommen bzw. der sozialen Stellung des Haupteinkommensbeziehers bestimmt, wobei beide Determinanten korrelieren (Statistisches Bundesamt 2015b; FISCHER et al. 2016, S. 559 und 563). Zwar steigen der absolute

Abbildung 3-2

Entwicklung der Energiepreise privater Haushalte (nominal)

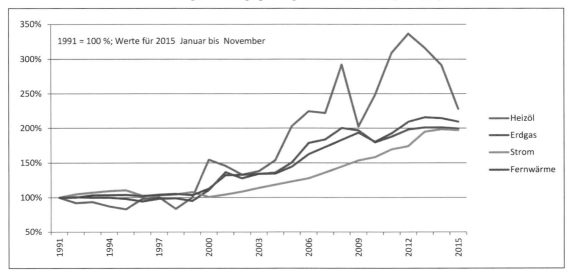

SRU/UG 2016/Abb. 3-2; Datenquelle: BMWi 2016, Tab. 26

Abbildung 3-3

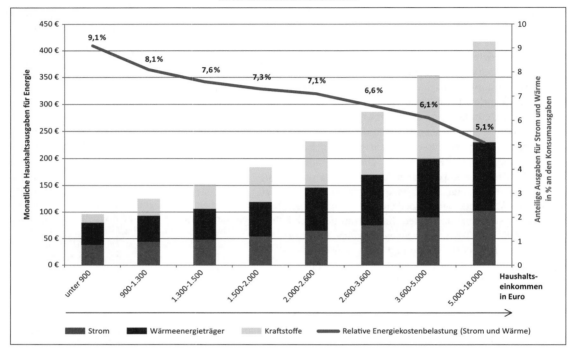

**Absolute Energieausgaben und relative Energiekostenbelastung
nach Haushaltseinkommen**

SRU/UG 2016/Abb. 3-3; Datenquelle: Statistisches Bundesamt 2015b

Verbrauch und, wie Abbildung 3-3 zeigt, die absoluten Ausgaben für Strom und Wärme mit dem Haushaltseinkommen an, jedoch in geringerem Maß als das Einkommen zunimmt. Dementsprechend sinken die anteiligen Ausgaben für Strom und Wärme mit höherem Einkommen. So wenden Haushalte mit einem Haushaltseinkommen von weniger als 900 Euro 9,1 % ihrer Konsumausgaben für Strom und Wärme auf, Haushalte mit einem sehr hohen monatlichen Einkommen von 5.000 bis 18.000 Euro jedoch nur 5,1 %. Ein Zusammenhang zwischen sozialer Stellung, Haushaltseinkommen und relativer Energiekostenbelastung spiegelt sich auch in den überdurchschnittlich hohen Aufwendungen für Strom und Wärme in den Gruppen der Arbeitslosen (9,3 %) sowie der Rentner (7,9 %) wider (Statistisches Bundesamt 2015b, S. 30).

207. Deutlich ist zudem, dass die Höhe des Einkommens Einfluss auf die Verteilung der Kostenbelastung durch Strom und Wärme hat. Bei allen Einkommensgruppen sind im Jahr 2013 die Ausgaben für Strom geringer als für Wärme gewesen. Dabei wird diese relative Differenz umso größer, je höher das Haushaltseinkommen ist (Statistisches Bundesamt 2016b). Durch den aktuell niedrigen Preis für Heizöl werden zwar die Haushalte insgesamt entlastet. Aufgrund der dargelegten Verteilung

von Ausgaben für Strom und Wärme werden von dem Preisrückgang jedoch vor allem Haushalte mit höherem Einkommen profitieren. Haushalte mit niedrigem Einkommen und solche, deren Warmwasserbereitung auf Strom basiert, erfahren dagegen eine geringere relative Entlastung.

208. Aus den dargelegten Zusammenhängen ergibt sich, dass ein Anstieg der Preise für Strom und Wärmeenergie regressiv wirkt. Einkommensschwache Haushalte werden hierdurch relativ stärker belastet als wohlhabendere Haushalte. Die politische Diskussion über Energiearmut hat sich jedoch vor allem an der steigenden EEG-Umlage entzündet und fokussiert auf den Strompreis (GAWEL et al. 2015). Dieser Fokus auf Strom ist nicht zuletzt damit zu erklären, dass der Strompreis in Deutschland deutlich stärker politisch beeinflusst ist – etwa durch die Stromsteuer, verschiedene Abgaben und Umlagen für Netze und erneuerbare Energien – als es die Preise für fossile Heizenergieträger sind.

3.4.1 Strom

209. Die Stromkosten für private Haushalte sind seit der Jahrtausendwende bis zum Jahr 2014 kontinuierlich und deutlich gestiegen (Abb. 3-4). Etwa seit 2010 wird

Abbildung 3-4

Entwicklung und Zusammensetzung des durchschnittlichen Haushaltsstrompreises (in ct/kWh)

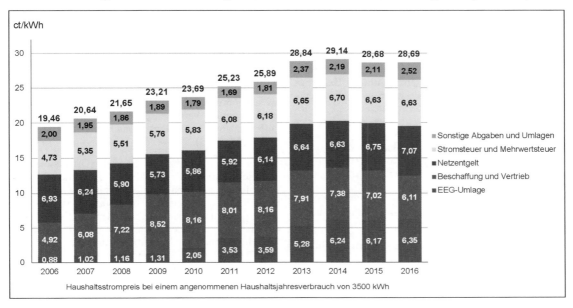

SRU/UG 2016/Abb. 3-4; Datenquelle: BDEW 2016

dies vor allem auf die steigende EEG-Umlage und damit die Energiewende zurückgeführt. Der SRU hat in seinen Gutachten jedoch mehrfach darauf hingewiesen, dass der Anstieg der EEG-Umlage nicht allein die Kosten für den Ausbau der erneuerbaren Energien widerspiegelt und zudem maßgeblich von anderen Faktoren, etwa niedrigen Marktpreise für fossile Energieträger, beeinflusst wird (SRU 2013, S. 47 ff.; 2011, S. 265 f.). Eine einfache Kausalität zwischen der durch die EEG-Umlage unterstützten Substitution fossiler Stromerzeugung durch erneuerbare Energien und einer steigenden Energiekostenbelastung der privaten Haushalte ist daher nicht sachgerecht.

210. Gerade für sozial schwache Haushalte bedeutet der Strompreisanstieg der vergangenen Jahre eine besondere Belastung. Ein Indiz für die zunehmende Schwierigkeit vieler Haushalte, ihre Stromkosten zu begleichen, ist die zunehmende Zahl von Stromsperren (2011: 312.059; 2012: 321.539; 2013: 344.798; 2014: 351.802; Bundesnetzagentur und Bundeskartellamt 2015, S. 192). Dies betrifft sowohl Haushalte im „Graubereich" (vgl. Abschn. 3.3.2) als auch solche, die staatliche Transferleistungen empfangen.

Kosten für Strom in der Grundsicherung

211. Der Regelbedarf in der Grundsicherung soll den Lebensunterhalt abdecken und umfasst insbesondere den Bedarf an Ernährung, Kleidung, Körperpflege, Hausrat sowie an Haushaltsenergie (§ 27a Abs. 1 S. 1 SGB XII).

Zur Haushaltsenergie zählt dabei nur der Haushaltsstrom oder gegebenenfalls das entsprechend (hauptsächlich zum Kochen) eingesetzte Gas, nicht aber die Energie, die zum Heizen und zur Warmwassererzeugung benötigt wird. Letztere gehört in der Systematik der Grundsicherung zu den Kosten für Unterkunft und Heizung (s. Tz. 200).

Die Höhe des Regelbedarfs wird alle fünf Jahre auf Basis der Einkommens- und Verbrauchsstichprobe ermittelt, bei der für die Berechnung 83 ausgewählte Waren und Dienstleistungen einbezogen und gesondert gewichtet werden (ELBEL und WOLZ 2012, S. 1124). Für den Haushaltsstrom werden seit der Einkommens- und Verbrauchsstichprobe 2008 die Stromkosten der maßgebenden Haushalte in voller Höhe als regelbedarfsrelevant anerkannt, nur der Heizungsstrom ist hiervon ausgenommen, weil dieser den Kosten für Unterkunft und Heizung und also nicht dem Regelbedarf unterfällt (Deutscher Bundestag 2010; s. Tz. 200). Für die Berechnung des Regelbedarfs werden nach §§ 2 und 4 Regelbedarfs-Ermittlungsgesetz die tatsächlichen Ausgaben der Haushalte im unteren Einkommensquintil (untere 20 % bei Familienhaushalten) zugrunde gelegt, bei Einpersonenhaushalten werden die unteren 15 % herangezogen. Haushalte mit Sozialhilfebezug sind dabei ausgeschlossen, um Zirkelschlüsse zu vermeiden. In der Literatur wird allerdings kritisiert, dass Haushalte, die eine ihnen zustehende Grundsicherungsleistung nicht in Anspruch nehmen, in die Berechnung des Regelbedarfs mindernd eingehen (BECKER 2015). In der Gruppe der Einpersonenhaushalte sind möglicherweise Rentnerhaushalte überrepräsentiert, da das Rentenniveau unterhalb der Einkommen vieler Berufstätiger liegt. Rentner wie auch Pensionäre geben im Vergleich zu den anderen Gruppen einen unterdurchschnittlichen Anteil ihrer Energiekosten für Strom aus, während Arbeitslose anteilig die höchsten Ausgaben für Strom tätigen (Statistisches Bundesamt 2016a).

Durch den Bezug zur Einkommens- und Verbrauchsstichprobe wird der für ein menschenwürdiges Existenzminimum notwendige Haushaltsstrom nicht im eigentlichen Sinne am – anderweitig zu ermittelnden – Energie-*bedarf*, sondern an den statistischen Ausgaben der Haushalte im untersten Einkommensquintil ausgerichtet. Dieses sogenannte Statistikmodell hat den Vorzug, dass es automatisch Veränderungen der Konsum- und Lebensgewohnheiten in der Gesellschaft abbildet und über das physische Existenzminimum hinaus die zusätzlichen Aufwendungen für ein Minimum an gesellschaftlicher Teilhabe am tatsächlichen Ausgabeverhalten misst (BVerfGE 125, S. 175, 235; BECKER 2010).

212. Der aktuelle Regelbedarf im Rahmen der Grundsicherung basiert noch (Stand 31. Januar 2016) auf der Einkommens- und Verbrauchsstichprobe 2008. In den Jahren zwischen den Ermittlungen des Regelbedarfs auf Basis der Einkommens- und Verbrauchsstichprobe wird er anhand eines Mischindexes (70 % Konsumpreisentwicklung, 30 % Nettolohnwachstum) erhöht. Der erhöhte Regelbedarf wird nur insgesamt veröffentlicht, daher ist nicht erkennbar, in welcher Höhe Ausgaben für Strom veranschlagt wurden (AIGELTINGER et al. 2015, S. 11 f.; Deutscher Bundestag 2015b, S. 3). Jedoch ist der Strompreis seit 2009 insgesamt schneller angestiegen als die Grundsicherung. Im Jahr 2014 hat das Bundesverfassungsgericht mit Blick auf die tatsächliche Strompreisentwicklung noch keine evidente Unterschreitung des menschenwürdigen Existenzminimums erkannt (BVerfG, Beschluss v. 23. Juli 2014, 1 BvL 10/12, Rn. 111). Das Bundesverfassungsgericht billigte die gesetzgeberische Konzeption, wonach es die Regelbedarfsleistung den Empfängern ermögliche, zwischen verschiedenen Bedarfspositionen auszugleichen und einzelne Mehrausgaben so abzudecken (ebd., Rn. 7 und 119). Mithin sollen Mehrausgaben in einem Bereich (z. B. Strom), die über den im Regelsatz eingerechneten Ansatz liegen, durch Minderausgaben in anderen Bereichen ausgeglichen werden. Das Gericht mahnte allerdings an, auf außergewöhnliche Preissteigerungen von regelbedarfsrelevanten Gütern zeitnah zu reagieren (ebd., Rn. 144). Ähnlich argumentiert die Bundesregierung in der Antwort auf eine Kleine Anfrage der Bündnis 90/Die Grünen (Deutscher Bundestag 2015b, S. 2 f.).

Demgegenüber gelangen viele Beobachter und insbesondere die Wohlfahrtsverbände zu der Einschätzung, dass die Haushalte in der Grundsicherung den Strompreisanstieg der letzten Jahre nicht kompensieren können. Verschiedene Erhebungen und Berechnungen weisen auf zwei Aspekte hin: Zum einen liegen die nach der Einkommens- und Verbrauchsstichprobe ermittelten Stromkosten des unteren Einkommensquintils unterhalb der tatsächlichen Ausgaben von Haushalten mit Grundsicherungsbezug. Zum anderen sind die zugrunde gelegten Verbräuche geringer als der tatsächliche Strombedarf von Grundsicherungsempfängern (AIGELTINGER et al. 2015, S. 13; CHECK24 2015; Deutscher Caritasverband 2013, S. 3–5; MARTENS 2012). So ergab eine Auswertung der Beratungen im Rahmen des Projekts „Stromspar-Check PLUS" für den Zeitraum Januar 2014 bis Mai 2015 je nach Haushaltsgröße Mehraufwendungen zwischen 5 und 11 Euro monatlich, bei Haushalten mit strombasierter Warmwasserbereitung ergab sich eine Differenz von 9 bis 17 Euro monatlich (AIGELTINGER et al. 2015, S. 13).

Für diese Divergenz zwischen in der Grundsicherung veranschlagten und tatsächlichen Ausgaben können verschiedene Faktoren verantwortlich sein, so etwa die Stromtarife, die Haushalte mit Bezug von Transferleistungen zahlen, aber auch soziodemografische Haushaltsmerkmale. Diese haben großen Einfluss auf den Energieverbrauch und damit die Ausgaben für Strom (MATTHIES 2013b, S. 92 mit Bezug auf verschiedene Studien). Von besonderer Bedeutung ist die Haushaltszusammensetzung. So verbrauchen Jugendliche zwischen 14 und 17 Jahren im Durchschnitt mehr Strom, Menschen über 65 Jahre weniger (AIGELTINGER et al. 2015, S. 9; BROUNEN et al. 2012). Daher stellt der Deutsche Caritasverband (2013, S. 3) die anteilige Berechnung der Stromkosten für Kinder infrage. Die Diskrepanz zwischen veranschlagten und tatsächlichen Stromkosten kann zudem teilweise darauf beruhen, dass zur Ermittlung des Regelbedarfs die Ausgaben von Niedrigeinkommensbeziehern herangezogen werden, diese verbringen jedoch im Vergleich mit Nichtberufstätigen weniger Zeit zu Hause (DÜNNHOFF und GIGLI 2008).

3.4.2 Heizen und Warmwasserbereitung

213. Generell konnte die Energieeffizienz beim Heizen in den letzten Jahren gesteigert werden. So ist der Heizenergiebedarf pro Quadratmeter Wohnfläche durch Erfolge bei der Gebäudesanierung sowie Energieeffizienzanforderungen bei Neubauten zwischen 2003 und 2013 um 15,5 % zurückgegangen, wobei die absolute Energieersparnis wegen der insgesamt wachsenden Wohnfläche geringer ausfällt (MICHELSEN et al. 2014; BMWi 2015a, S. 39 f.) Trotz der Energieeffizienzverbesserungen sind die flächenspezifischen Heizenergiekosten der Haushalte in diesem Zeitraum gestiegen. Dies konnte auf das steigende Preisniveau der Energieträger für Wärme, insbesondere auf den Heizölpreis, zurückgeführt werden (MICHELSEN et al. 2014). Der zuletzt wieder deutlich gesunkene Preis für Heizöl sowie ein witterungsbedingt niedrigerer Verbrauch sorgten kurzfristig für eine Entlastung bei den Heizkosten der privaten Haushalte (BBU 2015, S. 8).

214. Bislang sind die Preise für Heizenergie im Vergleich zu Strom und Kraftstoffen nur in geringem

Maße mit Lenkungsabgaben belegt. Um daraus resultierende Verzerrungswirkungen zwischen verschiedenen Verwendungszwecken abzubauen und der Knappheit der Senkenkapazität der Atmosphäre Geltung zu verschaffen, sollten die Energiesteuersätze auf Wärmeenergieträger schrittweise angehoben werden (vgl. Tz. 197). Allerdings sind im Bereich Wärme die (kurzfristigen) Anpassungsmöglichkeiten der Haushalte an steigende und – insbesondere im Fall von Heizöl – volatile Energiepreise noch geringer als im Strombereich. Dies betrifft in verstärktem Maß Haushalte mit niedrigem Einkommen, sodass sich hier soziale Fragen mit größerer Intensität stellen. Nach einer Studie des Statistischen Bundesamtes geben 16,8 % der armutsgefährdeten Bevölkerung an, dass es ihnen aus finanziellen Gründen nicht möglich sei, die Wohnung angemessen warm zu halten. Demgegenüber betrifft dies nur 3 % der nicht-armutsgefährdeten Bevölkerung (Statistisches Bundesamt et al. 2013, S. 166).

Kosten für Wärme in der Grundsicherung

215. Wie in Textziffer 200 ausgeführt, werden die Kosten für Unterkunft und Heizung in der Grundsicherung im Normalfall vom Leistungsträger übernommen. Dies setzt zunächst voraus, dass die Unterkunft selbst als angemessen anzusehen ist. Davon zu unterscheiden ist die Frage, ob die in der angemessenen Unterkunft anfallenden Heizkosten unverhältnismäßig hoch sind.

In der Praxis bestimmt sich die Angemessenheit der Kosten der Unterkunft vor allem anhand der Wohnfläche und der Kaltmiete (LUIK in: EICHER 2013, § 22 SGB II Rn. 72). Die Heiz- und Warmwasserkosten spielen hierbei allenfalls eine untergeordnete Rolle (BSG, NZM 2010, S. 411, 412 f.). Dies liegt daran, dass sich die angemessenen Heizkosten praktisch nicht pauschal festsetzen lassen. Für die Leistungsträger ist es überaus schwierig, eine auf eine Wohnung bzw. einen bestimmten Wohnungstyp bezogene Angemessenheitsgrenze für die Heizkosten festzulegen, da die Gerichte eine pauschalierte Berechnung der angemessenen Heizkosten aufgrund der Besonderheiten einer jeden Wohnsituation ablehnen (BSG, Urteil v. 2. Juli 2009, B 14 AS 33/08 R, Rn. 26 ff.; BSG, Urteil v. 4. Juni 2014, B 14 AS 53/13 R, Rn. 30 ff.). Zu unterschiedlich sind die Gegebenheiten und der Zustand der einzelnen Gebäude, Wohnungen und Heizanlagen. Der Energieverbrauch hängt maßgeblich von verschiedenen, nicht vom Mieter beeinflussbaren Faktoren ab, unter anderem der Heiztechnik, den Kosten der verwendeten Heizenergieträger, dem Gebäudeenergiebedarf, der Lage der Wohnung im Gebäude, dem Heizverhalten der Nachbarn, der Witterungsverhältnisse etc. (u. a. Techem Energy Services 2015; DIEFENBACH et al. 2013, S. 156 f.; KOPATZ 2013, S. 110). Der Bundesgesetzgeber hat mit der Einführung des § 22a SGB II eine Öffnungsklausel geschaffen, die es den Ländern bzw. den Kommunen ermöglicht, eine Angemessenheitsgrenze für Heizkosten festzulegen oder den Bedarf für Unterkunft und Heizung zu pauschalieren. Ein Vorstoß des Landes Berlin, die Angemessenheit der Heizkosten in einer Verordnung festzulegen, ist 2014 vor dem Bundessozialgericht gescheitert. In seinem Urteil hat das Gericht in Übereinstimmung mit der Literatur Zweifel daran geäußert, dass sich der Heizbedarf abstrakt überhaupt festlegen lässt (BSG, Urteil v. 4. Juni 2014, B 14 AS 53/13 R, Rn. 32; BERLIT 2014; LUIK in: EICHER 2013, § 22b SGB II Rn. 5).

Diese Rechtslage läuft darauf hinaus, dass die tatsächlichen Heizkosten grundsätzlich als angemessen angesehen und erstattet werden, sofern nicht besondere Umstände Anlass zu einer abweichenden Bewertung geben. Nur wenn Anhaltspunkte für ein „eklatant kostspieliges oder unwirtschaftliches Heizen" vorliegen, etwa weil die tatsächlich angefallenen Kosten signifikant über den durchschnittlichen Kosten vergleichbarer Wohnungen liegen, sind diese Kosten nicht zu übernehmen (BSG, NZM 2010, S. 411, 413). Für Eigenheimbesitzer sind die für Mieter geltenden Grundsätze bei der Angemessenheitsprüfung entsprechend heranzuziehen (BSG, NZS 2007, S. 428, 431). Damit wird die Problematik der Heizkosten für Haushalte in der Grundsicherung wesentlich entschärft. Mit Blick auf die Umwelt- und Klimapolitik erscheint es allerdings problematisch, dass diese Rechtslage lediglich den Anreiz setzen kann, nicht außergewöhnlich viel und verschwenderisch zu heizen. Solange sich die Heizkosten eines Haushalts unterhalb dieser Unangemessenheitsgrenze befinden, hat er keinerlei finanzielle Anreize, auch nur geringfügige Heizenergieeinsparungen (z. B. durch ein sparsames Heizverhalten) zu erzielen.

Sonderfall: Dezentrale Warmwasserbereitung

216. Eine Besonderheit gilt für diejenigen Haushalte, die ihr Warmwasser nicht zentral, sondern dezentral erzeugen, also durch in der Wohnung installierte Warmwasserspeicher oder Durchlauferhitzer. Diese werden bisweilen mit Gas, hauptsächlich aber mit Strom betrieben. Für solche Haushalte hat der Gesetzgeber zusätzlich zum Regelbedarf einen pauschalen Zuschlag vorgesehen, der die Mehrkosten für Strom oder Gas ausgleichen soll. Die Höhe des Zuschlags weist Tabelle 3-1 aus. Sowohl der Regelbedarf, abgeleitet aus den Regelbedarfsstufen der Anlage zu § 28 SGB II, als auch der prozentuale Anteil nach § 21 Abs. 7 SGB II unterscheiden sich nach Zusammensetzung der Bedarfsgemeinschaft. Der höchste Regelbedarf in Höhe von 404 Euro für das Jahr 2016 wird Alleinstehenden gewährt, erwachsene Leistungsbezieher in Partnerschaft erhalten je 364 Euro, andere Erwachsene in einer Bedarfsgemeinschaft (d. h. zumeist volljährige Kinder) erhalten 324 Euro monatlich, Kinder je nach Altersgruppe weniger.

Grundsätzlich haben Leistungsempfänger die Möglichkeit, tatsächlich entstehende, über den Zuschlag hinausgehende Mehrkosten für die Warmwasserbereitung geltend zu machen. Dies scheitert in der Praxis jedoch daran, dass der tatsächliche Bedarf nachgewiesen werden muss, was sich ohne separaten Strom- oder Gaszähler für Warmwasserbereitung kaum realisieren lässt (AIGELTINGER et al. 2015, S. 3).

Tabelle 3-1

Mehrbedarf für dezentrale Warmwassererzeugung 2016

§ 21 Abs. 7 Satz 2 SGB II	Altersgruppe	%-Anteil	Mehrbedarf
Nr. 1	ab 18 Jahren mit einem Regelbedarf von: 404,00 EUR 364,00 EUR 324,00 EUR	2,3 %	9,29 EUR 8,37 EUR 7,45 EUR
Nr. 2	14 – 17 Jahre (306,00 EUR)	1,4 %	4,28 EUR
Nr. 3	6 – 13 Jahre (270,00 EUR)	1,2 %	3,24 EUR
Nr. 4	0 – 5 Jahre (237,00 EUR)	0,8 %	1,90 EUR
SRU/UG 2016/Tab. 3-1; Datenquelle: Regelbedarfssätze nach Bundesregierung 2015			

In der Literatur wird dieser Ansatz mit dem Argument kritisiert, dass die Kosten für Unterkunft und Heizung nach der gesetzlichen Systematik eigentlich in der Höhe übernommen werden müssen, in der sie tatsächlich anfallen. Wer dagegen sein Warmwasser dezentral erzeugt, muss mit dem pauschalierten Mehrbedarf auskommen. Oft wird bezweifelt, dass der pauschal berechnete „Warmwasserzuschlag" die real anfallenden Kosten abdeckt, denn er berücksichtigt beispielsweise weder die vom Mieter nicht zu beeinflussende Anlageneffizienz noch den Energieträger (GRUBE in: GRUBE/WAHRENDORF 2014, § 30 SGB XII Rn. 56). Die im Rahmen des Projektes Stromspar-Check PLUS ermittelten Daten weisen auf eine erhebliche Unterdeckung der tatsächlich entstehenden Kosten durch die veranschlagten Mehrbedarfe hin (AIGELTINGER et al. 2015, S. 9 f.). Die Auswertung der Daten macht, je nach Haushaltsgröße und -zusammensetzung, eine Deckungslücke des Mehrbedarfs für Strom zur Erzeugung von Warmwasser zwischen 12 und 30 Euro monatlich aus (ebd., S. 14). Besonders groß ist die Differenz zwischen dem für 2015 veranschlagten Bedarf von 1,87 Euro für Kinder bis fünf Jahren und dem ermittelten tatsächlichen Bedarf von 6,67 Euro pro Monat (ebd., S. 15). Die Ergebnisse bestätigen die Forderung des Deutschen Caritasverbandes, eine valide Datenerhebung zur Ermittlung des Mehrbedarfs durchzuführen (Deutscher Caritasverband 2013, S. 3 und 8). Hinzu kommt, dass ein Teil der an sich berechtigten Haushalte keine Grundsicherung bezieht (s. Tz. 203).

Heizkosten im Wohngeld

217. Wie oben ausgeführt (Tz. 201), werden die Heizkosten bei der Festlegung der Höhe des jeweiligen Wohngeldanspruchs nicht berücksichtigt. 2009 wurde vorübergehend ein pauschaler Heizkostenzuschuss eingeführt, der jedoch 2011 wieder gestrichen wurde. Das Bundesministerium für Umwelt, Naturschutz, Bau und Reaktorsicherheit (BMUB) konnte sich mit seinem Vorstoß, den Heizkostenzuschuss wieder einzuführen, nicht durchsetzen. Stattdessen wurde der Anstieg der Heizkosten indirekt berücksichtigt, indem die am 1. Januar 2016 in Kraft getretene Wohngelderhöhung stärker ausfiel, als es der statistische Anstieg der kalten Wohnkosten nach der gewählten Systematik der Wohngeldreform erforderlich gemacht hätte (Deutscher Bundestag 2015c; 2015d, S. 11122). Daher ist der maximale Mietkostenzuschuss durch die indirekte Einbeziehung der Heizkosten insgesamt etwas gestiegen, aber für den individuellen Wohngeldanspruch sind unter den Wohnkosten allein die kalten Wohnkosten maßgebend. Eine dynamische Anpassung des Wohngeldes an die künftigen Heizkosten erfolgt nicht. Vor allem die fehlende Anrechnung der warmen Betriebskosten bei der individuellen Ermittlung des Wohngeldes und der Verzicht auf die Dynamisierung wurde auf der Anhörung des Ausschusses für Umwelt, Naturschutz, Bau und Reaktorsicherheit am 10. Juni 2015 von verschiedenen Experten kritisiert (Deutscher Bundestag – Ausschuss für Umwelt, Naturschutz, Bau und Reaktorsicherheit 2015). Ein Gutachten für das Bundesinstitut für Bau-, Stadt- und Raumforschung (BBSR) weist der pauschalierten Heizkostenkomponente – vor allem im Vergleich zur Heizkostenübernahme in der Grundsicherung – allerdings einen Effizienzanreiz zu (BBSR 2013, S. 10 und 129).

Wegen offener Fragen war die Einführung einer Klima-Komponente noch nicht Gegenstand der jüngsten Wohngeldreform. Im Aktionsprogramm Klimaschutz 2020 hat die Bundesregierung aber die – ergebnisoffene – Prüfung einer als Klima-Komponente bezeichnete Differenzierung der zuschussfähigen Höchstbeträge anhand der energetischen Gebäudequalität vorgesehen (BMUB 2014, S. 42). Dadurch soll es Haushalten mit Wohngeldbezug besser möglich sein, energetisch sanierten Wohnraum anzumieten, der wegen der höheren Kaltmiete sonst oft zu teuer wäre.

Auswirkungen energetischer Sanierungen auf einkommensschwache Haushalte

218. Einen erheblichen Einfluss auf die Heizkosten haben energetische Gebäudesanierungen. Diese können bei richtiger Ausführung, einer dem individuellen Gebäudecharakter angemessenen Technik sowie bei Verwendung qualitativ hochwertiger Produkte die Heizkosten deutlich senken. Die für eine energetische Sanierung notwendigen Investitionen sind jedoch für einkommensschwache Eigentümer trotz staatlicher Förderprogramme schwer oder gar nicht aufzubringen. Allerdings wohnt der weit überwiegende Teil der Haushalte mit einem niedrigen Einkommen zur Miete, insbesondere Arbeitslose verfügen selten über Wohneigentum (Statistisches Bundesamt 2013, S. 21–24; 2014b, S. 75 und 77), sodass der Fokus nachfolgend auf vermieteten Wohnraum gelegt wird.

Vermieter können nach derzeit geltendem Recht jährlich 11 % der Investitionen für Modernisierungsmaßnahmen auf die Mieter umlegen und die Miete entsprechend erhöhen (§ 559 Bürgerliches Gesetzbuch – BGB). Der Vermieter ist dabei nicht an die sonst geltende Begrenzung der Mieterhöhung auf die ortsübliche Vergleichsmiete gebunden (ARTZ in: SÄCKER/RIXECKER 2012, § 559 Rn. 1 und 5). Diese Umlagemöglichkeit kann in Abhängigkeit von Ausgangsmiete und Investitionshöhe dazu führen, dass die Erhöhung der Kaltmiete im deutlich zweistelligen Bereich liegt. Eine Koppelung der Umlagehöhe an die bei optimalem Nutzerverhalten erwartbaren oder tatsächlichen Energieeinsparungen ist nicht vorgesehen.

Eine Studie der Technischen Universität Darmstadt kommt zu dem Ergebnis, dass die im Energiekonzept 2050 von der Bundesregierung angestrebte Sanierung des Gebäudebestands bis 2050 eine – je nach Szenario unterschiedlich stark ausfallende – Erhöhung der Wohnkosten für Mieter nach sich zieht, die ohne abfedernde Maßnahmen die sozialen Ungleichgewichte verstärken wird (PFNÜR und MÜLLER 2013, S. 11). Für Bezieher der Grundsicherung kann die Erhöhung der Kaltmiete nach einer Sanierungsmaßnahme zu Schwierigkeiten führen, wenn sie dadurch die von der Kommune festgelegte Mietobergrenze überschreiten (Deutscher Caritasverband 2013, S. 3–5). Bei einkommensschwachen Mietern kann die durch § 559 BGB erhöhte Kaltmiete trotz Ersparnissen bei den Heizkosten Verdrängungseffekte zur Folge haben. Modernisierungen können daher auch gezielt genutzt werden, um eine zahlungskräftigere Mieterklientel zu erschließen. Allerdings hängen Verdrängungseffekte durch Modernisierungen und energetische Sanierungen mit der jeweiligen Lage auf dem Wohnungsmarkt zusammen. Sie sind vor allem in Märkten mit hoher Nachfrage und Zahlungsbereitschaft möglich (HENTSCHEL und HOPFENMÜLLER 2014, S. 16; TEWS 2013, S. 44; KOFNER 2012, S. 88).

3.4.3 Kraftstoffe

219. Die Ausgaben für Kraftstoffe nehmen unter den Energieausgaben privater Haushalte den größten Posten ein. Während die Haushalte 2013 im Durchschnitt 2,3 % ihrer Konsumausgaben für Strom und 2,5 % für Brennstoffe im Wohnbereich ausgaben, entfielen auf Kraftstoffe 3,1 % (FISCHER et al. 2016, S. 563). Im Vergleich zu Strom und Wärmeenergie wirkt eine Verteuerung von Kraftstoffen für den Individualverkehr allerdings kaum regressiv (HEINDL und LÖSCHEL 2015; Abb. 3-3). Dies liegt auch daran, dass gerade einkommensschwache Haushalte oftmals aus finanziellen Gründen keinen Pkw besitzen (Statistisches Bundesamt 2014a, S. 23 ff.). Dennoch können ärmere Haushalte überproportional betroffen sein, zum Beispiel in ländlichen Regionen, wenn sie auf ein Auto angewiesen sind. Wegen der insgesamt nicht regressiven Wirkung wird der SRU den Bereich der Kraftstoffe im Folgenden jedoch nicht näher betrachten.

3.4.4 Zwischenfazit

220. Der Gesetzgeber ist aus Art. 20a Grundgesetz zum Umweltschutz verpflichtet (SRU 2011, Tz. 8 ff.). Das hierauf ausgerichtete staatliche Handeln führt im Energiebereich direkt oder indirekt zu höheren Preisen, die einkommensschwache Haushalte in der Regel stärker treffen. Gleichzeitig steht der Staat nach dem Sozialstaatsprinzip vor der Aufgabe, die Energieversorgung zu generell sozial verträglichen Bedingungen sicherzustellen sowie auch den Hilfsbedürftigen den Zugang zu Energiedienstleistungen zu ermöglichen. Für einkommensschwache Haushalte sollen nicht zuletzt die sozialen Sicherungsleistungen eine angemessene Versorgung mit Energie absichern. Die Erfüllung dieser Aufgabe ist jedoch mit Schwächen behaftet:

– Die Übernahme der Kosten für Heizung und Warmwasser erfolgt in der Regel in tatsächlicher Höhe, sodass sich für die Haushalte in der Grundsicherung keinerlei Anreize für einen effizienten Umgang mit Heizenergie ergeben. Das Wohngeld hingegen, das als Zuschuss zur Miete gezahlt wird, greift auf einen pauschalierten Ansatz zurück. Für die Festlegung des maximalen individuellen Wohngeldanspruchs ist von den Wohnausgaben allein die Kaltmiete (einschließlich der kalten Nebenkosten) ausschlaggebend, während die Heizkosten keine Berücksichtigung finden.

– Nach den vorliegenden Daten sind die in die Grundsicherung eingehenden Ausgaben aus der Einkommens- und Verbrauchsstichprobe für Strom niedriger als der tatsächliche Bedarf der Empfänger. Dies liegt unter anderem daran, dass wichtige soziodemographische Faktoren keine angemessene Berücksichtigung finden. Besonders betroffen sind zudem Haushalte mit dezentraler Warmwasserversorgung. Sie erhalten einen pauschalierten Zuschlag, der teilweise deutlich hinter den realen Kosten zurückbleibt. Nicht zuletzt konnte die Anpassung der Transferleistungen in den vergangenen Jahren nicht mit der Strompreisentwicklung schritthalten. Die bestehenden Defizite im System der Grundsicherung nehmen durch steigende Energiepreise zu.

– Zudem ist festzuhalten, dass ein erheblicher Teil der berechtigten Haushalte ihren Anspruch auf soziale Sicherungsleistungen nicht geltend macht, andere Haushalte Einkommen knapp oberhalb der Bewilligungsgrenzen erzielen und daher keinen Anspruch auf Leistungen aus den sozialen Sicherungssystemen haben. Auch diese Haushaltsgruppen werden überdurchschnittlich durch steigende Strompreise belastet. Insgesamt sind somit weit mehr Menschen von steigenden Energiepreisen negativ betroffen als jener Teil der Bevölkerung, der staatliche Transferleistungen bezieht.

Grundsätzlich stehen über die sozialen Transferleistungen hinaus Hebel in drei Handlungsfeldern zur Verfügung, mit denen auch Haushalte außerhalb der Sozialleistungssysteme erreicht werden:

– Instrumente, die gezielt den – erforderlichen – Energiebezug in einkommensschwachen Haushalten mindern und so deren Energiekostenbelastung reduzieren.

– Maßnahmen, die zu einer veränderten Struktur der Energiepreise führen; sie zielen vor allem auf eine soziale Abfederung von Energiepreissteigerungen ab.

– Veränderungen des rechtlichen und förderpolitischen Rahmens für energetische Gebäudesanierungen, um indirekte Wohnkostensteigerungen zu mindern und den Energieeinspareffekt in den Vordergrund zu stellen.

3.5 Verbrauchsreduktion als zentraler Hebel zur Energiekostensenkung

221. Verbrauchsreduktion ist der wichtigste Hebel, um Belastungen durch steigende Energiekosten zu vermindern. Diese kann grundsätzlich sowohl durch Nutzungsänderungen, das heißt ein sparsameres Verbrauchsverhalten, als auch durch investive Maßnahmen zur Steigerung der Energieeffizienz erzielt werden. Obgleich es auch substanzielle Verbrauchsminderungspotenziale durch Verhaltensänderungen gibt, liegen die investiven Potenziale doch deutlich höher (z. B. PEHNT et al. 2011; BÜRGER 2009, S. 80 und 83).

Sowohl im Strom- als auch im Wärmebereich sind die Einsparpotenziale durch Verhaltensänderung zwar deutlich geringer, jedoch erscheinen sie meist leichter umsetzbar als investive Maßnahmen. Allerdings werden auch diese Einsparmöglichkeiten ebenso wie relativ leicht umsetzbare (gering-)investive Maßnahmen oftmals nicht ergriffen. Daher ist ein breites politisches Maßnahmenportfolio gefordert, um die vorhandenen Potenziale zur Senkung des Energieverbrauchs effektiv zu heben. Über Möglichkeiten zur wirtschaftlichen Energieverbrauchsreduktion müssen die Haushalte informiert, deren Umsetzung angereizt und begleitet sowie gegebenenfalls ordnungsrechtlich (z. B. mittels verbindlicher Energie-

effizienzanforderungen) durchgesetzt werden. Energiepreise als alleiniges Lenkungsinstrument sind sowohl mit Blick auf ihre klimapolitische Effektivität als auch aus verteilungspolitischen Gründen nicht hinreichend.

3.5.1 Geringe Elastizität der Energienachfrage

222. Wie zuvor gezeigt, liegt eine zentrale Ursache für die verteilungspolitische Problematik steigender Energiepreise darin, dass einkommensschwache Haushalte einen größeren Anteil ihres verfügbaren Einkommens für Energiekosten verwenden. Eine weitere Ursache ist die geringe Preiselastizität der Energienachfrage. Die Preiselastizität ist ein wichtiger Indikator für die Stärke der Belastungswirkung eines Energiepreisanstiegs. Sie gibt an, inwieweit Haushalte auf steigende Energiepreise mit einer Verringerung ihrer Energienachfrage reagieren. Man spricht von einer elastischen Nachfrage, wenn die relative Nachfragereduktion stärker ausfällt als die relative Preissteigerung. Im Fall einer elastischen Nachfrage führt eine Preiserhöhung letztendlich zu einer geringeren Energiekostenbelastung, nicht aber notwendigerweise zu einer geringeren Gesamtbelastung, da zur Reduktion des Energieverbrauchs möglicherweise andere Kosten anfallen (z. B. für die Anschaffung energieeffizienter Produkte). Sinkt die Energienachfrage unterproportional zur Preisänderung, wird sie als inelastisch bezeichnet. In diesem Fall führt ein Energiepreisanstieg zu einer insgesamt höheren Energiekostenbelastung.

Obwohl die Ergebnisse eine sehr große Bandbreite aufweisen, kommen empirische Studien in ihrer Mehrzahl zum Befund einer relativ geringen Preiselastizität der Energienachfrage von privaten Haushalten in entwickelten Ländern (GILLINGHAM et al. 2016; BERNSTEIN und MADLENER 2011a; 2011b; SIMMONS-SÜER et al. 2011; SORRELL et al. 2009; ESPEY und ESPEY 2004): Demnach führt ein Energiekostenanstieg um 10 % kurzfristig zu einer Verbrauchsreduktion von 1 bis 3 % und in längerer Frist um 3 bis 6 %. Die niedrige Preiselastizität impliziert somit, dass die Haushalte Preiserhöhungen nicht durch eine proportionale Nachfragereduktion kompensieren. Dies legt nahe, dass private Haushalte nur geringe Ausweichmöglichkeiten für ihren Energiekonsum haben. Für ein präzises Bild der Belastungswirkungen, die aus einem Energiepreisanstieg resultieren, muss die Preiselastizität der Energienachfrage nach Einkommensgruppen, Energieverwendungen und Energieträgern differenziert werden.

Wenn einkommensschwache Haushalte eine geringere Preiselastizität als wohlhabendere Haushalte aufweisen, verstärkt sich die regressive Wirkung steigender Energiepreise. Auch wenn hinsichtlich der einkommensspezifischen Preiselastizität der Energienachfrage derzeit noch wenig belastbare Daten für die Bereiche Strom und Wärme vorliegen, erscheint dies plausibel. Zum einen verfügen sie nur über begrenzte finanzielle Mittel für investive Maßnahmen zur Effizienzverbesserung und zum anderen können wichtige Determinanten des Energieverbrauchs von ihnen nicht oder kaum beeinflusst werden (z. B. die energetische Qualität einer gemieteten Wohnung). Diese These wird auch durch die wenigen vorhandenen empirischen Untersuchungen gestützt (AIGELTINGER et al. 2015; KOHN und MISSONG 2003).

223. Die niedrige Preiselastizität spiegelt einerseits die hohe Abhängigkeit von Energiedienstleistungen im alltäglichen Leben wider. Andererseits tragen aber auch weitere Ursachen zur geringen Preiselastizität bei, die durchaus politisch adressiert werden können (GILLING-HAM und PALMER 2014; FISCHER et al. 2012; SRU 2011, Tz. 374; 2008, Kap. 3.4; JARVIS et al. 2010; ALLCOTT und GREENSTONE 2012). Hierzu zählen zum Beispiel:

– Verbraucher verfügen häufig über unzureichendes Wissen über den eigenen Energieverbrauch und vorhandene Einsparoptionen.

– „Begrenzt rationales" Investitionsverhalten bzw. sogenannte Entscheidungsanomalien, so etwa eine starke Gegenwartsorientierung, können zu einer Vernachlässigung von (sich erst längerfristig rentierenden) investiven Möglichkeiten zur Energieeffizienzverbesserung führen.

– Aufgrund eines niedrigen Haushaltseinkommens kann Kapital zur Anschaffung energieeffizienter Produkte fehlen.

– Bestimmte Anreizstrukturen, insbesondere das Nutzer-Investor-Dilemma, können Verbrauchsreduktionen im Wege stehen. Vermieter investieren zurückhaltend in Maßnahmen zur Verbesserung der Energieeffizienz, wenn hiervon vor allem die Mieter profitieren (Tz. 251, 253 f.). Mieter selbst haben oft nicht die Möglichkeit zu investieren oder scheuen größere Investitionen, da ihnen in der Regel die Erträge bei einem Auszug nicht mehr zufallen (GILLINGHAM et al. 2012; IEA 2007).

– Ein hoher Koordinationsaufwand bei Energieeffizienzmaßnahmen, die von mehreren Parteien gemeinsam geplant, finanziert und durchgeführt werden müssen, stellt ein weiteres Hemmnis dar. Hierzu können beispielsweise die energetische Sanierung von Mehrfamilienhäusern in Eigentümergemeinschaft und der Anschluss eines Wohngebiets an die Fernwärmeversorgung zählen.

Die Ursachen für die niedrige Preiselastizität der Energienachfrage zu analysieren und zu adressieren, ist gerade deshalb von Bedeutung, weil eine Vielzahl von Untersuchungen ein erhebliches Potenzial für Energieverbrauchsminderungen aufzeigt. Das Potenzial liegt vornehmlich in investiven Maßnahmen zur Energieeffizienzsteigerung. Diese könnten bei gleichbleibendem Energiedienstleistungsniveau und oftmals zu insgesamt sinkenden Bereitstellungskosten realisiert werden (s. Abschn. 3.5.2).

224. Eine niedrige Preiselastizität der Energienachfrage impliziert zudem eine geringe klimapolitische Effektivität preislicher Anreize, da moderate Energiepreissteigerungen nur zu relativ schwachen Emissionsreduktionen führen. Durch eine Erhöhung der Preiselastizität kann ein gegebenes Emissionsminderungsziel mit einem geringeren Energiepreisanstieg erreicht werden. Hierdurch würde die aus einer ambitionierten Klimapolitik resultierende Belastung – nicht nur, aber insbesondere – einkommensschwacher Haushalte sinken.

Angesichts bestehender, kaum vollständig zu beseitigender Hemmnisse lässt sich eine sehr weitgehende Reduktion des Treibhausgasausstoßes im Bereich der privaten Haushalte allerdings nicht allein über steigende Energiepreise erreichen. Sowohl aus Gründen der ökonomischen Effizienz als auch der sozialen Gerechtigkeit ist ein Instrumentenmix notwendig. In den Kapiteln 3.6 und 3.7 werden daher verschiedene Maßnahmen diskutiert, die dem Ziel dienen, in privaten – insbesondere einkommensschwachen – Haushalten die Energieeffizienz zu steigern und dadurch Energieverbrauch und -kosten zu vermindern. Der folgende Abschnitt zeigt zunächst sehr knapp die im Bereich privater Haushalte vorhandenen investiven Einsparpotenziale auf, um die Wichtigkeit des Hebels Energieeffizienz zu verdeutlichen.

3.5.2 Zentrale Rolle von Energieeffizienzverbesserungen

225. Sowohl auf nationaler als auch auf europäischer Ebene werden im Bereich der privaten Haushalte regelmäßig sehr große, durch Energieeffizienzverbesserungen erschließbare Endenergieeinsparpotenziale identifiziert (PEHNT et al. 2011; dena 2012; BOẞMANN et al. 2012). Auch wenn verschiedene Studien die genauen Einsparpotenziale unterschiedlich beziffern, so stimmen sie darin überein, dass die größten Potenziale im Bereich der Raumwärme liegen, wie beispielhaft Abbildung 3-5 verdeutlicht. Im Bereich Strom gibt es zwar ebenfalls substanzielle Einsparpotenziale für private Haushalte, doch liegen diese deutlich unterhalb jener für Raumwärme.

Ein großer Teil der Einsparpotenziale sowohl im Bereich Strom als auch bei der Raumwärme ist verschiedenen Studien zufolge bereits unter den heutigen ökonomischen Rahmenbedingungen wirtschaftlich, wird jedoch aufgrund verschiedener Hemmnisse nicht erschlossen (u. a. BPIE 2015; dena 2012; BOẞMANN et al. 2012; PEHNT et al. 2011). Hierbei ist zu beachten, dass die Bestimmung der Wirtschaftlichkeit maßgeblich von den zugrunde liegenden Annahmen (z. B. bezüglich der Diskontrate, der Nutzungsdauer, der zukünftigen Energiepreise und der Technologiekosten) beeinflusst wird. Mit Blick auf die private Wirtschaftlichkeit kommen die Renditewirkungen energie- und förderpolitischer Instrumente sowie gesetzliche Rahmenbedingungen zur Umlage von Investitionskosten hinzu (PFNÜR und MÜLLER 2013, S. 10). Dies impliziert, dass die Beurteilung der Wirtschaftlichkeit einer Maßnahme auch von der eingenommenen Perspektive abhängt. So kann die private Wirtschaftlichkeit energetischer Sanierungsmaßnahmen zwischen Mietern, Vermietern und Selbstnutzern signifikant differieren;

Abbildung 3-5

Wirtschaftliche Endenergieeinsparpotenziale in Deutschland bis 2030*

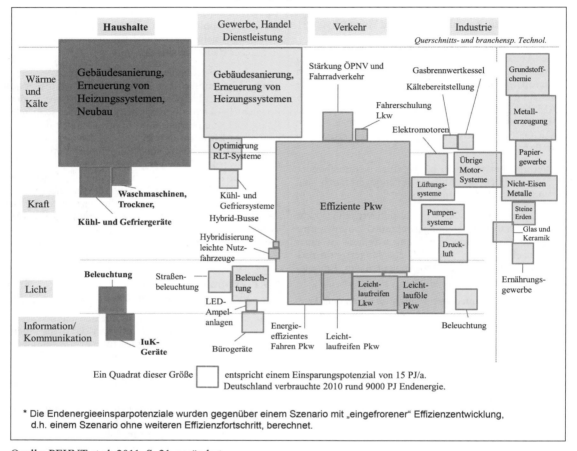

* Die Endenergieeinsparpotenziale wurden gegenüber einem Szenario mit „eingefrorener" Effizienzentwicklung, d.h. einem Szenario ohne weiteren Effizienzfortschritt, berechnet.

Quelle: PEHNT et al. 2011, S. 21, verändert

beispielsweise richtet sich die private Wirtschaftlichkeit einer energetischen Sanierung aus Mieter- bzw. Vermietersicht danach, inwieweit die Investitionskosten über die Miete umgelegt werden können. Mit steigenden Energiepreisen bzw. nach einer Verringerung der Technologiekosten würde sich der wirtschaftlich erschließbare Anteil der vorhandenen Einsparpotenziale vergrößern.

226. Der größere Teil der Potenziale im Bereich Wärme lässt sich durch die energetische Sanierung von Bestandsgebäuden erschließen, obgleich auch durch die weitere Verbesserung der energetischen Qualität von Neubauten Energie gegenüber einem Status-quo-Referenzszenario eingespart werden kann. Neben der Gebäudedämmung ist die Art der Wärmeerzeugung ein weiterer wichtiger Hebel zur Verminderung des Energieverbrauchs. Diese Verbrauchsdeterminanten sind allerdings in Fällen gemieteten Wohnraums durch die Bewohner kaum beeinflussbar. Das gilt insbesondere für

finanziell schwächere Haushalte, die bei der Wahl der Wohnung engen finanziellen Restriktionen unterliegen. Für Vermieter bestehen häufig nur unzureichende Anreize energetische Sanierungsmaßnahmen durchzuführen (s. Tz. 251 ff.). Dies betrifft gerade auch Wohnraum, den einkommensschwache Haushalte gemietet haben und für den die Investitionskosten nicht über Mieterhöhungen refinanziert werden können.

227. Um die Hemmnisse zu überwinden und die wirtschaftlichen Energieeffizienzpotenziale auch tatsächlich zu erschließen, sind politische Eingriffe notwendig. Mit Blick auf die derzeit noch nicht (privat-)wirtschaftlich rentablen Potenziale sollte das klimapolitische Portfolio auch einen langfristig und vorhersehbar ansteigenden Energiepreispfad sowie gegebenenfalls gezielte Maßnahmen zur Unterstützung und Beschleunigung der Technologiekostendegression umfassen. Gelingt es, die vorhandenen wirtschaftlichen Energieeffizienzpotenziale möglichst vollständig zu erschließen, kann der lenkungs-politisch unverzichtbare Anstieg der Energiepreise auch von breiten Bevölkerungsgruppen besser getragen werden.

Zur Steigerung der Energieeffizienz stehen vielfältige Ansätze zur Verfügung, die eine unterschiedliche Eingriffs-tiefe aufweisen, aber auch verschiedene Potenziale adres-sieren. Einige dieser Ansätze werden von der Bundes-regierung bereits aufgegriffen, zum Beispiel im Rahmen des Nationalen Aktionsplans Energieeffizienz und des Aktionsprogramms Klimaschutz (BMWi 2014; BMUB 2014). In den beiden nachfolgenden Kapiteln werden ausgewählte Maßnahmen zur Reduzierung des Energie-verbrauchs und zur Senkung der Energiekosten diskutiert, die auch einkommensschwachen Haushalten zugute-kommen.

3.6 Instrumente zur Senkung der Stromkostenbelastung

228. Steigende Strompreise belasten alle einkommens-schwachen Haushalte, auch jene in der Grundsicherung, wenn diese nicht hinreichend schnell und umfangreich angepasst wird. In diesem Kapitel werden daher Ins-trumente zur Verminderung der Stromkostenbelastung einkommensschwacher Haushalte diskutiert. Zuvorderst gilt es, Instrumente zur Senkung des Energieverbrauchs zu nutzen. Anschließend werden Ansätze diskutiert, über eine veränderte Tarifgestaltung eine finanzielle Entlastung der von Energiearmut bedrohten Haushalte zu erreichen.

3.6.1 Maßnahmen zur Senkung des Stromverbrauchs

3.6.1.1 Energieeffizienzstandards

229. Aufgrund verschiedener Hemmnisse und Markt-unvollkommenheiten weisen im Markt erhältliche Güter oftmals ein geringeres Energieeffizienzniveau auf, als sowohl privat- als auch volkswirtschaftlich effizient wäre. Dies liegt teilweise daran, dass die Kosten für die Suche nach einer optimalen technischen Lösung die erwarteten Energiekosteneinsparungen übersteigen. In dem Fall ist die geringe Aufmerksamkeit für den Stromverbrauch, der sich in niedrigen Elastizitäten widerspiegelt, individuell durchaus rational (CAPLIN und DEAN 2014; SALLEE 2014). Mindestanforderungen an die Energieeffizienz, wie sie in der Ökodesign-Richtlinie 2009/125/EG vor-gesehen sind, können dann besonders ineffiziente Geräte aus dem Markt drängen. Um die Standardsetzung zu dynamisieren und zu gewährleisten, dass sich die Anfor-derungen am Stand der Technik orientieren, hat der SRU bereits 2008 eine Regulierung nach dem Top-Runner-Ansatz empfohlen (SRU 2008; Tz. 73 ff. und Tz. 148 ff.).

Kurzfristig helfen anspruchsvolle Energieeffizienzstan-dards für Neugeräte einkommensschwachen Haushalten allerdings wenig, da sie häufig auf Gebrauchtgeräte zurückgreifen müssen. Neugeräte könnten durch neue Standards sogar teurer werden, wodurch der Austausch alter Geräte noch erschwert werden könnte. Mittelfristig schlägt sich die verbesserte Energieeffizienz jedoch auch im Bestand gebrauchter Geräte nieder. Zudem kann durch Mindeststandards verhindert werden, dass Hersteller zum Zweck der Gewinnmaximierung die Energieeffizienz von Geräten im Niedrigpreissegment bewusst gering halten (FISCHER 2005; 2010; SPURLOCK 2013).

3.6.1.2 Information und Beratung

230. Fehlendes Wissen über den eigenen Strom-verbrauch und Einsparoptionen trägt dazu bei, dass ver-brauchsreduzierende Verhaltensänderungen und wirt-schaftliche Energieeffizienzinvestitionen unterbleiben. Oft sind Stromzähler so positioniert, dass der Verbraucher keine direkte Einschätzung zu den Wirkungen seines Ver-haltens ableiten kann (SQW et al. 2013, S. 55; DUSCHA und DÜNNHOFF 2007, S. 8). Hinzu kommt, dass die Energiekosten in der Regel nur durch die jährliche Abrechnung transparent werden, dadurch jedoch kein Bezug zum alltäglichen Verhalten hergestellt werden kann (u. a. DUSCHA und DÜNNHOFF 2007, S. 13). Die nach-trägliche Abrechnung des Stromverbrauchs kann zu hohen Nachzahlungen führen, die von einkommensschwachen Haushalten oftmals nicht beglichen werden können. Die auch daraus resultierende, seit Jahren hohe Zahl an Stromsperren (Tz. 210) stellt für die betroffenen Haus-halte einen erheblichen Einschnitt dar. Die Nichtverfüg-barkeit von Strom als existenzielles Gut muss auch in sozialstaatlicher Hinsicht Bedenken hervorrufen, denen zu begegnen ist.

Verbesserte Verbrauchsinformation

231. Eine höhere Transparenz des Stromverbrauchs und der damit verbundenen Kosten kann durch Prepaid-Zähler erreicht werden (KOPATZ 2012, S. 91; DÜNNHOFF et al. 2006, S. 26). Der Kunde könnte über einen festzulegenden Mechanismus (etwa per SMS, durch einen Warnhinweis am Zähler o. ä.) rechtzeitig über sein zu Ende gehendes Guthaben informiert werden und durch den Prepaid-Zähler das Guthaben in der gewünschten Höhe aufladen. Dabei sollte auch die Aufladung kleiner Beträge bzw. Strommengen möglich sein, um gerade Haushalten in schwierigen sozialen Lagen den existenziell erforder-lichen Strombedarf zu sichern.

Der Kunde kann somit gut nachvollziehen, wann das auf-geladene Guthaben verbraucht ist, zudem verdeutlichen die regelmäßigen Aufladungen den Verbrauch. Gerade für finanziell schwächere Haushalte ist eine zeitnahe Infor-mation über den Verbrauch eine wichtige Option, um hohe Nachzahlungen und das damit verbundene Risiko der Verschuldung bis hin zu existenzbedrohenden Lagen zu verhindern. Wird das Guthaben nicht aufgeladen, erhält der Haushalt keinen Strom mehr. Kritiker des Prepaid-Ansatzes sprechen hier von „Selbstabschaltung", der im Gegensatz zu Stromsperren statistisch nicht erfasst wird. Allerdings weisen Daten aus Großbritannien, wo bereits 2012 über 15 % der Haushalte Prepaid-Systeme in der Stromversorgung nutzten (ROCHA et al. 2013, S. 4), darauf hin, dass längerfristige Selbstabschaltungen selten vorkommen (VYAS 2014, S. 19). Der Strom wird aber auch nicht wie im bisherigen Sinne abgeschaltet, sondern kann durch individuelle Aufladung kurzfristig wieder verfügbar gemacht werden. Die bislang anfallenden Zusatzgebühren für Ab- und Anschaltung entfallen ebenso wie das Risiko hoher Nachzahlungen für bereits verbrauchten Strom. Der Einsatz von Prepaid-Zählern reduziert darüber hinaus bei den Energieversorgern die Aufwendungen für Mahnwesen und Inkasso sowie Ablesung von Zählern (u. a. KOPATZ 2012, S. 90 f.; DÜNN-HOFF et al. 2006, S. 26). Allerdings erzeugt die Technologie auch zusätzliche Systemkosten.

232. Zukünftig sollen Verbrauchsinformationen durch den Einsatz von Smart Metern (intelligente Zähler) verbessert werden. Mittels Smart Metering sollen ferner Potenziale zur Stromkostensenkung durch lastvariables Nutzerverhalten erschlossen werden. Unsicher ist jedoch, welche Lastverlagerungspotenziale in privaten Haushalten vorhanden sind und inwieweit Smart Metering Kunden tatsächlich zum Kostensparen durch ein dem Stromangebot angepasstes Nutzerverhalten anreizt (u. a. LIEBE und WISSNER 2015, S. 14). Die in Studien ermittelten Energieeinsparungen beim Einsatz von Smart Metern unterliegen einer erheblichen Spannbreite von zwei bis zwanzig Prozent (MATTHIES 2013a, S. 38). Generell gilt, je höher der Verbrauch eines Haushalts, desto größer ist das Verlagerungspotenzial und damit die Möglichkeit zur Kosteneinsparung (LIEBE et al. 2015, S. 24 ff.; LIEBE und WISSNER 2015, S. 13 ff.).

Den möglichen Stromkosteneinsparungen stehen zudem nennenswerte Kosten für Einbau und Nutzung der Technologie gegenüber, die deutlich über jenen für den bisher eingesetzten Zähler liegen. So geht die Bundesregierung von 3 Euro Kosteneinsparungen bei einem Jahresstromverbrauch von bis zu 2.000 kWh aus, für einen Verbrauch von bis zu 3.000 kWh von 10 Euro. Dem stehen durchschnittliche Kosten von 20 Euro für den Messstellenbetrieb eines einfachen digitalen Zählers gegenüber (BMWi 2015b, S. 2 und 7). Es ist daher davon auszugehen, dass die Kosten von Smart Metern gerade bei einkommensschwachen Haushalten das Einsparpotenzial überkompensieren.

Der Entwurf zum Gesetz zur Digitalisierung der Energiewende (BMWi 2016) sieht vor, dass sukzessive alle Haushalte mit Smart Metern ausgestattet werden. Dabei steht jedoch nicht die regelmäßige Verbrauchsinformation für den Kunden im Vordergrund, sondern die Netzstabilität. Soweit Smart Meter aus Kundenperspektive nur den bisherigen Zähler ersetzen und keine nennenswerten zusätzlichen Informationen liefern, werden sie kaum zu Energieeinsparungen und zur Kostenentlastung beitragen. Der Gesetzentwurf sieht aufgrund des Kosten-Nutzen-Verhältnisses vor, dass Kunden mit Verbräuchen unterhalb von 6.000 kWh jährlich nicht zum Einbau verpflichtet sind, allerdings können der Messstellenbetreiber und auch der Hauseigentümer den Einbau veranlassen (BMWi 2016, S. 8). Zum umfassenden Einsatz dieser Technologie

bestehen auch erhebliche Unsicherheiten hinsichtlich Finanzierung und Datenschutz (GREVELER 2015; KARDEL 2015; KARG 2015; KOLMSEE 2015).

233. Wissen zum Stromverbrauch von Geräten und zu Sparoptionen bei den Energiekosten durch ein verändertes Nutzungsverhalten kann auch durch Informationsquellen wie Online-Vergleichsportale für Energieanbieter und Geräte sowie Webseiten mit Stromspartipps erzeugt werden. Allerdings variiert die Qualität der Angebote und ihre Unabhängigkeit ist nicht immer gegeben. Durch eine öffentliche Finanzierung von Informationsportalen (z. B. das Energiesparkonto oder die Stromsparinitiative des BMUB) kann deren Unabhängigkeit gestärkt werden. Hinzu kommt, dass sie der aktiven Recherche bedürfen. Ferner können einkommensschwache Haushalte häufig ihren Energieanbieter nicht frei wechseln (Tz. 239) und sich den Erwerb der verglichenen Neugeräte finanziell nicht leisten (Tz. 236). Dementsprechend dürften diese Informationsinstrumente nur für einen Teil der von Energiearmut betroffenen Haushalte hilfreich sein.

234. Grundsätzlich kann die Energieeffizienz von Geräten mithilfe von Energieeffizienzlabeln gut dargestellt werden (RAMOS et al. 2015). Hierdurch können Konsumenten zum Kauf energiesparender Produkte angereizt werden. Dieser Funktion wird das europäische Energieeffizienzlabel in seiner derzeitigen Form aber kaum gerecht. Beispielsweise wird die Effizienzklasse eines Gerätes bestimmt, indem sein Energieverbrauch in Bezug zu einem Nutzenparameter (z. B. Kühlschrankvolumen, TV-Bildschirmgröße) gesetzt wird, sodass sich die Effizienzklasse häufig mit der Gerätegröße verbessert, obwohl der absolute Energieverbrauch größerer Geräte in der Regel höher ist. Verbraucher können hierdurch leicht fehlgeleitet werden und in Konsequenz tendenziell größere Geräte mit höherem absolutem Verbrauch kaufen. Hier besteht dringend Korrekturbedarf, dem absoluten Verbrauch sollte bei der Effizienzbewertung größeres Gewicht zukommen. Auch könnte beispielsweise die Ergänzung von Kosteninformationen die Effektivität von Energieeffizienzlabeln erhöhen (NEWELL und SIIKAMÄKI 2014; KALLBEKKEN et al. 2013; BULL 2012). Dabei darf eine einfache und verständliche Darstellung aber nicht aufgegeben werden, um Verbraucher durch die präsentierten Informationen nicht zu überfordern (SONG und SCHWARZ 2008; WILSON und DOWLATABADI 2007).

Handlungskompetenz durch Energieberatung

235. Wichtiger noch als Rückmeldungen zum Stromverbrauch und Label ist es jedoch, dem Verbraucher die notwendige Handlungskompetenz zu vermitteln, um die vorhandenen Einsparpotenziale abzurufen (MATTHIES 2013b, S. 96). Dies kann durch eine kostenlose oder geförderte Energieberatung, deren Ausbau im Koalitionsvertrag vereinbart wurde (CDU et al. 2013, S. 52), unterstützt werden. Positives Beispiel hierfür sind die vom BMWi geförderten und für einkommensschwache Haushalte kostenlosen Energieberatungsangebote der Verbraucherzentralen. Eine noch stärker auf die spezifische Situation finanziell schwacher Haushalte ausgerichtete Beratung zum Stromverbrauch ist das Projekt Stromspar-Check PLUS (zur Beschreibung des Projektes und der Evaluation siehe u. a. AIGELTINGER et al. 2015, S. 51 f.; Deutscher Caritasverband und Bundesverband der Energie- und Klimaschutzagenturen Deutschlands 2015; TEWS 2015). Es wird mit Haushaltsmitteln des BMUB im Rahmen der Nationalen Klimaschutzinitiative gefördert und gemeinsam vom Deutschen Caritasverband und dem Bundesverband der Energie- und Klimaschutzagenturen Deutschlands durchgeführt. Die Beratung erfolgt im Haushalt durch zum Energieberater geschulte ehemalige Langzeitarbeitslose, wodurch eine niederschwellige Ansprache der Zielgruppe erreicht wird. Auf Basis einer Bestandsaufnahme und einer Erläuterung der Energierechnungen durch einen Energieberater werden Soforthilfen ausgewählt, Einsparpotenziale errechnet und Verhaltenstipps zusammengestellt. Soforthilfen, wie energiesparende Leuchtmittel und abschaltbare Steckerleisten, werden beim zweiten Besuch installiert und durch eine Beratung zum Nutzerverhalten ergänzt. Zur Überprüfung des dauerhaften Erfolges werden die Haushalte nach etwa einem Jahr erneut kontaktiert und die erzielten Einsparungen mit den prognostizierten verglichen. Die aufsuchende Beratung steht Haushalten offen, die über ein Einkommen unterhalb der Pfändungsgrenze verfügen. Somit erfasst das Angebot einen größeren Kreis als den der Transferempfänger, steht jedoch nicht allen Haushalten offen, die unter Umständen von Energiearmut betroffen sind.

Für alle Beratungs- und Informationsangebote bedarf es der Bereitschaft, sich auf diese einzulassen. Hinzu kommt, dass oftmals eingeübte Verhaltensroutinen dauerhaft verändert werden müssen, wozu es eines mehrstufigen Lernprozesses bedarf (MATTHIES 2013a, S. 38; 2013b). Insofern ist Energiesparen, selbst dann, wenn es wirtschaftlich ist, auch eine Frage der Motivation. Hier können motivierende Maßnahmen gezielt ansetzen, die vor allem in den USA bereits durchaus erfolgreich zum Einsatz kommen, wenn auch nicht in erster Linie in armutsgefährdeten Haushalten. Hierzu zählt zum Beispiel die Nutzung sozialer Motivation durch Vergleiche des eigenen Energieverbrauchs mit dem einer Referenzgruppe (u. a. AYRES et al. 2013; ALLCOTT 2011; SCHULTZ et al. 2007). Die konkrete Ansprache einkommensschwacher Haushalte und die Entwicklung zielgruppengerechter Instrumente bedarf allerdings eines spezifischen Rahmens (MATTHIES 2013b, S. 95).

3.6.1.3 Geförderter Austausch von ineffizienten Geräten

236. Die von Energiekosten stark belasteten Haushalte verfügen oftmals nicht über die notwendigen Finanzmittel oder eine ausreichende Kreditwürdigkeit für die Anschaffung energieeffizienter Produkte, selbst wenn sich diese über die erreichbare Energieeinsparung refinanzieren würde. Diese Liquiditätsproblematik stellt einen wichtigen Ansatzpunkt dar, klimapolitisch notwendige Energieeinsparungen und soziale Belange zu verknüpfen. Durch Programme, die eine Vorfinanzierung – und gegebenenfalls Subvention – des Austauschs alter durch energieeffiziente Geräte gewährleisten, können Liquiditätshemmnisse einkommensschwacher Haushalte überwunden werden.

Erfolg versprechend sind insbesondere solche Programme, die Energieberatung zur Behebung von energieverbrauchsrelevanten Wissensdefiziten mit Finanzierungshilfen kombinieren. Hierfür gibt es bereits einige Beispiele (z. B. das Kühlgeräte-Tauschprogramm im Rahmen des Stromspar-Check PLUS-Projekts), die Erfolge bei der Energiekostenminderung bereits in der Praxis unter Beweis gestellt haben. Ein Haushalt, bei dem das Kühlgerät im Rahmen des Stromspar-Check PLUS ausgetauscht wurde, spart durchschnittlich 383 kWh Strom pro Jahr ein, was einer jährlichen Kosteneinsparung von 105 Euro entspricht (Deutscher Bundestag 2015a).

Das Beispiel des Stromspar-Check PLUS zeigt jedoch auch, dass es noch Hemmnisse für die Annahme des Angebots eines geförderten Kühlschrankaustauschs gibt. So wurden von den ausgegebenen 18.700 Gutscheinen bis Mitte November 2015 nur knapp 4.000 eingelöst (Deutscher Bundestag 2015a). Daher sollten die Erfahrungen mit Modellprojekten systematisch ausgewertet und Best-Practice-Vorgehensweisen entwickelt werden. Ein möglicher Ansatzpunkt ist die Zusammenarbeit mit Energieversorgungsunternehmen. Da für einkommensschwache Haushalte auch relativ niedrige monatliche Ratenzahlungen eine Belastung darstellen, könnte durch eine Absenkung der monatlichen Stromkostenvorauszahlung (nach Maßgabe der erwartbaren Energieeinsparung des ausgetauschten Geräts) die Hemmschwelle weiter abgesenkt werden. Auch zinsgünstige Darlehen, bereitgestellt etwa durch den Leistungsträger, können zur Überwindung von Liquiditätshemmnissen beitragen.

237. Solche Austauschprogramme sollten möglichst flächendeckend angeboten, verstetigt und mit ausreichend finanziellen Mitteln ausgestattet werden. Grundsätzlich kommen hierfür verschiedene Instrumentierungsoptionen infrage. So böte sich beispielsweise eine Erweiterung des Förderbereichs des Energieeffizienzfonds der Bundesregierung an (IRREK und THOMAS 2006; PEHNT und BRISCHKE 2013; THOMAS et al. 2013). Den regulatorischen Rahmen könnten auch Ausschreibungsmodelle, wie im Nationalen Aktionsplan Energieeffizienz vorgesehen, bilden. Effizienzpotenziale bei einkommensschwachen Haushalten ließen sich ferner durch Energieeinsparverpflichtungen für Energieversorger – zum Beispiel durch ein System handelbarer weißer Zertifikate oder Stromkundenkonten – erschließen (SRU 2011, Tz. 381 ff.; FISCHER et al. 2016, S. 354 ff.; BÜRGER et al. 2012; BERTOLDI et al. 2010). Zudem könnten Mikro-Contracting-Modelle und andere innovative Finanzierungsmodelle, die dabei einen besonderen Fokus auf einkommensschwache Haushalte legen, Liquiditätsprobleme sowie weitere Hemmschwellen (z. B. Risikoaversion) für Effizienzinvestitionen adressieren (HER-LING und BROHMANN 2011).

3.6.2 Instrumente zur Veränderung relativer Stromkosten

238. Vor allem für leitungsgebundene Energieträger ergeben sich durch die Tarifgestaltung zusätzliche Möglichkeiten für die Berücksichtigung sozialer Belange. Im Wärmebereich kommen unterschiedliche, auch nicht-leitungsgebundene Energieträger zum Einsatz. Zudem wird die Energiemenge, die als Existenzminimum definiert werden kann, stark durch die individuellen Charakteristiken der Wohnung bestimmt (s. Tz. 215). Daher wird die Diskussion über sozialpolitisch wünschenswerte Tarifstrukturen in diesem Gutachten auf den Strombereich beschränkt.

239. Die Elektrizitätsbinnenmarktrichtlinie 2009/72/EG ist in Deutschland im Energiewirtschaftsgesetz (EnWG) und in der Stromgrundversorgungsverordnung (StromGVV) umgesetzt. Die damit einhergehende Liberalisierung des Strommarktes hat zu einer Diversifizierung der Anbieter und einer großen Vielfalt von Tarifen geführt. Der weitaus größte Teil der Kunden kann Anbieter und Tarif frei wählen, verschiedene Internetportale unterstützen die Kunden beim Vergleich und der Wahl des individuell günstigsten Tarifs. Die Stromgrundversorgungsverordnung verpflichtet allerdings einen Teil der Energieversorger, als Grundversorger bezeichnet, zum Angebot eines Grundtarifs. Dieser Grundtarif steht auch jenen Kunden zur Verfügung, die beispielsweise aufgrund negativer Einträge bei der Wirtschaftsauskunftei SCHUFA von Alternativanbietern abgelehnt werden. Er darf vom Lieferanten nur unter engen Voraussetzungen gekündigt werden (§ 20 Abs. 1 und § 21 StromGVV). Damit sichert der Grundtarif konzeptionell allen Kunden den Zugang zu Strom und nimmt die Bedeutung von Strom als existenzielles Gut auf.

Der Grundtarif ist für den Kunden im Regelfall teurer als Alternativtarife des Grundversorgers und anderer Versorger (CHECK24 2015). Der höhere Grundtarif lässt sich durch ein höheres Risiko des Zahlungsausfalls und damit verbundenem administrativem Aufwand begründen. Die ungünstigen Konditionen des Grundtarifs sind jedoch mit verantwortlich für überproportionale Stromrechnungen finanziell schwacher Haushalte und die dargestellte Unterdeckung der tatsächlichen Stromkosten durch den Grundbedarf (s. Tz. 212 und 216).

240. Die Elektrizitätsbinnenmarktrichtlinie ermöglicht weitergehende, sozialpolitisch motivierte staatliche Eingriffe in die Tarifgestaltung als das deutsche Energiewirtschaftsgesetz. So besteht etwa die Möglichkeit, Sozialtarife verpflichtend einzuführen und für diese einen Zwangsrabatt vorzusehen (BUCKLER 2013). Die Tarifgestaltung obliegt in Deutschland zunächst den Energieversorgern, wobei aber umwelt- oder sozialpolitische Ziele durchaus einen Eingriff rechtfertigen können. Eine staatliche Steuerung scheint notwendig, um den bestehen-

den Problemen zu begegnen und auch Energiepreissteigerungen für jene einkommensschwachen Haushalte, die keine Transfers aus dem Sozialsystem erhalten, abzumildern. Im Folgenden werden unterschiedliche Optionen diskutiert. Anschließend wird in Abschnitt 3.6.3 aus den Ergebnissen ein eigener Vorschlag abgeleitet.

Einpreisung des Grundpreises in den Arbeitspreis

241. Der Haushaltsstrompreis setzt sich in der Regel aus einem verbrauchsunabhängigen Grundpreis und einem Arbeitspreis je verbrauchter Einheit Strom zusammen. Der Anteil des Grundpreises an den Gesamtkosten ist bei geringen Verbräuchen höher. Daher werden gerade kleinere Haushalte und Haushalte mit niedrigem Stromverbrauch überproportional durch den verbrauchsunabhängigen Grundpreis belastet (u. a. TEWS 2011, S. 47). Mit Blick auf die häufig einkommensschwächeren Geringverbraucher erscheint eine Abschaffung des Grundpreises daher sinnvoll.

Mit einem steigenden Anteil erneuerbarer Energien wird jedoch ein immer größerer Teil der Stromgestehungskosten aus Fixkosten bestehen. Das gilt auch für die Bereitstellung von Speichern und Back-up-Kapazitäten. Bislang spiegelt der Grundpreis die Fixkosten der Stromerzeugung nicht wieder. Mit veränderten Anteilen der Stromgestehungskosten werden sich die höheren Fixkosten jedoch abbilden müssen und können, etwa im Fall selten genutzter Speicherkapazitäten, nicht vollständig im Arbeitspreis aufgehen. Demnach würde eine verursachergerechte Bepreisung von Strom zu einem höheren Grundpreis führen. Mit Blick auf die zukünftige Struktur der Energieversorgung rät der SRU daher von der Abschaffung des Grundpreises ab. Mittelfristig ist zudem denkbar, den Grundpreis für private Haushalte nach der jeweils gewünschten gesicherten Kapazität (Leistung in Watt) zu differenzieren.

Eine Begrenzung der verfügbaren Leistung (auf niedrigem Niveau) wird in Kombination mit Prepaid-Zählern beispielsweise in Belgien genutzt, um Stromsperren zu vermeiden (Verbraucherzentrale Nordrhein-Westfalen 2008, S. 4). In Köln wurde dieses Konzept der Lastbegrenzung zur Verhinderung von Stromsperren in einem sozialen Brennpunkt erprobt. Allerdings bedarf der Einsatz einer Lastbegrenzung einer veränderten Infrastruktur und einer umfassenden Information der Kunden (MÜNCH und HAUPRICH 2015).

Verbrauchsfreimengen

242. Freimengen können allen Haushalten zur Verfügung gestellt werden oder nur jenen, die aufgrund eines niedrigen Einkommens einen Bedarf nachweisen. Unter Freimengen werden in der Literatur in der Regel kostenlose Stromkontingente verstanden (u. a. KOPATZ 2013, S. 224 f.). Die Festlegung der Freimengen beeinflusst Ent- und Belastungs- sowie Lenkungswirkungen, aber auch die Akzeptanz. Je mehr Faktoren einbezogen werden, etwa Haushaltsgröße und -zusammensetzung, Wärme-

und Warmwassererzeugung durch Strom, desto gerechter wird die Tarifgestaltung empfunden. Jedoch wird die administrative Umsetzung umso schwieriger. Zudem ist die Schaffung neuer Fehlanreize möglich. Werden allen Haushalten unabhängig von ihrer finanziellen Leistungsfähigkeit und den genannten Faktoren Freimengen gewährt, verringert sich der administrative Aufwand von Nachweis und Kontrolle (DIW 2012, S. 10). Die freiwillige Einführung von Freimengen und deren Gegenfinanzierung durch einzelne Versorger erscheint jedoch im liberalisierten Strommarkt unwahrscheinlich. Freimengen könnten aufgrund dieser Schwierigkeiten nur verpflichtend und für alle Haushalte in gleicher Höhe eingeführt werden. Damit es nicht zu Fehlanreizen kommt, muss jedoch die Freimenge so niedrig angesetzt werden, dass sie den elementaren Grundbedarf an Strom, etwa für Nahrungszubereitung, Waschen und Licht, nur knapp deckt und damit den Charakter eines Existenzminimums besitzt. Dieser ist jedoch von einer Reihe von Faktoren abhängig, zu denen zum Beispiel die Haushaltsgröße und -zusammensetzung, aber auch die Art der Heizung oder der Warmwasserversorgung gehören.

Ungeachtet dieser Aspekte bliebe das Problem der finanziellen Kompensation durch den Versorger. Ausgehend vom Primat der Erlös- und Aufkommensneutralität müssten die durch Freimengen entgangenen Einnahmen durch höhere Strompreise oberhalb der Freimengen ausgeglichen werden (u. a. KOPATZ 2013, S. 226; TEWS 2013, S. 30). Dies kann zum Beispiel für einkommensschwächere größere Haushalte letztendlich sogar zu einer höheren Belastung als bisher führen.

Sozialer Ausgleich durch progressive Arbeitspreise

243. Progressive Arbeitspreise führen nicht zu einer kostenlosen Bereitstellung der ersten Einheiten, sondern nur zu einer Vergünstigung. Im Gegenzug steigen aber auch die Kosten nach Überschreiten dieser ersten Einheiten nach festgelegten Verbrauchsstufen, wobei Höhe (Preis je kWh) und Tiefe (Strommenge, für die der Preis gilt) der Stufen unterschiedlich sein können. Dabei variiert das marginale Preissignal: Haushalte mit hohem Verbrauch zahlen einen höheren Preis für die letzten bezogenen Energieeinheiten und haben daher einen stärkeren finanziellen Anreiz für Energieeinsparungen. Wie bei Freimengen, beeinflusst die konkrete Ausgestaltung Wirkungen und Akzeptanz, ähnlich sind auch die auftretenden Probleme. Die herausragende Rolle kommt der Stufenfestlegung zu (u. a. KOPATZ 2013, S. 229; TEWS 2011, S. 48).

Das Energiewirtschaftsgesetz ermöglicht gemäß § 40 Abs. 5 Versorgern grundsätzlich differenzierte Tarife, sofern sie technisch machbar sind und einen sparsamen Energieverbrauch anreizen. Jedoch sind hohe Preise für einen hohen Verbrauch auch für Versorger nicht attraktiv, da die betroffenen Kunden im liberalisierten Markt zu Anbietern mit geringeren Preisen wechseln können (KOPATZ 2013, S. 233; TEWS 2011, S. 48). Energieversorger werden zudem auch ihre Preisgestaltung kaum

an sozialen Gesichtspunkten ausrichten. Verschiedene empirische Studien kommen zu dem Schluss, dass einkommensschwache Haushalte nicht generell durch progressive Arbeitstarife entlastet werden (KOPATZ 2013, S. 227; TEWS 2013, S. 28).

Kompensation hoher Strompreise durch Freibeträge bei Steuern und Abgaben und andere Verteilung von Umlagen

244. Eine hinsichtlich der Kostenbelastung schwächere Variante der Verbrauchsfreimengen ist die Freistellung von Steuern und Abgaben. Der Strompreis für private Haushalte besteht zu einem erheblichen Teil aus diesen Komponenten, die meistens auf den Verbrauch bezogen sind (BDEW 2016; Deutscher Bundestag – Wissenschaftliche Dienste 2014). Dem Staat bieten sich Gestaltungsmöglichkeiten bei der Bestimmung der Höhe der jeweiligen Steuersätze oder bei der Festlegung von Mengen, die von diesen Kosten freigestellt werden. Diskutiert wurde etwa eine Verringerung der Stromsteuer (TEWS 2013, S. 23 ff.). Allerdings ist die Stromsteuer ein Lenkungsinstrument der Ökologischen Steuerreform, das den Energieverbrauch verteuern und damit auch verringern soll. Sie abzusenken wäre daher kontraproduktiv, hier könnte nur eine Freistellung bestimmter Mengen infrage kommen (vgl. DIW 2012 zur Diskussion von Freistellungen bei der Stromsteuer). Jede Steuer und Abgabe für sich genommen macht jedoch nur einen geringen Teil des Strompreises aus, sodass eine Freistellung bestimmter Mengen für mehrere Abgaben und Steuern gelten müsste, um spürbare individuelle Entlastungseffekte zu generieren. Wie auch bei den diskutierten Freimengen müsste darüber hinaus entschieden werden, welche Strommenge freigestellt werden soll.

Die EEG-Umlage dient der Absicherung der im EEG 2014 festgelegten Vergütungssätze eingespeister Strommengen aus erneuerbaren Energien. Die erhebliche Steigerung der Umlage (von 0,51 ct/kWh Strom im Jahr 2004 auf 6,24 ct im Jahr 2014) ist auf verschiedene Effekte zurückzuführen, die weit über den Zubau von Windkraft- und Solaranlagen hinausgehen. So verlagern Ausnahmetatbestände für die Industrie Lasten überproportional auf private Haushalte (SRU 2013, Tz. 8, 65 und 107 f.; KÜCHLER und HORST 2012). Eine stärkere Belastung der Industrie zugunsten der Haushalte würde unter Umständen zu einer verringerten Lenkungswirkung der Preise bei Haushalten führen, brächte aber gleichzeitig eine verstärkte Lenkungswirkung bei Unternehmen mit sich, die teilweise noch erhebliche Einsparpotenziale haben (vgl. auch Kap. 2).

3.6.3 Der SRU-Vorschlag: Inklusivkontingent und optionaler Prepaid-Zähler

245. Aus den bislang diskutierten Vorschlägen zur Verminderung der Stromkostenbelastung einkommensschwacher Haushalte ergibt sich ein erhebliches Spannungsfeld zwischen gerechter bzw. als gerecht empfundener Ausgestaltung, Effizienzanreizen, finanzieller Wirkung und administrativem Aufwand:

– Obwohl der Grundpreis regressiv wirkt, sollte er mit Blick auf zukünftige Entwicklungen in der Stromerzeugung nicht abgeschafft werden.

– Freibeträge wie auch die Freistellung bestimmter Mengen von Steuern und Abgaben sind grundsätzlich ein denkbares Instrument zur Berücksichtigung sozialer Härten. Die Festlegung der jeweiligen Mengen ist jedoch nicht einfach. Eine, die individuelle Haushaltssituation berücksichtigende Festlegung, ist mit hohem administrativem Aufwand verbunden.

– Eine verbesserte und zeitnahe Information der Haushalte über ihre individuellen tatsächlichen Verbräuche kann einen Beitrag zu einem effizienteren Energieeinsatz leisten und hohe Nachzahlungen für Stromverbräuche verhindern.

Aus der Bewertung der Optionen zur Tarifgestaltung und den Problemen des Grundtarifs leitet der SRU einen grundlegenden Tarifbaustein, das „Inklusivkontingent", ab.

Inklusivkontingent

246. Der SRU schlägt vor, den bisherigen Grundpreis für Strom in Anlehnung an den Mindestumsatz im Mobilfunk so weiterzuentwickeln, dass er ein durch den Grundpreis bezahltes Stromkontingent enthält. Dieses Inklusivkontingent sollte verpflichtend Teil aller Stromverträge sein, mithin für alle Haushalte unabhängig von Verbrauch und Bonität gelten. Über das Inklusivkontingent hinausgehende Verbräuche würden wie bislang nach einem Arbeitspreis abgerechnet. Die konkrete Preisgestaltung obliegt dem Energieversorger, jedoch gelten die Konditionen des Inklusivkontingents für alle Kunden eines Versorgers, unabhängig von den Konditionen für darüber hinausgehende Verbräuche. Aufgrund der für alle Kunden eines Versorgers geltenden tarifären Regelungen für das Inklusivkontingent werden einkommensschwache Haushalte nicht in einen teureren Tarif eingestuft, wie es bislang mit dem Grundtarif in der Regel der Fall ist (CHECK24 2015).

Das Inklusivkontingent stellt damit alle Haushalte für einen Grundbedarf an Strom gleich und wirkt so einer möglichen Diskriminierung aus Bonitätsgründen entgegen. Jedem Haushalt wird mit dem Inklusivkontingent eine gewisse existenzielle Grundversorgung an Strom zuteil. Darüber hinaus würden auch Haushalte, die aufgrund einer hohen Eigenversorgung nur selten Strom aus dem Netz nachfragen, an den Kosten einer gesicherten Stromversorgung beteiligt. Wie dargestellt, wird eine solche Beteiligung im Zeitverlauf aufgrund des steigenden Anteils erneuerbarer Energien ohnehin notwendig (s. Tz. 241).

Die Strommenge im Inklusivkontingent sollte so gering ausgestaltet sein, dass sie keine unerwünschten Folgen für Effizienzanreize hat. Die im Inklusivkontingent ent-

haltene Strommenge sollte daher unterhalb der Strommenge liegen, die die meisten Haushalte in Deutschland tatsächlich benötigen. So geht das Deutsche Institut für Wirtschaftsforschung (DIW) davon aus, dass die Reduktion von Steuern und Abgaben auf eine Strommenge zwischen 500 und 1.000 kWh pro Jahr vor allem Haushalte mit niedrigem Einkommen entlastet (DIW 2012, S. 10). Diese Spanne liegt unterhalb des Bedarfs, wie er vom Bundesverfassungsgericht als menschenwürdiges Existenzminimum anerkannt ist (Tz. 200). Die monatlich dem Inklusivkontingent zugewiesene Strommenge kann aber ein grundlegendes physisches Existenzminimum aufrechterhalten, etwa zum Kühlen, Kochen oder zur Beleuchtung eines Zimmers, und damit die mit einer Stromunterbrechung verbundenen Härten wesentlich abfedern. Das Inklusivkontingent kann somit das menschenwürdige Existenzminimum an Haushaltsstrom nicht alleine sicherstellen, aber einen wesentlichen Beitrag zu dessen Gewährleistung beisteuern. Wenn es mit Prepaid-Zählern kombiniert wird, kann zudem die teure Sperrung des Strombezugs vermieden werden (s. Tz. 210 und 231).

247. Damit das hier vorgeschlagene Inklusivkontingent verbindlicher Bestandteil aller Haushaltskundentarife werden kann, ist eine Änderung des Energiewirtschaftsgesetzes sowie der Stromgrundversorgungsverordnung erforderlich, wobei die Vorgaben der Elektrizitätsbinnenmarktrichtlinie zu beachten sind. Diese Änderungen beinhalten eine Einschränkung der Vertragsfreiheit, die bislang insbesondere im Verhältnis zu den Haushaltskunden außerhalb der Grundversorgung prägend ist. Diese Einschränkung ist aber mit Blick auf das Sozialstaatsprinzip zu rechtfertigen. So würde auf diese Weise – in Verbindung mit der sogleich dargelegten Möglichkeit der Direktzahlung durch den Träger des Regelbedarfs – das Problem der Stromsperren für die Haushalte in der Grundsicherung wesentlich entschärft und ein elementarer Grundbedarf an Strom gewährleistet.

Darüber hinaus erfordert es die Daseinsvorsorge (Tz. 202), der Bevölkerung lebensnotwendige Güter und Dienstleistungen zu möglichst für *alle* bezahlbaren Bedingungen zur Verfügung zu stellen. Hier stellt sich aber in der Praxis das Problem, dass gerade der armutsgefährdete Teil der Bevölkerung mit schlechter Bonität faktisch von den günstigeren Tarifen ausgeschlossen ist und auf den teureren Grundversorgungstarif verwiesen wird. Diese Benachteiligung kann dadurch beseitigt oder zumindest gemindert werden, dass die Stromversorger regulatorisch gezwungen werden, das Inklusivkontingent als Basis für alle Kunden zu verankern.

248. Ähnlich der Regelungen zur Mietzahlung sollte die Möglichkeit eingeräumt werden, beim Träger die direkte Zahlung des Inklusivkontingents und damit der inkludierten Strommenge zu beantragen. Ebenso sollte es dem Träger des Regelbedarfs ermöglicht werden, für den Fall, dass der Leistungsbezieher zur Begleichung der Stromkosten voraussichtlich nicht in der Lage ist, die Direktzahlung selbst zu veranlassen.

Dies stellt zwar eine Abweichung vom Prinzip der eigenverantwortlichen Verfügung über den Regelbedarf dar und stellt das Inklusivkontingent an Strom einer Sachleistung gleich. In Anbetracht des engen Sachzusammenhangs zwischen der Sicherung der Wohnung, auf die die besonderen Regelungen zur Mietzahlung abzielen, und der Sicherung von deren Bewohnbarkeit, für die nicht zuletzt ein Mindestmaß an Strom erforderlich ist, erscheint diese Abweichung aber gerechtfertigt. Besonders deutlich wird dies im Vergleich mit § 22 Abs. 7 Nr. 2 SGB II, wonach die Mietschuld in der Regel dann direkt an den Vermieter entrichtet werden soll, wenn Energiekostenrückstände bestehen, die zu einer Unterbrechung der Energieversorgung berechtigen – wobei nach der gesetzlichen Systematik hier nur die Kosten für Unterkunft und Heizung erfasst sind (Tz. 200), nicht aber der Haushaltsstrom. Die Unterbrechung der Stromversorgung führt aber zu einer vergleichbaren Beeinträchtigung der Bewohnbarkeit einer Wohnung, wie die Unterbrechung der Heiz- oder Warmwasserenergie. Im Übrigen kann nach der Rechtsprechung bereits jetzt die Übernahme von Stromschulden durch den Träger der Grundsicherung davon abhängig gemacht werden, dass der Leistungsempfänger einer künftigen Direktüberweisung der Abschlagszahlungen zustimmt, sodass die Stromversorgung dann einer Sachleistung entspricht (LSG Berlin-Brandenburg, Beschluss v. 11. Dezember 2007, L 28 B 2169/07 AS ER; SG Lüneburg, Beschluss v. 10. März 2009, S 81 AS 311/09 ER).

Prepaid-Zähler

249. Haushalten, die über einen Prepaid-Zähler verfügen, würde die im Inklusivkontingent enthaltene Strommenge am Monatsanfang gutgeschrieben. Die Kosten für die Einrichtung des Prepaid-Zählers sollte für finanzschwache Haushalte auf Antrag die öffentliche Hand bzw. der Leistungsträger übernehmen, sodass durch diese Art der Stromzahlung keine zusätzlichen Kosten entstehen. Darüber hinaus sollte künftig im Monitoringbericht der Bundesnetzagentur nicht nur die Zahl der eingesetzten Prepaid-Zähler (2015 in 0,04 % der Haushalte, Bundesnetzagentur und Bundeskartellamt 2015, S. 193) ausgewiesen werden sondern auch die Zahl längerfristiger Selbstabschaltungen (Tz. 231). Beim derzeit im Rahmen des Gesetzentwurfes zur Digitalisierung der Energiewende (BMWi 2015b) vorgelegten Rollout intelligenter Messeinrichtungen (Smart Metering, Tz. 231 f.) sollte gerade in Wohnungen einkommensschwacher Haushalte darauf geachtet werden, dass die neuen Zähler den Einsatz einer Prepaid-Funktion technisch möglich machen.

Prepaid-Zähler werden in Großbritannien auch eingesetzt, um bereits bestehende Schulden beim Energieversorger abzugleichen (KOPATZ 2012, S. 90). Insbesondere mit Blick auf das Inklusivkontingent und seinen Charakter einer existenziellen Grundversorgung mit Strom sollten bereits angefallene Stromschulden nicht vom Guthaben beglichen werden. Vielmehr könnten Stromschulden für Transferempfänger vom Träger als Darlehen übernommen und in Raten bzw. durch Abzüge bei der Grundsicherung

von den betroffenen Haushalten zurückgezahlt werden. Dies entspricht dem bisherigen Umgang mit solchen Situationen (LSG NRW, Beschluss v. 13. August 2013, L 7 AS 1134/13 B ER).

3.7 Politische Instrumente zur Senkung des Heizenergieverbrauchs

250. Der Gebäudesektor soll nach dem Klimaschutzziel aus dem Jahr 2010 bis 2050 nahezu klimaneutral sein (BMU und BMWi 2011, S. 27). Eine Studie im Auftrag des Bundesministeriums für Verkehr, Bau und Stadtentwicklung (BMVBS) aus dem Jahr 2013 stellt fest, dass eine 40 %ige Reduktion der Treibhausgasemissionen gegenüber 1990 im Wärmebereich bis 2020 möglich ist, wenn die derzeitige energetische Modernisierungsrate erheblich gesteigert wird und die Maßnahmen im Wärmebereich einen qualitativen Fortschritt erfahren. Zudem ist der sukzessive Übergang in der Wärmeerzeugung von den bislang dominierenden Energieträgern Gas und Öl hin zu anderen Systemen wie Wärmepumpen, dezentraler und zentraler Kraft-Wärme-Kopplung sowie Solaranlagen erforderlich (DIEFENBACH et al. 2013, S. 5).

Um das Klimaschutzziel im Gebäudesektor zu erreichen, muss der Wärmebedarf unter anderem durch Maßnahmen an der Gebäudehülle und Geschossdeckendämmung gesenkt werden. Die noch benötigte Wärmeenergie muss durch energieeffizientere Heizungstechnik sowie Substitution fossiler Brennstoffe durch erneuerbare Energien erzeugt werden (s. a. BMWi 2015a; 2014, S. 23; HENGER 2014, S. 7). Neben den technischen Maßnahmen vermindert ein verändertes Nutzerverhalten den Wärmebedarf.

Welchen Beitrag Maßnahmen an der Gebäudehülle, der Einsatz effizienter Wärmeerzeugungstechnik und die Nutzung erneuerbarer Energien leisten können, hängt im Einzelnen sehr stark vom Gebäudetyp, dem energetischen Ausgangszustand, der Lage und Ausrichtung ab. Daher ist durchaus eine Reihe von Fällen denkbar, in denen zum Beispiel die Umstellung der Wärmeversorgung einen Vorteil gegenüber einer umfassenden energetischen Sanierung der Gebäudehülle hat. Je mehr Möglichkeiten den Akteuren hier eingeräumt werden, vorgegebene Ziele mit den im Einzelfall am besten geeigneten Maßnahmen zu erreichen, desto effizienter können die notwendigen Investitionen zur Verminderung von Treibhausgasen und Energieverbrauch getätigt werden. Um die angestrebte Klimaneutralität bis 2050 zu erreichen, wird jedoch in den meisten Fällen auch eine energetische Sanierung der Gebäudehülle erforderlich sein.

251. Während sich Maßnahmen für einen effizienteren Energieeinsatz im Bereich Strom vollständig an den Nutzer richten, adressieren Maßnahmen im Wärmebereich – ausgenommen Beratung und Information zu Verhaltensänderungen – in erster Linie Gebäudeeigentümer. Vor allem die energetische Sanierung von Gebäuden, die nicht durch den Eigentümer genutzt werden, wird auch bei wirtschaftlich sinnvoll erschließbarem Potenzial durch das Nutzer-Investor- bzw. Mieter-Vermieter-Dilemma behindert: Der Vermieter investiert in verbesserte Effizienz, den Nutzen hat jedoch der Mieter durch Energie(kosten)einsparungen. Um diesem Dilemma entgegenzuwirken, werden mit Sonderregelungen im Mietrecht (Abschn. 3.7.1) und der finanziellen Unterstützung energetischer Sanierungen durch öffentliche Mittel (Abschn. 3.7.4) ökonomische und rechtliche Instrumente eingesetzt.

Bedeutenden Einfluss für Investitionen in Modernisierungsmaßnahmen und energetische Sanierungen hat der jeweilige Wohnungsmarkt, dessen Charakter regional sehr unterschiedlich ist (PFNÜR und MÜLLER 2013, S. 12). Mieterhöhungen zur Refinanzierung der getätigten Investitionen sind am Markt nicht überall darstellbar. Dies mindert die Rendite und damit die Wirtschaftlichkeit aus Investorensicht (ebd., S. 10). In einigen Regionen lassen sich hohe Mieten auch ohne Investitionen erzielen (siehe z. B. die Fallstudien Berlin, Heidelberg, Leipzig und Dortmund in HENTSCHEL und HOPFENMÜLLER 2014). Nicht zuletzt hängt die Investitionstätigkeit von der Renditeerwartung des Investors und den jeweiligen Marktzinsen ab. So nutzen Genossenschaften und private Kleinvermieter Spielräume zur Mieterhöhung nach Sanierung nicht oder nur geringfügig, was auf eine niedrigere Renditeerwartung schließen lässt, während Wohnungsunternehmen höhere Mietsteigerungen durchsetzen und somit eine höhere Rendite erzielen (u. a. HENGER und VOIGTLÄNDER 2011, S. 3 ff.).

3.7.1 Vorgaben für die energetische Sanierung

Sanierungsverpflichtung nach Energieeinsparverordnung

252. Die Energieeinsparverordnung (EnEV) konkretisiert das Energieeinsparungsgesetz (EnEG). Zweck der Energieeinsparverordnung ist es, zum Erreichen eines nahezu klimaneutralen Gebäudebestandes beizutragen (§ 1 Abs. 1 EnEV 2014). Die Energieeinsparverordnung legt in § 3 maximal zulässige Energiebedarfe für Wohnungsneubauten fest, wobei der Einsatz erneuerbarer Energien aus Eigenerzeugung gemäß § 5 EnEV positiv angerechnet wird. Zur Ermittlung des Energiebedarfs wird auf ein Referenzgebäude sowie die Berechnung des Bedarfs anhand der eingesetzten Bauteile zurückgegriffen (Anlage 1 Tabelle 1 EnEV).

Die Energieeinsparverordnung verpflichtet Eigentümer von Bestandsgebäuden grundsätzlich nicht zu einer Sanierung. Wenn aber bestimmte Sanierungsmaßnahmen an Bestandsgebäuden ergriffen werden, so können sich aus § 9 EnEV Anforderungen an die energetische Effizienz ergeben. Welche Maßnahmen dies konkret sind, ist in Anlage 3 EnEV festgelegt. Allerdings ist die Energieeinsparverordnung zu berücksichtigen, wenn am Gebäude Maßnahmen durchgeführt werden, die über eine Instandhaltung hinausgehen. Für Maßnahmen an der Außenhülle des Gebäudes gilt dabei eine Bagatellgrenze (§ 9 Abs. 3 EnEV): Die Anforderungen der Energieeinsparverordnung

werden erst wirksam, wenn mehr als 10 % der Fläche der jeweiligen Bauteile – also etwa Fassadenputz oder Fenster – ausgetauscht werden. § 9 Abs. 1 EnEV legt den Mindeststandard für Bauteile fest, die bei einer Sanierung eingesetzt werden dürfen. Allerdings kann der Eigentümer auch durch andere Maßnahmen, etwa durch Nutzung erneuerbarer Energien, erreichen, dass der jährliche Primärenergiebedarf des Gebäudes nach der Sanierung nicht mehr als 140 % des Energiebedarfs des Referenzneubaus beträgt. In diesem Fall ist er nicht zur vollständigen Verwendung von Bauteilen, die dem festgelegten Mindeststandard entsprechen, verpflichtet. § 9 EnEV lässt dem Gebäudeeigentümer somit die Entscheidungsfreiheit, die Zielvorgabe möglichst effizient zu erreichen. Hierin spiegelt sich die Vorgabe aus § 5 Abs. 1 EnEG, in den konkretisierenden Rechtsnormen die Wirtschaftlichkeit und damit die Amortisation der eingesetzten Investitionen innerhalb der Nutzungsdauer zu realisieren (STOCK in: DANNER/THEOBALD 2015, § 9 EnEV Rn. 8).

Umlage der Sanierungsinvestitionen

253. Investitionen in energetische Sanierungen, aber auch Modernisierungsmaßnahmen, die etwa zum Wassersparen beitragen oder den Wohnwert erhöhen, können gemäß § 559 BGB in einer Höhe von jährlich bis zu 11 % auf die Miete umgelegt werden. Welche Kriterien diese umlagefähigen Maßnahmen erfüllen müssen, führt § 555b Nr. 1, 3, 4, 5, 6 BGB aus. Maßnahmen zur energetischen Sanierung werden insoweit hervorgehoben, als dass Mieter in diesem Fall für drei Monate keine Mietminderung aufgrund der mit Baumaßnahmen zusammenhängenden Belastungen geltend machen können (§ 536 Abs. 1a BGB).

Für alle durch die Umlage von Investitionen in Modernisierungen nach § 555b BGB erhöhten Mieten gilt, dass sie nach Refinanzierung der Investitionen unabhängig von Mietspiegel und Vergleichsmiete (§ 558 BGB) nicht wieder gesenkt werden müssen. Selbst unter Vernachlässigung der dauerhaften Wertsteigerung der Immobilie liegt die Rendite einer Energieeffizienzinvestition – sofern die Mieterhöhung am Markt erzielt werden kann – damit deutlich über der gegenwärtig anderweitig mit ähnlichem Risiko erzielbaren Verzinsung. Mithin ist die rechtliche Möglichkeit der Umlage von Investitionen nach § 555b Nr. 1, 3, 4, 5, 6 BGB und damit auch energetische Sanierungen ein Anreizinstrument für Gebäudeeigentümer zur Steigerung der Sanierungsquote.

Inwieweit die Möglichkeit der Umlage insbesondere energetische Sanierungen anreizt, lässt sich jedoch nicht belegen. Sanierungen allgemein werden nicht statistisch erfasst, es liegen daher keine repräsentativen Daten vor. Lediglich die Mieter sind rechtzeitig vor Durchführung der Maßnahme zu informieren. Dabei erhalten sie auch einen Hinweis auf die Miethöhe nach Sanierung und errechnete Energieeinsparungen. Verfügbare Daten werden beispielsweise von Mietervereinen erhoben, an die sich von Sanierung und damit einhergehenden Folgen betroffene Mieter wenden.

254. Eine bedeutendere Rolle als die Möglichkeit der Sanierungsumlage spielt bei der Entscheidung über eine Sanierungsinvestition der regionale Wohnungsmarkt sowie die spezifischen Möglichkeiten zu Mietpreissteigerungen. Besteht etwa ohnehin eine starke Nachfrage nach Wohnraum, gibt es nur geringe Anreize für energetische Investitionen (Techem Energy Services 2015, S. 70). Dies gilt selbst dann, wenn die Möglichkeit der Sanierungsumlage nach § 559 BGB vollständig ausgenutzt wird (HENGER und VOIGTLÄNDER 2011, S. 2). Für Leipzig und Heidelberg weisen HENTSCHEL und HOPFENMÜLLER (2014, S. 37–44) in einer Fallstudie darauf hin, dass kaum Spielraum für Mieterhöhungen besteht, sodass Investitionen keine Zusatzeinkünfte erwarten lassen. Während in Leipzig hinreichend günstiger Wohnraum als Ausweichmöglichkeit verfügbar ist, besteht in Heidelberg ein ohnehin hohes Mietniveau. In Dortmund ergibt sich ein gemischtes Bild je nach Wohnlage. Demgegenüber sind die Sanierungsinvestitionen je Quadratmeter Wohnfläche in Berlin am höchsten, wenn auch nach Altersklassen der Gebäude unterschiedlich, und werden auch weitestgehend auf die Mieten umgelegt. Unabhängig davon kommt die Studie zu dem Schluss, dass der energetische Anteil an den gesamten Mietpreissteigerungen nur einen geringfügigen Anteil ausmacht.

Soziale Wirkungen der Vorgaben zur energetischen Sanierung

255. Für die Mieter bedeutet die Steigerung der Gebäudeenergieeffizienz zunächst oftmals eine Verminderung der Heizkosten. Diese werden jedoch, je nach Investitionshöhe und tatsächlicher Wirksamkeit der Sanierungsmaßnahmen, häufig überkompensiert. So veranschlagte der Verband Berlin-Brandenburgischer Wohnungsunternehmen e. V. (BBU) in einem Gespräch mit dem SRU eine Steigerung der Kaltmiete von 2 Euro/m², dem steht jedoch lediglich eine Einsparung der Heizkosten von etwa 0,50 Euro/m² gegenüber. Zu einem ähnlichen Ergebnis für Berlin kommen HENTSCHEL und HOPFENMÜLLER (2014, S. 17). Auch PFNÜR und MÜLLER (2013, S. 10 f.) errechnen, dass je nach Szenario nach Abzug eingesparter Energiekosten Mietsteigerungen zwischen 1,70 und 2,90 Euro zu erwarten sind. Diese Mietpreissteigerungen belasten einkommensschwache Haushalte überproportional. Insgesamt sind die Kosten einer energetischen Sanierung und damit der Umlage auf die Mieter unterschiedlich hoch, da sie vom Ausgangszustand des Gebäudes und den durchgeführten Maßnahmen sowie dem Effizienzstandard nach Sanierung abhängen (HENTSCHEL und HOPFENMÜLLER 2014, S. 45 f.; SCHULZE DARUP und NEITZEL 2011, S. 53).

Die Umlagemöglichkeit der Sanierungskosten bezieht die bisherige Miete nicht ein, sodass sie bei einer bislang sehr niedrigen Miete je Quadratmeter Wohnfläche anteilig deutlich stärker ausfällt als bei einer ohnehin sehr hohen Miete (PFNÜR und MÜLLER 2013, S. 11; siehe am Beispiel Berlin in HENTSCHEL und HOPFENMÜLLER 2014, S. 41). Einkommensschwache Haushalte wohnen jedoch in Wohnungen mit niedrigen Mieten und sind nicht nur von steigenden Energiekosten, sondern auch von steigenden Mieten überproportional betroffen. Daher hat auch die Umlagemöglichkeit energetischer Sanierungsinvestitionen für diese Bevölkerungsschicht häufig stärker spürbare Folgen als für andere Gruppen. Dies gilt insbesondere dann, wenn die energetische Sanierung mit weiteren Modernisierungsmaßnahmen einhergeht und die Umlage der Investitionen entsprechend hoch ist.

Hierdurch ergibt sich ein umwelt- und sozialpolitisches Dilemma: Maßnahmen zur Steigerung der Energieeffizienz sollten im Idealfall die Kostenbelastung einkommensschwacher Haushalte senken und ihnen so eine Teilhabe an der Energiewende ermöglichen. Dieser positive Effekt wird durch die besonderen Regelungen zur Mieterhöhung jedoch aufgezehrt oder verkehrt sich ins Gegenteil, da die Steigerungen der Kaltmieten das Einsparpotenzial der Wärmekosten oft übertreffen (u. a. Techem Energy Services 2015, S. 31).

Wie dargestellt, bestimmt sich die Angemessenheit der Kosten der Unterkunft in der Grundsicherung anhand der Höhe der Kaltmiete sowie der Verhältnisse auf dem örtlichen Wohnungsmarkt. Die Heizkosten werden in der Regel in tatsächlich entstandener Höhe übernommen (s. Tz. 215). Steigt die monatliche Kaltmiete aufgrund energetischer Sanierung um die oben genannten 2 Euro/m² an, liegt sie in vielen Fällen oberhalb der ortsüblichen Kaltmieten. Damit übersteigt die Wohnungsmiete den vorgegebenen Rahmen, sofern die zuständige Kommune nicht ausnahmsweise die Heizkosten einbezieht. Als Ausweichoption bleibt nur der Umzug in eine hinsichtlich der Kaltmiete kostengünstigere Wohnung, die in der Regel über einen entsprechend schlechteren energetischen Standard verfügen wird. Mithin werden sozial schlechter gestellte Haushalte dauerhaft auf unsanierte Wohnungen verwiesen (BMUB 2014, S. 42). Zusammen genommen führen diese Faktoren gerade in Ballungsgebieten zu einer Verstärkung der sozialen Segregation und verteilen die Effizienzgewinne der Energiewende zugunsten höherer Einkommensschichten.

3.7.2 Stärkung des Anreizes zur energetischen Sanierung

256. Mit Blick auf die sozialen Folgen gerade für finanziell schlechter gestellte Haushalte müssen die im Mietrecht gesetzten Anreize kritisch betrachtet werden. Nach Ansicht des SRU ist eine Evaluation der Wirksamkeit von § 559 BGB erforderlich: Es ist zunächst notwendig zu erheben, wie häufig energetische Sanierungen wegen der im Mietrecht verankerten Anreize durchgeführt werden. Zum anderen ist festzustellen, wie oft energetische Sanierungen mit anderen Modernisierungsmaßnahmen verbunden werden. So stellt HENGER (2014, S. 9) fest, dass sich Investitionen in energetische Sanierungen außerhalb von Sanierungszyklen nur in Ausnahmefällen rechnen und sich auch der zusätzliche Aufwand für Maßnahmen zur Steigerung der Energieeffizienz bei ohnehin anstehenden Sanierungen nicht immer lohnt. Es wäre möglich, dass das Anreizinstrument einer Umlagemöglichkeit für sich genommen keine positiven Auswirkungen auf die Rate energetischer Sanierungen hat. Vielmehr könnte es sein, dass energetische Sanierungen wegen der oben genannten Pflichten aus der Energieeinsparverordnung zusätzlich ausschließlich dann durchgeführt werden, wenn ohnehin umfassendere Modernisierungsmaßnahmen anstehen. In diesem Falle wäre der Investitionsanreiz aus § 559 BGB hinsichtlich der energetischen Sanierung lediglich ein Mitnahmeeffekt, der dem Gebäudeeigentümer durch steigende Mieteinnahmen, aber nicht dem Mieter durch zusätzliche Energiekosteneinsparungen zum Vorteil gereicht.

257. Die insbesondere in Zeiten niedriger Zinsen am Kapitalmarkt hohe Umlage der verschiedenen Investitionen von 11 % jährlich führt zu erheblichen Mietpreissteigerungen, denen auf Seiten der Mieter in der Regel keine adäquate Kostenersparnis gegenübersteht. Im Koalitionsvertrag von 2013 vereinbarten CDU/CSU und SPD, die jährliche Umlagemöglichkeit aus § 559 BGB auf 10 % zu vermindern, darüber hinaus soll die Dauer der Investitionsumlage die Amortisationsdauer nicht überschreiten (CDU et al. 2013, S. 115). Das Bundesministerium der Justiz und für Verbraucherschutz (BMJV) hat hierzu Vorschläge erarbeitet, die bislang allerdings nicht veröffentlicht sind. Laut Medienberichten könnte die Umlagemöglichkeit deutlicher abgesenkt und mit einer maximalen absoluten Mieterhöhung je Quadratmeter gekoppelt werden (u. a. Frankfurter Allgemeine Zeitung vom 12. April 2016; Handelsblatt vom 13. April 2016; Die Welt vom 13. April 2016; Süddeutsche Zeitung vom 13. April 2016). Die Umsetzung des Koalitionsvertrages, aber auch eine stärkere Absenkung der Umlagemöglichkeit ist aus sozialpolitischer Perspektive zu begrüßen, da dies bislang mögliche Mietsteigerungen verringert. Dadurch verbessert sich bei energetischen Sanierungen das Verhältnis von Steigerung der Kaltmiete zu verringerten Energiekosten. Es kann davon ausgegangen werden, dass eine Absenkung der Modernisierungsumlage kaum zu verminderten Investitionen für energetische Sanierungen führt. Wie dargestellt, werden energetische Investitionen oftmals nur getätigt, wenn ohnehin umfassendere Sanierungen und Modernisierungen durchgeführt werden.

258. Eine weitere deutliche Verbesserung der Situation für die Mieter ließe sich durch eine stärkere Fokussierung auf die energetische Sanierung erreichen, wodurch ebenfalls der Anreiz für energetische Sanierungen aus § 559 BGB gestärkt würde. Der SRU schlägt vor, die anstehende im Koalitionsvertrag vereinbarte Reform von § 559 BGB zum Anlass zu nehmen, die energetische Sanierung gegenüber anderen Modernisierungsmaßnahmen besser zu stellen. Daher sollten die Regelungen zur Umlage von Investitionen so ausgestaltet werden, dass ein stärkeres Augenmerk auf die Energieeinsparung und damit die klimapolitisch gewünschte Wirksamkeit gelegt wird. Bislang – und soweit bisher bekannt auch im Vorschlag

des BMJV – spielt die Einsparung von Energie und Treibhausgasemissionen keine Rolle, sodass ein echter Mehrwert der Regelung im Sinne eines klimapolitischen Anreizinstruments nicht erkennbar ist. Um sowohl die klimapolitische Wirksamkeit als auch die Sozialverträglichkeit von Sanierungsmaßnahmen zu verbessern, sollte die Umlage von Investitionen zur Wohnwertsteigerung insgesamt gesenkt und gegenüber der Umlagemöglichkeit für eine energetische Sanierung verringert werden. Selbst wenn sich so keine Warmmietenneutralität sichern ließe, könnte der Anstieg der Wohnkosten durch eine insgesamt geringere Mietsteigerung und ein dadurch verbessertes Verhältnis zu eingesparten Heizkosten abgefedert werden. Die Möglichkeiten, Mieter durch energetische Sanierungen aus den Wohnungen zu drängen und so Gentrifizierung und Segregation durch energetische Sanierungen voranzutreiben, würden vermindert. Zukünftig sollten zudem Überlegungen angestellt werden, wie die durch Sanierung erzielten Energieeinsparungen im Rahmen der Sanierungsumlage berücksichtigt werden können.

3.7.3 Transparenz des Energiebedarfs von Wohnraum

259. Neben den Vorgaben zum energetischen Standard von Neubauten und sanierten Gebäuden enthält die Energieeinsparverordnung in Abschnitt 5 Regelungen zum Gebäudeenergieausweis. Der Energieausweis wird als Bedarfs- oder Verbrauchsausweis ausgestellt und weist die End- und Primärenergieverbräuche je Quadratmeter Wohnfläche aus. Dabei gilt für Neubauten der Bedarfsausweis, im Bestand kommt er nur bei einem Teil der Wohngebäude, etwa bei älteren Einfamilienhäusern, zum Tragen. Insbesondere für Mehrfamilienhäuser wird in der Regel der Verbrauchsausweis ausgestellt.

Der Verbrauchsausweis wird mithilfe der Heizenergieträgerabrechnungen der letzten 36 Monate erstellt und vermittelt den realen Energieverbrauch eines Gebäudes. Dabei spielt neben dem energetischen Zustand des Gebäudes das Heizverhalten der Bewohner eine wichtige Rolle, innerhalb eines Gebäudes variieren die Verbräuche oft erheblich (u. a. Techem Energy Services 2015, S. 68). Je mehr Wohnungen ein Haus hat, desto weniger fallen allerdings extrem hohe wie niedrige Verbräuche ins Gewicht. Der Bedarfsausweis hingegen wird auf Basis bauteilbezogener Daten errechnet, sodass er konzeptionell eine bessere Vergleichbarkeit verschiedener Gebäude ermöglicht. Während die eingesetzten Bauteile bei Neubauten leicht ermittelbar sind, ist dies bei Bestandsgebäuden mit Schwierigkeiten behaftet. Für beide Energieausweise gilt jedoch, dass sich aus ihnen der Energiebedarf einzelner Wohnungen nicht ableiten lässt. Im unsanierten Bestand liegen die tatsächlichen Verbräuche unterhalb des rechnerisch ermittelten Bedarfs, bei energieeffizienten Gebäuden ist jedoch das Gegenteil der Fall (ebd., S. 66 f. und 74).

Der Bedarfsausweis scheint, trotz der oben genannten Schwierigkeiten hinsichtlich der Ermittlung der im

Bestand verwendeten Bauteile, einen Mehrwert gegenüber dem Verbrauchsausweis zu besitzen. Von besonderer Bedeutung ist allerdings eine qualitative Verbesserung der Berechnungen des Energiebedarfs (Techem Energy Services 2015, S. 66), um eine stärkere Vergleichbarkeit zweier Gebäude zu erzielen und Investitionen anzureizen.

260. Bislang spielt der Energieausweis nach Aussagen des BBU für Mieter keine oder nur eine sehr untergeordnete Rolle bei der Entscheidung für eine Wohnung und besitzt nur eine geringe Akzeptanz (HENGER 2014, S. 17). Es sollte angestrebt werden, dass der Ausweis nicht nur wie bisher auf das Gebäude, sondern auf die Wohneinheiten bezogen werden kann, da unter anderem die Lage innerhalb des Hauses erhebliche Auswirkung auf den Wärmebedarf hat (s. a. Tz. 215 zu Faktoren für den Energiebedarf einer Wohnung). So könnte der Bedarfsausweis auch als informatorisches Instrument für Mietwohnungen besser als bislang genutzt werden.

Um die Informationen der Energieausweise verstärkt nutzen zu können, ist eine qualitative Verbesserung zwingend erforderlich. Verschiedene Defizite stehen einer stärkeren Aussagekraft und Qualität der Energieausweise bislang entgegen. So ist in Deutschland eine physische Besichtigung des Gebäudes nicht zwingend erforderlich (RAPF und LOTTES 2015, S. 169). Nicht zuletzt sind die Regelungen zur Vorlage der Energieausweise und deren Überprüfung in den Bundesländern unterschiedlich. Hier sind eine Harmonisierung und eine tatsächliche Qualitätssicherung notwendig, um einem Vollzugsdefizit zu begegnen (KLINSKI 2015, S. 39 ff.). Verbesserungen sind zudem in Erhebung sowie Überprüfung der in den Ausweisen niedergelegten Daten und der inhaltlich-fachlich nachgewiesenen Qualifikation derer, die Energieausweise ausstellen dürfen, erforderlich (KLINSKI 2015, S. 30 ff.; RAPF und LOTTES 2015, S. 166; HENGER 2014, S. 16). Das erforderliche Qualifikationsniveau der Aussteller fokussiert insbesondere auf Hochschulabschlüsse und Berufserfahrung. Weiterbildungen und Nachweise hinsichtlich einer besonderen Qualifikation zur Gebäudeenergieeffizienz sind in Deutschland im Gegensatz zu anderen europäischen Staaten nicht erforderlich (RAPF und LOTTES 2015, S. 167).

261. Wenn es gelingt, die Aussagen des Energieausweises belastbarer zu machen, könnte dessen Rolle zur Information über den Gebäudestandard (RAPF und LOTTES 2015, S. 165) durch eine verpflichtende Nutzung zur Erstellung qualifizierter Mietspiegel nach § 558d BGB gestärkt werden. Am Beispiel des Berliner Mietspiegels wird deutlich, dass der energetische Zustand eines Gebäudes nur ein wohnwerterhöhendes bzw. -senkendes Kriterium unter vielen ist (Senatsverwaltung für Stadtentwicklung und Umwelt Berlin 2015, S. 21). Die im Aktionsprogramm Klimaschutz als flankierende Maßnahme vorgesehene gesetzliche Verankerung einer stärkeren Berücksichtigung energetischer Merkmale im Mietspiegel (BMUB 2014, S. 42) sollte daher im Zuge der Mietrechtsreform umgesetzt werden.

Werden Sanierungsinvestitionen nach § 559 BGB umgelegt, so findet die ortsübliche Durchschnittsmiete nach Mietspiegel bei der Mieterhöhung keine Berücksichtigung, gleichzeitig wirken sich die Mieterhöhungen jedoch steigernd auf die Durchschnittsmiete im nächsten Mietspiegel aus. Für Wohnungen im energetisch nicht sanierten Bestand, die den überwiegenden Teil der weiteren qualitativen Ausstattungsmerkmale aufweisen, besteht ein geringer Anreiz zur energetischen Sanierung, da die Miete an das steigende Durchschnittsniveau angepasst werden kann. Generell problematisch ist darüber hinaus, dass die rechtlich verpflichtende Datengrundlage des qualifizierten Mietspiegels lediglich die Neuvermietungen und Erhöhungen der Kaltmiete der letzten vier Jahre erfasst. Eine Verbreiterung der Datengrundlage, wie sie der Berichterstattung nach im Zuge der Mietrechtsreform auch vom BMJV vorgeschlagen wird (s. Tz. 257), könnte hier ein differenziertes Bild vermitteln und dem fehlenden Anreiz zur energetischen Sanierung entgegenwirken.

3.7.4 Förderprogramme für energetische Sanierung

262. Eines der wichtigsten Förderinstrumente für eine Steigerung der energetischen Sanierungsrate sind öffentliche Fördermittel. Diese werden vom Bund durch die Förderbank Kreditanstalt für Wiederaufbau (KfW) vergeben. Hinzu kommen regionale Förderprogramme von Ländern und Kommunen, die sich zum Teil ebenfalls aus Bundesmitteln speisen. Die KfW unterstützt die Finanzierung durch zinsgünstige Darlehen, reduzierte Tilgungen oder Investitionszuschüsse. Bei der Umlage der Investitionen auf die Miete dürfen Fördermittel und Zinsvergünstigungen nicht auf die Investitionskosten angerechnet werden (§ 559a BGB). Die Mittelvergabe setzt das Erreichen eines höheren energetischen Standards voraus, als in der Energieeinsparverordnung vorgegeben. Zudem orientiert sich die Höhe der Fördermittel an der in Klassen festgelegten Zieleffizienz eines Gebäudes: Je niedriger der Energieverbrauch je Quadratmeter Wohnfläche nach erfolgter Sanierung ist, desto höher ist die Förderung.

Berücksichtigung des Energieeinsparpotenzials

263. Es sollte geprüft werden, wie die Unterstützung energetischer Sanierungsmaßnahmen durch öffentliche Mittel wie Kreditprogramme, Förderungen und steuerliche Vorteile (Abschreibungen) ergänzend zu der nach Sanierung erreichten Gebäudeeffizienz an das energetische Einsparpotenzial gekoppelt werden kann, sodass auch der Energieverbrauch eines Gebäudes vor der Sanierung einbezogen wird. Prioritär sollten vollständige Sanierungen und Einzelmaßnahmen gefördert werden, die einen hohen Einspareffekt besitzen. Dies kann zum Beispiel durch eine höhere Förderquote oder durch Boni geschehen. Somit käme es mit Blick auf die Klimaziele zu einer effizienten Mittelverwendung. Hinzu kommt, dass im Fall vermieteter Mehrfamilienhäuser der Abgleich tatsächlich eingesparter Heizenergie und damit -kosten und Erhöhung der Kaltmiete durch Umlage der Sanierungsinvestitionen aus sozialer Perspektive der maßgebliche Faktor ist. Da Fördermittel vor Umlage der Investitionen abzuziehen sind, reduzieren sie die Belastung der Mieter durch steigende Kaltmieten und leisten einen Beitrag, den Abstand zwischen Mietsteigerungen und tatsächlichen Einsparungen für Heizenergie zu verringern.

Zusätzlich könnte diese Veränderung der Förderlandschaft dazu führen, dass bislang bei der Sanierung vernachlässigte Gebäude, bei denen aufgrund der sozialen Struktur keine hohen Mietsteigerungen erzielt werden können, von der energetischen Sanierung profitieren.

Stärkung des Einsatzes erneuerbarer Energien

264. Bislang gewährt die KfW einen Ergänzungskredit für die Nutzung thermischer Solarkollektoren, von Biomasse, Wärmepumpen und Heizungsanlagen, die fossile mit erneuerbaren Energien kombinieren. Die Nutzung erneuerbarer Energien im Gebäudebereich hat für die Erreichung eines nahezu klimaneutralen Gebäudebestandes erhebliche Bedeutung (u. a. BMWi 2015a). Daher sollte der Einsatz erneuerbarer Energien nicht oder zumindest nicht nur mit einem Ergänzungskredit gefördert werden. Vielmehr sollte, ähnlich den Regelungen in der Energieeinsparverordnung, ein Bonus für den Einsatz erneuerbarer Energien enthalten sein, um die Substitution fossiler durch erneuerbare Energien zu befördern. Darüber hinaus ist bei der Ausgestaltung der Förderkulisse über eine ebenfalls in Form eines Bonus gewährte spezifische Förderung für jene Technologien nachzudenken, denen ein noch hohes Entwicklungs- bzw. Kostendegressionspotenzial zugeschrieben wird, sodass ihnen eine stärkere Förderung zukommt als weitestgehend ausgereiften Technologien.

Sanierungsfahrpläne zur Verhinderung von Lock-in-Effekten

265. Die höchsten Einsparungen sind durch vollständige Sanierungen zu erzielen, auch verhindern sie gegenläufige Wirkungen, wie beispielsweise ein erhöhtes Schimmelbildungsrisiko durch den Austausch von Fenstern ohne Fassadendämmung und Lock-in-Effekte wie den Einbau einer Kraft-Wärme-Kopplungsanlage, die bei späterer Dämmung der Gebäudehülle zu groß ausgelegt ist und nicht mehr effizient betrieben werden kann. Allerdings erfordert eine vollumfängliche Sanierung den Einsatz erheblicher finanzieller Mittel, die angespart oder – auch bei vergünstigten öffentlichen Krediten – im Nachhinein abgezahlt werden müssen. Dies kann insbesondere für Privateigentümer ein Hemmnis darstellen. Darüber hinaus bestehen steuerliche Vorteile für die Durchführung von Einzelmaßnahmen gegenüber Vollsanierungen (HENGER 2014, S. 6 und 12).

Durch gezielte Förderung von Einzelmaßnahmen und Teilsanierungen kann dem Finanzierungshemmnis begegnet werden. Allerdings ist darauf zu achten, dass durch kurz- und mittelfristig rentable oder durch den Eigentümer finanzierbare Teilmaßnahmen nicht die notwendige umfassende Sanierung aus dem Blick verloren wird. Daher sollten Teilmaßnahmen entsprechend ihres realisierten Einsparpotenzials dann förderfähig sein, wenn vor Durchführung der Maßnahme ein Sanierungsfahrplan erstellt wird, der längerfristig eine vollumfängliche Sanierung vorsieht. Dabei darf die durchgeführte Teilmaßnahme der Umsetzung des Sanierungsfahrplans weder technisch noch wirtschaftlich im Wege stehen. Hierdurch würden Lock-in-Effekte vermieden und gleichzeitig auch Eigentümern, die nicht über die Mittel für eine Vollsanierung verfügen, geförderte Sanierungsmaßnahmen ermöglicht. Darüber hinaus können mehrere aufeinanderfolgende, abgestimmte, Teilmaßnahmen auf zukünftige technische Möglichkeiten in der Gebäudetechnik zurückgreifen (HENGER 2014, S. 11).

Ergänzung der Förderlandschaft

266. Über die bestehenden Ansätze hinaus sollte bei Instrumenten zur Förderung energetischer Sanierung besonderes Augenmerk auf geringinvestive Maßnahmen gelegt werden, deren Einspareffekt einfach zu erzielen ist. Gerade in Gebäuden der einfachen Wohnlagen, die durch entsprechend niedrige Kaltmieten gekennzeichnet sind, können Maßnahmen wie die Abdichtung von Wohnungstüren mit geringem finanziellem Aufwand einen verhältnismäßig hohen Einspareffekt haben. Auch könnten sie schnell umgesetzt werden und zählen eher zur Instandhaltung denn zur Sanierung. Zur Förderung bedarf es eines deutlich geringeren Mittelvolumens, das nicht von den KfW-Programmen erfasst werden muss und mit geringem administrativem Aufwand abgefordert werden sollte. Beispielsweise könnten bestehende Beratungsangebote und das Konzept der Soforthilfen wie der Stromspar-Check um eine Wärmekomponente erweitert werden (s. a. Tz. 235). Soweit in der Beratung ein Bedarf für umfangreichere Maßnahmen festgestellt wird, sollten Mieter unterstützt werden, an den Vermieter heranzutreten, da dieser für die Instandhaltung der Wohnung verantwortlich ist.

3.8 Sozialpolitische Flankierung

267. Auch wenn es gelingt, den Energieverbrauch einkommensschwacher Haushalte zu vermindern, können sie durch klimapolitische Maßnahmen dennoch überproportional und in sozialunverträglicher Weise belastet werden. Mittels einer geeigneten sozialpolitischen Flankierung kann die Belastung einkommensschwacher Haushalte durch klimapolitisch induzierte Preissteigerungen abgefedert werden. Neben zweckgebundenen Ausgaben zur Reduzierung des Energieverbrauchs, insbesondere in einkommensschwachen Haushalten, beispielsweise durch eine kostenlose Energieberatung und den geförderten Gerätetausch (vgl. Abschn. 3.6.1), bieten sich hierzu vor allem Anpassungen des Steuersystems und der staatlichen Sozialtransfers an. Durch die gezielte Verwendung von Einnahmen aus energie- und klimapolitischen Abgaben für einen sozialen Ausgleich kann deren regressive

Wirkung letztlich neutralisiert werden (HEINDL und LÖSCHEL 2015, S. 4 f. und 13 f.).

Solche Kompensationsmaßnahmen betreffen zum Beispiel die Höhe (und ggf. die Berechnungsgrundlage) der Grundsicherung und des Wohngeldes, das – wieder – um eine Energiekostenkomponente ergänzt werden könnte (BBSR 2013, S. 129). Mit Blick auf die durch die energetische Sanierung verursachten Steigerungen der Kaltmieten erscheint die von der Bundesregierung als Prüfauftrag formulierte Idee einer Klima-Komponente im Wohngeld (Tz. 217) als vielversprechend, um die potenziellen negativen sozialen Folgen abzufedern. Zudem könnten dadurch auch die unteren Einkommensschichten besser an den Effizienzgewinnen der Energiewende teilhaben.

Darüber hinaus sollte der Gesetzgeber kontinuierlich prüfen, inwieweit Haushalte, die keine Transferleistungen beziehen – etwa weil ihr Einkommen knapp oberhalb der Bemessungsgrenzen liegt – übermäßig von steigenden Energiepreisen belastet werden. So bezieht etwa nach den Daten von NEUHOFF et al. (2012, S. 5) circa die Hälfte aller armutsgefährdeten Haushalte weder Grundsicherungsleistungen, noch Wohngeld oder andere Leistungen aus den sozialen Sicherungssystemen. Ob es hier einen „Graubereich" gibt, der von den Sozialgesetzen nicht ausreichend adressiert wird, ist nicht zuletzt im Hinblick auf die sozialstaatliche Aufgabe der Daseinsvorsorge relevant, die eine Energieversorgung einfordert, deren Bedingungen möglichst für alle tragbar sind. Eine nach wissenschaftlichen Kriterien entwickelte Definition der Energiearmut kann einen entscheidenden Beitrag leisten, um diese Problematik systematisch zu erfassen (Tz. 203 f.). Es sollten daher Forschungsinitiativen unterstützt werden, die das Phänomen Energiearmut theoretisch-konzeptionell wie auch empirisch näher ergründen.

Stromkostenanteil in der Grundsicherung

268. Die Erhebungen aus dem Projekt Stromspar-Check PLUS (AIGELTINGER et al. 2015) weisen darauf hin, dass die im Grundbedarf veranschlagten Kosten für die Stromversorgung oft unterhalb der tatsächlichen Aufwendungen liegen. Wenngleich die Ergebnisse nicht den Anspruch der Repräsentativität erheben, da sie nur Verbräuche jener Haushalte erfassen, die im Rahmen des Stromspar Check PLUS beraten wurden, so lassen sich aus den Daten Rückschlüsse für die sozialpolitische Flankierung ziehen. Höchstwahrscheinlich ist somit bereits der anteilige Ausgabenblock, der für Strom in den Warenkorb für Bezieher von Grundsicherung einbezogen wird, zu niedrig angesetzt (s. Tz. 212). Verstärkt gilt dies für den gewährten Mehraufwand bei der dezentralen Warmwasserbereitung durch Strom (s. Tz. 216). AIGELTINGER et al. (2015, S. 13) weisen aus, dass die aktuell veranschlagten Stromkosten in den meisten Haushaltszusammensetzungen die tatsächlich entstehenden Kosten auch zu Strompreisen von 2008 nicht decken. Hinzu kommt, dass der Strompreis regional unterschiedlich ist. Dies gilt sowohl für die Tarife der Grundversorger wie auch der Alternativanbieter (CHECK24 2015). Es ist daher erforderlich, den pauschalierten Strombedarf realistischer zu ermitteln. Zur Berechnung der notwendigen finanziellen Unterstützung durch die Grundsicherung sollte diese Strommenge mit dem Strompreis verknüpft werden.

Kosten der Unterkunft

269. Eine wichtige Rolle spielen für Haushalte mit niedrigem Einkommen die angesetzten Maßstäbe für die Bestimmung der angemessenen Kosten der Unterkunft. Trotz der dargestellten praktischen Schwierigkeiten (Tz. 215) ist zu prüfen, wie die Heizkosten besser bei der Bestimmung der Angemessenheitsgrenze für die Kosten der Unterkunft berücksichtigt werden können. Insoweit gehen die aktuellen Bestrebungen, das SGB II dahingehend zu ändern, dass die kommunalen Leistungsträger künftig Gesamtangemessenheitsgrenzen festlegen dürfen (Deutscher Bundestag 2015b, S. 6; BMUB 2014, S. 42), grundsätzlich in die richtige Richtung. Um aber die spezifischen Auswirkungen der energetischen Sanierung auf Haushalte in der Grundsicherung abzufedern, ist es notwendig, dabei den energetischen Zustand des Wohnraums in die Festlegung der Angemessenheitsgrenze einfließen zu lassen. Dadurch kann dem Umstand Rechnung getragen werden, dass sich bei energetisch saniertem Wohnraum zwar die Kaltmiete erhöht, dafür aber die Heizkosten sinken. Auf diese Weise würden Vermieter, die Wohnungen an einkommensschwache Haushalte vermietet haben, verstärkt zu energetischen Sanierungen angereizt (s. Tz. 226). Da die Heizkosten ebenfalls vom Leistungsträger übernommen werden, wären mit einer Anhebung der angemessenen Kaltmiete bei hoher energetischer Qualität der Wohnung keine oder nur geringe öffentliche Mehrausgaben verbunden. Eine – auch am energetischen Gebäudezustand orientierte Gesamtangemessenheitsgrenze hat zudem den Vorteil, dass sie eine bislang fast völlig fehlende Anreizwirkung zum energieeffizienten Heizverhalten (Tz. 215) bewirken könnte. Dabei muss freilich sichergestellt sein, dass der Bedarf an Heizenergie und Warmwasser von der Grundsicherung gedeckt ist. Auch muss es im Einzelfall möglich sein, einen höheren Energiebedarf (etwa wegen der ungünstigen Lage der Wohnung) geltend zu machen.

Die Stadt Bielefeld bezieht bereits seit 2007 den energetischen Standard des Wohnraumes ein (TEWS 2013, S. 44; KOPATZ 2013, S. 164). Die als angemessen bewerteten Nettokaltmieten werden um einen in Tabelle 3-2 dargestellten Klimabonus ergänzt, wenn die Empfänger von Grundsicherung in saniertem Wohnraum leben. Als Nachweis zur Unterschreitung der Grenzwerte dient der Gebäudeenergieausweis.

Diesen Ansatz sieht der SRU als zukunftsweisend an. Er sollte genutzt werden, um einen Rahmen abzuleiten, der bundesweit gleichermaßen eingesetzt werden kann. Die konkreten Klimaboni würden von den Kommunen festgelegt, da sie mit den regionalen Mietpreisen abgeglichen werden müssen. Die Integration eines Klima- oder Effizienzbonus in die Kosten der Unterkunft stärken die

Tabelle 3-2

Klimabonus bei Ermittlung der Kosten der Unterkunft in Bielefeld

monatlicher Klimabonus	monatliche Nettokaltmiete	Max. Energieverbrauch [kWh/m²*a]	
pro m²	pro m²	inkl. Warmwasser	ohne Warmwasser
—	4,64 €	—	—
0,35 €	4,99 €	175	160
0,50 €	5,14 €	125	110
0,65 €	5,29 €	75	60
Quelle: HOFMEISTER 2014			

Möglichkeiten einkommensschwacher Haushalte sanierten Wohnraum zu nutzen.

3.9 Schlussfolgerungen

270. Im vorliegenden Kapitel hat sich der SRU am Beispiel der Energiewende mit dem Spannungsfeld von umwelt- und sozialpolitischen Zielen beschäftigt. Zur Erreichung ambitionierter umweltpolitischer Ziele werden auch Maßnahmen erforderlich sein, die – zumindest in kurz- und mittelfristiger Perspektive – zu steigenden Preisen und damit einer stärkeren Belastung privater Haushalte führen. Hieraus können insbesondere für einkommensschwache Haushalte soziale Härten erwachsen. Dabei kann eine als ungerecht empfundene Lastenverteilung die wahrgenommene Legitimität und öffentliche Akzeptanz umweltpolitischer Maßnahmen gefährden. Obgleich sich die konkreten Problemlagen und Lösungsansätze zwischen den verschiedenen Bereichen der Umweltpolitik unterscheiden, lassen sich aus den hier näher untersuchten potenziellen Zielkonflikten und Ansätzen zu deren Entschärfung im Kontext der Energiewende doch auch einige Folgerungen verallgemeinern. Dies gilt insbesondere für das grundsätzliche Verhältnis von Umweltpolitik einerseits sowie Sozial- und Verteilungspolitik andererseits.

271. Zum Gelingen der Energiewende ist ein insgesamt sinkender Energieverbrauch erforderlich. Preise sind dabei ein wichtiges Steuerungsinstrument, auch wenn ihre Lenkungswirkung durch verschiedene Hemmnisse und Marktunvollkommenheiten abgeschwächt wird. So führen steigende Energiepreise zu Reaktionen auf dem Markt und beim Nutzerverhalten, energieeffizientere Produkte und neue Energiedienstleistungen werden entwickelt, der Energiekonsum erfolgt bewusster. Angesichts des mit dem 2°-Ziel (bzw. 1,5°-Ziel) zu vereinbarenden knappen Emissionsbudgets und der zuletzt stark rückläufigen Weltmarktpreise für fossile Energieträger wird deutlich, dass hier eine steuernde staatliche Rolle erforderlich ist.

Die Wirkungen steigender Energiepreise auf einkommensschwache Haushalte stellen jedoch ein ernstzunehmendes Problem dar. Den Großteil der Ausgaben für Energie bei einkommensschwachen Haushalten machen dabei Strom und Wärme aus. Der SRU hat daher für diese Bereiche untersucht, wie die sozialen Auswirkungen grundsätzlich zu begrüßender Energiepreissteigerungen durch flankierende Maßnahmen abgemildert werden können. Gleiches gilt für indirekt aus klimapolitischen Maßnahmen resultierende Kostenbelastungen, so beispielsweise durch Mieterhöhungen im Zuge energetischer Sanierungen. Auch diese können sich insbesondere für einkommensschwache Haushalte als problematisch erweisen.

Verhältnis von Umwelt- und Sozialpolitik

272. Häufig ist nicht zu verhindern, dass umweltpolitische Maßnahmen für die unteren Einkommensschichten mit überproportionalen Belastungen einhergehen, gerade wenn diese Maßnahmen direkt oder indirekt Güter und Dienstleistungen des täglichen Gebrauchs betreffen. Diese unerwünschten Verteilungswirkungen stellen jedoch keinen legitimen Grund dar, auf notwendige Umweltschutzpolitiken gänzlich zu verzichten. Wie auch andere Politikfelder (etwa die Steuerpolitik) kann sich der Umweltschutz – oder konkret die Energiewende – nicht allein oder überwiegend an den Möglichkeiten und Nöten der Haushalte mit geringem Einkommen ausrichten. Die Politik ist allerdings aus Gründen der Sozialstaatlichkeit, der Daseinsvorsorge, aber auch der gesellschaftlichen Akzeptanz dazu verpflichtet, die Auswirkungen umweltpolitischer Maßnahmen auf Haushalte mit niedrigem Einkommen einzubeziehen, sich der Zielkonflikte von Umwelt- und Sozialpolitik anzunehmen und Wege zu suchen, um diese abzumildern.

Im günstigsten Fall ergeben sich Synergien zwischen umwelt- und sozialpolitischen Zielsetzungen. Eine Steigerung der Energieeffizienz gerade einkommensschwacher Haushalte mindert den Energieverbrauch und reduziert die spezifischen Energieausgaben. Der geringere Energieverbrauch kann einen langfristigen Nutzen für Umwelt- und Klimaschutz entfalten und zugleich eine durch umweltpolitische Instrumente induzierte Verteuerung des Energieverbrauchs kompensieren oder zumindest abmildern. Dabei müssen die Maßnahmen weit über die Transfersysteme hinaus reichen. Energiearmut kann auch jene Haushalte betreffen, deren Einkommen knapp oberhalb der Schwelle zur Gewährung von Transferleistungen liegt oder die diese aus unterschiedlichen Gründen nicht geltend machen. Wo sich keine Synergieeffekte ergeben, ist es vorrangig Aufgabe der Sozialpolitik, die aus einer notwendigen umweltpolitischen Maßnahme entstehenden Härten für einkommensschwache Haushalte abzufedern.

Stärkung von Beratung und Programmen zum Gerätetausch

273. Informatorische und verhaltensorientierte Maßnahmen können in den Bereichen Strom und Wärme – oftmals zu geringen Kosten – die Reaktionsfähigkeit einkommensschwacher Haushalte auf Energiepreissteigerungen erhöhen. Durch diese flankierenden Maßnahmen steigt die Effektivität von Preissteuerungsinstrumenten, während finanzielle Belastungen abgemildert werden. Insbesondere Ansätze einer niederschwelligen, für einkommensschwache Haushalte kostenlosen Energieberatung sollten daher weiter gestärkt werden. Solche Beratungsangebote sind mit Programmen zum geförderten Austausch ineffizienter durch energieeffiziente Haushaltsgeräte, für deren Anschaffung einkommensschwachen Haushalten häufig die finanziellen Mittel fehlen, zu verknüpfen. Solche kombinierten Programme sollten verstärkt und dauerhaft durch öffentliche Mittel finanziert werden. Zudem sollte die Beratung den Bereich Wärme verstärkt einbeziehen, da hier erhebliche Energieeinsparpotenziale bestehen. Bei Transferempfängern reduzieren Einsparungen im Bereich Wärme auch die Ausgaben von Bund und Kommunen.

Inklusivkontingent zur Sicherung einer existenziellen Grundversorgung an Strom

274. Die Möglichkeiten steuernder Eingriffe in die Tarifgestaltung zur Abfederung steigender Preise sind im liberalisierten Strommarkt begrenzt. Der SRU hält es aber für rechtlich möglich, die Zahlung des Grundpreises unmittelbar mit einer gering bemessenen Strommenge, einem „Inklusivkontingent" zu verbinden. Dieser Tarifbestandteil sollte für alle Kunden eines Stromversorgers zu identischen Konditionen gelten. Hierdurch kann die Situation einkommensschwacher Haushalte unabhängig von Leistungen aus den sozialen Sicherungssystemen verbessert werden, ohne die Lenkungswirkung des Strompreises zu vermindern. Wird dieses „Inklusivkontingent" mit einem Prepaid-System verbunden, kann es einen wichtigen Beitrag zur Sicherung des menschenwürdigen Existenzminimums leisten. Darüber hinaus sichert das „Inklusivkontingent" den diskriminierungsfreien Zugang für eine Mindestmenge an Strom.

Effektivere und sozialverträglichere Gebäudesanierung

275. Kostensteigerungen in der Wärmeversorgung sind bisher weitgehend unabhängig von politischen Einflüssen erfolgt. Steigende Preise für Wärmeenergie sind ebenfalls grundsätzlich zu begrüßen, da sie eine Reihe von volkswirtschaftlich sinnvollen, vor allem investiven Maßnahmen auch privatwirtschaftlich rentabel machen. Bei Mietimmobilien besteht allerdings das Problem, dass die Kosten der investiven Maßnahmen zunächst der Vermieter trägt, während von den Einsparungen in erster Linie der Mieter profitiert. Die im Mietrecht verankerten Möglichkeiten zur Umlage der Kosten energetischer Sanierung, aber auch weiterer Investitionen zur Steigerung des Wohnwertes, machen die Sanierung zwar für Vermieter attraktiver. Sie können aber gerade für einkommensschwache Haushalte zu einer untragbaren Erhöhung der Kaltmiete führen, die oftmals auch nicht durch geringere Wärmekosten ausgeglichen werden kann.

Die Umlagefinanzierung sollte daher zielgenauer ausgerichtet werden. Der SRU spricht sich dafür aus, im Mietrecht zwischen energetischer und wohnwertsteigernder Sanierung deutlicher zu unterscheiden. Die Umlagemöglichkeiten für allgemeine Modernisierungsinvestitionen sollten verringert werden. Zukünftig sollten Überlegungen angestellt werden, wie die durch Sanierung erzielten Energieeinsparungen im Rahmen der Sanierungsumlage berücksichtigt werden können.

Kurzfristig sollte geprüft werden, inwieweit die staatliche Förderung für energetische Sanierungen an die Effektivität der Sanierungsmaßnahme (d. h. der erzielten Energieeinsparung) gekoppelt werden kann, indem die bisherige Ausrichtung am Zielwert des Energieverbrauchs durch den Einbezug des Ausgangszustandes ergänzt wird. Da staatliche Fördermittel nicht in die nach Mietrecht umlegbaren Sanierungskosten einbezogen werden dürfen, sinkt gerade bei hoher Einsparung auch die Belastung der Mieter. Hierdurch könnte es gelingen, klimapolitische Wirksamkeit und Sozialverträglichkeit gleichermaßen zu verbessern.

Auswirkungen der Energiewende auf die Sozialpolitik

276. Ergänzend sind nach Ansicht des SRU Veränderungen in der Berechnungssystematik der Sozialtransfers notwendig. So ist die Berücksichtigung realistischer Energiekosten in Grundsicherung und Wohngeld zur Vermeidung sozialer Härten geboten. Angemessenheitsgrenzen für die Kosten der Unterkunft und das Wohngeld sollten neben der reinen Kaltmiete auch den energetischen Zustand des Gebäudes berücksichtigen. Hierdurch würden auch in sozial benachteiligten Gebieten Anreize zur energetischen Sanierung gestärkt und einkommensschwache Haushalte können energetisch sanierten Wohnraum nutzen, ohne dass die Ausgaben der öffentlichen Hand deutlich steigen. Wenngleich die Kosten der Unterkunft auf kommunaler Ebene festgelegt werden, sollte der Bund hier einen bundesweit gültigen Rahmen setzen.

277. Es bleibt festzuhalten, dass einkommensschwächere Haushalte auch weiterhin stärker von Preissteigerungen für Grundgüter wie Energie betroffen sein werden als wohlhabendere. Diese unerwünschten Verteilungseffekte sind aber im Kern nicht durch Energie- oder Umweltpolitik verursacht, sondern werden durch diese allenfalls verstärkt. Vordringlich ist es Aufgabe der Sozialpolitik im weiteren Sinne, den unteren Einkommensschichten den Zugang zu den Grundgütern zu ermöglichen. Für die Energiepolitik wurden hier einige Möglichkeiten aufgezeigt, die für andere Bereiche nicht eins zu eins umsetzbar sein werden. Grundsätzlich gilt aber, dass sich Zielkonflikte zwischen Umwelt- und Sozialpolitik vor allem durch Maßnahmen zur Verbesserung der Ressourceneffizienz und Beratungsangebote sowie Anpassungen der Sozialtransfers entschärfen lassen.

3.10 Literatur

Aigeltinger, G., Heindl, P., Liessem, V., Römer, D., Schwengers, C., Vogt, C. (2015): Zum Stromkonsum von Haushalten in Grundsicherung: Eine empirische Analyse für Deutschland. Mannheim: Zentrum für Europäische Wirtschaftsforschung. ZEW Discussion Paper 15-075. http://ftp.zew.de/pub/zew-docs/dp/dp15075.pdf (06.11.2015).

Allcott, H. (2011): Social Norms and Energy Conservation. Journal of Public Economics 95 (9–10), S. 1082–1095.

Allcott, H., Greenstone, M. (2012): Is There an Energy Efficiency Gap? Journal of Economic Perspectives 26 (1), S. 3–28.

Ayres, I., Raseman, S., Shih, A. (2013): Evidence from Two Large Field Experiments that Peer Comparison Feedback Can Reduce Residential Energy Usage. Journal of Law, Economics, and Organization 29 (5), S. 992–1022.

Bäcker, G., Schmitz, J. (2013): Altersarmut und Rentenversicherung: Diagnosen, Trends, Reformoptionen und Wirkungen. In: Vogel, C., Motel-Klingebiel, A. (Hrsg.): Altern im sozialen Wandel: Die Rückkehr der Altersarmut? Wiesbaden: Springer Fachmedien. Alter(n) und Gesellschaft 23, S. 25–53.

Barker, T., Dagoumas, A., Rubin, J. (2009): The macroeconomic rebound effect and the world economy. Energy Efficiency 2 (4), S. 411–427.

BBSR (Bundesinstitut für Bau-, Stadt- und Raumforschung) (2013): Bestandsaufnahme und Wirkungsanalyse des Wohngeldes. Bonn: BBSR. http://www.bbsr.bund.de/BBSR/DE/Veroeffentlichungen/Sonderveroeffentlichungen/2015/DL_Wohngeld.pdf?__blob=publicationFile&v=3 (15.02.2016).

BBU (Verband Berlin-Brandenburgischer Wohnungsunternehmen) (2015): Betriebskosten 2013: Die abgerechneten Betriebskosten des Jahres 2013 der BBU-Mitgliedsunternehmen in Berlin und im Land Brandenburg. Die 18. Ausgabe der BBU-Betriebskostenstudie. Berlin: BBU. BBU-Materialie 3/2015.

BDEW (Bundesverband der Energie- und Wasserwirtschaft) (2016): BDEW-Strompreisanalyse Januar 2016. Haushalte und Industrie. Berlin: BDEW. https://www.bdew.de/internet.nsf/res/70842D8DCAE68ED-3C1257F45003858BC/$file/160119_BDEW_Strompreisanalyse_Januar2016.pdf (15.02.2016).

Becker, I. (2015): Der Einfluss verdeckter Armut auf das Grundsicherungsniveau. Düsseldorf: Hans-Böckler-Stiftung. Arbeitspapier 309.

Becker, I. (2012): Finanzielle Mindestsicherung und Bedürftigkeit im Alter. Zeitschrift für Sozialreform 58 (2), S. 123–148.

Becker, I. (2010): Bedarfsbemessung bei Hartz IV. Zur Ableitung von Regelleistungen auf der Basis des „Hartz-IV-Urteils" des Bundesverfassungsgerichts. Berlin: Friedrich-Ebert-Stiftung. WISO Diskurs. http://library.fes.de/pdf-files/wiso/07530.pdf (06.11.2015).

Berlit, U. (2014): Aktuelle Entwicklungen in der Rechtsprechung zu den Kosten der Unterkunft. Teil 1. Informationen zum Arbeitslosenrecht und Sozialhilferecht 32 (6), S. 243–258.

Bernstein, R., Madlener, R. (2011a): Residential Natural Gas Demand Elasticities in OECD Countries: An ARDL Bounds Testing Approach. Aachen: RWTH Aachen University, Institute for Future Energy Consumer Needs and Behavior. FCN Working Paper 15/2011.

Bernstein, R., Madlener, R. (2011b): Responsiveness of Residential Electricity Demand in OECD Countries: A Panel Cointegration and Causality Analysis. Aachen: RWTH Aachen University, Institute for Future Energy Consumer Needs and Behavior. FCN Working Paper 8/2011.

Bertoldi, P., Rezessy, S., Lees, E., Baudry, P., Jeandel, A., Labanca, N. (2010): Energy supplier obligations and white certificate schemes: Comparative analysis of experiences in the European Union. Energy Policy 38 (3), S. 1455–1469.

BMU (Bundesministerium für Umwelt, Naturschutz und Reaktorsicherheit) (2007): Das Integrierte Energie- und Klimaschutzprogramm der Bundesregierung. Berlin: BMU. http://www.bundesregierung.de/nsc_true/Content/DE/Artikel/2007/12/Anlagen/2007-12-05-zusammenfassung-energiepaket,templateId=raw,property=publicationFile.pdf/2007-12-05-zusammenfassung-energiepaket (16.03.2010).

BMU, BMWi (Bundesministerium für Wirtschaft und Technologie) (2011): Das Energiekonzept der Bundesregierung 2010 und die Energiewende 2011 Berlin: BMWi, BMU. http://www.bmu.de/fileadmin/bmu-import/

files/pdfs/allgemein/application/pdf/energiekonzept_bundesregierung.pdf (22.07.2013).

BMUB (Bundesministerium für Umwelt, Naturschutz, Bau und Reaktorsicherheit) (Hrsg.) (2014): Aktionsprogramm Klimaschutz 2020. Kabinettsbeschluss vom 3. Dezember 2014. Berlin: BMUB.

BMWi (Bundesministerium für Wirtschaft und Energie) (2016): Gesamtausgabe der Energiedaten. Datensammlung des BMWi. Stand: 16.01.2016. Berlin: BMWi. http://www.bmwi.de/DE/Themen/Energie/Energiedaten-und-analysen/Energiedaten/gesamtausgabe,did=476134.html (15.02.2016).

BMWi (2015a): Energieeffizienzstrategie Gebäude. Wege zu einem nahezu klimaneutralen Gebäudebestand (Kabinettvorlage). Berlin: BMWi. http://www.bmwi.de/BMWi/Redaktion/PDF/E/energieeffizienzstrategie-gebaeude,property=pdf,bereich=bmwi2012,sprache=de,rwb=true.pdf (07.01.2016).

BMWi (2015b): Referentenentwurf. Entwurf eines Gesetzes zur Digitalisierung der Energiewende. Berlin: BMWi. http://bmwi.de/BMWi/Redaktion/PDF/P-R/referentenentwurf-gesetz-digitalisierung-energiewende,property=pdf,bereich=bmwi2012,sprache=de,rwb=true.pdf (07.01.2016).

BMWi (2014): Mehr aus Energie machen. Ein gutes Stück Arbeit. Nationaler Aktionsplan Energieeffizienz. Berlin: BMWi.

BMWi, BMU (2010): Energiekonzept für eine umweltschonende, zuverlässige und bezahlbare Energieversorgung. Berlin: BMWi, BMU.

Boßmann, T., Eichhammer, W., Elsland, R. (Hrsg.) (2012): Contribution of Energy Efficiency Measures to Climate Protection within the European Union until 2050. Policy Report. Berlin, Karlsruhe: Federal Ministry for the Environment, Nature Conservation and Nuclear Safety, Fraunhofer Institute for Systems and Innovation Research ISI.

BPIE (Buildings Performance Institute Europe) (2015): Die Sanierung des deutschen Gebäudebestandes. Eine wirtschaftliche Bewertung aus Investorensicht. Brüssel: BPIE.

Breitschopf, B. (2012): Ermittlung vermiedener Umweltschäden. Hintergrundpapier zur Methodik im Rahmen des Projekts „Wirkungen des Ausbaus erneuerbarer Energien". Karlsruhe: Fraunhofer-Institut für System- und Innovationsforschung ISI.

Brounen, D., Kok, N., Quigley, J. M. (2012): Residential Energy Use and Conservation: Economics and Demographics. European Economic Review 56 (5), S. 931–945.

Bruckmeier, K., Wiemers, J. (2012): A new targeting: a new take-up? Empirical Economics 43 (2), S. 565–580.

Buckler, J. (2013): Sozialtarife für Stromverbraucher: Das französische System als Vorbild? EU- und (finanz-) verfassungsrechtliche Vorgaben für den Schutz einkommensschwacher Stromverbraucher in Deutschland. EnWZ – Zeitschrift für das gesamte Recht der Energiewirtschaft 2 (3), S. 114–121.

Bull, J. (2012): Loads of greenwashing – can behavioral economics increase willingness-to-pay for efficient washing machines in the UK? Energy Policy 50, S. 242–252.

Bundesnetzagentur, Bundeskartellamt (2015): Monitoringbericht 2015. Monitoringbericht gemäß § 63 Abs. 3 i. V. m. § 35 EnWG und § 48 Abs. 3 i. V. m. § 53 Abs. 3 GWB. Stand: 10. November 2015. Bonn: Bundesnetzagentur, Bundeskartellamt. http://www.bundesnetzagentur.de/SharedDocs/Downloads/DE/Allgemeines/Bundesnetzagentur/Publikationen/Berichte/2015/Monitoringbericht_2015_BA.pdf?__blob=publicationFile&v=3 (07.01.2016).

Bundesregierung (2015): Grundsicherung steigt ab 2016. Höhere Regelsätze. Berlin: Bundesregierung. https://www.bundesregierung.de/Content/DE/Artikel/2015/09/2015-09-23-hoehere-grundsicherung-ab-2016.html;jsessionid=25757FE0B86ED71A2F390B4A2B568229.s4t2?nn=694676 (28.01.2016).

Bürger, V. (2009): Identifikation, Quantifizierung und Systematisierung technischer und verhaltensbedingter Stromeinsparpotenziale privater Haushalte. Münster, Berlin: Westfälische Wilhelms-Universität, Freie Universität. TRANSPOSE Working Paper 3.

Bürger, V., Rohde, C., Eichhammer, W., Schlomann, B. (2012): Energieeinsparquote für Deutschland? Bewertung des Instruments der Energieeinsparquote (Weiße Zertifikate) auf seine Eignung als Klimaschutzinstrument für Deutschland. Endbericht. Freiburg, Karlsruhe: Öko-Institut, Fraunhofer Institut für System- und Innovationsforschung ISI.

Caplin, A., Dean, M. (2014): Revealed Preference, Rational Inattention, and Costly Information Acquisition. Cambridge, Mass.: National Bureau of Economic Research. NBER Working Paper 19876.

CDU (Christlich Demokratische Union Deutschlands), CSU (Christlich-Soziale Union in Bayern), SPD (Sozialdemokratische Partei Deutschlands) (2013): Deutschlands Zukunft gestalten. Koalitionsvertrag zwischen CDU, CSU und SPD, 18. Legislaturperiode. Berlin: CDU, CSU, SPD. http://www.bundesregierung.de/Content/DE/_Anlagen/2013/2013-12-17-koalitionsvertrag.pdf;jsessionid=C0E966A76B061A5F03E4553FC28C816C.s2t1?__blob=publicationFile&v=2 (17.06.2014).

CHECK24 (2015): CHECK24-Analyse: Stromkosten und Hartz-IV-Regelbedarf u. a. für Energie. Stand: Februar 2015. München: CHECK24. http://www.check24.de/files/p/2015/0/0/6/5073-2015_02_16_check24_tabellen-stromkosten-hartz-iv.pdf (22.09.2015).

Danner, W., Theobald, C. (2015): Energierecht. Kommentar. 3. Bd. Losebl.-Ausg., 85. Erg.-Lfg., Stand: Juni 2015. München: Beck.

dena (Deutsche Energie-Agentur) (2012): Abschätzung: Wirtschaftlich erschließbare Endenergieeinsparpotenziale in Deutschland bis 2020. Berlin: dena. http://www.dena. de/fileadmin/user_upload/Presse/Meldungen/2012/ Abschaetzung_-_Wirtschaftlich_erschliessbare_Endenergiee.pdf (23.09.2015).

Deutscher Bundestag – Ausschuss für Umwelt, Naturschutz, Bau und Reaktorsicherheit (2015): Wortprotokoll der 51. Sitzung am 10. Juni 2015. Berlin: Deutscher Bundestag. Protokoll-Nr. 18/51. http://www.bundestag. de/blob/381334/4cebf61878f8decb931af70a653be607/ protokoll-18-51-data.pdf (22.09.2015).

Deutscher Bundestag – Wissenschaftliche Dienste (2014): Der Strompreis für Haushaltskunden und seine Bestandteile. Aktualisierte Fassung des Aktuellen Begriffs Nr. 35/13 vom 31. Oktober 2013. Berlin: Deutscher Bundestag – Wissenschaftliche Dienste. Aktueller Begriff 33/14.

Deutscher Bundestag (2015a): Antwort der Bundesregierung auf die Kleine Anfrage der Abgeordneten Dr. Julia Verlinden, Dr. Wolfgang Strengmann-Kuhn, Markus Kurth, weiterer Abgeordneter und der Fraktion BÜNDNIS 90/DIE GRÜNEN – Drucksache 18/6782 – Sicherung der Energieversorgung und Einsparmöglichkeiten für einkommensarme Haushalte. Berlin: Deutscher Bundestag. Bundestagsdrucksache 18/7101. http://dip21.bundestag. de/dip21/btd/18/071/1807101.pdf (16.02.2016).

Deutscher Bundestag (2015b): Antwort der Bundesregierung auf die Kleine Anfrage der Abgeordneten Dr. Wolfgang Strengmann-Kuhn, Dr. Julia Verlinden, Markus Kurth, weiterer Abgeordneter und der Fraktion BÜNDNIS 90/DIE GRÜNEN – Drucksache 18/6936 – Stromkosten einkommensarmer Haushalte. Berlin: Deutscher Bundestag. Bundestagsdrucksache 18/6936. http://dip21.bundestag.de/dip21/btd/18/069/1806936.pdf (07.01.2016).

Deutscher Bundestag (2015c): Gesetzentwurf der Bundesregierung Entwurf eines Gesetzes zur Reform des Wohngeldrechts und zur Änderung des Wohnraumförderungsgesetzes (WoGRefG). Berlin: Deutscher Bundestag. Bundestagsdrucksache 18/4897.

Deutscher Bundestag (2015d): Stenografischer Bericht 115. Sitzung, Berlin, Donnerstag, den 2. Juli 2015. Berlin: Deutscher Bundestag. Plenarprotokoll 18/115. http:// dipbt.bundestag.de/dip21/btp/18/18115.pdf#P.11122 (22.09.2015).

Deutscher Bundestag (2014): Antwort der Bundesregierung auf die Kleine Anfrage der Abgeordneten Bärbel Höhn, Christian Kühn (Tübingen), Oliver Krischer, weiterer Abgeordneter und der Fraktion BÜNDNIS 90/ DIE GRÜNEN – Drucksache 18/174 – Maßnahmen gegen steigende Heizkosten zur Bekämpfung der Energiearmut. Berlin: Deutscher Bundestag. Bundestagsdrucksache 18/333.

Deutscher Bundestag (2010): Gesetzentwurf der Fraktionen der CDU/CSU und FDP. Entwurf eines Gesetzes zur Ermittlung von Regelbedarfen und zur Änderung des Zweiten und Zwölften Buches Sozialgesetzbuch. Berlin: Deutscher Bundestag. Bundestagsdrucksache 17/3404.

Deutscher Caritasverband (2013): Energiearmut: Teilhabe ermöglichen. Eckpunkte und Position des DCV zur Bekämpfung von Energiearmut. Freiburg: Deutscher Caritasverband. neue caritas spezial 2/2013. http://www. die-klima-allianz.de/wp-content/uploads/2013/09/Caritas-Position_DCV_Energiearmut_nc_spezial.pdf (16.04.2015).

Deutscher Caritasverband, Bundesverband der Energie- und Klimaschutzagenturen Deutschlands (2015): Stromspar-Check PLUS – Erfolge und Ergebnisse. Stand: 01.06.2015. Freiburg, Berlin: Deutscher Caritasverband, Bundesverband der Energie- und Klimaschutzagenturen Deutschlands.

Diefenbach, N., Malottki, C. von, Enseling, A., Loga, T., Cischinsky, H., Stein, B., Hörner, M., Grafe, M. (2013): Maßnahmen zur Umsetzung der Ziele des Energiekonzepts im Gebäudebereich. Zielerreichungsszenario. Berlin: Bundesministerium für Verkehr, Bau und Stadtentwicklung. BMVBS-Online-Publikation 03/2013. http://www. bbsr.bund.de/BBSR/DE/Veroeffentlichungen/BMVBS/ Online/2013/DL_ON032013.pdf?__blob=publication-File&v=5 (23.09.2015).

DIW (Deutsches Institut für Wirtschaftsforschung) (2012): Soziale Härten bei der EEG-Umlage vermeiden. Berlin: DIW. DIW-Wochenbericht 41/2012. http://www. diw.de/documents/publikationen/73/diw_01.c.409389. de/12-41.pdf (22.09.2015).

Dünnhoff, E., Gigli, M. (2008): Zur Diskussion um die Einführung von Energie-Sozialtarifen in Deutschland. Arbeitspapier im Rahmen des Projektes: Energieeffizienz und Energieeinsparung in Arbeitslosengeld II- und Sozialhilfehaushalten. Heidelberg: ifeu – Institut für Energie und Umweltforschung Heidelberg. http://www.ifeu.de/ energie/pdf/IFEU_Arbeitspapier_Sozialtarife_Dez_2008. pdf (15.02.2016).

Dünnhoff, E., Stieß, I., Hoppenbrock, C. (2006): Energiekostenanstieg, soziale Folgen und Klimaschutz. Endbericht. Heidelberg, Frankfurt am Main: ifeu – Institut für Energie- und Umweltforschung, Institut für sozial-ökologische Forschung. http://www.isoe.de/uploads/media/ cariteam-sond-endber-2006_01.pdf (06.11.2015).

Duscha, M., Dünnhoff, E. (2007): Innovative Stromrechnungen als Beitrag zur nachhaltigen Transformation des Elektrizitätssystems. Untersuchung für das Projekt „Transformation and Innovation in Power Systems" (TIPS) im Rahmen der sozial-ökologischen Forschung des BMBF. Heidelberg: ifeu – Institut für Energie- und Umweltforschung. http://www.ifeu.de/energie/pdf/ Bericht_Innovative_Stromrechnung_Okt07_221107_fin. pdf (07.01.2016).

Eicher, W. (Hrsg.) (2013): SGB II. Grundsicherung für Arbeitsuchende. Kommentar. 3., neu bearb. Aufl. München: Beck.

Elbel, G., Wolz, C. (2012): Berechnung eines regelbedarfsrelevanten Verbraucherpreisindex für die Fortschreibung der Regelbedarfsstufen nach SGB XIIII. In: Statitisches Bundesamt (Hrsg.): Wirtschaft und Statistik. Wiesbaden: Statitisches Bundesamt, S. 1122–1143.

Endres, A. (2013): Umweltökonomie. 4., aktualisierte und erw. Aufl. Stuttgart: Kohlhammer.

EPEE (European Fuel Poverty and Energy Efficiency) (2009): European Fuel Poverty and Energy Efficiency. EPEE project. Valbonne: Alphéeis. http://ec.europa.eu/energy/intelligent/projects/sites/iee-projects/files/projects/documents/epee_european_fuel_poverty_and_energy_efficiency_en.pdf (12.01.2016).

Espey, J. A., Espey, M. (2004): Turning on the Lights: A Meta-Analysis of Residential Electricity Demand Elasticities. Journal of Agricultural and Applied Economics 36 (1), S. 65–81.

EWSA (Europäischer Wirtschafts- und Sozialausschuss) (2013): Stellungnahme des Europäischen Wirtschafts- und Sozialausschusses zum Thema „Für ein koordiniertes europäisches Vorgehen zur Prävention und Bekämpfung von Energiearmut" (Initiativstellungnahme) (2013/C 341/05). Berichterstatter: Pierre-Jean Coulon. Amtsblatt der Europäischen Union C 341, S. 21–26.

EWSA (2011): Stellungnahme des Europäischen Wirtschafts- und Sozialausschusses zum Thema „Energiearmut im Kontext von Liberalisierung und Wirtschaftskrise" (Sondierungsstellungnahme) (2011/C 44/09). Hauptberichterstatter: Sergio Ernesto Santillán Cabeza. Amtsblatt der Europäischen Union C 44, S. 53.

Feess, E. (2007): Umweltökonomie und Umweltpolitik. 3., vollst. überarb. und erw. Aufl. München: Vahlen.

Fischer, C. (2010): Imperfect Competition, Consumer Behavior, and the Provision of Fuel Efficiency in Light-Duty Vehicles. Washington, DC: Resources for the Future. Discussion Paper 10-60.

Fischer, C. (2005): On the Importance of the Supply Side in Demand-side Management. Energy Economics 27 (1), S. 165–180.

Fischer, C., Blanck, R., Brohmann, B., Cludius, J., Förster, H., Heyen, D. A., Hünecke, K., Keimeyer, F., Kenkmann, T., Schleicher, T., Schumacher, K., Wolff, F., Beznoska, M., Steiner, V., Gruber, E., Holländer, E., Roser, A., Schakib-Ekbatan, K. (2016): Konzept zur absoluten Verminderung des Energiebedarfs: Potenziale, Rahmenbedingungen und Instrumente zur Erreichung der Energieverbrauchsziele des Energiekonzepts. Dessau-Roßlau: Umweltbundesamt. Climate Change 17/2016. https://www.umweltbundesamt.de/sites/default/files/medien/378/publikationen/climate_change_17_2016_konzept_zur_absoluten_verminderung_des_energiebedarfs.pdf (18.04.2016).

Fischer, C., Torvanger, A., Shrivastava, M. K., Sterner, T., Stigson, P. (2012): How should support for climate-friendly technologies be designed? AMBIO 41 (Suppl. 1), S. 33–45.

Fischer, M. (1998): Die Zukunft des Ottomotors als Pkw-Antrieb. Entwicklungschancen unter Verbrauchsaspekten. Berlin: Technische Universität.

Frankfurter Allgemeine Zeitung (12.04.2016): Maas: Mietspiegel mit Horizont von acht Jahren, S. 17.

Gawel, E., Korte, K., Tews, K. (2015): Energiewende im Wunderland: Mythen der Sozialverträglichkeit der Förderung erneuerbaren Energieen durch das EEG. Leipzig: Helmholtz Zentrum für Umweltforschung – UFZ. UFZ Discussion Papers 2/2015.

Gawel, E., Purkus, A. (2015): Die Rolle von Energie- und Strombesteuerung im Kontext der Energiewende. Zeitschrift für Energiewirtschaft 39 (2), S. 77–103.

Gawel, E., Strunz, S., Lehmann, P. (2013): Polit-ökonomische Grenzen des Emissionshandels und ihre Implikationen für die klima- und energiepolitische Instrumentenwahl. Leipzig: Helmholtz-Zentrum für Umweltforschung – UFZ. UFZ Discussion Papers 2/2013.

Gillingham, K. (2014): Rebound effects. Basingstoke: Palgrave Macmillan. The New Palgrave Dictionary of Economics. Online Edition. http://www.dictionaryofeconomics.com/article?id=pde2014_R000289 (15.02.2016).

Gillingham, K., Harding, M., Rapson, D. (2012): Split Incentives in Residential Energy Consumption. Energy Journal 33 (2), S. 37–62.

Gillingham, K., Palmer, K. (2014): Bridging the Energy Efficiency Gap: Policy Insights from Economic Theory and Empirical Evidence. Review of Environmental Economics and Policy 8 (1), S. 18–38.

Gillingham, K., Rapson, D., Wagner, G. (2016): The Rebound Effect and Energy Efficiency Policy. Review of Environmental Economics and Policy 10 (1), S. 68–88.

Greening, L. A., Greene, D. L., Difiglio, C. (2000): Energy Efficiency and Consumption – The rebound effect – A survey. Energy Policy 28 (6–7), S. 389–401.

Greveler, U. (2015): Intelligente Stromzähler – Überwachungsinstrument von morgen? Vortrag, Fachgespräch: „Intelligente Stromzähler (Smart Meter) – Partner der Energiewende oder neues Überwachungsinstrument?", 09.06.2015, Berlin.

Grube, C., Wahrendorf, V. (Hrsg.) (2014): SGB XII. Sozialhilfe mit Asylbewerberleistungsgesetz. Kommentar. 5. Aufl. München: Beck.

Handelsblatt (13.04.2016): Kersting, S., Stehle, A.: Streit übers Mietrecht. S. 10.

Heindl, P. (2014): Measuring Fuel Poverty: General Considerations an Application to German Household Data. Berlin: German Socio-Economic Panel Study. SOEPpapers on Multidisciplinary Panel Data Research 632/2014.

Heindl, P., Löschel, A. (2015): Social Implications of Green Growth Policies from the Perspective of Energy Sector Reform and its Impact on Households. Mannheim: Zentrum für Europäische Wirtschaftsforschung. ZEW Discussion Paper 15-012. http://ftp.zew.de/pub/zew-docs/dp/dp15012.pdf (11.01.2016).

Henger, R. (2014): Handlungsempfehlungen zur Umsetzung der Energiewende im Gebäudesektor. Köln: Institut der deutschen Wirtschaft. IW Policy Paper 12/2014. https://www.econstor.eu/dspace/bitstream/10419/102393/1/797439021.pdf (09.11.2015).

Henger, R., Voigtländer, M. (2011): Einflussfaktoren auf die Rentabilität energetischer Sanierungen bei Mietobjekten. Köln: Institut der Deutschen Wirtschaft. IW Trends 1/2011. http://www.finanz-und-immobilienmaerkte.de/studien/beitrag/ralph-henger-michael-voigtlaender-einflussfaktoren-auf-die-rentabilitaet-energetischer-sanierungen-bei-mietobjekten-53416 (28.01.2016).

Hentschel, A., Hopfenmüller, J. (2014): Energetisch modernisieren bei fairen Mieten. Ein Gutachten. Berlin: Heinrich-Böll-Stiftung. Schriften zur Ökologie 37.

Herling, J., Brohmann, B. (2011): Finanzielle Kaufanreize bei Weißer Ware und TV: Instrumentenoption für Deutschland? Münster, Berlin: Westfälische Wilhelms-Universität, Freie Universität. TRANSPOSE Working Paper 12.

Hills, J. (2012): Getting the measure of fuel poverty. Final report of the fuel poverty review. London: Department of Energy and Climate Change. CASE report 72.

Hofmeister, U. (2014): Klimaschutz in der Stadtplanung. Vortrag, Kommunalkonferenz 2014, 26.09.2014, Berlin.

IEA (International Energy Agency) (2007): Mind the Gap. Quantifying Principal-Agent Problems in Energy Efficiency. Paris: IEA.

IPCC (Intergovernmental Panel on Climate Change) (2013): Summary for Policymakers. In: Stocker, T. F., Qin, D., Plattner, G.-K., Tignor, M. M. B., Allen, S. K., Boschung, J., Nauels, A., Xia, Y., Bex, V., Midgley, P. M. (Hrsg.): Climate Change 2013: The Physical Science Basis. Contribution of Working Group I to the Fifth Assessment Report of the Intergovernmental Panel on Climate Change. Cambridge, New York: Cambridge University Press, S. 3–29.

Irrek, W., Thomas, S. (2006): Der EnergieSparFonds für Deutschland. Düsseldorf: Hans-Böckler-Stiftung.

Isherwood, B. C., Hancock, R. M. (1979): Household Expenditure on Fuel: Distributional Aspects. London: D.H.S.S. Economic Adviser's Office.

Jarvis, A., Foo, V., Pieterse, M., Starmer, C., Poen, E., Read, D. (2010): Behavioural economics & energy using products: scoping research on discounting behaviour and consumer reference points. Final report. London: Department for Environment, Food and Rural Affairs.

Kallbekken, S., Sælen, H., Hermansen, E. A. T. (2013): Bridging the Energy Efficiency Gap: A Field Experiment on Lifetime Energy Costs and Household Appliances. Journal of Consumer Policy 36 (1), S. 1–16.

Kardel, J. (2015): Kosten und Nutzen von intelligenten Stromzählern aus Verbrauchersicht. Vortrag, Fachgespräch: „Intelligente Stromzähler (Smart Meter) – Partner der Energiewende oder neues Überwachungsinstrument?", 09.06.2015, Berlin.

Karg, M. (2015): Datenschutzrisiken bei intelligenten Stromzählern. Vortrag, Fachgespräch: „Intelligente Stromzähler (Smart Meter) – Partner der Energiewende oder neues Überwachungsinstrument?", 09.06.2015, Berlin.

Klinski, S. (2015): Energiebezogene Qualifikation der Planerinnen und Planer für Gebäude. Teilbericht 1: Rechtliche Hemmnisse für den Klimaschutz bei der Planung von Gebäuden. Dessau-Roßlau: Umweltbundesamt. Climate Change 14/2015. http://www.umweltbundesamt.de/sites/default/files/medien/378/publikationen/climate_change_14_2015_energiebezogene_qualifikation_der_plannerinnen_und_planer_fuer_gebaeude_0.pdf (06.11.2015).

Kofner, S. (2012): Strategien und Rahmenbedingungen kapitalmarktorientierter Wohnungsunternehmen am Beispiel GAGFAH. In: Haug, P., Rosenfeld, M. T. W., Weiß, D. (Hrsg.): Zur Zukunft der kommunalen Wohnungspolitik in Deutschland und Europa. Tagungsband. Referate und Diskussionen im Rahmen des 3. Halleschen Kolloquiums zur Kommunalen Wirtschaft am 5. und 6. November 2009. Halle (Saale): Institut für Wirtschaftsforschung. IWH Sonderheft 3/2012, S. 77–101. http://www.iwh-halle.de/d/publik/sh/PDF/SH_12-3.pdf (25.09.2015).

Kohn, K., Missong, M. (2003): Estimation of Quadratic Expenditure Systems Using German Household Budget Data. Jahrbücher für Nationalökonomie und Statistik 223 (4), S. 422–448.

Kolmsee, I. (2015): Kosten und Nutzen von intelligenten Stromzählern aus Unternehmenssicht. Vortrag, Fachgespräch: „Intelligente Stromzähler (Smart Meter) – Partner der Energiewende oder neues Überwachungsinstrument?", 09.06.2015, Berlin.

Kopatz, M. (2012): Energiearmut lindern: Prepaid statt Sperre. Energiewirtschaftliche Tagesfragen 62 (11), S. 90–92.

Kopatz, M. (Hrsg.) (2013): Energiewende. Aber fair. Wie sich die Energiezukunft sozial tragfähig gestalten lässt. München: oekom.

Küchler, S., Horst, J. (2012): Strom- und Energiekosten der Industrie. Pauschale Vergünstigungen auf dem Prüfstand. Kurzstudie. Berlin: Forum ökologisch-soziale Marktwirtschaft, Institut für ZukunftsEnergieSysteme. http://www.foes.de/pdf/2012-06-14-FOES-IZES-Verguenstigungen-Industrie-lang.pdf (11.01.2016).

Liebe, A., Schmitt, S., Wissner, M. (2015): Quantitative Auswirkungen variabler Stromtarife auf die Stromkosten von Haushalten. Kurzstudie. Bad Honnef: WIK Wissenschaftliches Institut für Infrastruktur und Kommunikationsdienste. WIK Bericht.

Liebe, A., Wissner, M. (2015): Der flexible Verbraucher – Potenziale zur Lastverlagerung im Haushaltsbereich. Studie. Bad Honnef: WIK Wissenschaftliches Institut für Infrastruktur und Kommunikationsdienste. WIK Bericht.

Madlener, R., Alcott, B. (2006): Energy Rebound and Economic Growth: A Review of the Main Issues and Research Needs. Energy 34 (3), S. 370–376.

Martens, R. (2012): Stromkosten im Regelsatz: Modellrechnungen und Graphiken. Kurzexpertise. Berlin: Paritätische Forschungsstelle. http://www.harald-thome.de/media/files/Expertise_Strom_RS_2012_T.pdf (22.09.2015).

Matthies, E. (2013a): Nutzerverhalten im Energiesystem. Erkenntnisse und Forschungsfragen aus der Psychologie. Technikfolgenabschätzung – Theorie und Praxis 22 (2), S. 36–42.

Matthies, E. (2013b): Verändertes Nutzerverhalten als Potenzial für die Verringerung von Energieverbrauch und CO_2-Emissionen – Beiträge und Forschungsfragen aus psychologischer Perspektive. In: Schweizer-Ries, P., Hildebrand, J., Rau, I. (Hrsg.): Klimaschutz & Energienachhaltigkeit: Die Energiewende als sozialwissenschaftliche Herausforderung. Saarbrücken: universaar, S. 87–104.

Maurer, H. (2010): Staatsrecht I: Grundlagen, Verfassungsorgane, Staatsfunktionen. 6., überarb. und erg. Aufl. München: Beck.

Meinshausen, M., Meinshausen, N., Hare, W., Raper, S. C. B., Frieler, K., Knutti, R., Frame, D. J., Allen, M. R. (2009): Greenhouse-gas emission targets for limiting global warming to 2°C. Nature 458 (7242), S. 1158–1162.

Michelsen, C., Neuhoff, K., Schopp, A. (2014): Wärmemonitor Deutschland 2013: Gesunkener Heizenergiebedarf, gestiegene Kosten. DIW Wochenbericht 81 (41), S. 1015–1027.

Münch, T., Hauprich, K. (2015): Lastbegrenzung statt Sperre. Pilotprojekt zur Bekämpfung von Energiearmut im Stadtteil Köln-Meschenich (Kölnberg). Abschlussbericht. Düsseldorf: Hochschule Düsseldorf. http://sozkult.hs-duesseldorf.de/forschung/forschungsaktivitaeten/einrichtungen/wohlfahrtsverbaende/Documents/Abschlussbericht%20Energiearmut.pdf (16.02.2016).

Neuhoff, K., Bach, S., Diekmann, J., Beznoska, M., El-Laboudy, T. (2012): Steigende EEG-Umlage: Unerwünsche Verteilungseffekte können vermindert werden. DIW-Wochenbericht 79 (41), S. 3–12.

Neumann, V. (1995): Menschenwürde und Existenzminimum. Neue Zeitschrift für Verwaltungsrecht 14 (5), S. 426–432.

Newell, R. G., Siikamäki, J. (2014): Can Product Labels Nudge Energy Efficient Behavior? Resources 187, S. 15–17.

Pehnt, M., Arens, M., Duscha, M., Eichhammer, W., Fleiter, T., Gerspacher, A., Idrissova, F., Jessing, D., Jochem, E., Kutzner, F., Lambrecht, U., Lehr, U., Lutz, C., Paar, A., Reitze, F., Schlomann, B., Seefeld, F., Thampling, N., Toro, F., Vogt, R., Wenzel, B., Wünsch, M. (2011): Energieeffizienz: Potenziale, volkswirtschaftliche Effekte und innovative Handlungs- und Förderfelder für die Nationale Klimaschutzinitiative. Endbericht. Heidelberg, Karlsruhe, Berlin, Osnabrück, Freiburg: ifeu – Institut für Energie- und Umweltforschung, Fraunhofer-Institut für System- und Innovationsforschung, Prognos AG, Gesellschaft für Wirtschaftliche Strukturforschung mbH.

Pehnt, M., Brischke, L.-A. (2013): Energiesparfonds und Effizienzgarantie: Ein integratives Konzept zur Umsetzung der europäischen Energieeffizienz-Richtlinie. Kurzstudie im Auftrag des Bund für Umwelt und Naturschutz Deutschland e. V. (BUND). Heidelberg: ifeu – Institut für Energie- und Umweltforschung Heidelberg.

Pfnür, A., Müller, N. (2013): Energetische Gebäudesanierung in Deutschland. Teil 2: Prognose der Kosten alternativer Sanierungsfahrpläne und Analyse der finanziellen Belastungen für Eigentümer und Mieter bis 2050. Hamburg: Forschungscenter Betriebliche Immobilienwirtschaft, TU Darmstadt.

Ramos, A., Gago, A., Labandeira, X., Linares, P. (2015): The role of information for energy efficiency in the residential sector. Energy Economics 52 (Suppl. 1), S. S17–S29.

Rapf, O., Lottes, R. (2015): Der Energieausweis – Ein wichtiges Instrument zur Steigerung der Gebäudeenergieeffizienz in der EU. In: Pöschk, J. (Hrsg.): Energieeffizienz in Gebäuden. Jahrbuch 2015. Berlin: VME – Verlag und Medienservice Energie, S. 165–172.

Rocha, M., Baddeley, M., Pollitt, M. G. (2013): Addressing self-disconnection among prepayment energy consumers: A behavioural approach. Cambridge: University of Cambridge, Energy Policy Research Group. EPRG Working Paper 1328. Cambridge Working Paper in Economics 1353. http://www.cambridgeeprg.com/wp-content/uploads/2013/12/1328-PDF.pdf (23.03.2016).

Rolfs, C., Giesen, R., Kreikebohm, R., Udsching, P. (Hrsg.) (2015): Sozialrecht. Beck´scher Online-Kommentar. Stand: 01.06.2015, Ed. 38. München: Beck.

Rüfner, W. (2006): Daseinsvorsorge und soziale Sicherheit. In: Isensee, J., Kirchhof, P. (Hrsg.): Handbuch des Staatsrechts der Bundesrepublik Deutschland. Bd. 4: Aufgaben des Staates. 3, völlig neubearb. und erw. Aufl. Heidelberg: C.F. Müller, S. 1049–1107.

Säcker, F.-J., Rixecker, R. (Hrsg.) (2012): Münchener Kommentar zum Bürgerlichen Gesetzbuch. Bd. 3: Schuldrecht, Besonderer Teil. §§ 433–610, Finanzierungsleasing, HeizkostenV, BetriebskostenV, CISG. 6. Aufl. München: Beck.

Sallee, J. M. (2014): Rational Inattention and Energy Efficiency. Journal of Law and Economics 57 (3), S. 781–820.

Santarius, T. (2012): Der Rebound-Effekt. Über die unerwünschten Folgen der erwünschten Energieeffizienz. Wuppertal: Wuppertal Institut für Klima, Umwelt, Energie. Impulse zur WachstumsWende 5. https://www.econstor.eu/dspace/bitstream/10419/59299/1/716107694.pdf (06.11.2015).

Schultz, P. W., Nolan, J. M., Cialdini, R. B., Goldstein, N. J., Griskevicius, V. (2007): The constructive, destructive, and reconstructive power of social norms. Psychological Science 18 (5), S. 429–434.

Schulze Darup, B., Neitzel, M. (2011): Energieeffizienz mit städtebaulicher Breitenwirkung. Technische und wirtschaftliche Voraussetzungen zur flächenhaften Umsetzung von energetisch hochwertigen Modernisierungen in zusammenhängenden Wohnquartieren. Abschlussbericht. Berlin: Bundesverband deutscher Wohnungs- und Immobilienunternehmen. http://web.gdw.de/uploads/pdf/Energieeffizienz_Breitenwirkung_Abschlussbericht.pdf (22.09.2015).

Schumacher, K., Cludius, J., Förster, H., Fischer, C., Kenkmann, T., Beznoska, M. (2015): Energy saving measures and their distributional effects – a study of households in Germany. In: ECEEE (European Council for an Energy Efficient Economy) (Hrsg.): eceee 2015 Summer Study on energy efficiency. Proceedings. Keeping energy efficiency at the top of the agenda. 1–6 June 2015, Club Belambra Les Criques, Presqu'île de Giens Toulon/Hyères, France. Stockholm: ECEEE, S. 2197–2208.

Senatsverwaltung für Stadtentwicklung und Umwelt Berlin (2015): Berliner Mietspiegel 2015 mit Berliner Betriebskostenübersicht im Anhang. Berlin: Senatsverwaltung für Stadtentwicklung und Umwelt. http://www.stadtentwicklung.berlin.de/wohnen/mietspiegel/ (12.01.2016).

Simmons-Süer, B., Atukeren, E., Busch, C. (2011): Elastizitäten und Substitutionsmöglichkeiten der Elektrizitätsnachfrage: Literaturübersicht mit besonderem Fokus auf den Schweizer Strommarkt. Zürich: Konjunkturforschungsstelle. KOF Studien 26.

Song, H., Schwarz, N. (2008): If It´s Hard to Read, It´s Hard to Do: Processing Fluency Affects Effort Prediction and Motivation. Psychological Science 19 (10), S. 986–988.

Sorrell, S. (2007): The Rebound Effect: An assessment of the evidence for economy-wide energy savings from improved energy efficiency. London: UK Energy Research Centre.

Sorrell, S., Dimitropoulos, J., Sommerville, M. (2009): Empirical Estimates of the Direct Rebound Effect: A Review. Energy Policy 37 (4), S. 1356–1371.

Spurlock, C. A. (2013): Appliance Efficiency Standards and Price Discrimination. Berkeley, CA: Lawrence Berkeley National Laboratory.

SQW, i2 media research, Astutim (2013): Study on Access to Smart Meter Benefits for Blind and Particially Sighted Consumers. Final Report. London: Department of Energy & Climate Change.

SRU (Sachverständigenrat für Umweltfragen) (2015): 10 Thesen zur Zukunft der Kohle bis 2040. Berlin: SRU. Kommentar zur Umweltpolitik 14.

SRU (2013): Den Strommarkt der Zukunft gestalten. Sondergutachten. Berlin: Erich Schmidt.

SRU (2012): Umweltgutachten 2012. Verantwortung in einer begrenzten Welt. Berlin: Erich Schmidt.

SRU (2011): Wege zur 100 % erneuerbaren Stromversorgung. Sondergutachten. Berlin: Erich Schmidt.

SRU (2008): Umweltgutachten 2008. Umweltschutz im Zeichen des Klimawandels. Berlin: Erich Schmidt.

SRU (2004): Umweltgutachten 2004. Umweltpolitische Handlungsfähigkeit sichern. Baden-Baden: Nomos.

Statistisches Bundesamt (2016a): Ergebnis der Einkommens- und Verbrauchsstichprobe (EVS) 2013. Abschnitt 1.2: Konsumausgaben privater Haushalte nach sozialer Stellung der Haupteinkommensbezieher und -bezieherinnen. Wiesbaden: Statistisches Bundesamt.

Statistisches Bundesamt (2016b): Ergebnis der Einkommens- und Verbrauchsstichprobe (EVS) 2013. Abschnitt 1.3: Konsumausgaben privater Haushalte nach dem monatlichen Haushaltsnettoeinkommen. Wiesbaden: Statistisches Bundesamt.

Statistisches Bundesamt (2015a): Armutsgefährdungsquote nach Sozialleistungen in Deutschland nach dem Haushaltstyp. Gemeinschaftsstatistik über Einkommen und Lebensbedingungen (EU-SILC). Wiesbaden: Statistisches Bundesamt. https://www.destatis.de/DE/Zahlen-Fakten/GesellschaftStaat/EinkommenKonsumLebensbedingungen/LebensbedingungenArmutsgefaehrdung/Tabellen/ArmutsgefQuoteTyp_SILC.html;jsessionid=500C5AE92C87165F26B26273F224C1D2.cae1.

Statistisches Bundesamt (2015b): Wirtschaftsrechnungen. Einkommens- und Verbrauchsstichprobe: Aufwendungen privater Haushalte für den Privaten Konsum 2013. Wiesbaden: Statistisches Bundesamt. Fachserie 15, Heft 5. https://www.destatis.de/DE/Publikationen/Thematisch/ EinkommenKonsumLebensbedingungen/Einkommen-Verbrauch/EVS_AufwendungprivaterHaushalte 2152605139004.pdf?__blob=publicationFile (15.02.2016).

Statistisches Bundesamt (2015c): Wirtschaftsrechnungen. Laufende Wirtschaftsrechnungen. Ausstattung privater Haushalte mit ausgewählten Gebrauchsgütern 2014. Wiesbaden: Statistisches Bundesamt. Fachserie 15, Reihe 2. https://www.destatis.de/DE/Publikationen/Thematisch/ EinkommenKonsumLebensbedingungen/LfdWirtschafts-rechnungen/AusstattungprivaterHaushalte 2150200147004.pdf;jsessionid=8138E1D6F0AECD-22F02A61DDD32901B2.cae1?__blob=publicationFile (15.02.2016).

Statistisches Bundesamt (2014a): Wirtschaftsrechnungen. Einkommens- und Verbrauchsstichprobe: Ausstattung privater Haushalte mit ausgewählten Gebrauchsgütern 2013. Wiebaden: Statistisches Bundesamt. Fachserie 15, Heft 1. https://www.destatis.de/DE/Publikationen/The-matisch/EinkommenKonsumLebensbedingungen/ EinkommenVerbrauch/EVS_AusstattungprivaterHaus-halte2152601139004.pdf?__blob=publicationFile (28.01.2016).

Statistisches Bundesamt (2014b): Wirtschaftsrechnungen. Einkommens- und Verbrauchsstichprobe: Geld- und Immobilienvermögen sowie Schulden privater Haushalte 2013. Wiesbaden: Statistisches Bundesamt. Fachserie 15, Heft 2. https://www.destatis.de/DE/Publikationen/The-matisch/EinkommenKonsumLebensbedingungen/ EinkommenVerbrauch/EVS_GeldImmobilienvermoegen-Schulden2152602139004.pdf;jsessionid=A6A44F1E336FCAE86038C1A1F476C151.cae4?__blob=publicationFile (15.02.2016).

Statistisches Bundesamt (2013): Wirtschaftsrechnungen. Einkommens- und Verbrauchsstichprobe: Wohnverhält-nisse privater Haushalte 2013. Wiesbaden: Statistisches Bundesamt. Fachserie 15, Sonderheft 1. https://www. destatis.de/DE/Publikationen/Thematisch/Einkommen-KonsumLebensbedingungen/EinkommenVerbrauch/ EVS_HausGrundbesitzWohnverhaeltnisHaushalte 2152591139004.pdf?__blob=publicationFile (26.01.2016).

Statistisches Bundesamt (2010): Wirtschaftsrechnungen. Einkommens- und Verbrauchsstichprobe: Aufwendungen privater Haushalte für den Privaten Konsum 2008. Wiebaden: Statistisches Bundesamt. Fachserie 15, Heft 5. https://www.destatis.de/DE/Publikationen/Thematisch/ EinkommenKonsumLebensbedingungen/Einkom-menVerbrauch/EVS_AufwendungprivaterHaushalte 2152605089004.pdf?__blob=publicationFile (22.09.2015).

Statistisches Bundesamt, WZB (Wissenschaftszentrum Berlin für Sozialforschung), SOEP (Sozio-oekonomisches Panel am Deutschen Institut für Wirtschaftsforschung) (2013): Datenreport 2013. Ein Sozialbericht für die Bundesrepublik Deutschland. Bonn: Bundeszentrale für politische Bildung.

Süddeutsche Zeitung (13.04.2016): Rossmann, R.: Maas will Mieterhöhungen erschweren. S. 1.

Techem Energy Services (2015): Energiekennwerte 2015. Eschborn: Techem Energy Services.

Tews, K. (2015): Evaluierung des Projektes „Stromspar-Check für einkommensschwache Haushalte". Ergebnisse zur erzielten Energieeinsparung/Klimawirkung in Phase 1 und 2 (2008-2010). Vortrag, 2. Sitzung des Beirats Stromspar-Check, 24.10.2012 Berlin.

Tews, K. (2013): Energiearmut definieren, identifizieren und bekämpfen – Eine Herausforderung der sozialver-träglichen Gestaltung der Energiewende. Berlin: For-schungszentrum für Umweltpolitik. FFU-Report 04-2013.

Tews, K. (2011): Progressive Stromtarife für Verbraucher in Deutschland? Energiewirtschaftliche Tagesfragen 61 (10), S. 47–51.

Thomas, S., Hennicke, P., Bierwirth, A., Venjakob, M., Hauptstock, D., Kiyar, D., Suerkemper, F., Thema, J., Tholen, L., Vondung, F. (2013): Vorschlag für eine Bundesagentur für Energieeffizienz und Energiesparfonds (BAEff). Wie die Ziele der Energiewende ambitioniert umgesetzt und die Energiekosten gesenkt werden können. Endbericht. Wuppertal: Wuppertal Institut für Klima, Umwelt, Energie.

UBA (Umweltbundesamt) (2012a): Ökonomische Be-wertung von Umweltschäden – Methodenkonvention 2.0 zur Schätzung von Umweltkosten. Dessau-Roßlau: UBA.

UBA (2012b): Schätzung der Umweltkosten in den Bereichen Energie und Verkehr. Empfehlungen des Umweltbundesamtes. Dessau-Roßlau: UBA.

Verbraucherzentrale Nordrhein-Westfalen (2008): Vorschlag der Verbraucherzentrale NRW zur Einführung eines Strom-Spartarifes („Sozialtarif") für private Haus-halte. Düsseldorf: Verbraucherzentrale Nordrhein-West-falen. https://www.verbraucherzentrale.nrw/mediabig/ 54541A.pdf (16.02.2016).

Vyas, D. (2014): Topping-up or dropping-out: self-disconnection among prepayment meter users. Edinburgh: Citizens Advice Scotland. https://www.citizensadvice.org. uk/global/migrated_documents/corporate/topping-up-or-dropping-out.pdf (23.03.2016).

WBGU (Wissenschaftlicher Beirat der Bundesregierung Globale Umweltveränderungen) (2009): Kassensturz für den Weltklimavertrag: Der Budgetansatz. Berlin: WBGU. Sondergutachten.

Weizsäcker, E. U. von, Hargroves, K., Smith, M. (2010): Faktor Fünf: Die Formel für nachhaltiges Wachstum. München: Droemer.

Die Welt (13.04.2016): Schwaldt, N.: Justizminister verschärft noch einmal das Mietrecht. S. 13.

Wilson, C., Dowlatabadi, H. (2007): Models of Decision Making and Residential Energy Use. Annual Review of Environment and Resources 32, S. 169–203.

Zacher, H. F. (2004): Das soziale Staatsziel. In: Isensee, J., Kirchhof, P. (Hrsg.): Handbuch des Staatsrechts der Bundesrepublik Deutschland. Bd. 2: Verfassungsstaat. 3., völlig neu bearb. und erw. Aufl. Heidelberg: C.F. Müller, S. 659–784.

Kapitel 4

Inhalt

Abbildungen

Tabellen

4 Flächenverbrauch und demografischer Wandel

4.1 Einleitung

278. Weltweit nimmt das Bewusstsein für die große Bedeutung der Böden als natürliche Lebensgrundlage zu. So erklärten die Vereinten Nationen das Jahr 2015 zum „Jahr des Bodens", um die bodenbezogenen Fragen der Ernährungssicherung, der Sicherung der Ökosystemfunktionen und der Anforderungen des Klimawandels für jetzige und künftige Generationen ins öffentliche Bewusstsein zu rücken. Die Veränderung natürlicher Böden durch Besiedelung, Landwirtschaft oder Rohstoffabbau hat langfristige Wirkungen und verdient damit eine hohe Aufmerksamkeit, gerade auch in einem dicht besiedelten Land wie Deutschland, in dem vielfältige Nutzungskonkurrenzen um die Flächen bestehen.

Die anhaltende Flächenneuinanspruchnahme, verstanden als der tägliche Zuwachs der Siedlungs- und Verkehrsfläche (Abb. 4-1), gehört seit Jahrzehnten trotz leichter Trendverbesserung zu den persistenten Umweltproblemen. Der alltagssprachliche Begriff des „Flächenverbrauchs" ist zwar physikalisch falsch, soll aber im Folgenden synonym zum Fachbegriff der Flächenneuinanspruchnahme verwendet werden. Die Umwandlung naturnaher und landwirtschaftlicher Flächen zu Siedlungs- und Verkehrsflächen hat erhebliche und vielfach irreversible ökologische Auswirkungen. Als persistent gelten Umweltprobleme, bei denen über einen längeren Zeitraum hinweg keine signifikanten Trendverbesserungen zu verzeichnen sind, und die sich zudem durch die Irreversibilität der Schadensentwicklung oder ein hohes potenzielles Schadensausmaß auszeichnen. Entscheidend für eine Veränderung ist das Zusammenwirken von gesellschaftlichen, wirtschaftlichen und politischen Interessen. Bestimmt werden diese durch die öffentliche Problemwahrnehmung, die Struktur der Ursachen und die verfügbaren Lösungsmöglichkeiten (JÄNICKE 1996).

Bereits im ersten Umweltgutachten des Sachverständigenrates für Umweltfragen (SRU) von 1974 wurden die negativen Auswirkungen des Flächenverbrauchs diskutiert (SRU 1974, Tz. 446 ff.). Die zunehmende Aufmerksamkeit für das Problem führte 2002 zur Aufnahme eines Flächensparziels in die nationale Nachhaltigkeitsstrategie. Die Bundesregierung hat sich damit das Ziel gesetzt, die Flächeninanspruchnahme bis 2020 auf 30 ha pro Tag zu begrenzen (Bundesregierung 2002). Dies ist ein komplexes Vorhaben, da zum einen verschiedene politische und administrative Handlungsebenen angesprochen sind: Bund, Länder und Kommunen müssen Maßnahmen ergreifen, um dem Problem wirksam zu begegnen. Zum anderen ist eine Vielzahl von unterschiedlichen Nutzergruppen betroffen (Abb. 4-1), die ihre Handlungsfreiheit nicht eingeschränkt sehen wollen. Gleichzeitig ist eine Rückumwandlung von Siedlungs- und Verkehrsfläche in Freifläche erfahrungsgemäß schwierig, wie die Entwicklungen beim Siedlungsrückbau zum Beispiel für den Hochwasserschutz zeigen (JANSSEN et al. 2015).

Seit 2002 hat es eine breit gefächerte Forschung zu möglichen Lösungsansätzen gegeben, in deren Rahmen rechtliche, ökonomische und gesellschaftliche Ansätze erarbeitet wurden (wie das ressortgeförderte REFINA-Programm von 2006 bis 2012, das 110 Projekte umfasste). Viele der zur Verfügung stehenden Instrumente und Ansätze sind deshalb bekannt. Das Bundesministerium für Umwelt, Naturschutz, Bau und Reaktorsicherheit

Abbildung 4-1

Umwandlung von Freifläche in Siedlungs- und Verkehrsfläche

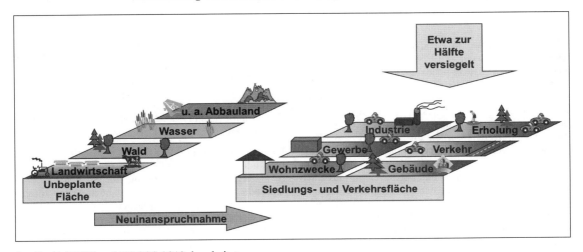

Quelle: BARON und DROSS 2012, bearbeitet

(BMUB) will davon ausgehend einen Aktionsplan Fläche vorlegen (Deutscher Bundestag 2015, S. 3). Der SRU greift dieses persistente Umweltproblem erneut auf, weil sich gegenwärtig verschiedene Ansatzpunkte bieten, um verfestigte Strukturen aufzubrechen:

– Der demografische Wandel verändert nicht nur die Anzahl und die Art der nachgefragten Wohnungen, sondern auch den Ort, an dem sie nachgefragt werden. Die Bevölkerungszahl Deutschlands geht trotz steigender Einwanderung langfristig zurück, die Menschen werden älter und leben vermehrt in städtisch geprägten Regionen. Dies bietet unter anderem die Möglichkeit, durch die Nutzung innerstädtischer Flächenpotenziale (Innenentwicklung) eine Flächenneuinanspruchnahme „auf der grünen Wiese" erheblich zu verringern.

– Der Zuzug in einzelne Städte und Ballungsräume verursacht dort einen deutlichen Anstieg der Mieten. Der – auch politisch anerkannte – Mangel an bezahlbarem Wohnraum führt zu der Frage, ob die Potenziale der Innenentwicklung zur Schaffung von Wohnraum in den Ballungsräumen ausreichen. Hier sind auch politische Weichenstellungen möglich, die entscheiden, ob flächenintensiv oder flächensparend gebaut wird.

– Gleichzeitig müssen bis 2019/2020 die Finanzbeziehungen von Bund und Ländern neu geordnet werden. Der Koalitionsvertrag hat eine Neugestaltung der Finanzen festgeschrieben, der die Förderung der strukturschwachen Regionen in Ost und West neu ordnet. Dies bietet die Gelegenheit, die bestehenden Fehlanreize für Kommunen, neue Flächen für Wohnen und Gewerbe auszuweisen, abzubauen.

– Durch die Zusammenlegung der Themen Umwelt und Bau in einem gemeinsamen Ministerium – dem BMUB – entstehen neue kurze Wege und damit Möglichkeiten, das Baurecht und die Bauförderpolitik stärker an ökologischen Maßstäben auszurichten. Damit rückt auch der Flächenverbrauch stärker in den Fokus.

Dies bietet die Chance für Bund und Länder, eingefahrene Verhaltensmuster, wie die Flächenneuausweisung zur Erzielung neuer Steuereinnahmen, zu verändern. Damit besteht die Aussicht, den (Flächen-)Markt von permanentem Wachstum in Richtung einer weitgehenden Flächenkreislaufwirtschaft auszurichten. Wenn, wie von der Europäischen Kommission vorgeschlagen, bis 2050 ein Zustand erreicht werden soll, bei dem netto keine Fläche mehr verbraucht wird (Europäische Kommission 2011, S. 18–19), so bedeutet dies nicht, dass nichts mehr gebaut wird, sondern dass bilanziert werden muss. Wo entsiegelt und rückgebaut wird, können Flächen auch wieder anderen Nutzungen zur Verfügung stehen oder renaturiert werden. Die langfristige Beschränkung auf einen maximalen Bestand an Siedlungs- und Verkehrsfläche würde den Druck auf landwirtschaftlich oder naturschutzfachlich genutzte Flächen deutlich senken.

Im Folgenden sollen zunächst die Entwicklungen bei der Flächenneuinanspruchnahme und die damit verbundenen gravierenden Umweltauswirkungen dargestellt werden (Kap. 4.2). In Kapitel 4.3 wird der Flächenverbrauch in den Kontext des demografischen Wandels gestellt. Im Anschluss wird der aktuell diskutierten Frage nachgegangen, ob der erforderliche Neubau von Wohnungen in Ballungsräumen das Flächensparziel infrage stellt (Kap. 4.4). Nachfolgend stellt der SRU seine Empfehlungen bezüglich der Ziele (Abschn. 4.5.1), der planungs- und baurechtlichen Instrumente (Abschn. 4.5.2) und der ökonomischen Instrumente (Abschn. 4.5.3) dar. Die Ergebnisse werden in Kapitel 4.6 zusammengefasst.

4.2 Flächennutzung im Wandel

279. Aus der Vogelperspektive betrachtet besteht Deutschland vor allem aus einem Mosaik grüner und brauner Flächen und wirkt damit durchaus naturnah. Die jährliche Meldung, wie viel Hektar täglich neu in Siedlungs- und Verkehrsfläche umgewandelt werden, erscheint bezogen auf die Gesamtfläche Deutschlands vergleichsweise klein. Zwischen 1992 und 2014 ist die Siedlungs- und Verkehrsfläche dadurch aber von etwa 40.000 km² auf knapp 48.900 km² angestiegen. Auf landwirtschaftlichen, Wald- oder bisher nicht genutzten Flächen werden Gebäude und Infrastrukturen errichtet, wie Verkehrsanbindung, Ver- und Entsorgung und Einrichtungen des täglichen Lebens. Zusätzlich werden Gärten, Grün- und Parkflächen und Spielplätze angelegt. Zwischen 2010 und 2014 wurden jährlich 239 km² der Nutzung als landwirtschaftliche Fläche, Wald oder Naturraum entzogen (Statistisches Bundesamt 2015d). Dies entspricht nahezu der Fläche von Frankfurt am Main.

Die pro Tag neu für Siedlung und Verkehr in Anspruch genommene Fläche geht zwar seit Jahren zurück, allerdings schwächt sich dieser Trend ab (Abb. 4-2). Die Gründe für den Abwärtstrend lagen in einer schwachen Konjunktur, die sich auf die Bautätigkeit und Investitionen in Infrastrukturen auswirkte, sowie einer verlangsamten Zunahme an Haushalten. Auch die steigende Nachfrage nach Geschosswohnungen im städtischen Bereich, die deutlich weniger Fläche in Anspruch nehmen, trug dazu bei (UBA 2014a). Derzeit sind bereits 13,7 % der Gesamtfläche Deutschlands als Siedlungs- und Verkehrsfläche ausgewiesen, unter der die Kategorien „Gebäude- und Freifläche, Betriebsfläche ohne Abbauland", „Erholungsfläche und Friedhof" und „Verkehrsfläche" zusammengefasst werden (Statistisches Bundesamt 2015d).

Unter „Gebäude- und Freifläche" werden Flächen mit Gebäuden und die dazugehörigen unbebauten Flächen (u. a. Vorgärten), die zum Beispiel für Wohnen, Gewerbe und Industrie genutzt werden, verstanden. Damit zusammengefasst werden „Betriebsflächen" (unbebaute Flächen, die gewerblich, industriell oder für Zwecke der Ver- und Entsorgung genutzt werden), jedoch ohne Abbauland (z. B. für Kies, Ton oder Kohle). „Erholungsflächen" beschreiben unbebaute Flächen, die dem Sport und der

Abbildung 4-2

Anstieg der Siedlungs- und Verkehrsfläche in Hektar pro Tag (Vierjahresdurchschnitt)

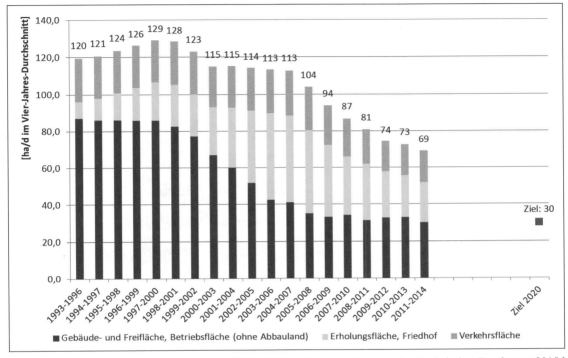

SRU/UG 2016/Abb. 4-2; Datenquelle: Statistisches Bundesamt 2015d

Erholung dienen, darunter auch Camping- oder Tennisplätze. „Verkehrsflächen" umfassen unbebaute Flächen, die dem Straßen-, Schienen- oder Luftverkehr sowie Landflächen, die dem Verkehr auf den Wasserstraßen dienen (Statistisches Bundesamt 2015d).

Die Kategorie „Erholungsfläche, Friedhof" zeigt erhebliche Schwankungen, ähnliches gilt für die „Gebäude-, Frei- und Betriebsfläche". Dies beruht unter anderem auf der Umstellung der Erfassungssystematik, bei der die Daten nach und nach aktualisiert werden, sowie der teils veränderten Zuordnung von Flächen zu den Kategorien (DEGGAU 2008). Die noch immer laufende Umstellung der Datenerhebung, die bis 2016 abgeschlossen sein soll, führt zu einer heterogenen Datengrundlage. Die Darstellung als gleitender Vierjahresdurchschnitt mildert derartige Verwerfungen etwas ab. Mit anziehender Konjunktur und angesichts niedriger Zinsen ist eine erneute Zunahme der Gebäude-, Frei- und Betriebsflächen zu erwarten.

280. Erst die Betrachtung der langfristigen Flächenverschiebungen vermittelt eine Vorstellung von den Dimensionen der Gewinne und Verluste einzelner Nutzungen (Abb. 4-3). Die Landwirtschaft gibt die meisten Flächen ab. Grund sind die hohen Preise in begehrten Lagen, die sich mit dem Verkauf als Bauland erzielen lassen. Die Abnahme von Flächen anderer Nutzung (u. a. ehemalige Truppenübungsplätze oder Tagebaue) hängt mit der Entwidmung dieser Flächen zusammen, die dann häufig den Wald- und Erholungsflächen zugeschlagen werden (KBU 2009), ohne dass sich auf dem Gelände selbst irgendetwas verändert hätte.

Tatsächlich gewachsen sind dagegen Wasser-, Verkehrssowie Gebäude- und Freiflächen. Die Zunahme der Wasserflächen ist dabei weitgehend auf die Flutung von Tagebauflächen, darunter auch Kies- und Sandabbaugebiete, zurückzuführen (UBA 2010).

281. Zur Verringerung dieser erheblichen Flächenneuinanspruchnahme wurde 2002 als Ziel der nationalen Nachhaltigkeitsstrategie eine Reduktion von 120 ha (Durchschnitt der Jahre 1993 bis 1996) bis 2020 auf maximal 30 ha Neuinanspruchnahme für Siedlungs- und Verkehrsflächen pro Tag festgelegt (Bundesregierung 2002). Die Kommission Bodenschutz beim Umweltbundesamt (KBU) hat in einem Rechenbeispiel einen Kontingentierungsvorschlag für die Aufteilung der 30 ha auf die Bundesländer vorgelegt. Ausgehend von den durchschnittlichen Verbräuchen der Jahre 2001 bis 2004 sowie 2004 bis 2007 hieße dies, dass zum Beispiel

Abbildung 4-3

Flächennutzungswandel zwischen 1992 und 2014

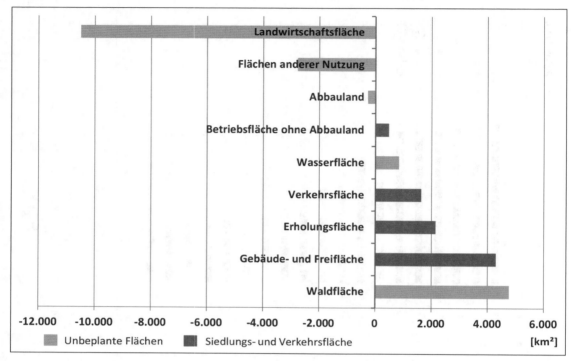

SRU/UG 2016/Abb. 4-3; Datenquelle: Statistisches Bundesamt 2015d

Niedersachsen und Nordrhein-Westfalen im Jahr 2020 nur noch rund 3 bzw. 6 ha pro Tag verbrauchen dürften (2014 tatsächlich 10 bzw. 9 ha pro Tag), während die Stadtstaaten, das Saarland und Thüringen nur noch weniger als 1 ha pro Tag neu in Anspruch nehmen dürften (KBU 2009). Dazu käme die Flächenneuinanspruchnahme durch Bundesfernstraßen, für die der Bund verantwortlich ist. Hier ist geplant, die Reduktion um 75 % gegenüber 2002, wie in der Nachhaltigkeitsstrategie übergreifend festgelegt, auch auf die Bundesverkehrswegeplanung zu übertragen (Deutscher Bundestag 2015). Für diese Straßenbaumaßnahmen wurden bisher 7,8 ha pro Tag neu in Anspruch genommen, sodass sich eine Reduktion auf 2 ha pro Tag ergäbe (PENN-BRESSEL 2015; 2013).

Doch auch wenn das Flächensparziel erreicht würde, nähme die genutzte Fläche absolut weiterhin zu: 30 ha pro Tag bedeuten noch immer 110 km² pro Jahr. Die Europäische Kommission strebt dagegen ein bis 2050 zu erreichendes Flächenverbrauchsziel „Netto-Null" an (Europäische Kommission 2011). Dies wurde vom Bundesrat (2011) ausdrücklich begrüßt und für Deutschland bereits für 2025, spätestens jedoch bis 2030, anvisiert.

4.2.1 Flächenneuinanspruchnahme – Wohnen als Treiber

282. Um die Ursachen für den anhaltenden Flächenverbrauch zu analysieren, müssen die Daten differenziert betrachtet werden. Die drei Kategorien, die für die Nachhaltigkeitsstrategie jährlich erfasst und verglichen werden, bestehen jeweils aus unterschiedlichen Nutzungsarten. In der Kategorie „Gebäude- und Freifläche, Betriebsfläche ohne Abbauland" wächst seit längerer Zeit die Nutzungsart *Wohnen* am stärksten. Diese Zunahme wird aber statistisch durch abnehmende Flächen der Nutzungsart *Gebäude- und Freifläche Sonstige* vermindert (s. Abb. 4-4).

So wurden im Jahr 2013 als Summe für „Gebäude- und Freifläche, Betriebsfläche" insgesamt 29 ha pro Tag ausgewiesen. Dahinter verbergen sich aber eine Zunahme von 28 ha für *Wohnen*, 11 ha für *Gewerbe* und 13 ha für *Betriebsfläche ohne Abbauland*, denen eine Abnahme von *Gebäude- und Freifläche Sonstige* von 23 ha gegenübersteht. Daraus ergibt sich die Rechnung von 28 ha + 11 ha + 13 ha – 23 ha = 29 ha *Neu*inanspruchnahme. Die positive Entwicklung der aggregierten Kategorie „Gebäude- und Freifläche, Betriebsfläche ohne Abbauland" resultiert somit aus der erheblichen Abnahme des Anteils *Gebäude-*

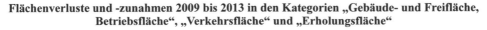

Abbildung 4-4

Flächenverluste und -zunahmen 2009 bis 2013 in den Kategorien „Gebäude- und Freifläche, Betriebsfläche", „Verkehrsfläche" und „Erholungsfläche"

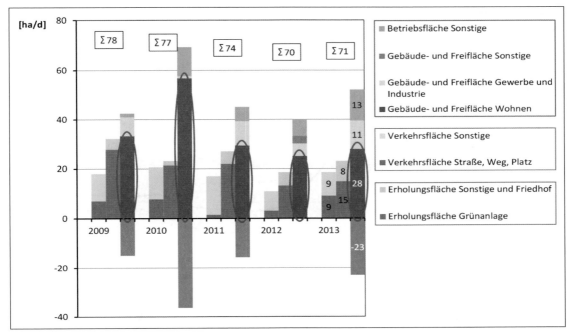

SRU/UG 2016/Abb. 4-4; Datenquelle: Statistisches Bundesamt 2014a

und Freifläche Sonstige. Somit ist die Nutzungsart *Wohnen* tatsächlich ein erheblicher Treiber des Flächenverbrauchs, ohne dass dies aus dem Summenwert erkennbar wäre.

283. Auch wenn es durch Umstellungen in den amtlichen Statistiken zu Unschärfen kommt (PENN-BRESSEL 2015), zeigt die Aufschlüsselung über die letzten Jahre eine deutliche Nachfrage nach Flächen für den Wohnungsbau. Dies wird sich voraussichtlich fortsetzen, da die Anzahl der Baugenehmigungen bundesweit seit 2009 wieder kontinuierlich steigt (Abb. 4-5). Zwar sind die Genehmigungszahlen für Ein- und Zweifamilienhäuser (EZFH) seit 2007 relativ konstant, inzwischen zeigt sich aber eine neue Tendenz: Mit der zunehmend positiven wirtschaftlichen Entwicklung und dem kontinuierlichen Zuzug in die städtisch geprägten Regionen nimmt die Anzahl genehmigter Wohnungen im Geschosswohnungsbau (Mehrfamilienhäuser – MFH) erheblich stärker zu als bei den Eigenheimen. Der starke Zuzug in die städtischen Regionen führt zu einer Verknappung und damit Verteuerung von Bauflächen. Wie in einer Spirale steigert dies das Interesse am flächensparenden Bauen und trägt wiederum zu steigenden Genehmigungszahlen für Geschosswohnungen in den kreisfreien Großstädten und den verstädterten Kreisen bei (BBSR 2014a).

Die seit einigen Jahren stagnierenden Bauanträge für Eigenheime spiegeln auch eine sich verändernde Nachfrage wider: Statt flächenintensiver Eigenheime wird inzwischen auch innerstädtischer familienfreundlicher Wohnraum gesucht, der gleichzeitig bezahlbar sein muss (STURM und GÜLEŞ 2013). Die Veränderung der Arbeitswelt und der Lebensentwürfe sowie der demografische Wandel führen zu neuen Anforderungen an das Wohnumfeld. Ältere Menschen, Doppelverdienerhaushalte, getrennt erziehende Berufstätige, Flüchtlinge oder ortsunabhängig Arbeitende haben deutlich andere (Wohn-) Bedürfnisse als die klassischen Alleinverdienerhaushalte (DANIELZYK et al. 2012). Kriterien für die Auswahl des Wohnstandortes wie Kosten, Wohnumfeldqualitäten, Erreichbarkeit, Ausstattung und soziale Faktoren – wie Image oder Kiezkultur – werden je nach Lebensumständen unterschiedlich gewichtet (KÜHL 2014). Diese veränderten Wohnbedürfnisse eröffnen Gestaltungsspielräume beim Flächenverbrauch.

Paradoxe Entwicklung bei der Verteilung des Flächenverbrauchs

284. Die Nachfrage nach Wohnraum steigt insbesondere in und um einige Agglomerationsräume (Tz. 301). Für die langfristige Planung von Flächennutzungen muss be-

Abbildung 4-5

Wohnungsbaugenehmigungen 2001 bis 2014 (neue Gebäude)

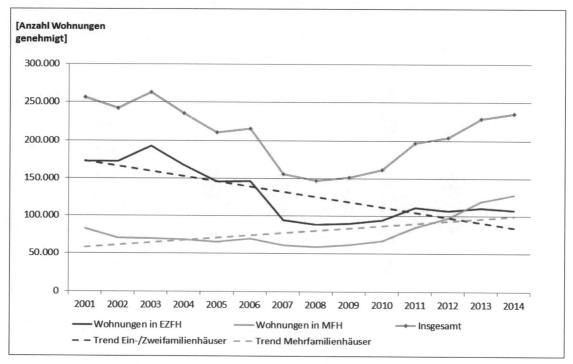

SRU/UG 2016/Abb. 4-5; Datenquelle Statistisches Bundesamt 2015a

rücksichtigt werden, wer absehbar wo welchen Wohnraum benötigt. Dies gilt vor allem vor dem Hintergrund des demografischen und des beschriebenen gesellschaftlichen Wandels, der beträchtliche Auswirkungen auf den Wohnungsbau und -bestand haben wird.

Siedlungs- und Verkehrsflächen entwickeln sich in wachsenden und schrumpfenden Regionen sehr unterschiedlich, sowohl was die absolute Fläche als auch die Art der Nutzung wie Wohnen, Verkehr, Gewerbe und Erholung angeht. Das Bundesinstitut für Bau-, Stadt- und Raumforschung (BBSR) hat dies für vier Kreistypen untersucht: In *kreisfreien Großstädten* war die Flächen-neuinanspruchnahme zwischen 2009 und 2012 prozentual am geringsten und in *dünn besiedelten, ländlichen Kreisen* am höchsten, was vermutlich auch auf der unterschiedlichen Verfügbarkeit und den Kosten von Flächen beruht. In Kommunen in *sehr zentralen* Lagen wurden mehr als 60 % der neuen Flächen für Verkehrs-, Betriebs-, Gebäude- und Freifläche genutzt. Dieser Anteil ist in *zentral* oder *peripher gelegenen* Kommunen sogar noch höher. In Kommunen in *sehr peripheren* Regionen dagegen werden nur gut 40 % für Verkehrs-, Betriebs-, Gebäude- und Freiflächen genutzt, hier überwiegt der Anteil an Erholungsflächen (BBSR 2014b). Es besteht die Vermutung,

dass ein Teil dieser Zunahme auch durch Umschlüsselungen von beispielsweise Kleingärten oder großen Hausgärten in Dörfern von Landwirtschaftsfläche zu Erholungsfläche verursacht wird.

4.2.2 Unerwünschte Wirkungen des Flächenverbrauchs

285. Die Umwandlung von Freiflächen hat neben dem erwünschten gesellschaftlichen Nutzen unerwünschte Auswirkungen auf die Natur sowie negative städtebauliche, soziale und ökonomische Konsequenzen. Vor allem landwirtschaftliche Flächen gehen verloren; die Konkurrenz um die verbliebenen Flächen steigt. Wird der Flächenverbrauch reduziert und damit die Umwelt entlastet, entstehen auch positive Synergieeffekte wirtschaftlicher und sozialer Art. Die möglichen negativen Folgen der Flächenneuinanspruchnahme werden nachfolgend in aller Kürze dargestellt.

Belastung von Natur und Umwelt

286. Die Nutzung als Bauland und Infrastrukturfläche ist verbunden mit der Zerschneidung von größeren Arealen, der Veränderung der Bodenstrukturen durch Bodenabtrag und Geländemodellierung, neuen kleinklimatischen Bedingungen, Lärm- und Lichtverschmutzung sowie oftmals der Versiegelung von Böden. Die offensichtlichste Wirkung der Flächenneuinanspruchnahme ist der Verlust von Lebensraum für Pflanzen und Tiere. Sowohl das Angebot an Raum als auch die Lebensbedingungen werden maßgeblich verändert, oft mit negativen Auswirkungen auf die bestehenden Ökosysteme. Einflüsse auf das Platz- und Nahrungsangebot, Lärm- und Lichtbedingungen, die Barrierewirkung von Verkehrswegen, die Verhinderung von Wanderungsbewegungen bis hin zur Isolierung von Populationen sind die Folge.

Neben den direkten Wirkungen des Flächenverlustes werden mittelbar auch andere Bereiche beeinflusst, wenn zum Beispiel durch Versiegelung von Flächen der Wasserhaushalt gestört wird, Kalt- oder Warmluftflüsse verändert werden oder Tierpopulationen in benachbarte Gebiete drängen. Die Anbindung neuer Siedlungsstrukturen durch Verkehrswege zieht zusätzlichen Verkehr nach sich, der wiederum Folgeeffekte hat. Besonders vielfältig ist die Wirkung der Zerschneidung (Tab. 4-1; s. ausführlich dazu: SRU 2005, Tz. 38 ff.).

Tabelle 4-1

Mögliche Auswirkungen der Landschaftszerschneidung (Beispiele)

Problemfeld	Folgewirkungen von linienhaften technischen Infrastrukturanlagen
Boden und Bodenbedeckung	– Flächenbedarf für Fahrbahn, Straßenkörper und Straßenbegleitflächen – Bodenverdichtung, Bodenversiegelung – Veränderung der Geomorphologie (z. B. Schaffung von Einschnitten und Dämmen, Befestigung von Hängen) – Vegetationsbeseitigung bzw. -veränderungen
Kleinklima	– Veränderte Temperaturverhältnisse (z. B. Aufheizung der Straße, größere Temperaturschwankungen) – Kaltluftstau an Straßendämmen (Kaltluftseen) – Änderungen des Feuchtegrades (z. B. geringere Luftfeuchtigkeit aufgrund erhöhter Einstrahlung, Staunässe auf Straßenbegleitflächen infolge der Verdichtung) – Veränderte Lichtverhältnisse – Veränderte Windverhältnisse (z. B. Schneisen im Wald) – Klimaschwelle
Immissionen	– Abgase, Schadstoffe, düngende Stoffe – Staub (Reifenabrieb, Bremsbeläge) – Öl etc. (z. B. bei Verkehrsunfällen) – Streusalz – Lärm – Optische Reize, Beleuchtung
Wasserhaushalt	– Drainage, schnellerer Wasserabfluss – Veränderung von Oberflächengewässern – Absenkung oder Anhebung des Grundwasserspiegels – Wasserverunreinigungen
Flora/Fauna	– Tierverluste durch Straßentod (zum Teil auch infolge Lockwirkung: „Falleneffekt") – Unruhewirkung, Verlust von Rückzugsräumen – Habitatverkleinerung und -verluste; zum Teil auch Neuschaffung – Veränderung des Nahrungsangebotes (z. B. infolge von nächtlichen Kaltluftseen verringertes Nahrungsangebot für Fledermäuse) – Barriereeffekt – Blockierung von Ausbreitungswegen, Verhinderung von Wiederbesiedlungen – Trennung und Isolation von Teilhabitaten, Zerteilung von Populationen – Unterbrechung der Metapopulationsdynamik, genetische Isolation, Inzuchteffekte, Abbruch evolutionärer Entwicklungseffekte – Unterschreitung von Minimalarealen, Artenverluste – Ausbreitungsbänder, Eindringen neuer Arten, zum Teil als Infektionswege – Verringerte Wirksamkeit natürlicher Feinde von Schädlingen in der Land- und Forstwirtschaft (d. h. Erschwerung der biologischen Schädlingsbekämpfung)

Landschafts-bild	– Verlärmung, optische Reize – „Verstraßung", „Vermastung" und „Verdrahtung" der Landschaft – Gegensätze und Brüche; aber zum Teil auch Belebung der Landschaft (z. B. durch Alleen)
Folgen für die Land-nutzung	– Folgen der Erschließung durch Straßen (z. B. Verkehrszunahme, erhöhter Siedlungs- und Mobilitätsdruck) – Flurbereinigung (vor allem Unternehmensflurbereinigung) – Qualitätsveränderungen des Erntegutes entlang von Straßen – Verlärmung, Verkleinerung und Zerteilung von Erholungsgebieten
Quelle: JAEGER 2003, bearbeitet	

Die Bedeutung des Flächenverbrauchs für die Biodiversität wird in den Indikatoren „Flächeninanspruchnahme" und „Landschaftszerschneidung" in der nationalen Biodiversitätsstrategie („Nationale Strategie zur biologischen Vielfalt") abgebildet. Die „Landschaftszerschneidung" wird über den Anteil unzerschnittener verkehrsarmer Räume (UZVR) und die effektive Maschenweite beschrieben.

Als UZVR werden Landschaften bezeichnet, die nicht durch überörtliche Straßen (Autobahnen, Bundes-, Land- und Kreisstraßen) mit mehr als 1.000 Kraftfahrzeugen pro Tag oder Bahnlinien zerschnitten werden, keine größeren Siedlungen aufweisen und größer als 100 km² sind (BMU 2007). Ziel der Strategie ist der Erhalt des Status quo aus dem Jahr 2005 (UZVR = 25,4 %). Der aktuelle Indikatorenbericht 2014 weist nun für 2010 eine Abnahme auf 23,2 % aus. Das BMUB (2015c) wertet diesen Indikator dennoch positiv, weil sich vor allem die statistische Erfassung bereits vorhandener Straßen erweitert, der Zustand von 2005 sich jedoch nicht stark verändert habe. Allerdings stieg gleichzeitig die Güterverkehrsleistung (bei fallendem Anteil von Eisenbahn und Schiffstransport) an (Länderinitiative Kernindikatoren 2014), was darauf hinweist, dass die Verkehrsdichte insgesamt zugenommen hat. Außerdem wird das Straßennetz der Gemeindestraßen (inner- und außerorts), das immerhin etwa zwei Drittel aller deutschen Straßen umfasst (LIPPOLD 2013), mangels Monitoring der Verkehrsdichte gar nicht im Indikator berücksichtigt. Untersuchungen in Baden-Württemberg belegen jedoch einen deutlichen Einfluss dieser Straßen auf die Gesamtwirkungen (ESSWEIN 2007). Eine Entwarnung ist daher unberechtigt.

Die effektive Maschenweite ist von großer Bedeutung für Tierarten mit großen Raumansprüchen (z. B. Luchs, Wildkatze). Die Berechnung des Indikators bezieht die Wahrscheinlichkeit ein, dass sich zwei Individuen, die in einem Gebiet leben, nach der Zerteilung des Gebietes noch in derselben Fläche aufhalten. Auch der Wert dieses Indikators hat zwischen 2005 und 2010 von 84 km² auf 82 km² abgenommen (Statistisches Bundesamt 2014b).

Unerwünschte soziale Auswirkungen

287. Flächenneuinanspruchnahme kann auch negative soziale Auswirkungen haben, die bei Reduzierung des Flächenverbrauchs abgemildert werden können. Die

Ausweisung neuer Wohn- und Gewerbegebiete durch die Kommunen kann Entmischungsprozesse zur Folge haben: Der Wegzug in Neubaugebiete kann bei stagnierenden oder abnehmenden Einwohnerzahlen zu einer Entvölkerung des Innenbereichs („Kernfäule") mit Leerständen und einem Verfall der Bausubstanz führen (BASEDOW et al. 2009). Auch die Errichtung von Einkaufsmöglichkeiten „auf der grünen Wiese" trägt dazu bei, indem Geschäfte in der Innenstadt sich nicht mehr rentieren und geschlossen werden. Die Verschlechterung der dortigen Wohnumfeldqualität kann die Abwanderungsneigung und damit die Tendenz zu unausgewogenen Sozialstrukturen weiter verstärken (JÖRISSEN und COENEN 2005). Die erhöhte Pendlermobilität führt häufig zu mehr innerstädtischem Verkehr, beeinträchtigt damit die Lebensqualität in Ballungsräumen und unterstützt die Zersiedelungseffekte (SRU 2012, Kap. 5). Zurück bleiben häufig sozial Schwächere, die dem Wanderungstrend nicht folgen können. Nicht mehr genutzte und langsam verfallende Immobilien haben Auswirkungen auf das gesamte Umfeld. Die negative Ausstrahlung sowie eine Überlagerung mit sozialen Problemlagen und Konflikten können die Weiterentwicklung der Quartiere blockieren (BMUB 2014).

Unerwünschte wirtschaftliche Auswirkungen

288. Kommunen gehen in der Regel davon aus, dass sie durch die Ausweisung von Bauland neue Einnahmen durch Einkommens- und Gewerbesteuern schaffen können und dass diese die entstehenden Kosten aufwiegen. Die Neuausweisung von Bauflächen als Anreiz für Neuzuzüge stellt aber häufig eine riskante Vorleistung dar: Der Aufbau von Infrastrukturen in Randgebieten bedeutet zusätzliche Bau- und Unterhaltskosten ohne die Sicherheit einer Refinanzierung durch Steuereinnahmen. Werden die Gebiete von der lokalen Bevölkerung gut angenommen, besteht bei stagnierender oder abnehmender Bevölkerung durch Wanderungsbewegungen ein Risiko für die Unterauslastung in Kerngebieten. Für diese müssen aber weiterhin alle technischen Infrastrukturen (z. B. Kanalisation) sowie soziale Einrichtungen wie Schulen und Kindergärten angeboten werden.

Relevant sind auch privatwirtschaftliche Kosten für die Bevölkerung. Dazu zählen die „Folgekosten" für diejenigen, die „auf die grüne Wiese" ziehen und zum

Beispiel die Mobilitätskosten unterschätzen (KRÜGER 2008; ALBRECHT et al. 2008).

Der Verlust landwirtschaftlicher Fläche erhöht den Nutzungsdruck auf die verbliebenen Flächen. Dies führt zu einer Intensivierung bisher extensiv genutzter Flächen und zu steigenden Pachtkosten (Bund-Länder-Arbeitsgruppe „Bodenmarktpolitik" 2015). Als Folge wird Umweltschutz durch Agrarumweltmaßnahmen teurer, da nur bei höheren Kompensationszahlungen die Teilnahme interessant bleibt.

4.3 Auswirkungen des demografischen Wandels auf den Flächenverbrauch

289. Die Bevölkerungszahl und die Altersstruktur der Bevölkerung in Deutschland verändern sich. Dabei ist die Entwicklung nicht einheitlich: Während die Bevölkerung in einigen Groß- bzw. Universitätsstädten und einzelnen Regionen wächst, schrumpft sie anderenorts erheblich (s. Tz. 291, Abb. 4-7).

In den Gegenden Deutschlands, in denen mit einem Bevölkerungsrückgang zu rechnen ist, sind Probleme durch Leerstände und Wohnbrachen sowie langfristig überdimensionierte Ver- und Entsorgungsinfrastrukturen, insbesondere bei der Wasserversorgung und -entsorgung sowie bei der Fernwärmeversorgung, zu erwarten. Die

Unterhaltskosten dieser Infrastrukturen sind erheblich und führen bei sinkenden Bevölkerungs- und Haushaltszahlen zu höheren Kosten pro Haushalt (ROHR-ZÄNKER et al. 2010). So wurde für Niedersachsen ein „Monitor für die Infrastrukturkosten", die sich mit veränderter Bevölkerungsstruktur bis 2033 ergeben, entwickelt. Selbst für prosperierende Regionen wie Hannover oder Wolfsburg werden steigende Infrastrukturkosten pro Einwohner prognostiziert (MIW Niedersachsen 2014). Infrage stehen zukünftig auch Leistungen der Daseinsvorsorge für Gesundheit und Pflege, Bildung, Nahversorgung und Mobilität.

Nachfolgend sollen zunächst die zu erwartende Bevölkerungsentwicklung, die Ursachen dafür sowie die zukünftige räumliche Verteilung der Bevölkerung dargestellt werden. Anschließend werden die Auswirkungen des demografischen Wandels auf den Flächenverbrauch diskutiert, insbesondere die Flächenneuinanspruchnahme durch Wohnraum.

4.3.1 Die Bevölkerung nimmt ab, altert und zieht in die Ballungsräume

290. Die Bevölkerung Deutschlands wird langfristig deutlich abnehmen (Abb. 4-6): von knapp 81 Millionen Menschen Ende 2013 auf zwischen 68 und 73 Millionen

Abbildung 4-6

Bevölkerungszahl von 1950 bis 2060 (ab 2014 Ergebnisse der 13. koordinierten Bevölkerungsvorausberechnung)

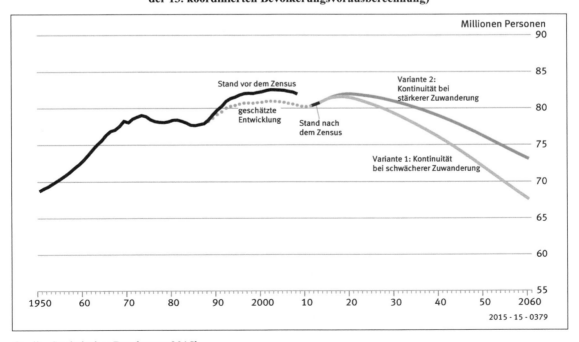

Quelle: Statistisches Bundesamt 2015b

im Jahr 2060 (Statistisches Bundesamt 2015b). Die größte Unsicherheit in dieser Betrachtung stellt die Zuwanderung dar. Deutschland war in der Vergangenheit ein Land mit hohen Wanderungsgewinnen (Differenz aus Zu- und Fortzügen pro Jahr), die zu einer Abmilderung des Alterungsprozesses geführt haben. Nachdem der Wanderungssaldo – der 1992 mit 780.000 Menschen einen Höhepunkt nach der Wende erreicht hatte – jahrelang rückläufig und zwischenzeitlich sogar negativ war, gibt es seit 2010 wieder deutliche Wanderungsgewinne, zuletzt 2014 von 550.000 Personen (Statistisches Bundesamt 2015c). Selbst bei einem jährlichen Wanderungsgewinn von 300.000 Menschen bis 2060 läge die maximale Anzahl an Einwohnern bei 81,8 Millionen im Jahr 2030, danach ergäbe sich ein Rückgang bis auf 77,8 Millionen (Statistisches Bundesamt 2015b, S. 268).

Die Raumordnungsprognose 2035 des BBSR weist einen Rückgang der Bevölkerung um 2,2 Millionen bis 2035 auf 78,3 Millionen Einwohner aus, trotz Wanderungsgewinnen von 4,9 Millionen Einwohnern in diesem Zeitraum (BBSR 2015b). Wollte man die Bevölkerungszahl bis 2035 konstant halten, bedürfte es eines Wanderungssaldos in der Größenordnung von jährlich rund 400.000 Personen (BBSR 2015b). Dieser Wert wurde zwar in den Jahren 2013 und 2014 erreicht bzw. übertroffen, die Erfahrungen seit 1960 zeigen aber, dass dies trotz der hohen Flüchtlingszahlen im Jahr 2015 nicht als dauerhaft anzusehen ist (MEIER 2013). Deshalb ist es wahrscheinlich, dass die künftige Zuwanderung den Bevölkerungsrückgang nicht ausgleichen wird (BMI 2011, S. 225–226; BBSR 2015b; Statistisches Bundesamt 2015b).

Die Annahmen zur Geburtenrate können dagegen als relativ sicher angesehen werden, weil die durchschnittliche Zahl der Geburten pro Frau (1,4) seit längerem stabil ist und die Zahl der potenziellen Mütter konstant abnimmt. Als sicher wird auch angesehen, dass die durchschnittliche Lebensdauer weiter zunimmt (Statistisches Bundesamt 2015b).

Mit dem Rückgang der Bevölkerungszahl und der steigenden Lebensdauer gehen gravierende Veränderungen in der Altersstruktur der Bevölkerung einher. Nach der Prognose des Statistischen Bundesamtes wird im Jahr 2030 bereits mehr als jeder Vierte mindestens 65 Jahre alt sein und nur noch (fast) jeder Sechste unter 20 Jahren (Statistisches Bundesamt 2015b). Die Bedürfnisse einer alternden Gesellschaft sind durchaus heterogen, betreffen jedoch vor allem die alltägliche Nah- und Gesundheitsversorgung sowie altersgerechte Wohnungen und Mobilitätsangebote (LIHS 2013). Schon heute ist die Nachfrage nach einer wohnortnahen Infrastruktur in ländlichen Gebieten nicht im gleichen Maß erfüllbar wie in urbanen Regionen. Ansteigen wird auch der Bedarf an Heim- und Pflegeplätzen (AUGURZKY et al. 2013), die eher dort gebaut werden, wo ausreichend Personal gefunden werden kann.

Die Bevölkerung entwickelt sich regional differenziert

291. Die Bevölkerungszahl verändert sich nicht überall im gleichen Maße. Es gibt eine anhaltende Tendenz zur Verstädterung bzw. Urbanisierung einiger Regionen (BBSR 2015a). Eine Gruppe von Städten und ihr Umland sowie die wirtschaftlich prosperierenden Regionen verzeichnen einen starken Bevölkerungszuwachs (Deutscher Städtetag 2014, S. 7), während ein Teil der ländlichen Räume allein zwischen 2006 und 2011 bis zu 5 % der Einwohner verloren hat. Die Frage der Bevölkerungsentwicklung muss daher stark regionalisiert betrachtet werden. Das stärkste Wachstum verzeichnen die Großstädte Berlin, München, Hamburg, Frankfurt am Main, Leipzig, Köln, Stuttgart, Dresden und Münster sowie die Region Hannover („Großstädte in Deutschland mit starkem Bevölkerungszuwachs", Pressemitteilung des Bundesinstituts für Bevölkerungsforschung vom 12. Januar 2015).

Im Osten Deutschlands steht einem Wachstum in städtischen Regionen ein ausgeprägter Bevölkerungsrückgang auf dem Land gegenüber. Im Westen Deutschlands gibt es dagegen ländliche Regionen mit Bevölkerungsverlusten (Nordostbayern, Südniedersachsen) und mit Bevölkerungsgewinnen (Emsland, Schleswig). Auch bei den Ballungsräumen stehen sich solche mit deutlichen Bevölkerungsrückgängen (Ruhrgebiet, Saarbrücken) und andere mit großer Anziehungskraft (Berlin, München, Hamburg) gegenüber (Abb. 4-7). Zwischen den Zeiträumen 1990 bis 2012 und 2013 bis 2035 wird sich das Verhältnis von wachsenden zu schrumpfenden Kreisen voraussichtlich von 61 % zu 39 % auf 36 % zu 64 % umkehren (BBSR 2015b).

292. Auch innerhalb der städtischen Regionen existiert ein Trend zur Konzentration. Kleinräumige Untersuchungen zeigen für den Zeitraum 2002 bis 2011 bereits eine deutliche Tendenz zugunsten der innerstädtischen Stadtteile. So wuchs die Bevölkerung in Innenstädten um 4,5 %, während im weiteren Pendlerverflechtungsbereich eine Abnahme von 3,6 % verzeichnet wurde (BBSR 2015a).

4.3.2 Ursachen des anhaltenden Flächenverbrauchs: Unterschiede zwischen Stadt und Land

293. Für die anhaltende Neuinanspruchnahme von Siedlungsfläche sind sowohl Nachfrage- als auch Angebotsfaktoren verantwortlich.

Nachfrageseite

294. Auf der Nachfrageseite ist der steigende Pro-Kopf-Wohnflächenverbrauch die Hauptursache für die Zunahme der für Wohnzwecke genutzten Siedlungsfläche (EINIG und SIEDENTOP 2005, S. 161; BBSR 2012, S. 9; HENGER et al. 2014, S. 10 ff.). So stieg die durchschnittliche Wohnfläche pro Person von 39 m² 1998 auf 43 m² 2011. Im selbst genutzten Eigentum lag sie mit

Abbildung 4-7

Bevölkerungsentwicklung der Kreise in Vergangenheit und Zukunft

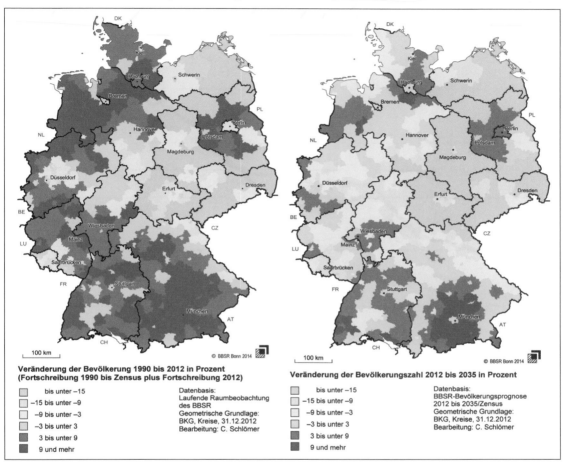

Veränderung der Bevölkerung 1990 bis 2012 in Prozent
(Fortschreibung 1990 bis Zensus plus Fortschreibung 2012)

- bis unter –15
- –15 bis unter –9
- –9 bis unter –3
- –3 bis unter 3
- 3 bis unter 9
- 9 und mehr

Datenbasis:
Laufende Raumbeobachtung
des BBSR
Geometrische Grundlage:
BKG, Kreise, 31.12.2012
Bearbeitung: C. Schlömer

Veränderung der Bevölkerungszahl 2012 bis 2035 in Prozent

- bis unter –15
- –15 bis unter –9
- –9 bis unter –3
- –3 bis unter 3
- 3 bis unter 9
- 9 und mehr

Datenbasis:
BBSR-Bevölkerungsprognose
2012 bis 2035/Zensus
Geometrische Grundlage:
BKG, Kreise, 31.12.2012
Bearbeitung: C. Schlömer

Quelle: BBSR 2015b

47 m² deutlich höher als in Mietwohnungen mit 38 m² (Statistisches Bundesamt 2011b). Besonders deutlich wird der Unterschied der Pro-Kopf-Wohnfläche zwischen Eigentümern und Mietern bei den Einpersonenhaushalten der Altersgruppe 60 bis 75 Jahre, die als Mieter durchschnittlich 59 m², als Eigentümer 97 m² belegen (BBSR 2015c). Mieter wohnen mehrheitlich in einer Geschosswohnung (ca. 81 %), während Eigentümer überwiegend (ca. 80 %) in einem frei stehenden Haus leben (ebd., S. 5).

Der Anstieg der Pro-Kopf-Wohnfläche lässt sich erklären durch

- höhere Ansprüche an die Wohnungsgröße (HENGER et al. 2014, S. 11–14).

- eine Zunahme der Ein- und Zweipersonenhaushalte (Statistisches Bundesamt 2011a). Heute sind bereits 70 % der 37,4 Millionen Haushalte Ein- und Zwei-

personenhaushalte, in den größten Städten liegt die Quote mit 80 % noch höher (BBSR 2015c). Ursachen sind die zunehmend späte Familiengründung, veränderte Familienstrukturen (z. B. getrennt Erziehende) und die Alterung der Bevölkerung (BBSR 2015b).

- den Anstieg der Pro-Kopf-Wohnfläche mit zunehmendem Alter, der durch den Auszug der Kinder, den Tod oder die Umsiedelung eines Ehepartners in betreute Wohnformen verursacht wird (JÖRISSEN und COENEN 2007, S. 39), während die Eltern oder der überlebende Ehepartner in der Familienwohnung verbleiben. Im Ergebnis stehen Minderjährigen im Schnitt rund 30 m² Wohnfläche zur Verfügung, 65-Jährigen hingegen etwa 55 m². Hochbetagte Frauen haben mit durchschnittlich fast 70 m² die größte Wohnfläche zur Verfügung (Abb. 4-8).

Abbildung 4-8

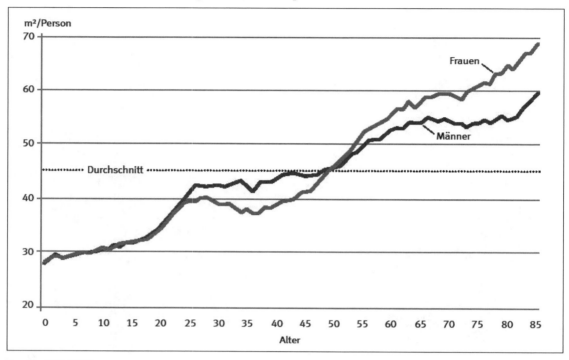

Verfügbare Wohnfläche pro Person nach Alter

Quelle: BIB 2013

Der Remanenzeffekt beschreibt das Phänomen, dass Menschen in einmal bezogenen Wohnungen oder Häusern bleiben, auch wenn sich durch familiäre Veränderungen wie Auszug der Kinder oder Tod des Partners der Bedarf an Wohnfläche vermindert. Leben die Menschen zudem auf dem Land, so steigt die Wahrscheinlichkeit, dass sie in Eigenheimen wohnen und damit eine größere Wohn- und Grundstücksfläche nutzen. Zwischen der Art der baulichen Nutzung (z. B. Einfamilienhaus) und Größe der beanspruchten Grundstücksfläche besteht ein unmittelbarer Zusammenhang. Bezogen auf einen Quadratmeter Wohnfläche benötigen frei stehende Ein- und Zweifamilienhäuser ein Vielfaches an Grundstücksfläche gegenüber Mehrfamilienhäusern (JÖRISSEN und COENEN 2007, S. 40). Der Flächenverbrauch im Speckgürtel von Ballungsregionen wird somit auch dadurch bedingt, dass in den bestehenden Ein- und Zweifamilienhäusern in Stadtnähe die ältere Generation aus nachvollziehbaren Gründen wohnen bleibt. Auch in den Städten ziehen ältere Menschen oft nicht mehr aus großen Wohnungen aus. Während viele Ältere in ihrer vertrauten Umgebung bleiben wollen, finden manche auch schlicht keine bezahlbaren Alternativen.

Die jüngere Generation gründet zunehmend später eine Familie und lebt dadurch länger in Singlehaushalten mit

einer höheren Pro-Kopf-Wohnfläche. Nach der Familiengründung folgt teilweise eine Abwanderung ins Umland. Ursachen sind vor allem die hohen Mieten und die Immobilienpreise in den Städten, die gerade in Ballungsräumen dazu führen, dass sich Familien Eigentum nur im Speckgürtel leisten können. Kostet die Eigentumswohnung mit 80 m² im Innenbereich zum Beispiel ebenso viel wie das Einfamilienhaus mit 120 m² im Umland, werden sich nicht wenige für den Außenbereich entscheiden: Schließlich besteht der Wunsch vieler Familien im Grünen zu wohnen weiterhin, auch wenn dieser Trend nachlässt (s. Tz. 283).

Angebotsseite

295. Auf der Angebotsseite weisen Kommunen – auch solche mit abnehmender Bevölkerung – fortgesetzt Baugebiete aus, um die Neuansiedelung von Einwohnern und Gewerbe zu fördern und Steuereinnahmen zu erhöhen. So wird vor allem in Regionen mit abnehmender oder stagnierender Bevölkerung weiterhin Fläche verbraucht. Dies führt dazu, dass die interkommunale Flächenkonkurrenz in dem Maß zunimmt, wie die Zahl der Einwohner sinkt. Betroffen sind davon vor allem die Bundesländer Mecklenburg-Vorpommern, Nordrhein-Westfalen, das Saarland, Sachsen, Sachsen-Anhalt und Thüringen. Im betrachteten Zeitraum zwischen 1992 und

2013 kamen dabei auch Nachwendeeffekte zum Tragen: Die Chance zum Bau von Eigenheimen, der Ausbau der Verkehrsinfrastruktur und die touristische Erschließung erzeugten einen großen Flächenbedarf, der in den letzten Jahren deutlich nachgelassen hat (Statistische Ämter der Länder 2014). Ein Teil des Flächenzuwachses kann daneben mit Umwidmungen, Katasterbereinigungen und einem Zuwachs an Erholungsflächen erklärt werden. Problematisch bleibt die grundsätzliche Tendenz eines bevölkerungsunabhängigen Siedlungsflächenzuwachses (Abb. 4-9).

Abbildung 4-9

Bevölkerungsentwicklung im Vergleich zur Entwicklung der Siedlungs- und Verkehrsfläche und im Verhältnis zum Anteil der Siedlungs- und Verkehrsfläche an der Landesfläche

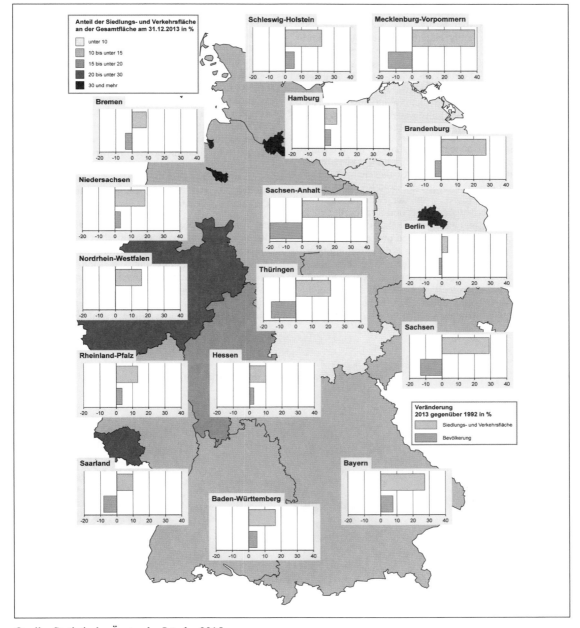

Quelle: Statistische Ämter der Länder 2015

165

Auswirkungen in Schrumpfungsregionen

296. Die Erschließung neuer Baugebiete für Wohnen (und Gewerbe) in Regionen mit abnehmender Bevölkerung hat zur Folge, dass die Innenbereiche der Gemeinden oftmals veröden. Die Schrumpfung ist räumlich gesehen auch keine Reduzierung auf den Kern, sondern sie verstärkt ihrerseits die Fragmentierung der Stadt- oder Ortsstruktur (OSWALT et al. 2001; Abb. 4-10).

Folgen der Fragmentierung sind hohe Kosten für den Infrastrukturerhalt, fehlende Kaufkraft in den Innenstädten, Abhängigkeit von finanziellen Transferleistungen, Verwahrlosung und der Verlust städtischer Zentren. In Gegenden mit mangels Nachfrage niedrigen Grundstückspreisen gibt es wenig finanzielle Anreize, innerstädtische Brachen zu revitalisieren, da sich diese kaum gewinnbringend in den Verkehr bringen lassen. Flächenrecycling und Wiedernutzung von Brachflächen sind zudem langwierige, komplexe, häufig durch Altlasten und ungeklärte Eigentumsverhältnisse oder Erbengemeinschaften erschwerte Prozesse (BBSR 2014b, S. 17).

Daneben bestehen Chancen, die bislang zu wenig genutzt werden: Renaturierung im Stadtgebiet, extensivierte Freiräume und Gebäude, sozialer Austausch, neue urbane Kerne, Quartiere mit eigenen lokalökonomischen Netzwerken und andere Arten der Aktivierung. Insbesondere wenn verlassene Häuser und Straßenzüge rückgebaut werden, besteht aus ökologischer Perspektive die Chance, Flächen zurückzugewinnen und zu renaturieren sowie den Umbau zu nutzen, um umweltfreundlichere (Infra-)Strukturen zu schaffen. Auch andere ökologische Zielsetzungen wie weniger Verkehr und mehr Stadtnatur können damit gefördert werden. Leitbilder sind dabei die Stadt der kurzen Wege, eine höhere Lebensqualität in Ballungsräumen und mehr nachhaltige Mobilität (SRU 2012, Tz. 288 ff.). Dies geschieht allerdings nicht von selbst, sondern erfordert zielgerichtete Planung, Investitionen und geeignete Instrumente.

Auswirkungen in Wachstumsregionen

297. Auch dort, wo die Bevölkerung zunimmt, wird zwar Fläche verbraucht – nicht aber zwingend in gleichem Maße. So wuchs in Berlin die Bevölkerung von 2011 bis 2012 um 1,5 %, aber die Flächennutzung für Wohnen nur um 0,5 %. Ähnlich verhält es sich in Hamburg, wo im gleichen Zeitraum die Einwohnerzahl um 0,9 % stiegt, aber die Flächenneuinanspruchnahme für Wohnzwecke nur um 0,2 % (Statistisches Bundesamt 2012; „80,5 Millionen Einwohner am Jahresende 2012 – Bevölkerungszunahme durch hohe Zuwanderung", Pressemitteilung des Statistischen Bundesamtes vom 27. August 2013). Im Ergebnis sind gegenwärtig die Bevölkerungsentwicklung und der Flächenverbrauch weitgehend entkoppelt (so schon EINIG und SIEDENTOP 2005). Eine große Nachfrage im städtischen Bereich führt im besten Falle zur Aktivierung von Baulücken, brachliegenden oder unternutzten Flächen, die bereits infrastrukturell erschlossen sind. Möglichkeiten sind zum Beispiel die Sanierung von Industrie- und Gewerbeflächen, die Umnutzung von Gebäuden, Abriss und Neubebauung oder auch die Nachverdichtung im Bestand.

Diese Wachstumsprozesse sind durchaus mit Herausforderungen verbunden: Innerstädtische Grünflächen und Kleingärten, die von hoher Bedeutung für die Lebensqualität in Ballungsräumen sind, geraten unter Druck. Innerstädtisch hohe Preise könnten einen erneuten Trend zur Suburbanisierung auslösen. Außerdem sind Innenentwicklungspotenziale deutlich schwieriger zu heben als Vorhaben „auf der grünen Wiese", weil sie sich in be-

Abbildung 4-10

Schrumpfung fragmentiert den Stadtraum

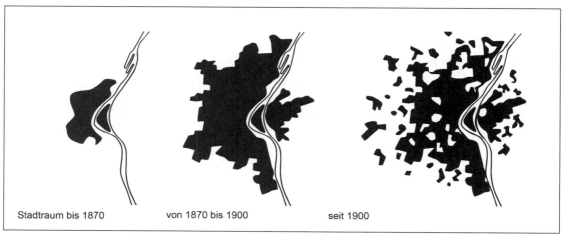

Stadtraum bis 1870   von 1870 bis 1900   seit 1900

Quelle: OSWALT et al. 2001

stehende Bebauungen einfügen müssen und unter Umständen Vorbelastungen bestehen (Altlasten, andere Restriktionen). Zudem fehlen häufig zwischen Stadt und Umland abgestimmte Raumordnungskonzepte. Das Leitbild einer „doppelten Innenentwicklung" versucht die Bedürfnisse einer wachsenden Bevölkerung nach Wohnraum und Lebensqualität in Einklang zu bringen (DRL 2006).

4.3.3 Zwischenfazit

298. Die Bevölkerungszahl Deutschlands wird langfristig deutlich sinken, sodass auch die Zahl der Haushalte – wenn auch nicht in gleichem Maße – abnehmen wird. Gleichzeitig steigt aber der Anteil der über 60-Jährigen deutlich an. Diese Entwicklung hat Folgen für die Pro-Kopf-Wohnfläche, da diese Altersgruppe traditionell auf den größten Wohnflächen lebt. Ein Auszug aus dem eigenen Haus oder der großen Wohnung ist oft unattraktiv (Remanenzeffekt), wenn die neue, kleinere Wohnung teurer ist als die vorherige, größere oder das Eigenheim sich nur mit deutlichen Preisabschlägen verkaufen lässt. Zunehmen wird voraussichtlich auch der Anteil der „jungen" Singlehaushalte, die erst später Familien gründen oder in anderen Familienkonstellationen leben, ebenso wie der Bedarf an altersgerechten Wohnformen mit einer wohnortnahen Versorgungsstruktur.

Die Auswirkungen dieses Wandels sind regional sehr unterschiedlich und erfordern differenzierte Ansätze. Während vielerorts die Bevölkerung abnimmt, wächst sie in einigen Universitäts- und Mittelstädten sowie Ballungsregionen. Dies spiegelt sich aber kaum in der Entwicklung des Flächenverbrauchs. Dort, wo aufgrund der zurückgehenden Bevölkerung weniger Fläche neu in Anspruch genommen werden müsste, werden weiterhin von den Kommunen neue Gebiete ausgewiesen. Auch wenn die Flächenzunahme in den Regionen mit Bevölkerungsabnahme zum größeren Teil durch Erholungsflächen verursacht wird, wäre aufgrund der Lage und der demografischen Entwicklung zumindest ein Nullwachstum oder gar eine Reduktion wünschenswert. Der demografische Wandel und die Wanderungsbewegungen bieten dafür Chancen: Auch punktuell frei werdende Wohn- und Gewerbeflächen im Bestand lassen sich – bei gezielter Quartiersplanung – für eine erneute Nutzung umgestalten. Mit einer Flächenkreislaufwirtschaft ließe sich eine zunehmende Fragmentierung der Siedlungsgebiete verhindern, die Attraktivität der Innenbereiche steigern und – bei Rückbau von Gebäuden – sogar zur Schaffung von innerstädtischen Freiräumen beitragen.

Auch die hohe Nachfrage nach Siedlungsflächen in den prosperierenden Regionen erfordert eine zielgerichtete Entwicklung. Die Erschließung innerstädtischer Flächenpotenziale hat hier eine hohe Attraktivität, begegnet aber auch starken Hemmnissen zum Beispiel aufgrund von Altlasten oder Anwohnerwiderständen. Notwendig ist eine „doppelte Innenentwicklung", um einerseits Flächenpotenziale zur Bebauung zu heben, andererseits aber auch

die Wohnqualität und stadtklimatische Bedingungen zu verbessern, wie es Modellvorhaben wie das Projekt „Grün in der Stadt" fördern (BMUB 2015b). Eine gemeinsame Planung der langfristigen Siedlungsstrukturen von Stadt und Umland ermöglicht die Reaktivierung stark schrumpfender Gemeinden, die beispielsweise durch Anschluss an den öffentlichen Personennahverkehr zu attraktiven Wohnalternativen zum städtischen Bereich werden können.

4.4 Flächensparen versus neue Wohnungsnot

299. Es wird gegenwärtig hinterfragt, ob es möglich ist, weniger Fläche zu verbrauchen, obwohl vielerorts neuer Wohnraum benötigt wird (Deutscher Verband für Wohnungswesen, Städtebau und Raumordnung 2014). Verstärkt gilt dies vor dem Hintergrund der gestiegenen Flüchtlingszahlen. Eine Begrenzung des Flächenverbrauchs könnte zu einer Verteuerung der noch verfügbaren Flächen und damit auch zu höheren (Miet-)Preisen führen. Handelt es sich also um einen Konflikt zwischen Umwelt- und sozialen Interessen? Um dies zu beantworten, wird nachfolgend gefragt, welche Wohnungen fehlen, wie viele Wohnungen bis wann neu gebaut werden müssten, was tatsächlich gebaut wird und was unter Umweltgesichtspunkten daraus gefolgert werden kann.

4.4.1 Mangel an innerstädtischem und bezahlbarem Wohnraum

300. Zunächst ist eine differenzierte Betrachtung des Wohnungsbedarfs nötig, um die Frage eines möglichen Konflikts zu beantworten.

Preisgünstige Wohnungen benötigt

301. Neue Wohnungen werden nicht überall, sondern in erster Linie in Ballungsräumen und gefragten Mittelstädten benötigt. Weit überdurchschnittlich hohe Zuwächse der Wohnflächennachfrage im Zeitraum bis 2030 werden vor allem für die Großstädte Berlin, Hamburg, München, Köln, Frankfurt am Main, Stuttgart, Düsseldorf und deren Umland sowie in Teilen von Nordniedersachsen, Baden-Württemberg und Südbayern prognostiziert (BBSR 2015c, S. 12). Die regionalen Unterschiede verstärken sich im Zeitverlauf eher noch (BBSR 2010, S. 5; 2015a). In den Wachstumsregionen ist insbesondere der Bedarf an *preisgünstigem* Wohnraum gestiegen. Dies wird durch Studien (BBSR 2013; LEG Immobilien AG 2014; BBSR 2014d) und Erhebungen der zuständigen städtischen Stellen (CONSTANT und HÖBEL 2014; Stadt Köln 2009; Freie und Hansestadt Hamburg 2011; IWU 2011; Landeshauptstadt München 2014; 2012) oder anderer Institutionen gestützt (IHK Berlin o. J.). Obwohl der geschätzte Bedarf an neuen Wohnungen bis 2020 in Städten > 100.000 Einwohnern bei jährlich insgesamt 102.000 liegt, wurden 2014 in solchen nur 66.000 fertiggestellt. Dagegen entstanden in den Landkreisen und kleineren Städten 179.000 Wohnungen und damit etwa

15.000 mehr, als es dem Bedarf entspräche (HENGER et al. 2015).

Das im Juli 2014 vom BMUB, den Landesbauministerien und der Bundesvereinigung der kommunalen Spitzenverbände geschlossene „Bündnis für bezahlbares Wohnen" (BMUB 2015a), dem sich zahlreiche Wohnungs-, Bau- und Immobilienverbände sowie der Deutsche Mieterbund angeschlossen haben, dokumentiert ebenso wie das am 5. März 2015 vom Bundestag verabschiedete Gesetz zur Dämpfung des Mietanstiegs auf angespannten Wohnungsmärkten, dass die Schaffung günstigen Wohnraums als dringlich betrachtet wird. Hamburg und Berlin verzeichneten zwischen 2009 und 2012 mit ungefähr 20 % die höchsten Mietsteigerungen bei der Neu- und Wiedervermietung. Gerade in den prosperierenden Großstädten und Universitätsstädten wie Frankfurt am Main, München, Mainz, Regensburg oder Heidelberg weichen die Miethöhen bei Neu- und Wiedervermietung mittlerweile deutlicher von den ortsüblichen Vergleichsmieten ab als in anderen Städten. Die Mietsteigerungen bewegten sich in den größten deutschen Städten innerhalb dieser drei Jahre zwischen 4 % und über 20 % (BBSR 2014c). Das Deutsche Institut für Wirtschaftsforschung geht davon aus, dass die Mieten ebenso wie die Kaufpreise in den Großstädten weiter steigen werden (KHOLODILIN und SILVERSTOVS 2013). Auch das BMUB ist der Auffassung, dass vor allem mehr Investitionen im bezahlbaren Mietsegment notwendig sind („Adler: Schaffung von bezahlbarem Wohnraum ist Gemeinschaftsaufgabe", Pressemitteilung des BMUB vom 21. Januar 2015).

Dieser Wohnungsnachfrage steht eine geringe Neubauaktivität für preisgebundene Wohnungen in den vergangenen Jahren gegenüber (PÄTZOLD 2014). Ursachen für die zunehmende Knappheit von bezahlbarem Wohnraum in einzelnen Stadtregionen sind neben dieser unzureichenden Wohnungsbautätigkeit das Auslaufen von Belegungsbindungen im sozialen Wohnungsbau und die neue Attraktivität des Wohnens in der Stadt (ebd.).

Sozialer Wohnungsbau

302. Der soziale Wohnungsbau hat in Deutschland durch die Abschaffung der Privilegien und Bindungen der Wohnungsgemeinnützigkeit 1988 sowie den Rückzug des Bundes aus der Förderung deutlich an Bedeutung verloren. Von 2,6 Millionen Sozialwohnungen im Jahr 2002 schrumpfte die Zahl auf 1,5 Millionen 2012 (BBSR 2014d). Nach einer Untersuchung des Bundesministeriums für Verkehr, Bau und Stadtentwicklung (BMVBS) schätzten bereits 2009 90 % der Städte und Kommunen, dass der Bedarf an kostengünstigem Wohnraum für die darauf angewiesenen Zielgruppen steige (VESER et al. 2010). Diese Prognose hatte allerdings keine spürbaren Konsequenzen, denn noch immer verlieren Jahr für Jahr circa 100.000 Wohnungen ihren Status als Sozialwohnung, da die Sozialbindung nicht verlängert wird. Als Reaktion auf den angespannten Wohnungsmarkt wurde 2015 eine Verdoppelung der Mittel des Bundes für den sozialen Wohnungsbau auf jährlich etwa 1 Milliarde Euro ab 2016

bis 2019 beschlossen („Zwei Milliarden Euro zusätzlich für den sozialen Wohnungsbau", Pressemitteilung des BMUB vom 25. September 2015).

4.4.2 Bedarfsschätzungen und Entwicklung des Wohnungsbestands

303. Kurzfristig wird für die Jahre 2015 bis 2020 ein jährlicher Neubaubedarf zwischen 250.000 und 300.000 Wohnungen prognostiziert (BBSR 2015c; LBS 2014). Schätzungen bis 2030 gehen von einem jährlichen Neubaubedarf von circa 230.000 aus (BBSR 2015c; IDW 2014). Langfristig wird die Bevölkerung allerdings selbst bei einer weiterhin eher hohen Einwanderungsrate (Tz. 290) abnehmen. Es ist daher davon auszugehen, dass auch bei einem weiter anhaltenden Trend zu mehr Singlehaushalten ab 2025 die Anzahl der Haushalte langsam sinkt (BBSR 2015c).

304. Der mittelfristige Zuwachs an Wohnungen, ablesbar an den Wohnungsbau*genehmigungen* (Abb. 4-5, Tz. 283), muss unter dem Gesichtspunkt des Flächenverbrauchs daher differenziert sowohl danach bewertet werden, ob es sich um platzsparenden Geschosswohnungsbau oder flächenintensive Eigenheime mit einer oder zwei Wohnungen handelt, als auch wo diese Wohnungen entstehen (s. Tz. 301). Die Genehmigungszahlen für Eigenheime mit einer und zwei Wohnungen sind bundesweit durchschnittlich im Zeitraum von 2009 bis 2013 um knapp 22 % gestiegen. Höhere Zuwächse wurden insbesondere in den stagnierenden und leicht schrumpfenden Regionen verzeichnet. Dagegen nehmen die Baugenehmigungen im Eigenheimbereich in den Kreisen, wo die Bevölkerung am stärksten wächst, deutlich weniger zu. Ursache dafür sind vermutlich die gestiegenen Grundstückspreise vor allem auf den großstädtischen Immobilienmärkten und abnehmende verfügbare Flächen in den Kernbereichen (BBSR 2014a). Auch eine kommunalplanerische Bevorzugung des Geschosswohnungsbaus kann dazu beigetragen haben.

Aus Abbildung 4-11 lässt sich erkennen, dass sich der jährliche Zuwachs an *fertiggestellten* Ein- und Zweifamilienhäusern über die Zeit eher träge veränderte, während der Bau von Mehrfamilienhäusern stärker auf äußere Gegebenheiten reagierte. So gab es in den 1990er-Jahren einen erhöhten Wohnungsbedarf, der sich in steigendem Zuwachs widerspiegelte. Eigenheime werden dagegen offensichtlich vor allem aufgrund von persönlichen Wohnpräferenzen im Rahmen der individuellen wirtschaftlichen und finanziellen Rahmenbedingungen errichtet. Ebenso macht die Abbildung deutlich, woraus der gegenwärtige Wohnungsmangel resultiert: aus dem seit dem Jahr 2000 stark zurückgegangenen Anteil des Geschosswohnungsbaus.

Der Anteil der Wohnform hat einen erheblichen Einfluss auf die Flächenneuinanspruchnahme. Von den 2014 fertiggestellten Wohnungen (rund 245.000 in bestehenden und in neu errichteten Gebäuden) wurden knapp 210.000 in neuen Gebäuden errichtet, davon etwa 110.000 als Ein-

Abbildung 4-11

Zuwachs des Wohnungsbestandes durch Wohnungsbau 1987 bis 2014 (in neuen Gebäuden)

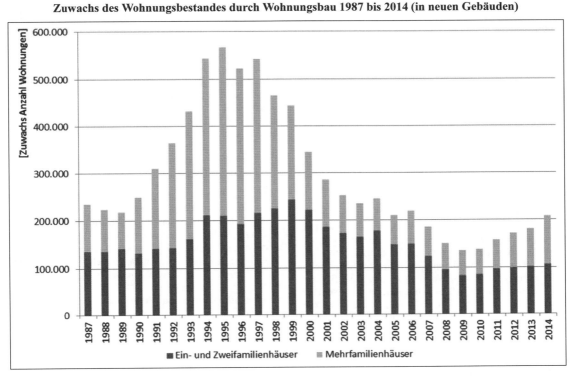

Quelle: Statistisches Bundesamt 2015a

und Zweifamilienhäuser und 100.000 in Mehrfamilienhäusern. Welcher Anteil der 210.000 neuen Wohnungen im Innenbereich bzw. im Außenbereich errichtet wurde, ist nicht bekannt. Rein rechnerisch lag die tägliche Flächenneuinanspruchnahme bei 19,4 ha für Wohnungen in Ein- und Zweifamilienhäusern und lediglich bei 2,4 ha für Wohnungen im Geschosswohnungsbau (Deutscher Bundestag 2015). Schließlich belegt eine neu errichtete Wohnung im Einfamilienhaus durchschnittlich mit 732 m² etwa 50 % mehr Grundstücksfläche als eine Wohnung im Zweifamilienhaus (495 m²) und gar 550 % mehr Grundstücksfläche als eine Wohnung im Mehrfamilienhaus (112,5 m²) (UBA 2003).

4.4.3 Zwischenfazit

305. Einen grundlegenden Zielkonflikt zwischen den sozialen und den ökologischen Zielen in der Flächendiskussion sieht der SRU aus den folgenden Gründen nicht: In Deutschland fehlen vor allem preisgünstige Wohnungen in den und um die am stärksten wachsenden Städte (Abb. 4-7). An dieser Einschätzung ändert sich auch durch den Zuzug von Flüchtlingen nichts, weil auch diese in erster Linie in die Städte ziehen. Der Wohnflächenbedarf kann nicht durch Ein- und Zweifamilienhäuser, sondern nur durch Geschosswohnungsbau gedeckt

werden. Es müssen daher vor allem kurz- bis mittelfristig günstige Mietwohnungen in Wachstumsregionen und Ballungsräumen gebaut werden, insbesondere altengerechte kleinere Wohneinheiten sowie größere Wohnungen für Familien. Die vor allem innerstädtisch erforderlichen Mehrgeschosshäuser haben einen viel geringeren Flächenbedarf pro Wohnung und tragen daher deutlich weniger zum Flächenverbrauch bei. Der Neubaubedarf kann zudem auch dadurch verringert werden, dass leer stehende Gebäude saniert und wieder oder erstmals zu Wohnzwecken genutzt werden. Auch die Verdichtung im Bestand reduziert den Bedarf an neuen Bauflächen, zum Beispiel durch Aufstockung, Anbau oder Aktivierung von Brachflächen und Baulücken in der Stadt für den Geschosswohnungsbau.

Diese These wird auch in der Antwort der Bundesregierung auf eine kleine Anfrage bestätigt: Zwischen der notwendigen Reduzierung des Flächenverbrauchs auf der einen Seite und der Versorgung der Bevölkerung mit ausreichendem und qualitativ hochwertigem Wohnraum auf der anderen Seite besteht auch nach Auffassung der Bundesregierung kein Widerspruch. Selbst wenn die Innenentwicklung außer Betracht bleibt, kann ausreichend Wohnraum geschaffen werden, ohne das 30-Hektar-Ziel zu gefährden. Da sich der mittelfristig erforderliche

Wohnungsneubaubedarf vor allem auf die wirtschaftsstarken Ballungsregionen konzentriert, wird wegen der dort vergleichsweise hohen Grundstückspreise zusätzlicher Wohnraum zu einem großen Teil im flächensparenden Geschosswohnungsbau geschaffen (Deutscher Bundestag 2015, S. 7–8; anderer Auffassung: Deutscher Verband für Wohnungswesen, Städtebau und Raumordnung 2014).

Beispiel München – „Sozialgerechte Bodennutzung"

306. Die Stadt München stellt seit 1994 Bebauungspläne nur noch auf, wenn sich die Eigentümer oder Erwerber der zu bebauenden Fläche an den Folgekosten wie Straßen, Kitas, Schulen oder Grünflächen beteiligen. Ziel war die Entlastung des kommunalen Haushalts und eine bedarfsgerechte Stadtplanung (Landeshauptstadt München 2015). Zu diesem Zweck muss der Eigentümer unentgeltlich Flächen für Gemeinbedarfseinrichtungen abtreten. Zudem muss er sich verpflichten, sozialen Wohnraum zu schaffen und/oder Maßnahmen zur Sicherung einer gemischten Wirtschaftsstruktur ergreifen. Grundsätzlich werden 30 % des neu geschaffenen Wohnbaurechts für Zwecke des sozial gebundenen Wohnungsbaus zur Verfügung gestellt, was auch in Neubauquartieren eine soziale Mischung garantiert. Die Bebauung muss innerhalb eines angemessenen Zeitraums erfolgen, um Bodenspekulationen zu vermeiden (Landeshauptstadt München 2009).

Dabei wird es als angemessen angesehen, wenn dem Eigentümer ein Drittel des Wertzuwachses verbleibt, der durch die Beplanung entsteht. Der Bodenwertzuwachs (Bruttowertzuwachs) wird aus der Differenz des Bodenwerts der Grundstücke vor und nach der Überplanung errechnet (ebd.).

Innerhalb von zehn Jahren wurden im Rahmen der „Sozialgerechten Bodennutzung" 139 Bebauungspläne rechtsverbindlich (bis 31. Dezember 2014). Im gleichen Zeitraum wurden durch das Verfahren 10.560 Sozialwohnungen gebaut. Damit wurden innerstädtisch preisgünstige Wohnungen realisiert.

4.5 Empfehlungen

307. Das persistente Umweltproblem „Flächenverbrauch" erfordert einen Multi-Impuls-Ansatz, der planungs- und baurechtliche, ökonomische und informatorische Ansätze umfassen muss, von denen nachfolgend nur ein Ausschnitt dargestellt werden kann. Der Flächenverbrauch wird in diesem Gutachten unter dem Blickwinkel des demografischen Wandels mit dem Schwerpunkt Wohnungsbau diskutiert. Die nachfolgenden Empfehlungen gehen an einzelnen Punkten durchaus über diesen Aspekt hinaus, um die Aufmerksamkeit auch auf grundlegende Weichenstellungen zu lenken.

Von besonderer Bedeutung war bislang das klar gesetzte politische 30-Hektar-Ziel, das deshalb als erstes diskutiert wird. Bereits jetzt existieren zahlreiche staatliche Strategien und Vorhaben, die für den Flächenverbrauch relevant sind, wie zum Beispiel die Demografiestrategie der Bundesregierung (BMI 2012) oder der Beschluss des Staatssekretärsausschusses für nachhaltige Entwicklung zur Reduzierung der Flächeninanspruchnahme (Bundesregierung 2013). Die Bund/Länder-Arbeitsgemeinschaft Bodenschutz (LABO) hat 2010 einen umfangreichen Katalog an Maßnahmen aufgestellt, der in den beiden Folgejahren durch Statusberichte ergänzt worden ist (LABO 2010; 2011; 2012). Die nachfolgenden Empfehlungen des SRU greifen diese teilweise auf und unterstützen ihre Zielrichtung.

4.5.1 Fortschreibung des Flächenziels nach 2020

308. Die Bundesregierung hat sich im Jahr 2002 in der nationalen Nachhaltigkeitsstrategie das Ziel gesetzt, die Flächenneuinanspruchnahme bis 2020 auf maximal 30 ha pro Tag zu reduzieren (Bundesregierung 2002, S. 99). Der Fortschrittsbericht von 2012 weist darauf hin, dass dieses Ziel noch nicht erreicht ist und auch nicht erreicht werden wird, wenn sich die Entwicklung der vergangenen Jahre fortsetzt (Bundesregierung 2012b). Erforderlich ist es nunmehr, die zu erwartende Flächenneuinanspruchnahme mit der Entwicklung des demografischen Wandels zu koppeln und damit die Flächennutzung am Flächenkreislaufgedanken auszurichten.

Erfreulich ist, dass das 30-Hektar-Ziel in der Vergangenheit zu einer Trendwende im Umgang mit Flächenressourcen beigetragen hat: Es wurde als konkrete Leitmarke gewertet und war mit einem neuen Problemverständnis verbunden (RNE 2004, S. 3). Insgesamt hat die Nachhaltigkeitsstrategie zu einer höheren Wahrnehmung des Problems und zur Intensivierung der Diskussion beigetragen (EINIG und SIEDENTOP 2005, S. 163). Dass das 30-Hektar-Ziel ein politisch gesetztes Ziel darstellt, mindert nicht seine Bedeutung. Es ersetzt allerdings nicht empirische Untersuchungen und Risikoabschätzungen zur Folge des Flächenverbrauchs (ebd., S. 164–165) und eine Diskussion darüber, welche Flächennutzungen welchen Reduktionsbeitrag leisten sollen.

Grundsätzlich stellt der zielorientierte Ansatz eine der Stärken der Nachhaltigkeitsstrategie dar (SRU 2011, S. 3 m. w. N.), er macht es aber auch erforderlich, dass die Ziele langfristig und problemadäquat gesetzt werden. Daher hat der SRU bereits angeregt, das Ziel der Flächenneuinanspruchnahme für die Zeithorizonte 2030 und 2050 fortzuschreiben (SRU 2011, S. 8 und 9; 2012, S. 378). Während die Europäische Kommission das Ziel, „netto" kein Land mehr neu in Anspruch zu nehmen, für 2050 anvisiert (Europäische Kommission 2011, S. 18–19), hat der Bundesrat beschlossen, dass dieses Ziel in Deutschland angesichts der demografischen Entwicklung und der vielfältigen Potenziale zur Innenentwicklung wesentlich früher als im Jahr 2050 erreicht werden sollte. Er nennt als Zielvorstellung 2025, spätestens aber 2030 (Bundesrat

2011, S. 4). Der SRU unterstützt dieses Ziel, das auch Bestandteil des geplanten Integrierten Umweltprogramms des BMUB werden sollte.

Weitere Indikatoren

309. Die nationale Biodiversitätsstrategie enthält einen Indikator für die Landschaftszerschneidung, der anhand der unzerschnittenen Räume > 100 km² und der effektiven Maschenweite gemessen wird (s. Tz. 286). Dieser sollte als Unterindikator auch in die nationale Nachhaltigkeitsstrategie aufgenommen werden mit dem Ziel „Erhalt aller unzerschnittenen Räume > 100 km²". Weitere Ansätze für die Fortentwicklung von Indikatoren, zum Beispiel für die Zersiedelung (Wirkungen der zunehmenden Streuung von Siedlungen) oder für Mindestdichten, stellen sich als methodisch anspruchsvoll dar und werden unter anderem von ACKERMANN et al. (2013) und HENNIG et al. (2015) diskutiert.

Bindende Flächenverbrauchsziele des Bundes für den Verkehr

310. Der Flächenverbrauch für Verkehrsflächen lag nach einigen verbrauchsärmeren Jahren im Jahr 2013 wieder bei 18 ha pro Tag, davon die Hälfte für Straßen, Wege und Plätze (Statistisches Bundesamt 2014a). Unter dem Gesichtspunkt des demografischen Wandels muss auch der Ausbau der Verkehrsinfrastrukturen kritisch diskutiert werden.

Das Bundesministerium für Verkehr und digitale Infrastruktur plante für das Jahr 2015 die Neuaufstellung eines Bundesverkehrswegeplans, der für die kommenden 10 bis 15 Jahre Gültigkeit haben wird (BMVI 2014). Im Zuge dieser Neuaufstellung werden auch die umwelt- und naturschutzfachlichen Wirkungen der dort festgelegten Aus- und Neubaumaßnahmen der Verkehrsinfrastruktur erfasst und beurteilt. Eines der sechs übergeordneten Ziele des Bundesverkehrswegeplans ist die Begrenzung der Inanspruchnahme von Natur und Landschaft und der Zerschneidung, indem der zusätzliche Flächenverbrauch beschränkt wird. Die Bundesregierung hat vor, sich bei der Aufstellung des Bundesverkehrswegeplans am 30-Hektar-Ziel zu orientieren. Dafür soll für jedes zu bewertende Projekt die Flächeninanspruchnahme abgeschätzt und bewertet werden. Die Gesamtplanauswirkungen sollen in die strategische Umweltprüfung einfließen (Deutscher Bundestag 2015, S. 11–12).

Weiter stärken könnte der Bund diesen Ansatz, wenn er beim Flächenverbrauch durch Verkehrsflächen eigene verbindliche Ziele festlegt – gerade weil die Verkehrsprognose 2030 mit Stand vom Juni 2014 erhebliche Steigerungen voraussagt (BVU Beratergruppe Verkehr + Umwelt et al. 2014). Das Umweltbundesamt (UBA) empfiehlt, die Neuinanspruchnahme von Flächen durch den Bundesverkehrswegeplan 2015 – bezogen auf den Realisierungszeitraum – auf 2 ha pro Tag zu begrenzen (UBA 2010). Dieser Empfehlung schließt sich der SRU an. Diese Angabe bezieht sich auf die gesamte Katasterfläche der

Verkehrswege inklusive Abstandsflächen und Böschungen. Bezogen auf den Fahrbahnkörper (inklusive Rand- und Mittelstreifen) wäre laut UBA sogar nur ein Flächenverbrauch von weniger als 1 ha pro Tag zu fordern (PENN-BRESSEL 2013, S. 27). Der Bundesverkehrswegeplan 2003 implizierte hingegen einen planerischen Flächenverbrauch von 7,8 ha pro Tag, davon 3,5 ha pro Tag für den Fahrbahnkörper (inklusive Rand- und Mittelstreifen). Das genannte Ziel bedeutet eine Reduktion des Flächenverbrauchs auf ein Viertel des Ausgangswertes und damit einen adäquaten Beitrag des Bundes zum Flächensparen. Dies ist auch kompatibel mit dem Ziel des Bundesverkehrswegeplans 2015, die Priorität auf Instandhaltung und Ertüchtigung des Vorhandenen zu legen.

4.5.2 Planungs- und baurechtliche Instrumente

311. Zur Stärkung der Innenentwicklung und des sparsamen Umgangs mit der Fläche sind bereits in der Vergangenheit zahlreiche Gesetzesänderungen erfolgt, zum Beispiel die Novelle des Baugesetzbuchs (BauGB) zur Innenentwicklung von 2007 (vgl. z. B. KÖCK et al. 2007). Diesem Ziel diente zuletzt auch die BauGB-Novelle von 2013: Durch die Ergänzungen in §§ 1, 1a BauGB soll durch die Betonung der Innenentwicklung die Flächenneuinanspruchnahme verringert werden. Die Möglichkeiten des Rückbaugebots sind erweitert worden (KRAUTZBERGER und STÜER 2013; SCHRÖER und KULLICK 2013; BATTIS et al. 2013). Der Kreislaufgedanke kann bei der Flächenneuinanspruchnahme aber noch wirksamer verankert werden, indem diese gedeckelt wird.

4.5.2.1 Obergrenzen für die Flächenausweisung und Flankierung durch Flächenhandel

312. Der SRU befürwortet die Einführung von verbindlichen Mengenzielen für die Neuausweisung von Flächen in der Landes- bzw. Regionalplanung. Diese Ziele sollten nicht der planerischen Abwägung unterworfen sein (ebenso: NBBW 2010, S. 39; KBU 2009, S. 10). Dies trägt vor allem der Tatsache Rechnung, dass sich die Steuerung der Flächenneuinanspruchnahme bislang vorrangig auf die Standortsteuerung beschränkt hat. In der Praxis hat das Raumordnungsrecht nur wenig Steuerungswirkung im Hinblick auf die Flächenneuinanspruchnahme entfaltet (EDENHARTER 2014, S. 510). Der Flächenverbrauch wurde primär als qualitatives, nicht als quantitatives Problem wahrgenommen (EINIG und SIEDENTOP 2005, S. 168). Diese Steuerung konnte daher auch eine quantitativ zu hohe Neuinanspruchnahme nicht verhindern. Eine solche Festsetzung entspricht auch dem Handlungsziel der Biodiversitätsstrategie, bis 2015 raum- und gebietsbezogene Reduktionsziele zu erarbeiten (BMU 2007) und durch die Festlegung von Zielen zur Begrenzung des Siedlungsflächenwachstums in Raumordnungsplänen durch die Länder zu konkretisieren (ebd.).

Die Landesregierungen können eine Mengenbegrenzung („Deckelung") der Neuinanspruchnahme durch Wohnen und Gewerbe bereits jetzt als Ziele der Raumordnung festlegen (zur Zulässigkeit: EINIG und SPIECKER 2002; RUNKEL 2012). Zahlreiche Bundesländer haben bereits vergleichbare Regelungen getroffen. So begrenzt Hessen in seiner Nachhaltigkeitsstrategie den Zuwachs der Siedlungs- und Verkehrsfläche auf 2,5 ha pro Tag bis zum Jahr 2020, Zwischenziele sind 3,1 ha pro Tag ab 2012 und 2,8 ha pro Tag ab 2016 (Land Hessen 2011). Rheinland-Pfalz will laut des geltenden Koalitionsvertrags (2011–2016) die Flächenneuinanspruchnahme auf einem Niveau von unter 1 ha pro Tag stabilisieren (SPD-Landesverband Rheinland-Pfalz und Bündnis 90/Die Grünen Rheinland-Pfalz 2011, S. 30). Der Landesentwicklungsplan Nordrhein-Westfalen sieht vor, den Flächenverbrauch bis 2020 auf höchstens 5 ha pro Tag zu senken (Staatskanzlei des Landes Nordrhein-Westfalen 2013).

Vorzugswürdig wäre aber, wenn der Bund rechtlich normieren würde, dass in Raumordnungsplänen Mengenziele zu setzen und als strikte Grenze auszugestalten sind. Zudem sollten zeitliche Zwischenziele festgelegt werden. Es sollte deshalb eine Regelung ins Raumordnungsgesetz (ROG) aufgenommen werden, die auch die Länder, die bislang keine Ziele festgesetzt haben, verpflichtet solche Mengenziele festzusetzen. Eine solche Verpflichtung könnte unterschiedlich ausgestaltet werden. Eine Möglichkeit wäre, § 1 Abs. 1 ROG dahin gehend zu ergänzen, dass bindende Mengenziele festzulegen sind. In § 3 Abs. 1 Nr. 2 ROG sollte gleichzeitig die Festlegung von Mengenzielen ausdrücklich zugelassen werden. Eine weitere Möglichkeit bestünde darin, in § 2 Nr. 6 ROG das 30-Hektar-Ziel als bundesweite Obergrenze – und die entsprechenden Zwischenziele – ausdrücklich festzuschreiben. Dies hätte zur Folge, dass der Bund in einem Bundesraumordnungsplan, den er nach § 17 Abs. 1 ROG aufstellen kann, das Flächenverbrauchsziel auf die Länder herunter brechen müsste (zu der Berechnung der einzelnen Länderziele s. Tz. 281). Die Länder müssten diese Begrenzung dann auf die Regionen und Kommunen verteilen. Schließlich könnte in § 8 Abs. 5 ROG eine Bestimmung aufgenommen werden, dass Raumordnungspläne Festlegungen zu quantifizierten Mengenzielen einhalten müssen. Ergänzend könnte in § 8 Abs. 5 ROG zugelassen werden, dass die Länder die Siedlungsentwicklung der Gemeinden auf die Eigenbedarfsentwicklung beschränken können. Um diese Bestimmung wirkungsvoll zu gestalten, sollte im ROG eine bundesrechtliche Definition der Eigenentwicklung ergänzt werden.

313. Eine Regelung zu bindenden Mengenzielen in der Raumplanung müsste nach überwiegender Auffassung auf die seit der Föderalismusreform bestehende Vollkompetenz des Bundes für die Raumordnung nach Art. 74 Abs. 1 Nr. 31 Grundgesetz (GG) gestützt werden, die es dem Bund erlaubt, nicht mehr nur Rahmenregelungen zu treffen, sondern den Sachverhalt umfassend zu ordnen (BOVET 2006, S. 400; KÖCK und BOVET 2011; BOVET und KÖCK 2008; SENFTLEBEN 2008; für eine Voll-

kompetenz Kraft Natur der Sache dagegen: WALZ et al. 2009, S. 142 ff.; MARTY 2011). Problematisch ist, dass die Länder anschließend nach Art. 72 Abs. 3 Nr. 4 GG von den so erlassenen Bestimmungen abweichen können. Dies bedeutet, dass die Bundesländer – trotz einer entsprechenden Vorschrift des Bundes – darauf verzichten könnten, ein bindendes Mengenziel in der Landesplanung vorzusehen. Allerdings würde das Erfordernis eines Mengenziels trotzdem eine Anstoßfunktion besitzen. Denn die Bundesländer, die von der Möglichkeit der Abweichung Gebrauch machen, müssten sich der Diskussion über solche Ziele in einem Gesetzgebungsverfahren stellen. Je präziser das Mengenziel gefasst und begründet wäre, desto größer wäre der Begründungsaufwand für die abweichenden Länder. Wünschenswert wäre es, wenn zwischen Bund und Ländern ein Konsens hinsichtlich eines Mengenziels erreicht werden könnte.

Ein verbindliches Mengenziel in der Raumplanung würde zudem einen Eingriff in das Selbstverwaltungsrecht der Gemeinden nach Art. 28 Abs. 2 GG bedeuten. Ein solcher Eingriff in die Selbstverwaltungsgarantie der Gemeinden ist dem Bundesverfassungsgericht zufolge grundsätzlich möglich, wenn er durch überörtliche Gründe von höherem Gewicht gerechtfertigt ist. Zudem muss der Grundsatz der Verhältnismäßigkeit gewahrt werden. Der Eingriff kann hier durch die staatliche Verpflichtung zum Schutz der natürlichen Lebensgrundlagen aus Art. 20a GG gerechtfertigt werden. Den Kommunen bleiben zudem alle Planungskompetenzen im Kern erhalten – für den Innenbereich weiterhin uneingeschränkt und für den Außenbereich zumindest eingeschränkt. Eine Kontingentierung würde daher nach überwiegender Auffassung, auch unabhängig von der Möglichkeit der Kommunen Flächen zu handeln, keinen Verstoß gegen Art. 28 Abs. 2 GG darstellen (BIZER et al. 2006, S. 61; BRANDT und SANDEN 2003; SCHMALHOLZ 2005, S. 188 ff.; SCHIMANSKY 2003, S. 191; NBBW 2004, S. 36; SENFTLEBEN 2008; MARTY 2011; zur Rechtsprechung vgl. FAßBENDER 2010, S. 82 f.; SCHMALHOLZ 2002).

Im Hinblick auf die konkrete Ausgestaltung von Mengenzielen sind noch zahlreiche Fragen offen, insbesondere mögliche Maßstäbe für Zielvorgaben. Die Kommission Bodenschutz beim Umweltbundesamt (KBU) hat einen Vorschlag gemacht, wie sich unter Zugrundelegung des Nachhaltigkeitsziels von 30 ha pro Tag die Flächenneuinanspruchnahme auf die Bundesländer verteilen ließe (KBU 2009, S. 11). Daraus lassen sich wiederum Kontingente für die Kommunen ableiten. Seit 2012 läuft ein Modellprojekt Flächenhandel des UBA „Planspiel Flächenhandel", das bis 2017 fortgeführt wird und einen Flächenhandel im Zeitraffer simuliert. Im Rahmen dieses Planspiels werden die Kontingente bis auf die Ebene der Kommunen verteilt, sodass sich Kommunen auch ohne Teilnahme an dem Modellversuch darüber informieren können, welche Neuinanspruchnahme ihnen „zustünde" (IDW 2013). Für die Verteilung der Kontingente werden verschiedene Kriterien wie die bestehende Bevölkerung, die prognostizierte Bevölkerung, die Bewertung als

Wachstums- bzw. Schrumpfungsregion oder die regionale Wirtschaftskraft diskutiert, wobei eine Orientierung an der Bevölkerungsstärke eine größere Akzeptanz als andere Maßstäbe zu generieren scheint (PENN-BRESSEL 2011; HENGER und SCHIER 2014). Es ist einzuräumen, dass die Kontingentierung der beplanbaren Fläche zu erheblichen Konflikten mit den betroffenen Kommunen führen kann. Deshalb sollten flankierende Maßnahmen durchgeführt werden, die bei den Kommunen die Einsicht fördern, dass eine flächensparende Entwicklung letztlich auch den Kommunen selbst nutzt (BLOTEVOGEL 2012, S. 28). Von Bedeutung sind hier insbesondere die Folgekostenrechner, durch die den Kommunen die Kosten der Flächenneuinanspruchnahme verdeutlicht werden (s. Tz. 324).

Flächenhandel

314. Die Kontingentierung der beplanbaren Fläche könnte zudem wesentlich erleichtert werden, wenn sie durch ein System handelbarer Flächenausweisungsrechte flankiert würde. Ein Flächenhandelssystem würde den Gemeinden größere Flexibilität ermöglichen (dazu grundlegend KÖCK et al. 2008). Der SRU (2000, Tz. 534; 2002, Tz. 151 und 168; 2004, Tz. 213 f.; 2008, Tz. 491) hat immer wieder auf die Vorteile von handelbaren Flächenausweisungsrechten für die Tendenzsteuerung der Flächenneuinanspruchnahme hingewiesen. Zentrales Ergebnis der im Rahmen des Planspiels durchgeführten kommunalen Fallstudien ist, dass ein Flächenhandelssystem effektiv die Inanspruchnahme neuer Siedlungs- und Verkehrsflächen reduziert und dauerhaft die Innenentwicklung stärkt, wenn die Menge an Zertifikaten entsprechend begrenzt wird (SCHIER et al. 2015, S. 36). Das Planspiel zeigt auch, dass sich der Zertifikatehandel mit überschaubarem Aufwand in die Verwaltungs- und Planungspraxis integrieren lässt (ebd., S. 37). Selbst wenn ein Flächenhandel nicht realisiert werden kann, kann das Projekt dazu beitragen, verbindliche Obergrenzen für die Flächenausweisungen für Planungsverfahren vorzubereiten.

Die Idee des Flächenhandels ist es, Kommunen Zertifikate nach festgelegten Kriterien zuzuteilen. Diese müssen sie zentral einreichen, wenn ein Bebauungsplan im Außenbereich aufgestellt werden soll. Die Anzahl der Zertifikate muss dann dem Umfang der erstmals für Siedlungs- und Verkehrszwecke gewidmeten Fläche entsprechen. Reichen die verfügbaren Zertifikate einer Kommune nicht aus, kann sie zusätzliche Zertifikate von anderen Kommunen erwerben. Benötigen Kommunen die ihnen zugewiesenen Zertifikate nicht, können sie die Rechte an andere Kommunen verkaufen und damit Einkünfte erzielen. Die Knappheit, die dazu führt, dass Kommunen bereit sind, für Zertifikate Geld auszugeben, wird durch die verbindliche Obergrenze, hier durch das auf die kommunale Ebene herunter gebrochene 30-Hektar-Ziel, erreicht (s. Tz. 312). Diese sollte zunächst dem 30-Hektar-Ziel entsprechen. Durch den Flächenhandel hätten Kommunen einen Anreiz, keine Flächenangebotspolitik auf der grünen

Wiese mehr zu betreiben, sondern sparsam Innenentwicklung voranzutreiben und freie Zertifikate zu verkaufen (GRIMSKI 2014).

Die preislichen Wirkungen des Flächenzertifikatehandels sind erwünscht. Indem neues Bauland im Außenbereich verknappt wird, wird die Nachfrage nach Bestandsflächen im Innenbereich gesteigert, was in strukturschwachen Räumen zu einem Werterhalt der Grundstückspreise und in Wachstumsräumen zu einem Anstieg der Grundstückspreise führt. Damit werden Anreize für die Eigentümer zur Aktivierung ihrer Bestandsflächen erhöht (SCHIER et al. 2015, S. 36; s. a. zur Grundsteuerreform Tz. 322). Negative soziale Folgen sollten durch flankierende Maßnahmen vermieden werden.

Der Flächenhandel würde damit die erforderliche Kreislaufwirtschaft der Flächenpolitik wirksam unterstützen. Wenn das Handelssystem Kommunen zusätzlich erlaubt, Zertifikate zu generieren, indem sie bestehende Baurechte auf ungenutzten oder brachgefallenen Flächen zurücknehmen, würde dies „armen" Kommunen die Möglichkeit bieten, ihre „wertlosen" Flächen im Außenbereich sinnvoll in Wert zu setzen. Dies können sie durch die Neuausweisung von Gebieten, die nicht benötigt werden, nicht mehr erreichen. Das würde zusätzlich einen Anreiz bieten, durch Entsiegelung und Renaturierung ehemals bebaute und versiegelte Flächen in einen ökologisch wertvolleren Zustand zu versetzen.

4.5.2.2 Obligatorische Erfassung der Innenentwicklungspotenziale und darauf gestützte Neuausweisung

315. Für die Erreichung des 30-Hektar-Ziels ist gerade bei anziehender Bautätigkeit die Innenentwicklung von besonderer Bedeutung, denn neue Gebäude sind nicht mit einer Neuinanspruchnahme von Fläche verbunden, wenn sie auf Grundstücken errichtet werden, die bereits zu den Siedlungsflächen gehören (Deutscher Bundestag 2015, S. 7). Das setzt aber bei den Kommunen eine Kenntnis über die bestehenden Potenziale zum Beispiel in Form von Baulücken, Brach- oder Konversionsflächen voraus. Durch die BauGB-Novelle von 2013 wurde den Gemeinden aufgegeben, zur Verringerung einer zusätzlichen Inanspruchnahme von Flächen für bauliche Nutzungen, Ermittlungen zu den Möglichkeiten der Innenentwicklung anzustellen. Nach § 1a Abs. 2 BauGB sind die Kommunen verpflichtet, mit Grund und Boden sparsam und schonend umzugehen. Dafür sollen die Innenentwicklungspotenziale zugrunde gelegt werden, zu denen insbesondere Brachflächen, Gebäudeleerstand, Baulücken und andere Nachverdichtungsmöglichkeiten bzw. -potenziale zählen können. Der Gesetzesbegründung zufolge bieten sich hierfür in größeren Gemeinden vor allem Flächenkataster an (Bundesregierung 2012a).

Durchschnittlich ein Drittel der Gemeinden erfassen bereits ihre Innenentwicklungspotenziale (ca. 40 % im Westen und ca. 20 % im Osten Deutschlands: s. BBSR 2014b, S. 8). Die Potenziale werden vor allem dort erhoben, wo die Nachfrage steigt (Groß- und Mittelstädte). Bundesweit bestehen erhebliche Innenentwicklungspotenziale von 120.000 bis 165.000 ha. Davon sind 20 % kurzfristig aktivierbar, mittel- bis langfristig sogar weitere 50 %. Lediglich 30 % sind nicht aktivierbar (ebd., S. 10).

Für die Erfassung von Baulücken und Leerständen existieren in einigen Bundesländern bereits unterschiedliche Online-Datenbanken, deren Verwendung bislang freiwillig erfolgt. So gibt es Flächenmanagementtools für Kommunen in Baden-Württemberg, Hessen, Niedersachsen, Rheinland-Pfalz, Sachsen, Schleswig-Holstein sowie auf regionaler Ebene im Ruhrgebiet (vgl. Übersicht bei BBSR 2013, S. 132). Auch Berlin verfügt über ein Baulückenmanagement. Eine Studie für das BBSR aus dem Jahr 2013 kommt zu dem Ergebnis, dass mithilfe der für die Untersuchung entwickelten Methodik die Erhebung von Innenentwicklungspotenzialen mit vertretbarem Aufwand und statistisch belastbar möglich ist (BBSR 2013). Die LABO hat wiederholt empfohlen, die Potenzialerfassung und -bewertung durch die Aufnahme einer verbindlichen Vorschrift in das BauGB als zwingend auszugestalten (LABO 2010, S. 7; 2011, S. 2; 2012, S. 3). Da dies für kleinere Gemeinden mit erheblichem (finanziellen) Aufwand verbunden ist – vor allem weil die Datenbanken ständig aktualisiert werden müssen –, könnte einer gesetzlichen Verpflichtung auch auf regionaler Ebene (z. B. durch Landkreise oder die Regionalplanungsträger) nachgekommen werden. Die Bewilligung von Fördermitteln, zum Beispiel von Städtebauförderung durch Kommunen, sollte an die Teilnahme an einem obligatorischen Brachflächen- und Leerstandskataster gekoppelt werden. Datenschutzeinwände betreffen vor allem den Fall, dass die Daten zusätzlich öffentlich verfügbar gemacht werden (Deutscher Städtetag 2014, S. 10).

Beispiel niedersächsisches Baulücken- und Leerstandskataster

316. Ein Beispiel für ein entsprechendes Tool ist das niedersächsische Baulücken- und Leerstandskataster, das nicht nur die Erfassung und Anzeige von Leerständen und Baulücken ermöglicht, sondern auch die Altersstruktur der Einwohner nach Altersgruppen visualisieren kann (LGLN 2015). Aus Datenschutzgründen werden insbesondere die Anwohnerdaten nur intern in den Kommunen verwendet. Gerade die Übersicht über die Altersstruktur erlaubt es aber den Kommunen, auch präventiv zu handeln, wenn ersichtlich ist, dass in bestimmten Gebieten Leerstände drohen. Durch die einheitliche Erfassung und Visualisierung mithilfe des Tools können in allen niedersächsischen Kommunen vergleichbare Planungsgrundlagen für strategische Handlungsansätze genutzt werden.

Kommunale Nachweispflicht

317. Basierend auf der obligatorischen Erfassung von Brachflächen sollte ein Flächennutzungsplan, der Flächen ausweist, die zur Bebauung vorgesehen sind, nur genehmigt werden, wenn die Gemeinde nachweist, dass nicht ausreichend nutzbare Innenentwicklungspotenziale zur Verfügung stehen. Nach § 6 Abs. 1 BauGB bedarf ein Flächennutzungsplan der Genehmigung der höheren Verwaltungsbehörde. Die Genehmigung kann nach Abs. 2 versagt werden, wenn der Flächennutzungsplan nicht ordnungsgemäß zustande gekommen ist, den Vorgaben des BauGB widerspricht oder wenn die Ziele der Raumordnung nicht beachtet werden. Für eine solche Verpflichtung hatte der Rat für Nachhaltige Entwicklung schon 2012 vorgeschlagen, die in § 1a Abs. 2 BauGB aufgestellte Verpflichtung zu ergänzen, nach der zu begründen ist, warum Flächen, die landwirtschaftlich oder als Wald genutzt werden, umgewandelt werden müssen. Dafür sollen der Begründung Brachflächenkataster der Gemeinde zugrunde gelegt werden, die die Brachflächen, Leerstand in Gebäuden, Baulücken und Nachverdichtungspotenziale auf Grundstücken aufführen. Außerdem soll die Begründung auf eine valide Ermittlung des Neubaubedarfs gestützt werden. Der Neubaubedarf sollte auf aktuellen Prognosen zur Bevölkerungs- und Wirtschaftsentwicklung und des daraus resultierenden Wohnraum- und Gewerberaumbedarfes basieren (RNE 2012), auch wenn diese Entwicklungen vor allem bei Gewerbe schwierig zu prognostizieren sein können. Teilweise wird eine solche Verpflichtung bereits heute aus § 1a i. V. m. § 5 Abs. 5 BauGB abgeleitet, was allerdings in der Praxis nicht durchzugreifen scheint. Eine entsprechende Nachweispflicht besteht aber beispielsweise in Baden-Württemberg, wo der Bauflächenbedarf nachzuweisen und mithilfe von Kriterien (Bevölkerungsentwicklung, Belegungsdichte etc.) zu begründen ist (Baden-Württemberg, Ministerium für Infrastruktur und Verkehr, Plausibilitätsprüfung der Bauflächenbedarfsnachweise im Rahmen des Genehmigungsverfahrens nach §§ 6 und 10 Abs. 2 BauGB vom 23. Mai 2013).

Die rechtliche Folge einer solchen Verpflichtung wäre, dass die Ausweisung von Bauland im Außenbereich nur dann genehmigungsfähig ist, wenn die Gemeinde den Nachweis erbringt, dass keine angemessenen Baulückenpotenziale oder Brachflächen vorhanden sind und somit keine Möglichkeit der Innenentwicklung besteht. Für eine solche rechtliche Verpflichtung müssten Kriterien entwickelt werden, wann der Innenbereich ausreichend Flächen zur Verfügung stellt. In den Kommunen sind zudem personelle Ressourcen erforderlich, um gegebenenfalls den zusätzlichen Aufwand zur Ermittlung der Innenentwicklungspotenziale abzudecken.

Von Bedeutung ist aber, dass die Innenentwicklung, wie sie zur Deckung des tatsächlichen Bedarfs notwendig ist, nicht dazu führen darf, dass Biodiversität und Grünflächen in der Stadt vernichtet werden und die Lebensqualität der Bewohner leidet. Erforderlich ist deshalb eine „doppelte Innenentwicklung", die den Freiraumschutz in der Stadt parallel mitdenkt (so zum Beispiel Kommunen für biologische Vielfalt o. J.).

4.5.2.3 Versiegelung mit Entsiegelung verbinden

318. Die stärkste Form des Flächenverbrauchs ist die Flächenversiegelung, bei der der Boden dauerhaft mit undurchlässigem Material bedeckt wird. Die Versiegelung von Böden führt zum vollständigen Verlust der natürlichen Bodenfunktionen wie der Grundwasserneubildung, der Filterleistung oder dem zur Verfügung stellen von Vegetationsfläche (KBU 2009, S. 6). Um die somit ökologisch besonders schädliche Versiegelung nicht ungebremst zunehmen zu lassen, wird vorgeschlagen, Neuversiegelungen zu kompensieren, indem Entsiegelungs- und Renaturierungsmaßnahmen an anderer Stelle vorgenommen werden. Das in einigen Fällen greifende Rückbau- und Entsiegelungsgebot in § 179 BauGB hat sich als wenig wirksam erwiesen, weil die Mittel der Eigentümer regelmäßig für einen Rückbau und eine Entsiegelung nicht ausreichen (BUNZEL et al. 2010; THIEL 2004, S. 172). Sinnvoll erscheint es deshalb, einen Bundesfonds aufzulegen, mit dem die Entsiegelung gefördert werden könnte.

Es sollte eine Prüfpflicht eingeführt werden, ob für eine Versiegelung an anderer Stelle entsiegelt werden kann, und die Rückbauverpflichtung nach Aufgabe im Außenbereich nach § 35 Abs. 5 BauGB verschärft werden, jedenfalls aber konsequent vollzogen werden.

319. Nach Auffassung der Umweltministerkonferenz sollte die Entsiegelung von Böden künftig als eine der vorrangigen Kompensationsmaßnahmen nach dem Naturschutzrecht angestrebt werden (LABO 2010, Anhang 2 S. 2). Das Land Berlin hat beispielsweise in einer systematischen Untersuchung seine Entsiegelungspotenziale erfasst (Senatsverwaltung für Stadtentwicklung und Umwelt Berlin 2015), um Flächen bekannt zu machen, die im Rahmen der Ausgleichsregelung entsiegelt werden können, wenn bei der baulichen Entwicklung eines Gebietes eine Fläche versiegelt wird. Auch im Rahmen von Ökokonten werden Entsiegelungsmaßnahmen anerkannt, zum Beispiel in Hessen (Hessisches Ministerium für Umwelt, ländlichen Raum und Verbraucherschutz 2014).

4.5.2.4 Überprüfung der Vorschriften der Baunutzungsverordnung und anderer baulicher relevanter Vorschriften

320. Der SRU empfiehlt, die Baunutzungsverordnung (BauNVO) und andere baulich relevante Vorschriften daraufhin zu überprüfen, ob die dort getroffenen Festsetzungen durchweg erforderlich sind oder ob sie die Möglichkeiten der Innenentwicklung unnötig behindern (vgl. auch Bündnis für bezahlbares Wohnen und Bauen 2015, S. 85 ff.). Über die bereits erfolgten Entwicklungen hinaus wird Änderungsbedarf im Hinblick auf eine Innenstadtverdichtung beispielsweise bei der Typisierung der Art der baulichen Nutzung in den §§ 1 bis 10 BauNVO (Abschaffung reiner Wohngebiete) gesehen (Bundesarchitektenkammer 2012). Die Bauordnungen der Länder enthalten eine Vielzahl von Bestimmungen, die daraufhin überprüft werden sollten, ob sie den Aus- und Umbau von Häusern in Ballungsräumen behindern, ohne dass sie zwingend erforderlich sind. So sollten die Abstandsregelungen überprüft und zulässige Geschossflächenzahlen ausgenutzt werden, um eine dichtere Bebauung zu ermöglichen. Auch Regelungen wie die Stellplatzverordnungen der Länder sollten daraufhin überprüft werden, ob sie eine übermäßige Flächenneuinanspruchnahme verursachen.

Im Hinblick auf andere Anforderungen an Neu- oder Umbauten können Konflikte zwischen Umweltzielen bestehen: zum Beispiel zwischen der Beschränkung des Flächenverbrauchs und dem Immissionsschutz oder den energetischen Anforderungen an den Umbau. Hier wäre zu prüfen, in welchen Fällen die Innenentwicklung durch eine Überprüfung von Vorschriften gefördert werden kann, ohne das jeweilige Schutzziel zu verletzen.

4.5.3 Fehlanreize abbauen und Kostentransparenz schaffen

321. Um den Flächenverbrauch zu begrenzen, ist eine Änderung der Anreizstruktur für verschiedene Akteure – insbesondere für die Kommunen – erforderlich.

4.5.3.1 Kommunalfinanzierung reformieren

322. Ein wesentlicher Treiber für die Inanspruchnahme von Fläche ist, dass neue Bau- und Gewerbegebiete ausgewiesen werden. Nicht selten geschieht es, dass auch dann ausgewiesen wird, wenn eigentlich kein Bedarf besteht oder die Fläche anschließend nicht einmal in Anspruch genommen wird (Angebotsplanung). Besonders in Schrumpfungsregionen ist das weiterhin der Fall.

Dass Kommunen einen Anreiz haben, so zu handeln, ist unmittelbar mit den strukturellen Defiziten der Kommunalfinanzierung verknüpft. Die Kommunen tragen zahlreiche finanzielle Lasten, auf deren Ausgestaltung oder Ursachen sie politisch wenig Einfluss haben (wie Sozialleistungen, Kitaausbau und die Unterbringung von Flüchtlingen) (Bertelsmann Stiftung 2012). Die Länder weisen den Kommunen Aufgaben zu, ohne ihnen immer die dafür notwendige Finanzausstattung bereitzustellen. Insgesamt verfügen die Kommunen deshalb über wenig Finanzautonomie: Sie haben nur bei der Gewerbe- und Grundsteuer die Möglichkeit, die Höhe des Steueraufkommens zu beeinflussen. Daher weisen sie neue Bau- und Gewerbegebiete aus, in der Hoffnung, dass sie neue Einwohner und Betriebe gewinnen und damit ihre Steuereinnahmen steigern können (ROHR-ZÄNKER und MÜLLER 2014, S. 3). Gerade die Gewerbesteuer und der kommunale Anteil der Einkommensteuer sind außerdem stark konjunkturabhängig.

Diese strukturellen Defizite sind seit Jahren bekannt (SRU 2002, Tz. 173 ff.). Daher wird seit langem diskutiert, wie das Steuerrecht reformiert werden kann, um die Anreize für die Kommunen, aus Steuergründen Flächen auszuweisen, zu verringern (statt vieler: Bertelsmann Stiftung 2003; 2006; Stiftung Marktwirtschaft 2005; 2006; FUEST und THÖNE 2005; BIZER 1995; HENGER et al. 2014; KRUMM 2007). Konkret in der Diskussion ist die Reform der Grundsteuer, die wegen der ihr zugrunde liegenden veralteten Einheitswerte vom Bundesfinanzhof dem Bundesverfassungsgericht als verfassungswidrig vorgelegt worden ist. Die Grundsteuer ist in Deutschland eine Steuer auf das Eigentum an Grundstücken und deren Bebauung. Berechnungsgrundlage ist der vom Finanzamt festgestellte Einheitswert, der mit der Grundsteuermesszahl und mit dem von der Gemeinde festgesetzten Hebesatz multipliziert wird. Die Grundsteuermesszahl richtet sich nach der jeweiligen Grundstücksart (Land- und Forstwirtschaft, Einfamilienhäuser, Zweifamilienhäuser, sonstige bebaute sowie unbebaute Grundstücke).

Die gegenwärtige Ausgestaltung der Grundsteuer fördert den Flächenverbrauch: Bebaute Grundstücke werden höher besteuert als unbebaute und eine Bebauung mit hohem Flächenverbrauch (Ein- und Zweifamilienhäuser) wird begünstigt. Auch die gegenwärtig zwischen den Ländern diskutierten Reformmodelle beziehen die auf dem Boden errichteten Gebäude (entweder deren Fläche oder ihren Wert) in die Berechnung der Grundsteuer ein. Besteuert man dagegen bereits als Bauland ausgewiesene Brachflächen so wie bebaute Grundstücke nach dem Bodenwert, steigt der Anreiz, diese zu nutzen. Damit wird die Innenentwicklung gefördert. Zudem soll die Größe der Fläche in die Höhe der Steuer einfließen, sodass ein zusätzlicher Anreiz für einen geringen Flächenverbrauch geschaffen wird (LEHMBROCK und COULMAS 2001). Bei der gegenwärtigen Reformdiskussion sollte geprüft werden, ob ein solcher flächensparender Ansatz einbezogen werden kann.

4.5.3.2 Förderinstrumente überprüfen

323.   Von vielen Förderinstrumenten gehen Fehlanreize für den Flächenverbrauch aus. Unter dem Blickwinkel des demografischen Wandels gilt dies verstärkt, weil auch gegen den Wandel „angefördert" wird, sodass die Förderung eine Art Dauersubvention darstellt (KUHN und KLINGHOLZ 2013, S. 11). Neben den Förderinstrumenten, die unter dem Gesichtspunkt des demografischen Wandels überprüft werden müssen, gibt es auch Subventionen, die faktisch den Flächenverbrauch fördern und deshalb schon seit Jahren in der Kritik stehen, wie die Pendlerpauschale (vgl. nur SRU 2004, Tz. 213; 2005, Tz. 234; 2012, Tz. 317). Das Urteil des Bundesverfassungsgerichts hat die Möglichkeit, die Pendlerpauschale gänzlich abzuschaffen, in seinem Urteil von 2008 nicht ausgeschlossen, wenn dies auf Gemeinwohlgründe wie den Umweltschutz gestützt wird (Bundesverfassungsgericht, Urteil vom 9. Dezember 2008 – 2 BvL 1/07).

Dringend erforderlich ist ebenfalls die Neuausrichtung der Gemeinschaftsaufgaben Verbesserung der regionalen Wirtschaftsstruktur (GRW) und Verbesserung der Agrarstruktur und des Küstenschutzes (GAK). Nach § 1 Abs. 1 GAK-Gesetz werden Maßnahmen zur Verbesserung der Produktions- und Arbeitsbedingungen in der Land- und Forstwirtschaft auch durch den Ausgleich natürlicher Standortnachteile als Gemeinschaftsaufgaben im Sinne des Art. 91a Abs. 1 GG wahrgenommen. Im Vordergrund steht die Investitionsförderung und der Erhalt und die Schaffung von Arbeitsplätzen (UBA 2014b, S. 48). Ein Aspekt, der unter dem Gesichtspunkt des Flächenverbrauchs und aus Naturschutzsicht relevant ist, ist die Überprüfung der Subventionen für den land- und forstwirtschaftlichen Wegebau in der Gemeinschaftsaufgabe.

Im Gegenzug zur Abschaffung von Fehlanreizen sollten Möglichkeiten geprüft werden, die nötige Innenentwicklung vermehrt finanziell zu fördern, wie dies bereits im Rahmen des Bundesprogramms „Stadtumbau" möglich ist, zum Beispiel durch die kommunale Unterstützung für den Abriss von nicht mehr nutzbaren Immobilien (BMUB 2014, S. 112), die Altlastenfreistellung oder Steuerbefreiungen zu diesem Zweck.

Problematisch ist, dass die Kosten für Abriss und Entsiegelung in der Regel vom Eigentümer oder den Kommunen nicht aufgebracht werden können. Insbesondere das Rückbau- und Entsiegelungsgebot des § 179 BauGB entfaltet oft keine Wirksamkeit, weil es keinen solventen Eigentümer gibt. Deshalb sollten bestehende Fonds genutzt werden. Beispielsweise nutzt Sachsen Gelder des Europäischen Fonds für regionale Entwicklung (EFRE), um Industriebrachen und Konversionsflächen zu revitalisieren. Die Förderung umfasst dort insbesondere Abriss, Beräumung, Altlastenbeseitigung, Gebäudesicherung sowie Renaturierungsmaßnahmen, um Flächen und Gebäude für neue Zwecke vorzubereiten oder renaturierte Flächen für eine ökologische Stadtentwicklung verfügbar zu machen (SMWA 2015). Wünschenswert wäre darüber hinaus ein bundesweiter Rückbau- und Entsiegelungsfonds zur Förderung des Rückbaus von Gebäuden und zur Entsiegelung von Flächen insbesondere in strukturschwachen ländlichen Gebieten.

4.5.3.3 Folgekostenrechner anwenden und für bestehende Infrastrukturen fortentwickeln

324.   Die Kosten der Siedlungsentwicklung hängen vor allem davon ab, wo gebaut wird und wie dicht das Gebiet besiedelt ist. Mehr als die Herstellungskosten stellen die Folgekosten der Wohngebietsentwicklung eine Belastung der kommunalen Haushalte dar; die mittel- und langfristig relevanten Kosten werden aber regelmäßig nicht in die Planungs- und Entscheidungsfindung einbezogen (DITTRICH-WESBUER et al. 2008, S. 36).

Im Rahmen von REFINA und anderen Forschungsprogrammen und -projekten wurden eine Reihe von Softwareprogrammen und Kalkulationsmodellen entwickelt, mit denen sich die langfristigen Kosten bestimmter Flächenentwicklungen den Einkünften in Form von kommunalen Steuereinnahmen gegenüberstellen lassen (z. B. Was-kostet-mein-Baugebiet.de; fokosbw; LEANkom; Folgekostenrechner Rheinland-Pfalz, Folgekosten-Schätzer, FIN.30). Im Rahmen des Forschungsprogramms Stadtverkehr (FoPS) des Bundes wurde außerdem der Verkehrsfolgekostenschätzer entwickelt, mit dessen Hilfe Kommunen die Folgekosten in diesem Bereich unter Berücksichtigung des öffentlichen Personennahverkehrs berechnen können. Dieser wird derzeit fortentwickelt (ARNDT et al. 2011). Damit können die Kommunen selbst ermitteln, welche Kosten durch die Ausweisung eines neuen Gebiets langfristig auf sie zukommen (THOMAS und FLOETING 2010). Auch wenn die Folgekostenrechner noch weiter fortentwickelt werden müssen (BIZER et al. 2012, S. 65) und die Folgekosten von Gewerbegebieten noch nicht ausreichend zu erfassen sind, bestehen damit gute Ansatzpunkte zur Ermittlung der langfristigen Infrastrukturkosten einer Flächenausweisung auf kommunaler Ebene.

Der Alterungsprozess in den Kommunen und der damit einhergehende Remanenzeffekt (Tz. 294) führen zur Abnahme der Besiedlungsdichte. Damit sinkt auch die Nachfrage, was die wirtschaftliche Tragfähigkeit der technischen und sozialen Infrastruktur akut gefährden kann (SIEDENTOP et al. 2009; DITTRICH-WESBUER et al. 2008). Ergänzend werden deshalb Tools für die Abschätzung zukünftiger Infrastrukturkosten bestehender Siedlungsgebiete entwickelt. Der „Monitor für Infrastrukturkosten im demografischen Wandel" in Niedersachsen stellt für Kommunen in Niedersachsen die zu erwartenden Kosten dar. Kenntnisse über den Unterhalt bestehender Infrastrukturen können Kommunen auch einen Ansatzpunkt dafür bieten, ob es kostengünstiger sein könnte, bestimmte Teile ihres Gemeindegebiets nicht weiter zu entwickeln oder sogar zurückzubauen.

4.5.3.4 Anreize für generationenübergreifendes Wohnen und einen Generationenwechsel im Bestand schaffen

325. Die Bedürfnisse einer älteren Bevölkerung (z. B. Pflege, fußläufige Versorgung mit Ärzten und Geschäften) lassen sich auf dem Land schwerer erfüllen als in der Stadt. Familiäre Netzwerke, die gegenwärtig noch überwiegend für Pflege und Betreuung von Älteren zuständig sind („70 % der Pflegebedürftigen werden zu Hause versorgt", Pressemitteilung von destatis vom 18. Januar 2013), sind auf dem Land insgesamt weitmaschiger als früher (Einleitung zu BMVBS 2011; BBSR 2015b).

Derzeit fördert der Staat den Erwerb von Wohneigentum unabhängig von seinem Standort und unabhängig von der Art des Wohneigentums (Ein- oder Mehrfamilienhäuser) zum Beispiel durch die Wohnungsbauprämie, die Arbeitnehmer-Sparzulage und das Eigenheimrentengesetz (Wohn-Riester) (UBA 2014b, S. 45 ff.). Stattdessen sollte die Förderung vermehrt in Angebote umgeleitet werden, die dem demografischen Wandel Rechnung tragen wie generationenübergreifendes Wohnen. Erste Ansätze dafür existieren bereits.

Hiddenhausen

326. Hiddenhausen ist eine Gemeinde mit rund 20.000 Einwohnern in Ostwestfalen (NRW), die mit Bevölkerungsschrumpfung und einem Aussterben der Ortsmitte zu kämpfen hat. Um das Zentrum für junge Familien attraktiver zu machen, wurde 2007 das Programm „Jung kauft Alt – Junge Menschen kaufen alte Häuser" aufgelegt. Dieses besteht aus zwei Bausteinen. Zunächst wird ein Altbaugutachten bezuschusst. Im zweiten Baustein fördert die Gemeinde den Erwerb einer mindestens 25 Jahre alten Immobilie mit maximal 9.000 Euro, verteilt über sechs Jahre. In beiden Bausteinen ist die Förderhöhe abhängig von der Zahl der Kinder, die dem Haushalt angehören. Sollte das Altbaugutachten ergeben, dass eine nachhaltige Sanierung nicht tragfähig ist, wird das Gebäude bezuschusst abgerissen und der Neubau an selbiger Stelle im zweiten Baustein entsprechend finanziell unterstützt.

Das Programm hat zu einer positiven Wanderungsbilanz geführt. Die Neuausweisung lag zwischen 2011 und 2014 trotz wachsender Einwohnerzahl bei null Hektar (Gemeinde Hiddenhausen 2012; o. J.; HOMBURG 2012)

327. Auch ein vollständiger Rückbau von Wohn- und Gewerbegebäuden und netzgebundenen Infrastrukturen sowie eine anschließende Renaturierung ganzer Dörfer – und damit Flächengewinne – kann in seltenen Fällen erwogen werden. Eine solche Möglichkeit besteht allerdings nur dort, wo sich Menschen freiwillig ganz aus fast verlassenen Gegenden zurückziehen. Für die (oft älteren) Menschen kann ein Umzug in dichter besiedelte Gebiete durchaus Vorteile bieten: Größere Orte verfügen über eine bessere Grundversorgung mit Waren des täglichen Bedarfs, Dienstleistungen, Pflege und ärztlicher Betreuung. Allerdings kommt diese Option nur in sehr wenigen Gebieten Deutschlands infrage (KUHN und KLING-HOLZ 2013, S. 22).

Beispiel für ein Gesamtkonzept: Dessau

328. Dessau-Roßlau nutzte die Internationale Bauausstellung 2010 und die Vorarbeiten aus Modellprojekten wie „Stadt der Zukunft", um ein Konzept zum Umbau der Stadt zu entwickeln. Ziel war es, den Schrumpfungsprozess so zu steuern, dass die leistungs- und zukunftsfähigsten Quartiere als „Stadtinseln" zwischen gestalteten Grünflächen bewahrt wurden. Das Dessauer Konzept umfasste verschiedene Schritte, um den Umbau hin zu urbanen Kernen umgeben von landschaftlichen Zonen zu erreichen. Für den Rückbau wurde ein „Abrissflächenkonsens" mit den Wohnungsbaugesellschaften gefunden. Die Umsetzungsplanung identifizierte die Gebäude, die abgerissen werden sollten. Der partizipativ angelegte Prozess bezog die Bewohner in die Planung ein und griff ihre Ideen auf. Die Bewohner entschieden über die Nachnutzung.

Ausgewählt wurden Projekte, die konkrete Freizeitmöglichkeiten und interkulturelle Angebote einschlossen. Das Dessauer Stadtumbau-Projekt wurde auf der 11. Architekturbiennale in Venedig 2008 präsentiert (BRÜCKNER o. J.; Stadt Dessau-Roßlau 2013)

4.6 Zusammenfassung

329. Die andauernde Umwandlung von landwirtschaftlichen oder bisher nicht genutzten Flächen in Siedlungs- und Verkehrsflächen ist nach wie vor eines der schwerwiegenden ungelösten Umweltprobleme Deutschlands. Die Auswirkungen auf Natur und Umwelt durch Versiegelung und Zerschneidung sind erheblich und zumeist unumkehrbar. Aus diesem Grunde wurde in der nationalen Nachhaltigkeitsstrategie 2002 das Ziel verankert, die Flächenneuinanspruchnahme bis zum Jahr 2020 auf 30 ha pro Tag zu reduzieren. Seit 2004 sinkt der Flächenverbrauch zwar kontinuierlich, allerdings schwächt sich dieser Trend zunehmend ab. 2014 lag der Durchschnittswert der letzten vier Jahre noch immer bei 69 ha pro Tag. Die bisherigen Bemühungen um eine Reduzierung des Flächenverbrauchs werden daher nicht ausreichen, um das gesetzte Ziel zu erreichen.

Gleichzeitig eröffnen sich neue Möglichkeiten aufgrund tief greifender gesellschaftlicher Veränderungen: Der demografische Wandel wird mittel- und langfristig zu einer Abnahme der Bevölkerung führen, während parallel der Trend zur Urbanisierung anhält. 2060 könnten trotz Zuwanderung in Deutschland bis zu 13 Millionen Menschen weniger leben. Dabei verläuft die Entwicklung regional sehr unterschiedlich: In einigen Ballungsräumen und Wachstumsregionen (z. B. den Großstädten Berlin, München, Hamburg, Frankfurt am Main, Leipzig, Köln, Stuttgart, Dresden und Münster sowie der Region Hannover) überwiegt der Zuzug, während anderenorts die Bevölkerung stetig abwandert. Langfristig – mit der Perspektive auf 2060 – wird allerdings die Bevölkerungszahl überall sinken.

Da einer der Haupttreiber des Flächenverbrauchs die Nutzung für Wohnraum ist, wäre eine Abnahme parallel zur Bevölkerungsentwicklung zu erwarten. Derzeit sind diese Entwicklungen jedoch entkoppelt. So ist der Flächenverbrauch in Regionen, in denen die Bevölkerung zunimmt, eher gering. Dagegen wird in Regionen mit abnehmender Bevölkerung weiterhin relativ viel Fläche verbraucht. Ingesamt hat der anhaltende Flächenverbrauch verschiedene Ursachen. So steigen die Ansprüche an die Wohnungsgröße und die Zahl der Ein- oder Zweipersonenhaushalte, die ebenfalls mehr Fläche pro Kopf belegen, nimmt zu. Gleichzeitig wirkt der Remanenzeffekt: Je älter die Menschen werden, desto eher leben sie allein, und desto größer ist statistisch die Wohnfläche, die sie bewohnen. Schließlich besteht der Trend fort, bei Familiengründung ins Umland in Ein- oder Zweifamilienhäuser abzuwandern. Gleichzeitig verzeichnen deutschlandweit die Neubaugenehmigungen für den Geschosswohnungsbau, für den deutlich weniger Boden-

fläche verbraucht wird als für den Eigenheimbau, deutliche Zuwächse. Der SRU begrüßt den Trend zu mehr Geschosswohnungsbau unter flächenpolitischen Gesichtspunkten.

Einen Nachfrageüberhang nach Wohnraum verzeichnen die wachsenden Großstädte. Dort könnte es zu Konflikten zwischen dem Flächensparziel und dem Neubau von Wohnungen kommen. Benötigt werden kurzfristig jedoch vor allem günstige Mietwohnungen, die sich eher im Geschosswohnungsbau realisieren lassen. Hier sind regional angepasste Konzepte gefragt. In Ballungsräumen sollte Wohnraum vor allem im Innenbereich errichtet werden. Neben bisher nicht bebauten Flächen gilt es vor allem, ineffiziente oder nicht mehr genutzte Flächen (Flachbauten, Ruinen, Altlastenflächen und Gewerbeflächen) zu aktivieren. Rück- und Neubau, Aufstockung, Dachausbau und ähnliches bieten attraktive Flächenpotenziale im Innenbereich, um eine Neuausweisung von Baugebieten im Außenbereich zu reduzieren. Dabei darf das Ziel, eine hohe Lebensqualität in Ballungsräumen zu erreichen, nicht vergessen werden: Gefordert ist eine doppelte Innenentwicklung, die auf der einen Seite auf die Quantität von Wohnraum zielt, auf der anderen Seite aber auch die Qualität des Wohnumfeldes weiterentwickelt.

Grundsätzlich soll das Prinzip einer Kreislaufführung von bereits genutzten Flächen eingeführt werden. Wenn sich Umfang und Ort des Flächenbedarfs verändern, kann darauf flexibel reagiert werden, indem frei werdende Flächen entweder neu genutzt oder aber vollständig aus der Nutzung genommen werden. Bei Nutzungsaufgabe kann dafür an anderem Ort Fläche neu in Anspruch genommen werden. Dies entspricht dem langfristigen Ziel einer Netto-Null-Neuinanspruchnahme (Abb. 4-12).

Die Reduzierung des Flächenverbrauchs erfordert ein Bündel an verschiedenen Maßnahmen des Bundes, der Länder und der Kommunen sowie anderer öffentlicher und privater Akteure. Für eine deutliche Veränderung muss der politische Wille dazu auch auf Bundesebene vorhanden sein. Der SRU sieht folgende übergreifende Ansatzpunkte für eine Reduzierung des Flächenverbrauchs:

– Das bestehende Flächenziel der nationalen Nachhaltigkeitsstrategie sollte als Netto-Null-Hektar-Ziel bis 2030 fortgeschrieben werden, um das Thema auf der politischen Agenda zu halten.

– Der Bund sollte bindende Flächenverbrauchsziele für den Bundesverkehrswegeplan aufstellen.

Planungs- und baurechtliche Instrumente müssen fortentwickelt werden:

– In der Raumplanung sollten Obergrenzen für die Flächenausweisung eingeführt werden, weil die Neuausweisung von Bau- und Gewerbegebieten anders nicht wirkungsvoll begrenzt werden kann.

– Innenentwicklungspotenziale sollten obligatorisch erfasst und die Neuausweisung von Baugebieten nur

Abbildung 4-12

Flächenverbrauch senken: Das Netto-Null-Hektar-Ziel

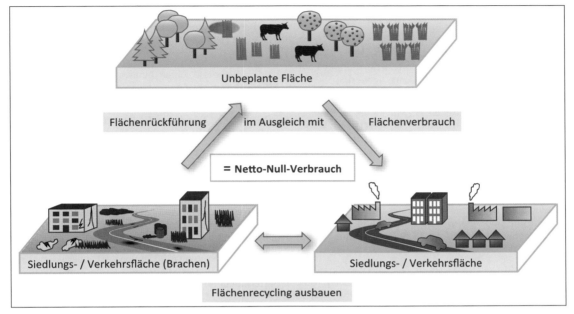

SRU/UG 2016/Abb. 4-12

bei Nachweis mangelnder Innenentwicklungspotenziale zugelassen werden, um den Vorrang der Innenentwicklung in den Kommunen zu unterstützen.

– Bei jeder Versiegelung sollte die Möglichkeit einer Entsiegelung an anderer Stelle geprüft werden.

Erfolg versprechende ökonomische Maßnahmen können sein:

– Förderinstrumente sollten überprüft werden, um die Subventionierung des Flächenverbrauchs zum Beispiel durch die Pendlerpauschale zu beenden.

– Die Grundsteuer sollte dahin gehend reformiert werden, dass bebaute und unbebaute Grundstücke gleichmäßig belastet werden sowie die Größe der Fläche einbezogen wird.

– Infrastrukturkostenrechner sollten fortentwickelt werden, um einerseits Fehlplanungen für Neubaugebiete zu verhindern und andererseits bestehende Siedlungs- und Gewerbestrukturen unter dem Blickwinkel der Bevölkerungsentwicklung zu gestalten.

– Es sollten Anreize für einen Generationenwechsel im Bestand und Angebote für generationenübergreifendes Wohnen geschaffen werden, um die Nutzung des Altbestandes zu fördern.

– Der Flächenhandel sollte als chancenreiches Instrument auf seine Praxistauglichkeit und seine Wirkungen weiterhin geprüft und vorangetrieben werden.

Der Flächenverbrauch verdient weiterhin einen Platz weit oben auf der politischen Agenda und sollte auch im Integrierten Umweltprogramm aufgegriffen werden. Zukünftig wird es darum gehen, regional angepasste Lösungen zu finden, die zentral durch eine Begrenzung der Flächenneuinanspruchnahme angestoßen werden müssen. Dieser Ansatz bietet die Chance, verschiedene gesellschaftliche Ziele zu fördern: Die Begrenzung des Umweltproblems Flächenverbrauch kann gleichzeitig dazu beitragen, die Folgekosten des demografischen Wandels zu senken und die Wohnungsmarktpolitik in eine zukunftsfähige Richtung zu lenken.

4.7 Literatur

Ackermann, W., Schweiger, M., Sukopp, U., Fuchs, D., Sachteleben, J. (2013): Indikatoren zur biologischen Vielfalt. Entwicklung und Bilanzierung. Bonn-Bad Godesberg: Bundesamt für Naturschutz. Naturschutz und Biologische Vielfalt 132.

Albrecht, M., Kaiser, A., Marggraf, U. (2008): Wohnstandortwahl, Mobilitätskosten und Klimawandel. Empirische Ergebnisse aus dem REFINA-Forschungsprojekt „Kostentransparenz". RaumPlanung 137, S. 93–98.

Arndt, W.-H., Lehmbrock, M., Schneider, S., Frehn, M., Tack, A., Schulz, B., Günthner, S. (2011): Verkehrs- und Kostenfolgen der Siedlungsplanung. Nutzerhandbuch für den Verkehrsfolgekostenschätzer. Version 1.0. Berlin: Bundesministerium für Verkehr, Bau und Stadtentwicklung. BMVBS-Online-Publikation 02/2011.

Augurzky, B., Hentschker, C., Krolop, S., Mennicken, R. (2013): Pflegeheim Rating Report 2013. Ruhiges Fahrwasser erreicht. Hannover: Vincentz Network.

Baron, M., Dross, M. (2012): Flächenverbrauch – weiterhin dramatisch. In: Leitschuh, H., Michelsen, G., Simonis, U. E., Sommer, J., Weizsäcker, E. U. von (Hrsg.): Wende überall? Von Vorreitern, Nachzüglern und Sitzenbleibern. Stuttgart: Hirzel. Jahrbuch Ökologie 2012, S. 143–150.

Basedow, H.-W., Bolze, I., Gunreben, M., Jacob, P., Sbresny, J., Schrage, T., Steininger, A., Weichselbaum, J. (2009): Flächenverbrauch und Bodenversiegelung in Niedersachsen. Hannover: Landesamt für Bergbau, Energie und Geologie. GeoBerichte 14. http://www.lbeg. niedersachsen.de/download/1229/GeoBerichte_14.pdf (08.01.2015).

Battis, U., Mitschang, S., Reidt, O. (2013): Stärkung der Innenentwicklung in den Städten und Gemeinden. Neue Zeitschrift für Verwaltungsrecht 32 (15), S. 961–969.

BBSR (Bundesinstitut für Bau-, Stadt- und Raumforschung) (2015a): Divergenzen und Konvergenzen in Großstadtregionen – kleinräumige Analysen. Bonn: BBSR. BBSR-Analysen Kompakt 01/2015. http://www. bbsr.bund.de/BBSR/DE/Veroeffentlichungen/Analysen-Kompakt/2015/DL_01_2015.pdf?__blob=publication-File&v=3 (10.06.2015).

BBSR (2015b): Die Raumordnungsprognose 2035 nach dem Zensus. Bonn: BBSR. BBSR-Analysen Kompakt 05/2015. http://www.bbsr.bund.de/BBSR/DE/Veroeffent-lichungen/AnalysenKompakt/2015/DL_05_2015.pdf; jsessionid=E20A4787CE6B6B1B1E821AD2A6FFC20E. live1041?__blob=publicationFile&v=4 (10.06.2015).

BBSR (2015c): Wohnungsmarktprognose 2030. Bonn: BBSR. BBSR-Analysen Kompakt 07/2015. http://www. bbsr.bund.de/BBSR/DE/Veroeffentlichungen/Analysen-Kompakt/2015/DL_07_2015.pdf;jsessionid=EACD7C-031C80D2C7823172C72663734D.live2052?__blob= publicationFile&v=4 (10.06.2015).

BBSR (2014a): Aktuelle Entwicklung der Baugenehmigungszahlen im Wohnungsbau. Hintergrundpapier. Bonn: BBSR.

BBSR (2014b): Flächenverbrauch, Flächenpotenziale und Trends 2030. Bonn: BBSR. BBSR-Analysen Kompakt 07/2014. http://www.bbsr.bund.de/BBSR/DE/Veroeffent-lichungen/AnalysenKompakt/2014/DL_07_2014.pdf? __blob=publicationFile&v=2 (17.03.2015).

BBSR (2014c): Kleinräumige Wohnungsmarkttrends in Großstädten. Bonn: BBSR. BBSR-Analysen Kompakt 09/2014. http://www.bbsr.bund.de/BBSR/DE/Veroeffent-lichungen/AnalysenKompakt/2014/DL_09_2014. pdf?__blob=publicationFile&v=2 (10.06.2015).

BBSR (2014d): Wohnungsengpässe in Ballungsgebieten. Bonn: BBSR. http://www.bbsr.bund.de/BBSR/DE/Home/ Topthemen/Ballungsraueme.pdf?__blob=publication-File&v=3 (10.06.2015).

BBSR (2013): Innenentwicklungspotenziale in Deutschland. Ergebnisse einer bundesweiten Umfrage und Möglichkeiten einer automatisierten Abschätzung. Bonn: BBSR.

BBSR (2012): Trends der Siedlungsflächenentwicklung. Bonn: BBSR. BBSR-Analysen Kompakt 09/2012.

BBSR (2010): Wohnungsmärkte im Wandel. Zentrale Ergebnisse der Wohnungsmarktprognose 2025. Bonn: BBSR. BBSR-Berichte Kompakt 1/2010.

Bertelsmann Stiftung (2012): Neuordnung der föderalen Finanzverfassung Deutschlands ab 2020 unter besonderer Berücksichtigung der Kommunen. Gütersloh: Bertelsmann Stiftung.

Bertelsmann Stiftung (2006): Von der Gewerbesteuer zur kommunalen Wirtschaftssteuer – ein Reformkonzept der Bertelsmann Stiftung. Gütersloh: Bertelsmann Stiftung.

Bertelsmann Stiftung (2003): Reform der Gemeinde-finanzen – ein Vorschlag der Bertelsmann Stiftung. Gütersloh: Bertelsmann Stiftung.

BIB (Bundesinstitut für Bevölkerungsforschung) (2013): Pro-Kopf-Wohnfläche erreicht mit 45 m² neuen Höchstwert. Grafik des Monats – Juli 2013. Wiesbaden: BIB. http://www.bib-demografie.de/DE/Aktuelles/Grafik_des_ Monats/Archiv/2013/2013_07_wohnflaeche_pro_kopf. html (11.06.2015).

Bizer, K. (1995): Von der Grundsteuer zur Flächensteuer. In: Ewringmann, D. (Hrsg.): Ökologische Steuerreform. Steuern in der Flächennutzung. Von der klassischen Flächennutzung zur Steuer mit umweltpolitischer Lenkungsabsicht. Berlin: Duncker & Humblot. Finanz-wissenschaftliche Forschungsarbeiten N.F., 63, S. 137–179.

Bizer, K., Bovet, J., Henger, R., Jansen, N., Klug, S., Ostertag, K., Schleich, J., Siedentop, S. (2012): Projekt FORUM: Handel mit Flächenzertifikaten. Fachliche Vorbereitung eines überregionalen Modellversuchs. Dessau-Roßlau: Umweltbundesamt. UBA-Texte 60/12.

Bizer, K., Bunzel, A., Cichorowski, G., Rottmann, M. (2006): Instrumente und Akteure in der Flächenkreislauf-wirtschaft. Eine Expertise des ExWoSt-Forschungsfeldes Kreislaufwirtschaft in der städtischen/stadtregionalen Flächennutzung – Fläche im Kreis. Bonn: Bundesamt für Bauwesen und Raumordnung.

Blotevogel, H. (2012): Herausforderungen für die Raum-ordnungsplanung heute – Neue Zielsetzungen, harte und weiche Steuerungsmodi. In: Steger, C., Bunzel, A. (Hrsg.): Raumordnungsplanung quo vadis. Zwischen notwendiger

Flankierung der kommunalen Bauleitplanung und unzulässigem Durchgriff. Wiesbaden: Kommunal- und Schulverlag, S. 11–41.

BMI (Bundesministerium des Inneren) (2012): Jedes Alter zählt. Die Demografiestrategie der Bundesregierung. Berlin: BMI.

BMI (2011): Demografiebericht. Bericht der Bundesregierung zur demografischen Lage und künftigen Entwicklung des Landes. Berlin: BMI.

BMU (Bundesministerium für Umwelt, Naturschutz und Reaktorsicherheit) (2007): Nationale Strategie zur biologischen Vielfalt, vom Bundeskabinett am 7. November 2007 beschlossen. Berlin: BMU.

BMU, UBA (Umweltbundesamt) (2010): Wasserwirtschaft in Deutschland. Teil 1: Grundlagen. Dessau-Roßlau: UBA.

BMUB (Bundesministerium für Umwelt, Naturschutz, Bau und Reaktorsicherheit) (2015a): Bündnis bezahlbares Wohnen und Bauen. Berlin: BMUB. http://www.bmub.bund.de/buendnis-wohnen/ (15.01.2016).

BMUB (2015b): Grün in der Stadt – Für eine lebenswerte Zukunft. Grünbuch Stadtgrün. Berlin: BMUB.

BMUB (2015c): Indikatorenbericht 2014 zur Nationalen Strategie zur biologischen Vielfalt. Berlin: BMUB. http://www.bmub.bund.de/fileadmin/Daten_BMU/Download_PDF/Naturschutz/indikatorenbericht_2014_biolog_vielfalt_bf.pdf (10.06.2015).

BMUB (Hrsg.) (2014): Verwahrloste Immobilien. Leitfaden zum Einsatz von Rechtsinstrumenten beim Umgang mit verwahrlosten Immobilien – „Schrottimmobilien". 2. Aufl. Berlin: BMUB.

BMVBS (Bundesministerium für Verkehr, Bau und Stadtentwicklung) (2011): Wohnen im Alter – Marktprozesse und wohnungspolitischer Handlungsbedarf. Bonn: BMVBS. Forschungen 147.

BMVI (Bundesministerium für Verkehr und digitale Infrastruktur) (2014): Grundkonzeption für den Bundesverkehrswegeplan 2015. Bedarfsgerecht – transparent – herausfordernd. Kurzfassung. Berlin: BMVI. http://www.bmvi.de/SharedDocs/DE/Anlage/VerkehrUndMobilitaet/bvwp-2015-grundkonzeption-kurzfassung.pdf?__blob=publicationFile (08.01.2015).

Bovet, J. (2006): Handelbare Flächenausweisungsrechte als Steuerungsinstrument. Natur und Recht 26 (8), S. 473–479.

Bovet, J., Köck, W. (2008): Kompetenzrechtliche Aspekte der Einführung eines Systems handelbarer Flächenausweisungsrechte. In: Köck, W., Bizer, K., Hansjürgens, B., Einig, K., Siedentop, S. (Hrsg.): Handelbare Flächenausweisungsrechte. Anforderungsprofil aus ökonomischer, planerischer und juristischer Sicht. Baden-Baden: Nomos. Schriftenreihe Recht, Ökonomie und Umwelt 17, S. 48–55.

Brandt, E., Sanden, J. (2003): Verfassungsrechtliche Zulässigkeit neuer übergreifender Rechtsinstrumente zur Begrenzung des Flächenverbrauchs. Berlin: Erich Schmidt. Umweltbundesamt, Berichte 4/03.

Brückner, H. (2009): Zuviel Landschaft? Risiken und Chancen in schrumpfenden Regionen. Vortrag, Flächensparen – jetzt handeln, 04.12.2009.

Bund-Länder-Arbeitsgruppe „Bodenmarktpolitik" (2015): Landwirtschaftliche Bodenmarktpolitik: Allgemeine Situation und Handlungsoptionen. Bericht der Bund-Länder-Arbeitsgruppe „Bodenmarktpolitik" gemäß Beschluss der Amtschefinnen und Amtschefs der Agrarressorts der Länder vom 16. Januar 2014. Berlin: Bundesministerium für Ernährung und Landwirtschaft.

Bundesarchitektenkammer (2012): Stellungnahme der Bundesarchitektenkammer zum Entwurf eines Gesetzes zur Stärkung der Innenentwicklung in den Städten und Gemeinden und weiterer Fortentwicklung des Städtebaurechts. Entwurf vom 14.02.2012. Berlin: Bundesarchitektenkammer. http://www.bak.de/bundesarchitektenkammer/stellungnahmen/chronologische-reihenfolge/?pn=8&plid=272340&bs=3#result (11.06.2015).

Bundesrat (2011): Beschluss des Bundesrates. Mitteilung der Kommission an das Europäische Parlament, den Rat, den Europäischen Wirtschafts- und Sozialausschuss und den Ausschuss der Regionen: Fahrplan für ein ressourcenschonendes Europa. KOM(2011) 571 endg.; Ratsdok. 14632/11. Berlin: Bundesrat. Bundesratsdrucksache 590/11 (Beschluss).

Bundesregierung (2013): Reduzierung der Flächenneuinanspruchnahme. Staatssekretärsausschuss für nachhaltige Entwicklung. Beschluss vom 8. April 2013. Berlin: Bundesregierung.

Bundesregierung (2012a): Gesetzentwurf der Bundesregierung. Entwurf eines Gesetzes zur Stärkung der Innenentwicklung in den Städten und Gemeinden und weiteren Fortentwicklung des Städtebaurechts. Berlin: Bundesregierung. Bundestagsdrucksache 17/11468.

Bundesregierung (2012b): Nationale Nachhaltigkeitsstrategie. Fortschrittsbericht 2012. Berlin: Presse- und Informationsamt der Bundesregierung.

Bundesregierung (2002): Perspektiven für Deutschland. Unsere Strategie für eine nachhaltige Entwicklung. Berlin: Presse- und Informationsamt der Bundesregierung.

Bündnis für bezahlbares Wohnen und Bauen (2015): Bericht der Baukostensenkungskommission im Rahmen des Bündnisses für bezahlbares Wohnen und Bauen. Endbericht. Berlin: Bundesministerium für Umwelt, Naturschutz, Bau und Reaktorsicherheit.

Bunzel, A., Wallraven-Lindl, M.-L., Strunz, A. (2010): Städtebauliche Gebote nach dem Baugesetzbuch. Berlin: Deutsches Institut für Urbanistik. Difu-Arbeitshilfen.

BVU Beratergruppe Verkehr + Umwelt, Intraplan Consult, Ingenieurgruppe IVV, Planco Consulting (2014): Verkehrsverflechtungsprognose 2030. Schlussbericht. Freiburg, München, Aachen, Essen: BVU Beratergruppe Verkehr + Umwelt, Intraplan Consult, Ingenieurgruppe IVV, Planco Consulting. 96.0981/2011.

Constant, J., Höbel, R. (2014): Wohnungsmarktanalyse Universitätsstadt Marburg. Bochum: InWIS Forschung & Beratung GmbH.

Danielzyk, R., Dittrich-Wesbuer, A., Oostendorp, R., Osterhage, F. (2012): Wohnstandortentscheidungen von Familien mit Kindern: Trendverschiebungen im Zuge der Spätmoderne. In: Weixlbaumer, N. (Hrsg.): Anthologie zur Sozialgeographie. Wien: Institut für Geographie und Regionalforschung. Abhandlungen zur Geographie und Regionalforschung 16, S. 9–34.

Deggau, M. (2008): Die amtliche Flächenstatistik – Grundlage, Methode, Zukunft. In: Meinel, G., Schumacher, U. (Hrsg.): Flächennutzungsmonitoring – Grundlagen, Statistik, Indikatoren, Konzepte. Bd. 1. Aachen: Shaker, S. 3–16.

Deutscher Bundestag (2015): Antwort der Bundesregierung auf die Kleine Anfrage der Abgeordneten Christian Kühn (Tübingen), Peter Meiwald, Steffi Lemke, weiterer Abgeordneter und der Fraktion BÜNDNIS 90/DIE GRÜNEN – Drucksache 18/3974 – Flächenverbrauch und das 30-Hektar-Ziel der Bundesregierung. Berlin: Deutscher Bundestag. Bundestagsdrucksache 18/4172.

Deutscher Städtetag (2014): Strategisches Flächenmanagement und Bodenwirtschaft. Positionspapier des Deutschen Städtetages. Berlin, Köln: Deutscher Städtetag.

Deutscher Verband für Wohnungswesen, Städtebau und Raumordnung (2014): Thesen: Wohnungsbau braucht Bauland – zu Akzeptanz und Grenzen der Innenentwicklung. Endversion: 20.06.2014. Berlin: AG Wohnungswesen des Deutschen Verbandes für Wohnungswesen, Städtebau und Raumordnung e.V. http://www.deutscher-verband.org/fileadmin/user_upload/documents/Positionspapiere/Positionen%202014/15_20140828_Thesenpapier_Wohnbauland.pdf (01.04.2015).

Dittrich-Wesbuer, A., Krause-Junk, K., Osterhage, F., Beilein, A., Frehn, M. (2008): Kosten und Nutzen der Siedlungsentwicklung. Dortmund: Institut für Landes- und Stadtentwicklungsforschung, Planersocietät – Stadtplanung, Verkehrsplanung, Kommunikation.

DRL (Deutscher Rat für Landespflege) (2006): Durch doppelte Innentwicklung Freiraumqualitäten erhalten. In: DRL (Hrsg.): Freiraumqualitäten in der zukünftigen Stadtentwicklung. Bonn: DRL. Schriftenreihe des Deutschen Rates für Landespflege 78, S. 5–39.

Edenharter, A. (2014): Der demografische Wandel als Herausforderung für das Raumordnungsrecht und das Baurecht. Berlin: Duncker & Humblot. Schriften zum Öffentlichen Recht 1263.

Einig, K., Siedentop, S. (2005): Strategien zur Senkung des Flächenverbrauchs. In: Cybulka, D. (Hrsg.): Wege zu einem wirksamen Naturschutz: Erhaltung der Biodiversität als Querschnittsaufgabe. Sechster Warnemünder Naturschutzrechtstag. Baden-Baden: Nomos. Beiträge zum Landwirtschaftsrecht und zur Biodiversität 3, S. 159–181.

Einig, K., Spiecker, M. (2002): Die rechtliche Zulässigkeit regionalplanerischer Mengenziele zur Begrenzung des Siedlungs- und Verkehrsflächenwachstums. Zeitschrift für Umweltrecht 13 (Sonderheft 2002), S. 150–157.

Esswein, H. (2007): Der Landschaftszerschneidungsgrad als Indikator für Biodiversität? In: Korn, H., Feit, U. (Hrsg.): Treffpunkt Biologische Vielfalt VII. Aktuelle Forschung im Rahmen des Übereinkommens über die biologische Vielfalt vorgestellt auf einer wissenschaftlichen Expertentagung an der Internationalen Naturschutzakademie Insel Vilm vom 21. – 25. August 2006. Bonn: Bundesamt für Naturschutz. BfN-Skripten 207, S. 157–164.

Europäische Kommission (2011): Mitteilung der Kommission an das Europäische Parlament, den Rat, den europäischen Wirtschafts- und Sozialausschuss und den Ausschuss der Regionen. Fahrplan für ein ressourcenschonendes Europa. KOM(2011) 571 endg. Brüssel: Europäische Kommission.

Faßbender, K. (2010): Der Beitrag der Rechtsprechung zur Reduzierung des Flächenverbrauchs. Zeitschrift für Umweltrecht 21 (2), S. 81–85.

Freie und Hansestadt Hamburg (2011): Bündnis für das Wohnen in Hamburg. Hamburg: Freie und Hansestadt Hamburg. http://www.hamburg.de/contentblob/3459978/data/buendnis-fuer-das-wohnen.pdf (12.06.2015).

Fuest, C., Thöne, M. (2005): Gemeindefinanzreform – Hintergründe, Defizite, Alternativen. Köln: Finanzwissenschaftliches Forschungsinstitut an der Universität zu Köln. FiFo-Berichte 1.

Gemeinde Hiddenhausen (o. J.): Bauen und Wohnen in Hiddenhausen... eine gute Entscheidung. Jung kauft Alt – Junge Menschen kaufen alte Häuser. Hiddenhausen: Gemeinde Hiddenhausen. http://www2.hiddenhausen.de/Hiddenhausen/Wohnen/Bauen/Jung-kauft-Alt (12.06.2015).

Gemeinde Hiddenhausen (2012): Richtlinien zur Förderung des Erwerbs von Altbauten (Förderprogramm „Jung kauft Alt – Junge Menschen kaufen alte Häuser"), zuletzt geändert durch Beschluss des Rates der Gemeinde Hiddenhausen vom 16.02.2012. Hiddenhausen: Gemeinderat.

Grimski, D. (2014): Der Modellversuch des Bundes zum Flächenzertifikatehandel. Bodenschutz 19 (3), S. 89–95.

Henger, R., Schier, M. (2014): Allokationsplan für die kostenlose Erstzuteilung der Zertifikate. Planspiel Flächenhandel. Forschungs- und Entwicklungsvorhaben des Umweltbundesamtes. Umweltforschungsplan des

Bundesministeriums für Umwelt, Naturschutz und Reaktorsicherheit. Forschungskennzahl 3712 16 100. Köln: Planspiel Flächenhandel. Flächenhandel-Informationspapier 2. http://www.flaechenhandel.de/fileadmin/std_site/content/Downloads/Fl%20K%C3%A4chenhandel-Info-Papier-Nr02_NEU.pdf (12.06.2015).

Henger, R., Schier, M., Voigtländer, M. (2015): Der künftige Bedarf an Wohnungen. Eine Analyse für Deutschland und alle 402 Kreise. Köln: Institut der deutschen Wirtschaft. IW Policy Paper 24/2015. http://www.iwkoeln.de/_storage/asset/239760/storage/master/file/7445214/download/Der%20k%C3%BCnftige%20Bedarf%20an%20Wohnungen%20policy%20paper.pdf (01.10.2015).

Henger, R., Schier, M., Voigtländer, M. (2014): Wohnungsleerstand. Eine wirtschaftspolitische Herausforderung. Köln: Institut der Deutschen Wirtschaft. Positionen 62.

Hennig, E. I., Schwick, C., Soukup, T., Orlitová, E., Kienast, F., Jaeger, J. A. G. (2015): Multi-scale analysis of urban sprawl in Europe: Towards a European desprawling strategy. Land Use Policy 49, S. 483–498.

Hessisches Ministerium für Umwelt, ländlichen Raum und Verbraucherschutz (2014): Planen und Bauen im Einklang mit der Natur und was leistet die Hessische Ökoagentur? Ein Leitfaden für Investoren, Planer und Interessierte. 2. Aufl. Wiesbaden: Hessisches Ministerium für Umwelt, ländlichen Raum und Verbraucherschutz.

Homburg, A. (2012): Jung kauft Alt – Junge Menschen kaufen alte Häuser. Vortrag, „Innen leben – Neue Qualitäten entwickeln!", 23.02.2012, Bocholt.

IHK Berlin (o. J.): Wohnungspolitik in Berlin. Berlin: IHK Berlin.

Institut der deutschen Wirtschaft Köln (2014): Baubedarf in Deutschland. Wohnungsmangel in Großstädten. Köln: Institut der deutschen Wirtschaft Köln e.V. Immobilien-Monitor 1/2014. http://www.iwkoeln.de/infodienste/immobilien-monitor/beitrag/baubedarf-in-deutschland-wohnungsmangel-in-grosstaedten-148459 (12.06.2015).

Institut der deutschen Wirtschaft Köln (2013): Planspiel Flächenhandel. Zertifikate-Rechner. Köln: Institut der deutschen Wirtschaft Köln e.V. http://www.flaechenhandel.de/flaechenhandel/zertifikate-rechner (17.03.2015).

IWU (Institut für Wohnen und Umwelt) (2011): Wohnungsbedarfsprognose 2011 im Auftrag der Stadt Frankfurt. Darmstadt: Stadt Frankfurt, Amt für Wohnungswesen.

Jaeger, J. (2003): Landschaftszerschneidung. In: Konold, W., Böcker, R., Hampicke, U. (Hrsg.): Handbuch Naturschutz und Landschaftspflege. Losebl.-Ausg., 11. Erg.-Lfg., 11/03. Landsberg: ecomed, S. II–5.3.

Jänicke, M. (1996): Erfolgsbedingungen von Umweltpolitik. In: Jänicke, M. (Hrsg.): Umweltpolitik der Industrieländer. Entwicklung, Bilanz, Erfolgsbedingungen. Berlin: Edition Sigma, S. 9–28.

Janssen, G., Schulze, F., Rubel, C., Keimeyer, F. (2015): Siedlungsrückzug – Recht und Planung im Kontext von Klima- und demografischem Wandel. Abschlussbericht. Forschungskennzahl (UFOPLAN) 3712 18 101. Dessau-Roßlau: Umweltbundesamt.

Jörissen, J., Coenen, R. (2007): Sparsame und schonende Flächennutzung. Entwicklung und Steuerbarkeit des Flächenverbrauchs. Berlin: edition sigma. Studien des Büros für Technikfolgen-Abschätzung beim Deutschen Bundestag 20.

Jörissen, J., Coenen, R. (2005): TA-Projekt Reduzierung der Flächeninanspruchnahme. Ziele, Maßnahmen, Wirkungen. Endbericht. . Berlin: Büro für Technikfolgen-Abschätzung beim Deutschen Bundestag. TAB-Arbeitsbericht 98.

KBU (Kommission Bodenschutz des Umweltbundesamtes) (2009): Flächenverbrauch einschränken – jetzt handeln. Empfehlungen der Kommission Bodenschutz beim Umweltbundesamt. Dessau-Roßlau: KBU.

Kholodilin, K. A., Siliverstovs, B. (2013): Wohnimmobilien in Großstädten: Kaufpreise steigen auch 2014 schneller als Mieten. DIW Wochenbericht 80 (49), S. 23–31.

Köck, W., Bizer, K., Hansjürgens, B., Einig, K., Siedentop, S. (Hrsg.) (2008): Handelbare Flächenausweisungsrechte. Anforderungsprofil aus ökonomischer, planerischer und juristischer Sicht. Baden-Baden: Nomos. Schriftenreihe Recht, Ökonomie und Umwelt 17.

Köck, W., Bovet, J. (2011): Der Beitrag des raumbezogenen Planungsrechts zur Reduzierung des Flächenverbrauchs. In: Bizer, K., Köck, W., Einig, K., Siedentop, S. (Hrsg.): Raumordnungsinstrumente zur Flächenverbrauchsreduktion. Handelbare Flächenausweisungsrechte in der räumlichen Planung. Baden-Baden: Nomos. Schriftenreihe Recht, Ökonomie und Umwelt 19, S. 49–64.

Köck, W., Bovet, J., Gawron, T., Hofmann, E., Möckel, S., Rath, K. (2007): Effektivierung des raumbezogenen Planungsrechts zur Reduzierung der Flächeninanspruchnahme. Berlin: Erich Schmidt. Umweltbundesamt, Berichte 1/07.

Kommunen für biologische Vielfalt (o. J.): Kommunen für biologische Vielfalt. Radolfzell: Kommunen für biologische Vielfalt. http://www.kommbio.de/home/ (01.10.2015).

Krautzberger, M., Stüer, B. (2013): BauGB-Novelle 2013. Gesetz zur Stärkung der Innenentwicklung in den Städten und Gemeinden und weiteren Fortentwicklung des Städtebaurechts. Deutsches Verwaltungsblatt 128 (13), S. 805–872.

Krüger, T. (2008): Folgekosten neuer Wohnstandorte – Neue Instrumente zur Verbesserung ihrer Transparenz für öffentliche und private Haushalte. RaumPlanung 141, S. 269–274.

Krumm, R. (2007): Neue Ansätze zur flächenschutzpolitischen Reform des Kommunalen Finanzausgleichs. Tübingen: Institut für Angewandte Wirtschaftsforschung. IAW-Diskussionspapiere 37.

Kühl, J. (2014): Faktoren der Wohnstandortwahl – Differenzierung von Wohnstandortanforderungen unterschiedlicher Nachfragegruppen. In: Danielzyk, R., Lentz, S., Wiegandt, C.-C. (Hrsg.): Suchst du noch oder wohnst du schon? Wohnen in polyzentrischen Stadtregionen. Berlin, Münster: LIT. Schriften des Arbeitskreises Stadtzukünfte der Deutschen Gesellschaft für Geographie 12, S. 25–44.

Kuhn, E., Klingholz, R. (2013): Vielfalt statt Gleichwertigkeit. Was Bevölkerungsrückgang für die Versorgung ländlicher Regionen bedeutet. Berlin, Potsdam: Berlin-Institut für Bevölkerung und Entwicklung, Institute for Advanced Sustainability Studies (IASS).

LABO (Bund-/Länder-Arbeitsgemeinschaft Bodenschutz) (2012): Reduzierung der Flächeninanspruchnahme. Statusbericht zu den LABO-Berichten vom 21.09.2011 sowie 30.03.2010. Bericht zur Vorlage an die Umweltministerkonferenz. Dresden: LABO. https://www.labo-deutschland.de/documents/1_Anlage_LABO_Reduzierung_der_Flaecheninanspruchnahme_f11.PDF (12.06.2015).

LABO (2011): Reduzierung der Flächeninanspruchnahme. Maßnahmen – Stand der Umsetzung und Erfahrungen. Statusbericht zum LABO-Bericht vom 01.03.2010. Bericht der Umweltministerkonferenz zur Vorlage an die Konferenz der Chefinnen und der Chefs der Staats- und Senatskanzleien mit dem Chef des Bundeskanzleramtes Stand: 21.09.2011. Düsseldorf: LABO.

LABO (2010): Reduzierung der Flächeninanspruchnahme. Bericht der Umweltministerkonferenz zur Vorlage an die Konferenz der Chefin und der Chefs der Staats- und Senatskanzleien mit dem Chef des Bundeskanzleramtes. Düsseldorf: LABO.

Land Hessen (2011): Die Nachhaltigkeitsstrategie Hessen. Stand: August 2011. Wiesbaden: Hessisches Ministerium für Umwelt, Klimaschutz, Landwirtschaft und Verbraucherschutz. https://umweltministerium.hessen.de/sites/default/files/HMUELV/get_file_0.pdf (02.04.2015).

Länderinitiative Kernindikatoren (2014): C3 – Verkehrsleistung. Recklinghausen: Landesamt für Natur, Umwelt und Verbraucherschutz Nordrhein-Westfalen http://www.lanuv.nrw.de/liki-newsletter/index.php?indikator=5&aufzu=0&mode=indi (04.03.2015).

Landeshauptstadt München (2015): Die Sozialgerechte Bodennutzung. Der Münchner Weg. München: Landeshauptstadt München, Referat für Stadtplanung und Bauordnung, Kommunalreferat. http://www.muenchen.de/rathaus/Stadtverwaltung/Kommunalreferat/immobilien/sobon.html (02.04.2015).

Landeshauptstadt München (2014): Bericht zur Wohnungssituation in München. 2012 – 2013. München: Landeshauptstadt München, Referat für Stadtplanung und Bauordnung. Perspektive München. Analysen.

Landeshauptstadt München (2012): Wohnungspolitisches Handlungsprogramm „Wohnen in München V". Wohnungsbauoffensive 2012 – 2016. München: Landeshauptstadt München, Referat für Stadtplanung und Bauordnung.

Landeshauptstadt München (2009): Die Sozialgerechte Bodennutzung. Der Münchner Weg. 3. aktualisierte Aufl. München: Landeshauptstadt München, Referat für Stadtplanung und Bauordnung, Kommunalreferat. http://www.muenchen.de/rathaus/dms/Home/Stadtverwaltung/Kommunalreferat/pdf_immo/sobon2010/SoBoN%202010.pdf (09.03.2015).

LBS (2014): Infodienst Wohnungsmarkt. Wohnungsbaubedarf bleibt hoch. Berlin: LBS. https://www.lbs.de/presse/p/infodienst_wohnungsmarkt/details_1504579.jsp (12.06.2015).

LEG Immobilien AG (2014): LEG-Wohnungsmarktreport NRW 2014. Münster. Düsseldorf: LEG Immobilien AG.

Lehmbrock, M., Coulmas, D. (2001): Grundsteuerreform im Praxistest. Verwaltungsvereinfachung, Belastungsänderung, Baulandmobilisierung. Berlin: Deutsches Institut für Urbanistik. Difu-Beiträge zur Stadtforschung 33.

LGLN (Landesamt für Geoinformation und Landesvermessung Niedersachsen) (2015): Baulücken- und Leerstandskataster. Hannover: LGLN. http://www.gll.niedersachsen.de/portal/live.php?navigation_id=10605&article_id=111411&_psmand=34 (12.06.2015).

Lihs, V. (2013): Wohnen im Alter – Bestand und Bedarf altersgerechter Wohnungen. Informationen zur Raumentwicklung 2013 (2), S. 125–131.

Lippold, C. (Hrsg.) (2013): Der Elsner 2014: Handbuch für Straßen- und Verkehrswesen. Planung, Bau, Erhaltung, Verkehr, Betrieb. Dieburg: Elsner.

Marty, M. (2011): Der Handel mit Flächenausweisungsrechten – Rechtliche Fragen an ein ökonomisches Instrument. Zeitschrift für Umweltrecht 22 (9), S. 395–405.

Meier, C.-P. (2013): Deutlicher Anstieg der Nettozuwanderung nach Deutschland. Wirtschaftsdienst 93 (7), S. 466–470.

MIW Niedersachsen (Monitor für Infrastrukturkosten im demografischen Wandel in Niedersachsen) (2014): Monitor für Infrastrukturkosten im demografischen Wandel (MIW) in Niedersachsen. Göttingen: Georg-August-Universität. www.monitor-infrastrukturkosten.de (06.03.2015).

NBBW (Nachhaltigkeitsbeirat Baden-Württemberg) (2010): Nachhaltiges Flächenmanagement in Baden-

Württemberg: Vom Wachstums- zum Bestandsmanagement. Stuttgart: NBBW.

NBBW (2004): Neue Wege zu einem nachhaltigen Flächenmanagement in Baden-Württemberg. Sondergutachten. Stuttgart: NBBW.

Oswalt, P., Overmeyer, K., Schmidt, H. (2001): Weniger ist mehr. Experimenteller Stadtumbau in Ostdeutschland. Studie. Dessau: Bauhaus Dessau.

Pätzold, R. (2014): Kommunale Strategien der Wohnraumversorgung. Schaffung und Erhaltung von preisgünstigem Wohnraum. Difu-Berichte 2014 (3), S. 17.

Penn-Bressel, G. (2015): Flächeninanspruchnahme durch Siedlung und Verkehr und nachhaltige Flächennutzung – aktuelle Trends und Lösungsansätze. Vortrag, 7. Dresdner Flächennutzungssymposium, 07.05.2015, Dresden.

Penn-Bressel, G. (2013): Zunahme der Siedlungs- und Verkehrsfläche und Ansätze zu Ermittlung der temporären Flächenbelegung durch Transporte. In: Meinel, G., Schumacher, U., Behnisch, M. (Hrsg.): Flächennutzungsmonitoring V. Methodik – Analyseergebnisse – Flächenmanagement. Berlin: Rhombos-Verlag. IÖR-Schriften 61, S. 21–31.

Penn-Bressel, G. (2011): Die Kontingentierung des Flächenverbrauchs. Flächensparen als Aufgabe der Raumordnung. Vortrag, Fachtagung „Neue Impulse für die Regionalplanung", Bündnis 90/Die Grünen im Regionalrat Düsseldorf, 04.02.2011, Düsseldorf.

RNE (Rat für Nachhaltige Entwicklung) (2012): Empfehlungen des RNE zur Stärkung der Innenentwicklung in Städten. Vorschläge zur Novelle des Baugesetzbuches zur Baulandpotenzial- und -bedarfsermittlung. Berlin: RNE. http://www.nachhaltigkeitsrat.de/de/dokumente/stellungnahmen/stellungnahme-bau-27-09-2012/?size= 1%841%A47blstr%3D0 (12.06.2015).

RNE (2004): Mehr Wert für die Fläche: Das „Ziel-30-ha" für die Nachhaltigkeit in Stadt und Land. Berlin: RNE. texte 11.

Rohr-Zänker, R., Müller, W. (2014): Siedlungsflächenentwicklung. Hannover: Bertelsmann Stiftung. https://www.wegweiser-kommune.de/documents/10184/16915/Siedlungsfl%C3%A4chenentwicklung/c0b4e85e-cc11-4bb4-8f37-fa29589b15ed (12.06.2015).

Rohr-Zänker, R., Müller, W., Tutkunkardes, B., Tovote, B.-U. (2010): Auswirkungen von Siedlungsentwicklung und demographischem Wandel auf Auslastung und Kosten von Infrastrukturen. Ergebnisse einer Fallstudienuntersuchung in Städten und Gemeinden im erweiterten Wirtschaftsraum Hannover. Hannover: StadtRegion. http://www.stadtregion.net/Downloads.36.0.html?&no_cache=1&tx_abdownloads_pi1%5Baction%5D=getviewclickeddownload&tx_abdownloads_pi1%5Buid%5D=5 (15.06.2015).

Runkel, P. (2012): Raumordnungsplanung zur Begrenzung der Siedlungsflächenentwicklung – neue und alte Instrumente und deren juristische Bewertung. In: Steger, C. O., Bunzel, A. (Hrsg.): Raumordnungsplan quo vadis? Zwischen notwendiger Flankierung der kommunalen Bauleitplanung und unzulässigem Durchgriff. Tagungsband. Wiesbaden: Kommunal- und Schul-Verlag. Schriftenreihe der Freiherr von Stein-Akademie für Europäische Kommunalwissenschaften 2, S. 84–102.

Sächsisches Staatsministerium für Wirtschaft, Arbeit und Verkehr (2015): Strukturfonds in Sachsen. Dresden: Sächsisches Staatsministerium für Wirtschaft, Arbeit und Verkehr. http://www.strukturfonds.sachsen.de/325.html (25.03.2015).

Schier, M., Henger, R., Blecken, L., Melzer, M., Schmidt, T., Ferber, U., Gutsche, J.-M. (2015): Ergebnisse der kommunalen Fallstudien. Planspiel Flächenhandel. Forschungs- und Entwicklungsvorhaben des Umweltbundesamtes. Umweltforschungsplan des Bundesministeriums für Umwelt, Naturschutz und Reaktorsicherheit. Forschungskennzahl 3712 16 100. Stand: 30.03.2015. Köln: Planspiel Flächenhandel. Flächenhandel-Informationspapier 8.

Schimansky, C. (2003): Die Problematik des Freiflächenverbrauchs in Deutschland: Bodenschutz vor Versiegelung aus rechtlicher Sicht. Berlin: Lexxion. Berliner Umweltrechtliche Schriften 3.

Schmalholz, M. (2005): Steuerung der Flächeninanspruchnahme. Defizite des Planungs- und Umweltrechts sowie alternative Ansätze zur Reduzierung des Flächenverbrauchs durch Siedlung und Verkehr. Noderstedt: Books on Demand.

Schmalholz, M. (2002): Zur rechtlichen Zulässigkeit handelbarer Flächenausweisungsrechte. Zeitschrift für Umweltrecht 12 (Sonderheft), S. 158–163.

Schröer, T., Kullick, C. (2013): Die Neuerungen der BauGB-Novelle 2013 im Überblick. Neue Zeitschrift für Baurecht und Vergaberecht 14 (7), S. 425–427.

Senatsverwaltung für Stadtentwicklung und Umwelt Berlin (2015): Umweltatlas Berlin. 01.16 Entsiegelungspotenziale. Ausgabe 2015. Berlin: Senatsverwaltung für Stadtentwicklung und Umwelt. http://www.stadtentwicklung.berlin.de/umwelt/umweltatlas/i116.htm (15.06.2015).

Senftleben, D. (2008): Rechtliche Anforderungen an handelbare Flächenausweisungsrechte zur Reduzierung des Flächenverbrauchs. Zeitschrift für Umweltrecht 19 (2), S. 64–72.

Siedentop, S., Junesch, R., Straßer, M., Zakrewski, P., Walter, M., Samaniego, L., Weinert, J., Dosch, F. (2009): Einflussfaktoren der Neuinanspruchnahme von Flächen. Zusammenfassung. Berlin, Bonn: Bundesministerium für Verkehr, Bau und Stadtentwicklung, Bundesinstitut für Bau-, Stadt- und Raumforschung. Forschungen 139.

SPD-Landesverband Rheinland-Pfalz, Bündnis 90/Die Grünen Rheinland-Pfalz (2011): Koalitionsvertrag. Den sozial-ökologischen Wandel gestalten. Mainz: SPD-Landesverband Rheinland-Pfalz, Bündnis 90/Die Grünen Rheinland-Pfalz.

SRU (Sachverständigenrat für Umweltfragen) (2012): Umweltgutachten 2012. Verantwortung in einer begrenzten Welt. Berlin: Erich Schmidt.

SRU (2011): Ökologische Leitplanken setzen, natürliche Lebensgrundlagen schützen – Empfehlungen zum Fortschrittsbericht 2012 zur nationalen Nachhaltigkeitsstrategie. Berlin: SRU. Kommentar zur Umweltpolitik 9.

SRU (2008): Umweltgutachten 2008. Umweltschutz im Zeichen des Klimawandels. Berlin: Erich Schmidt.

SRU (2005): Umwelt und Straßenverkehr. Hohe Mobilität – Umweltverträglicher Verkehr. Sondergutachten. Baden-Baden: Nomos.

SRU (2004): Umweltgutachten 2004. Umweltpolitische Handlungsfähigkeit sichern. Baden-Baden: Nomos.

SRU (2002): Für eine Stärkung und Neuorientierung des Naturschutzes. Sondergutachten. Stuttgart: Metzler-Poeschel.

SRU (2000): Umweltgutachten 2000. Schritte ins nächste Jahrtausend. Stuttgart: Metzler-Poeschel.

SRU (1974): Umweltgutachten 1974. Stuttgart: Kohlhammer.

Staatskanzlei des Landes Nordrhein-Westfalen (2013): LEP NRW. Landesentwicklungsplan Nordrhein-Westfalen. Entwurf. Stand: 26.06.2013. Düsseldorf: Staatskanzlei des Landes Nordrhein-Westfalen.

Stadt Dessau-Roßlau (2013): Integriertes Stadtentwicklungskonzept Dessau-Roßlau 2025. Dessau-Roßlau: Stadt Dessau-Roßlau, Dezernat für Wirtschaft und Stadtentwicklung.

Stadt Köln (2009): Preiswerter Wohnraum in Köln. Daten und Fakten zum Bedarf. Köln: Stadt Köln. Kölner Statistische Nachrichten 6/2009.

Statistische Ämter der Länder (2015): Umweltökonomische Gesamtrechnungen der Länder. Bd. 2: Indikatoren und Kennzahlen. Grafiken. Ausg. 2015. Düsseldorf: Arbeitskreis Umweltökonomische Gesamtrechnungen der Länder im Auftrag der Statistischen Ämter der Länder.

Statistische Ämter der Länder (2014): Umweltökonomische Gesamtrechnungen der Länder. Bd. 1: Indikatoren und Kennzahlen. Tabellen. Düsseldorf: Arbeitskreis Umweltökonomische Gesamtrechnungen der Länder im Auftrag der Statistischen Ämter der Länder.

Statistisches Bundesamt (2015a): Bauen und Wohnen 2014. Baugenehmigungen / Baufertigstellungen. Lange Reihen z. T. ab 1949. Wiesbaden: Statistisches Bundesamt. https://www.destatis.de/DE/Publikationen/Thematisch/ Bauen/BautaetigkeitWohnungsbau/Baugenehmigungen-BaufertigstellungenPDF_5311101.pdf?__blob=publicationFile (01.10.2015).

Statistisches Bundesamt (2015b): Bevölkerung Deutschlands bis 2060. 13. koordinierte Bevölkerungsvorausberechnung. Wiesbaden: Statistisches Bundesamt.

Statistisches Bundesamt (2015c): Bevölkerung und Erwerbstätigkeit. Vorläufige Wanderungsergebnisse. 2014. Wiesbaden: Statistisches Bundesamt. https://www.destatis.de/DE/Publikationen/Thematisch/Bevoelkerung/ Wanderungen/vorlaeufigeWanderungen5127101147004. pdf?__blob=publicationFile (15.01.2016).

Statistisches Bundesamt (2015d): Land- und Forstwirtschaft, Fischerei. Bodenfläche nach Art der tatsächlichen Nutzung 2014. Stand: 2014. Wiesbaden: Statistisches Bundesamt. Fachserie 3, Reihe 5.1. https://www.destatis. de/DE/Publikationen/Thematisch/LandForstwirtschaft/ Flaechennutzung/BodenflaechennutzungPDF_2030510. pdf?__blob=publicationFile (04.01.2016).

Statistisches Bundesamt (2014a): Land- und Forstwirtschaft, Fischerei. Bodenfläche nach Art der tatsächlichen Nutzung 2013. Stand: 2013. Wiesbaden: Statistisches Bundesamt. Fachserie 3, Reihe 5.1. https://www.destatis. de/DE/Publikationen/Thematisch/LandForstwirtschaft/ Flaechennutzung/BodenflaechennutzungPDF_2030510. pdf;jsessionid=46099402AD7FE0536B-B72EED90873685.cae4?__blob=publicationFile (06.03.2015).

Statistisches Bundesamt (2014b): Nachhaltige Entwicklung in Deutschland. Indikatorenbericht 2014. Wiesbaden: Statistisches Bundesamt.

Statistisches Bundesamt (2012): Land- und Forstwirtschaft, Fischerei. Bodenfläche nach Art der tatsächlichen Nutzung. Wiesbaden: Statistisches Bundesamt. Fachserie 3 Reihe 5.1.

Statistisches Bundesamt (2011a): Bevölkerung und Erwerbstätigkeit. Entwicklung der Privathaushalte bis 2030. Ergebnisse der Haushaltsvorausberechnung. Wiesbaden: Statistisches Bundesamt. https://www.destatis.de/ DE/Publikationen/Thematisch/Bevoelkerung/Haushalte-Mikrozensus/EntwicklungPrivathaushalte5124001109004.pdf?__blob=publicationFile (07.05.2015).

Statistisches Bundesamt (2011b): Durchschnittliche Wohnfläche pro Person nach Haushaltstyp. Ergebnisse des Zensus mit Stichtag 9. Mai 2011. Wiesbaden: Statistisches Bundesamt. https://www.destatis.de/DE/Methoden/Zensus_/Tabellen/Wohnsituation_HH_Zensus11_ Wohnflaeche.html (01.10.2015).

Stiftung Marktwirtschaft (2006): Kommission „Steuergesetzbuch" – Steuerpolitisches Programm: Einfacher, gerechter, sozialer. Eine umfassende Ertragssteuerreform für mehr Wachstum und Beschäftigung. Berlin: Stiftung Marktwirtschaft.

Stiftung Marktwirtschaft (2005): Kommission „Steuerge-setzbuch": Vier Säulen für die Kommunalfinanzen. Tagungsbericht. Berlin: Stiftung Marktwirtschaft.

Sturm, G., Güleş, A. (2013): Wohnstandorte von Groß-stadtfamilien – Kommunalstatistiken im Vergleich. Infor-mationen zur Raumentwicklung 2013 (6), S. 541–559.

Thiel, F. (2004): Städtebaurechtliche Instrumente zur Reduzierung des Flächenverbrauchs unter besonderer Berücksichtigung der Problematik des Stadtumbaus. Leipzig: Umweltforschungszentrum Leipzig-Halle. UFZ-Bericht 14/2004.

Thomas, P., Floeting, H. (Hrsg.) (2010): Folgekosten der Siedlungsentwicklung. Bewertungsansätze, Modelle und Werkzeuge der Kosten-Nutzen-Betrachtung. 2. Aufl. Berlin: Deutsches Institut für Urbanistik. REFINA 3.

UBA (Umweltbundesamt) (2014a): Themen. Boden – Landwirtschaft. Flächensparen – Böden und Landschaften erhalten. Flächeninanspruchnahme für Siedlungen und Verkehr reduzieren. Aktuelle Trends. Wachstum der Siedlungsflächen für Wohnen. Stand: 08.04.2015. Des-sau-Roßlau: UBA. http://www.umweltbundesamt.de/themen/boden-landwirtschaft/flaechensparen-boeden-landschaften-erhalten/flaecheninanspruchnahme-fuer-siedlungen-verkehr (01.10.2015).

UBA (2014b): Umweltschädliche Subventionen in Deutschland. Aktualisierte Ausg. 2014. Dessau-Roßlau: UBA.

UBA (2010): Stellungnahme I 1.6 zum Methoden-Hand-buch aus Sicht der Bewertung von Flächen. Dessau-Roß-lau: UBA.

UBA (2003): Reduzierung der Flächeninanspruchnahme durch Siedlung und Verkehr. Materialienband. Berlin: UBA. UBA-Texte 90/03.

vdp Research (2013): Wohnungsmarktbericht Stuttgart. Berlin: vdpResearch GmbH. http://www.vdpresearch.de/2013/11/wohnungsmarktbericht-dusseldorf/ (15.06.2015).

Veser, J., Jaedicke, W., Thrun, T., Lorenz-Hennig, K., Claßen, G. (2010): Strategien der Kommunen für ihre kommunalen Wohnungsbestände – Ergebnisse einer Kommunalbefragung. Berlin: Bundesministerium für Verkehr, Bau und Stadtentwicklung. Forschungen 145.

Walz, R., Toussaint, D., Küpfer, C., Sanden, J. (2009): Gestaltung eines Modells handelbarer Flächenauswei-sungskontingente unter Berücksichtigung ökologischer, ökonomischer, rechtlicher und sozialer Aspekte. Dessau-Roßlau: Umweltbundesamt. UBA-Texte 23/09.

Kapitel 5

Inhalt

Abbildungen

Tabellen

5 Mehr Raum für Wildnis in Deutschland

5.1 Einleitung

330. Die Landschaften in Mitteleuropa sind schon sehr lange von Land- und Forstwirtschaft geprägt. Diese haben die ursprüngliche (postglaziale) Natur im Laufe der Geschichte immer stärker beeinflusst und überformt. Mit wachsender Bevölkerung sowie fortschreitender Entwicklung und Intensivierung von Industrie, Land- und Forstwirtschaft wurden Moore entwässert, Flüsse begradigt und Wälder gerodet bzw. in Forste umgewandelt. Großflächige Wildnisgebiete, in denen natürliche Prozesse frei von direkten menschlichen Eingriffen ungestört und ungeplant stattfinden können, existieren in Deutschland heute praktisch nicht mehr. Aus naturschutzfachlicher Sicht sind diese Prozesse jedoch von großer Bedeutung für die Erhaltung vieler Arten und Lebensräume (MÜLLER 2015). Gleichzeitig wächst in der Bevölkerung die Sehnsucht nach Wildnis als Gegenpol zu Zivilisation und Technik (FISCHER 2015).

Lange Zeit prägten Konzepte den Naturschutz, die darauf abzielten, einen bestimmten Status zu bewahren. Diese werden neuerdings ergänzt durch ein Konzept, das die Natur als dynamisches, sich selbstständig entwickelndes Geschehen begreift (PIECHOCKI et al. 2010, S. 33; JESSEL 2014; BIBELRIETHER 1998). Damit steht der Prozessschutz, das heißt das ergebnisoffene Ermöglichen natürlicher, dynamischer Prozesse, als weiteres, gleichrangiges Leitbild des Naturschutzes neben der Erhaltung konkreter Schutzgüter, wie Arten und Lebensraumtypen.

Mit dem vorliegenden Kapitel bekräftigt der Sachverständigenrat für Umweltfragen (SRU) die Bedeutung des Prozessschutzes und plädiert für mehr Wildnis in Deutschland (vgl. auch SRU 2002). Im Folgenden wird zunächst Wildnis im dicht besiedelten Deutschland definiert und es werden wesentliche Begründungen für ihren Schutz angeführt (Kap. 5.2). Die Einrichtung und der Schutz von Wildnisgebieten besitzen vielfältige Synergien mit verschiedenen Bereichen der Umweltpolitik und darüber hinaus. Diese Wechselwirkungen werden in Kapitel 5.3 näher beleuchtet. Anschließend werden international und national festgeschriebene Schutzziele dargestellt, die einen Bezug zu Wildnis haben (Kap. 5.4). Um diese Ziele zu erreichen, müssen Wildnisgebiete bestimmte Mindestanforderungen erfüllen. Wie diese aus Sicht des SRU aussehen sollten, wird in Kapitel 5.5 formuliert. Im Zentrum der Ausführungen werden Herausforderungen auf dem Weg zu mehr Wildnis in Deutschland diskutiert, wie Zielkonflikte, Akzeptanz und die langfristige Sicherung von Flächen (Kap. 5.6). Zum Abschluss wird ein Fazit gezogen, in dem die wichtigsten Handlungsempfehlungen gebündelt wiederholt werden (Kap. 5.7).

5.2 Wildnis in Deutschland: Einordnung und Bedeutung

331. In diesem Kapitel werden der Begriff Wildnis eingeordnet und näher bestimmt sowie verschiedene Begründungsansätze für den Schutz von Wildnis vorgestellt.

5.2.1 Wildnis: eine Begriffsbestimmung

332. Der Begriff Wildnis ist kulturell geprägt. Das jeweils dahinter liegende Konzept ist international nicht einheitlich. Die Weltnaturschutzunion (International Union for Conservation of Nature and Natural Resources – IUCN) definiert Wildnis (Schutzgebietsmanagement-Kategorie Ib) als „ausgedehnte ursprüngliche oder (nur) leicht veränderte Gebiete, die ihren natürlichen Charakter bewahrt haben, in denen keine ständigen oder bedeutenden Siedlungen existieren; Schutz und Management dienen dazu, den natürlichen Zustand zu erhalten" (EUROPARC Deutschland 2010).

Auf europäischer Ebene wird der Begriff Wildnis durch die Initiative Wild Europe (2012) differenziert in „wilderness" und „wild areas". Unter „wilderness" im engeren Sinne wird im Wesentlichen die internationale Definition von Wildnis (Schutzgebietsmanagement-Kategorie Ib nach IUCN) verstanden. Unter „wild areas" werden im Unterschied dazu Gebiete gefasst, die zwar maßgeblich durch natürliche Prozesse geprägt sind, die aber tendenziell kleiner sind und durch Fragmentierung und die Nutzung durch den Menschen verändert wurden.

Für Deutschland wurde auf einer Expertentagung zum Thema „Wildnis in Deutschland" folgende Begriffsdefinition erarbeitet (FINCK et al. 2013): Wildnisgebiete im Sinne der nationalen Biodiversitätsstrategie („Nationale Strategie zur biologischen Vielfalt") sind ausreichend große, (weitgehend) unzerschnittene, nutzungsfreie Gebiete, die dazu dienen, einen vom Menschen unbeeinflussten Ablauf natürlicher Prozesse dauerhaft zu gewährleisten. In Deutschland geht es beim Thema Wildnis vor allem um „Wildnisentwicklung", also eine sogenannte sekundäre Wildnis. Sekundäre Wildnis ist ein aktueller natürlicher Zustand, der sich aus einem anthropogen überformten Zustand entwickelt hat (PIECHOCKI et al. 2010, S. 38). Dabei sind der Faktor Zeit und eine Entwicklungsperspektive über lange Zeiträume von entscheidender Bedeutung.

Großflächige und völlig unveränderte Gebiete, wie sie die IUCN-Definition umfasst und damit insbesondere auf Regionen in den Tropen, Gebirgsregionen wie dem Hochland von Tibet, großen Wüstenregionen und der Antarktis Bezug nimmt, gibt es in Mittteleuropa kaum noch. Wildnisrelikte bzw. Wildnisentwicklungsgebiete finden sich in Deutschland fast ausschließlich in den Kernzonen von Nationalparks und Biosphärenreservaten sowie weiterer Schutzgebiete. Nationalparks werden durch die IUCN folgendermaßen definiert: „Schutzgebiete der Kategorie II sind zur Sicherung großräumiger ökologischer Prozesse ausgewiesene, großflächige natürliche oder naturnahe

Gebiete oder Landschaften samt ihrer typischen Arten- und Ökosystemausstattung, die auch eine Basis für umwelt- und kulturverträgliche geistig-seelische Erfahrungen und Forschungsmöglichkeiten bieten sowie Bildungs-, Erholungs- und Besucherangebote machen" (EUROPARC Deutschland 2010).

Wildnisgebiete in Deutschland bzw. Gebiete, die sich zu solchen entwickeln können, umfassen Wälder, Moore, Flussauen, Meeresküsten, Seen und Hochgebirge. Hinzu kommen ehemalige militärische Übungsflächen und Bergbaufolgelandschaften. In ihnen können abiotische natürliche Prozesse wie Erosion und Überflutung sowie biotische natürliche Prozesse wie beispielsweise Sukzession, natürliche Populationsdynamiken und Räuber-Beute-Beziehungen unter sich selbst regulierenden Bedingungen ablaufen.

„Wildnis" und „Wildheit" sind populäre, positiv besetzte und allgemein verständliche Begriffe, die sehr weit gefasst werden können. Sie finden daher auch in der Öffentlichkeitsarbeit für mehr Naturnähe auf Grün- und Freiflächen im urbanen Bereich Verwendung. Diese bedeutenden Naturerfahrungsräume im Wohnumfeld dienen unter anderem der Naherholung und der Natur- und Umweltbildung (BMUB 2015a; JUNG und STREIT 2013; KOWARIK 2015).

5.2.2 Begründungsansätze für den Schutz von Wildnis

333. Bereits 2002 hat sich der SRU ausführlich mit verschiedenen Begründungen von Naturschutz beschäftigt (SRU 2002, Tz. 10 ff.). Hier sollen diejenigen Argumente im Fokus stehen, die in besonderem Maße für den Schutz von Wildnis gelten.

Die bestehenden Argumentationsansätze lassen sich sogenannten instrumentellen bzw. schutzgutbezogen-funktionalen Werten von Prozessen und Komponenten des Naturhaushalts, moralischen (Eigen-)Werten sowie eudaimonistischen Werten von Natur zuordnen (vgl. ESER et al. 2011; etwas anders vgl. JESSEL 1997). Letztere beziehen sich auf Grundzüge eines guten menschlichen Lebens (vgl. Tz. 341). Diese Zuordnung stellt keine trennscharfe Kategorisierung dar, sondern gibt es Überlappungen und fließende Übergänge.

5.2.2.1 Instrumentelle und schutzgutbezogen-funktionale Werte

334. Natürlichen Prozessen und Komponenten des Naturhaushalts werden instrumentelle Werte zugewiesen, das heißt, sie übernehmen Funktionen, die der Bereitstellung von Gütern dienen und damit dem Menschen nutzen. Dient der Prozessschutz dazu, Habitate für gefährdete Arten bereitzustellen, hat er einen instrumentellen Charakter, der dem Schutzgut dient. Er ist also Mittel zum Zweck.

Das Referenzflächenargument: Chance zu lernen

335. Wildnisflächen sind bedeutende Referenzflächen, denn auf ihnen können natürliche Prozesse über sehr lange Zeiträume ungestört und ergebnisoffen ablaufen. Diese Dynamik ist für unsere einheimischen Ökosysteme kaum untersucht und damit weitgehend unbekannt. Wildnisflächen bieten die Chance, langfristig, großflächig und ungestört ablaufende ökosystemare sowie natürliche evolutionäre Prozesse zu beobachten und von der Natur zu lernen. Sie sind damit für die wissenschaftliche Forschung sehr bedeutsam (BfN 2013; SCHERZINGER 1997). Die Forschung auf diesen großräumigen Referenzflächen ergänzt die Forschungstätigkeit auf kleinräumigeren, nutzungsfreien Flächen, wie zum Beispiel in Naturwaldreservaten (s. hierzu CHAPIN et al. 2009; MEYER et al. 2011).

Naturschutzfachlich können in Wildnisgebieten auch Erkenntnisse über die Auswirkungen von (großflächigen) Störungen wie Feuer, Lawinen, Insekten-Kalamitäten (z. B. Borkenkäferfraß), Stürme oder Überflutungen sowie die natürliche Entwicklung von Wildtierpopulationen gewonnen werden. Wildnisgebiete können auch dazu dienen, den Einfluss gebietsfremder, invasiver Arten zu erforschen (OLISCHLÄGER und KOWARIK 2011). Aus diesen Erkenntnissen lassen sich auch Rückschlüsse für den Umgang mit zukünftigen globalen Herausforderungen wie dem Klimawandel ziehen (UBA 2015) und entsprechende Anpassungsstrategien entwickeln.

Die gewonnenen Erkenntnisse können darüber hinaus in Konzepte zum Naturschutz, zur Waldbewirtschaftung, zur Moorrenaturierung oder zum ökologischen Hochwasserschutz einfließen, denn außerhalb von Wildnisgebieten werden beispielsweise die Auswirkungen des Klimawandels auf biotische und abiotische Faktoren und Systeme durch Bewirtschaftung überprägt (BfN 2013).

Prozessschutz und Bedeutung von Wildnis für den Biodiversitätsschutz

336. Schon aus Vorsorgegründen ist es geboten, alle Komponenten der Biodiversität zu erhalten, so auch diejenigen, die erst infolge ungesteuerter Prozesse entstehen. Dies gilt auch deshalb, weil bei Weitem nicht alle Zusammenhänge, ökologischen Funktionen und Ökosystemleistungen (vgl. Kap. 5.3) bekannt sind und wohl auch niemals vollständig erfasst werden können. Entsprechend ist es sinnvoll, möglichst naturnahe Gebiete zu schaffen und zu bewahren, um auf eine maximale Entfaltung von Naturnähe „durch Zulassen seltener Sukzessions-Habitate, durch Wiederbelebung natürlicher Standortvielfalt, durch Sicherung naturnaher Langzeitdynamik, letztlich durch Sicherung einer Evolution im naturgegebenen Umfeld" hinzuwirken (SCHERZINGER 1997).

Die Schutzbedürftigkeit einzelner Elemente der Biodiversität ergibt sich vor allem anhand der Kriterien Seltenheit und Bedrohung. Insofern geht es auf einer bestimmten Fläche nicht nur um die Erhaltung einer möglichst hohen Anzahl von Arten, sondern auch um die

Qualität der vorhandenen oder sich entwickelnden standorttypischen Biodiversität (POTTHAST und BERG 2013). Beispielsweise besteht ein enger, positiver statistischer Zusammenhang zwischen der Totholzmenge und dem Auftreten von Holz bewohnenden Käfern, Landmollusken, Pilzen, Flechten und Brutvögeln (MÜLLER und BÜTLER 2010). Viele Rote-Listen-Arten sind abhängig von Alt- und Totholz. Es wird geschätzt, dass von den rund 13.000 an Wälder gebundenen Arten in Deutschland rund ein Drittel auf Alt- und Totholz angewiesen ist (SCHMIDT 2006). Ein geringer Totholzanteil ist ein wesentlicher Gefährdungsfaktor für viele im Wald vorkommende Arten (MÜLLER et al. 2007). Auf (ausreichend großen) Prozessschutzflächen entwickelt sich aufgrund von deren erhöhter Struktur- und Stadienvielfalt in Raum und Zeit – einschließlich der natürlichen standorttypischen Schlusswaldgesellschaften sowie dem hohen Anteil an Alt- und Totholz – ein ganz besonderes Artenspektrum. Auf ihnen finden sich häufig die sogenannten Urwaldreliktarten, also Arten, die auf urwaldtypische Strukturen und eine durchgängige Habitattradition angewiesen sind (MÜLLER et al. 2005; MÜLLER 2015). Ein Beispiel ist der Veilchenblaue Wurzelhalsschnellkäfer (*Limoniscus violaceus*), der in urwaldähnlichen Laubwäldern der Ebenen und niedrigen Lagen vorkommt. Die Art benötigt dort bodennah größere ausgefaulte Baumhöhlen.

Eine besondere Rolle in Wildnisgebieten spielen bestandsverändernde Störungsereignisse wie Stürme, Feuer, Überschwemmungen oder Insektenfraß, die für Totholz und Licht am Boden und damit Wärme sorgen. Sowohl Totholz als auch Licht sind entscheidende Ressourcenimpulse, von denen viele Rote-Listen-Arten profitieren (MÜLLER 2015; LEHNERT et al. 2013; SEIBOLD et al. 2015).

Zu beachten ist dabei allerdings, dass es beim Prozessschutz auch zu Zielkonflikten innerhalb des Naturschutzes kommen kann (vgl. Abschn. 5.6.2).

5.2.2.2 Moralische Werte

337. Moralische Werte umfassen die Verpflichtungen gegenüber Mitmenschen – auch in internationaler Perspektive – und zukünftigen Generationen sowie den möglichen Eigenwert von Lebewesen.

Internationale Gerechtigkeit

338. Deutschland hat eine internationale Verantwortung für die Erhaltung der nationalen Naturlandschaften und ihrer Biodiversität, so beispielsweise für die Erhaltung alter Rotbuchenwälder, da es zentral in deren weltweitem Verbreitungsareal liegt. 2011 hat die United Nations Educational, Scientific and Cultural Organization (UNESCO) die „Alten Buchenwälder Deutschlands" als Erweiterung der Welterbestätte „Buchenurwälder der Karpaten" in die Welterbeliste aufgenommen und damit die internationale Verantwortung Deutschlands unterstrichen (BfN 2010b; SRU 2012, Kap. 6).

Derzeit nehmen Wildnisgebiete in Deutschland nur einen sehr kleinen Teil der Landesfläche ein (aktuell etwa 0,6 %, vgl. Tz. 366), sie sind aber ein entscheidender Teil des Naturerbes (Europäische Kommission und EU Czech Presidency 2009). Der Anteil der Nationalparks an der terrestrischen Landesfläche ist in Deutschland im europäischen Vergleich gering (ALTEMEIER und SCHERFOSE 2009). Die Verantwortung für die Erhaltung der Biodiversität und die Umsetzung des Übereinkommens über die biologische Vielfalt (Convention on Biological Diversity – CBD) sollten sowohl innerhalb der internationalen Staatengemeinschaft als auch auf regionaler sowie auf Länderebene gleichberechtigt wahrgenommen werden.

Deutschland gehört zu den wirtschaftlich reichsten Ländern der Welt. Um in der „Einen Welt" gemeinsam die globale Biodiversität zu schützen, gebieten es auch die Glaubwürdigkeit und die Vorbildfunktion, in der nationalen Umsetzung der CBD ambitioniert zu handeln und Wildnis in Deutschland zu schützen und wiederzugewinnen (BfN 2013; vgl. Kap. 1).

Gerechtigkeit gegenüber nachfolgenden Generationen

339. Durch die dauerhafte Erhaltung des Naturkapitals und dessen Weitergabe an zukünftige Generationen (Weitergabe eines „fair bequest package" (OTT und DÖRING 2008)) können diese von der gesamten Biodiversität und den mit ihr verbundenen natürlichen Prozessen und Ökosystemleistungen profitieren (ESER et al. 2011). Auch da sich gesellschaftliche und natürliche Rahmenbedingungen auf nicht vorhersehbare Weise ändern können (ebd., S. 34 f.), fällt der Erhaltung von Wildnisgebieten eine besondere Rolle im Rahmen der intergenerationalen Verantwortung zu. Dies gebietet auch das Grundgesetz, das den Staat nach Art. 20a verpflichtet, „auch in Verantwortung für die künftigen Generationen die natürlichen Lebensgrundlagen" zu schützen. Zwar zählen Wildnisgebiete bei einem engen Begriffsverständnis nicht zwingend zu den bewahrenswerten natürlichen Lebensgrundlagen, sehr wohl aber zu einer fairen intergenerationellen Hinterlassenschaft im Sinne „starker" Nachhaltigkeit (SRU 2002).

Eigenwert der Natur

340. Die bisher hier genannten Argumente für den Schutz von Wildnis sind anthropozentrisch. Darüber hinaus lässt sich fragen, ob auch die Natur als Ganzes oder bestimmte Teile von ihr aufgrund ihres eigenen Wertes zu schützen sind. Dabei sind Eigenwerte moralphilosophisch von Selbstwerten zu unterscheiden. Während Selbstwerte unabhängig von menschlicher Wertschätzung und -zuweisung sind, basieren „Eigenwerte dagegen [...] auf den Beziehungen zwischen wertschätzenden Menschen und den wertgeschätzten Dingen, sie lassen sich also anthropozentrisch (um)formulieren. Mit dem Eigenwert ist die Annahme verbunden, dass ein Wesen oder Objekt nicht einfach ersetzbar ist" (POTTHAST und BERG 2013,

S. 10). Dem folgend lassen sie sich also auch nach Auffassung des SRU nicht angemessen als Nutzwerte umdeuten.

Auch nach § 1 Bundesnaturschutzgesetz (BNatSchG) sind „Natur und Landschaft […] auf Grund ihres eigenen Wertes und als Grundlage für Leben und Gesundheit des Menschen auch in Verantwortung für die künftigen Generationen im besiedelten und unbesiedelten Bereich […] so zu schützen, dass 1. die biologische Vielfalt, 2. die Leistungs- und Funktionsfähigkeit des Naturhaushalts einschließlich der Regenerationsfähigkeit und nachhaltigen Nutzungsfähigkeit der Naturgüter sowie 3. die Vielfalt, Eigenart und Schönheit sowie der Erholungswert von Natur und Landschaft auf Dauer gesichert sind; der Schutz umfasst auch die Pflege, die Entwicklung und, soweit erforderlich, die Wiederherstellung von Natur und Landschaft (allgemeiner Grundsatz)."

5.2.2.3 Wildnis als Beitrag zum „guten Leben"

341. Eudaimonie bedeutet etwa Glück oder Glückseligkeit. Eudaimonistische Werte beziehen sich damit auf die Grundzüge eines guten menschlichen Lebens (z. B. Freundschaft, Liebe, soziale Anerkennung) (KREBS 1996). Eudaimonistische Argumente fassen hier zusammen, wie Natur bzw. Wildnis zu einem gelingenden, glücklichen, schönen Leben von Menschen beiträgt, wobei Glück individuell unterschiedlich verstanden wird (ESER et al. 2011). Eudaimonistische Argumente haben eine lange Tradition in der Geschichte des Naturschutzes, wurden aber nach 1945 für lange Zeit unter Ideologieverdacht gestellt und in ihrer Bedeutung für Naturschutzbegründungen unterschätzt (OTT 2015b). Diese Begründungen bündeln jedoch Erfahrungen mit Natur, die für viele Menschen Wesensmerkmale eines sinnerfüllten und gelingenden Lebens darstellen. Eudaimonistische Argumente beziehen sich auf entsprechende Formen von Naturverbundenheit. Ohne Rekurs auf diese Gründe bliebe der Naturschutz erfahrungsarm und verlöre den Anschluss an die Intuitionen, Emotionen und Motive vieler Menschen (OTT 2015a).

Erfahrung und Vermittlung des Naturschönen

342. Auch wenn naturästhetische Erfahrungen stets individuell sind, gibt es in Mitteleuropa ein weithin geteiltes Schönheitsempfinden für Natur, das intensive Emotionen bei der Betrachtung und dem sinnlichen Empfinden ungelenkter Naturprozesse hervorruft (PIECHOCKI et al. 2010; SCHERZINGER 1997; BMUB und BfN 2014). Die sinnliche Erfahrung der Natur stellt in der modernen Gesellschaft eine Grundoption guten menschlichen Lebens dar, auf deren Realisierung viele Menschen nicht verzichten wollen (OTT 2004; SEEL 1996). Aufgrund der besonderen ästhetischen Erfahrung des Naturschönen bis hin zur bewundernden Erfahrung des Erhabenen in einem vom Menschen unbeeinflussten Gebiet kommt dem Prozessschutz eine besondere Rolle zu (POTTHAST und BERG 2013; KREBS 1996; OTT 2004). In diesem Zusammenhang kann auch die Vermitt-

lung von Wildnis über audio-visuelle Medien von Bedeutung sein.

Differenzargument

343. Das Natürliche und insbesondere Wildnis bilden einen Gegensatz zu der technisierten Zivilisation, die die meisten Menschen in ihrem Alltag erfahren und in der sie leben. Wildnis ist ein sinnhafter Erfahrungsraum, in dem man Natur und sich selbst begegnen kann (SRU 2002, Tz. 18; BIRNBACHER 1998; DNR 2012; SCHERZINGER 1997). Wildnis kann für Menschen eine Quelle von Faszination oder Spiritualität sein. Unberührte Natur stellt insbesondere für viele Menschen, die in der Stadt leben, einen Ort dar, nach dem sie sich sehnen. Dort können sie Werte wie Freiheit, Ursprünglichkeit und Spontaneität erleben. Durch die Erfahrung von Wildnis können die Üblichkeiten einer Kultur fragwürdig werden, sodass Wildnis eine Quelle kultureller Innovation sein kann (OTT 2015b).

Erholungsfunktion von Wildnis

344. Erholung und Entspannung in der Natur sind für viele Menschen Bestandteil eines guten Lebens. Der Aufenthalt in der Natur kann einen wichtigen Beitrag zur physischen wie psychischen Gesundheit leisten (KAPLAN und KAPLAN 1989; KAPLAN 1995; PRETTY 2004; BRATMAN et al. 2015). Ungenutzte und in ihrer Entwicklung nicht festgelegte Gebiete bieten insbesondere Raum für Erlebnisse, die stärker noch als in anderen Schutzgebieten in Richtung „Thrill" (etwa Spannung) gehen. Grundsätzlich gilt, dass das „Thrill"-Erlebnis umso „größer ist, je weiter wir uns von der Sicherheit zu entfernen getrauen, sei es räumlich, sei es durch Geschwindigkeit, oder indem man sich exponiert; mit anderen Worten, je besser wir uns und ander[e]n unsere Unabhängigkeit beweisen können" (BALINT 2009, S. 25).

Bei Wildnisgebieten als möglichst durch den Menschen ungenutzte und damit sowohl ästhetisch als auch vom Freizeitwert besonders attraktive Flächen ist das Erholungsargument ambivalent, da die touristische Nutzung prinzipiell dem Ziel des Prozessschutzes entgegenstehen kann. Um die Schutzziele nicht zu gefährden, sind daher Planungen und Konzepte für eine gezielte Besucherlenkung wichtig (vgl. Tz. 351).

Bildungsfunktion von Wildnis

345. Wildnisgebiete haben als einzigartige Naturerlebnisflächen eine besondere Bedeutung für die Natur- und Umweltbildung. Vielfältige Angebote leisten einen Beitrag zur Bildung für nachhaltige Entwicklung, auch indem sie über Ziele und Aufgaben von Schutzgebieten informieren (Tz. 352).

In Besucherzentren und Bildungseinrichtungen wird der Öffentlichkeit Wildnis vermittelt, unter anderem, indem diese sinnlich erfahrbar gemacht wird. Über einen emotionalen Zugang haben Besucher die Möglichkeit, die

Beziehung von Mensch und Natur und den eigenen Lebensstil mit seinen Konsequenzen zu reflektieren. Ein Verständnis für die Eigendynamik der Naturprozesse kann auch dazu führen, als wohltuend zu erfahren, dass unser Leben nicht vollständig steuerbar ist (TROMMER 1999). Wildnisgebiete können darüber hinaus Ausdruck einer Haltung sein, sich nicht allem und jedem bemächtigen zu wollen (HAMPICKE 1999), und auch diese Erfahrung kann positiv wirken.

5.3 Synergiepotenziale von Wildnisgebieten

346. Wildnisgebiete leisten nicht nur einen Beitrag zum Schutz der Biodiversität, indem sie Habitate und wichtige Rückzugsräume für bestimmte Arten darstellen. Sie bieten außerdem vielfältige Synergiepotenziale mit verschiedenen Bereichen des Natur- und Umweltschutzes, da sie wichtige Ökosystemleistungen erbringen (Abb. 5-1). Diese Leistungen sind zwar in der Regel kein Alleinstellungsmerkmal von Wildnisgebieten und können gegebenenfalls auch von bewirtschafteten Systemen bereitgestellt werden. Dennoch beeinflussen Wildnisgebiete den Landschaftswasserhaushalt und das (Mikro-) Klima positiv und regulieren den lokalen Nährstoffkreislauf.

Auch auf andere Bereiche wie den Tourismus können sie positive Auswirkungen haben, indem sie als bedeutende Freizeitflächen der menschlichen Erholung und Gesundheit sowie der Bildung dienen (Tz. 344 f.).

Bei der Gestaltung der Rahmenbedingungen von Wildnisgebieten sollten unter anderem die aktuell anstehenden politischen Prozesse und die sich im Rahmen der Umsetzung ergebenden Handlungsmöglichkeiten genutzt werden, um diese Potenziale zu heben.

Klimaschutz

347. Wildnisgebiete können sowohl die Mitigation (Abmilderung, etwa im Sinne von Kohlenstoffspeicherung) der Effekte des Klimawandels als auch die Adaptation (Anpassung) an seine Auswirkungen unterstützen. Durch ihre Kohlenstoffspeicherleistung tragen beispielsweise intakte Moore und Auen als Kohlenstoffsenken und Speicher zum Klimaschutz bei (SRU 2012, Tz. 398 ff.; Naturkapital Deutschland – TEEB DE 2014). Eine besondere Bedeutung kommt Wildnisgebieten aufgrund ihrer langfristigen Schutzperspektive zu. Diese Kohlenstoffspeicher zu erhalten oder zu erhöhen, ist eine wichtige Maßnahme der Mitigation, die im Einklang mit Naturschutzzielen steht (Europäische Kommission 2013b). Die Renaturierung von Mooren und Auen und ihre anschließende Ausweisung als Wildnisgebiete können hier zusätzlich einen wertvollen Beitrag leisten.

Im Bereich der Anpassung sind Wildnisflächen als wichtige Bestandteile des Biotopverbundes für die Verschiebung der Artareale von Bedeutung (Tz. 350). Große nutzungsfreie Schutzflächen sind vor dem Hintergrund des Klimawandels außerdem als Rückzugs-, Reproduktions- und Ausbreitungszentren für Populationen von Tieren und Pflanzen wichtig (PANEK und KAISER 2015; MÜLLER et al. 2014; MÜLLER 2015).

Abbildung 5-1

Synergiepotenziale und Begründungen für Wildnisschutz

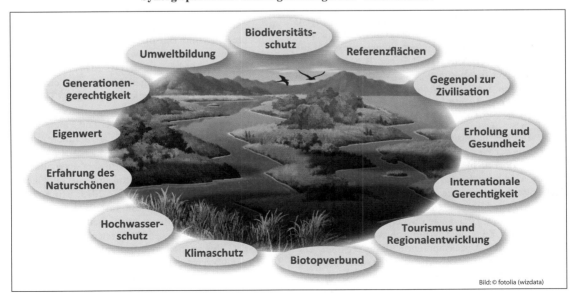

Bild: © fotolia (wizdata)

SRU/UG 2016/Abb. 5-1

Hochwasserschutz

348. Intakte Auen als natürliche Retentionsräume verbessern durch ihre Filterfunktion die Wasserqualität und tragen zur Trinkwasserversorgung bei. Außerdem sind sie Lebensraum vieler seltener Tier- und Pflanzenarten, verbessern das Lokalklima und dienen der Erholung (BMU und BfN 2009). Besonders herausragend ist jedoch ihre Bedeutung für den natürlichen Hochwasserschutz, deren Wert in Zeiten des Klimawandels weiter steigt. Auen können Effekte von Überschwemmungen nach Starkregenereignissen abpuffern, indem sie Wasser rückhalten und die Pegelstände dadurch deutlich langsamer und weniger stark ansteigen. Dies kann durch die Wiederherstellung von Auwäldern gefördert werden (DOYLE et al. 2014). Insgesamt befinden sich die Auen in Deutschland allerdings in einem schlechten Zustand (EHLERT und NEUKIRCHEN 2012). Nur noch ein Drittel der etwa 1,5 Mio. ha natürlichen Überschwemmungsflächen kann überflutet werden, nur etwa 10 % der Auen sind sehr gering oder gering verändert, dagegen 36 % deutlich und 54 % sehr stark (BMU und BfN 2009).

Die Rückgewinnung von natürlichen Überflutungsflächen in Form von Wildnisgebieten ermöglicht gleichzeitig eine Wiederbesiedlung mit auentypischen Pflanzen- und Tierarten (UBA 2015). Der gesellschaftliche Nutzen von Auen für den Hochwasserschutz, Biodiversitätsschutz oder Nährstoffrückhalt kann die Kosten beispielsweise für Deichrückverlegungen und Ertragsverluste auf land- und forstwirtschaftlichen Flächen oft bei weitem übersteigen (SCHÄFER und KOWATSCH 2015; HARTJE und GROSSMANN 2014; TRÖLTZSCH et al. 2014). Das Nationale Hochwasserschutzprogramm sieht vor, in der Kategorie „Deichrückverlegung/Wiedergewinnung von Retentionsflächen" auf insgesamt rund 20.571 ha Überflutungsfläche eine natürliche Überschwemmungsdynamik zuzulassen (LAWA 2014). Das geplante Bundesprogramm „Blaues Band" legt einen Schwerpunkt auf die Renaturierung von Auen (BMUB und BfN 2015). Die sich im Rahmen dieser Renaturierungsvorhaben bietenden Synergien mit dem Wildnisschutz sollten durch Abstimmung und konsequente Umsetzung der verschiedenen Ziele genutzt werden.

349. Darüber hinaus sind Auen ebenfalls relevant zur Umsetzung der Wasserrahmenrichtlinie 2000/60/EG, auch wenn sie dort nicht explizit als Schutzgut aufgeführt werden: Uferbereiche und Flussauen sind Teil der Oberflächenwasserkörper, sie sind grundwasserabhängige Ökosysteme und Bestandteil von Schutzgebieten (KORN et al. 2005). Hier können sich Synergien von Auenrenaturierung im Zuge von Wildnisentwicklung mit der Umsetzung der Wasserrahmenrichtlinie ergeben. Die Renaturierung von Gewässern und Auen sollte insbesondere in Gebieten mit einem Defizit von Überschwemmungsflächen umgesetzt werden (ALBRECHT und HOFMANN 2015).

Biotopverbund und „grüne Infrastruktur"

350. Viele naturschutzfachlich wertvolle Biotope werden durch Zerschneidung nicht nur in ihrer Flächengröße reduziert, was zu vermehrten Randeffekten führt, sondern sind auch zunehmend isoliert. Um diesen Effekten entgegenzuwirken, wurde in den §§ 20 und 21 BNatSchG die Einrichtung eines nationalen, länderübergreifenden Biotopverbundes gesetzlich verankert. Es soll ein Netz verbundener Biotope geschaffen werden, das mindestens 10 % der Fläche eines jeden Bundeslandes umfasst und aus Kernflächen, Verbindungsflächen und -elementen besteht. Wildnisgebiete sind als Kernflächen wichtige Bestandteile dieses länderübergreifenden Biotopverbunds. Sie unterstützen beispielsweise die Ausbreitung wild lebender Säugetiere wie Wolf, Luchs oder Wildkatze, für die sie wichtige Rückzugsräume und Ausbreitungszentren sind (MÜLLER et al. 2014). Insbesondere vor dem Hintergrund des Klimawandels ist der Biotopverbund von großer Bedeutung, um die Wanderungs- und Ausbreitungsmöglichkeiten zwischen verschiedenen Standorten von Tier- und Pflanzenarten großräumig zu verbessern (RECK 2013; REICH et al. 2012).

Einen breiter gefassten Ansatz hat das Konzept der „grünen Infrastruktur" der Europäischen Kommission, das die Schaffung multifunktionaler Gebiete vorschlägt. Die Europäische Kommission definiert „grüne Infrastruktur" als „ein strategisch geplantes Netzwerk natürlicher und naturnaher Flächen mit unterschiedlichen Umweltmerkmalen, das mit Blick auf die Bereitstellung eines breiten Spektrums an Ökosystemdienstleistungen angelegt ist" (Europäische Kommission 2013c). Das Konzept der „grünen Infrastruktur" soll bestehende Fachkonzepte und Leitbilder von Naturschutz und Landschaftspflege in einem räumlich übergreifenden Gesamtkonzept bündeln. Außerdem soll es in bundesrelevante Planungsprozesse eingehen, wie zum Beispiel der Planung von Hochwasservorsorge, der Auenentwicklung und der Wiedervernetzung (Deutscher Bundestag 2014). Die „grüne Infrastruktur" ist ein wichtiger Baustein, um das Ziel 2 der EU-Biodiversitätsstrategie zu erreichen (Tz. 353). Durch das Konzept wird auch die weitere Umsetzung des Biotopverbundes gemäß BNatSchG und Fauna-Flora-Habitat-Richtlinie 92/43/EWG (FFH-Richtlinie) unterstützt. Die Umsetzung steht auch vor dem Hintergrund des Klimawandels dringlich an, wird aber unter anderem durch fehlende finanzielle Mittel und die allgemeine Flächenknappheit gehemmt (FRITZ 2013; RECK 2013; JEDICKE 2015a). Das Bundesministerium für Umwelt, Naturschutz, Bau und Reaktorsicherheit (BMUB) plant die Festschreibung eines konkreten Zieljahres im BNatSchG, bis zu dem der Biotopverbund durch die Länder realisiert werden soll (BMUB 2015b). Dies ist ein wichtiger Schritt zur Erreichung des in der nationalen Biodiversitätsstrategie bereits für 2010 anvisierten Ziels der Einrichtung eines Biotopverbunds.

Tourismus und Gesundheit

351. Wildnisgebiete können beliebte touristische Ziele sein oder sich zu solchen entwickeln. Dies gilt bislang insbesondere für die Gebiete, die in Nationalparks oder Biosphärenreservaten liegen. Gemäß § 24 Abs. 2 und § 25 Abs. 2 BNatSchG sollen diese auch der naturkundlichen Bildung und dem Naturerlebnis der Bevölkerung dienen, soweit dies mit ihrem Schutzzweck vereinbar ist. Die damit verbundene Möglichkeit positiver regionalwirtschaftlicher Entwicklungen ist ein wichtiges Argument in der Diskussion über die Errichtung und Erhaltung solcher Gebiete (JOB et al. 2009). Sie trägt dazu bei, die Akzeptanz bei der lokalen Bevölkerung und den politischen Entscheidungsträgern zu steigern (vgl. Abschn. 5.6.4). Immer mehr Großschutzgebiete nehmen Naturtourismus in ihr Aufgabenspektrum mit auf und fördern ihn.

Wird er konsequent auf die Ziele des Großschutzgebiets abgestimmt, ist Tourismus als direkter Nutzen die einzige nicht-konsumtive Form der Landnutzung (JOB et al. 2009). Eine Studie von JOB et al. (ebd.) schätzt den Umsatz der (damals 14) deutschen Nationalparkregionen auf etwa 431 Mio. Euro pro Jahr. Dieser wird durch rund 10,5 Mio. Nationalparktouristen jährlich generiert, für deren Reiseentscheidung der Schutzstatus des Gebietes eine wesentliche Rolle spielt.

Der Anteil an Erholungssuchenden, die eine hohe Affinität zum Nationalpark haben, unterscheidet sich jedoch zwischen den verschiedenen Parks erheblich (MAYER et al. 2010; METZLER et al. 2016). Bei Gebieten wie dem Wattenmeer, die von jeher eine hohe Besucherzahl haben, ist der Nationalparkstatus nur für wenige Reisende ausschlaggebend. Im Gegensatz dazu ist beispielsweise im Bayerischen Wald der Status Nationalpark ein wesentlicher Ansatzpunkt für das touristische Marketing und für viele Besucher reiseentscheidend. Als erster deutscher Nationalpark ist er inzwischen besonders gut etabliert.

Auch das Einkommen aus dem Tourismusaufkommen unterscheidet sich zwischen den Nationalparks stark. Die ökonomische Wertschöpfung ist entscheidend von der Länge des Aufenthalts bestimmt und diese ist wiederum abhängig von der Entfernung zu Ballungszentren. So ist beispielsweise der Anteil an Tagestouristen in der Eifel deutlich höher als an der Müritz (METZLER et al. 2016). Dies schlägt sich auch in den Ausgaben der Reisenden nieder. Während Übernachtungsgäste zwischen 37 und 57 Euro pro Tag ausgeben, sind es bei den Tagestouristen zwischen 7 und 13 Euro (MAYER et al. 2010).

Kultur und Bildung

352. Wildnisgebiete können auch wichtige Orte für Kultur und Bildung sein. Die Naturbildung eröffnet hier die Möglichkeit, einen „widerstreitenden Diskurs zu führen, zwischen Argumenten für Wildnis, in der eigendynamischen Prozessen und wildlebenden Arten Zeit und Raum gegeben wird, einerseits und der Notwendigkeit, die Naturnutzung dauerhaft nachhaltig und umweltgerecht

zu gestalten andrerseits" (TROMMER 1999, S. 129) und zukünftige Zivilisationsentwicklungen zu diskutieren.

Verfügen Wildnisgebiete beispielsweise über Besucherzentren und vielfältige Angebote, wie Führungen, Ausstellungen, Vorträge und andere Veranstaltungen, leisten sie dadurch einen Beitrag zur Bildung für nachhaltige Entwicklung (BfN 2013) und sind durch die vielfältigen Kultur- und Bildungsangebote eine Bereicherung für die Bildungslandschaft in der Region.

5.4 Internationale und nationale Wildnisziele

Internationale Ziele

353. Mehrere auf internationaler Ebene festgeschriebene Ziele zum Schutz der Biodiversität haben einen direkten oder indirekten Bezug zu Wildnis. Die auf der Konferenz der Vereinten Nationen über Umwelt und Entwicklung (United Nations Conference on Environment and Development – UNCED) 1992 unterzeichnete CBD ist völkerrechtlich verbindlich und wurde auch von der EU und Deutschland ratifiziert. Auch wenn die CBD „Prozessschutz" nicht ausdrücklich erwähnt, so ist doch davon auszugehen, dass ohne dieses Naturschutzinstrument bzw. die deshalb entstehenden naturschutzfachlich wertvollen Biotope mit ihrer Dynamik nicht alle Arten hinreichend geschützt werden können (MÜLLER 2015).

Im Jahr 2011 hat die Europäische Kommission unter dem Titel „Lebensversicherung und Naturkapital: Eine Biodiversitätsstrategie der EU für das Jahr 2020" eine Überarbeitung ihrer 1998 entwickelten Biodiversitätsstrategie vorgelegt (Europäische Kommission 2011). Die Maßnahme 12 der EU-Strategie (Einbeziehung von Biodiversitätsmaßnahmen in Waldbewirtschaftungspläne) beinhaltet ein direkt formuliertes Wildnisziel, nämlich die Erhaltung von Wildnisgebieten. Für Deutschland bedeutet dies ein Zulassen von Wildnisentwicklung, da ursprüngliche Wildnisgebiete praktisch nicht mehr vorhanden sind. Nach dem 2. Ziel der Strategie sollen bis 2020 Ökosysteme und Ökosystemleistungen erhalten und durch grüne Infrastrukturen verbessert sowie mindestens 15 % der verschlechterten Ökosysteme wiederhergestellt werden (Tz. 350). Im Rahmen der Maßnahmen zur Umsetzung dieses Ziels sollen auf subnationaler, nationaler und EU-Ebene Prioritäten für die Wiederherstellung von Ökosystemen gesetzt werden (Maßnahme 6a). Deutschland hat in seinem Priorisierungsrahmen einen Schwerpunkt auf Maßnahmen zur Verbesserung der Ökosysteme Moore und Auen gelegt (BMUB 2015c). Hier wird das Wildnisziel indirekt angesprochen, denn renaturierte Auen oder Moore können als Wildnisgebiete zum Beispiel unter Prozessschutz gestellt werden.

Das Europäische Parlament hat bereits 2009 eine Entschließung zu Wildnis in Europa verabschiedet, welche die Mitgliedstaaten auffordert, Wildnisgebiete auszuweisen (Europäisches Parlament 2009). Dazu sollen Fördermittel bereitgestellt werden, um die Zerschneidung von Lebensräumen zu verhindern, Wildnisentwicklungs-gebiete sorgfältig zu verwalten, Ausgleichsmechanismen und -programme auszuarbeiten, die Öffentlichkeit zu sensibilisieren und für mehr Verständnis zu werben. Dies soll in Zusammenarbeit mit der Bevölkerung vor Ort und sonstigen interessierten Kreisen geschehen.

Nationale Ziele

354. Der Begriff „Wildnis" wird im BNatSchG nicht erwähnt. Allerdings würdigt es eigens die Bedeutung ungestört ablaufender Prozesse. In § 24 BNatSchG ist der Schutz natürlicher Entwicklungen ausdrücklich als das zentrale Ziel für den Schutzgebietstyp Nationalpark fixiert.

Die nationale Biodiversitätsstrategie, welche die CBD auf nationaler Ebene umsetzt, enthält mehrere Ziele, die den Schutz oder die Förderung von Wildnis beinhalten (BMU 2007):

- 2 %-Wildnisziel: Bis zum Jahre 2020 kann sich die Natur auf mindestens 2 % der Landesfläche Deutsch-lands wieder nach ihren eigenen Gesetzmäßigkeiten entwickeln, beispielsweise in Bergbaufolgelandschaf-ten, auf ehemaligen Truppenübungsplätzen, an Fließ-gewässern, an den Meeresküsten, in Mooren und im Hochgebirge. Bei einem Großteil der Wildnisgebiete handelt es ich um großflächige Gebiete.

- 5 % Wälder mit natürlicher Entwicklung: 2020 beträgt der Flächenanteil der Wälder mit natürlicher Wald-entwicklung 5 % der Waldfläche.

- Vorbildfunktion des Staates: Geeignete Flächen der öffentlichen Hand weisen dauerhaft eine hohe und regionaltypische Vielfalt von naturnahen Lebens-räumen und von Arten auf.

Dazu strebt die Bundesregierung eine natürliche Entwick-lung auf 10 % der Waldfläche der öffentlichen Hand bis 2020 an.

Dabei gibt es in Abhängigkeit von der Flächengröße eine gewisse Schnittmenge zwischen dem 2 %- und dem 5 %-Ziel: So tragen die großen Flächen (≥ 1.000 ha) mit natürlicher Waldentwicklung (vgl. Tz. 360 – 362) auch zum 2 %-Wildnisziel bei (SPELLMANN et al. 2015). Umgekehrt leisten Wildnisgebiete im Wald auch einen Beitrag zur Erreichung des 5 %-Ziels von Wäldern mit natürlicher Entwicklung (WILDMANN et al. 2014; SPELLMANN et al. 2015; MEYER et al. 2011). Die Aus-weisung von Wildnisgebieten kann außerdem das Errei-chen der Ziele der nationalen Biodiversitätsstrategie zum Schutz von Auen, Mooren, Hochgebirgen und Meeres-küsten unterstützen. 2 % der Landesfläche Deutschlands entsprechen etwa 714.000 ha. Im Rahmen seines Hand-lungsprogramms „Naturschutz-Offensive 2020" hat das BMUB Wildnis als eines der zehn prioritären Handlungs-felder identifiziert, in denen noch die größten Defizite bestehen (BMUB 2015b).

355. Neben dem Bund hat auch die Mehrheit der Länder Biodiversitätsstrategien verabschiedet oder entsprechende Ziele in Koalitionsvereinbarungen aufgestellt. Die Ziele sind unterschiedlich konkret ausformuliert (Tab. 5-1). Einige Länder haben das 2 %-Wildnisziel aus der nationalen Biodiversitätsstrategie in ihre Konzepte und Strategien übernommen. Eine solche Präzisierung steht bei anderen Ländern noch aus. Teilweise fehlen quanti-tative Ziele, zum Beispiel hinsichtlich der Flächengröße (zu den Mindestanforderungen für einen erfolgreichen Prozessschutz s. Kap. 5.5). Zu berücksichtigen ist, dass die Länder unterschiedliche Voraussetzungen zur Reali-sierung von Wildniszielen haben, beispielsweise aufgrund ihrer naturräumlichen Gegebenheiten (z. B. Topografie, Wasserhaushalt) oder des Grades der Zersiedelung bzw. ihrer Bevölkerungsdichte. Eine gemeinsame Initiative von Bund und Ländern könnte den Weg zum Ziel von 2 % Wildnis koordinieren (Abschn. 5.6.6).

Tabelle 5-1

Wildnis- und Prozessschutzziele sowie Strategien in den Flächenbundesländern

Land	Strategie / Koalitions-vereinbarung	Ziel Wildnis und Prozess-schutz	Bestand Wildnis und Prozess-schutz
Baden-Württemberg	Naturschutzstrategie Baden-Württemberg (2013) Alt- und Totholz-Konzept Baden-Württemberg (2010)	2 % der Landesfläche bis 2020: ca. 15.300 ha	9.200 ha Bannwälder; 2.645 ha Kerngebiet Biosphärengebiet Schwäbische Alb; NLP Schwarz-wald (gesamt 10.062 ha)
Bayern	Strategie zum Erhalt der biologischen Vielfalt in Bayern (Bayerische Biodi-versitätsstrategie) (2009)	Keine Festlegungen; Lan-desamt für Umwelt arbeitet an Konzept „Wildnisgebie-te"	NLP Bayerischer Wald 13.500 ha; NLP Berchtesgaden 14.204 ha; Kernzone BR Rhön 3.980 ha; 159 Naturwaldreservate 7.141 ha
Brandenburg	Maßnahmenprogramm biologische Vielfalt (2014)	2 % der Landesfläche: ca. 60.000 ha	24.000 ha nach Naturschutzrecht zzgl. Nationales Naturerbe aus der laufenden Flächenübertragung

Hessen	Koalitionsvereinbarung 2014 – 2019 (2013) und Kernflächenkonzept Naturschutz (2010) Biodiversitätsstrategie (2015): Verweis auf das Kernflächenkonzept	5 % der Fläche im Wald: ca. 44.750 ha bzw. 8 % im Staatswald: 25.600 ha	Keine Bilanz; Abschluss Kernflächenauswahl 1. Tranche in 2013 (meist Kleinflächen; 2. Tranche in Arbeit)
Mecklenburg-Vorpommern	Biodiversitätsstrategie (2012): kein Ziel zu Wildnis im engeren Sinn	Naturwaldzellen von 600 ha auf 2.000 ha ausweiten; Nutzungsaufgabe in den Kernzonen der Waldnationalparke	600 ha Naturwaldzellen; Kernzonen der Nationalparke (faktisch und perspektivisch); sonst keine Angaben
Niedersachsen	Koalitionsvereinbarung 2013 – 2018 (2013)	Keine %-Vorgaben für Wildnis, aber als Ziel 10 % des Landeswalds (ca. 33.500 ha) aus der Nutzung (entsprechen ca. 2,9 % der Gesamtwaldfläche)	Kernzonen der NLP, keine weiteren Angaben
Nordrhein-Westfalen	Koalitionsvereinbarung 2012 – 2017 (2012): Wildnisgebiete in Nordrhein-Westfalen; Biodiversitätsstrategie Nordrhein-Westfalen (2015)	Bis zu 10.000 ha Staatswald; 5 % der Waldfläche aus der Nutzung als großflächige Prozessschutzgebiete („wilderness" > 1.000 ha) und kleinflächigere Wildnisgebiete („wild areas")	ca. 1 % der Waldfläche (= 0,27 % der Landesfläche) in 75 Naturwaldzellen und dem NLP Eifel zzgl. 1 % der Waldfläche als derzeit nicht geschützte Wildnisentwicklungsgebiete
Rheinland-Pfalz	Mittelbar über Koalitionsvereinbarung 2011 – 2016 (2011); künftig über „Wildnisstrategie Rheinland-Pfalz"	10 %-/5 %-/2 %-Ziele der nationalen Biodiversitätsstrategie	Aktuell etwa 8.040 ha zzgl. Nationalpark Hunsrück-Hochwald: Nutzungsfreier Wald in NSG (1.062 ha); Kernzonen Biosphärenreservat (3.467 ha); Weichholzaue (96 ha); Naturwaldreservate (1.745 ha); Prozessschutzflächen Naturschutzgroßprojekt Bienwald (1.680 ha), Nationalpark Hunsrück-Hochwald: 2.415 ha aktuell, (perspektivisch ca. 7.500 ha; teilweise im Saarland)
Saarland	Strategie in Entwicklung; Regionale Biodiversitätsstrategie für den Teilbereich „subatlantische Buchenwälder" (2008)	Keine konkreten Flächenziele	Anteile am Nationalpark Hunsrück-Hochwald. (s. Rheinland-Pfalz)
Sachsen	Kein Konzept	Keine %-Vorgaben	NSG Königsbrücker Heide: 5.064 ha; NLP Sächsische Schweiz: 4.970 ha; zzgl. ca. 4.000 ha kleine Totalreservate und Naturwaldzellen (< 500 ha je Einzelfläche)
Sachsen-Anhalt	Kein Konzept		NLP Harz: 2.900 ha; in pot. Kernzonen BR Mittelelbe 2.200 ha; NSG Oranienbaumer Heide: 645 ha

Schleswig-Holstein	Kein Konzept	Naturwaldkulisse mit 10 % der öffentlichen Wälder	Keine Angaben
Thüringen	Thüringer Strategie zur Erhaltung der biologischen Vielfalt (2012): kein Ziel zu Wildnis, aber zu nutzungsfreien Wäldern	Bis 2029: 25.000 ha Landesforst nutzungsfrei; Koalitionsvertrag 2014: 5 % des Waldes nutzungsfrei	Keine Angaben

BR = Biosphärenreservat, NLP = Nationalpark, NSG = Naturschutzgebiet

Quelle: FINCK et al. 2015, verändert und aktualisiert

5.5 Mindestanforderungen an Wildnisgebiete

356. Wildnisgebiete müssen verschiedene Kriterien erfüllen, damit natürliche Prozesse ungestört und möglichst in ihrer gesamten Vielfalt ablaufen können (Wild Europe – Wilderness Working Group 2012). Unter Berücksichtigung der in Mitteleuropa herrschenden Bedingungen wurde eine Reihe dieser Kriterien im Rahmen einer Expertentagung diskutiert und in Form von „Vilmer Eckpunkten zu Wildnisgebieten in Deutschland" veröffentlicht (FINCK et al. 2015). Anknüpfend an diese Thesen stellen nach Auffassung des SRU die folgenden Punkte Mindestanforderungen an Wildnisgebiete in Deutschland dar. Die Gebiete sollten

– weitestgehend frei sein von aktuellen menschlichen Eingriffen,

– sich ergebnisoffen hinsichtlich der ablaufenden, natürlichen Prozesse entwickeln können,

– dauerhaft gesichert sein,

– eine bestimmte Mindestgröße haben,

– unzerschnitten durch (größere) Verkehrs- und Siedlungsinfrastrukturen sein und

– durch ein Monitoringprogramm und Forschung begleitet werden.

Weiterhin sollten die Wildnisgebiete möglichst so über Deutschland verteilt sein, dass sie auch die Vielfalt der Naturräume repräsentieren.

Diese Mindestanforderungen sollten bei der Ausweisung von Wildnisgebieten als eine wichtige Grundlage Berücksichtigung finden. Darüber hinaus gibt es noch weitere Faktoren wie die Art der Nutzung der umgebenden Landschaft oder die Einbindung in einen Biotopverbund, welche die Qualität eines Schutzgebiets bestimmen (SCHOOF 2013, S. 51). EUROPARC Deutschland (2015) ermittelte im Rahmen eines durch die Verbändeförderung des Bundesamtes für Naturschutz (BfN) unterstützten Projekts weitere, umfangreiche Qualitätskriterien für Wildnisgebiete.

Ungestörtheit, Natürlichkeit, Ergebnisoffenheit und dauerhafte Sicherung

357. Natürliche Prozesse in Wildnisgebieten sollen dauerhaft ergebnisoffen und ungestört ablaufen können. Schutzzweck auf diesen Flächen ist nicht der Erhaltungszustand einzelner Arten oder Lebensraumtypen, sondern das Zulassen möglichst unbeeinflusster natürlicher Prozesse mit dem Ziel einer möglichst großen Naturnähe. Eingriffe, die natürliche Prozesse im Sinne „menschlicher Zielvorstellungen" beeinflussen und korrigieren, sind zumindest theoretisch unzulässig. In der Praxis finden jedoch häufig zum Beispiel (Initial-)Maßnahmen wie Renaturierungen, Waldumbau und Jagd statt. Um dynamische Entwicklungen zu gewährleisten, sollten sich die Eingriffe des Menschen jedoch allenfalls auf eine Initialphase und die für die Erlebbarkeit und Forschung notwendige Infrastruktur beschränken. Die jeweils verantwortlichen Akteure müssen sich darüber einigen, inwieweit in Extremsituationen, zum Beispiel beim Ausbruch eines Feuers, Maßnahmen innerhalb der Prozessschutzgebiete ergriffen werden sollen. Diese Maßnahmen sowie Zonierungskonzepte sollten angepasst an die jeweiligen lokalen Bedingungen für die einzelnen Schutzgebiete individuell festgelegt werden.

358. Abhängig von der Nutzung der umgebenden Landschaft können Pufferzonen um Wildnisgebiete eine besondere Bedeutung sowohl für den Schutz als auch für die Akzeptanz dieser Gebiete haben, auch wenn sie mit einem weiteren Flächenbedarf einhergehen. Diese Zonen dienen dazu, Schutzgebiete von unerwünschten externen Effekten abzuschirmen, insbesondere von solchen, die durch Bewirtschaftung entstehen (BENNETT und MULONGOY 2006, S. 7). Innerhalb der Pufferzonen können menschliche Aktivitäten erlaubt werden, die vereinbar mit dem Schutz der Wildnisgebiete sind. Andererseits können sie auch dem Schutz der die Wildnis umgebenden Landschaft vor bestimmten Einflüssen dienen, beispielsweise indem in diesen Zonen Maßnahmen zur Bekämpfung von Bränden oder das Management von heimischen Wildtieren und gebietsfremden und invasiven Arten (Neobiota) zugelassen werden (s. Abschn. 5.6.2).

Besondere Bedingungen bei der Brandbekämpfung gelten für ehemalige Truppenübungsplätze, auf denen aufgrund ihrer Munitionsbelastung eine Gefahr für die Einsatzkräfte bestehen kann. So hat beispielsweise die Stiftung Naturlandschaften Brandenburg für ihre Flächen gemeinsam mit Feuerwehr, Landkreis, Forstverwaltung, Naturschutzbehörden und anderen Experten ein Waldbrandschutzkonzept erarbeitet. Dazu wurde ein System von entmunitionierten Schutzstreifen und Schneisen geschaffen, die offen gehalten werden, um ein Übergreifen von Bränden auf umliegende Waldflächen zu erschweren (Märkische Allgemeine 17. Dezember 2014; „Waldbrandschutzkonzept erfolgreich umgesetzt. Schutzmaßnahmen auf der Stiftungsfläche Jüterbog fertiggestellt", Pressemitteilung der Stiftung Naturlandschaften Brandenburg vom 17. Dezember 2014). Auf dem ehemaligen Truppenübungsplatz Königsbrücker Heide findet aufgrund der Munitionsbelastung in der Kernzone keine direkte Brandbekämpfung statt (STEIN 2015). Beim Auftreten eines Feuers werden im Abstand von mehreren hundert Metern von Rettungswegen aus lediglich Streifen gewässert, um das Feuer einzudämmen. In der Pflegezone gibt es Schutzstreifen und Brände werden direkt bekämpft.

Eine Zonierung wird durch § 22 Abs. 1 BNatSchG ermöglicht, nach dem Gebiete in Zonen mit einem entsprechend dem jeweiligen Schutzzweck abgestuften Schutz gegliedert werden können. Hierbei kann auch die Umgebung einbezogen werden. Eine Beteiligung der lokalen Landnutzer an der Gestaltung und Bewirtschaftung dieser Zonen kann dazu beitragen, die Akzeptanz von Wildnisgebieten vor Ort zu stärken (Abschn. 5.6.4).

359. Der Ablauf von natürlichen und dynamischen Prozessen geht über sehr lange Zeiträume vonstatten. Die verschiedenen Phasen der natürlichen Waldentwicklung bis hin zur Zerfallsphase können zum Beispiel mehrere Jahrhunderte dauern (SCHERZINGER 1996). Intakte Moore wachsen sehr langsam: Pro Jahr wird etwa 1 mm Torf neu gebildet (IMMIRZI et al. 1992). Um ihren naturschutzfachlichen und gesamtgesellschaftlichen Wert und die damit einhergehenden Synergien auch langfristig zu sichern, müssen Wildnisgebiete daher dauerhaft geschützt werden. Nach dem BNatSchG bieten hierfür derzeit insbesondere die Schutzgebietskategorien Nationalpark (§ 24) und Naturschutzgebiet (§ 23) einen geeigneten rechtlichen Schutzstatus und sollten Vorrang vor anderen dauerhaften Lösungen haben. Das Land Nordrhein-Westfalen hat außerdem „Wildnisentwicklungsgebiete" im Wald als geschützten Teil von Natur und Landschaft in seinen Entwurf für ein Landesnaturschutzgesetz vom 22. Juni 2015 aufgenommen, auch um die Flächen seines „Wildniskonzepts" dauerhaft zu sichern (Ministerium für Klimaschutz, Umwelt, Landwirtschaft, Natur- und Verbraucherschutz des Landes Nordrhein-Westfalen 2015). Schleswig-Holstein hat das Ziel 2 % der Landesfläche als Teil des Biotopverbundes zu Wildnisgebieten zu entwickeln in seinem Entwurf zur Änderung des Landesnaturschutzgesetzes aufgenommen (§ 12 Biotopverbund) (Schleswig-Holsteinischer Landtag 2014).

Mindestgröße

360. Damit Wildnisgebiete ihre ökologische Relevanz und ihren besonderen naturschutzfachlichen Wert entfalten können, ist es von zentraler Bedeutung, dass sie über eine bestimmte Mindestgröße verfügen. Natürliche Prozesse bedürfen Gebiete von ausreichender Größe, damit dynamische Veränderungen in Raum und Zeit stattfinden können (Europäische Kommission 2013b). Die Größe soll negative Randeffekte minimieren und die Ansprüche der zu schützenden Biodiversität, eine möglichst große Vielfalt an Strukturen und möglichst alle Entwicklungsstadien gleichzeitig gewährleisten sowie natürliche Störungen zulassen (BfN 2013; BAKER 1992). Die bundesdeutsche Biodiversitätsstrategie würdigt diesen Punkt, indem sie von Gebieten „lebensraumspezifisch ausreichender Größe" spricht (BMU 2007, S. 41).

Zur Mindestgröße gibt es international viele unterschiedliche Ansatzpunkte. Diese reichen von 100 ha (NABU 2013) bis zu 1.000.000 ha (BfN 2015). Die Wilderness Working Group von Wild Europe empfiehlt für Europa eine Mindestgröße von 3.000 ha (Wild Europe – Wilderness Working Group 2012). Viele der „großskaligen" Angaben stammen aus dünn besiedelten Weltregionen, in denen es noch großflächige Wildnisgebiete gibt. Sie sind aber im dicht besiedelten Deutschland mit seiner langen Kulturlandschaftsgeschichte in der Regel nicht realisierbar.

361. Vor allem in den 1970er- und 1980er-Jahren wurde intensiv und kontrovers diskutiert, ob viele kleine oder eher wenige große Schutzgebiete, in unserem Fall konkret also Prozessschutzflächen, das optimale Ergebnis für die Biodiversität liefern (Single-Large-Or-Several-Small-Reserves-Debatte – SLOSS-Debatte). Gerade im Hinblick auf Waldwildnisgebiete wird diese alte Debatte immer noch geführt (FÖRSCHLER et al. 2013). Dabei kommt man je nach normativer naturschutzpolitischer Zielsetzung, Naturnähe der Auswahlflächen und Unsicherheit hinsichtlich zukünftiger Standortbedingungen zu unterschiedlichen Ergebnissen (MÜLLER 2015; LUICK und REIF 2013). Aus ökologischer und naturschutzfachlicher Sicht ist ein „Sowohl-als-auch", also eine Kombination aus großräumigen Wildnisgebieten und kleineren Prozessschutzflächen, sinnvoll (5 %-Ziel). Darüber hinaus wird die große Bedeutung von integrativen Waldnaturschutzstrategien (z. B. Totholzkonzepte) durch Prozessschutzgebiete nicht negiert, sondern sie ergänzen diese und leisten in der Fläche ebenfalls wichtige Beiträge zum Biodiversitätsschutz im Wald (z. B. Trittsteinhabitate).

Eine rationale, allgemeingültige, wissenschaftlich hergeleitete Flächenuntergrenze für Prozessschutzflächen gibt es nicht. Die Vergangenheit hat aber beispielsweise gezeigt, dass Reservate von circa 10 ha bzw. circa 40 ha im Bergmischwald im Inneren Bayerischen Wald zu klein waren, um die notwendigen Strukturen in Raum und Zeit für alle Arten dieses Lebensraumtyps vorzuhalten (MÜLLER 2015).

In weiträumigen Prozessschutzflächen ist besonders bedeutsam, dass hier großflächige, nicht anthropogene Störungen zugelassen werden können. Diese haben große und schnelle Sukzessionsdynamiken und Prozessketten zur Folge, von denen viele Arten und Lebensgemeinschaften profitieren (MÜLLER 2015; LEHNERT et al. 2013). Das Zulassen und Nichteingreifen bei Störungsereignissen ist allein schon aus praktischen Gründen an eine entsprechende Mindestgröße gebunden.

362. Die Festlegung von Mindestgrößen für Wildnisgebiete in Deutschland bewegt sich somit in einem Spannungsfeld zwischen der Anschlussfähigkeit an internationale Standards und der Realisierbarkeit vereinbarter Ziele. Je größer die Mindestgröße gewählt wird, umso geringer ist die Anzahl geeigneter, verfügbarer Flächen. Für Wälder und Gebirgslandschaften sowie auf ehemaligen Truppenübungsplätzen und in Bergbaufolgelandschaften setzen Experten in Deutschland daher eine Mindestgröße von 1.000 ha sowie für Moore, Fluss- und Küstenabschnitte von 500 ha voraus, um einen Beitrag zu Wildnisgebieten im Sinne der nationalen Biodiversitätsstrategie zu leisten (FINCK et al. 2013; 2015). Die hier gewählten Mindestgrößen stellen daher einen Kompromiss zwischen den Idealvorstellungen und den nationalen Bedingungen dar. Sie sind abhängig von der landschaftlichen Situation und für unterschiedliche Lebensraumkomplexe differenziert zu betrachten. Diese Größen sollten – trotz der naturräumlichen Gegebenheiten im stark zersiedelten Deutschland – auch nach Ansicht des SRU eine Mindestanforderung an Wildnisgebiete im Sinne der nationalen Biodiversitätsstrategie darstellen.

Unzerschnittenheit

363. Die Zerschneidung von Lebensräumen durch Infrastruktur gehört zu den wichtigsten Gefährdungsursachen der Biodiversität (vgl. Tab. 4-1). Sie kann direkt und indirekt vielfältige negative Auswirkungen haben (BfN 2015):

– Bebauung und Verkleinerung von Habitaten,

– Veränderung von Habitatqualitäten durch Störung und Emissionen (Lärm, Licht, stoffliche Einträge),

– Isolation von Habitaten bzw. Populationen und damit einhergehend die Verminderung von deren Überlebensfähigkeit einschließlich der Verminderung der genetischen Diversität innerhalb von Populationen,

– Einschränkung oder Unterbindung von Wanderbeziehungen (tageszeitlich, jahreszeitlich) und von Fernwanderwegen,

– Unterbindung der Vektorfunktion und Lebensraumgestaltungsfunktion von Arten,

– Erhöhung der Mortalität durch Verkehr, Windkraftanlagen usw.

Hierbei sind Faktoren wie Populationsgröße und -schwankungen, Konkurrenzstärke, Spezialisierung auf Mikro-

habitate und Häufigkeit entscheidend für die Empfindlichkeit von Arten gegenüber Störungen (HENLE et al. 2004). Eine Beeinträchtigung von Wildnisgebieten durch Verkehrs- oder Siedlungsinfrastruktur sollte vermieden werden. Hierbei bedarf es noch einer weiteren Konkretisierung der Kriterien für die Unzerschnittenheit im Sinne von Mindestanforderungen.

Monitoring und Forschung

364. Eine weitere Anforderung, die sich allerdings nicht direkt auf die Eigenschaften der Fläche bezieht, ist die Begleitung von Wildnisgebieten durch ein umfassendes ökologisches Monitoring und Forschung, um die ökologischen Zusammenhänge zu beobachten, zu dokumentieren und zu verstehen (SRU 2012, Kap. 10). Dies ergibt sich für Nationalparks und Biosphärenreservate bereits aus den gesetzlichen Bestimmungen. Soweit es ihr Schutzzweck erlaubt, sollen diese Gebiete auch der wissenschaftlichen Umweltbeobachtung dienen, §§ 24, 25 BNatSchG. Das Monitoring unterstützt vor allem wissenschaftliche Zwecke, da in Prozessschutzgebieten eine Bewertung bzw. Anpassung des Flächenmanagements möglichst unterbleiben soll. Sein Ausmaß bemisst sich daher auch an den wissenschaftlichen Fragestellungen und an den verfügbaren Budgets. Zu diesen Zwecken muss die Kooperation der Verwaltung von Wildnisgebieten mit Universitäten und Forschungseinrichtungen ausgeweitet werden, auch um die Grundlagenforschung zu stärken (Tz. 335).

Diese naturwissenschaftlichen Erhebungen sollten durch Untersuchungen zur sozioökonomischen Entwicklung der Region ergänzt werden, um die regionale Wirtschaft, die Bevölkerungsentwicklung und die Einstellungen, Meinungen und Wünsche der regionalen Bevölkerung und der Gäste zu untersuchen. Ein sozioökonomisches Monitoring betrachtet alle gesellschaftlichen Belange von Mensch-Umwelt-Beziehungen in Schutzgebieten sowie deren Umfeld und beinhaltet ökonomische, politische, kulturelle und sozial-psychologische Aspekte (LASS und REUSSWIG 2002). Solche Erhebungen umfassen auch Partizipation und Kommunikation und können dazu dienen, Kooperationspartner zu identifizieren sowie Konfliktpotenziale frühzeitig zu erkennen (vgl. Tz. 383; BUER et al. 2014; LASS und REUSSWIG 2002). Bislang findet in Deutschland nur in wenigen Großschutzgebieten wie Nationalparks, Biosphärenreservaten und Naturparks eine Erhebung solcher Parameter statt. Im Nationalpark Schleswig-Holsteinisches Wattenmeer gibt es seit 1999 regelmäßig Erhebungen zu diesen Aspekten, die unter anderem zeigen, dass das Schutzgebiet sowohl bei seinen Gästen, als auch bei der Mehrheit der regionalen Bevölkerung auf große Akzeptanz stößt (Nationalpark Schleswig-Holsteinisches Wattenmeer 2015; GÄTJE 2006). Der Nationalpark Eifel hat 2012 einen 1. SÖM-Bericht (SÖM – sozioökonomisches Monitoring) für die ersten sieben Nationalparkjahre vorgelegt (Landesbetrieb Wald und Holz Nordrhein-Westfalen 2012). Außerdem gibt es beispielsweise in den Nationalparks Bayerischer

Wald und Eifel Forschungsaktivitäten zu sozioökonomischen Aspekten.

Teilweise bestehen bereits Monitoringverpflichtungen und -programme, die auch für Wildnisgebiete relevant sind, zum Beispiel im Rahmen von FFH-Richtlinie, Vogelschutzrichtlinie 2009/147/EG, der Wasserrahmenrichtlinie und der nationalen Biodiversitätsstrategie (SRU 2012, Tz. 583). Insgesamt gibt es jedoch in diesem Bereich bislang noch deutliche Mängel. Eine Evaluierung der deutschen Nationalparks kommt zu dem Ergebnis, dass trotz zum Teil ungünstiger Personal- und Finanzausstattung in fast allen Nationalparks Forschungs- und Monitoringaktivitäten stattfinden; allerdings unterscheiden sich diese erheblich zwischen den verschiedenen Nationalparks. Insgesamt gibt es noch Defizite in der Forschung zu großflächigen Prozessschutzzonen als Referenzflächen für ökosystemare Abläufe (EUROPARC Deutschland 2013). Ein einheitlicher, wildnisspezifischer Monitoringstandard sollte entwickelt werden, der eine Vergleichbarkeit unterschiedlicher Gebiete ermöglicht.

5.6 Wege zu mehr Wildnis: Herausforderungen bei der Umsetzung

365. Trotz der vielfältigen Synergien gibt es verschiedene Herausforderungen, die auf dem Weg zu mehr Wildnis in Deutschland zu bewältigen sind. Das Erreichen des 2 %-Ziels – bis zum Jahre 2020 kann sich die Natur auf mindestens 2 % der Landesfläche Deutschlands wieder nach ihren eigenen Gesetzmäßigkeiten entwickeln – ist sehr ambitioniert und setzt gemeinsame Anstrengungen von Bund, Ländern und Nichtregierungsorganisationen (Non-Governmental Organisations – NGOs) voraus.

5.6.1 Aktuelle und potenzielle Gebietskulisse

366. Erforderlich ist zunächst, die derzeit vorhandenen, potenziell schutzwürdigen und schon gesicherten Wildnisgebiete basierend auf verbindlich festgelegten Kriterien bundesweit zu bilanzieren. Schätzungen des BfN gehen davon aus, dass aktuelle und gesicherte Wildnisgebiete bislang etwa 0,6 % der Landesfläche ausmachen und sich vor allem in Kernzonen von Nationalparks und auf Flächen des Nationalen Naturerbes befinden (BfN 2010a). Zurzeit sind damit etwa 210.000 ha bis 225.000 ha großflächige Wildnis als gesichert anzusehen: circa 117.000 ha in den Nationalparks, circa 45.000 ha geplante Erweiterungen der nicht genutzten Flächen in den Nationalparks sowie etwa 15.000 ha großflächige Prozessschutzflächen (≥ 1.000 ha) in bestehenden Naturschutzgebieten. Darüber hinaus sollen sich die meisten Waldflächen des Nationalen Naturerbes sowie weitere Flächen von Naturschutzverbänden und -stiftungen weitgehend ohne menschliche Beeinflussung entwickeln. Berücksichtigt man hierbei nur die Flächen ≥ 1.000 ha, so ist – über die aktuell dem Prozessschutz unterliegenden Flächen hinaus – von einem Wert von zusätzlichen mehreren 10.000 ha an Wildnisgebieten auszugehen (persönliche Mitteilung des BMUB

vom 24. Juni 2015). Im Folgenden beziehen sich einige der betrachteten Studien und getroffenen Aussagen explizit auf Nationalparks. Derzeit gibt es in Deutschland 16 Nationalparks (Abb. 5-2). Der Anteil der Kern- bzw. Naturdynamikzonen unterscheidet sich stark zwischen den einzelnen Nationalparks. Er liegt derzeit zwischen 22 % und 94 % (BfN 2015).

Um das Flächenpotenzial zur Umsetzung des 2 %-Ziels zu untersuchen, hat das BfN ein F+E-Vorhaben (F+E – Forschung und Entwicklung) vergeben, das Mitte 2015 abgeschlossen wurde (ROSENTHAL et al. 2015; OPITZ et al. 2015).

Ziel des Projektes war es, basierend auf einer Reihe von Kriterien eine Landschaftsanalyse der terrestrischen Fläche Deutschlands durchzuführen, um eine theoretische Suchkulisse für potenzielle Wildnisgebiete zu identifizieren. Dabei wurden Mindestgrößen von 500 ha für Moore, Fluss- und Küstenabschnitte und 1.000 ha für Wälder und Gebirgslandschaften sowie ehemalige Truppenübungsplätze und Bergbaufolgelandschaften angenommen. Außerdem wurden Faktoren wie Unzerschnittenheit und Kompaktheit der Flächen vorausgesetzt. Die Ergebnisse der Studie zeigen, dass sich eine Suchkulisse von 3,52 % der Landesfläche potenziell als Wildnisgebiete eignet (Tab. 5-2).

Dies bedeutet, dass das 2 %-Wildnisziel prinzipiell erreichbar ist. Dazu muss allerdings mehr als die Hälfte der potenziellen Flächen tatsächlich Wildnis werden. Insgesamt erscheint eine Zielerreichung bis 2020 nach derzeitigem Stand äußerst ambitioniert und setzt ein engagiertes und zügiges Vorgehen der Akteure, insbesondere der Länder, voraus. Im nächsten Schritt müssen nun Kriterien für eine Priorisierung der Flächen unter naturschutzfachlichen, aber auch unter praktischen Gesichtspunkten entwickelt werden. Dies betrifft insbesondere die Klärung und Berücksichtigung der Eigentumsverhältnisse, die Qualität der umgebenden Landschaft sowie den Ausgangszustand oder die Vornutzung der anvisierten Fläche. Außerdem sollte die Umsetzung der Ziele von 2 % Wildnis und von 5 % Wäldern mit natürlicher Entwicklung harmonisiert werden (SPELLMANN et al. 2015).

5.6.2 Herausforderungen innerhalb des Naturschutzes

367. Bei der Einrichtung von Wildnisgebieten kann es mitunter zu Konkurrenz zwischen verschiedenen Zielen des Naturschutzes kommen, beispielsweise auf ehemaligen Truppenübungsplätzen (SCHUMACHER und JOHST 2015). Wichtig bei der Auflösung dieser Konflikte ist die Frage nach dem Verhältnis der Leitlinien des Naturschutzes zueinander. Geht man von einer prinzipiellen Gleichrangigkeit aller Ziele (Eigenart, Vielfalt und Schönheit, freie Naturentwicklung) und Leitlinien des Naturschutzes (Landschaftsschutz, Landespflege, Arten- und Biotopschutz, Prozessschutz) aus, so kann man im raumkonkreten Einzelfall abwägen und unterschiedlich priorisieren.

Abbildung 5-2

Nationalparks in Deutschland

Quelle: BfN 2015; basierend auf Angaben der Länder, Geobasisdaten: © GeoBasis-DE / BKG 2015

Tabelle 5-2

Gesamtbilanz potenzieller Wildnisgebiete in Deutschland

	Summe in ha	Anteil an Bundesfläche in %	Flächenanzahl
Wald	702.961	1,97	342
Flussauen / Gewässer	172.047	0,48	170
Ehemalige Militärflächen (ohne Flächenüberlagerungen mit anderen Kategorien)	150.417	0,42	61
Hochgebirge	103.036	0,29	9
Moore	85.870	0,25	103
Meeresküsten	26.276	0,07	24
Bergbaufolgelandschaften	15.589	0,04	10
Gesamtsumme	**1.256.196**	**3,52**	**719**
Quelle: OPITZ et al. 2015, verändert; Tabelle 1 und 2 zusammengefasst			

Schutzgebiete

368. Die mitteleuropäische Kulturlandschaft ist durch eine lange Tradition extensiver Bewirtschaftung geprägt, die vielfältige Lebensräume mit einem spezifischen Arteninventar geschaffen hat. Einige der durch extensive Bewirtschaftung begünstigten Offenland-Lebensräume, wie Magerrasen und Heiden, und Arten, wie die Vogelarten Ziegenmelker, Brachpieper und Heidelerche, sind heute stark bedroht und stehen unter besonderem Schutz, zum Beispiel im Rahmen der FFH- und der Vogelschutzrichtlinie. Für das Vorkommen dieser Lebensraumtypen und Arten sind weiterhin eine extensive Nutzung bzw. aktive Pflegemaßnahmen nötig. Ein Großteil von Lebensraumtypen, wie beispielsweise Wald- und Küstenlebensraumtypen, Auen und Moore, profitiert jedoch von einer Nichtnutzung (BALZER et al. 2007; SIPKOVA et al. 2010). Beide Ziele, der Schutz von Prozessen bzw. Wildnis sowie der Schutz wertvoller Bestandteile der Kulturlandschaft, sind wichtige, gleichberechtigte Säulen des Naturschutzes (PIECHOCKI et al. 2010; JESSEL 2014).

Der Prozessschutz, der bei Wildnisgebieten im Mittelpunkt steht, ist – wie dargestellt – nicht gezielt auf den Schutz einzelner Arten oder Lebensraumtypen ausgerichtet, sondern explizit durch ergebnisoffene Dynamik gekennzeichnet. In der Praxis ist es für manche Lebensraumtypen und Arten nicht möglich, die Schutzziele der FFH-Richtlinie sowie das Ziel Prozessschutz gleichzeitig zu erreichen (Europäische Kommission 2013b). Im Einzelfall können durch den Ablauf natürlicher Dynamiken lokal Lebensraumtypen und Arten des Offenlandes verloren gehen. Nach den Vorgaben der FFH-Richtlinie muss das Management von Natura 2000-Gebieten gewährleisten, dass sich der Erhaltungszustand der geschützten Lebensraumtypen und Arten nicht verschlechtert bzw. ein günstiger Erhaltungszustand erreicht wird.

Die Möglichkeiten der FFH-Richtlinie, mit Veränderungen umzugehen, diskutieren SCHUMACHER und SCHUMACHER (2013) im Kontext der Anpassung an den Klimawandel. Sie kommen zu dem Ergebnis, dass die Richtlinie die Möglichkeit bietet, auf den Klimawandel zu reagieren. Sie argumentieren, dass Natura 2000 kein statisches Schutzgebietssystem ist und die nötigen Regelungen zur Anpassung größtenteils vorhanden sind. Es ist zu prüfen, inwieweit dies auch auf die dynamischen Entwicklungen und Veränderungen in Wildnisgebieten zutrifft. Hier ist insbesondere eine weitere Abstimmung auf europäischer Ebene nötig (CEAUSU et al. 2015). In ihren „Guidelines on Wilderness in Natura 2000" stellt die Europäische Kommission bereits heraus, dass der günstige Erhaltungszustand auf der passenden regionalen, nationalen oder biogeografischen Skala erreicht werden muss, nicht aber zwangsläufig auf jeder einzelnen Fläche. Lokale Veränderungen als Ergebnis natürlicher Prozesse können daher akzeptiert werden, solange der günstige Erhaltungszustand auf der nationalen und biogeografischen Ebene gewährleistet ist (Europäische Kommission 2013b, S. 44). Um dies hinreichend zu berücksichtigen, sind großräumige Schutzkonzepte, die Zonierungen umfassen können, und jeweils auf den Einzelfall bezogene Prioritätensetzungen wichtig.

Management von heimischen Wildtieren und Neobiota

368. Basierend auf einem unterschiedlichen Verständnis von Prozessschutz und daraus resultierenden Leitbildern werden verschiedene Ansatzpunkte für ein Management von Prozessschutzgebieten diskutiert. So hängt das Wildtiermanagement, das heißt die gezielte Bejagung und Reduzierung vor allem von Schalenwild (z. B. Reh-, Rot-, Schwarzwild), entscheidend von der jeweiligen Vorstellung von Prozessschutz ab (SCHERFOSE 2014). Gleiches gilt für den Umgang mit Neobiota (z. B. Damwild, Waschbär, Marderhund, Indisches Springkraut, Spätblühende

Traubenkirsche) in Wildnisgebieten. Die dabei verfolgten Leitbilder orientieren sich sowohl an historischen als auch an aktuellen Zuständen (Tab. 5-3). Je nach ökologischen Rahmenbedingungen, wie beispielsweise dem Vorhandensein oder Fehlen von Prädatoren (Räubern), ergeben sich daraus ganz unterschiedliche Rückschlüsse auf den Umgang mit Schalenwild. Diese können von „permanentem Management" bis hin zu „gar keinem Management" reichen.

Derzeit findet in allen terrestrischen Nationalparks in Deutschland ein Wildtiermanagement statt (SCHERFOSE 2014; EUROPARC Deutschland 2013). In den meisten Fällen dient es dazu, Schäl- und Verbissschäden zu reduzieren, um eine natürliche Waldentwicklung zu gewährleisten. Meist sind die Maßnahmen zwar räumlich und zeitlich begrenzt, finden aber in vielen Nationalparks

selbst in den Prozessschutzzonen statt. Die AG Nationalparke bei EUROPARC Deutschland hat ein Positionspapier zur Wildtierregulation in Nationalparks erarbeitet, in dem sie klarstellt, dass sich Eingriffe in Wildtierpopulationen am jeweiligen Schutzzweck orientieren müssen (AG Nationalparke bei EUROPARC Deutschland 2012).

370. Ähnliche Aspekte gelten auch für den Umgang mit Neobiota. Generell ist das Einwandern einer Tier- oder Pflanzenart ein natürlicher Prozess. Durch den anthropogenen Klimawandel und die Globalisierung wird die Differenzierung zwischen Einwanderung und Einschleppung allerdings unscharf, was eine Bewertung erschwert. Prinzipiell steht die gezielte Bekämpfung dieser Arten im Gegensatz zu dem Ziel, nicht in die Prozesse in Wildnisgebieten einzugreifen. Diese Frage kann gebietsspezifisch, ebenfalls in Abhängigkeit vom jeweils verfolgten

Tabelle 5-3

Prozessschutzmodelle als Grundlage für das Management und die Entwicklung von Nationalparks

Historisches Leitbild	Aktualistisches Leitbild
Naturdynamik-Modell A1	**Naturdynamik-Modell B1**
Der Zielzustand ist historisch definiert; z. B. eine bestimmte Form einer potenziell natürlichen idealisierten Vegetation (= Urlandschaft?)	Der Zielzustand ist aktualistisch hergeleitet und für die Zukunft weitgehend offen; z. B. bestimmte Ökosystemtypen inkl. deren Dynamik
Große Pflanzenfresser spielen darin eine eher geringe Rolle	Ziel: ungelenkte Wildnis nach einer Übergangszeit, in der noch Eingriffe erlaubt sind
Ziel: Wildnis mit Eingriffen (zur „Wiederherstellung" dieses Zustandes)	Konsequenzen könnten sein:
Konsequenzen könnten sein: – Permanentes punktuelles Artenmanagement – Management von Neobiota – Permanentes Schalenwildmanagement – Management von Biotopen nach Bedarf – Renaturierung nach Bedarf (bis permanent)	– Naturdynamik oft erst nach Initialmaßnahmen – Zunächst erfolgen Renaturierungen (z. B. Waldumbaumaßnahmen) – Schalenwildmanagement besonders zu Beginn – Artenmanagement besonders zu Beginn; bei Neobiota ggf. permanent
Naturdynamik-Modell A2	**Naturdynamik-Modell B2**
Der Zielzustand ist historisch definiert; z. B. eine bestimmte Form einer potenziell natürlichen idealisierten Vegetation (= Urlandschaft?)	Ein Zielzustand ist nicht definiert bzw. völlig offen;
Große Pflanzenfresser spielen darin eine große Rolle (jedoch eine geringere als in der „Megaherbivoren-Theorie")	Naturdynamikziel dominiert gegenüber Arten- und Biotopschutzzielen (Primat: Natur ohne Mensch)
Ziel: Wildnis mit punktuellen Eingriffen (zur „Wiederherstellung" dieses Zustandes)	Ziel: ungelenkte Wildnis
Konsequenzen könnten sein: – Permanentes punktuelles Artenmanagement – Management von Neobiota – Stark reduziertes Schalenwildmanagement – Management von Biotopen nach Bedarf – Renaturierung nach Bedarf	Konsequenzen könnten sein: – Naturdynamikschutz erfolgt sofort – Alle zukünftigen Prozesse werden toleriert, auch wenn sie unerwünscht sind (z. B. in Bezug auf eine bestimmte potenziell natürliche Vegetation oder auf Kalamitäten) – Kein Arten- und Biotopmanagement – Kein Schalenwildmanagement
Quelle: SCHERFOSE 2014, S. 8 f.	

Prozessschutzmodell, behandelt werden (OLISCH-LÄGER und KOWARIK 2011). Aus den beiden Leitbildern einer natürlichen Dynamik lassen sich verschiedene Auffassungen über den Umgang mit invasiven Arten ableiten (Tab. 5-3). Wird eine historische Perspektive verfolgt, ein ursprünglicher, vom Menschen unbeeinflusster Zustand, lässt sich eine Bekämpfung invasiver Arten begründen. Aus einer aktualistischen Perspektive, das heißt basierend auf dem heutigen Standortpotenzial, resultiert die Akzeptanz dieser Arten. Dabei sind jedoch die bestehenden rechtlichen Regelungen zu beachten. Im Art. 8h CBD sind Vorsorge, Kontrolle und Bekämpfung invasiver Arten völkerrechtlich verbindlich festgeschrieben. Am 1. Januar 2015 trat die Verordnung (EU) Nr. 1143/2014 über die Prävention und das Management der Einbringung und Ausbreitung invasiver gebietsfremder Arten in Kraft. Sie umfasst nach Art. 1 Bestimmungen für die Prävention, Minimierung und Abschwächung der nachteiligen Auswirkungen der Einbringung und Ausbreitung invasiver gebietsfremder Arten auf die Biodiversität in der Union. Derzeit erarbeitet die Europäische Kommission eine Liste invasiver gebietsfremder Arten von unionsweiter Bedeutung, für die Maßnahmen zum zukünftigen Umgang festgelegt werden. Auf nationaler Ebene wird dies durch § 40 BNatSchG geregelt. Er bestimmt, dass geeignete Maßnahmen zu treffen sind, um einer Gefährdung von Ökosystemen, Biotopen und Arten durch Tiere und Pflanzen nichtheimischer oder invasiver Arten entgegenzuwirken.

371. Weiterhin gibt es unterschiedliche Auffassungen zur gezielten (Wieder-)Ansiedlung bestimmter Arten, beispielsweise der Einführung von Großsäugern. Sowohl große Pflanzenfresser als auch Top-Prädatoren haben einen wesentlichen Einfluss auf die Nahrungsnetze und andere ökosystemare Prozesse (ESTES et al. 2011; BUNZEL-DRÜKE et al. 2001; SANDOM et al. 2014). Basierend auf der Megaherbivorentheorie, die den gestaltenden Einfluss großer Pflanzenfresser auf Lebensraum, Vegetation und Landschaftsstruktur betont, verfolgen verschiedene Initiativen, wie beispielsweise Rewilding Europe, das Ziel, durch die Wiedereinführung von Großsäugern eine postglaziale Naturlandschaft als Ideal- und Referenzlandschaft annäherungsweise wiederherzustellen (Rewilding Europe 2015). Darüber hinaus soll durch die Wiederansiedelung auch die touristische Attraktivität und – über die Einkommensgenerierung – die Akzeptanz der Gebiete in der Bevölkerung steigen.

Kritiker merken allerdings an, dass der Einfluss der Großsäuger umstritten ist und eine nacheiszeitliche Naturlandschaft nicht rekonstruiert werden kann, da der Mensch bereits zu diesem Zeitpunkt stark in die Populationen von großen Herbivoren eingegriffen hat (BUNZEL-DRÜKE et al. 2001). Darüber hinaus erfordert der Einsatz großer Herbivoren häufig ein Management, auch um veterinärmedizinische und tierschutzrechtliche Vorgaben zu erfüllen.

372. Die verschiedenen Modelle haben eine unterschiedliche naturschutzpolitische Zielsetzung und sind damit in der Umsetzung alle von naturschutzfachlichem

Wert. Allerdings spricht sich der SRU zur Erreichung des 2 %-Ziels für ein möglichst enges und konsequentes Verständnis von Prozessschutz aus, um die verschiedenen Werte, die Wildnis hat (vgl. Kap. 5.2), vollständig zu schützen und ihre Alleinstellungsmerkmale zu sichern. Folgt man den Kriterien „ergebnisoffener Ablauf" und „vom Menschen unbeeinflusster Ablauf" natürlicher Prozesse, ergibt sich daraus eine strikte Umsetzung des Prozessschutzes. Eingriffe in natürliche Dynamiken, wie beispielsweise Jagd oder die gezielte Bekämpfung von Neobiota, sollten – je nach Ausgangslage gegebenenfalls nach einer Initialphase – weitestgehend unterbleiben. Hier bewegt sich das Management im Spannungsfeld zwischen aktiven Eingriffen, um eine größere Naturnähe zu erreichen (z. B. Renaturierung), und dem Ziel, nicht in die Prozesse einzugreifen (LANDRES et al. 2000; SCHERZINGER 1997). Während einer Initialphase kann die Wildnisentwicklung durch bestimmte Managementmaßnahmen beschleunigt werden. Dazu zählen zum Beispiel die gezielte Entnahme gebiets- oder standortfremder Arten wie der Douglasie oder gegebenenfalls der Fichte sowie ein gezieltes Wildtiermanagement. Auch bauliche Maßnahmen, wie der Rückbau von Deichen oder anderer Siedlungs- und Verkehrsinfrastruktur, können notwendig werden. Die Initialphase sollte durch adaptives Management (Europäische Kommission 2013a, S. 37–41) gekennzeichnet sein. Dauerhafte Eingriffe sollten sich auf Pufferzonen beschränken. Diese Zonen können auch dazu dienen, mögliche Konflikte mit der Umgebung des Schutzgebiets zu minimieren. Weiterhin sieht der SRU eine gezielte Ansiedlung von Großsäugern kritisch. Allerdings kann die Einbringung von lokal extinkten, aber ursprünglich einheimischen Arten (wie z. B. Elch, Luchs, Wisent) auch als Initialmaßnahme bewertet werden. Sie sollte dann allerdings nicht mit dauerhaften Eingriffen oder beispielsweise mit dem Errichten von Weidezäunen verbunden sein. Dabei muss die Population groß genug bzw. der Austausch mit anderen Populationen möglich sein, um überlebensfähig zu sein (kleinste überlebensfähige Population).

5.6.3 Konflikte mit wirtschaftlichen Interessen

373. Mitunter steht der mit der Ausweisung von Wildnisgebieten verbundene Nutzungsverzicht im Konflikt mit den wirtschaftlichen Interessen der Flächennutzer. Durch die Aufgabe der Bewirtschaftung entstehen Einkommensverluste. Dies betrifft insbesondere die Forstwirtschaft und die Holzverarbeitung, aber auch die Landwirtschaft, die Jagd, die Fischerei sowie bestimmte touristische und sportliche Nutzungsformen.

Da potenzielle Wildnisgebiete oft in ländlichen Regionen liegen, sind die Einkommensverluste durch Nutzungsverzicht volkswirtschaftlich betrachtet allerdings häufig geringer als in anderen Regionen (JOB et al. 2009; NAVARRO und PEREIRA 2012). Kommt es infolge der Ausweisung von Wildnisgebieten und dem freiwilligen Nutzungsverzicht zu direkten Einkommensverlusten für private Flächeneigentümer, so sollten diese adäquat, auch finanziell, kompensiert werden. In der Regel werden die Gebiete in Privatbesitz dauerhaft durch einen Flächenkauf oder -tausch gesichert (s. Abschn. 5.6.5). Wo dies nicht möglich ist, kann der Abkauf des Nutzungsrechts eine Alternative darstellen. Dazu könnten beispielsweise bestehende Förderprogramme wie das „Bundesprogramm biologische Vielfalt" oder „chance.natur – Bundesförderung Naturschutz" genutzt werden. In erster Linie ist allerdings die öffentliche Hand gefordert, das Ziel der nationalen Biodiversitätsstrategie auf ihren Flächen umzusetzen (OPITZ et al. 2015). Eine besondere Rolle spielen in diesem Zusammenhang die landeseigenen Forstbetriebe, die in vielen Fällen einer gewinnorientierten Bewirtschaftung unterliegen (BENZ et al. 2008). Hier sollten die Länder klare Vorgaben zur Umsetzung des 2 %-Ziels machen und ihre Forstbetriebe dabei unterstützen. Darüber hinaus sollten interessierte Privateigentümer wie Waldbesitzer oder auch Kirchen, die Flächen freiwillig als Wildnisgebiet zur Verfügung stellen wollen, unterstützt werden.

Wirtschaftliche Konflikte kann es auch im Zusammenhang mit Kommunalwäldern geben. Einige Kommunen erwirtschaften einen nicht unerheblichen Teil ihrer Einkünfte durch die Holznutzung. Die regionale Wirtschaft kann über indirekte Effekte negativ betroffen sein. Beispielsweise kann es sein, dass das Holzangebot reduziert wird, mit Auswirkungen auf die zuliefernden und weiterverarbeitenden Betriebe, wie Sägewerke und Holztransportunternehmen, bei denen es zu Einkommensverlusten kommen kann (BfN 2013).

374. Die wirtschaftlichen Ziele einer touristischen Nutzung können im Konflikt mit dem Ziel des Prozessschutzes stehen (COLE 2001). Um die Schutzziele nicht zu gefährden, sind Planungen und Konzepte für eine gezielte Besucherlenkung wichtig (BRÜGGEMANN 2006). Für die Besucher zugängliche Routen und Bereiche sollten nach naturschutzfachlichen und naturerlebnisorientierten Gesichtspunkten so ausgewählt werden, dass ökologisch sensible Gebiete ausgespart und – soweit nötig – Wegegebote bzw. Betretungsverbote umgesetzt werden (EUROPARC Deutschland 2013). Um die Erlebbarkeit zu ermöglichen, sind Maßnahmen zur Verkehrssicherungspflicht in diesen Bereichen nötig. Hierbei ist zu bedenken, dass die eudaimonistischen Begründungen des Wildnisschutzes (s. Abschn. 5.2.2.3) die Zugänglichkeit und Erlebbarkeit der Gebiete voraussetzen. Die Regulierung des Besucherverhaltens innerhalb von Wildnisgebieten ist aber praktisch unumgänglich.

Abhängig von den Rahmenbedingungen und der räumlichen Betrachtungsebene können die Einkommensverluste, die durch einen Nutzungsverzicht entstehen, geringer sein als die regionalwirtschaftliche Wertschöpfung, die durch ein naturschutzfachlich streng geschütztes Gebiet generiert wird. In einer Studie haben JOB und MAYER (2012) exemplarisch für den Nationalpark Bayerischer Wald die regionalwirtschaftlichen Einkommensverluste durch den Verzicht auf eine Holznutzung ermittelt. Die entgangene Wertschöpfung einer hypo-

thetischen forstwirtschaftlichen Nutzung samt Holzverarbeitung in der Sägeindustrie beläuft sich je nach Szenario auf zwischen 5,0 und 10,8 Mio. Euro jährlich. Diese stehen einer realen jährlichen Wertschöpfung von etwa 13,5 Mio. Euro durch den Nationalparktourismus gegenüber. Die Autoren der Studie kommen zu dem Schluss, dass der Nationalpark mit 190 Vollzeitarbeitskräften größere positive Effekte auf den regionalen Arbeitsmarkt hat als ein alternativ existierender Staatsforstbetrieb mit etwa 90 bis 110 Mitarbeitern. Der Vergleich zwischen den regionalwirtschaftlichen Effekten forst- und holzwirtschaftlicher Nutzung (inkl. Tourismus) und einem strengen Naturschutz (inkl. schutzgebietsinduziertem, zusätzlichem Tourismus) geht hier zugunsten des Nationalparks oder, je nach Szenario, mindestens paritätisch aus. Diese Betrachtungen gelten allerdings für den speziellen Fall Bayerischer Wald und sind nicht ohne Weiteres auf andere Gebiete übertragbar. Die Mehrzahl der deutschen Nationalparks hat zwischen 40 und 90 Mitarbeiter (EUROPARC Deutschland 2013). Darüber hinaus ist nicht davon auszugehen, dass zukünftig jedes Wildnisgebiet außerhalb von Nationalparks auch eine eigene Verwaltung besitzen wird.

Solche Wirtschaftlichkeitsbetrachtungen berücksichtigen häufig noch nicht den gesellschaftlichen Nutzen vieler weiterer Ökosystemleistungen und der durch sie bereitgestellten öffentlichen Güter. So stehen beispielsweise den entgangenen Einnahmen durch die Einrichtung von ökologischem Hochwasserschutz auch große gesellschaftliche Nutzen gegenüber, welche in einer vollständigen Kosten-Nutzen-Analyse zu berücksichtigen sind (SCHÄFER und KOWATSCH 2015). Generell mag es in einer effizienztheoretischen Betrachtung fraglich bleiben, ob die teilweise immateriellen Wohlfahrtseffeke des Wildnisschutzes dessen Opportunitätskosten aufwiegen. Die Einrichtung von Wildnisgebieten ist aber letztlich eine naturschutzpolitische Entscheidung über das Ausmaß an öffentlichen Gütern in einer wohlhabenden Gesellschaft. Statt um eine Effizienzbetrachtung geht es um die Wertentscheidung, ob sich eine Gesellschaft nutzungsfreie Wildnisgebiete leisten möchte.

5.6.4 Kommunikation und Akzeptanz

375. Weite Teile der deutschen Bevölkerung sind generell positiv gegenüber Wildnis eingestellt (BMUB und BfN 2014). Allerdings geht die Einrichtung von Prozessschutzgebieten, wie andere Land*nutzungs*optionen auch, häufig mit lokalen oder regionalen Konfliktpotenzialen einher (POTTHAST und BERG 2013). Solche Konflikte können auch durch mangelnde Kommunikation und Partizipation vor, bei und nach der Einrichtung verschärft werden.

Einstellungen zu Wildnis

376. Die Einstellung der Menschen in Mitteleuropa gegenüber wilder, unberührter Natur hat sich im Laufe der Geschichte deutlich gewandelt (PIECHOCKI et al. 2014). In früheren Vorstellungen stellte Wildnis einen unwirtlichen, lebensfeindlichen Ort dar, an dem man den natürlichen Witterungsbedingungen wie Stürmen und starken Niederschlägen aber auch „wilden Tieren" weitgehend ausgeliefert war. Mit der Etablierung der Landwirtschaft hat sich der Mensch zunehmend unabhängig von vielen dieser Bedingungen gemacht. Er hat die Natur immer intensiver für sich genutzt, geformt und verändert – Wälder gerodet und Moore entwässert, das Land urbar gemacht. Heute lebt ein immer größerer Anteil der Menschen in Städten, in denen der Alltag stark durch organisierte, strukturierte Prozesse und Naturferne gekennzeichnet ist.

Gleichzeitig wächst mit dieser zunehmenden Kontrolle über die Natur die Sehnsucht nach Wildnis (HAß et al. 2012) als Gegenpol zur Zivilisation. Sie wird immer mehr auch als Raum wahrgenommen, in dem noch Werte wie Einsamkeit, Weite und Ruhe erfahren werden können, und in dem Prozesse ungeplant ablaufen (vgl. Tz. 343). Dies zeigt sich auch in aktuellen Befragungen. Das BfN untersucht regelmäßig die Einstellung der Bevölkerung gegenüber der Natur mit den sogenannten Naturbewusstseinsstudien. Ein Schwerpunkt der Studie im Jahr 2013 war das Thema Wildnis. Hier zeigte sich, dass 65 % der Bevölkerung Natur umso besser gefällt, desto wilder sie ist („trifft voll und ganz zu": 23 % und „trifft eher zu": 42 %). Mit dem Begriff Wildnis werden in der deutschen Bevölkerung häufiger positiv besetzte Begriffe wie „Naturbelassenheit" als negative wie „Chaos und Verwahrlosung" verbunden (BMUB und BfN 2014).

Personen, die für mehr Wildnis in Deutschland plädieren, wünschen sich insbesondere in Wäldern sowie in Moorlandschaften mehr Wildnis. Küstenabschnitte und Seenlandschaften werden deutlich seltener genannt (Abb. 5-3).

377. Die Zustimmung gegenüber der Ausbreitung von wild lebenden Großsäugern ist groß: Rund zwei Drittel der Deutschen finden gut, wenn Biber (67 %), Luchs (64 %) und Wildkatze (63 %) sich ausbreiten. Das Verhältnis der Deutschen zum Wolf ist dagegen ambivalent und seine Rückkehr in das dicht besiedelte Deutschland mit einer emotionalen Diskussion verbunden: 44 % finden gut, wenn der Wolf sich in Deutschland verbreitet, 41 % finden es nicht gut (BMUB und BfN 2014).

378. Auch wenn eudaimonistische Werte und Bedeutungen von Biodiversität (vgl. Abschn. 5.2.2.3) subjektiv erlebt werden und dadurch in politischen Auseinandersetzungen häufig als „weiche Argumente" angesehen werden, können auch diese neben den instrumentellen Werten auf große Zustimmung stoßen. Die Ergebnisse der Naturbewusstseinsstudie 2013 zeigen, dass in der Öffentlichkeitsarbeit bereits an bekannte und breit befürwortete Pro-Argumente angeknüpft werden kann (Wildnis als „Rückzugsräume für Tiere und Pflanzen", als „Freiraum in unserer technisierten Welt", als Referenzfläche (BMUB und BfN 2014, S. 30 f.)).

Abbildung 5-3

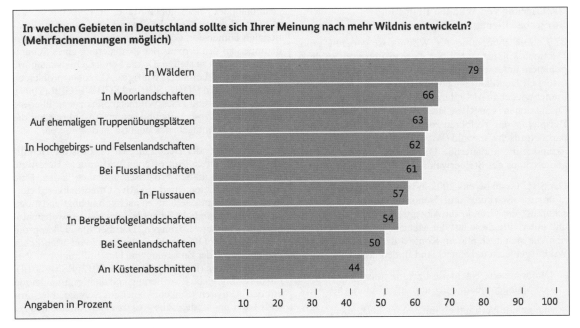

Ausdehnung der Wildnis in verschiedenen Ökosystemtypen

In welchen Gebieten in Deutschland sollte sich Ihrer Meinung nach mehr Wildnis entwickeln? (Mehrfachnennungen möglich)

Gebiet	Prozent
In Wäldern	79
In Moorlandschaften	66
Auf ehemaligen Truppenübungsplätzen	63
In Hochgebirgs- und Felsenlandschaften	62
Bei Flusslandschaften	61
In Flussauen	57
In Bergbaufolgelandschaften	54
Bei Seenlandschaften	50
An Küstenabschnitten	44

Angaben in Prozent

Quelle: BMUB und BfN 2014

Die für die Etablierung von Wildnis notwendige Akzeptanz wird durch ein Naturverständnis bedingt, das natürliche Entwicklung als solche wertschätzt (vgl. BROUNS 2003). Gesellschaftliche Diskurse und öffentliche Meinung haben neben der allgemeinen Wertorientierung großen Einfluss auf die individuellen Einstellungen. Ein gesellschaftlicher Diskurs ist damit für die Ausweitung von Prozessschutzflächen bedeutsam. Im Rahmen der Naturbewusstseinsstudie antworteten 30 % der Deutschen mit „weiß nicht" auf die Frage „Meinen Sie, dass es in Deutschland bereits genügend Nationalparks gibt?", 33 % antworteten „ja", 37 % „nein" (BMUB und BfN 2014). Um insbesondere die Unentschlossenen zu erreichen, sollte auf positive Weise über gute Gründe für und Chancen von Wildnis und deren Unterschutzstellung informiert werden.

Der SRU begrüßt, dass das BMUB im Zuge der Naturschutz-Offensive 2020 (BMUB 2015b) dem Thema Wildnis im Rahmen seiner Öffentlichkeitsarbeit besondere Aufmerksamkeit widmen wird. Der SRU empfiehlt die Durchführung einer bundesweiten Kampagne pro Wildnis: Durch intensive Öffentlichkeitsarbeit sollte das Thema Wildnis stärker in das Bewusstsein der breiten Öffentlichkeit rücken. Die Kampagne sollte sowohl auf Fakten basieren als auch positive Emotionen der Menschen ansprechen. Sie sollte insbesondere auf die instrumentellen und eudaimonistischen Argumente für Wildnis eingehen, aber auch die Synergien mit anderen Umweltpolitikbereichen wie Klima- und Hochwasserschutz klar kommunizieren.

Besondere Anforderungen an den Prozess der Realisierung von Wildnis: Dialog und Bürgerbeteiligung

379. Die Sympathie für Wildnis ist generell groß. Dennoch kommt es bei der Ausweisung von Wildnisgebieten unter den relevanten Stakeholdern und der örtlichen Bevölkerung potenzieller Großschutzgebiete immer wieder zu Akzeptanzproblemen und kontroversen Diskussionen (von RUSCHKOWSKI 2009). Ein jüngeres Beispiel ist das Verfahren zur Einrichtung des Nationalparks Nordschwarzwald (WACHINGER et al. 2014), ein aktuelles die andauernde Diskussion um den Schutzgebietsstatus des Steigerwalds (JEDICKE 2015b).

Der SRU fasste bereits 2002 in seinem Sondergutachten „Für eine Stärkung und Neuorientierung des Naturschutzes" die Gründe für Akzeptanzdefizite zusammen und unterteilte diese auf der Metaebene in fünf Kategorien, die sich auch alle im Kontext der Ausweisung von Wildnisgebieten in Deutschland finden lassen:

– Ökonomische Nachteile bzw. ungünstige Rahmenbedingungen finanzieller und organisatorischer Art,

– mangelnde Vertrautheit mit Naturschutzzielen,

– konträre Werthaltungen und Überzeugungen,

– Kommunikationsformen, die von den Beteiligten als unbefriedigend oder als autoritär erlebt werden, und

– Angst vor Verhaltenseinschränkungen, Bevormundung und Fremdbestimmung (SRU 2002, Tz. 79 ff.).

Die konkreten Gründe für Bedenken und eine fehlende Akzeptanz vor Ort sind sehr vielfältig. Bedeutsam ist die Sorge um Ertragseinbußen in der Land- und Forstwirtschaft und den Verlust von Arbeitsplätzen, beispielsweise in der holzverarbeitenden Wirtschaft (vgl. Abschn. 5.6.3). Eine Rolle spielt auch die Frage nach Brennholz (EGIDI 2015), die Besorgnis um Freiheitseinengung durch Regeln (Betretungsverbote, Verbote des Sammelns von Beeren und Pilzen (SIEBERATH 2007)) und vor der Ausbreitung des Borkenkäfers und dessen Auswirkungen auf den Tourismus (SUDA und WAGNER 2012). Auch die Veränderung des gewohnten Landschaftsbildes (ebd.; Nationalparkverwaltung Bayerischer Wald 2011) und die Sorge um den Verlust von Sonderstandorten und Arten (vgl. Abschn. 5.6.2) werden als Argumente thematisiert (NIEMEYER-LÜLLWITZ 2012). Defizite bei der Beteiligung spielen ebenfalls eine Rolle (WACHINGER et al. 2014).

380. Die ökologischen, ökonomischen und politischen Rahmenbedingungen vor Ort bei der Ausweisung neuer Schutzgebiete sind jeweils unterschiedlich. Eine „vorgefertigte Lösung" im Sinne eines standardisierten Konzepts gibt es daher nicht. Für die deutschen Nationalparks gibt es schon seit langem Regeln zur frühzeitigen und kontinuierlichen Öffentlichkeitsbeteiligung bei der Erstellung von Nationalparkplänen (EUROPARC Deutschland 2000). EGIDI (2015) konstatiert, dass es bei dem emotionalen und bedürfnisorientierten Thema „Nationalpark" eines hohen Maßes an Empathie für die vor Ort lebenden Menschen bedarf. Aufgrund der emotionalen Dimension von Wildnis sind besondere Anforderungen an den Prozess der Realisierung eines Schutzgebietsprojekts zu stellen. Da die Schutzgebietskategorie „Nationalpark" besonders häufig zu Akzeptanzproblemen führt, empfehlen HOHEISEL und SCHWEIGER (2009), bei der Etablierung eines Wildnisgebiets zuerst über die inhaltliche Ausgestaltung und erst im Anschluss über die gesetzliche Schutzgebietskategorie zu diskutieren.

Von entscheidender Bedeutung ist es, dass die Beteiligenden alle direkt Betroffenen und andere Beteiligte möglichst früh an den Prozessen teilhaben lassen. Eine frühzeitige, effiziente und effektive Öffentlichkeitsbeteiligung macht Entscheidungen nachvollziehbar und transparent und ermöglicht – gerade auch aus Umweltsicht – qualitativ bessere Lösungen. Darüber hinaus kann die Beteiligung der Öffentlichkeit die Dauer von öffentlicher Planung sowie der Zulassung und Durchführung von Vorhaben verkürzen (FLASBARTH et al. 2012; ESER 2014). Für die erfolgreiche Realisierung und die Kommunikation mit den Akteuren (Stakeholdern) des Schutzgebietsumfelds kann der strategische Ansatz einer Akteursanalyse sinnvoll sein. Er ermöglicht die systematische Erfassung aller potenziell Betroffenen und anderer Beteiligter und die Bildung einer Stakeholder-Typologie (vgl. Tab. 5-4; von RUSCHKOWSKI 2009; WACHINGER et al. 2014).

381. Öffentlichkeitsbeteiligung kann eine breite Akzeptanz für das Schutzgebiet schaffen, zum Beispiel im Sinne der Legitimation eines behördlichen Rahmenkonzepts (WIRTH et al. 2015), einer gemeinsamen Perspektive und der Identifikation mit den Zielen des Schutzgebiets, zum Beispiel durch kommunale Entscheidungsträger. Im besten Fall wird das neue Schutzgebiet in der lokalen Bevölkerung als Chance für eine neue regionale Identität und eine Bereicherung der regionalen Kultur- und Bildungsangebote wahrgenommen.

Für das Verfahren der Öffentlichkeitsbeteiligung werden verschiedene Erfolgsfaktoren als bedeutsam herausgestellt: Neben Frühzeitigkeit, Ergebnisoffenheit und dem Einbezug aller relevanten Akteursgruppen und Entscheidungsträger ist Transparenz von zentraler Bedeutung. Es ist wichtig, im Vorfeld klarzustellen, um welche Beteiligungsform es sich handelt und welche Funktion die Beteiligung mit welchem Entscheidungsspielraum hat. Die Ergebnisse sollten im Sinne eines Mandats des entscheidenden Gremiums umsetzbar sein und deren Votum durch übergeordnete Gremien (z. B. zuständige Landesregierung) nach Möglichkeit gefolgt werden. Hierfür bedarf es einer institutionellen Verankerung. Innerhalb des Verfahrens sind Aufrichtigkeit, Fairness, Wertschätzung, „Dialog auf Augenhöhe" und eine zielgruppengerechte, widerspruchsfreie Ansprache mit qualifizierten Informationen entscheidende Faktoren dafür, dass das Verfahren als gerecht empfunden wird und Vertrauen hergestellt werden kann (WIRTH et al. 2015; Europäische Kommission 2013b; SUŠKEVIČS et al. 2010; EGIDI 2015).

Beteiligung bedeutet deutlich mehr Zeitaufwand als rein hierarchische Steuerungsformen und verursacht höhere Kosten (WIRTH et al. 2015). Als entscheidender Faktor ist die ausreichende Ausstattung mit finanziellen und personellen Ressourcen zu benennen, um das gesamte Verfahren von Anfang an kontinuierlich und professionell begleiten zu können (vgl. SCHLIEP und STOLL-KLEEMANN 2010), beispielsweise durch die Beauftragung einer externen und unabhängigen Person bzw. Instanz.

382. Neben der Beteiligung ist es bedeutsam, dass die Beteiligenden das Thema möglichst frühzeitig durch zielgruppenspezifische Öffentlichkeitsarbeit in der Region „besetzen". Dabei ist es hilfreich, in der Region beliebte und anerkannte Fürsprecher zu gewinnen, zum Beispiel Regionalpolitiker. Auch die soziokulturelle Lebenswelt der Akteure, die regionale Identität, konkrete lokale Akteurskonstellationen und die lokalen Kommunikationsstrukturen spielen eine wichtige Rolle (von RUSCHKOWSKI 2009; WIRTH et al. 2015; LIEBECKE et al. 2009). Daher ist es von Bedeutung, in Teams aus Kommunikationsexperten und „Kennern" aus der Region Öffentlichkeit aktiv herzustellen.

Tabelle 5-4

Potenzielle Stakeholder eines Wildnisgebietes: Beteiligende, direkt Betroffene, andere Beteiligte

Beteiligende	**Landesregierung** *Falls schon Schutzgebiet vorhanden:* **Management** (Besitzer, Pächter) **Hauptamtliche und ehrenamtliche Mitarbeiter**
Direkt Betroffene	**Kommunen** **Anwohner** **Private und kommerzielle „Naturnutzer" in der Region** (z. B. Sportler, Wanderer, Fischer, Jäger, Land- und Forstwirte, Energieerzeuger) **Zulieferer und Weiterverarbeiter** (z. B. Cluster Forst und Holz u. a.) **„Touristische" Anbieter und Infrastrukturanbieter in der Region** (z. B. Hotels/Gastronomie, gewerbliche Freizeitbetriebe, Reiseveranstalter, Hafenbetreiber)
Andere Beteiligte	**Interessengruppen und Verbände** (z. B. aus der Land- und Forstwirtschaft, Naturschutz) **Medien** **Bundesregierung** **Andere Großschutzgebiete** **Mittelgeber**
	SRU/UG 2016/Tab. 5-4; Datenquelle: von RUSCHKOWSKI 2009; WACHINGER et al. 2014

Exkurs: Partizipativer Auswahlprozess und Bürgerbeteiligung zur Etablierung des Nationalparks Hunsrück-Hochwald

Ein positives Beispiel für die Ausweisung eines neuen Wildnisgebietes ist die Einrichtung des Nationalparks Hunsrück-Hochwald, bei der durch ein frühzeitiges, ergebnisoffenes Bürgerbeteiligungsverfahren ein breiter Konsens hergestellt werden konnte. Den Weg zu dem Nationalpark haben die Bundesländer Rheinland-Pfalz und Saarland, die Regionen und Kommunen zusammen bestimmt. Als zentraler Erfolgsfaktor gilt neben der gemeinsam entwickelten Perspektive zur Regionalentwicklung der in mehrere Entscheidungsstufen gegliederte partizipative Verfahrensansatz. Dieser war von Beginn an durch Mitbestimmung und in Bezug auf die konkrete Region durch Ergebnisoffenheit geprägt (EGIDI 2015).

Statt eines Top-down-Ansatzes wurde im vorliegenden Fall ein Verfahren erarbeitet, das in drei Phasen und mehrere Entscheidungsstufen gegliedert war. Nach der Phase der Interessenbekundung, in der fünf naturschutzfachlich geeignete Regionen signalisieren konnten, ob das Vorhaben für sie infrage kommt, und die Region Hochwald ein entsprechendes Interesse meldete, wurde die zweite Phase eingeleitet. In der „Dialog mit der Region"-Phase wurden die Erwartungen der Bürger in der Region aufgenommen und darauf aufbauend ein Landeskonzept für Nationalpark und Nationalparkregion erarbeitet. Nach abermaligem positivem Votum der Region wurde das rechtsförmliche Verfahren zur Ausweisung des Nationalparks in den Bundesländern Rheinland-Pfalz und Saarland initiiert.

Durch den partizipativen Ansatz und einen intensiven Bürgerdialog-Prozess sollte nicht nur die Akzeptanz in der Region, sondern auch die Identifikation mit dem Nationalpark geschaffen werden. Sämtliche wichtige Akteure vor Ort sind in die Planungen einbezogen worden, bevor erste Entscheidungen gefallen sind (EGIDI 2015). Der Nationalpark wurde am Pfingstwochenende 2015 eröffnet.

Kontinuierlicher Austausch, Information und Partizipation

383. Auch nach der Einrichtung eines Wildnisgebietes spielt die Frage der Akzeptanz im Umfeld des Schutzgebietes weiterhin eine Rolle. Die erste Evaluierung der deutschen Nationalparks zeigte beispielsweise, dass die Öffentlichkeits- und Bildungsarbeit von Seiten der Nationalparkverwaltungen in allen Nationalparks zur Gewährleistung bzw. Erhöhung der regionalen Akzeptanz der Parks beiträgt (EUROPARC Deutschland 2013). Eine zentrale Rolle spielt die Kooperation im regionalen Umfeld (HEILAND und HOFFMANN 2013; EUROPARC Deutschland 2013; Europäische Kommission 2013b; SCHLIEP und STOLL-KLEEMANN 2010). Sinnvoll kann hier die Einrichtung eines kommunalen Aus-

schusses für das Großschutzgebiet sein, in dem ein regelmäßiger Austausch mit den betroffenen Gemeinden und weiteren Stakeholdern stattfindet. Beispiele sind der Kommunale Nationalparkausschuss Nationalpark Bayerischer Wald sowie das Bürgerforum und der Beirat im Nationalpark Hunsrück-Hochwald.

Oft werden Kommunikationsaktivitäten der Schutzgebietsverwaltung nur ansatz- oder teilweise evaluiert. In den meisten Nationalparks gibt es zu wenige Stellen für Öffentlichkeitsarbeit, Umweltbildung und Besucherinformation und/oder diese sind nicht mit entsprechend in Kommunikation ausgebildetem und qualifiziertem Personal besetzt (EUROPARC Deutschland 2013).

Der SRU empfiehlt daher die Einrichtung von Stellen für strategische Kommunikation und Öffentlichkeitsarbeit in den Nationalparkverwaltungen, um der Daueraufgabe des begleitenden Dialogs, der Kooperation und dem kontinuierlichen Informationsbedürfnis professionell gerecht werden zu können. Ein kontinuierlicher Austausch mit dem regionalen Umfeld des Schutzgebietes kann auch für kleinere Wildnisgebiete von Bedeutung sein. Neben Vertrauen und der Möglichkeit zur Partizipation gibt es weitere wichtige Einflussfaktoren für die Akzeptanz von Schutzgebieten im regionalen Umfeld, wie unter anderem Übereinstimmung mit dem Natur- und Landschaftsverständnis der lokalen Bevölkerung, Stolz und regionale Identität sowie Erholungsmöglichkeiten für die Menschen vor Ort (MAYER und STOLL-KLEEMANN 2016).

5.6.5 Möglichkeiten zum Flächenerwerb und zur Finanzierung

384. Eine zentrale Herausforderung bei der Einrichtung von Wildnisgebieten in Deutschland ist die Verfügbarkeit und langfristige Sicherung geeigneter Flächen. Dies gilt insbesondere vor dem Hintergrund des steigenden Flächendrucks und zunehmender Nutzungskonkurrenzen (s. Kap. 4). Die Flächen, die sich im Eigentum der öffentlichen Hand befinden, spielen dabei eine entscheidende Rolle (OPITZ et al. 2015). Daher sind Bund, Länder und Kommunen zentrale Akteure bei der Erreichung des 2 %-Ziels (s. Abschn. 5.6.6).

Die Flächen des Nationalen Naturerbes können einen wichtigen Beitrag zu einer bundesweiten Wildniskulisse leisten. Die Regierungsparteien haben sich im Koalitionsvertrag 2005 zum Ziel gesetzt, 80.000 bis 125.000 ha national repräsentative Naturschutzflächen des Bundes von einer Privatisierung auszunehmen und in eine Bundesstiftung einzubringen oder an die Bundesländer zu übertragen (CDU et al. 2005, S. 67 f.). Im Koalitionsvertrag von 2013 haben die Regierungsparteien eine Erweiterung um mindestens 30.000 ha beschlossen, auch um das 2 %- bzw. 5 %-Ziel zu erreichen (CDU et al. 2013, S. 119). Die Flächen des Nationalen Naturerbes liegen unter anderem in Nationalparks, Kernzonen der Biosphärenreservate, ehemaligen militärischen Übungsflächen und Bergbaufolgelandschaften (REITER und DOERPINGHAUS 2015). Seit 2005 sind bereits 125.000 ha naturschutzfachlich wertvoller Flächen als Nationales Naturerbe in zwei Tranchen gesichert und zum größten Teil an die Länder, die Deutsche Bundesstiftung Umwelt (DBU) oder private Naturschutzorganisationen übertragen worden. Davon sind etwa 27.200 ha als Prozessschutzflächen gemeldet, die jedoch aufgrund ihrer Flächengröße nicht alle Teil einer Wildniskulisse sind (REITER und DOERPINGHAUS 2015). Die Erweiterung des Nationalen Naturerbes um eine dritte Tranche mit rund 31.000 ha wurde im Juni 2015 beschlossen.

Die Übernahme von Flächen kann mit hohen Folgekosten für die Flächenverwaltung und -entwicklung verbunden sein. Neben zu entrichtenden Steuern und Abgaben, zum Beispiel Grundsteuer und Abgaben an Wasser- und Bodenverbände, zählen dazu auch Kosten für Personal (JOHST et al. 2015). Die Folgekosten (ohne Personalkosten) schwanken zwischen 1,83 Euro und 84,86 Euro pro Hektar und Jahr. Selbst wenn die Gebiete gewisse Einnahmen generieren, können diese Kosten große finanzielle Ressourcen nicht-staatlicher Träger binden. Die Übernahme von Flächen stellt damit eine Verlagerung von staatlichen Kosten und Aufgaben auf die dem Gemeinwohl verpflichteten Naturschutzorganisationen dar (SRU 2007, Tz. 403). Daher sollten nach Ansicht des SRU Möglichkeiten gefunden werden, diese finanziellen Belastungen zu reduzieren. Denkbar wären beispielsweise die Befreiung von bestimmten Steuern und Abgaben oder die Einrichtung eines Fonds aus Bundesmitteln.

385. Um die Gebiete dauerhaft sichern zu können, ist der Erwerb durch Kauf oder Tausch die beste Lösung. Wo dies nicht möglich ist, beispielsweise weil ein Privateigentümer seine Fläche nicht verkaufen möchte, aber gleichzeitig bereit ist, auf eine Nutzung zu verzichten, kann der Abkauf des Nutzungsrechts eine Alternative darstellen. Dieser Weg wurde beispielsweise von der Naturstiftung David in Thüringen bereits erfolgreich beschritten. Hier hat ein Eigentümer im Rahmen des Naturschutzgroßprojektes „Hohe Schrecke – Alter Wald mit Zukunft" eine einmalige Zahlung dafür erhalten, dass er dauerhaft auf die forstliche Nutzung verzichtet („Naturschutzfachlich bedeutsames Wiegental in der Hohen Schrecke dauerhaft als Wildnisgebiet gesichert. Durchbruch bei der Lösung des Rechtsstreits in der Hohen Schrecke." Pressemitteilung der Naturstiftung David vom 5. Februar 2014). Die dauerhafte Sicherung wurde in diesem Fall zum einen über einen zivilrechtlichen Vertrag, zum anderen über den Eintrag des Nutzungsverzichts in das Grundbuch sowie eine neue Schutzgebietsverordnung mit dem Ziel Prozessschutz erreicht (JOHST 2015). Dieses Modell könnte in Zukunft auch in anderen Fällen genutzt werden und über die forstliche Nutzung hinaus auch auf die Jagd ausgedehnt werden. Ein Hindernis können jedoch die erhobenen Steuern darstellen. Während beim Kauf von Flächen je nach Bundesland eine Grunderwerbssteuer in Höhe von 3,5 bis 6,5 % anfällt, ist beim Abkauf eines Nutzungsverzichts Mehrwertsteuer in Höhe von 19 % zu entrichten. In diesem Zusammenhang regt der SRU an zu prüfen, inwieweit Stiftungen und andere als gemeinnützig anerkannte Akteure, die einen Beitrag zur Erreichung von Zielen der Bundesregierung leisten, beim Abkauf eines Nutzungsverzichts von der Mehrwertsteuer befreit werden können.

International spielt privates Engagement bei der Flächensicherung im Naturschutz bereits eine sehr viel größere Rolle als in Deutschland. So haben in den USA beispielsweise Schenkungen von Nutzungsverzicht in den letzten Jahrzehnten durch das Schaffen von Rechtssicherheit und die steuerliche Absetzbarkeit eine große Bedeutung erlangt (DISSELHOFF 2015).

Exkurs: Stiftung Naturlandschaften Brandenburg – Die Wildnisstiftung

Mit dem Abzug der sowjetischen Truppen im Jahr 1994 wurden in Brandenburg großflächige militärische Übungsplätze frei. Um ehemalige Truppenübungsplatzflächen zu erwerben und als Wildnisgebiete von nationaler und internationaler Bedeutung dauerhaft für den Naturschutz zu sichern, wurde am 16. Mai 2000 die Stiftung Naturlandschaften Brandenburg gegründet. Sie ist eine Public Private Partnership, das heißt sie wird gemeinsam von staatlichen und privaten Stiftern getragen: Träger sind das Land Brandenburg, die Zoologische Gesellschaft Frankfurt, der Naturschutzbund Deutschland, die Umweltstiftung WWF Deutschland (WWF – World Wide Fund For Nature), der regional tätige Landschafts-Förderverein Nuthe-Nieplitz-Niederung, die Gregor Louisoder Umweltstiftung und eine Privatperson.

Die Stiftung formuliert folgende Vision für ihre Arbeit: „Wir, die Stiftung Naturlandschaften Brandenburg, sichern und vernetzen große Wildnisgebiete, damit sich dort die Natur frei entfalten kann. Das ist unser Beitrag zum Erhalt der biologischen Vielfalt. Wir schaffen Urwälder von morgen und bringen den Menschen die Bedeutung und Schönheit ungestörter Natur nahe" (Stiftung Naturlandschaften Brandenburg – Die Wildnisstiftung o. J.).

Die bislang erworbenen Gebiete sind durch ein Mosaik von Sandflächen, Heiden, Naturwäldern und Feuchtgebieten gekennzeichnet, das sich der natürlichen Dynamik entsprechend verändert. Diese sich entwickelnden Landschaften werden in Teilbereichen durch geführte Exkursionen und Wanderwege für die Öffentlichkeit erlebbar gemacht.

Insgesamt hat die Stiftung im Süden Brandenburgs bisher etwa eine Fläche von 12.800 ha der ehemaligen Truppenübungsplätze Heidehof, Jüterbog, Tangersdorf und Lieberose (Abb. 5-4) gesichert, um sie dauerhaft einer vom Menschen vollständig unbeeinflussten Naturentwicklung zu überlassen. Sie sichert damit großräumig unzerschnittene Flächen in Deutschland dauerhaft für Naturschutz und Naturerleben. Diese sollen als Kernflächen wesentliche

Bestandteile eines „Ökologischen Korridors Süd-brandenburg" werden.

Abbildung 5-4

Wildnisentwicklung in einem Moor und auf einem ehemaligen Truppenübungsplatz in Lieberose

Fotos: Henriette Dahms

Folgende Finanzierungsmöglichkeiten zum Erwerb und zur Unterhaltung von Flächen sind denkbar:

– Verschiedene Bundesprogramme bieten Finanzierungsmöglichkeiten für den Flächenerwerb, zum Beispiel das Förderprogramm für Naturschutzgroßprojekte „chance.natur – Bundesförderung Naturschutz", das „Bundesprogramm biologische Vielfalt" zur Umsetzung der nationalen Biodiversitätsstrategie, der „Waldklimafonds" oder das geplante „Bundesprogramm Blaues Band".

– Im Rahmen der Eingriffsregelung können Flächenpools und Ökokonten dazu genutzt werden, um mit einem raumplanerischen Konzept bestehende Wildnisgebiete zu erweitern oder potenzielle Wildnisgebiete einzurichten.

– Es sollte außerdem geprüft werden, inwieweit Einnahmen aus dem Tourismus wie die Kurtaxe oder die Fremdenverkehrsabgabe als Finanzierungsmöglich-

keiten in Betracht kommen (SRU 2007, Tz. 217). Hier gibt es erste Beispiele. So wird durch die „Ziegenprämie" aus der Kurtaxe in der Ferienregion Münster-tal-Staufen die Landschaftspflege unterstützt (LIESEN und COCH 2015).

– Zertifikate, die Naturschutz und Ökosystemleistungen in Wert setzen, zum Beispiel MoorFutures, mit denen Moorwiedervernässungsprojekte finanziert werden, oder die in der Entwicklung befindlichen Zertifikate der Nationalen Naturlandschaften Deutschlands, leisten gleichzeitig einen Beitrag zum Umwelt- und Naturschutz sowie zum Klimaschutz. Denkbar wäre auch die Entwicklung von „Wildniszertifikaten", mit denen beispielsweise Besucher einen freiwilligen Beitrag zur Wildnisentwicklung eines Gebietes leisten können.

– Spenden und Sponsoring (HOHEISEL und SCHWEIGER 2009).

Wildnisgebiete können sowohl staatlich als auch durch folgende private Organisationsformen verwaltet werden:

– Stiftungen: Eine bedeutende Säule privaten Engagements für Wildnis bilden die Flächen im Besitz von Stiftungen (s. Exkurs: Stiftung Naturlandschaften Brandenburg – Die Wildnisstiftung). In Schleswig-Holstein gehören mehr als 2 % der Landesfläche der Stiftung Naturschutz sowie weiteren privaten Naturschutzstiftungen, teilweise ebenfalls mit dem Fokus auf Wildnisentwicklung (THIESSEN 2011, S. 110; Stiftung Naturschutz Schleswig-Holstein o. J.). Sie können entweder in rein privater Trägerschaft oder in Form von Public Private Partnerships organisiert sein, das heißt einer Zusammenarbeit zwischen der öffentlichen Hand und privatwirtschaftlichen Unternehmen.

– Privatwirtschaftliche Organisationsformen: Beispielsweise betreut die DBU Tochtergesellschaft DBU Naturerbe GmbH die Naturerbeflächen der Stiftung. Die Aufgaben der NationalparkService gGmbH des Nationalparks Schleswig-Holsteinisches Wattenmeer sind die hauptamtliche Betreuung des Nationalparks und die Besucherinformation.

5.6.6 Bund-Länder-Initiative Wildnis

386. Das Ziel, dass sich auf mindestens 2 % der Landesfläche Deutschlands die Natur nach ihren eigenen Gesetzmäßigkeiten entwickelt, lässt sich nur durch gemeinsames, engagiertes Handeln von Bund und Ländern zur Flächenbereitstellung und Finanzierung realisieren. Dies gilt insbesondere im Hinblick auf das ambitionierte Zielerreichungsjahr 2020. Um dieses Ziel zu erreichen, hat der Bund unter anderem bereits Fördermittel zur Ermittlung von Wildnispotenzialen auf Militärflächen und in Bergbaufolgelandschaften, zur Wildniskommunikation, zur Bedeutung von Prozessschutz- und Wildnisgebieten für Arten und Lebensräume sowie zur Ermittlung von Qualitätskriterien für Wildnisgebiete bereitgestellt. Darüber hinaus gibt es auch verschiedene Initiativen auf Ebene der

Bundesländer. Ein gemeinsames, koordiniertes Vorgehen fehlt jedoch. Daher ist der SRU der Auffassung, dass eine Bund-Länder-Initiative Wildnis einen erheblichen Mehrwert mit sich bringen würde. Startpunkt könnte die auf der Umweltministerkonferenz im November 2015 angestoßene Wildnis-Initiative sein (BMUB 2015b). Anknüpfend an bereits existierende Bund-Länder-Initiativen in anderen Bereichen könnte eine solche Initiative unter anderem folgende Aufgaben erfüllen:

– Informations- und Erfahrungsaustausch über aktuelle Entwicklungen in Bund und Ländern, etwa zu Synergien von Wildnisentwicklung mit dem Natur- und Umweltschutz (z. B. Klima- und Hochwasserschutz) und wirtschaftlicher Entwicklung ländlicher Regionen (Tourismus),

– Koordination und Austausch zu den Flächen des Nationalen Naturerbes,

– Diskussion bestehender und geplanter Konzepte (z. B. Wildniskonzepte der Länder),

– Monitoring des Zielerreichungsgrads, zum Beispiel auch zur Schnittmenge zwischen dem 2 %- und dem 5 %-Ziel,

– Diskussion bundesländerübergreifender Initiativen (z. B. Biotopverbund, Flussauen),

– Sammlung guter Praxisbeispiele zur Ausweisung von Wildnisgebieten,

– Vorstellung aktueller Forschungsvorhaben und Initiierung neuer Vorhaben,

– Erarbeitung gemeinsamer Kommunikationsstrategien,

– gegebenenfalls Vorbereitung von Empfehlungen für die Umweltministerkonferenz und

– falls erforderlich und ökologisch sinnvoll, Ausgleich zwischen den einzelnen Ländern mit unterschiedlich hohen Anteilen an Wildnisflächen.

Eine gemeinsame Initiative kann insbesondere auf Länderebene dazu beitragen, die Relevanz des Themas weiter ins Bewusstsein zu bringen und die politische Akzeptanz zu stärken.

5.7 Fazit

387. Flächen, auf denen sich die Natur vom Menschen unbeeinflusst und ungeplant entwickeln kann, existieren im dicht besiedelten Deutschland heute kaum noch. Daher ergänzt der Prozessschutz auf einem kleinen, begrenzten Teil der Landesfläche die bestehenden bewahrenden Ansätze als gleichberechtigte Säule des Naturschutzes. Ausgehend von einer prinzipiellen Gleichrangigkeit aller Ziele (Eigenart, Vielfalt und Schönheit, freie Naturentwicklung) und Leitlinien des Naturschutzes (Landschaftsschutz, Landespflege, Arten- und Biotopschutz, Prozessschutz) kann im raumkonkreten Einzelfall abgewogen und priorisiert werden.

Wildnisschutz lässt sich umweltethisch auf unterschiedliche Weise begründen. Die Argumentationsansätze können verschiedenen Dimensionen zugeordnet werden: Instrumentelle bzw. schutzgutbezogen-funktionale Werte beschreiben die Bedeutung von nutzungsfreien Gebieten als Referenz- und Lernfläche sowie für den Biodiversitätsschutz, denn hier entwickelt sich ein ganz besonderes Artenspektrum. Aufgrund der Verpflichtungen gegenüber Mitmenschen und zukünftigen Generationen beinhaltet die Erhaltung der Biodiversität einen moralischen Wert, aus dem sich die Verantwortung zu Schutz und Wiedergewinnung von Wildnis ergibt. Darüber hinaus leistet Wildnis einen Beitrag zum „guten Leben", indem sie ein besonderer und sinnhafter Naturerfahrungsraum ist, der einen Gegensatz zu der technisierten Zivilisation bildet. Wildnisgebiete sind zudem bedeutende Erholungsgebiete und Zentren für Umweltbildung. Daher begrüßt der SRU ausdrücklich das Ziel der nationalen Biodiversitätsstrategie, mehr Wildnis in Deutschland zu etablieren.

Auf dem Weg dorthin sieht der SRU in den folgenden drei Bereichen den größten Handlungsbedarf:

Kriterien festlegen und Bestandsaufnahme durchführen
388.

– Verbindliche Festlegung von Kriterien: Es muss klar definiert werden, unter welchen Bedingungen Gebiete einen Beitrag zum 2 %-Wildnisziel der nationalen Biodiversitätsstrategie leisten. Diese Anforderungen müssen verbindliche Kriterien zur Mindestgröße und Unzerschnittenheit enthalten sowie einen ergebnisoffenen Prozessschutz festschreiben.

Die Mindestgrößen können in Abhängigkeit vom Lebensraumtyp variieren. Nach Ansicht des SRU sollten die im Rahmen des F+E-Vorhabens „Umsetzung des 2 %-Ziels für Wildnisgebiete aus der Nationalen Biodiversitätsstrategie" und in den „Vilmer Eckpunkten zu Wildnisgebieten in Deutschland" formulierten Anforderungen für eine Bilanzierung verbindlich herangezogen werden.

– Bilanzierung der vorhandenen Wildnisgebiete: Die bereits vorhandenen und langfristig gesicherten Wildnisgebiete in Deutschland müssen ermittelt werden.

– Menschliche Einflüsse minimieren: Eingriffe in natürliche Dynamiken sollten soweit wie möglich unterbleiben. Dazu zählen nach Auffassung des SRU auch das Wildtiermanagement und die gezielte Bekämpfung von Neobiota. Lediglich in einer Übergangsphase nach der Einrichtung eines Wildnisgebiets können bestimmte Eingriffe sinnvoll sein.

– Priorisierung weiterer Flächen: Im Rahmen des F+E-Vorhabens „Umsetzung des 2 %-Ziels für Wildnisgebiete aus der Nationalen Biodiversitätsstrategie" des Bundesamtes für Naturschutz wurden bereits potenziell geeignete Wildnisflächen identifiziert (ROSENTHAL et al. 2015). Im nächsten Schritt müssen nun diejenigen Flächen ausgewählt werden, die sowohl naturschutzfachlich als auch unter praktischen Gesichtspunkten (z. B. Eigentumsverhältnisse, umgebende Landschaft, Ausgangszustand) für Prozessschutz infrage kommen. Ein Ansatzpunkt hierbei können die im Rahmen des F+E-Vorhabens entwickelten naturschutzfachlichen Bewertungsmaßstäbe sein (ebd.).

Wildnisgebiete rechtlich und wirtschaftlich absichern

389.

– Dauerhafte Sicherung: Wildnisflächen sollten möglichst als geschützter Teil von Natur und Landschaft nach dem Bundesnaturschutzgesetz ausgewiesen und damit dauerhaft gesichert werden. Hierfür bieten die Schutzgebietskategorien Nationalpark (§ 24 BNatSchG) und Naturschutzgebiet (§ 23 BNatSchG) einen hinreichenden rechtlichen Schutzstatus. Der SRU begrüßt eine Erweiterung des bestehenden Schutzgebietssystems.

– Flächenerwerb und -unterhaltung fördern: Der Staat hat als Eigentümer großer Flächen eine besondere Verantwortung. Das 2 %-Wildnisziel kann nur erreicht werden, wenn Bund und Länder ausreichende Flächen bereitstellen. Darüber hinaus sollten Naturschutzorganisationen und -stiftungen beim Erwerb von Flächen und der Finanzierung der Folgekosten durch öffentliche Gelder unterstützt werden.

– Erhöhung der Ressourcen: Verwaltungen von Wildnisgebieten sollten finanziell und personell besser ausgestattet werden, auch um Stakeholder kontinuierlich betreuen zu können. Dies gilt insbesondere in den Bereichen Öffentlichkeitsarbeit, Umweltbildung, Forschung und Monitoring.

Wahrnehmung und Verantwortung stärken

390.

– Steigerung der Akzeptanz: Bei der Suche nach Flächen zur Einrichtung neuer Wildnisgebiete ist von Anfang an ein ergebnisoffenes und von Mitbestimmung geprägtes Beteiligungsverfahren zu wählen, in das alle wichtigen Akteure eingebunden sein sollten. Nur so kann ein breiter Konsens in der betroffenen Region hergestellt werden.

– Wildniskampagne: Eine intensive Öffentlichkeitsarbeit soll das Thema Wildnis stärker in das Bewusstsein der breiten Öffentlichkeit rücken und die Akzeptanz verbessern. Eine solche Wildniskampagne muss sowohl auf Fakten basieren, als auch positive Emotionen der Menschen ansprechen. Sie sollte die Synergien mit anderen Bereichen wie Hochwasser- und Klimaschutz klar kommunizieren, aber insbesondere auch auf die eudaimonistischen Gründe eingehen, die sich auf die Grundzüge eines guten menschlichen Lebens beziehen.

– Bund-Länder-Initiative: Bund und Länder sollten eine gemeinsame, durch Naturschutzverbände und Stiftungen unterstützte nationale Wildnisinitiative initiieren, in der sie ihr Vorgehen koordinieren.

Auf dem Weg zu mehr Wildnis in Deutschland sind die verschiedenen Projekte, die das BMUB und das BfN jüngst initiiert haben, wichtige nächste Schritte. Sie werden helfen, offene Fragen im Zusammenhang mit Wildnisgebieten zu beantworten und weiter wichtige Erfahrungen im Umgang mit dem faszinierenden aber durchaus auch kontrovers diskutierten Thema zu sammeln.

Auch wenn sich in den letzten 15 bis 20 Jahren schon viel bewegt hat, steht die Bewegung für Wildnis in Deutschland erst am Anfang, denn beim Thema Wildnis muss in größeren Zeiträumen gedacht werden. Für die Wildnis von morgen – 2 % der Landesfläche –, in der Natur Natur sein darf und den Menschen damit von jeglichem Leistungs- und Erwartungsdruck entbindet, wird die eigentliche Herausforderung sein, „nichts" zu tun (FISCHER 2015).

5.8 Literatur

AG Nationalparke bei EUROPARC Deutschland (2012): Wildtierregulierung in Nationalparks. Berlin: EUROPARC Deutschland. Positionspapier. http://www.europarc-deutschland.de/wp-content/uploads/2012/08/2012_Postionspapier-Wildtierregulierung-AG-Nationalparke.pdf (12.03.2015).

Albrecht, J., Hofmann, M. (2015): Fortschreibung der Maßnahmenprogramme und Bewirtschaftungspläne nach Wasserrahmenrichtlinie. Empfehlungen aus Naturschutzsicht. Natur und Landschaft 90 (55), S. 230–236.

Altemeier, T., Scherfose, V. (2009): Was ist die IUCN-Kategorisierung der Schutzgebiete wert? Nationalpark 2009 (4), S. 45–47.

Baker, W. L. (1992): The landscape ecology of large disturbances in the design and management of nature reserves. Landscape Ecology 7 (3), S. 181–194.

Balint, M. (2009): Angstlust und Regression. 6. Aufl. Stuttgart: Klett-Cotta.

Balzer, S., Dieterich, M., Beinlich, B. (Hrsg.) (2007): Natura 2000 und Klimaänderungen. Tagungsband zur gleichnamigen Tagung vom 28.–31. August 2006 auf der Insel Vilm. Bonn: BfN. Naturschutz und Biologische Vielfalt 46.

Bennett, G., Mulongoy, K. J. (2006): Review of Experience with Ecological Networks, Corridors and Buffer Zones. Montreal: Secretariat of the Convention on Biological Diversity. CBD technical series 23. https://www.cbd.int/doc/publications/cbd-ts-23.pdf (12.03.2015).

Benz, A., Koch, H.-J., Suck, A., Fizek, A. (2008): Verwaltungshandeln im Naturschutz. Bonn: Bundesamt für Naturschutz. Naturschutz und Biologische Vielfalt 66.

BfN (Bundesamt für Naturschutz) (2015): Nationalparke. Stand: April 2015. Bonn: BfN. https://www.bfn. de/0308_nlp.html (24.07.2015).

BfN (2010a): Wildnis und Wildnisgebiete in Deutschland. Pressehintergrundinfo. Bonn: BfN. https://www.bfn.de/ fileadmin/MDB/documents/presse/Wildnis_Hintergrund-papier_Presse_20100511_final_1.pdf (18.06.2015).

BfN (Hrsg.) (2013): Weitere Nationalparke für Deutschland?! Argumente und Hintergründe mit Blick auf die aktuelle Diskussion um die Ausweisung von Nationalparken in Deutschland. Bonn: BfN.

BfN (Hrsg.) (2010b): Großschutzgebiete in Deutschland – Ziele und Handlungserfordernisse. Postitionspapier. Bonn: BfN.

Bibelriether, H. (1998): Faszination Wildnis – Wissenschaftlich nicht erfaßbare Realität. Nationalpark 1998 (3), S. 4–8.

Birnbacher, D. (1998): Utilitaristische Umweltbewertung. In: Theobald, W. (Hrsg.): Integrative Umweltbewertung. Theorie und Beispiele aus der Praxis. Berlin, Heidelberg, Tokio, New York, Barcelona, Budapest, Hongkong, London, Mailand, Paris, Singapur: Springer.

BMU (Bundesministerium für Umwelt, Naturschutz und Reaktorsicherheit) (2007): Nationale Strategie zur biologischen Vielfalt, vom Bundeskabinett am 7. November 2007 beschlossen. Berlin: BMU.

BMU, BfN (Bundesamt für Naturschutz) (2009): Auenzustandsbericht. Flussauen in Deutschland. Berlin, Bonn: BMU, BfN.

BMUB (Bundesministerium für Umwelt, Naturschutz, Bau und Reaktorsicherheit) (2015a): Grün in der Stadt – Für eine lebenswerte Zukunft. Grünbuch Stadtgrün. Berlin: BMUB.

BMUB (2015b): Naturschutz-Offensive 2020. Für biologische Vielfalt! Berlin: BMUB.

BMUB (2015c): Priorisierungsrahmen zur Wiederherstellung verschlechterter Ökosysteme in Deutschland (EU-Biodiversitätsstrategie, Ziel 2, Maßnahme 6a). Bonn: BMUB.

BMUB, BfN (Bundesamt für Naturschutz) (2015): Den Flüssen mehr Raum geben. Renaturierung von Auen in Deutschland. Berlin, Bonn: BMUB, BfN.

BMUB, BfN (Hrsg.) (2014): Naturbewusstsein 2013. Bevölkerungsumfrage zu Natur und biologischer Vielfalt. Berlin, Bonn: BMUB, BfN.

Bratman, G. N., Hamilton, J. P., Hahn, K. S., Daily, G. C., Gross, J. J. (2015): Nature Experience reduces rumination and sulgenual prefrontal cortex activation. Proceedings of the National Academy of Sciences of the United States of America 112 (28), S. 8567–8572.

Brouns, E. (2003): Ist Wildnis planbar? Werte- und Interessenkonflikte in der raumbezogenen Umweltplanung anhand ausgewählter Wildnisprojekte München: oekom. Hochschulschriften zur Nachhaltigkeit 10.

Brüggemann, J. (2006): „Die Geister die ich rief" – Entscheidungen zur Besucherlenkung zwischen subjektivem Befinden und objektiven Argumenten an den Beispielen Kranich-Ticket und Wasserwandern im Müritz-Nationalpark. In: Biosphärenreservat Vessertal-Thüringer Wald (Hrsg.): Besuchermonitoring und ökonomische Effekte in Nationalen Naturlandschaften. Tagungsreihe: Naturschutz im Naturpark Thüringer Wald und im Biosphärenreservat Vessertal – Thüringer Wald , 2006. Schmiedefeld am Rennsteig: Biosphärenreservat Vessertal-Thüringer Wald, S. 12–120.

Buer, C., Solbrig, F., Stoll-Kleemann, S. (2014): Potenziale eines sozioökonomischen Monitorings (SÖM) in deutschen Nationalparken. In: Scherfose, V. (Hrsg.): Nationalparkmanagement in Deutschland. Bonn: Bundesamt für Naturschutz. Naturschutz und Biologische Vielfalt 136, S. 213–232.

Bunzel-Drüke, M., Drüke, J., Vierhaus, H. (2001): Der Einfluß von Großherbivoren auf die Naturlandschaft Mitteleuropas. Sollte 2001 in einer niederländischen Naturschutzzeitschrift erscheinen. http://www2.tu-berlin. de/~kehl/project/lv-twk/images/pdfs/Grossherbivoren_ Mitteleuropas.pdf (24.07.2015).

CDU (Christlich Demokratische Union Deutschlands), CSU (Christlich-Soziale Union in Bayern), SPD (Sozialdemokratische Partei Deutschlands) (2013): Deutschlands Zukunft gestalten. Koalitionsvertrag zwischen CDU, CSU und SPD, 18. Legislaturperiode. Berlin: CDU, CSU, SPD. http://www.bundesregierung.de/Content/DE/_Anlagen /2013/2013-12-17-koalitionsvertrag.pdf;jsessionid=C0E-966A76B061A5F03E4553FC28C816C.s2t1?__blob= publicationFile&v=2 (17.06.2014).

CDU, CSU, SPD (2005): Gemeinsam für Deutschland – mit Mut und Menschlichkeit. Koalitionsvertrag zwischen CDU, CSU und SPD. Berlin. http://www.bundesregierung.de/nsc_true/Content/DE/__Anlagen/koalitionsvertrag,templateId=raw,property=publicationFile.pdf/koalitionsvertrag (13.02.2007).

Ceausu, S., Hofmann, M., Navarro, L. M., Carver, S., Verburg, P. H., Pereira, H. M. (2015): Mapping opportunities and challenges for rewilding in Europe. Conservation Biology 29 (4), S. 1017–1027.

Chapin, F. S., Kofinas, G. P., Folke, C. (Hrsg.) (2009): Principles of ecosystem stewardship. Resilience-based natural resource management in a changing world. New York, NY: Springer.

Cole, D. N. (2001): Management dilemmas that will shape wilderness in the 21st century. Journal of Forestry 99 (1), S. 4–8.

Deutscher Bundestag (2014): Antwort der Bundesregierung auf die Kleine Anfrage der Abgeordneten Steffi Lemke, Matthias Gastel, Annalena Baerbock, weiterer Abgeordneter und der Fraktion BÜNDNIS 90/DIE GRÜNEN. Grüne Infrastruktur – Nutzen für Mensch und Tier. Berlin: Deutscher Bundestag. Bundestagsdrucksache 18/3579.

Disselhoff, T. (2015): Alternative ways to support private land conservation. Report to the European Commission. Final version. Berlin: Disselhoff. E.3-PO/07.020300/2015/ENV. http://ec.europa.eu/environment/life/publications/lifepublications/generalpublications/documents/support_land_conservation.pdf (20.11.2015).

DNR (Deutscher Naturschutzring) (2012): Wie Natur schützen? DNR-Thesen zum Naturverständnis im 21. Jahrhundert. Berlin: DNR. http://www.dnr.de/downloads/dnr-thesen-zum-naturverstaendnis-stand-26-11-2.pdf (11.03.2015).

Doyle, U., Ristow, M., Vohland, K. (2014): Abschwächung von klimabedingten Naturkatastrophen – wie Naturschutzstrategien dazu beitragen können. Natur und Landschaft 89 (12), S. 522–526.

Egidi, H. (2015): Der Nationalpark Hunsrück-Hochwald. Partizipativer Auswahlprozess und naturschutzfachliche Qualität des ersten Nationalparks in Rheinland-Pfalz und im Saarland. Naturschutz und Landschaftsplanung 47 (1), S. 12–20.

Ehlert, T., Neukirchen, B. (2012): Zustand und Schutz der Flussauen in Deutschland. Natur und Landschaft 87 (4), S. 161–167.

Eser, U. (2014): Ethische Überlegungen zur Bürgerbeteiligung bei der Entwicklung und Ausweisung neuer Nationalparks. Natur und Landschaft 89 (6), S. 253–258.

Eser, U., Neureuther, A.-K., Müller, A. (2011): Klugheit, Glück, Gerechtigkeit. Ethische Argumentationslinien in der Nationalen Strategie zur biologischen Vielfalt. Bonn: Bundesamt für Naturschutz. Naturschutz und Biologische Vielfalt 107.

Estes, J. A., Terborgh, J., Brashares, J. S., Power, M. E., Berger, J., Bond, W. J., Carpenter, S. R., Essington, T. E., Holt, R. D., Jackson, J. B. C., Marquis, R. J., Oksanen, L., Oksanen, T., Paine, R. T., Pikitch, E. K., Ripple, W. J., Sandin, S. A., Scheffer, M., Schoener, T. W., Shurin, J. B., Sinclair, A. R. E., Soulé, M. E., Virtanen, R., Wardle, D. A. (2011): Trophic Downgrading of Planet Earth. Science 333 (6040), S. 301–306.

Europäische Kommission (2013a): Guidelines on Climate Change and Natura 2000 Dealing with the impact of climate change. On the management of the Natura 2000 Network of areas of high biodiversity value. Brüssel: Europäische Kommission. Technical Report 2013-068.

Europäische Kommission (2013b): Guidelines on Wilderness in Natura 2000. Management of terrestrial wilderness and wild areas within the Natura 2000 Network. Brüssel: Europäische Kommission. Technical Report 2013-069.

Europäische Kommission (2013c): Mitteilung der Kommission an das Europäische Parlament, den Rat, den Europäischen Wirtschafts- und Sozialausschuss und den Ausschuss der Regionen. Grüne Infrastruktur (GI) – Aufwertung des europäischen Naturkapitals. COM(2013) 249 final. Brüssel: Europäische Kommission.

Europäische Kommission (2011): Mitteilung der Kommission an das Europäische Parlament, den Rat, den Europäischen Wirtschafts- und Sozialausschuss und den Ausschuss der Regionen. Lebensversicherung und Naturkaptial: Eine Biodiversitätsstrategie der EU für das Jahr 2020. KOM(2011) 244 endg. Brüssel: Europäische Kommission.

Europäische Kommission, EU Czech Presidency (2009): Poselství from Prague. An Agenda for Europe's Wild Areas. Summary of the Conference on Wilderness and Large Natural Habitat Areas, Prague, Czech Republic, 27–28 May 2009. Prague: Europäische Kommission, EU Czech Presidency.

Europäisches Parlament (2009): Wildnis in Europa. Entschließung des Europäischen Parlaments vom 3. Februar 2009 zu der Wildnis in Europa (2008/2210(INI)). Brüssel: Europäisches Parlament. http://www.europarl.europa.eu/sides/getDoc.do?pubRef=-//EP//NONSGML+TA+P6-TA-2009-0034+0+DOC+PDF+V0//DE (18.06.2015).

EUROPARC Deutschland (2015): EUROPARC Deutschland e. V. engagiert sich mit der Entwicklung von Qualitätskriterien für deutsche Wildnisgebiete. Berlin: EUROPARC Deutschland. http://www.europarc-deutschland.de/blog/europarc-deutschland-e-v-engagiert-sich-mit-der-entwicklung-von-qualitaetskriterien-und-standards-fuer-wildnisgebiete-in-deutschland (11.12.2015).

EUROPARC Deutschland (2013): Managementqualität deutscher Nationalparks. Ergebnisse der ersten Evaluierung der deutschen Nationalparks. Berlin: EUROPARC Deutschland.

EUROPARC Deutschland (2010): Richtlinien für die Anwendung der IUCN-Managementkategorien für Schutzgebiete. Deutsche Übersetzung (stellenweise gekürzt oder ergänzt). Berlin: EUROPARC Deutschland. https://www.bfn.de/fileadmin/MDB/documents/themen/gebietsschutz/IUCN_Kat_Schutzgeb_Richtl_web.pdf (15.07.2015).

EUROPARC Deutschland (2000): Leitfaden zur Erarbeitung von Nationalparkplänen. Berlin: EUROPARC Deutschland.

Finck, P., Klein, M., Riecken, U. (2013): Wildnisgebiete in Deutschland – von der Vision zur Umsetzung. Ergebnisse einer wissenschaftlichen Fachtagung des BfN vom 19. – 21.11.2012 auf der Insel Vilm. Natur und Landschaft 88 (8), S. 342–346.

Finck, P., Klein, M., Riecken, U., Paulsch, C. (2015): Wildnis im Dialog. Wege zu mehr Wildnis in Deutschland. Bonn: Bundesamt für Naturschutz. BfN-Skripten 404.

Fischer, S. (2015): Man schätzt nur, was man kennt: Eine kleine Wildnispsychologie. In: Finck, P., Klein, M., Riecken, U., Paulsch, C. (Hrsg.): Wildnis im Dialog. Wege zu mehr Wildnis in Deutschland. Bonn: Bundesamt für Naturschutz. BfN-Skripten 404, S. 73–85.

Flasbarth, J., Wörner, J.-D., Sailer, M. (2012): Öffentlichkeitbeteiligung in Planungs- und Genehmigungsverfahren neu denken. Dessau-Roßlau: Umweltbundesamt. http://www.oeko.de/files/forschungsergebnisse/application/octet-stream/download.php?id=1610 (14.01.2013).

Förschler, M., Ebel, C., Schlund, W. (2013): SLASS statt SLOSS. Warum ein Nationalpark im Nordschwarzwald doch die bessere Lösung darstellt. Naturschutz und Landschaftsplanung 45 (4), S. 122–124.

Fritz, M. (2013): Grüne Infrastruktur in Europa – ein integrativer Ansatz. Natur und Landschaft 88 (12), S. 497–502.

Gätje, C. (2006): Das sozio-ökonomische Monitoring im Nationalpark Schleswig-Holsteinisches Wattenmeer. In: Biosphärenreservat Vessertal-Thüringer Wald (Hrsg.): Besuchermonitoring und ökonomische Effekte in Nationalen Naturlandschaften. Tagungsreihe:Naturschutz im Naturpark Thüringer Wald und im Biosphärenreservat Vessertal – Thüringer Wald, 2006. Schmiedefeld am Rennsteig: Biosphärenreservat Vessertal-Thüringer Wald, S. 44–49.

Hampicke, U. (1999): „Von der Bedeutung der spontanen Aktivität der Natur" – John Stuart Mill und der Umgang mit der Wildnis. In: Bayerische Akademie für Naturschutz und Landschaftspflege (Hrsg.): Schön wild sollte es sein... Wertschätzung und ökonomische Bedeutung von Wildnis. Gemeinsame Fachtagung 16. - 18. November 1998 in St. Oswald. Laufen: Bayerische Akademie für Naturschutz und Landschaftspflege. Laufener Seminarbeiträge 2/99, S. 85–92.

Hartje, V., Grossmann, M. (2014): Nutzen und Kosten naturorientierter Vorsorge – ein Beispiel aus dem Hochwasserschutz. Natur und Landschaft 89 (12), S. 528–533.

Haß, A., Hoheisel, D., Kangler, G., Kirchhoff, T., Putzhammer, S., Schwarzer, M., Vicenzotti, V., Voigt, A. (2012): Sehnsucht nach Wildnis. Aktuelle Bedeutungen der Wildnistypen Berg, Dschungel, Wildfluss und Stadtbrache vor dem Hintergrund einer Ideengeschichte von Wildnis. In: Kirchhoff, T., Vicenzotti, V., Voigt, A. (Hrsg.): Sehnsucht nach Natur. Über den Drang nach draußen in der heutigen Freizeitkultur. Bielefeld: transcript. Edition Kulturwissenschaft 15, S. 107–141.

Heiland, S., Hoffmann, A. (2013): Erste Evaluierung der deutschen Nationalparks: Erfahrungen und Ergebnisse. Natur und Landschaft 88 (7), S. 303–308.

Henle, K., Davies, K. F., Kleyer, M., Margules, C., Settele, J. (2004): Predictors of species to sensitivity to fragmentation. Biodiversity & Conservation 13 (1), S. 207–251.

Hoheisel, D., Schweiger, M. (2009): Neue Wildnisgebiete in Deutschland? Akzeptanz und privates Management von Wildnis als Strategie für den Flächenschutz. Naturschutz und Landschaftsplanung 41 (4), S. 101–106.

Immirzi, C. P., Maltby, E., Clymo, R. S. (1992): The global status of peatlands and their role in carbon cycling. London: Friends of the Earth.

Jedicke, E. (2015a): Biotopverbund zwischen Soll und Haben. Bilanz und Ausblick aus bundesweiter Sicht. Naturschutz und Landschaftsplanung 47 (8–9), S. 233–240.

Jedicke, E. (2015b): Der Steigerwald als Zankapfel. Geschützter Landschaftsbestandteil, Nationalpark und/oder UNESCO-Weltnaturerbe? Naturschutz und Landschaftsplanung 47 (1), S. 30–31.

Jessel, B. (2014): Aktuelle und künftige Herausforderungen für den Naturschutz. Natur und Landschaft 89 (Jubiläumsausgabe), S. 30–35.

Jessel, B. (1997): Wildnis als Kulturaufgabe? Nur scheinbar ein Widerspruch! Zur Bedeutung des Wildnisgedankens für die Naturschutzarbeit. In: Bayerische Akademie für Naturschutz und Landschaftspflege (Hrsg.): Wildnis – ein neues Leitbild!? Möglichkeiten und Grenzen ungestörter Naturentwicklung für Mitteleuropa. Seminar, 11. – 12. März 1997 in Eching bei München. Laufen: Bayerische Akademie für Naturschutz und Landschaftspflege. Laufener Seminarbeiträge 1/97, S. 9–20.

Job, H., Mayer, M. (2012): Forstwirtschaft versus Waldnaturschutz: Regionalwirtschaftliche Opportunitätskosten des Nationalparks Bayerischer Wald. Allgemeine Forst- und Jagdzeitung 183 (7–8), S. 129–144.

Job, H., Woltering, M., Harrer, B. (2009): Regionalökonomische Effekte des Tourismus in deutschen Nationalparken. Bonn: Bundesamt für Naturschutz. Naturschutz und Biologische Vielfalt 76.

Johst, A. (2015): Flächensicherung Hohe Schrecke. Telefonat, 27.10.2015.

Johst, A., Kathke, S., Unselt, C., Froble, K. (2015): Das Engagement der Naturschutzorganisationen bei der Sicherung des Nationalen Naturerbes. Natur und Landschaft 90 (3), S. 105–116.

Jung, S., Streit, B. (2013): Communicating Biodiversity and Wilderness to Urban People. International Journal of Wilderness 19 (3), S. 37–41.

Kaplan, R., Kaplan, S. (1989): The experience of nature: A psychological perspective. Cambridge: Cambridge University Press.

Kaplan, S. (1995): The restorative benefits of nature: Towards an integrative framework. Journal of Environmental Psychology 15 (3), S. 169–182.

Korn, N., Jessel, B., Hasch, B., Mühlinghaus, R. (2005): Flussauen und Wasserrahmenrichtlinie. Bedeutung der Flussauen für die Umsetzung der europäischen Wasserrahmenrichtlinie – Handlungsempfehlungen für Naturschutz und Wasserwirtschaft. Bonn: Bundesamt für Naturschutz. Naturschutz und Biologische Vielfalt 27.

Kowarik, I. (2015): Wildnis in urbanen Räumen. Erscheinungsformen, Chancen und Herausforderungen. Natur und Landschaft 90 (9–10), S. 470–474.

Krebs, A. (1996): „Ich würde gern mitunter aus dem Hause tretend ein paar Bäume sehen". Philosophische Überlegungen zum Eigenwert der Natur. In: Nutzinger, H. G. (Hrsg.): Naturschutz – Ethik – Ökonomie. Theoretische Begründungen und praktische Konsequenzen. Marburg: Metropolis. Ökologie und Wirtschaftsforschung 21, S. 31–48.

Landesbetrieb Wald und Holz Nordrhein-Westfalen (2012): 1. SÖM-Bericht (2004–2010). Ergebnisse des Sozioökonomischen Monitorings der ersten sieben Nationalparkjahre. Münster: Landesbetrieb Wald und Holz NRW. http://www.nationalpark-eifel.de/data/aktuelles/1_SOeM-Bericht_Webversion_1328701902.pdf (08.10.2015).

Landres, P. B., Brunson, M. W., Merigliano, L., Sydoriak, C., Morton, S. (2000): Naturalness and Wildness: The Dilemma and Irony of Managing Wilderness. In: Cole, D. N., McCool, S. F., Borrie, W. T., O'Loughlin, J. (Hrsg.): Wilderness science in a time of change conference. Vol. 5: Wilderness ecosystems, threats, and management. Fort Collins, Colo.: Rocky Mountain Research Station. USDA Forest Service Proceedings 15,5, S. 377–381.

Lass, W., Reusswig, F. (2002): Social Monitoring: Meaning and Methods for an Integrated Management in Biosphere Reserves. Report of an International Workshop. Rome, 2–3 September 2001. Paris: UNESCO. Biosphere Reserve Integrated Monitoring Series 1. http://unesdoc.unesco.org/images/0012/001287/128732e.pdf (08.10.2015).

LAWA (Bund/Länder-Arbeitsgemeinschaft Wasser) (2014): Nationales Hochwasserschutzprogramm. Kriterien und Bewertungsmaßstäbe für die Identifikation und Priorisierung von wirksamen Maßnahmen sowie ein Vorschlag für die Liste der prioritären Maßnahmen zur Verbesserung des präventiven Hochwasserschutzes beschlossen auf der Umweltministerkonferenz am 24. Oktober 2014 in Heidelberg. Kiel: LAWA. http://www.bmub.bund.de/fileadmin/Daten_BMU/Download_PDF/Binnengewaesser/hochwasserschutzprogramm_bericht_bf.pdf (12.03.2015).

Lehnert, L. W., Bässler, C., Brandl, R., Burton, P. J., Müller, J. (2013): Conservation value of forests attacked by bark beetles: Highest number of indicator species is found in early successional stages. Journal for Nature Conservation 21 (2), S. 97–104.

Liebecke, R., Wagner, K., Suda, M. (2009): Akzeptanzforschung zu Nationalparken – Ein empirisches Beispiel aus dem Nationalpark Bayerischen Wald. Natur und Landschaft 84 (11), S. 502–508.

Liesen, J., Coch, T. (2015): Finanzielle Unterstützung des Landschaftserhalts durch die Kurtaxe. Naturschutz und Landschaftsplanung 47 (3), S. 69–76.

Luick, R., Reif, A. (2013): Debatten um neue Wildnis im Nordschwarzwald. Wie man besser nicht gegen einen geplanten Nationalpark argumentiert. Naturschutz und Landschaftsplanung 45 (2), S. 37–44.

Märkische Allgemeine (17.12.2014): Burghardt, M.: Schneisen schützen vor Waldbränden. http://www.maz-online.de/Lokales/Teltow-Flaeming/Waldbrandschutzkonzept-fuer-Jueterbog-vorgestellt (15.07.2015).

Mayer, M., Müller, M., Woltering, M., Arnegger, J., Job, H. (2010): The economic impact of tourism in six German national parks. Landscape and Urban Planning 97 (2), S. 73–82.

Mayer, M., Stoll-Kleemann, S. (2016): Naturtourismus und die Einstellung der lokalen Bevölkerung gegenüber Großschutzgebieten. Natur und Landschaft 91 (1), S. 20–25.

Metzler, D., Woltering, M., Scheder, N. (2016): Naturtourismus in Deutschlands Nationalparks. Natur und Landschaft 91 (1), S. 8–14.

Meyer, P., Schmidt, M., Spellmann, H., Bedarff, U., Bauhus, J., Reif, A., Späth, V. (2011): Aufbau eines Systems nutzungsfreier Wälder in Deutschland. Natur und Landschaft 86 (6), S. 243–249.

Ministerium für Klimaschutz, Umwelt, Landwirtschaft, Natur- und Verbraucherschutz des Landes Nordrhein-Westfalen (2015): Gesetzentwurf (Stand: 22.06.2015) der Landesregierung. Gesetz zum Schutz der Natur in Nordrhein-Westfalen und zur Änderung anderer Vorschriften. Düsseldorf: Ministerium für Klimaschutz, Umwelt, Landwirtschaft, Natur- und Verbraucherschutz des Landes Nordrhein-Westfalen. Vorlage 16/3043.

Müller, J. (2015): Prozessschutz und Biodiversität. Überraschungen und Lehren aus dem Bayerischen Wald. Natur und Landschaft 90 (9–10), S. 421–425.

Müller, J., Bußler, H., Bense, U., Brustel, H., Flechtner, G., Fowles, A., Kahlen, M., Möller, G., Mühle, H., Schmidl, J., Zabransky, P. (2005): Urwald relict species – Saproxylic beetles indicating structural qualities and habitat tradition. Waldoekologie online 2015 (2), S. 106–113. http://publikationen.ub.uni-frankfurt.de/files/19732/waldoekologie_online_heft_2_9.pdf (08.10.2015).

Müller, J., Bußler, H., Utschick, H. (2007): Wie viel Totholz braucht der Wald? Ein wissenschaftsbasiertes

Konzept gegen den Artenschwund der Totholzzönosen. Naturschutz und Landschaftsplanung 39 (6), S. 165–170.

Müller, J., Bütler, R. (2010): A review of habitat thresholds for dead wood: a baseline for management recommendations in European forests. European Journal of Forest Research 129 (6), S. 981–992.

Müller, J., Wölfl, M., Wölfl, S., Müller, D. W. H., Hothorn, T., Heurich, M. (2014): Protected areas shape the spatial distribution of a European lynx population more than 20 years after reintroduction. Biological Conservation 177, S. 210–217.

NABU (Naturschutzbund Deutschland) (2013): Natürliche Waldentwicklung bis 2020. Förderung eines Netzwerks der „Urwälder von morgen". Berlin: NABU. Position.

Nationalpark Schleswig-Holsteinisches Wattenmeer (2015): SÖM-Bericht 2015. Sozio-ökonomisches Monitoring (SÖM Watt) in der Nationalpark-Region. Tönning: Nationalpark Schleswig-Holsteinisches Wattenmeer. http://www.nationalpark-wattenmeer.de/sites/default/files/media/pdf/soem-bericht-2015.pdf (08.10.2015).

Nationalparkverwaltung Bayerischer Wald (2011): Die Akzeptanz des Nationalparks bei der lokalen Bevölkerung. Langfassung. Grafenau: Nationalparkverwaltung Bayerischer Wald. Berichte aus dem Nationalpark 5/2008.

Naturkapital Deutschland – TEEB DE (2014): Naturkapital und Klimapolitik. Synergien und Konflikte. Kurzbericht für Entscheidungsträger. Berlin, Leipzig: Technische Universität, Helmholtz-Zentrum für Umweltforschung – UFZ.

Navarro, L. M., Pereira, H. M. (2012): Rewilding Abandoned Landscapes in Europe. Ecosystems 15 (6), S. 900–912.

Niemeyer-Lüllwitz, A. (2012): Nationalpark Ostwestfalen-Lippe: Viele Vorurteile ausgeräumt. Natur in NRW 2012 (2), S. 30.

Olischläger, J., Kowarik, I. (2011): Gebietsfremde Arten. Störung oder Bestandteil der Naturdynamik von Wildnisgebieten? Natur und Landschaft 86 (3), S. 101–104.

Opitz, S., Reppin, N., Schoof, N., Drobnik, J., Finck, P., Riecken, U., Mengel, A., Reif, A., Rosenthal, G. (2015): Wildnis in Deutschland. Natur und Landschaft 90 (9–10), S. 406–412.

Ott, K. (2015a): Begründungen, Ziele und Prioritäten im Naturschutz. In: Ott, K. (Hrsg.): Zur Dimension des Naturschutzes in einer Theorie starker Nachhaltigkeit. Marburg: Metropolis. Beiträge zur Theorie und Praxis starker Nachhaltigkeit 8, S. 9–44.

Ott, K. (2015b): Wildnisschutz aus naturethischer Sicht. Plädoyer für einen Gestaltwandel. In: Ott, K. (Hrsg.): Zur Dimension des Naturschutzes in einer Theorie starker Nachhaltigkeit. Marburg: Metropolis. Beiträge zur Theorie und Praxis starker Nachhaltigkeit 8, S. 85–99.

Ott, K. (2004): Begründungen, Ziele und Prioritäten im Naturschutz. In: Fischer, L. (Hrsg.): Projektionsfläche Natur. Zum Zusammenhang von Naturbildern und gesellschaftlichen Verhältnissen. Hamburg: Hamburg University Press, S. 277–321.

Ott, K., Döring, R. (2008): Theorie und Praxis starker Nachhaltigkeit. 2., überarb. und erw. Aufl. Marburg: Metropolis. Beiträge zur Theorie und Praxis starker Nachhaltigkeit 1.

Panek, N., Kaiser, M. (2015): Ein neues Nationalparkprogramm für Deutschland. Bestandteil eines Verbundsystems von Rotbuchenwäldern. Naturschutz und Landschaftsplanung 47 (1), S. 5–11.

Piechocki, R., Finck, P., Natho, S., Riecken, U., Jessel, B. (2014): Renaturierung – zum Naturschutz der Zukunft. In: Leitschuh, H., Michelsen, G., Simonis, U. E., Sommer, J., Weizsäcker, E. U. von (Hrsg.): Re-Naturierung. Gesellschaft im Einklang mit der Natur. Stuttgart: Hirzel Jahrbuch Ökologie 2015, S. 39–48.

Piechocki, R., Wiersbinski, N., Potthast, T., Ott, K. (2010): Vilmer Thesen zum „Prozessschutz" (3. Sommerakademie 2003). In: Piechocki, R., Ott, K., Potthast, T., Wiersbinski, N. (Hrsg.): Vilmer Thesen zu Grundsatzfragen des Naturschutzes. Vilmer Sommerakademien 2001–2010. Bonn: Bundesamt für Naturschutz. BfN-Skripten 281, S. 29–39.

Potthast, T., Berg, M. (2013): Ethische Aspekte im Diskurs um den geplanten Nationalpark Nordschwarzwald. Eine einführende Handreichung. Tübingen: Eberhard Karls Universität Tübingen, Internationales Zentrum für Ethik in den Wissenschaften. http://www.schwarzwald-nationalpark.de/fileadmin/website_pictures/Gutachten/Ethische_Aspekte_Nationalpark.pdf (11.03.2015).

Pretty, J. (2004): How Nature Contributes to Mental and Physical Health. Spirituality and Health International 5 (2), S. 68–78.

Reck, H. (2013): Die ökologische Notwendigkeit zur Wiedervernetzung und Anforderungen an deren Umsetzung. Natur und Landschaft 88 (12), S. 486–496.

Reich, M., Rüter, S., Prasse, R., Matthies, S., Wix, N., Ullrich, K. (2012): Biotopverbund als Anpassungsstrategie für den Klimawandel? Ergebnisse des F+E-Vorhabens (FKZ 3508 85 0500). Bonn: Bundesamt für Naturschutz. Naturschutz und Biologische Vielfalt 122.

Reiter, K., Doerpinghaus, A. (2015): Das Nationale Naturerbe – Definition, Bilanz, Ausblick. Natur und Landschaft 90 (3), S. 98–104.

Rewilding Europe (2015): Making Europe a Wilder Place. Nijmegen: Rewilding Europe. http://www.rewildingeurope.com/ (26.08.2015).

Rosenthal, G., Mengel, A., Reif, A., Opitz, S., Schoof, N., Reppin, N. (2015): Umsetzung des 2 % - Ziels für Wildnisgebiete aus der Nationalen Biodiversitätsstrategie. Abschlussbericht des gleichnamigen F+E-Vorhabens

(FKZ 3512 85 0300 unter Integration von Zusatzaus-wertungen, FKZ 3515 85 0900). Bonn: Bundesamt für Naturschutz. BfN-Skripten 422.

Ruschkowski, E. von (2009): Ursachen und Lösungs-ansätze für Akzeptanzprobleme von Großschutzgebieten am Beispiel von zwei Fallstudien im Nationalpark Harz und im Yosemite National Park. Stuttgart: ibidem.

Sandom, C. J., Ejrnæs, R., Hansen, M. D. D., Svenning, J.-C. (2014): High herbivore density associated with vegetation diversity in interglacial ecosystems. Proceed-ings of the National Academy of Sciences of the United States of America 111 (11), S. 4162–4167.

Schäfer, A., Kowatsch, A. (2015): Gewässer und Auen – Nutzen für die Gesellschaft. Bonn: Bundesamt für Naturschutz.

Scherfose, V. (2014): Grundlegende Aspekte und Mög-lichkeiten des Schalenwild-Managements in deutschen Nationalparken. In: Scherfose, V. (Hrsg.): Nationalpark-management in Deutschland. Bonn: Bundesamt für Naturschutz. Naturschutz und Biologische Vielfalt 136, S. 7–45.

Scherzinger, W. (1997): Tun oder unterlassen? Aspekte des Prozessschutzes und Bedeutung des „Nichts-Tuns" im Naturschutz. In: Bayerische Akademie für Naturschutz und Landschaftspflege (Hrsg.): Wildnis – ein neues Leitbild!? Möglichkeiten und Grenzen ungestörter Naturentwicklung für Mitteleuropa. Seminar, 11. – 12. März 1997 in Eching bei München. Laufen: Bayerische Akademie für Naturschutz und Landschaftspflege. Laufener Seminarbeiträge 1/97, S. 31–44.

Scherzinger, W. (1996): Naturschutz im Wald: Qualitäts-ziele einer dynamischen Waldentwicklung. Praktischer Naturschutz. Stuttgart: Ulmer.

Schleswig-Holsteinischer Landtag (2014): Gesetzentwurf der Landesregierung. Entwurf eines Gesetzes zur Ände-rung des Landesnaturschutzgesetzes und anderer Vorschriften. Kiel: Schleswig-Holsteinischer Landtag. Drucksache 18/3320.

Schliep, R., Stoll-Kleemann, S. (2010): Assessing Gover-nance of Biosphere Reserves in Central Europe. Land Use Policy 27 (3), S. 919–927.

Schmidt, O. (2006): Totes Holz voller Leben. LWF Waldforschung aktuell 53, S. 1.

Schoof, N. F. (2013): Ziele und Kriterien der Vision „Wildnisgebiete" aus der Nationalen Strategie zur bio-logischen Vielfalt. Freiburg, Albert-Ludwigs-Universität, Fakultät für Umwelt und natürliche Ressourcen, Institut für Forstwissenschaften, Masterarbeit.

Schumacher, A., Schumacher, J. (2013): Tauglichkeit der Vogelschutz- und FFH-Richtlinie für Anpassungen an den Klimawandel. Natur und Recht 35 (6), S. 377–387.

Schumacher, H., Johst, A. (2015): Natura 2000 und Wildnis auf ehemaligen Militärflächen. Natur und Land-schaft 90 (9–10), S. 459–464.

Seel, M. (1996): Eine Ästhetik der Natur. Frankfurt am Main: Suhrkamp. Suhrkamp-Taschenbuch Wissenschaft 1231.

Seibold, S., Brand, R., Buse, J., Hothorn, T., Schmidl, J., Thorn, S., Müller, J. (2015): Association of extinction risk of saproxylic beetles with ecological degradation of for-ests in Europe. Conservation Biology 29 (2), S. 382–390.

Sieberath, J. (2007): Die Akzeptanz des Nationalparks Eifel bei der lokalen Bevölkerung: eine empirische Untersuchung zur Verankerung eines Großschutzgebietes in der Region. Bonn: Bundesamt für Naturschutz. BfN-Skripten 206.

Sipkova, Z., Balzer, S., Evans, D., Ssymank, A. (2010): Assessing the conservation status of European Union habitats – Results of the community report with a case study of the German national report. Annali di Botanica 2010. http://ojs.uniroma1.it/index.php/Annalidibotanica/article/download/9103/9043 (08.10.2015).

Spellmann, H., Engel, F., Meyer, P. (2015): Natürliche Waldentwicklung auf 5 % der Waldfläche. Aktuelle Bilanzen und Beitrag zum 2 % Wildnisziel. Natur und Landschaft 90 (9–10), S. 413–416.

SRU (Sachverständigenrat für Umweltfragen) (2012): Umweltgutachten 2012. Verantwortung in einer begrenz-ten Welt. Berlin: Erich Schmidt.

SRU (2007): Umweltverwaltungen unter Reformdruck. Herausforderungen, Strategien, Perspektiven. Sonder-gutachten. Berlin: Erich Schmidt.

SRU (2002): Für eine Stärkung und Neuorientierung des Naturschutzes. Sondergutachten. Stuttgart: Metzler-Poeschel.

Stein, J. (2015): Brandschutz Königisbrücker Heide. Telefonat, 15.06.2015.

Stiftung Naturlandschaften Brandenburg – Die Wildnis-stiftung (o. J.): Leitbild. Potsdam: Stiftung Naturland-schaften Brandenburg – Die Wildnisstiftung. http://www.stiftung-nlb.de/de/stiftung/leitbild.html (20.11.2015).

Stiftung Naturschutz Schleswig-Holstein (o. J.): Faszi-nation Wildnis! Entdecken Sie die wilden Seiten Schles-wig-Holsteins im Stiftungsland. Naturerlebnis Wildes Stiftungsland. Molfsee: Stiftung Naturschutz Schles-wig-Holstein. http://www.stiftungsland.de/fileadmin/Stiftungsseite/Bilder/downloads/Wildes_Stiftungsland.pdf (20.11.2015).

Suda, M., Wagner, K. (2012): Käfer – Bäume und Tourismus. Vortrag, Nationalpark – Brutstätte für Borken-käfer?, 29.03.2012, Freiburg.

Suškevičs, M., Berghöfer, A., Rauschmayer, F., Wittmer, H. (2010): Partizipation erfolgreich gestalten in der

Umsetzung von Biodiversitäts- und Wasserpolitik in Europa. Policy brief. Leipzig: Helmholtz-Zentrum für Umweltforschung – UFZ.

Thiessen, H. (2011): Wildnis in Schleswig-Holstein. 1. unveränd. Nachdr. Flintbek: Landesamt für Landwirtschaft, Umwelt und ländliche Räume des Landes Schleswig-Holstein. LLUR SH – Natur 17.

Tröltzsch, J., Stelljes, N., Stein, U. (2014): Ökologischer Hochwasserschutz – gefragt wie nie. In: Leitschuh, H., Michelsen, G., Simonis, U. E., Sommer, J., Weizsäcker, E. U. von (Hrsg.): Re-Naturierung. Gesellschaft im Einklang mit der Natur. Stuttgart: Hirzel. Jahrbuch Ökologie 2015, S. 76–81.

Trommer, G. (1999): Naturerziehung und Naturbildung. In: Lehnert, H.-J., Ruppert, W. (Hrsg.): Zwischen Wissenschaftsorientierung und Alltagsvorstellungen. Frankfurt am Main: Johann Wolfgang Goethe-Universität, Institut für Didaktik der Biologie, S. 119–131.

UBA (Umweltbundesamt) (Hrsg.) (2015): Monitoringbericht 2015 zur Deutschen Anpassungsstrategie an den Klimawandel. Bericht der Interministeriellen Arbeitsgruppe Anpassungsstrategie der Bundesregierung. Dessau-Roßlau: UBA.

Wachinger, G., Hilpert, J., Renn, O. (2014): Beteiligungsverfahren Nationalpark Nordschwarzwald. In: Dialogik (Hrsg.): Innovativ und partizipativ. Einblicke in die Arbeit von Dialogik. Ein Beitrag zum 10-jährigen Jubiläum von Dialogik. Stuttgart: Institut für Sozialwissenschaften, Abteilung für Technik- und Umweltsoziologie, Universität Stuttgart, Dialogik GmbH. Stuttgarter Beiträge zur Risiko- und Nachhaltigkeitsforschung 30, S. 127–137.

Wild Europe – Wilderness Working Group (2012): A Working Definition of European Wilderness and Wild Areas. Final draft. o. O.: Wild Europe. http://www.europarc.org/wp-content/uploads/2015/05/2012_Wild_Europe_Working_definition_of_European_wilderness_final_draft.pdf (15.07.2015).

Wildmann, S., Engel, F., Meyer, P., Spellmann, H., Schultze, J., Gärtner, S., Reif, A., Bauhus, J. (2014): Wälder mit natürlicher Entwicklung in Deutschland. Definition und Flächen. AFZ – Der Wald 69 (2), S. 28–30.

Wirth, P., Scharfe, S., Walz, U. (2015): Öffentlichkeitsbeteiligung bei der Konzeptentwicklung in Großschutzgebieten. Spielräume und Restriktionen am Beispiel des Landschaftsschutzgebietes Sächsische Schweiz. Naturschutz und Landschaftsplanung 47 (3), S. 86–92.

Kapitel 6

Inhalt

Abbildungen

Tabellen

6 Verbesserter Schutz der Biodiversität vor Pestiziden

6.1 Einleitung

391. Pestizide, also Pflanzenschutzmittel und Biozide, werden eingesetzt, um bestimmte Organismen – von Mikroben über Pflanzen bis hin zu Nagetieren – zu schädigen, zu töten oder in ihrer Ausbreitung zurückzudrängen. In der Landwirtschaft dienen Pflanzenschutzmittel dem Schutz der Pflanzen und Pflanzenerzeugnisse und der Verbesserung der landwirtschaftlichen Produktion. Biozide kommen in privaten Haushalten und in beruflichen Anwendungen vor allem als Desinfektionsmittel, im Produktschutz und in der Schädlingsbekämpfung zum Einsatz.

392. Die Verwendung von Pflanzenschutzmitteln wie Insektiziden, Herbiziden und Fungiziden in der Landwirtschaft ist eine wichtige Ursache für den weiterhin anhaltenden Rückgang der Biodiversität in der Agrarlandschaft. Besonders betroffen sind unter anderem Feldvögel, Wildbienen und Hummeln, Amphibien und Wildkräuter. Es ist nicht zu erwarten, dass das Ziel der nationalen Biodiversitätsstrategie („Nationale Strategie zum Erhalt der biologischen Vielfalt"), den Verlust von Biodiversität und die Verschlechterung der Ökosystemleistungen aufzuhalten, unter Beibehaltung der bisherigen Anwendungspraxis für Pflanzenschutzmittel erreicht werden kann. Es wurden in den vergangenen Jahrzehnten erhebliche Fortschritte gemacht, die Pflanzenschutzmittelwirkstoffe zielgenauer zu entwickeln und anzuwenden. So sollen trotz intendierter toxischer Wirkung auf Zielorganismen die nicht gewollten Begleitwirkungen auf Mensch und Umwelt reduziert werden. Jedoch hat dies weder dazu geführt, dass die Gesamtanwendungsmengen im Pflanzenschutz zurückgingen, noch dazu, dass die negativen Auswirkungen auf Ökosysteme gemindert wurden. Biozide können, wenn sie in die Umwelt gelangen, ebenfalls zur Gefährdung der Ökosysteme beitragen. Es fehlen aber grundlegende Daten, um die Auswirkung der Biozidverwendung einschätzen zu können.

393. Der Sachverständigenrat für Umweltfragen (SRU) analysiert im Folgenden die Auswirkungen des Einsatzes von Pflanzenschutzmitteln in der Landwirtschaft auf die Biodiversität. Ziel ist es, Vorschläge für ein verbessertes Risikomanagement zu machen. Gleichzeitig möchte der SRU aber auch auf den bislang weniger beachteten Einsatz von Bioziden hinweisen. Insgesamt plädiert der SRU für einen integrierenden Blick auf die Pestizidproblematik.

6.2 Einsatzbereiche von Pestiziden

394. Pestizide sind mineralische, chemisch-synthetische oder biologische Stoffe, die Schadorganismen abschrecken, unschädlich machen oder abtöten. Ihr Einsatz strebt also bewusst eine schädigende Wirkung an, weil dadurch eine Kontrolle über eine ansonsten ungewollte Entwicklung zum Beispiel für Gesundheit, Gebäudesicherheit oder Nutzpflanzen möglich wird.

Pflanzenschutzmittel werden vorrangig in der Landwirtschaft, in der Pflanzenproduktion, aber auch auf Nichtkulturland wie Gärten und Parks oder zur Pflege von Verkehrswegen und Gleisanlagen eingesetzt (Abschn. 6.2.1). Der Anwendungszweck ist hauptsächlich ungewünschten Pflanzenwuchs zu regulieren bzw. zu unterbinden, Pflanzenkrankheiten zum Beispiel durch Pilze oder Viren zu unterdrücken und Insektenfraß zu vermeiden sowie die Erzeugnisse nach der Ernte zu schützen.

Außerhalb der Pflanzenproduktion werden Pestizide zur Bekämpfung von Algen, Bakterien, Viren, Pilzen, Insekten und Nagern genutzt. Pestizidprodukte in diesem Bereich werden als Biozide bezeichnet und dienen dem Schutz der menschlichen Gesundheit sowie dem Material- und dem Gebäudeschutz (zum Beispiel Erhalt der Deckenbalken und des Dachstuhls oder Schutz vor Verkeimung bei Belüftungsanlagen und technischen Kreisläufen) (Abschn. 6.2.2).

395. Obwohl es Überschneidungen in den Wirkstoffen und den Schadorganismen gibt, werden die beiden Bereiche unterschiedlich reguliert und von der Administration getrennt geführt. Dies dient dazu, eine stringentere Steuerungsmöglichkeit für die Anwendungssicherheit zu erreichen. Pflanzenschutzmittel werden durch die Verordnung (EG) Nr. 1107/2009 über das Inverkehrbringen von Pflanzenschutzmitteln (EU-Pflanzenschutzmittel-Verordnung) und Biozide in der Verordnung (EU) Nr. 528/2012 über die Bereitstellung auf dem Markt und die Verwendung von Biozidprodukten (EU-Biozidprodukte-Verordnung) geregelt (s. Tab. 6-1).

6.2.1 Pflanzenschutz

Einsatzbereiche von Pflanzenschutzmitteln

396. Insektizide, Fungizide, Rodentizide, Herbizide und andere Pflanzenschutzmittel haben zahlreiche Einsatzbereiche in der landwirtschaftlichen Erzeugung. Ihre Anwendung hängt vornehmlich von der angebauten Kultur, den Standortbedingungen und der Witterung ab.

Tabelle 6-2 gibt eine Übersicht über die im Rahmen der PAPA-Erhebungen (PAPA – Panel Pflanzenschutzmittel-Anwendungen) berechneten jährlichen Behandlungsindizes relevanter Kulturpflanzen in Deutschland. Als Behandlungsindex (BI) wird die Anzahl der angewandten Pflanzenschutzmittel bezogen auf die zugelassene Aufwandmenge und die Anbaufläche bezeichnet. Der Behandlungsindex stellt die Anzahl von Pflanzenschutzmittel-Anwendungen auf einer betrieblichen Fläche, in einer Kultur oder in einem Betrieb unter Berücksichtigung von reduzierten Aufwandmengen und Teilflächenbehandlungen dar (BMEL 2016). Bezogen auf die Gesamtbehandlung mit Pflanzenschutzmitteln im Jahr 2014 weisen im Ackerbau Kartoffeln (12,60), Winterraps (6,72) und Winterweizen (5,70) den höchsten BI auf. Die An-

Tabelle 6-1

Einteilung der Pestizide und Definition des Anwendungszwecks

Pestizide	
Pflanzenschutzmittel	Biozide
„[...] zum Schutz der Pflanzen und Pflanzenerzeugnisse vor Schadorganismen einschließlich Unkräuter und zur Verbesserung der landwirtschaftlichen Produktion [...]" Verordnung (EG) Nr. 1107/2009	„[...] zur Bekämpfung von für die Gesundheit von Mensch und Tier schädlichen Organismen sowie zur Bekämpfung von Organismen, die natürliche oder gefertigte Materialien schädigen [...]" Verordnung (EG) Nr. 528/2012
Einsatz überwiegend in beruflichen Anwendungen in der Landwirtschaft als: – Herbizide gegen Unkräuter – Fungizide gegen Pilze – Insektizide gegen Insekten – Rodentizide gegen Nagetiere u.v.m.	Einsatz in privaten Haushalten und beruflichen Anwendungen unter anderen als: – Desinfektionsmittel gegen Bakterien, Algen, Viren – Schutzmittel gegen Insekten, Pilze – Schädlingsbekämpfungsmittel gegen Nagetiere, Insekten – Sonstige Biozide gegen Pilze, Algen

SRU/UG 2016/Tab. 6-1

Tabelle 6-2

Berechnete Behandlungsindizes für die PAPA-Erhebungen im Jahr 2014

Kultur	Insgesamt	Fungizide	Herbizide	Insektizide	Wachstums-regler
Ackerbau					
Kartoffeln	12,60	9,49	2,30	0,81	–
Mais	1,99	–	1,96	0,03	–
Wintergerste	3,88	1,40	1,46	0,25	0,77
Winterraps	6,72	1,98	2,03	2,71	–
Winterweizen	5,70	2,40	1,67	0,66	0,97
Zuckerrüben (2013)	3,82	0,99	2,64	0,17	0,02
Sonderkulturen					
Hopfen	11,11	8,51	0,21	2,39	–
Tafelapfel	33,72	27,30	0,95	4,67	0,81
Wein	19,78	18,29	0,42	1,06	–

SRU/UG 2016/Tab. 6-2; Datenquelle: JKI 2015b

wendung chemischer Pflanzenschutzmittel in Sonderkulturen übersteigt die der Mehrzahl der Ackerbaukulturen deutlich: Hopfen (11,11), Tafelapfel (33,72), Wein (19,78) (JKI 2015b). Diese Sonderkulturen haben an der landwirtschaftlich genutzten Gesamtfläche mit jeweils unter 1 % nur einen geringen Anteil. Der Anbau ist außerdem in der Regel auf spezifische Regionen konzentriert.

Meist gibt es Möglichkeiten, den Einsatz von Pflanzenschutzmitteln zu reduzieren oder ganz auf ihn zu verzichten. Er unterliegt einer betriebswirtschaftlichen Abwägung zwischen den Kosten des Pflanzenschutzmitteleinsatzes und den Kosten von alternativen Maßnahmen oder möglichen Ertragseinbußen bei der Reduktion bzw. dem Verzicht auf Pflanzenschutzmittel (BÜRGER et al. 2008). Um den Einsatz von Pflanzenschutzmitteln in der Landwirtschaft zu verringern, stehen viele Maßnahmen, wie sie zum Beispiel das Konzept des integrierten Pflanzenschutzes beinhaltet, zur Verfügung (s. Kasten).

Exkurs: Integrierter Pflanzenschutz

397. Nach dem Konzept des integrierten Pflanzenschutzes werden vorbeugende und nicht-chemische Maßnahmen genutzt, um den Einsatz von Pflanzenschutzmitteln zu verringern. Auch die Vorgaben zum ökologischen Landbau folgen diesem Ansatz, jedoch wird dabei komplett auf chemisch-synthetischen Pflanzenschutz verzichtet. Es gibt zahlreiche Maßnahmen zur Reduktion der Pflanzenschutzmittel-Anwendung, wie den Einsatz von mechanischen Verfahren zur Unkrautregulierung, die Umgestaltung der Fruchtfolge, die Wahl resistenter Sorten oder die Anpassung der Saatzeit. Eine Zusammenstellung verschiedener Studien deutet darauf hin, dass durch integrierten Pflanzenschutz die Anwendung und Kosten für Pflanzenschutzmittel deutlich reduziert werden können. Dies geht meist mit einer leichten Reduktion des Betriebsergebnisses durch geringere Erträge und höhere Kosten für alternative Maßnahmen einher (BÜRGER et al. 2008, S. 349). Zur Umsetzung der Pflanzenschutz-Rahmenrichtlinie 2009/128/EG müssen die Mitgliedsländer ab 2014 sicherstellen, dass die Anwender von Pflanzenschutzmitteln dem Prinzip des integrierten Pflanzenschutzes folgen, was in Deutschland durch das Pflanzenschutzgesetz (PflSchG) umgesetzt wird. In Anhang 3 der Richtlinie

sind allgemeine Grundsätze des integrierten Pflanzenschutzes gelistet. Sie umfassen vorbeugende Maßnahmen wie Fruchtfolgegestaltung oder geeignete Kultivierungsverfahren und legen fest, dass „nachhaltigen biologischen, physikalischen und anderen nicht-chemischen Methoden […] der Vorzug vor chemischen Methoden zu geben […]" ist (Anh. 3 Nr. 4).

Verbrauchsmengen von Pflanzenschutzmitteln

398. Der Inlandsabsatz von Pflanzenschutzmittelwirkstoffen in Deutschland befindet sich insgesamt auf einem hohen Niveau und zeigt einen weiterhin leicht ansteigenden Trend. Die abgesetzten Wirkstoffmengen sind im Zeitraum 2005 bis 2014 von etwa 35.500 t auf 46.100 t gestiegen, unterliegen jedoch jährlichen Schwankungen (BVL 2015a; Abb. 6-1). Die Zunahme der Wirkstoffmengen ist dabei im Wesentlichen auf den vermehrten Einsatz von Herbiziden (Gesamtanteil von 39 % im Jahr 2014) und Fungiziden (27 %) im Ackerbau sowie insbesondere auf die deutlich gestiegene Anwendung inerter Gase in Vorratsschutz und in Räumen (25 %) zurückzuführen (SCHWARZ 2014). Demgegenüber ist der Anteil von Wachstumsreglern und Keimhemmungsmitteln (5 %), Insektiziden und Akariziden (2 %) sowie sonstigen Pflanzenschutzmitteln (2 %) an der Gesamtmenge geringer. Das weiterhin hohe Niveau bei den Wirkstoff-

Abbildung 6-1

Entwicklung des Inlandsabsatzes von Pflanzenschutzmittelwirkstoffen im Zeitraum von 2005 bis 2014

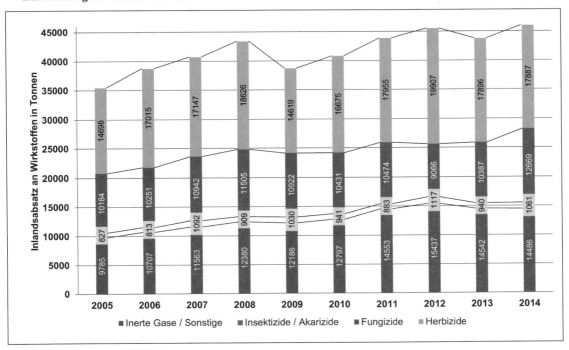

SRU/UG 2016/Abb. 6-1; Datenquelle: BVL 2015a

absatzzahlen ist auch aufgrund der Tatsache, dass viele der modernen Pflanzenschutzmittelwirkstoffe hochwirksam sind und daher zur Erzielung der gewünschten Wirkung in wesentlich geringeren Aufwandsmengen als bei früheren Pflanzenschutzmitteln eingesetzt werden können, kritisch zu bewerten (MÖCKEL et al. 2015).

399. Die Schwankungen der jährlichen Absatzzahlen sind unter anderem auf den Einfluss der Witterung, unterschiedliches saisonales Schaderregerauftreten, Überwindung von Sortenresistenzen, Wirkstoffverfügbarkeit und Einführung neuer Wirkstoffe durch die Hersteller zurückzuführen (BVL 2014a). Weitere Gründe für Schwankungen könnten stärkere Bevorratung bzw. Auffüllen der Lagerbestände durch die Landwirte sowie Rabattaktionen und Bonusprogramme im Handel sein (SCHWARZ 2014). Eine Übersicht über wesentliche Einflussfaktoren für die Absatzmengen bei Herbiziden, Fungiziden und Insektiziden geben GUTSCHE (2012) für den Zeitraum 2000 bis 2010 und SCHWARZ (2014) für den Zeitraum bis 2012 (Tab. 6-3).

Eintragspfade von Pflanzenschutzmitteln in die Umwelt

400. Die Anwendung von Pflanzenschutzmitteln wird durch das Pflanzenschutzgesetz geregelt und darf gemäß § 3 nur nach den Regeln der guten fachlichen Praxis erfolgen. Dabei sind die in der Zulassung festgesetzten Anwendungsgebiete und Anwendungsbestimmungen (z. B. Anzahl und maximale Menge der Behandlung pro Jahr und Hektar) verbindlich einzuhalten (§ 12 PflSchG) sowie die sonstigen Verbote und Beschränkungen nach §§ 13 ff. PflSchG zu beachten. Durch das Ausbringen der Pflanzenschutzmittel (u. a. durch Feldspritzen) gelangen diese auf die Pflanzen bzw. die zu behandelnde Bodenfläche. Die Behandlung der Agrarfläche führt darüber hinaus zu Einträgen in Nichtzielorte, wie Oberflächengewässer und Grundwasserkörper sowie angrenzende nicht landwirtschaftlich genutzte Böden. Wichtige Eintragspfade in die Umweltmedien sind dabei Abdrift, Abschwemmung nach Starkregenereignissen, Versickerung und Verflüchtigung. Neben der offenen Anwendung

Tabelle 6-3

Wesentliche Einflussfaktoren für die Entwicklung des Pflanzenschutzmittelabsatzes

Herbizide	– Starke Zunahme der pfluglosen Bodenbearbeitung (Beseitigung des Unkrautaufwuchses) im Ackerbau (von rund 23 % der Ackerfläche in 2003/2004 auf rund 39 % in 2009/2010). Zunehmender Einsatz von Herbiziden zur Ernteerleichterung (Sikkation, Austrocknung zur Abreifebeschleunigung). Dadurch steigt Bedarf für Totalherbizide wie Glyphosat.
	– Seit 2000 Wiederinbetriebnahme von Brachflächen (teilweise für Anbau nachwachsender Rohstoffe) und Umbruch von Dauergrünland zu Ackerland. Dies erhöht insgesamt den Pflanzenschutzmittelbedarf und führt insbesondere in den ersten Jahren zu einem über dem Durchschnitt liegenden Mehrbedarf an Herbiziden.
	– Veränderungen in der Gestaltung der Fruchtfolge und des Anbauumfangs von Kulturarten (Zunahme Winterweizen, Mais und Raps dagegen Abnahme von Winterroggen, Sommergetreide, Zuckerrüben und Kartoffeln). Dadurch Erhöhung des durchschnittlichen BI bei Herbiziden von 1,82 auf 1,85 (entspricht einer Zunahme der Behandlungsfläche um circa 300.000 ha) im Zeitraum 2000 bis 2010.
Fungizide	– Die Entwicklung pilzlicher Schadorganismen ist sehr stark von Wetterfaktoren abhängig. Dementsprechend schwankt das Maß der Anwendung zwischen unterschiedlichen Anwendungsjahren.
	– Verstärkte Anwendung von Stoffen aus der Wirkgruppe Triazole in Raps zur Erhöhung der Stand- und Winterfestigkeit und allgemein Ausweitung der Anbaufläche für Raps.
	– Herausbildung von Resistenzen gegenüber der Wirkstoffgruppe Strobilurinen. Empfehlung zur Gabe anderer Fungizide mit im Vergleich zu den Strobilurinen höheren Aufwandmengen bei gleicher Fläche.
Insektizide (einschließlich Akarizide)	– Die Entwicklung von Insektenpopulationen ist von Wetterschwankungen abhängig und wird von warmen und trockenen Perioden gefördert.
	– Erhöhung des durchschnittlichen BI für Insektizide (von 0,87 auf 0,92) durch Zunahme der Winterweizen- und Rapsflächen (s. o.). Ebenso wurden Insektizide (z. B. Neonikotinoide) als Saatgutbeizmittel eingesetzt. Diese Anwendungen sind seit 2013 eingeschränkt worden (s. Tz. 418).

SRU/UG 2016/Tab. 6-3; Datenquelle: GUTSCHE 2012; SCHWARZ 2014 im Feld können Pflanzenschutzwirkstoffe auch bei der Aussaat von vorbehandelten Kulturpflanzen durch kontaminierte Beizstäube freigesetzt werden (BVL und IfA 2012b; vgl. Tz. 442).

6.2.2 Gesundheits- und Materialschutz

Einsatzbereiche von Biozidprodukten

401. Biozide werden vor allem als Desinfektionsmittel, Schutzmittel für unterschiedliche Produkte und als Schädlingsbekämpfungsmittel im nicht landwirtschaftlichen Bereich eingesetzt. Zunehmend erfolgt eine versteckte Verwendung auch bei Gegenständen des täglichen Bedarfs, wie zum Beispiel in Heimtextilien (Matratzen, Bettwäsche, Funktionswäsche). Ebenso werden beispielsweise Türklinken, Kühlschränke und andere Küchenutensilien vorbeugend mit Bioziden behandelt (JAHN et al. 2015).

Die Notwendigkeit ihrer Verwendung variiert dabei stark. So ist der Einsatz von Desinfektionsmitteln im Gesundheitswesen, einer der häufigsten Anwendungen von Bioziden, unumgänglich, um das heutige hohe Schutzniveau zu erhalten (UBA 2000). Im Gegensatz dazu ist ihre steigende Verwendung in privaten Haushalten im Normalfall überflüssig und daher kritisch zu bewerten. Der unnötige Einsatz kann zur Bildung von Resistenzen gegen Keime führen und damit die Wirkung von Desinfektionsmitteln in Krankenhäusern und Arztpraxen mindern (PIEPER et al. 2014). Die Behandlung von Gebrauchsgegenständen wie Möbeln und Teppichen mit Insektiziden (gegen Motten- und Käferbefall) ist auch aufgrund der Tatsache, dass diese über einen langen Zeitraum ausgasen und sich damit in der Innenraumluft anreichern können, zu hinterfragen (JAHN et al. 2015).

Die Verwendung von Bioziden als Schutzmittel in technischen Prozessen zum Beispiel zur Verhinderung von Verkeimungen von Flüssigkeiten und Materialoberflächen dient der Haltbarkeit und Sicherheit von Produkten. Ein Verzicht ist in diesen Bereichen unter Umständen nicht ohne Einschränkungen der Produkteigenschaften durchzuführen. In anderen Bereichen ist jedoch der Verzicht deutlich einfacher. Durch entsprechende vorbeugende Maßnahmen kann zum Beispiel ein Befall mit Schaderregern wie Holzpilzen, Insekten und Vorratsschädlingen wirkungsvoll verhindert und der Einsatz von Bioziden vorab ausgeschlossen werden. Über das im Internet frei zugängige „Biozid-Portal" informiert das Umweltbundesamt (UBA) über solche vorbeugenden Maßnahmen und biozidfreie Alternativen, mit denen der Einsatz von Biozid-Produkten minimiert oder ganz vermieden werden kann. Als Zielgruppen werden Verbraucher und Privathaushalte sowie der Handel und Verbraucherberatungsstellen angesprochen. Eine Erweiterung des Informationsangebots auch für berufliche Anwender ist geplant (JAHN et al. 2015).

Verbrauchsmengen von Biozidprodukten

402. In Deutschland sind derzeit 40.251 Biozidprodukte als verkehrsfähig nach der Biozid-Meldeverordnung (ChemBiozidMeldeV) gemeldet (schriftliche Mitteilung der Bundesanstalt für Arbeitsschutz und Arbeitsmedizin (BAuA), Bundesstelle für Chemikalien, vom 3. März 2016). Europaweit sind es sogar mehr als 50.000 mit steigender Tendenz (Deutscher Bundestag 2011). Absatzmengen bzw. Verbrauchsmengen für Deutschland liegen aber nicht vor, da es sowohl nach europäischem als auch nationalem Recht nicht vorgesehen ist, diese zu erfassen. Orientierungspunkte über die tatsächlichen Mengen können daher nur aus wenigen konkreten Angaben zu einzelnen Produktarten sowie anhand von Schätzungen aus Verbrauchsmeldungen anderer Staaten abgeleitet werden. In Deutschland werden demnach pro Jahr etwa 55.000 t Biozidwirkstoffe verwendet (vgl. Tab. 6-4).

403. Biozide kommen in sehr unterschiedlichen Anwendungen zum Einsatz, die 4 Hauptgruppen und insgesamt 22 Produktarten (PA) zugeordnet werden (Übersicht in RÜDEL und KNOPF 2012; vgl. Tab. 6-4).

Auf die Hauptgruppe 1 „Desinfektionsmittel" entfallen in Deutschland nach Schätzungen etwa 74 % des Gesamtverbrauchs. Unter diese Anwendungen fallen unter anderem Produkte für die menschliche Hygiene und Oberflächendesinfektion im Gesundheitswesen, zur Algenbekämpfung sowie Trinkwasserdesinfektionsmittel. Die Hauptgruppe 2 „Schutzmittel", zu denen zum Beispiel Holzschutzmittel und Schutzmittel für Baumaterialen (z. B. Fassadenanstriche, Außenhölzer) sowie Schutzmittel für Flüssigkeiten und Verfahrenssysteme in der Industrie gehören, hat einen Anteil von etwa 25 %. Die Wirkstoffe haben unter anderem antimikrobielle und fungizide sowie insektizide Eigenschaften. Die Hauptgruppe 3 „Schädlingsbekämpfungsmittel" (z. B. Rodentizide und Insektizide) sowie die Hauptgruppe 4 „Sonstige Biozidprodukte" (u. a. Antifouling-Produkte) haben bezogen auf die Gesamtverbrauchsmenge eine geringere Bedeutung. Allerdings besitzen Stoffe aus diesen beiden Hauptgruppen zum Teil eine hohe Wirksamkeit bei bereits sehr geringen Konzentrationen.

Eintragspfade von Biozidprodukten in die Umwelt

404. Bei Biozidwirkstoffen fehlt im Unterschied zu Pflanzenschutzwirkstoffen eine systematische Erfassung der Anwendungsmengen (vgl. Tz. 485). Aussagen zu erwarteten Einträgen in die Umwelt sind daher mit einer großen Unsicherheit belastet. Erschwerend kommt außerdem hinzu, dass für zahlreiche Wirkstoffe (vgl. Kap. 6.3) Einträge sowohl auf Biozid- als auch auf Pflanzenschutzmittelanwendungen zurückgeführt werden können. Des Weiteren können Pestizidwirkstoffe auch in anderen Produkten wie Industriechemikalien und in Human- und Tierarzneimitteln zugelassen sein (RÜDEL und KNOPF 2012; NÖH 2012).

Biozidwirkstoffe werden in einer großen Anzahl von Produkten und Anwendungen eingesetzt, dementspre-

Tabelle 6-4

Geschätzte Verbrauchsmengen von Bioziden für Deutschland und potenzielle Umwelteinträge

PA	Bezeichnung	Deutschland[1]		EU[2]		
		Jährliche Verbrauchs-menge (t/a)	%-Anteil am Gesamt-verbrauch	Jährliche verbrauchs-menge	Umwelteinträge	
					Direkt	Klär-anlage
Hauptgruppe 1: Desinfektionsmittel		**41.308**	**74**			
1	Produkte für die menschliche Hygiene	4.600	8	xxx	–	xx
2	Desinfektionsmittel und Algen-bekämpfungsmittel	28.000	50	xxx	x	xxx
3	Produkte für die Hygiene im Veterinärbereich	7.600	14	xxx	x	xx
4	Lebens- und Futtermittelbereich	1.100	2	xxx	–	xxx
5	Trinkwasserdesinfektionsmittel	8	0,0	xxx	x	x
Hauptgruppe 2: Schutzmittel		**13.680**	**25**			
6	Produkte während der Lagerung	170	0,3	xx	x	x
7	Beschichtungsschutzmittel	1.100	2	xx	xx	xx
8	Holzschutzmittel	8.200	15	xxx	xx/xxx	x
9	Für Fasern, Leder, Gummi und polymerisierte Materialien	150	0,3	xx	x	x
10	Für Baumaterialien	140	0,3	xxx	xx	xx
11	Für Flüssigkeiten in Kühl- und Verfahrenssystemen	2.800	5	xxx	xx	xx
12	Schleimbekämpfungsmittel	750	1	xx	xx	xx
13	Für Bearbeitungs- und Schneide-flüssigkeiten	370	1	xx	–	x
Hauptgruppe 3: Schädlingsbekämpfungsmittel		**19**	**< 1**			
14	Bekämpfung von Nagetieren (Roden-tizide)	0	0	x	xx	x
15	Vogelbekämpfungsmittel (Avizide)	§	§	–	xx	–
16	Bekämpfungsmittel gegen Mollusken und Würmer (Molluskizide) und andere Wirbellose	5	0	–	xxx	–
17	Fischbekämpfungsmittel (Piscizide)	§	§	–	xxx	–
18	Bekämpfung von Gliedertieren (In-sekten (Insektizide), Spinnentiere (Akarizide))	2	0	xxx	xxx	xxx
19	Vergrämungsmittel (Repellenzien) und Lockmittel	12	0	xx	xx	xx
20	Produkte gegen sonstige Wirbeltiere	§	§	–	xx	–
Hauptgruppe 4: Sonstige Biozidprodukte		**92**	**< 1**			
21	Antifouling-Produkte	90	0,2	x	xxx	–/x

22	Flüssigkeiten für Einbalsamierung und Taxidermie	2	0	x	x	x

xxx hohe Relevanz, xx mittlere Relevanz, x niedrige Relevanz, – vermutlich nicht relevant,
§ In Deutschland sind die Produktarten 15, 17 und 20 aus Gründen des Tierschutzes nicht zugelassen

SRU/UG 2016/Tab. 6-4;
Datenquelle: [1]RÜDEL und KNOPF 2012;
[2]Europäische Kommission – Generaldirektion Umwelt 2009, verändert nach Rüdel 2015a

chend vielfältig sind die Eintragspfade in die Umwelt. Es wird zwischen direkten Einträgen in die Umweltmedien Oberflächengewässer, Böden und Luft (auch durch Auswaschen und Abdrift) sowie indirekten Einträgen in Oberflächengewässer und Böden über Kläranlagen differenziert (UBA 2014b).

In einem Bericht der Europäischen Kommission wurden für fast alle Produktarten Einträge in die Umwelt modelliert (s. Tab. 6-4). Bei der Abschätzung der Relevanz der Umwelteinträge konnten aufgrund der fehlenden Datenlage die tatsächlichen Verbrauchsmengen nicht berücksichtigt werden. Die direkten Einträge haben unter anderem für Holzschutzmittel, Rodentizide, Molluskizide, Insektizide sowie Antifouling-Produkte eine hohe Relevanz. Indirekte Einträge erfolgen insbesondere bei Desinfektionsmitteln bei der Produktart 2 (Desinfektionsmittel und Algenbekämpfungsmittel) und Produktart 4 (Desinfektionsmittel für den Lebens- und Futtermittelbereich) sowie bei Insektiziden (Produktart 18) (Europäische Kommission – Generaldirektion Umwelt 2009, verändert nach RÜDEL et al. 2015a.)

6.3 Genehmigung von Pestizidwirkstoffen

405. Die Anwendung von Pestizidwirkstoffen ist aufgrund ihrer toxischen Eigenschaften mit einem Risiko behaftet. Die Erwartung an die Sicherheit ist daher berechtigt hoch und verlangt ähnlich wie für Arzneiwirkstoffe, dass ein Wirksamkeitsnachweis vorliegt, der den beabsichtigten Zweck – hier Hemmung oder Abtöten von Schadorganismen – abdecken soll. Zugleich dürfen die Wirkstoffe bei Einhaltung der Anwendungsauflagen und der guten fachlichen Praxis keine schädlichen Auswirkungen auf die Gesundheit von Mensch oder Tier und keine unannehmbaren Auswirkungen auf die Umwelt haben (s. Tz. 432 ff.). Mit der Richtlinie 79/117/EWG über das Verbot des Inverkehrbringens und der Anwendung von Pflanzenschutzmitteln, die bestimmte Wirkstoffe enthalten, wurden die Behörden erstmalig ermächtigt, Wirkstoffe aufgrund bestimmter Eigenschaften zu verbieten, zum Beispiel wegen ihrer langen Präsenz und Mobilität in der Umwelt oder kanzerogener Wirkungen. Die Bewertungsverfahren von Pestizidwirkstoffen sind im Laufe der Jahre hinsichtlich der technischen Regeln und der Risikobewertung fortentwickelt und dem Stand der Wissenschaft angepasst worden, mit dem Ziel, die Wirkstoffe und ihre Verwendung sicherer zu machen.

406. Die Wirkstoffgruppe der Insektizide ist diesbezüglich richtungsgebend für die Entwicklung eines Konzepts zum Verbot von umweltschädlichen Stoffen (POP-Konzept) gewesen. Persistente organische Schadstoffe (persistent organic pollutants – POP) sind langlebige organische Schadstoffe, die aufgrund ihrer Persistenz über weite Strecken ferntransportiert werden können und bioakkumulierend sind. Zu ihren bekanntesten Vertretern gehören einige Insektizide, die eine hohe Humantoxizität und/oder hohe Ökotoxizität haben (z. B. Chlorkohlenwasserstoffe wie Dichlordiphenyltrichlorethan (DDT) und Hexachlorcyclohexan (Lindan) sowie chlorierte Cyclodiene (Aldrin, Dieldrin und Heptachlor)). Diese Wirkstoffe stehen auf der Liste der mit dem POP-Übereinkommen aus der Produktion gebannten Stoffe und sind in Deutschland nicht mehr in Pflanzenschutzmitteln zugelassen (UNEP 2009). Neuere Insektizide wie die Neonikotinoide (u. a. Imidacloprid, Clothianidin) zeichnen sich durch eine geringere Säugetiertoxizität und ein breites Wirkspektrum gegen eine Vielzahl von saugenden und beißenden Insekten aus (LINDEMANN 2014). Neonikotinoide sind im Gegensatz zu den früheren Wirkstoffen nur mäßig persistent sowie gut wasserlöslich, allerdings werden sie im Zusammenhang mit dem EU-weiten Rückgang der Bestäuber in der Agrarlandschaft diskutiert (Tz. 441 ff.).

Die Problemdimension der Pestizide in der Ernährung haben Berichte über endemische Vergiftungen am Menschen durch organische quecksilberhaltige Fungizide aufgezeigt (SRU 2008, Kap. 8). Die heute verfügbaren Fungizide haben eine niedrigere akute Toxizität (SOLECKI und PFEIL 2013). Ein weiteres Beispiel für einen inzwischen nicht mehr zugelassenen Wirkstoff ist das Herbizid Atrazin, welches in der EU aufgrund seiner hormonellen und kanzerogenen Wirksamkeit seit 2003 verboten ist (Tz. 436).

Genehmigungsverfahren von Pestizidwirkstoffen

407. Im Folgenden sollen wichtige Anforderungen des aktuell in der EU gültigen Genehmigungsverfahrens für Pflanzenschutz- und Biozidwirkstoffe im Hinblick auf den Gesundheits- und Umweltschutz dargestellt werden. Die Genehmigung der Wirkstoffe ist der erste Schritt vor der Zulassung der Pestizidprodukte (s. Abschn. 6.4.1).

Die Genehmigung der Pestizidwirkstoffe wird in zwei EU-Verordnungen geregelt: für Pflanzenschutzmittelwirkstoffe in der EU-Pflanzenschutzmittelverordnung, für

Biozidwirkstoffe in EU-Biozidprodukte-Verordnung (Tz. 395). Beide Verordnungen verlangen, dass die Wirkstoffe keine unannehmbaren Auswirkungen auf die Umwelt haben, insbesondere unter Berücksichtigung von Kontaminationen in der Umwelt, Auswirkungen auf Nicht-Zielarten und Auswirkungen auf die biologische Vielfalt und das Ökosystem (Art. 4 Abs. 3 EU-Pflanzenschutzmittel-Verordnung und Art. 19 Abs. 1 lit. b Ziff. iv EU-Biozidprodukte-Verordnung). Die Bestimmungen der Verordnungen beruhen auf dem Vorsorgeprinzip (Art. 1 Abs. 4 EU-Pflanzenschutzmittel-Verordnung und Art. 1 Abs. 1 EU-Biozidprodukte-Verordnung).

Die Genehmigung der Wirkstoffe ist jeweils zeitlich begrenzt und muss regelmäßig erneuert werden. Sowohl für Pflanzenschutzmittel- als auch für Biozidwirkstoffe erfolgt die Erstgenehmigung für höchstens zehn Jahre, die Erneuerung der Genehmigung gilt für maximal fünfzehn Jahre (Art. 5 und Art. 14 Abs. 2 EU-Pflanzenschutzmittel-Verordnung bzw. Art. 4 Abs. 1 und Art. 10 Abs. 3 EU-Biozidprodukte-Verordnung). Davon abgesehen gilt eine kürzere Genehmigungsdauer von sieben Jahren für Wirkstoffe, die als Substitutionskandidaten (Tz. 408) bzw. als zu ersetzende Wirkstoffe identifiziert worden sind. Wirkstoffe, die, obwohl sie die Zulassungskriterien nicht erfüllen, unter bestimmten Voraussetzungen dennoch genehmigt werden, erhalten eine Genehmigung für höchstens fünf Jahre.

Ausschlusskriterien in der Wirkstoffprüfung

408. Pflanzenschutzmittelwirkstoffe können nur genehmigt werden, wenn sie die Anforderungen des Art. 4 i. V. m. Anhang II EU-Pflanzenschutzmittel-Verordnung erfüllen. Im Hinblick auf die menschliche Gesundheit sind die Ausschlusskriterien Mutagenität, Karzinogenität, Reproduktionstoxizität oder endokrine Eigenschaften. Zum Schutz der Umwelt werden persistente und bioakkumulierbare Wirkstoffe, die Potenzial zum Ferntransport haben (POP, Tz. 406) ausgeschlossen. Hinzu kommen persistente, bioakkumulierbare und toxische Wirkstoffe (PBT-Stoffe) oder sehr persistente und sehr bioakkumulierbare Wirkstoffe (vPvB-Stoffe). Auch wenn Wirkstoffe die Kriterien nicht erfüllen, können sie unter bestimmten Voraussetzungen doch genehmigt werden. Von diesen Voraussetzungen kann unter bestimmten Bedingungen abgewichen werden (Art. 4 Abs. 7 EU-Pflanzenschutzmittel-Verordnung). Wirkstoffe, die die Kriterien erfüllen, aber im Vergleich zu den anderen bereits genehmigten Wirkstoffen ein größeres Risiko für Mensch und Umwelt darstellen, werden als Substitutionskandidaten bezeichnet (Art. 24 EU-Pflanzenschutzmittel-Verordnung). Diese Substitutionskandidaten dürfen nur dann in Pflanzenschutzmitteln zur Anwendung zugelassen werden, wenn es keine wirtschaftlichen und praktikablen Alternativen gibt, die deutlich sicherer für Mensch und Umwelt sind.

Sollte es im Lichte neuer wissenschaftlicher und technischer Kenntnisse Anzeichen dafür geben, dass die Genehmigungskriterien für einen genehmigten Wirkstoff nicht mehr erfüllt sind, kann ein Mitgliedstaat einen Antrag auf Überprüfung an die Kommission stellen oder die Kommission kann von sich aus die Genehmigung überprüfen. Sind die Kriterien nicht mehr erfüllt, kann eine Verordnung über die Aufhebung oder Änderung der Genehmigung erlassen werden (Art. 21 EU-Pflanzenschutzmittel-Verordnung).

Zum Stichdatum Dezember 2014 waren in Deutschland 276 Wirkstoffe in Pflanzenschutzmitteln zugelassen, was in etwa dem Niveau vorheriger Jahre entspricht (Zunahme um ca. 12 % seit 2005 (245)) (BVL 2015a).

409. Seit dem 1. September 2013 wird bei der Genehmigung von Biozidwirkstoffen die EU-Biozidprodukte-Verordnung (Tz. 412) angewandt. Mit dieser wurde das Genehmigungsverfahren mit EU-weiter Gültigkeit konkretisiert und die Datenanforderungen spezifiziert, anhand derer die Überprüfung der Auswirkungen des Biozideinsatzes für die Gesundheit des Menschen und für die Umwelt erfolgt. Eine wichtige Neuerung ist die Aufnahme des Schutzgutes Biodiversität in die EU-Biozidprodukte-Verordnung (Art. 19 Abs. 1 lit. b Ziff. iv). Außerdem wurden für die Genehmigung eines Biozidwirkstoffs die gleichen Ausschlusskriterien wie für die Genehmigung von Pflanzenschutzmittelwirkstoffen (Tz. 408) festgelegt (Art. 5 Abs. 1 der EU-Biozidprodukte-Verordnung). Unbeschadet dieser Kriterien kann ein Wirkstoff unter bestimmten Voraussetzungen dennoch genehmigt werden (Art. 5 Abs. 2 EU-Biozidprodukte-Verordnung). Diese und andere Wirkstoffe mit einem Besorgnispotenzial, das in Art. 10 Abs. 1 lit. b bis f der EU-Biozidprodukte-Verordnung näher beschrieben wird, werden als zu ersetzende Wirkstoffe eingestuft.

6.4 Zulassung von Pestizidprodukten

6.4.1 Zulassungsverfahren und Umweltrisikobewertung

410. Pestizidprodukte enthalten in der Regel neben dem Wirkstoff weitere sogenannte Formulierungshilfsstoffe, die zum Beispiel dafür sorgen, dass die Pestizidwirkstoffe im Produkt leicht zu handhaben (z. B. mischbar, verdünnbar) oder anwendbar (Einmischen in Materialien, Benetzung von Oberflächen, Benetzen oder Aufnahme durch die Pflanzen) und lagerstabil sind. Pestizidprodukte dürfen in der EU nur in Verkehr gebracht oder angewandt werden, wenn sie zugelassen wurden. Dem Zulassungsverfahren für die Produkte ist die Genehmigung der Wirkstoffe vorgeschaltet (Kap. 6.3 und Abb. 6-2).

411. Die Zulassung von Pflanzenschutzmitteln wird in der EU-Pflanzenschutzmittel-Verordnung (s. Tz. 395) geregelt. Sie erfolgt im sogenannten zonalen Zulassungsverfahren. Dazu wurden die Mitgliedstaaten der EU drei Zonen zugeordnet (Süd, Zentral, Nord; Anhang I EU-Pflanzenschutzmittel-Verordnung). Deutschland gehört zur zentralen Zone. Das Zulassungsverfahren wird in einem Mitgliedstaat stellvertretend für die ganze Zone durchgeführt. Dennoch bedarf es eines Antrags in jedem Mitgliedstaat, in dem das Pflanzenschutzmittel in Verkehr

Abbildung 6-2

Die Umweltrisikobewertung im Zulassungsverfahren für Pflanzenschutzmittel und Biozide

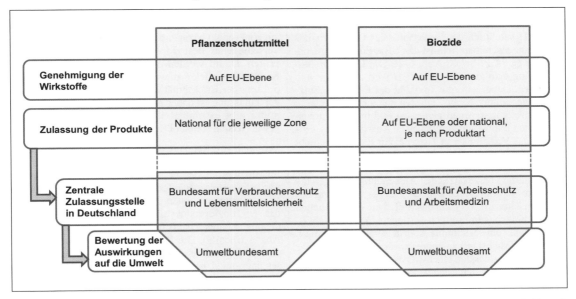

SRU/UG 2016/Abb. 6-2

gebracht wird. Dabei können die einzelnen Mitgliedstaaten nationale Besonderheiten berücksichtigen und über Risikominderungsmaßnahmen entscheiden. Sollten bei einem Mitgliedstaat weiterhin Bedenken bezüglich Gesundheit und Umwelt vorliegen, kann dieser die Zulassung des Pflanzenschutzmittels national verweigern, falls er ein unannehmbares Risiko sieht (Art. 36 Abs. 3 EU-Pflanzenschutzmittel-Verordnung). Die Zulassung eines Pflanzenschutzmittels wird für ein bestimmtes Anwendungsgebiet (Verwendungszweck) beantragt (BVL und IfA 2012a). Für die Zulassung müssen die in Art. 29 der EU-Pflanzenschutzmittel-Verordnung aufgelisteten Anforderungen an das Pflanzenschutzmittel erfüllt sein (s. Tz. 413). Dazu gehört unter anderem, dass die im Mittel enthaltenen Wirkstoffe genehmigt sind (Kap. 6.3). Die Zulassung des Pflanzenschutzmittels gilt maximal ein Jahr länger als die Genehmigungsdauer der enthaltenen Wirkstoffe (s. Tz. 407), dies gilt auch für eine Erneuerung der Zulassung (Art. 32 EU-Pflanzenschutzmittel-Verordnung).

412. Die Zulassung von Bioziden erfolgt gemäß der EU-Biozidprodukte-Verordnung (s. Tz. 395) und ist verwendungsbezogen (Art. 19 Abs. 3 EU-Biozidprodukte-Verordnung). Die Zulassung kann in einem Mitgliedstaat oder für bestimmte Produktgruppen auch unionsweit beantragt werden (Art. 29 ff. und Art. 41 ff. EU-Biozidprodukte-Verordnung). Auch für Biozidprodukte gilt, dass für die Zulassung bestimmte Voraussetzungen erfüllt sein müssen (Art. 19 EU-Biozidprodukte-Verordnung; s. a. Tz. 413). Unter anderem müssen alle in einem Biozidprodukt enthaltenen Wirkstoffe für die entsprechende

Verwendung genehmigt sein (s. Kap. 6.3). Die Zulassungsdauer beträgt höchstens zehn Jahre (Art. 17 Abs. 4 EU-Biozidprodukte-Verordnung). Die gegenseitige Anerkennung der Zulassung in verschiedenen Mitgliedstaaten kann beantragt werden (Art. 32 ff. EU-Biozidprodukte-Verordnung) und wird zwischen den Mitgliedstaaten abgestimmt. Ein Mitgliedstaat kann nationale Besonderheiten zum Beispiel zum Schutz der Umwelt geltend machen, um von der Zulassung abzuweichen oder diese abzulehnen (Art. 37 EU-Biozidprodukte-Verordnung).

413. Analog zu den Anforderungen für die Wirkstoffe gilt auch für Pflanzenschutzmittel und Biozidprodukte, dass sie keine unannehmbaren Auswirkungen auf die Umwelt haben dürfen, insbesondere unter Berücksichtigung von Kontaminationen in der Umwelt, Auswirkungen auf Nicht-Zielarten und auf die biologische Vielfalt und das Ökosystem (Art. 29 Abs. 1 lit. e i. V. m. Art. 4 Abs. 3 EU-Pflanzenschutzmittel-Verordnung und Art. 19 Abs. 1 lit. b Ziff. iv EU-Biozidprodukte-Verordnung). Bei der Bewertung, ob die Umweltanforderungen erfüllt werden, sollen Kumulations- und Synergieeffekte berücksichtigt werden (Art. 4 Abs. 3 lit. b EU-Pflanzenschutzmittel-Verordnung sowie Art. 19 Abs. 2 lit. c,d EU-Biozidprodukte-Verordnung). Zudem sollen realistische Verwendungsbedingungen zugrunde gelegt werden (Art. 29 Abs. 3 EU-Pflanzenschutzmittel-Verordnung sowie Art. 19 Abs. 2 lit. a EU-Biozidprodukte-Verordnung). Außerdem beruhen die Bestimmungen beider Verordnungen auf dem Vorsorgeprinzip (Tz. 407).

414. In Deutschland ist das Bundesamt für Verbraucherschutz und Lebensmittelsicherheit (BVL) die zentrale Zulassungsstelle für Pflanzenschutzmittel (§ 33 PflSchG). Das BVL entscheidet im Benehmen oder auch Einvernehmen mit anderen Behörden über die Zulassung der Mittel. Hinsichtlich der Bewertung des Umweltrisikos von Pflanzenschutzmitteln ist das UBA Einvernehmensbehörde (§ 34 PflSchG; Abb. 6-2). Die Umweltrisikobewertung erfolgt nach einem EU-weit abgestimmten Verfahren. Dabei wird die Toxizität des Pflanzenschutzmittels gegenüber Nicht-Zielarten anhand von Tests an Stellvertreterorganismen gemessen und mit der voraussichtlichen Exposition verglichen (s. Abschn. 6.5.5). Entspricht das Verhältnis von Toxizität zur Exposition nicht einem bestimmten festgelegten Wert (BVL und IfA 2012c), so werden Maßnahmen des Risikomanagements erwogen, die von zusätzlichen Anwendungsauflagen bis zu einem Verbot reichen können. Bei der Zulassung des Pflanzenschutzmittels kann das BVL dann entsprechende Anwendungsbestimmungen festlegen (§ 36 PflSchG), zum Beispiel eine bestimmte Abdrift mindernde Technik, einen Mindestabstand zu angrenzenden Gewässern oder eine maximal zulässige Höchstdosis pro Hektar bei jeder Verwendung. Die Bundesländer können das Anwendungsgebiet eines zugelassenen Pflanzenschutzmittels in bestimmten Fällen aber auch erweitern (§ 22 Abs. 2 PflSchG).

415. Die zentrale Zulassungsstelle für Biozide ist die Bundesstelle für Chemikalien der Bundesanstalt für Arbeitsschutz und Arbeitsmedizin (BAuA). An der Entscheidung über die Zulassung, Nichtzulassung oder Zulassung unter Auflagen wirken weitere Bundesoberbehörden mit (§ 12a i. V. m. § 4 Chemikaliengesetz – ChemG). Für die Bewertung der Wirkungen von Bioziden auf die Umwelt ist das UBA Einvernehmensbehörde (Abb. 6-2). Auch die Umweltrisikobewertung von Bioziden erfolgt auf der Grundlage von EU-weit abgestimmten Leitlinien (ECHA 2015). Es werden wie bei den Pflanzenschutzmitteln potenzielle Effekte des Biozidprodukts anhand von Tests an Stellvertreterorganismen ermittelt. Über Expositionsbetrachtungen wird abgeschätzt, wie viel Biozid durch die jeweilige Anwendung in die Umwelt eingetragen wird. Wenn der Eintrag des Biozids größer ist als die Konzentration, bei der keine Effekte erwartet werden, besteht ein potenzielles Risiko für die Umwelt. Dann entscheidet die Bundesstelle für Chemikalien im Einvernehmen mit dem UBA über erforderliche Risikominderungsmaßnahmen (z. B. Auflagen für die Verwendung oder Beschränkungen bis hin zu einem Verbot; UBA 2013b; § 12d S. 2 ChemG).

6.4.2 Überprüfung der Anwendungsauflagen durch die Behörden

Unterschiedliche Regelungen für Pflanzenschutzmittel und Biozidprodukte

416. Mit der Umweltrisikobewertung des Zulassungsverfahrens und den damit verbundenen Anwendungsauf-

lagen sollen schädliche Umweltauswirkungen der Anwendung von Pflanzenschutzmitteln und von Bioziden begrenzt werden. Das Zulassungsverfahren kann vorab jedoch nicht alle Umweltauswirkungen erfassen (Abschn. 6.5.5). Zum Beispiel erschwert es die jeweils auf ein Produkt bezogene Zulassung, die Umweltwirkung verschiedener Pestizidprodukte zusammenfassend zu prüfen. Damit werden mögliche Überlagerungs- oder Kumulationseffekte zu wenig berücksichtigt. Eine Überprüfung der Effektivität der Anwendungsauflagen nach der Zulassung ist daher notwendig. Für Pflanzenschutzmittel gibt es eine Reihe von Regelungen, die dies gewährleisten sollen (Tz. 417 ff.).

Vergleichbare Regelungen gibt es für die Anwendungsphase von Biozidprodukten nicht. Die Zulassungsstelle für Biozidprodukte (Tz. 415) kann zwar eine Zulassung vorläufig untersagen oder von der Einhaltung bestimmter Voraussetzungen abhängig machen, wenn sie feststellt, dass ein Biozidprodukt ein unmittelbares oder langfristig unannehmbares Risiko für die Umwelt darstellt (§ 12g Abs. 1 ChemG). Die Länderbehörden müssen entsprechende Erkenntnisse, die sie im Rahmen von Durchsetzungs- und Überwachungstätigkeiten gewonnen haben, der Zulassungsstelle mitteilen (§ 12f Abs. 3 S. 1 ChemG). Es fehlen aber konkretisierende Vorgaben, um dieses Wissen zu ermitteln. Dementsprechend sind auch die Datenlücken in Bezug auf die Verbrauchs- und Anwendungsmengen bei Bioziden und beim Umweltmonitoring erheblich (UBA 2014a). Der SRU wird sich daher im folgenden Abschnitt auf die Möglichkeiten der Behörden zur Überprüfung und Kontrolle der Anwendungsauflagen bei Pflanzenschutzmitteln beschränken. Empfehlungen zur Verbesserung dieser Möglichkeiten finden sich in den Abschnitten 6.6.1 und 6.6.2. Die spezielle, mangelhafte Datenlage bei den Bioziden wird in Abschnitt 6.6.5 erneut aufgegriffen.

Überprüfung und Kontrolle der Anwendungsauflagen bei Pflanzenschutzmitteln

417. In Deutschland obliegt der Vollzug – einschließlich der Überwachung – des Pflanzenschutzgesetzes den Ländern und dort den nach Landesrecht zuständigen Behörden (§ 59 S. 1 PflSchG). Das sind in der Regel die Pflanzenschutzdienste der Länder. Die Überwachung erfolgt nach gemeinsamen Standards der Länder auf Grundlage eines abgestimmten Methodenhandbuchs (BVL 2014b). 2013 betrug der Umfang der Kontrollen bei Betrieben der Landwirtschaft, der Forstwirtschaft und des Gartenbaus rund 1,8 %, bei Handelsbetrieben 19,3 %. Die Kontrolle der Anwendung auf Freiflächen, die weder forst- noch landwirtschaftlich noch gärtnerisch genutzt werden (z. B. Straßen, Wegränder, Hof- und Betriebsflächen), erfolgte anlassbezogen (BVL 2015b). Die Kontrollen sind ein wichtiges Instrument, um die Einhaltung der Auflagen und Anwendungsbestimmungen zu überprüfen (Tz. 459).

Die für den Pflanzenschutz zuständigen Landesbehörden sind außerdem durch verschiedene Befugnisse ermächtigt,

Maßnahmen anzuordnen, die zur Verhütung und Beseitigung von Verstößen gegen das Pflanzenschutzgesetz notwendig sind (MÖCKEL et al. 2014, S. 432). Die Behörde kann zum Beispiel die Anwendung von Pflanzenschutzmitteln untersagen, wenn mit schädlichen Auswirkungen auf das Grundwasser oder auf den Naturhaushalt gerechnet werden muss (§ 60 S. 1 PflSchG), oder Maßnahmen anordnen, die zur Erfüllung der guten fachlichen Praxis erforderlich sind (§ 3 Abs. 1 S. 3 PflSchG). Die oben genannten Länderbehörden sind auch zuständig für die Beratung, Schulung und Aufklärung auf dem Gebiet des Pflanzenschutzes, das heißt unter anderem auch zum integrierten Pflanzenschutz (§ 59 Abs. 2 Ziff. 3 PflSchG; Tz. 397). Die Beratung durch die zuständigen Länderbehörden (die sog. Offizialberatung) spielt eine zentrale Rolle bei der Umsetzung des integrierten Pflanzenschutzes (JKI 2015a; MÖCKEL et al. 2014; Tz. 459).

418. Das BVL hat nach § 13 Abs. 3 PflSchG die Befugnis zur Anordnung von Maßnahmen zum Schutz vor schädlichen Auswirkungen von Pflanzenschutzmitteln auf Mensch, Tiere, Grundwasser und Naturhaushalt. Wenn dem BVL bekannt wird, dass die Bedingungen, unter denen die Zulassung eines Mittel erteilt wurde, nicht mehr erfüllt sind, muss es die Zulassung in Abstimmung mit den zuständigen Bewertungsbehörden überprüfen und gegebenenfalls widerrufen oder die Anwendungsauflagen ändern (§ 39 PflSchG; BVL 2015c). Zu diesem Zweck müssen Zulassungsinhaber der Zulassungsbehörde unverzüglich alle Informationen melden, die darauf hindeuten, dass die Zulassungsbedingungen nicht mehr erfüllt sind, insbesondere auch potenziell schädliche oder unannehmbare Auswirkungen (Art. 56 Abs. 1 EU-Pflanzenschutzmittel-Verordnung). Daraufhin können die Mitgliedstaaten sowohl vorläufige Schutzmaßnahmen treffen (Art. 56 Abs. 3 EU-Pflanzenschutzmittel-Verordnung) als auch die Zulassung gemäß Art. 44 aufheben oder abändern (MÖCKEL et al. 2014).

Zudem kann das BVL im Rahmen des sogenannten Nachzulassungs-Monitorings durch Auflagen anordnen, dass während der Dauer der Zulassung bestimmte Kenntnisse gewonnen, gesammelt und ausgewertet werden (§ 36 Abs. 5 PflSchG). Dazu fordert das BVL vom Zulassungsinhaber, dass er während der Anwendung des Pflanzenschutzmittels Daten erhebt. Damit soll die Wirksamkeit der Anwendungsauflagen, die mit der Zulassung festgelegt wurden, überprüft werden. Beispielsweise kann ein Monitoring von Rückständen in Grund- und Oberflächengewässern oder ein Monitoring von Auswirkungen auf Organismen (Vögel, Säugetiere, Gewässerorganismen etc.) gefordert werden.

Neben dem aktiv vom BVL veranlassten Nachzulassungs-Monitoring gibt es auch Informationen aus den Monitoringprogrammen der Länder oder Rückmeldungen der Wasserversorgungsunternehmen, die zu einer Überprüfung der Anwendungsauflagen führen können. Bei Kontaminationen des Grundwassers in Konzentrationen > 0,1 μg/l mit Wirkstoffen, die in zugelassenen Mitteln enthalten sind, kann das BVL eine Aufklärung der Ursachen für die Funde von den Zulassungsinhabern der betreffenden Pestizidprodukte fordern. Es kann bei Verdacht auf Grundwassergefährdungspotenzial die bestehende Zulassung modifizieren oder bei entsprechender Datenlage widerrufen (BVL und IfA 2012d). Ein Beispiel ist der Wirkstoff Bentazon, der in der Vergangenheit mehrfach in niedersächsischem Grundwasser ermittelt wurde (Tz. 432). Um die Versickerungsneigung zu reduzieren, wurde das Anwendungsverbot auf ein breiteres Spektrum von Bodenarten erweitert (Landwirtschaftskammer Niedersachsen 2015).

Schließlich müssen auch geänderte Durchführungsverordnungen der Europäischen Kommission zu Wirkstoffen – das heißt, wenn die Genehmigung von Pflanzenschutzmittelwirkstoffen verändert oder zurückgezogen wurde – für die Mittelzulassung beachtet und umgesetzt werden. Beispielsweise wurden 2013 mit der Durchführungsverordnung (EU) Nr. 485/2013 die Verwendungszwecke von drei neonikotinoiden Wirkstoffen in Pflanzenschutzmitteln eingeschränkt, nachdem Studien gezeigt hatten, dass aufgrund der Anwendung dieser Insektizide ein hohes akutes Risiko für Bienen besteht (zu Neonikotinoiden Tz. 406, 429, 434, 442 und 450).

6.5 Umweltrisiken und -wirkungen von Pflanzenschutzmitteln

419. In der Landwirtschaft werden großflächig Pflanzenschutzmittel – und somit Wirkstoffe, die das Ziel haben bestimmte Organismen zu schädigen – in die Umwelt ausgebracht. Aufgrund der Wirkmechanismen der Pflanzenschutzmittel und wegen ihrer breiten Anwendung stellt ihr Einsatz ein viel diskutiertes Umweltrisiko dar.

420. In der Biodiversitätsstrategie der EU ist das Ziel festgelegt, bis zum Jahr 2020 den Verlust an biologischer Vielfalt aufzuhalten und die Verschlechterung der Ökosystemdienstleistungen umzukehren (Europäische Kommission 2011). In der nationalen Biodiversitätsstrategie wird die Umweltbelastung mit Pflanzenschutzmitteln als ein Grund für den Rückgang der Biodiversität genannt und unter anderem eine signifikante Reduktion des Stoffeintrags in Böden und Gewässer bis zum Jahr 2015 gefordert (BMU 2007).

421. Im Folgenden wird das Risiko von Pflanzenschutzmitteln in Bezug auf den Biodiversitätsverlust dargestellt. Neben wichtigen Monitoringprogrammen (Abschn. 6.5.1) wird dabei sowohl auf die direkten als auch auf die indirekten Wirkungen eingegangen, und dies im Besonderen am Beispiel der Amphibien sowie der Bestäuber und Vögel der Agrarlandschaft (Abschn. 6.5.2 und 6.5.3). Da es nicht möglich ist, die sehr umfangreiche Literatur zur Wirkung von Pflanzenschutzmitteln auf die Umwelt vollumfänglich zu würdigen, erfolgt dies anhand ausgewählter aktueller Studienergebnisse. Indikatoren (Abschn. 6.5.4) sind wichtig, um Beobachtungen in der Umwelt mit den landwirtschaftlichen Aktivitäten bzw. dem Pflanzenschutzmitteleinsatz in Zusammenhang stellen zu können.

6.5.1 Monitoringprogramme

422. Die Ergebnisse der Monitoringuntersuchungen dienen insbesondere dazu, Bewertungs- und Zulassungsbehörden Informationen über die Wirkung ihrer Risikomanagementmaßnahmen bzw. zur Einhaltung von festgelegten Umweltzielen zu geben (z. B. RÜDEL et al. 2015a), sodass gegebenenfalls notwendige Minderungsmaßnahmen ergriffen werden können. Beim Monitoring ist zwischen dem stofflichen Nachweis von Pflanzenschutzmitteln in den Umweltmedien und in Biota und dem Wirkungsnachweis bzw. einem ökologischen Monitoring zu unterscheiden. Eine Überwachung von Pflanzenschutzmitteln in der Umwelt ist organisatorisch unter anderem aufgrund der hohen Anzahl von zugelassenen Wirkstoffen und ihren Metaboliten sehr aufwendig. Erschwerend kommt hinzu, dass diese Stoffe meist in sehr niedrigen Konzentrationen vorkommen und Belastungen in der Umwelt sehr unregelmäßig und zum Teil in punktuellen Zeitintervallen auftreten.

Im Folgenden werden im Zusammenhang mit der Umweltbelastung durch Pflanzenschutzmittel wichtige Monitoringprogramme kurz vorgestellt sowie auf wesentliche Lücken hingewiesen.

Aquatische Lebensräume

423. Das Monitoring von Pflanzenschutzmitteln im Grundwasser und in den Oberflächengewässern liegt insbesondere in der Verantwortung der Bundesländer. Nach Wasserrahmenrichtlinie 2000/60/EG bzw. deren Tochterrichtlinie über Umweltqualitätsnormen in der Wasserpolitik 2008/105/EG müssen die gelisteten prioritären Schadstoffe, zu denen auch Pflanzenschutzmittel gehören (RÜDEL und KNOPF 2012), regelmäßig überwacht werden. Hierbei ist problematisch, dass die Liste prioritärer Schadstoffe nur einen Bruchteil der heute zugelassenen Pflanzenschutzmittelwirkstoffe enthält und stattdessen einen hohen Anteil nicht mehr zugelassener Wirkstoffe (SRU 2008, Tz. 572 ff.). Die Bundesländer haben daher Monitoringprogramme erarbeitet, die zum Teil über die Vorgaben der Wasserrahmenrichtlinie hinausgehen.

424. Die Überwachung der Gewässereigenschaften von Oberflächengewässern wird in der Oberflächengewässerverordnung geregelt. Diese wird derzeit überarbeitet, da mit der Richtlinie 2013/39/EU für zwölf weitere prioritäre Stoffe Umweltqualitätsnormen festgelegt wurden. Von den zwölf neuen Stoffen sind acht Pflanzenschutzmittelwirkstoffe. Vier davon sind in der EU nicht mehr zugelassen (NLWKN 2013).

In Niedersachsen wurde im Jahr 2013 eine Orientierungsuntersuchung durchgeführt, um zu überprüfen, in welchem Maße derzeit zugelassene Pflanzenschutzmittel in den Oberflächengewässern nachweisbar sind (NLWKN 2014b). Dafür wurden an vier Messstellen, die stark durch landwirtschaftliche Aktivitäten geprägt sind, monatlich von Februar bis September Proben genommen und auf 226 in Deutschland zugelassene Pflanzenschutzmittelwirkstoffe und 43 Metabolite untersucht. Da nur für 21

der 226 untersuchten Wirkstoffe rechtlich bindende Umweltqualitätsnormen vorlagen, erfolgte eine Qualifizierung der gemessenen Konzentrationen anhand der Werte 1 µg/l (entspricht einem schlechten Gewässerzustand) bzw. 0,1 µg/l (entspricht einem mäßigen Gewässerzustand). Bei 8 bzw. 31 Wirkstoffen und 7 bzw. 20 Wirkstoffmetaboliten traten Maximalkonzentrationen oberhalb von 1 µg/l bzw. 0,1 µg/l auf. Die Ergebnisse werden derzeit genutzt, um das Monitoringprogramm in Niedersachsen zu überarbeiten (NLWKN 2014a).

Es gibt erhebliche Bedenken, ob die Standardmonitoringprogramme geeignet sind, Belastungsspitzen in Oberflächengewässern über kurze Zeiträume, wie sie zum Beispiel nach dem Einsatz von Insektiziden auftreten können, zu erfassen. Da Belastungsspitzen in Oberflächengewässern nur sehr kurz nachweisbar sind, ist es dem Zufall überlassen, ob die Probennahmen, die in langen Abständen stattfinden, diese auch treffen.

Kritisiert wird darüber hinaus, dass die Überwachung der Pflanzenschutzmittelbelastung von sehr kleinen Gewässern defizitär ist, soweit diese überhaupt stattfindet (ULRICH et al. 2015; Tz. 467). Dies unter anderem, weil sehr kleine Gewässer nur unzureichend unter den Anwendungsbereich des Wasserhaushaltsgesetzes (WHG) und unter das Schutzregime der Wasserrahmenrichtlinie fallen (MÖCKEL 2013; SRU 2015, Tz. 365). Dass hier bedenkliche Belastungen auftreten können, zeigte sich in verschiedenen Untersuchungen (BUND Brandenburg o. J.; STEHLE und SCHULZ 2015).

425. Generell ist es wichtig, stoffliche Monitoringprogramme an den aktuellen Stand der Wissenschaft anzupassen. Dazu gehört, neue Pflanzenschutzmittelwirkstoffe und ihre Metabolite in die Programme mit aufzunehmen. Da Monitoring mit erheblichem Ressourcenaufwand verbunden ist, muss allerdings auch sorgfältig ausgewählt werden, welche Stoffe zu überwachen sind. Zu diesem Zweck können Orientierungsuntersuchungen, wie sie vom Land Niedersachsen durchgeführt wurden, sehr hilfreich sein. Ebenfalls ist der Umgang mit nicht mehr zugelassenen Wirkstoffen zu klären (SRU 2008, Tz. 572 ff.). Ein anderer Aspekt ist die Optimierung der Probennahmen, um möglichst auch kurze Belastungsspitzen erfassen zu können. Eine Option ist beispielsweise ein stärker anlassbezogenes Probenahmeprogramm. So sollten Monitoringaktivitäten insbesondere in Zeiträumen stattfinden, in denen mit Pflanzenschutzmitteleinträgen zu rechnen ist (BVL 2013).

426. Im Unterschied zur Terrestrik (Tz. 431) ist in der Aquatik bereits ein flächendeckendes ökologisches Monitoring vorgeschrieben. Die Wasserrahmenrichtlinie sieht unter anderem eine ökologische Bewertung der Oberflächengewässer vor. Dies erfolgt insbesondere anhand des Vorhandenseins der naturraumtypischen Lebensgemeinschaften (BMUB und UBA 2013). So werden die Qualitätskomponenten Makrozoobenthos (wirbellose Kleintiere im Substrat), Makrophyten und Phytobenthos (fest sitzende Pflanzen und Algen), Phytoplankton (frei schwebende Algen) sowie Fische für eine Einstufung des ökologischen Gewässerzustands regelmäßig gemonitort. Auch hier ist es problematisch, dass kleine Gewässer zum Teil aus den Vorgaben der Wasserrahmenrichtlinie herausfallen und deshalb für diese ein ökologisches Monitoring nicht verpflichtend ist.

Terrestrische Lebensräume

427. Um den Eintrag bzw. die Verfrachtung von Pflanzenschutzmitteln in die terrestrischen Ökosysteme zu erfassen, sind Immissionsmessungen hilfreich. Dennoch wurde im Jahr 2003 eine systematische, raumrepräsentative Immissionsmessung für Pflanzenschutzmittel an den Luftmessstationen des Bundes und der Länder aufgegeben. Somit sind fundierte Aussagen über die räumliche Verteilung von Pflanzenschutzmittelimmissionen nicht mehr möglich (HOFMANN und SCHLECHTRIEMEN 2014a). Dabei gibt es bereits deutliche Hinweise, dass die Stoffe auch über weiträumige Verfrachtung in entfernte Ökosysteme eingetragen werden können (SIEBERS et al. 2003).

428. Für die Stoffbelastung der Böden fehlt ein flächendeckendes Monitoring. Bisher gibt es ein entsprechendes Monitoring nur in kleinräumlichen Zusammenhängen. So werden im Rahmen der landwirtschaftlichen Dauerfeldversuche (vierzig Dauerfeldversuche mit einer Historie von dreißig Jahren und länger) Pflanzenschutzmittelkonzentrationen erhoben (KAUFMANN-BOLL et al. 2012). Die Pflanzenschutzmittelwirkstoffe sind darüber hinaus fakultative Untersuchungsparameter im Rahmen der Bodendauerbeobachtung, die auf ausgewählten, für die Naturräume und Bodenlandschaften repräsentativen Beobachtungsflächen durchgeführt wird (BARTH et al. 2000; UBA 2013a). Zu den Dauerbeobachtungsflächen gehören sowohl landwirtschaftlich genutzte wie nicht genutzte Flächen. Die Zuständigkeit für die Bodendauerbeobachtung liegt bei den Ländern.

429. Ausgelöst durch auffällig hohe Bienenvölkerverluste im Winter 2002/2003 wurde im Jahr 2004 das Deutsche Bienenmonitoring ins Leben gerufen (ROSENKRANZ et al. 2014). In dessen Rahmen werden unter anderem Bienenbrotproben vom Frühjahr und Sommer auf Rückstände von Pflanzenschutzmittelwirkstoffen und Varroaziden (Wirkstoffe gegen die Varroamilbe) untersucht. Die Ergebnisse aus dem Berichtszeitraum 2011 bis 2013 bestätigen weitgehend die Ergebnisse aus den Vorjahren. Insgesamt wurden 73 Wirkstoffe nachgewiesen, meist im Spurenbereich. Die meisten Proben enthielten mehrere Wirkstoffe. Mit der größten Häufigkeit konnten Fungizide vor allem aus Rapsblütenbehandlungen detektiert werden. Bei den Insektiziden wurde Thiacloprid, dessen Hauptanwendung ebenfalls während der Rapsblüte erfolgt, am häufigsten nachgewiesen. Die bienentoxischen Neonikotinoide Imidacloprid und Clothianidin wurden dagegen nur selten und wenn, dann im Spurenbereich gefunden. Das deutsche Bienenmonitoring wurde von Umweltverbänden zum Teil scharf kritisiert, insbesondere was die Zusammensetzung des Projektrates und die

Interpretation der Ergebnisse betrifft (HOPPE und SAFER 2011).

430. Neben dem stofflichen Monitoring ist ein Biodiversitätsmonitoring für die Bewertung der Umweltbelastung durch den Pflanzenschutzmitteleinsatz wichtig. Für die Terrestrik sind insbesondere Programme zur Überwachung typischer Arten der Agrarlandschaft wie Schmetterlinge von Bedeutung. Die Anzahl der Schmetterlinge auf Europas Wiesen ist zwischen 1990 und 2011 zurückgegangen (EEA 2013). Seit dem Jahr 2005 gibt es in Deutschland das Tagfalter-Monitoring (Tagfalter-Monitoring Deutschland 2015). Dieses wird vom Helmholtz-Zentrum für Umweltforschung (UFZ) wissenschaftlich betreut und sowohl von professionell ausgebildeten wie auch freiwilligen Beobachtern durchgeführt. Aus den Ergebnissen des Monitorings lässt sich allerdings kein eindeutiger Wirkungszusammenhang zwischen dem Rückgang der Tagfalter und dem Ausbringen von Pflanzenschutzmitteln ableiten, sondern nur ein Zusammenhang zur Intensivierung der Landwirtschaft herstellen (EEA 2013, Kap. 6).

431. Im terrestrischen Bereich ist eine Verknüpfung zwischen Daten zum Zustand der Biodiversität und Umweltbelastung bisher kaum möglich (SRU 2012, Kap. 10). Lediglich in Nationalparks und Biosphärenreservaten findet eine integrierte Umweltbeobachtung statt, denn sie dienen gemäß dem Bundesnaturschutzgesetz (BNatSchG) auch der wissenschaftlichen Umweltbeobachtung und der Forschung (§ 24 Abs. 2 und § 25 Abs. 2 BNatSchG). Damit Vergleichbares auch außerhalb von Schutzgebieten möglich wird, ist ein flächendeckendes Biodiversitätsmonitoring beispielsweise in Form der ökologischen Flächenstichprobe erforderlich. Das Bundesministerium für Umwelt, Naturschutz, Bau und Reaktorsicherheit (BMUB) hat sich erfreulicherweise in seiner Naturschutz-Offensive 2020 vorgenommen, ein umfassendes bundesweites Biodiversitätsmonitoring einzuführen (BMUB 2015b).

6.5.2 Gewässerbelastungen sowie deren Folgen und Risiken

Gewässerbelastungen mit Pflanzenschutzmitteln

432. Bei sachgerechter und bestimmungsgemäßer Anwendung gelangen Pflanzenschutzmittel primär über diffuse Quellen in die Oberflächengewässer und ins Grundwasser. Für Deutschland wird vom UBA jährlich eine Liste mit den am häufigsten im Grundwasser nachgewiesenen Pflanzenschutzmitteln erstellt. Außerdem veröffentlicht die Bund/Länder-Arbeitsgemeinschaft Wasser (LAWA) regelmäßig zusammen mit dem UBA einen Bericht zur Grundwasserbeschaffenheit hinsichtlich der Belastung mit Pflanzenschutzmitteln (LAWA 2015). Der aktuelle Bericht zeigt, dass der Qualitätsgrenzwert für einzelne Pflanzenschutzmittel von 0,1 µg/l aus der Grundwasserrichtlinie 2006/118/EG im Berichtszeitraum 2008 bis 2012 an 4,6 % der etwa 13.000 Messstellen überschritten wurde. Im Vergleich zum Berichtszeitraum 2006 bis 2008 und im Unterschied zu den Jahren davor, in denen ein abnehmender Trend zu beobachten war, sind die Überschreitungen konstant geblieben. Allerdings hat die Anzahl der Messstellen, an denen Pflanzenschutzmittel nachweisbar waren, von 17,4 % auf 19,1 % zugenommen. Anzumerken ist außerdem, dass ein hoher Anteil nicht mehr zugelassener Wirkstoffe überwacht wird (Tz. 425). So waren viele Überschreitungen in der Vergangenheit auf den nicht mehr zugelassenen Wirkstoff Atrazin und dessen Abbauprodukt Desethylatrazin zurückzuführen. Diese beiden Stoffe stehen auch weiterhin ganz vorne auf der Liste der Häufigkeiten der Nachweise. An zweiter Stelle steht Bentazon, ein derzeit zugelassenes Herbizid, bei dem eine steigende Tendenz zu beobachten ist (Tz. 418).

433. Auch in Oberflächengewässern wurden auffällige Pflanzenschutzmittelkonzentrationen dokumentiert. So wiesen zum Beispiel STEHLE und SCHULZ (2015) nach, dass fast die Hälfte der gemessenen Insektizidkonzentrationen in europäischen Gewässern die regulatorisch akzeptablen Konzentrationen überschritten. Außerdem werden in Deutschland die in der Oberflächengewässerverordnung im Zusammenhang mit der Umsetzung der Wasserrahmenrichtlinie für Pflanzenschutzmittel festgelegten Umweltqualitätsnormen in einigen Fällen nicht eingehalten (BMUB und UBA 2013). Dies betrifft zum Beispiel die zugelassenen Wirkstoffe Bentazon, Isoproturon und Mecoprop. Dabei ist zu berücksichtigen, dass derzeit nur für etwa 10 % der in Deutschland zugelassenen Pflanzenschutzmittelwirkstoffe abgestimmte Umweltqualitätsnormen (UQN) vorliegen (NLWKN 2014b). Eine Bewertung anhand von UQN ist somit nur für diese Stoffe möglich. Der SRU empfiehlt, diese Lücke möglichst bald zu schließen.

Negative Wirkungen von Pflanzenschutzmitteln

434. Pflanzenschutzmittel gehören zu den klassischen Umweltschadstoffen, mit denen sich die Ökotoxikologie schon lange beschäftigt. Das gilt insbesondere auch für deren Wirkung auf aquatische Ökosysteme. Bei Insektiziden, Fungiziden und Herbiziden ist ein Risiko für im Wasser lebende Organismen entsprechend ihres Wirkprofils gegeben (Schleswig-Holsteinischer Landtag 2015). Darauf weisen auch Studien hin, die für Deutschland und Europa einen Rückgang von empfindlichen Wirbellosen in Gewässern der Agrarlandschaft nachweisen konnten (BEKETOV und LIESS 2008; LIESS und von der OHE 2005).

Zu den Insektiziden gehören zum Beispiel die Neonikotinoide (Tz. 442). Neonikotinoide sind mäßig persistent sowie gut wasserlöslich und haben ein hohes Potenzial, von Böden in die Gewässer verfrachtet zu werden. Außerdem wirken sie selektiv auf das Nervensystem von Insekten (Tz. 442). Verschiedene Untersuchungen konnten bestätigen, dass Krebstiere (Crustaceen) bzw. der Standardtestorganismus, der Große Wasserfloh (*Daphnia magna*), sehr tolerant auf die Expositionen gegenüber Neonikotinoide reagieren (MORRISSEY et al. 2014;

PISA et al. 2015). Andere Wirbellose (Invertebraten), insbesondere Insekten, sind erheblich empfindlicher. So differierte der Unterschied in den Wirkkonzentrationen um zwei bis drei Größenordnungen. Beispielsweise lag der LC_{50} (Dosis, die für 50 % der Versuchstiere letal ist) nach einem Tag Exposition von Thiacloprid (Neonikotinoid) für den Großen Wasserfloh bei 7.200 µg/l, bei der Köcherfliegenlarve *Notidobia ciliaris* bei 7,7 µg/l (BEKETOV und LIESS 2008). Die niedrigsten Konzentrationen, bei denen für Neonikotinoide negative Effekte beobachtet werden konnten, lagen im Bereich von 0,1 bis 1 µg/l (MORRISSEY et al. 2014). Dies entspricht Konzentrationen, die als Maximalbelastung in der Umwelt auftreten können. Das zeigt, dass Neonikotinoide schon in niedrigen Konzentrationen Insekten, die in Fließgewässern vorkommen, schädigen können.

435. Ein weiteres Beispiel ist der Einsatz von anorganischen und synthetischen Fungiziden in der Landwirtschaft und damit zusammenhängende ökologische Veränderungen in kleinen Fließgewässern. Pilze in den Bächen spielen eine wichtige Rolle bei der Vorverdauung von Pflanzenresten (z. B. Blättern), die in das Gewässer gelangen und Nahrungsgrundlage unter anderem für Insektenlarven und Kleinkrebse (Bachflohkrebse) darstellen. Diese natürlichen Pilze können durch niedrige Fungizidkonzentrationen (ab 6 µg/l) beeinträchtigt werden, was sich negativ auf die gesamte Nahrungskette des Ökosystems auswirken kann (ZUBROD et al. 2015a; 2015b).

436. Amphibien weisen einige Besonderheiten auf, weshalb sie besonders empfindlich für die Exposition gegenüber Pflanzenschutzmittel sind (SCHÜTZ et al. 2011; BRÜHL et al. 2015). In den letzten drei Jahrzehnten ist weltweit ein deutlicher Rückgang bei Amphibienpopulationen – einschließlich Artenverlusten – zu beobachten (WHITTAKER et al. 2013; MENDELSON et al. 2006). Besonders die Geschwindigkeit dieser Entwicklung gibt Anlass zu großer Sorge. Von einer ähnlichen Entwicklung ist auch Deutschland betroffen. Die Hälfte der Frösche, Lurche und Kröten stehen inzwischen auf der roten Liste (BfN 2009; „Pestizide können Amphibien gefährden. Handlungsbedarf bei Pflanzenschutzmitteln", Pressemitteilung des UBA vom 1. Februar 2013). Verschiedene Gründe, beispielsweise der Verlust oder die Verschlechterung von (Teil-)Lebensräumen wie temporäre Gewässer, Moore und Auen durch menschliche Eingriffe oder Pilzinfektionen, werden hierfür diskutiert (WHITTAKER et al. 2013; MARTEL et al. 2014; PFEFFER et al. 2011). Zu den möglichen Faktoren gehört auch der Einsatz von Pflanzenschutzmitteln in landwirtschaftlichen Räumen (BAKER et al. 2013).

Amphibien können über unterschiedliche Wege Pflanzenschutzmittel aufnehmen. Sie können sowohl an Land durch Übersprühen oder Kontakt mit kontaminierten Böden als auch im Wasser exponiert werden, zudem auf dem Nahrungspfad. Außerdem werden die Embryonen nicht von einer Embryonalhülle geschützt und die Amphibien haben im Unterschied zu allen anderen Vierfüßlern (Tetrapoden) eine Lebensphase im Wasser. Amphibien atmen über gut entwickelte Lungen und ihre Haut ist sehr permeabel, beides ist für die Aufnahme von Schadstoffen von Bedeutung. In der Embryonal- und Larvalentwicklung sind Amphibien besonders empfindlich für externe Einflüsse auf das Hormonsystem (WAGNER et al. 2013; KLOAS und LUTZ 2006). Besonders gut beschrieben ist die hormonelle Wirkung von Atrazin auf die Fortpflanzung und Entwicklung von Amphibien (HAYES 2005). So führten beispielsweise schon geringe Konzentrationen des Wirkstoffs (0,1 ppb) zu einer chemisch induzierten Verweiblichung und Beeinträchtigung der Fruchtbarkeit männlicher Frösche. Ebenso wurden Verzögerungen in der Larvalentwicklung und Störung des Wachstums beobachtet (CARR et al. 2003). Auch wenn Atrazin in Europa inzwischen verboten ist, wird es aufgrund seiner Persistenz immer noch in relevanten Konzentrationen in der Umwelt nachgewiesen (Tz. 432). Zu neuen Wirkstoffen liegen bisher keine so umfangreichen Untersuchungen vor.

437. Zu den Beispielen für Pflanzenschutzmittel, die im Verdacht stehen, sich negativ auf Amphibien auszuwirken, zählen auch glyphosathaltige Herbizide. Glyphosat ist der in den höchsten Mengen in Deutschland eingesetzte Pflanzenschutzmittelwirkstoff (UBA 2014c; Tz. 399). Es liegt bereits eine Vielzahl von Studien zur Wirkung von glyphosathaltigen Pflanzenschutzmitteln auf Amphibien vor (FRYDAY und THOMPSON 2012; GTF 2012). Glyphosat weist in Standardtests eine sehr geringe Ökotoxizität auf (EFSA 2015a). Dies kann aber nicht generell auf glyphosathaltige Herbizide übertragen werden, da Begleitstoffe im Verdacht stehen, eine höhere Toxizität zu besitzen. Dies betrifft im Besonderen Substanzen, die die Oberfläche von Pflanzen permeabel machen sollen, um das Eindringen des eigentlichen Wirkstoffs zu erleichtern. So konnten einige Studien, die glyphosathaltige Herbizide untersuchten, Effekte nachweisen (MANN et al. 2009), bei anderen waren die Ergebnisse nicht eindeutig (SOLOMON und THOMPSON 2003). Besonders auffällig waren die Effekte, wenn die Tiere direkt übersprüht wurden (RELYEA 2005). Gerade Daten über Expositionen beim Aufenthalt an Land bzw. über die Haut und deren Wirkungen auf Individuen und Populationen sind bisher selten (WAGNER et al. 2013; FRYDAY und THOMPSON 2012). Einige Amphibienarten unternehmen insbesondere im Frühjahr und Herbst längere Wanderungen, die mit Zeiten der Herbizidausbringung korrelieren und somit das Expositionsrisiko erhöhen (FRYDAY und THOMPSON 2012; BERGER et al. 2013).

438. Inzwischen wurde der Wirkstoff Glyphosat durch die Europäische Behörde für Lebensmittelsicherheit (European Food Safety Authority – EFSA) und die EU-Mitgliedstaaten neu bewertet (EFSA 2015a). Deutschland hat im Januar 2014 als Berichterstatter den Entwurf eines Bewertungsberichts an die EFSA übersandt. In dem Bericht, an dem das Bundesinstitut für Risikobewertung (BfR), das Bundesamt für Verbraucherschutz und Lebensmittelsicherheit (BVL), das Julius Kühn-Institut – Bundes-

forschungsinstitut für Kulturpflanzen (JKI) und das Umweltbundesamt (UBA) mitgewirkt haben, wurden Risikomanagementmaßnahmen zum Schutz der Biodiversität empfohlen. Dies geschah aber weniger zum Schutz aquatischer Lebensräume, sondern als Schutz von Bestäubern und Vögeln der Agrarlandschaft, denen aufgrund des Glyphosateinsatzes wegen der Herbizidwirkung auf Futterpflanzen die Nahrungsgrundlage entzogen werden kann (Tz. 441 ff.).

439. Ein wichtiger Aspekt für die Bewertung der Wirkung von Pflanzenschutzmitteln ist die Fähigkeit von Populationen, sich nach – meist sehr kurzzeitigen – Expositionsereignissen wieder zu erholen. Dies ist von verschiedenen Faktoren abhängig. Beispielsweise verzögert Konkurrenzdruck zwischen den Arten die Erholung (KATTWINKEL und LIESS 2014; LIESS et al. 2013). So können sich auch Expositionen gegenüber geringen Konzentrationen, die wiederholt auftreten, negativ auf empfindliche Arten auswirken, wenn ein maßgeblicher Konkurrenzdruck durch eine unempfindlichere Art vorliegt. Das Vorkommen von Refugien, in denen keine Pflanzenschutzmittel eingetragen wurden, wirkt sich dagegen positiv aus bzw. ermöglicht eine deutlich schnellere Erholung von Populationen (BUNZEL et al. 2014). So erholen sich zum Beispiel Populationen großer aquatischer Invertebraten nach Expositionsereignissen deutlich schneller, wenn stromaufwärts bewaldete und somit unbehandelte Flächen an dem Fließgewässer vorkommen (ORLINSKIY et al. 2015). Gewässerrandstreifen tragen insbesondere zur Minderung der Stoffeinträge bei.

6.5.3 Risiken und Wirkungen in terrestrischen Lebensräumen

440. In ländlichen Räumen ist ein flächiger und anhaltender Rückgang der biologischen Diversität zu beobachten (HOFFMANN und JAQUIER 2013; SUDFELDT et al. 2013). Dies betrifft im Besonderen die früher häufigen Arten der Feldfluren. Eine Studie aus dem Jahr 2010 weist darauf hin, dass die Ausbringung von Insektiziden und Fungiziden zur Verringerung der Tier- und Pflanzenvielfalt auf landwirtschaftlichen Flächen in Europa beiträgt (GEIGER et al. 2010). Der Einsatz von Insektiziden reduziert zudem direkt und indirekt die Effektivität der natürlichen Schädlingskontrolle, da er Nützlinge wie Marienkäfer und deren Larven und die Nahrungsgrundlage von insektenfressenden Vögeln beeinträchtigt (ebd.). Besonders auffällige Beispiele für Veränderungen der Biodiversität in der Agrarlandschaft sind die negativen Entwicklungen bei den Bestäubern und den Vögeln (HOFFMANN und JAQUIER 2013).

Bestäuber

441. Die Anzahl vieler Bestäuber, insbesondere von Wildbienen und Hummeln, ist in Europa in den letzten Jahren zurückgegangen (BfN 2011b; POTTS et al. 2015). Neben dem Habitatverlust werden der Befall mit Parasiten und Pathogenen, die chronische Exposition gegenüber Agrochemikalien und der Klimawandel als wichtige

Ursachen diskutiert (GOULSON et al. 2015; OLLERTON et al. 2014; Bund-Länder-Arbeitsgruppe „Pflanzenschutz und Biodiversität" und JKI 2015; LAWRENCE und SHEPPARD 2013). Dabei können diese Faktoren, wie zum Beispiel der Parasitenbefall und die Exposition gegenüber Pflanzenschutzmitteln, auch zusammen wirken (GOULSON et al. 2015).

442. Bei den Pflanzenschutzmitteln stehen insbesondere die Neonikotinoide im Fokus, unter anderem aufgrund von Vergiftungsfällen von Honigbienen, die in Deutschland zum Beispiel im Jahr 2008 auftraten (van der GEEST 2012; FORSTER 2009). Die Vergiftungen waren auf die Anwendung dieser Wirkstoffe als Saatbeizmittel zurückzuführen (MAXIM und van der SLUIJS 2013). Neonikotinoide werden insbesondere über kontaminiertes Wasser, Pollen und Nektar oder äußerlichen Kontakt von den Insekten aufgenommen (RUNDLÖF et al. 2015). Ein neu untersuchter Expositionspfad ist die Aufnahme von Flüssigkeitstropfen, die von saatgebeizten Pflanzen abgegeben wurden (JOACHIMSMEIER et al. 2012). Von besonderem Interesse sind Feldversuche bzw. Studien, in denen Stoffkonzentrationen getestet wurden, die realen Expositionsbedingungen nahe kommen. In solchen Untersuchungen konnten subletale (noch nicht tödliche) Effekte auf Honigbienen und Hummeln beobachtet werden (HENRY et al. 2012; RUNDLÖF et al. 2015; GODFRAY et al. 2014; BLACQUIERE et al. 2012). Allerdings gab es auch Studien, in denen keine negativen Effekte an Bienen oder Bienenvölkern nachweisbar waren (BLACQUIERE et al. 2012; JOACHIMSMEIER et al. 2012; ILLIES et al. 2011). Gerade bei Feldversuchen zeigten sich sehr uneinheitliche Ergebnisse, die unter anderem damit zusammenhängen können, dass sich Honigbienen unter bestimmten Bedingungen und zu einem gewissen Grad an Pflanzenschutzmittelbelastungen und deren Folgen anpassen können (HENRY et al. 2015; RUNDLÖF et al. 2015; SGOLASTRA et al. 2012).

Neonikotinoide sind Nervengifte, die potenziell das Verhalten von Insekten beeinflussen können. Nachgewiesen wurden zum Beispiel Effekte auf die lokomotorische Aktivität, das Gedächtnis und das Lernverhalten sowie die Nahrungssuche von Bienen (FELTHAM et al. 2014; STANLEY et al. 2015; EL HASSANI et al. 2008; DECOURTYE und DEVILLERS 2010). Darüber hinaus wurde auch die Beeinträchtigung der Reproduktion dokumentiert. So beobachteten zum Beispiel WHITEHORN et al. (2012) nach der Exposition von Erdhummelkolonien (*Bombus terrestris*) gegenüber Imidacloprid in Dosen, die in der Umwelt auftreten können, eine deutlich geringere Produktion von Königinnen. Die Königinnen überleben als einzige Tiere den Winter und sind notwendig, um im kommenden Jahr neue Hummelkolonien zu gründen. In einigen Studien wurde die Kombinationswirkung mehrerer Wirkstoffe, auch mit Nicht-Neonikotinoiden getestet (GILL et al. 2012; IWASA et al. 2004). Dabei wurden zum Teil synergistische Effekte beschrieben (IWASA et al. 2004; HENRY et al. 2015).

Die Intensität der Wirkung von Pflanzenschutzmitteln auf das Vorkommen von Wildbienen wird unter anderem durch das Vorhandensein von natürlichen Flächen einschließlich Blühstreifen in unmittelbarer Nähe zu den behandelten Flächen beeinflusst (PARK et al. 2015; SCHMID-EGGER und WITT 2014). Dabei spielt die Größe und Qualität der Flächen – beispielsweise die Vielfalt an Wildkräutern – für deren abpuffernde Wirkung eine wichtige Rolle.

Wie am Beispiel der Neonikotinoiden gezeigt, stellen Pflanzenschutzmittel einen Faktor für den Rückgang der Bestäuber in der Agrarlandschaft dar. Diesen Faktor von anderen Einflüssen abzugrenzen, gestaltet sich jedoch auch aufgrund von bestehenden Wissenslücken als schwierig.

Vogelarten der Agrarlandschaft

443. Die Bestände der Brutvögel in der Agrarlandschaft haben in den letzten 25 Jahren abgenommen (SUDFELDT et al. 2010; 2013). Dies zeigte sich zum Beispiel an den drei für diese Landschaft typischen europäischen Vogelarten Rebhuhn (*Perdix perdix*), Feldlerche (*Alauda arvensis*) und Goldammer (*Emberiza citrinella*). Für diesen Rückgang sind auch indirekte Effekte durch den Pflanzenschutzmitteleinsatz wie die Beeinträchtigung der Nahrungsketten und die mangelnde Deckung der Tiere durch das Fehlen von Pflanzenbeständen verantwortlich (JAHN et al. 2014; Abb. 6-3).

Bei typischen Vogelarten der Agrarlandschaft, wie zum Beispiel Rebhühnern, ist die Anzahl von Insekten bzw. Gliederfüßlern (Arthropoden) auf Äckern für die Überlebensrate des Nachwuchses ausschlaggebend. Dieses Kükenfutter wird direkt durch den Insektizideinsatz und indirekt durch Herbizide, die die Wirtspflanzen der Gliederfüßler schädigen, beeinträchtigt (BRIGHT et al. 2008; CAMPBELL et al. 1997). Auch für andere Vogelarten, wie Goldammern und Feldlerchen, gibt es Hinweise für einen positiven Zusammenhang zwischen Futterverfügbarkeit (Invertebraten-Vorkommen) und Vitalität der Nachkommen. Unter anderem zeigten sich indirekte negative Effekte von Insektiziden auf die Nahrungsverfügbarkeit bzw. den Bruterfolg (BOATMAN et al. 2004; HALLMANN et al. 2014).

Der Einsatz von Pflanzenschutzmitteln ermöglicht Landwirten den Anbau von Wintergetreide auf Flächen, auf denen früher futterreiche Brachen oder Grünland die Landschaft prägten. Dieses trägt somit zum Verlust dieser im Vergleich zu Ackerland ökologisch wertvolleren Flächen bei. Ähnliches gilt auch für einen Rückgang der Anzahl von Sorten in der Fruchtfolge und die zunehmende Dichte der Bestände von Kulturpflanzen, die ebenfalls die Nahrungsvielfalt und -quantität für Vögel reduzieren (JAHN et al. 2014, S. 101).

Abbildung 6-3

Wirkungen von Pestizidanwendungen auf die Biodiversität

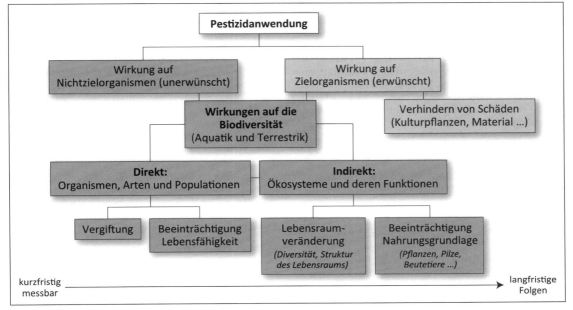

SRU/UG 2016/Abb. 6-3

6.5.4 Belastungs- und Risikoindikatoren und deren Anwendung

444. Um negative Veränderungen der Ökosysteme durch Pflanzenschutzmittel oder ein entsprechendes Risiko abbilden zu können, sind Indikatoren bzw. Kenn- oder Messgrößen erforderlich, deren Überwachung entsprechende Bewertungen zulassen. Im Folgenden werden hierfür wichtige Indikatoren vorgestellt. So gibt es einige Indikatoren, mit denen Aussagen zur Landnutzung, Veränderungen der Biodiversität in der Agrarlandschaft und Empfindlichkeit von Arten getroffen werden können.

445. Beispielsweise dient der Indikator „Artenvielfalt und Landschaftsqualität" (Vogelindikator) dazu, den Zustand von Natur und Landschaft unter dem Einfluss vielfältiger anthropogener Aktivitäten auf der gesamten Fläche Deutschlands abzubilden (BfN 2011a). Der Indikator informiert anhand der Entwicklung der Bestände von 59 ausgewählten Vogelarten, welche für wichtige Landschafts- und Lebensraumtypen in Deutschland repräsentativ sind, über die Artenvielfalt, die Landschaftsqualität und die Nachhaltigkeit der Landnutzung. Zur Anwendung kommt der Indikator in der nationalen Nachhaltigkeitsstrategie und der nationalen Biodiversitätsstrategie. Ein positiver Trend ist bei diesem Indikator in den letzten Jahren nicht erkennbar. So lag der Indikatorwert im Jahr 2011 bei 63 % und wich noch erheblich vom Zielwert (100 %) ab, der im Jahr 2015 erreicht werden sollte (BMUB 2015a). Hierfür ist wesentlich der Teil-indikator im Hauptlebensraum- bzw. Landschaftstyp „Agrarland" verantwortlich, der weiter abgesunken ist und im Jahr 2011 56 % aufwies. Was für die Beurteilung des ökologischen Zustands der Agrarflächen hilfreich wäre, ist neben dem Vogelindikator ein Indikator für Insekten. Über diesen könnte zum Beispiel der Zustand der Nahrungsgrundlage wichtiger Vögel der Agrarlandschaft abgebildet werden.

446. Um die Sensitivität von Vögeln der Agrarlandschaft gegenüber Pflanzenschutzmitteln einschätzen zu können, wurde ein Sensitivitätsindex entwickelt. In diesem werden die Exposition der Nahrung sowie der Nester und die Aufenthaltsdauer in behandelten Pflanzenbeständen und deren Auswirkungen auf die drei Lebensphasen Fortpflanzung, Brutzeit und Zeit ohne Brutpflege berechnet (JAHN et al. 2014). Dieser Sensitivitätsindex spiegelt nicht alle möglichen Risiken für die Vogelpopulationen wider. Er gibt jedoch eine Vorstellung davon, welche Arten aus heutiger Sicht durch den Einsatz von Pflanzenschutzmitteln künftig gefährdet sein könnten.

Der Indikator „Landwirtschaftsflächen mit hohem Naturwert" (HNV-Flächen) der nationalen Biodiversitätsstrategie stellt ihren Anteil an der gesamten Landwirtschaftsfläche dar. Der Zielwert beträgt 19 % im Jahr 2015. Im Jahr 2013 betrug der Anteil der Landwirtschaftsflächen mit äußerst hohem Naturwert 2,2 %, mit sehr hohem Naturwert 4,3 % und mit mäßig hohem Naturwert 5,3 % (insg. 11,8 % HNV-Flächen) (BMUB 2015a).

447. Relevant ist auch der Indikator „Landbewirtschaftung: Ökologischer Landbau" der nationalen Biodiversitätsstrategie. Dieser weist auf den Anteil der Anbaufläche für ökologischen Landbau an der Gesamtanbaufläche hin. Im Vergleich zur konventionellen Agrarwirtschaft setzt der ökologische Landbau weniger und eine eng begrenzte Auswahl von Pflanzenschutzmitteln ein (Tz. 475). Das ist ein Grund dafür, dass zum Beispiel auf ökologisch bewirtschafteten Feldern mehr Arten von bestäubenden Insekten und mehr Blattlausfeinde als auf konventionellen Feldern nachgewiesen wurden (KRAUSS et al. 2011). Ziel ist es, den Anteil des ökologischen Landbaus an der gesamten landwirtschaftlichen Nutzfläche auf 20 % auszudehnen (Bundesregierung 2002). Im Jahr 2014 betrug dieser Anteil nur 6,3 % (BMEL 2015c; Tz. 475). Die genannten Indikatoren sind durchaus wichtig, lassen aber keine direkten Rückschlüsse auf das Risiko der Verwendung von Pflanzenschutzmitteln zu.

448. Etwas anderes gilt für das Berechnungsmodell zur synoptischen Bewertung von chemischen Pflanzenschutzmitteln (SYNOPS), mit dem eine Abschätzung des Risikopotenzials von Pflanzenschutzmaßnahmen vorgenommen wird (GUTSCHE und ROßBERG 1997; GUTSCHE und STRASSEMEYER 2007; BMEL 2015b). Dabei wird anhand von Anwendungsabschätzungen (auf Basis jährlicher Absatzzahlen) für die entsprechende Maßnahme eine mögliche Exposition für bestimmte Stellvertreterorganismen berechnet und diese mit Ergebnissen aus Laborstudien zur Toxizität der Wirkstoffe in Relation gestellt. Das Ergebnis dieser Berechnungen ergibt einen Risikoindex, dessen Höhe eine Aussage zum möglichen

Risiko zulässt. SYNOPS ist ein wichtiger Index zur Überprüfung des Ziels den Biodiversitätsschutz zu verbessern, welches im Nationalen Aktionsplan zur nachhaltigen Anwendung von Pflanzenschutzmitteln (NAP) verankert ist (Tz. 456 ff.). Eine Kritik an diesem Berechnungsmodell ist unter anderem, dass lediglich auf Toxizitätsdaten, die im Rahmen der Zulassung erhoben wurden, zugegriffen wird. Diese Daten bilden die Empfindlichkeit von Wildtierarten nur unzureichend ab (Tz. 449 ff.). Insgesamt zeigt sich trotz leicht ansteigenden Anwendungsmengen (Tz. 398 f.) im Vergleich zum Basiszeitraum 1996 bis 2005 ein Rückgang des Risikos des Pflanzenschutzmitteleinsatzes für die Umwelt. Ausgenommen ist das Risiko des Herbizideinsatzes für Saumbiotope. Außerdem gab es zwischen 2006 und 2013 eine Zunahme des Risikos des Fungizideinsatzes für den Boden und des Insektizideinsatzes für Saumbiotope (Tab. 6-5). In den Datenreihen zeigen sich einzelne Sprünge, die zum Beispiel auftreten, wenn Wirkstoffe mit hohem Risikopotenzial vom Markt genommen werden oder neu zu einer breiten Anwendung kommen.

Anhand des SPEAR-Indexes (SPEciesAtRisk-Index) können das Risiko bzw. negative Effekte durch Insektizide in Fließgewässern abgebildet werden (LIESS und von der OHE 2005; Helmholtz-Zentrum für Umweltforschung UFZ o. J.). Der Index beruht auf dem Prinzip, dass Makroinvertebraten einer Lebensgemeinschaft unterschiedlich empfindlich gegenüber Pflanzenschutzmittelbelastungen sind. Dementsprechend wurden sie für den SPEAR-Index in eine empfindliche und eine unempfindliche Gruppe eingeteilt. Unter Einbeziehung des natürlichen Vorkom-

Tabelle 6-5

Umweltrisikopotenzial (in %) der in Deutschland abgesetzten Pflanzenschutzmittel 2006 bis 2013

	Insektizide				Fungizide				Herbizide			
	aa	ca	aS	cB	aa	ca	aS	cB	aa	ca	aS	cB
Basis (1996 – 2005)*	100	100	100	100	100	100	100	100	100	100	100	100
2006	61	55	37	11	92	72	78	56	86	85	90	91
2007	54	76	33	25	111	75	93	64	82	76	94	87
2008	52	92	28	15	120	78	86	57	86	77	88	76
2009	50	98	33	23	109	78	85	71	84	69	72	74
2010	46	109	49	21	106	68	76	75	84	76	93	76
2011	46	47	56	15	102	59	72	72	84	75	109	82
2012	38	39	65	20	94	47	52	85	87	77	121	75
2013	44	47	55	18	83	41	44	84	87	77	121	75

*Der Basis-Zeitraum wurde auf 100 % gesetzt.
aa = akut aquatisch
ca = chronisch aquatisch
aS = akut Saum
cB = chronisch Boden
Quelle: STRASSEMEYER 2014

mens der Arten kann dann ein Wert berechnet werden, der eine Aussage über die Pflanzenschutzmittelbelastung des Gewässers zulässt. Somit ist der SPEAR-Index ein guter Indikator, um anhand von Daten aus dem biologischen Monitoring Erkenntnisse über mögliche negative Wirkungen von Pflanzenschutzmitteln zu erhalten. Im Vereinigten Königreich und der Schweiz wird der SPEAR-Index bereits als Brücke zwischen ökologischer und ökotoxikologischer Gewässerbewertung eingesetzt, nicht aber in Deutschland.

Zusammenfassend ist festzuhalten, dass es zwar einige Indikatoren gibt, die Aussagen zur Veränderung der Biodiversität in der Agrarlandschaft zulassen, aber sehr wenige Indikatoren existieren, um die Auswirkungen des Pflanzenschutzmitteleinsatzes direkt abzubilden. Gerade für die Terrestrik fehlt ein solcher Indikator.

6.5.5 Defizite bei der Umweltrisikobewertung

449. Das Ziel der Umweltrisikobewertung ist es, die Belastung vorherzusagen, die keine dauerhaften Schäden in der Umwelt verursacht. Die Datenanforderungen für die Zulassung von Pflanzenschutzmitteln und -wirkstoffen sind, auch was das Verhalten in der Umwelt und die ökotoxikologischen Wirkungen betrifft, umfangreich (Verordnung (EU) Nr. 283/2013 und Verordnung (EU) Nr. 284/2013). So wird beispielsweise die Toxizität von Pflanzenschutzmitteln anhand von Tests mit Stellvertreterorganismen ermittelt und der voraussichtlichen Exposition gegenübergestellt. Anhand der niedrigsten Wirkkonzentration wird unter Berücksichtigung eines Sicherheitsfaktors eine regulatorisch akzeptable Umweltkonzentration (regulatory acceptable concentrations – RACs) ermittelt (EFSA 2013). Überschreiten die über Modelle abgeschätzten Umweltkonzentrationen (predicted environmental concentration – PEC) die RACs, wird, soweit eine Zulassung erfolgt, die Anwendung der Mittel durch Auflagen für die Landwirte eingeschränkt (Abschn. 6.4.2).

Trotz des genannten auf europäischer Ebene abgestimmten Verfahrens gibt es Bedenken, dass die Umweltrisikobewertung von Pflanzenschutzmitteln mögliche negative Effekte nicht ausreichend abbildet (STEHLE und SCHULZ 2015). Wahrscheinlich ist dies in aller Vollständigkeit auch kaum möglich. Nichtsdestotrotz sollten Defizite behoben werden. Dazu gehört zum Beispiel, dass sich Standardtestorganismen gegenüber der Exposition mit Insektiziden als deutlich unempfindlicher als typische Bewohner von Fließgewässern erweisen (Tz. 434).

450. Ähnliches zeigt sich auch bei den Wirkungen von Neonikotinoiden auf terrestrische Nicht-Zielarten. Diese werden an Testorganismen wie den Honigbienen geprüft. Generell gilt die Honigbiene als eine extrem sensitive Testart. So lag in einer Metaanalyse mit 19 Bienenarten die Sensitivität der Honigbiene geringfügig höher als die mittlere Sensitivität der anderen Bienenarten (ARENA und SGOLASTRA 2014). Aber 35 % der untersuchten Bienenarten zeigten eine zum Teil deutlich höhere Sensi-

tivität. Für die Wirkstoffgruppe der Neonikotinoide waren es sogar 55,6 %. Neben der untersuchten intrinsischen Sensitivität sind die Wirkungen von Pflanzenschutzmitteln auf Bienen unter anderem vom jeweiligen Lebenszyklus, der Art des Nestbaus und dem Verhalten bei der Futtersuche abhängig.

Der Einsatz von Neonikotinoiden führt darüber hinaus zu einem Rückgang von Käfern und Spinnen und beeinträchtigt somit auch die natürliche Schädlingskontrolle (EASAC 2015; PISA et al. 2015; KRAUSS et al. 2011). Die Wissenschaftler des European Academies Science Advisory Council (EASAC) fordern daher, dass die EU beim Zulassungsverfahren von Neonikotinoiden deren Auswirkungen umfassender berücksichtigen müsse. So sollten in stärkeren Maße als bisher Nicht-Zielorganismen geschützt werden, insbesondere solche, die Ökosystemdienstleistungen sicherstellen (EASAC 2015).

451. Auch die negative Wirkung von Fungiziden auf im Wasser lebende Pilze in kleinen Fließgewässern wird von der Umweltrisikobewertung nicht ausreichend erfasst, obwohl sie für das Nahrungsnetz von Bedeutung sind (Tz. 435). Standardtests für Pilze sind bisher im Rahmen der Pflanzenschutzmittelzulassung nicht vorgesehen (ZUBROD et al. 2015a; 2015b). Ein weiterer Endpunkt, der nicht berücksichtigt wird, ist das Verhalten von aquatischen Wirbellosen (z. B. SCHÜTZ et al. 2011; BERGHAHN et al. 2012). Ebenfalls wird nach BRÜHL et al. (2015) das Risiko für Amphibien in der Umweltrisikobewertung unzureichend adressiert.

452. Außerdem können Pflanzenschutzmittel die Struktur und Funktion von Populationen von Nicht-Zielorganismen auch in niedrigeren Dosen und über längere Zeitspannen stärker beeinflussen, als es im Rahmen der heutigen Umweltrisikobewertung vorhersagbar ist. Dafür verantwortlich ist unter anderem die Konkurrenzsituation mit weniger sensitiven Arten (LIESS et al. 2013; 2008; Tz. 439). Somit kann der Stressor Pflanzenschutzmittelbelastung mit zwischenartlicher Konkurrenz interagieren, was eine Verstärkung der Effekte über mehrere Generationen zur Folge haben kann.

453. Die Umweltrisikobewertung von Stoffmischungen steht ebenfalls in der Diskussion (SOLECKI et al. 2014). In der Regel treten in der Umwelt nicht einzelne, sondern eine Reihe von Pflanzenschutzmittelwirkstoffen und deren Begleitstoffe gleichzeitig auf. So konnte in einigen Studien eine kumulierende Wirkung nach der Exposition gegenüber mehreren Pflanzenschutzmitteln nachgewiesen werden (HAYES et al. 2006; HASENBEIN et al. 2016). Wie Mischtoxizitäten in der Summe zu bewerten sind, ist bis heute nicht abschließend geklärt.

454. Die Europäische Behörde für Lebensmittelsicherheit (European Food Safety Authority – EFSA) arbeitet in Kooperation mit anderen Institutionen, beispielsweise dem UBA, stetig daran, die Umweltrisikobewertung von Pflanzenschutzmitteln weiter zu optimieren (EFSA 2015b; HARDY et al. 2012). Trotzdem bleibt zu prüfen, ob neue wissenschaftliche Erkenntnisse über die Wirkung von Pflanzenschutzmitteln auf die Umwelt schnell genug in die Risikobewertung einfließen. Die genannten Defizite weisen darauf hin, dass dem nicht so ist. So ist es erforderlich, die Umweltrisikobewertung von Pflanzenschutzmitteln – wie bereits dargestellt – im stärkeren Maße als bisher auch auf besonders empfindliche (Wild-)Arten und Endpunkte auszurichten. Zusätzlich müssen indirekte Wirkungen durch den Einsatz von Pflanzenschutzmitteln, zum Beispiel mögliche Effekte auf die Nahrungsvielfalt für Arten der Agrarlandschaft, stärker berücksichtigt werden.

6.6 Maßnahmen für einen integrierten Schutz der Umwelt vor Pestiziden

455. Wie dargestellt, führt die derzeitige Anwendung von Pflanzenschutzmitteln zu schädlichen Auswirkungen auf die Biodiversität. Mit der Genehmigung von Pflanzenschutzmittelwirkstoffen und der Zulassung ihrer Produkte ist bereits eine umfangreiche Umweltrisikobewertung verbunden (Kap. 6.4). Diese Umweltrisikobewertung hat Defizite (Abschn. 6.5.5), stößt aber darüber hinaus auch an ihre Grenzen, insbesondere weil mit vertretbarem Aufwand nicht alle schädlichen Auswirkungen auf die Biodiversität in einer Umweltrisikobewertung abgebildet werden können. Aus diesen Gründen sind über das Zulassungsverfahren hinaus Maßnahmen notwendig, um einen besseren Schutz der Umwelt vor Pflanzenschutzmitteln zu erreichen (Abschn. 6.6.1 bis 6.6.4). Bei den Bioziden gibt es insbesondere in Bezug auf die Datenlage Handlungsbedarf (Abschn. 6.6.5).

6.6.1 Der Nationale Aktionsplan zur nachhaltigen Anwendung von Pflanzenschutzmitteln

456. Der Nationale Aktionsplan zur nachhaltigen Anwendung von Pflanzenschutzmitteln (NAP) wurde am 10. April 2013 von der Bundesregierung beschlossen und ist Teil der Umsetzung der Pflanzenschutz-Rahmenrichtlinie (BMEL 2013). In Art. 4 dieser Rahmenrichtlinie werden die Mitgliedstaaten verpflichtet, einen entsprechenden Aktionsplan zu erarbeiten und konsequent umzusetzen.

457. Mit dem NAP hat sich die Bundesregierung verpflichtet, Maßnahmen zur Minderung der Risiken von Pflanzenschutzmitteln für Mensch, Tier und Naturhaushalt zu ergreifen. Der NAP muss spätestens alle fünf Jahre überprüft werden. Für seine Umsetzung und Weiterentwicklung erarbeitet der „Wissenschaftliche Beirat zum Nationalen Aktionsplan Pflanzenschutz" des Bundesministeriums für Ernährung und Landwirtschaft (BMEL) Vorschläge. Somit bietet es sich unter anderem an, über die Erfüllung der gesetzlichen Zulassungsanforderungen hinausgehende zusätzliche Maßnahmenvorschläge für einen verbesserten Biodiversitätsschutz über dieses Instrument auf den Weg zu bringen.

Im NAP werden Einzelziele sowie quantitative Vorgaben, Maßnahmen und Zeitpläne zu deren Umsetzung formuliert. Die Ziele betreffen die Anwendung, den Anwenderschutz, den Verbraucherschutz, das Vermeiden des Auftretens von Schadorganismen und die Belastung der Ökosysteme. Bei den Zielen handelt es sich zum Teil um solche, die bereits in rechtlichen Verpflichtungen oder anderen Strategien – beispielsweise der Wasserrahmenrichtlinie oder der nationalen Nachhaltigkeitsstrategie – festgelegt sind. So soll es ab dem Jahr 2015 keine Überschreitungen des Grenzwertes von 0,1 µg/l für den Einzelwirkstoff und 0,5 µg/l für die Summe der Einzelwirkstoffe im Grundwasser und in Oberflächengewässern, die zur Trinkwassergewinnung dienen, mehr geben. Gleiches betrifft die Umweltqualitätsnormen (Tz. 433) für die prioritären Pflanzenschutzmittel und deren relevante Metabolite in Oberflächengewässern (wie in der Oberflächengewässerverordnung gelistet). Außerdem sollen bewachsene Gewässerrandstreifen von mindestens 5 m Breite an 80 % der Oberflächengewässer in durch Hot-Spot-Analysen identifizierten sensiblen Gebieten bis 2018, an 100 % bis 2023, geschaffen werden.

Das über das SYNOPS-Modell (Tz. 448) errechnete Risiko für die Terrestrik, Aquatik und Nicht-Zielorganismen soll bis zum Jahr 2023 um 30 % im Vergleich zum Mittelwert aus den Jahren 1996 bis 2005 gemindert werden. Zu Recht wird bemängelt, dass als Basis für dieses 30 %-Ziel ein schon länger zurückliegender Zeitraum gewählt wird (PAN 2012), was dieses Ziel deutlich abschwächt. Außerdem soll zum Schutz der Biodiversität in den Agrarlandschaften der Anteil von Lebens- und Rückzugsräumen für Nutz- und Nicht-Zielorganismen erhöht werden. Diese sollen bis 2018 3 bis 7 % der Landschaftsfläche, bis 2023 5 bis 10 % der Landschaftsfläche ausmachen. Der Anteil an landwirtschaftlichen Flächen, auf denen nach den Regeln des ökologischen Landbaus gewirtschaftet wird, soll auf 20 % erhöht werden (Tz. 475).

458. Im NAP sind darüber hinaus eine Reihe von Maßnahmen zum Schutz der Biodiversität vor den Einträgen von Pflanzenschutzmitteln vorgesehen (Tab. 6-6).

Der NAP sieht beispielsweise die Erarbeitung eines Konzeptes zur Verbesserung der Überwachung von Kleingewässern in der Agrarlandschaft vor. Gerade beim Schutz der Biodiversität in der Agrarlandschaft, wo zweifelsohne hoher Handlungsbedarf besteht, bleiben die Maßnahmenvorschläge allerdings im konzeptionellen Bereich. Es fehlen oft Vorschläge für Umsetzungszeiträume und die Vorgaben sind wenig ambitioniert. Zum Beispiel soll das BMEL mit dem BMUB und den Ländern definierte Aktionsfelder mit erhöhten Risiken identifizieren und daran anknüpfend Maßnahmen entwickeln sowie erproben. Eine Studie zum Status der Wildkräuter in Deutschland soll in Auftrag gegeben werden. Weitere Maßnahmen zielen auf die Einrichtung eines Expertenforums ab oder auf die Erweiterung der Wissensbasis. Konkrete neue Maßnahmen, um den Schutz von Nicht-Zielarten zu erhöhen oder dazu beizutragen, die Ziele im NAP zu erreichen, werden nicht genannt. Dies

Tabelle 6-6

Maßnahmen zum Schutz der Gewässer und der Biodiversität im NAP

Im Bereich des Gewässerschutzes	Zur Erhaltung der biologischen Vielfalt
Die Bundesregierung und die Länder unterstützen die Erarbeitung und Aktualisierung der Wissensbasis zum Gewässerschutz.	Die Bundesregierung erweitert die Wissensbasis zu Zusammenhängen zwischen dem Pflanzenschutz und der Beeinflussung der Biodiversität.
Das BMEL richtet eine Arbeitsgruppe zum Thema „Pflanzen- und Gewässerschutz" ein.	Das BMEL richtet eine Arbeitsgruppe „Pflanzenschutz und Biodiversität" ein, die u. a. Vorschläge zur Verbesserung des Biodiversitätsschutzes erarbeitet.
Das BMEL, das BMUB und die Länder identifizieren Hot-Spots und erarbeiten Maßnahmen zur Verbesserung der Situation.	Das BMEL, das BMUB und die Länder identifizieren Hot-Spots und erarbeiten und erproben Maßnahmen zur Verbesserung des Biodiversitätsschutzes.
Das BMEL und die Länder unterstützen: 1. die Einführung von betrieblichen Managementsystemen sowie von Informationsangeboten zum Biodiversitäts- und Gewässerschutz und zur Reduzierung der Pflanzenschutzmitteleinträge und 2. tragen zur Einführung von Pflanzenschutzgeräten mit Frischwassertanks zur Gerätereinigung und abdriftmindernden Geräten bei.	Das BMEL gibt eine Studie zum Status der Ackerwildkrautflora in unterschiedlichen Regionen in Deutschland in Auftrag.
Das BMEL, das BMUB und die Länder etablieren ein Monitoring zur Ermittlung der Pflanzenschutzmittelbelastung von Kleingewässern in der Agrarlandschaft.	Das BMEL und die Länder garantieren die Fortführung des Bienenbrotmonitorings auf Pflanzenschutzmittelrückstände und von Maßnahmen zum Schutz der Honigbienen.
Die Länder unterstützen im Rahmen von Agrarumweltprogrammen die Schaffung dauerhaft bewachsener Gewässerrandstreifen von mind. 5 m Breite an allen Oberflächengewässern (insb. in Schutz- und Hot-Spot-Gebieten).	Das BMEL und die Länder berücksichtigen die genannten Maßnahmen bei der Ausgestaltung von Förderprogrammen in der Pflanzenschutzforschung und -beratung.
Die Länder ergreifen eine Initiative zur Harmonisierung der Mindestabstände zu oberirdischen Gewässern.	
Das JKI unterstützt die Länder bei der Auswertung von Flächenstrukturen.	
Betroffene Verbände, Einrichtungen und Organisationen unterstützen Gewässerschutzmaßnahmen durch Vermeidung von Pflanzenschutzmitteleinträgen.	Berufsständische Verbände, Einrichtungen und Organisationen unterstützen die genannten Aktivitäten.
BMEL = Bundesministerium für Ernährung und Landwirtschaft BMUB = Bundesministerium für Umwelt, Naturschutz, Bau und Reaktorsicherheit JKI = Julius Kühn-Institut – Bundesforschungsinstitut für Kulturpflanzen	

SRU/UG 2016/Tab. 6-6; Datenquelle: BMEL 2013

ist ein Grund, warum der NAP beispielsweise von Umweltverbänden als unzureichend kritisiert wurde („Verabschiedung des Nationalen Pestizid-Aktionsplans: Keine Abkehr von der Pestizid-Abhängigkeit", Pressemitteilung von PAN Germany vom 10. April 2013; PAN 2012). Inzwischen haben die Umweltschutzverbände und der Bundesverband der Energie- und Wasserwirtschaft e. V. (BDEW) das Forum, welches den NAP regelmäßig überprüft und Vorschläge für dessen Weiterentwicklung gibt, verlassen (BMEL 2015e).

459. Information und Beratung sind wichtige Elemente eines nachhaltigeren Pflanzenschutzes. Offensichtlich besteht hier Nachbesserungsbedarf, insbesondere was die Beratung zum integrierten Pflanzenschutz betrifft (Tz. 397). Dies bestätigt auch das Forum zum NAP, welches mit Besorgnis feststellt, dass in einigen Bundesländern die Offizialberatung zunehmend zugunsten von Kontroll- und Verwaltungsaufgaben abgebaut wird; teilweise bereits so weit, dass eine qualifizierte und umfassende Beratung nicht mehr möglich ist (BMEL 2015e;

Forum Nationaler Aktionsplan zur Nachhaltigen Anwendung von Pflanzenschutzmitteln 2015). Aus diesem Grund sollte aus Sicht des SRU die Verpflichtung im NAP, Maßnahmen zur Stärkung der Offizialberatung durchzuführen, dringend ernst genommen werden. Darüber hinaus muss die Einhaltung von Auflagen und Anwendungsbestimmungen bei der Verwendung von Pflanzenschutzmitteln auch ausreichend kontrolliert werden (Tz. 461). Für die Umsetzung des NAP ist vorgesehen, entsprechende Ressourcen bzw. finanzielle Mittel bereitzustellen. Der SRU hat ebenfalls den Eindruck, dass hier dringend Verbesserungen erforderlich sind.

460. Zusammenfassend ist festzuhalten, dass der NAP anknüpfend an die bestehenden rechtlichen Regelungen einige Ziele, Indikatoren und Maßnahmen enthält, um die Anwendung von Pflanzenschutzmitteln nachhaltiger zu gestalten. Dabei weist er aber gerade bei den Maßnahmen noch Schwächen auf. In den folgenden Abschnitten werden Maßnahmenvorschläge entwickelt, die soweit passend in die Weiterentwicklung des NAP einfließen sollten.

6.6.2 Daten zur Umweltbelastung durch Pflanzenschutzmittel

Erfassung der Pflanzenschutzmittelanwendungen

461. Die in den Umweltkompartimenten gefundenen Pflanzenschutzmittel (Kap. 6.5) können bisher nur vereinzelt mit Anwendungsdaten von Pflanzenschutzmitteln verknüpft werden, vor allem, weil eine systematische, räumlich differenzierte und integrierte Erfassung der Anwendungsdaten und die daraus folgende Abschätzung der Einträge fehlt. Dies ist aber notwendig, um effiziente Minderungsmaßnahmen zu ergreifen.

462. Wesentliche Voraussetzung für die Modellierung von räumlich differenzierten Pflanzenschutzmitteleinträgen ist die gebietsbezogene Erfassung der Anwendungen von Pflanzenschutzmitteln. Dazu sollte auf die gesetzlich vorgeschriebenen Datenerhebungen zurückgegriffen werden: Zum einen schreibt Art. 67 der EU-Pflanzenschutzmittel-Verordnung (Tz. 395) vor, dass berufliche Verwender über mindestens drei Jahre Aufzeichnungen über die Pflanzenschutzmittel, die sie verwenden, führen müssen (z. B. zum Zeitpunkt der Verwendung, zur verwendeten Menge und zur behandelten Fläche und Kulturpflanze). Die Daten müssen nur auf Anfrage der zuständigen Behörde (Tz. 417) zur Verfügung gestellt werden, sind aber für ein regionales Management der Pflanzenschutzmittelanwendung notwendig. Der SRU empfiehlt daher zu prüfen, in welcher Form diese Daten regelmäßig den zuständigen Landesbehörden für eine Anwendungsdatenbank zur Verfügung gestellt werden können (automatisierte, elektronische Abfrage, ggf. Ausnahmen für kleine Betriebe, Datenschutz etc.). Es könnte zunächst in einer Modellregion ermittelt werden, welche Informationen zur Anwendung von Pflanzenschutzmitteln die Behörden für ein integriertes Risikomanagement benötigen und wie diese Daten möglichst effizient erfasst und aufbereitet werden können.

Des Weiteren fordert die Pflanzenschutzmittel-Statistikverordnung (EG) Nr. 1185/2009 die Gewinnung von Daten über die landwirtschaftliche Verwendung von Pflanzenschutzmitteln und ihre Übermittlung an die Kommission (Art. 1 und 3). In Deutschland werden diese Daten über kulturspezifische (d. h. auf eine Anbaukultur bezogene) Netze von Erhebungsbetrieben ermittelt. In diesen werden jährlich die Pflanzenschutzmittelanwendungen detailliert erfasst und in anonymisierter Form an das JKI weitergeleitet (Panel Pflanzenschutzmittel-Anwendung – PAPA) (ROßBERG 2013; Tz. 396). Das JKI veröffentlicht aber nur aggregierte Daten über die Pflanzenschutzmittelanwendungen in Deutschland, weil auch die Pflanzenschutzmittel-Statistikverordnung nur nationale Aussagen verlangt (ebd.). Dabei wären die detaillierten Informationen aus den Erhebungsbetrieben, also zum Beispiel welche Pflanzenschutzmittel bei welchen Anbaukulturen in welchen Spritzabfolgen oder Mittelkombinationen verwendet werden, für eine bessere Abschätzung des Risikos der Pflanzenschutzmittelanwendung wichtig. Dies ist bisher nicht ohne Weiteres möglich, da die Daten Eigentum der Erhebungsbetriebe sind. Der SRU empfiehlt, die Datenerhebung im Rahmen des PAPA-Projektes zukünftig so zu gestalten, dass die Weitergabe detaillierterer Anwendungsdaten an die Zulassungs- und Bewertungsbehörden ermöglicht wird.

Modellierung der Einträge in die Umwelt

463. Um die Pflanzenschutzmitteleinträge in die Umwelt zu modellieren, müssen die Anwendungsdaten mit räumlichen Strukturdaten (z. B. Bodentypen, Gewässer, Landschaftselementen) verknüpft werden. Hierzu können unter anderem die Daten aus dem Amtlichen Topographisch-Kartographischen Informationssystem (ATKIS) und weitere flächenbezogene Fachinformationen (z. B. Bodenübersichtskarten) herangezogen werden (OSTERBURG et al. 2009). Da die Anwendungsdaten nach Art. 67 EU-Pflanzenschutzmittel-Verordnung (Tz. 462) schlagbezogen ermittelt werden, könnten die Daten zudem mit den Informationen aus InVeKos (Integriertes Verwaltungs- und Kontrollsystem, Identifizierungssystem zur Erfassung aller landwirtschaftlich genutzten Parzellen) (Europäische Kommission – Generaldirektion Landwirtschaft und Ländliche Entwicklung 2015) verknüpft werden. Sinnvoll wäre es, mit kleineren Projekten zu beginnen (z. B. in besonders belasteten Regionen) oder dort, wo bereits ein Umweltmonitoring durchgeführt wird (z. B. auf den HNV-Flächen, Tz. 446). Wichtige Grundlagen hierzu werden am JKI untersucht. So wurde ein Modell entwickelt, mit dem Anwendungsdaten – z. B. aus den PAPA-Erhebungen oder aus dem Netz Vergleichsbetriebe Pflanzenschutz (FREIER et al. 2015) – mit GIS-basierten Daten zu Landnutzung, Bodentypen, Hangneigungen und Klima verknüpft werden und so eine differenzierte regionale Risikoanalyse erstellt werden kann (STRASSEMEYER und GUTSCHE 2010). Das Modell war Grundlage für ein computergestütztes Analyse- und Beratungswerkzeug, das in Nordrhein-Westfalen zur zielgerichteten und risikomindernden Pflanzenschutzberatung in einer Region eingesetzt wird (Landwirtschaftskammer Nordrhein-Westfalen – Pflanzenschutzdienst 2015). Mit den modellierten Eintragsdaten können Hotspots der Belastung oder sensible Gebiete, die einem zu hohen Eintrag ausgesetzt sind, erkannt werden. Außerdem könnten Prognosen für eine schleichende Kontamination von Böden oder Grundwasserkörpern abgeleitet werden.

Informationsgrundlage für die Behörden

464. Die Informationen zur Anwendung und zu den Einträgen von Pflanzenschutzmitteln sind für das BVL und die Bewertungsbehörden eine wichtige Grundlage, um die Vorgaben der EU-Pflanzenschutzmittel-Verordnung umzusetzen, die Umweltauswirkung eines Pflanzenschutzmittels unter realistischen Verwendungsbedingungen zu überprüfen (Tz. 413). Zurzeit werden zum Beispiel additive und kumulative Wirkungen von Pflanzenschutzmitteln nicht gesondert bei der Zulassung berücksichtigt, obwohl die gleichzeitige oder kurz hintereinander erfolgende Ausbringung unterschiedlicher Pflanzenschutzmittel gängige Praxis ist. Den Behörden fehlt die Rechtsgrundlage, um belegbare Informationen zu den tatsächlichen Anwendungsbedingungen, wie zum Beispiel saisonalen Spritzserien, einzufordern. Regelmäßige Informationen hierzu sind auch deshalb wichtig, weil sich die Kombination von Pflanzenschutzmitteln in der Praxis unter anderem aufgrund der Schädlingssituation und dem Resistenzmanagement von Jahr zu Jahr ändern kann. Wenn mithilfe dieser Informationen bei der Umweltprüfung auch additive und kumulative Wirkungen berücksichtigt werden können, könnten auch die Anwendungsbedingungen so formuliert werden, dass ein besserer Schutz der Umwelt durch eine Einschränkung der Anwendungsbreite gewährleistet ist.

465. Auf regionaler Ebene könnten die zuständigen Behörden der Länder eine stärkere Rolle für den Umweltschutz spielen. Für Pflanzenschutzmittel gilt, dass die zuständigen Länderbehörden nach dem Pflanzenschutzgesetz die Anwendung von Mitteln untersagen können, wenn mit schädlichen Auswirkungen auf das Grundwasser oder auf den Naturhaushalt gerechnet werden muss (Tz. 413). Wenn die Behörde über eine Datenbank die tatsächlichen Anwendungsmengen und die Einträge der Pflanzenschutzmittel in der belasteten Region kennt, könnte sie mithilfe dieser Informationen prüfen, ob die Verwendung eines Mittels versagt werden muss (entweder auf Bundesebene durch das BVL oder regional). Gegebenenfalls könnten regionale Minderungsmaßnahmen, die über die bei der Zulassung erteilten Anwendungsbestimmungen hinausgehen, zur Umweltentlastung beitragen. Die Informationen sind auch wichtig für eine zielgerichtete, risikomindernde Pflanzenschutzmittelberatung (Tz. 417 und 459).

466. Die Anwendungs- und Eintragsdaten können auch eine gute Grundlage für die Kommunikation mit den betroffenen Akteuren sein. Die Analyse der Belastungssituation und die möglichen Maßnahmen müssen mit allen Beteiligten diskutiert werden, dazu gehören sowohl die zuständigen Behörden und Anwender als auch die Naturschutzverbände. Die Erfahrungen aus den Trinkwasserkooperationen sollten hier genutzt werden (SRU 2015, Tz. 381 ff).

Monitoring und Indikatoren

467. Eine weitere wichtige Information für das Risikomanagement von Pflanzenschutzmitteln sind die Daten aus dem Monitoring. Sie liefern den Zulassungs- und Aufsichtsbehörden Gründe für Minderungsmaßnahmen und sollten mit den oben genannten Anwendungs- und Eintragsdaten verknüpft werden. Im Bereich des Monitorings von Pflanzenschutzmitteln bestehen allerdings derzeit noch deutliche Lücken, sodass Ursache-Wirkungs-Zusammenhänge, soweit überhaupt möglich, kaum darstellbar sind (Abschn. 6.5.1). Hierfür sind außerdem aussagekräftige Indikatoren erforderlich. Folgende Vorschläge können die Umweltüberwachung und die Bewertung des Zustandes der Biodiversität in Bezug auf die Wirkungen von Pflanzenschutzmitteln verbessern:

–   Die Überwachung der Pflanzenschutzmittelbelastung von Kleingewässern sollte, wie bereits in der Planung, verbessert werden. Generell empfiehlt es sich, das stoffliche Monitoring der Oberflächengewässer stärker anlassbezogen auszurichten und noch mehr zugelassene Pflanzenschutzmittel und wichtige Metabolite einzubeziehen.

–   Eine deutschlandweite Einführung der Ökologischen Flächenstichprobe (ÖFS) wäre sinnvoll, um den Zustand der Biodiversität flächendeckend und statistisch relevant auch in der Normallandschaft darstellen und Ursachen von Veränderungen abbilden zu können (DRÖSCHMEISTER 2001; KÖNIG 2003; SRU 2012). In dem Zusammenhang begrüßt der SRU die Initiative des BMUB, ein umfassendes deutschlandweites Biodiversitätsmonitoring einzuführen.

–   Darüber hinaus sollte eine Erfassung der Verfrachtung von Pflanzenschutzmitteln über die Luft ermöglicht und die Einträge von Pflanzenschutzmitteln in Böden nicht landwirtschaftlich genutzter Flächen adäquat überwacht werden.

–   Erforderlich ist es außerdem, das bestehende Indikatorensystem zu verbessern und auszubauen.

6.6.3 Gewässer- und Naturschutz

468. Für den Erhalt der Biodiversität sind sogenannte Pufferzonen und Ausgleichsflächen in der Agrarlandschaft erforderlich. In beiden dürfen keine Pestizide eingesetzt, in letzteren auch keine eingetragen werden. Ausgleichsflächen haben wichtige Funktionen als Refugien für sensitive Arten. Pufferzonen sollen den Stoffeintrag in diese sowie in schützenswerte Ökosysteme oder in die Gewässer verhindern.

Spezielle Maßnahmen zum Schutz von Oberflächengewässern

469. Eine Reihe von Maßnahmen kann dazu beitragen, den Eintrag von Pflanzenschutzmitteln in die Oberflächengewässer zu verhindern bzw. deutlich zu mindern. Beispielsweise sollten in der Nähe von Gewässern ausschließlich Ausbringungsgeräte mit abdriftarmen Düsen zur Anwendung kommen. Aber auch die Verfrachtung von Pflanzenschutzmitteln über größere Entfernungen ist zu beachten, da sie unter anderem für Betriebe der ökologischen Landwirtschaft ein Problem darstellen kann (HOFMANN und SCHLECHTRIEMEN 2014b). Zudem ist eine wirkungsvollere Kontrolle von Auflagen notwendig, wie zum Beispiel zur Lagerung und Entsorgung wassergefährdender Stoffe. Dies betrifft auch die Reinigung der Ausbringungsgeräte, die nur auf dem Feld erfolgen darf, um punktuelle Gewässerbelastungen durch Einträge in die Kanalisation zu vermeiden. Darauf, dass dies immer noch nicht durchgehend praktiziert wird, deuten Untersuchungen an ländlichen Kläranlagen in Sachsen hin (MÜNZE et al. 2016). Allerdings ist eine adäquate Kontrolle dieser Vorgabe nicht einfach. Auch deshalb muss zusätzlich ein gutes Angebot an landwirtschaftlicher Beratung zu Aspekten des Gewässerschutzes gewährleistet sein (Tz. 459).

Gewässerrandstreifen sind sehr wichtig, um Stoffeinträge in die Oberflächengewässer zu verhindern. Ein bestimmter Bewuchs kann deren Beitrag zum Biodiversitätsschutz noch erhöhen. Diesbezüglich sind die Vorgaben im Wasserhaushaltsgesetz zu Gewässerrandstreifen unzureichend (SRU 2015, Tz. 395). Das betrifft insbesondere die Zulässigkeit der Anwendung von Pflanzenschutzmitteln in Gewässerrandstreifen und die Tatsache, dass kleine Gewässer von den Bestimmungen im Wasserhaushaltsgesetz ausgenommen werden können.

Von verschiedenen Seiten wird ein durchgehender Gewässerrandstreifen von mindestens 5 m Breite an allen Oberflächengewässern als sinnvoll erachtet (BALZER und SCHULZ 2015; BUNZEL et al. 2014). So wird als eine Maßnahme zur Umsetzung der Meeresstrategie-Rahmenrichtlinie 2008/56/EG die Ausweisung von entsprechenden Gewässerrandstreifen an allen inländischen Oberflächengewässern geprüft (Bundesregierung et al. 2015). Der SRU empfiehlt in Anlehnung an die Empfehlung der Bund/Länder-Arbeitsgemeinschaften Wasser und Boden (LAWA und LABO 2002) für Gewässerrandstreifen an Oberflächengewässern eine Breite von 10 m im Außenbereich. In Gebieten mit sehr kleinräumigen Strukturen kann unter der Bedingung, dass andere Maßnahmen zur Verhinderung des Stoffeintrags in die Gewässer ergriffen werden, dieser auch auf 5 m Breite festgelegt werden. Selbst bei einem Gewässerrandstreifen von 10 m können in den Gewässern noch Insektizidkonzentrationen auftreten, die möglicherweise negative Effekte verursachen (WAGNER und HENDLER 2015).

470. Wie bereits erwähnt, sind Refugien in Form von unbehandelten Flächen oberhalb der Fließgewässerabschnitte, die durch den Einsatz von Pflanzenschutzmitteln betroffen sind, wichtig für die Erholung der Lebensgemeinschaften (Tz. 442). Fehlen entsprechende Abschnitte, sollten diese entweder geschaffen werden, beispielsweise im Rahmen von Maßnahmen zur Umsetzung der Wasserrahmenrichtlinie oder zum Hochwasserschutz, oder aber die Auflagen beim Einsatz von Pflanzenschutzmitteln restriktiver gefasst werden.

Naturschutzfachliche Maßnahmen

471. Auch in der Agrarlandschaft sind Refugien für den Schutz der Biodiversität vor dem Einsatz von Pflanzenschutzmitteln wichtig. Eine besondere Bedeutung haben dabei Blühstreifen und Brachflächen (OPPERMANN 2015). Darüber hinaus fördert eine Landschaftsstruktur mit Habitat- und Arealgrößendiversität im Grünland die Artenvielfalt, zum Beispiel von Schmetterlingen, und kann generell negative Auswirkungen einer intensiven Landnutzung ausgleichen (PEROVIĆ et al. 2015).

Die Einrichtung von Blühstreifen und Blühflächen gehört nach JAHN et al. (2014, S. 174, Tab. 5.1.13) zu den Maßnahmen, die sowohl eine hohe Treffsicherheit für den Schutz von Vögeln und Säugetieren der Agrarlandschaft vor dem Pflanzenschutzmitteleinsatz als auch eine gute Kontrollierbarkeit aufweisen. Weitere Beispiele sind die Selbstbegrünung von Stoppelfeldern bis zur folgenden Einsaat und extensiver Feldfruchtanbau ohne Anwendung von Pflanzenschutzmitteln mit reduzierter Saatdichte und Düngung. Diesen Maßnahmen wird außerdem – soweit sie finanziell gefördert werden – eine hohe Akzeptanz durch die Landwirte zugewiesen. Daneben trägt jegliche Reduzierung des Mitteleinsatzes dazu bei, die Exposition unter anderem von Bestäubern zu mindern (GOULSON et al. 2015).

Für den adäquaten Schutz der Biodiversität in der Agrarlandschaft wird von verschiedener Seite ein Anteil an naturnahen Flächen (Ausgleichsflächen), das heißt Flächen, in denen unter anderem keine Pflanzenschutzmittel zum Einsatz kommen, von 10 bis 20 % in der Kulturlandschaft als erforderlich erachtet (HOLZSCHUH et al. 2011; HOFFMANN et al. 2012; UBA 2010; HOTES und EBERMANN 2010; SRU 1985). Solche HNV-Flächen wurden im Rahmen der ELER-Verordnung als ein Basisindikator festgelegt (s. Anhang VIII ELER-Durchführungsverordnung (EG) Nr. 1974/2006). Das Bundesamt für Naturschutz (BfN) hat Kriterien für die Einstufung und das Monitoring von entsprechenden Flächen erarbeitet (BfN 2016).

472. Schon heute werden solche Flächen, wenn auch nicht in ausreichendem Umfang und häufig nicht in der notwendigen Qualität, über freiwillige beziehungsweise durch die Agrarförderung angereizte Maßnahmen bereitgestellt (in Tz. 474 weiter ausgeführt). In einem Gesamtkonzept zur Minderung der Umweltbelastungen durch Pflanzenschutzmitteleinträge sollte aber vergleichbar der Stickstoffproblematik (diskutiert in SRU 2015) auch hier das Verursacherprinzip stärker zum Tragen kommen. Das lässt sich auch aus dem 8. Erwägungsgrund der EU-Pflanzenschutzmittelverordnung ableiten, der folgendermaßen lautet: „Das Vorsorgeprinzip sollte angewandt und mit dieser Verordnung sollte sichergestellt werden, dass die Industrie den Nachweis erbringt, dass Stoffe oder Produkte, die erzeugt oder in Verkehr gebracht werden, keine schädlichen Auswirkungen auf die Gesundheit von Mensch oder Tier oder keine unannehmbaren Auswirkungen auf die Umwelt haben." Schäden an der Biodiversität sind aber bereits nachweisbar (Abschn. 6.5.2 und 6.5.3). Folglich sollte stärker über ordnungsrechtliche Verpflichtungen, beispielsweise im Rahmen der Zulassung als Teil eines Gesamtkonzepts, nachgedacht werden. Neben dem Argument des Verursacherprinzips spricht hierfür auch, dass die im Folgenden beschriebenen Instrumente wie freiwillige Agrarumweltmaßnahmen und die ökologische Vorrangfläche im Rahmen des Greenings hohe Freiheitsgrade hinsichtlich der konkreten Maßnahmen und Flächenauswahl und damit der Habitatqualitäten aufweisen (SRU 2015, Tz. 374, 449 und 451).

473. Das UBA schlägt zur Förderung der Schaffung von Refugien vor, diese in den Anwendungsauflagen im Rahmen der Zulassung von Pflanzenschutzmittelprodukten zu verankern (UBA 2010). Das würde bedeuten, dass Produkte, die ein relevantes Risiko für die Biodiversität darstellen, wie zum Beispiel Breitbandherbizide und Insektizide, nur dann angewandt werden dürfen, wenn ein bestimmter Anteil der Fläche des Betriebes bzw. des Schlages als anerkennungspflichtige Ausgleichsfläche besteht. Dies lässt sich auch sehr gut damit begründen, dass die bisherige Zulassung den gesetzlich festgelegten Schutz der Biodiversität nicht ausreichend gewährleisten konnte. Der SRU begrüßt diesen Vorschlag ausdrücklich und spricht sich für eine ernsthafte Prüfung aus.

Zwar gibt es bereits die Möglichkeit von der Zulassungsstelle (BVL), das Vorhandensein von Ausgleichsflächen bei Anwendungsauflagen zu berücksichtigen; nicht aber in dem vom UBA vorgeschlagenen Sinn. Dabei werden über das sogenannte Verzeichnis regionalisierter Kleinstrukturen die Gemeinden ermittelt, in denen eine bestimmte Mindestausstattung an naturnahen Biotopen vorhanden ist (JKI o. J.). Den Landwirten in diesen Gemeinden werden vom BVL (Tz. 465) Ausnahmeregelungen zu den Auflagen und Anwendungsbestimmungen (z. B. zu den Mindestabständen) gewährt, weil die Behörde davon ausgeht, dass die vorhandenen Naturräume ein Erholungspotenzial für terrestrische Biozönosen beinhalten (ENZIAN und GUTSCHE 2004). Diese Regelung soll auch die Neuanlage bestimmter Biotope und ökologischer Ausgleichsflächen durch den Landwirt fördern. Der SRU hält diesen Ansatz aber für nicht zielführend, da bei diesem Verfahren die Auflagen und Anwendungsbestimmungen insgesamt gelockert werden.

474. Anreize für das Anlegen von Ausgleichsflächen wie auch zur Minderung der Gesamteinträge von Pflanzenschutzmitteln in die Umwelt können auch durch die Verkopplung der Agrarförderung an Bewirtschaftungsauflagen erfolgen. Nach diesem Prinzip funktionieren die freiwilligen Agrarumwelt- und Klimamaßnahmen zum Beispiel im Rahmen der Förderprogramme zur Ländlichen Entwicklung (zweite Säule der Gemeinsamen Agrarpolitik – GAP), aber auch Maßnahmen, die die Bundesländer steuer- oder abgabenfinanziert in Eigenregie anbieten (GRAJEWSKI und SCHMIDT 2015). Auch die Verknüpfung der Direktzahlungen aus der ersten Säule der GAP an die Vorgabe, 5 % der Ackerfläche als im Umweltinteresse genutzte Fläche (auch ökologische Vorrangfläche als Teil des Greenings; Art. 46 ELER-Verordnung (EU) Nr. 1307/2013) auszuweisen, zielt in diese Richtung (WAGNER und HENDLER 2015).

In der Praxis weisen beide Instrumente allerdings Schwächen auf. Die Umsetzung von Agrarumweltmaßnahmen im Rahmen der EU-Förderung wurde in der vergangenen Förderperiode der GAP (2007 – 2013) vielfach kritisiert. Ein grundsätzliches Problem waren die zum Teil sehr kurzen Vertragslaufzeiten in den Länderprogrammen. Außerdem ist das Instrument aufgrund seiner Freiwilligkeit auf die Attraktivität für die Landwirte angewiesen. Die Fördersätze wurden vor dem Hintergrund gestiegener Opportunitätskosten durch die Förderung der Bioenergie und phasenweise hoher Preise für Agrarrohstoffe (Tz. 64) teilweise als deutlich zu niedrig kritisiert. Der administrative Aufwand für die Teilnahme sei zu hoch und die Kontrollintensität abschreckend (OPPERMANN et al. 2013). NIENS und MARGGRAF (2010) beschreiben, dass aus diesen Gründen das verfügbare Budget für Agrarumweltmaßnahmen in Niedersachsen in der vergangenen Förderperiode nicht ausgeschöpft wurde. GEISBAUER und HAMPICKE (2012, S. 35 f.) diskutieren die Problematik der Wettbewerbsfähigkeit von Agrarumweltmaßnahmen am Beispiel des Ackerwildkräuterschutzes und kommen teilweise zu ähnlichen Aussagen. Kritisiert wird außerdem von vielen, dass in der vergangenen Förderperiode zu viele sogenannte hellgrüne, das heißt ökologisch nur wenig wirksame Maßnahmen, gefördert wurden. Die ohnehin begrenzten öffentlichen Gelder würden so aus Gemeinwohlsicht ineffizient eingesetzt (OPPERMANN et al. 2013; SANDER, 2012). Für die neue Förderperiode 2014 bis 2020 gibt es noch keine umfassende Auswertung der Programme der Bundesländer zur ländlichen Entwicklung. In der nationalen Rahmenregelung zur Umsetzung der Gemeinschaftsaufgabe Verbesserung der Agrarstruktur und des Küstenschutzes (GAK) für 2015 bis 2018, welche den Förderrahmen für die Länderprogramme definiert, wurden die Fördersätze für einige Agrarumweltmaßnahmen mit Auflagen zum Einsatz von Pflanzenschutzmitteln angehoben. Teilweise sind die Änderungen allerdings nur marginal (BMEL 2015d, S. 57–65; BLE und DVS 2015; 2010, S. 24–37). Erste Evaluierungen der Länderprogramme im Rahmen von Forschungsprojekten werden für Ende 2016 erwartet (IFLS 2016; Johann Heinrich von Thünen-Institut 2016b). Für Baden-Württemberg hat BAUMANN (2015) bereits eine Auswertung im Hinblick auf dunkelgrüne Agrarumweltmaßnahmen erstellt und sieht hier positive Entwicklungen. Für verschiedene Maßnahmen im Bereich extensives Grünland wurden die Fördersätze angehoben, wodurch zukünftig möglicherweise die Teilnahmebereitschaft gestärkt wird. Der Biodiversitätsschutz auf dem Acker wird hingegen nur durch eine dunkelgrüne Maßnahme, die „Brachebegrünung mit Blühmischungen", gezielt gefördert. Für diese wurde der Fördersatz um 42 % angehoben. Laut BAUMANN (ebd.) sei aber für diese Maßnahme bereits in der vergangenen Förderperiode in Baden-Württemberg die Akzeptanz hoch gewesen. Dass der Flächenumfang „zu niedrig" war, lag daran, dass im Entwicklungsplan insgesamt nicht genügend Gelder für diese Maßnahme vorgesehen waren und somit nicht alle Anträge genehmigt wurden. Dies zeigt einmal mehr, wie wichtig die Fokussierung des Mitteleinsatzes ist und wie problematisch die Kürzung der Gelder für die ländliche Entwicklung im Rahmen der aktuellen GAP ist (SRU 2015, Tz. 451). Hier sollten zum einen die Länder und zum anderen die Bundesregierung nachsteuern und den vorhandenen Spielraum besser ausnutzen (Tz. 68 bis 73).

Hinsichtlich der Greening-Vorgabe, „im Umweltinteresse genutzte Flächen" (sogenannte ökologische Vorrangflächen) auszuweisen, ist anzumerken, dass die wissenschaftlichen Empfehlungen an die ökologische Qualität der Ausgleichsflächen und die tatsächlich anrechenbaren Flächentypen beziehungsweise Maßnahmen weit auseinander klaffen. SCHMIDT et al. (2014) kritisieren zum Beispiel, dass Zwischenfruchtanbau und Untersaat sowie der Leguminosenanbau vergleichsweise wenig wirksam für den Biodiversitätsschutz seien. Genau diese Maßnahmen machten aber im ersten Jahr der Umsetzung des Greenings zusammen 80 % der angemeldeten Flächen aus („Bauern erbringen zusätzliche Umweltleistungen", Pressemitteilung des Bundesministeriums für Ernährung und Landwirtschaft vom 8. Oktober 2015). Auch wenn die Pflanzenschutzmitteleinträge genauer in den Blick genommen werden, sind diese beiden oder eigentlich drei Typen ökologischer Vorrangflächen kritisch zu bewerten. Die Greening-Auflagen bei der Maßnahme Leguminosenanbau (12 % der angemeldeten ökologischen Vorrangfläche, s. ebd.) beinhalten kein Verbot des Pflanzenschutzmitteleinsatzes. Die Maßnahmen Zwischenfruchtanbau und Untersaaten (zusammen 68 % der angemeldeten Flächen im Jahr 2015, s. ebd.) sind differenziert zu betrachten. Auf Flächen mit Zwischenfruchtbau, die als ökologische Vorrangflächen angemeldet werden, ist ab Ernte der Hauptkultur der Einsatz von Pflanzenschutzmitteln gemäß § 18 Abs. 3 Direktzahlungen-Durchführungsgesetz untersagt. Der nach guter fachlicher Praxis sonst erlaubte und nicht unübliche Einsatz von glyphosathaltigen Herbiziden zur Nacherntebehandlung der Hauptfrucht ist hier also unzulässig. So würde die Maßnahme den integrierten gegenüber dem chemischen Pflanzenschutz stärken (Tz. 397). Allerdings ist der Einsatz nicht ganzjährig untersagt, sondern während der Hauptfrucht weiterhin zulässig. Die Wirksamkeit für den Biodiversitätsschutz dürfte deshalb deutlich eingeschränkt sein. Der agrarökologischen Bewertung von SCHMIDT et al. (2014) zufolge kann die Maßnahme Untersaaten durch die Unkrautunterdrückung die Pflanzenschutzmittelaufwendungen reduzieren. Allerdings ist auch auf diesen Flächen der Einsatz von Pflanzenschutzmitteln nicht umfassend untersagt. Gemäß § 5 Abs. 1 und 2 AgrarZahlVerpflV i. V. m. Art. 46 der ELER-Verordnung (EU) Nr. 1307/2013 i. V. m. § 18 Abs. 3 DirektZahlDurchfG i. V. m. § 30 Abs. 2 DirektZahlDurchfV ist der Einsatz chemisch-synthetischer Pflanzenschutzmittel auf allen weiteren Typen ökologischer Vorrangflächen nicht zulässig.

Eine abschließende Beantwortung der Frage, inwieweit das Greening in seiner jetzigen Ausgestaltung zu einer Entlastung der Agrarlandschaften durch Pflanzenschutzmitteleinträge beiträgt, ist noch nicht möglich. Erste Ergebnisse aus Forschungsprojekten sind im Laufe des Jahres 2016 zu erwarten (Johann Heinrich von Thünen-Institut 2016a). Es ist aber davon auszugehen, dass der Effekt schon allein aufgrund des geringen Flächenanteils an der gesamten Agrarfläche eher schwach ist. Hinzu kommt, dass wie beschrieben der Einsatz von Pflanzenschutzmitteln nicht auf allen Greening-Flächen ganzjährig untersagt ist. LAKNER und HOLST (2015) stellen auf der Basis von Beispielrechnungen für die betriebliche Umsetzung außerdem die Vermutung an, dass viele Betriebe vor allem günstige und wenig wirksame Maßnahmen wählen werden, deren Auflagen sie größtenteils bereits vorher schon erfüllt haben. So bestehen Zweifel daran, dass das Greening in seiner jetzigen Ausgestaltung zu einer substanziellen ökologischen Aufwertung der landwirtschaftlichen Flächen auch im Hinblick auf die Pflanzenschutzmitteleinträge beitragen wird (OPPERMANN 2015; LAKNER und HOLST 2015).

Aus den genannten Gründen ist eine Weiterentwicklung der bestehenden Förderprogramme für Agrarumweltmaßnahmen, insbesondere hinsichtlich der Teilnahmeattraktivität, der Höhe der dafür bereitgestellten Mittel und der ökologischen Qualität der Maßnahmen, notwendig. Im Rahmen des Midterm-Review für das Greening 2017 sollten die natur- und gewässerschutzfachlichen Anforderungen an die Ökologische Vorrangfläche nachgeschärft und der Flächenumfang ausgeweitet werden.

475. Im ökologischen Landbau kommen keine synthetischen Pflanzenschutzmittel zum Einsatz, was vorteilhaft für den Biodiversitätsschutz ist. Somit ist das Ziel aus der Nachhaltigkeitsstrategie, den Flächenanteil der ökologischen Landwirtschaft an der landwirtschaftlichen Gesamtfläche auf 20 % anzuheben, auch für den Schutz der Biodiversität in der Agrarlandschaft vor dem Pflanzenschutzmitteleinsatz wichtig (UBA 2010). Das BMEL (2015f) hat sich vorgenommen, zusammen mit Vertretern der ökologischen Lebensmittelwirtschaft, der Wissenschaft und der Verbände sowie unter Einbeziehung der Länder, bis Ende 2016 eine Zukunftsstrategie für die Entwicklung der ökologischen Landwirtschaft in Deutschland zu erarbeiten. Im neuen Nationalen Rahmenplan (Tz. 474) hat der Bund auch die für die Bundesländer zulässigen Fördersätze für den Ökolandbau deutlich erhöht (BMEL 2015a), woraufhin fast alle Bundesländer auch die Prämien deutlich angehoben haben (BLE und DVS 2015; 2010). Nach Aussage einiger Ökolandbauverbände habe dies 2015 bereits zu einer Steigerung sowohl bei der

Anzahl der Mitgliedsbetriebe als auch beim Flächenumfang geführt (Agra-Europe vom 11.02.2016, S. 26 (Länderberichte); „Immer mehr Bauern begreifen Bio als Chance", Pressemitteilung von Bioland vom 13. Januar 2016). Der SRU begrüßt diese Entwicklung. Eine stärkere Unterstützung des Ökolandbaus steht seit längerem aus. Ob die neuesten Bemühungen ausreichen, um die gesetzten Ziele zur Ausweitung der ökologischen Produktion in Deutschland zu erreichen, ist abzuwarten (Tz. 70).

476. In Schutzgebieten sollte der Einsatz von Pflanzenschutzmitteln nicht zulässig sein. Um auch sensible Ökosysteme und solche, die besonders sensible Arten enthalten, aber keinem besonderen Schutzniveau unterliegen, zu schützen, sollte in diesen entweder ebenfalls auf den Einsatz von Pestiziden verzichtet werden oder dieser mit strengen Auflagen zum Biodiversitätsschutz verbunden werden.

6.6.4 Abgabe auf Pflanzenschutzmittel

477. Eine Abgabe auf Pflanzenschutzmittel kann eine wichtige Funktion im Instrumentenmix zur Reduktion der Umwelt- und Gesundheitsbelastung durch Pflanzenschutzmittelanwendungen einnehmen. Der SRU sieht eine deutliche Verbesserung der Datenlage zur Umweltbelastung durch Pflanzenschutzmittel (Abschn. 6.6.2) sowie den Ausbau der Offizialberatung (Tz. 459) als notwendig an. Eine Abgabe kann dafür im Sinne des Verursacherprinzips die Finanzierung sicherstellen. Darüber hinaus kann sie unter Umständen eine flächendeckende Reduktion des Einsatzes von Pflanzenschutzmitteln anreizen und eine Lenkungswirkung hinsichtlich der Substitution von schädlichen durch weniger schädliche Mittel entfalten. Sie ergänzt somit die notwendigen, räumlich differenzierten Schutzmaßnahmen (Abschn. 6.6.3) und das Zulassungsverfahren (Kap. 6.4). In einigen europäischen Ländern werden Pflanzenschutzmittel schon seit längerem besteuert oder mit einer Abgabe belastet. Die Ausgestaltung ist dabei sehr unterschiedlich. Der SRU (2008, S. 473 ff.) hat sich bereits in der Vergangenheit für die Einführung einer Abgabe auf Pflanzenschutzmittel ausgesprochen.

Finanzierungsfunktion und Lenkungswirkung

478. Die zielgerichtete Verwendung der finanziellen Mittel, die durch eine Abgabe auf Pflanzenschutzmittel generiert werden, ist von großer Bedeutung für die Belastungsminderung durch die Pflanzenschutzmittelanwendung. Die Mittel können für Monitoring, Beratung und Schutzmaßnahmen sowie für Kompensationsmaßnahmen verwendet werden. In den europäischen Ländern, die bereits Pflanzenschutzmittel besteuern oder mit einer Abgabe versehen, werden Einnahmen in relevanter Höhe generiert. In Dänemark werden beispielsweise aktuell circa 80 Mio. Euro jährlich eingenommen (Skatteministeriet 2015). MÖCKEL et al. (2015) haben ein Abgabenmodell für Deutschland entwickelt. Die Autoren schätzen, dass durch ihren Vorschlag Einnahmen in Höhe von rund 1 Mrd. Euro pro Jahr erzielt werden (ebd., S. 194). In

Schweden und Dänemark wurden durch die erzielten Einnahmen unter anderem Angebote für Beratung und Weiterbildung ausgebaut (HOEVENAGEL et al. 1999, S. 28 ff.). Derzeit werden in Dänemark die Einnahmen unter anderem dazu verwendet, Maßnahmen des dänischen Aktionsplans zu finanzieren (The Danish Government 2013).

479. Für die Lenkungswirkung einer Abgabe ist die Wahl der Bemessungsgrundlage entscheidend. Sie stellt die Größe dar, auf welche die Abgabe erhoben wird. Diese sollte so stark wie möglich mit dem Schaden durch den Pflanzenschutzmitteleinsatz verbunden sein. Dabei muss berücksichtigt werden, dass Pflanzenschutzmittel heterogen bezüglich Umweltverhalten sowie Human- und Umwelttoxizität sind. Eine Abgabe, die sich ausschließlich am Volumen oder monetären Wert ausrichtet, erfasst dies nicht und weist daher eine geringe ökologische Treffsicherheit auf. Bei einer nach Risiko differenzierten Abgabe kann es sowohl zu einer Reduktion des gesamten Einsatzes von Pflanzenschutzmitteln als auch zur Substitution von schädlichen durch weniger schädliche Mittel kommen. Darüber hinaus werden bei einem Anstieg der Preise von Pflanzenschutzmitteln Maßnahmen des integrierten Pflanzenschutzes attraktiver. So kann die Abgabe einen Beitrag zur Umsetzung der Vorgaben der Pflanzenschutz-Rahmenrichtlinie leisten (Tz. 397). Darüber hinaus ist zu erwarten, dass die Vermarktung von sogenannten Pflanzenschutzmittel-Packs durch eine Abgabe unattraktiver wird. Hierbei handelt es sich um den gemeinsamen Verkauf mehrerer Mittel. Dadurch erwirbt der Anwender unter Umständen Produkte, für welche er keinen Bedarf hat. Er wird so angereizt, Pflanzenschutzmittel ohne gebotene Indikation und Notwendigkeit auszubringen. Eine Abgabe vergrößert außerdem das Bewusstsein für die Umweltwirkungen von Pflanzenschutzmitteln, insbesondere wenn die Abgabenhöhe für den Anwender deutlich beim Kauf ersichtlich ist.

Ausgestaltung der Bemessungsgrundlage

480. In Schweden wird eine einfach ausgestaltete Steuer auf Pflanzenschutzmittel erhoben, wobei die Menge an Wirkstoff als Bemessungsgrundlage dient (HOGG et al. 2015, S. 61). In Frankreich wird ebenfalls eine Abgabe auf Pflanzenschutzmittel erhoben, die Ausgestaltung ähnelt dabei dem schwedischen Modell. Die Abgabenhöhe pro Menge an Wirkstoff ist jedoch zusätzlich nach Risiko für Mensch und Umwelt in drei Kategorien unterteilt (MÖCKEL et al. 2015, S. 89 ff.). Norwegen führte 1988 eine Steuer auf Pflanzenschutzmittel ein. Seit 1999 werden Pflanzenschutzmittel in Abhängigkeit vom Risiko für Mensch und Umwelt in Kategorien eingeteilt und unterschiedlich besteuert (SPIKKERUD 2006, S. 281 f.). Dänemark führte ebenfalls in den 1990er-Jahren eine Abgabe auf Pflanzenschutzmittel ein, die seit 2013 nach Risiko differenziert wird. Das dänische Modell ist deutlich detaillierter und komplexer als die Ausgestaltung in anderen Ländern. Für jedes Pflanzenschutzmittel wird ein Belastungsindex berechnet. Dieser setzt sich aus Indikatoren für die Wirkung auf die menschliche Gesundheit, Umwelteffekte sowie Verhalten in der Umwelt zusammen. Die Einstufung basiert auf bestehenden Daten und Bewertungssystemen und knüpft an das europäische Zulassungsverfahren an. Der daraus resultierende, risikobezogene Betrag wird zu einem von der Standarddosis abhängigen Grundbetrag addiert (Danish Environmental Protection Agency 2013, S. 2 ff.). Dies hatte zur Folge, dass sich die Preise der Pflanzenschutzmittel unterschiedlich stark erhöhten. So sind beispielsweise bei Herbiziden Steigerungen bis 120 % im Vergleich zum Preis unter dem vorherigen Steuermodell möglich, aber auch Senkungen um bis zu 20 % (KUDSK und ORUM 2013, S. 4).

481. MÖCKEL et al. (2015) haben in Anlehnung an das norwegische und dänische Modell ein risikobezogenes Abgabensystem für Deutschland entwickelt. Die Abgabenhöhe setzt sich aus einem Grundbetrag für die in der Zulassung festgelegte Aufwandmenge und einem variablen Abgabensatz zusammen. Diesen leiten die Autoren aus dem humantoxikologischen Risikopotenzial der Pflanzenschutzmittel ab. Darüber hinaus gibt es für Pflanzenschutzmittel in Haus- und Kleingärten sowie für Substitutionskandidaten (Tz. 408) zusätzliche Faktoren (ebd., S. 100 ff.). Eine risikobezogene Differenzierung kommt nach Darstellung der Autoren dadurch zustande, dass das Abgabenmodell unterschiedliche Aufwandmengen berücksichtigt, humantoxikologisches Risikopotenzial einbezieht und Substitutionskandidaten höher belastet. Im Vergleich zum dänischen Modell ist der Vorschlag von MÖCKEL et al. (ebd.) bezüglich der Umweltwirkung der Pflanzenschutzmittel deutlich weniger ausdifferenziert. Im Hinblick auf die rechtliche Ausgestaltung favorisieren MÖCKEL et al. (ebd., S. 196 ff. und 262 ff.) eine Steuer, sehen aber auch eine nichtsteuerliche Lenkungs- oder Finanzierungssonderabgabe als zulässig an. Im vorliegenden Gutachten werden die genannten Optionen nicht bewertet, es ist jedoch zu betonen, dass für die Vorschläge des SRU eine Zweckbindung der Mittel gewährleistet sein muss.

Forschungsergebnisse zur Lenkungswirkung

482. In Untersuchungen wird versucht, den Einfluss der Abgabe auf die Pflanzenschutzmittelanwendung empirisch zu ermitteln. ANDERSEN et al. (2001, S. 71 ff.) werten ältere Ex-post-Studien zu Abgaben auf Pflanzenschutzmittel in Schweden und Dänemark aus. Sie folgern, dass der Effekt der Abgaben gering war, was sie primär auf die bis dahin meist geringe Abgabenhöhe und den kurzen Untersuchungszeitraum zurückführen (ebd., S. 88 f.). In Dänemark ist der Behandlungsindex unter dem Steuersatz von 1996 nicht zurückgegangen und auch der Steuersatz von 1998, der eine Besteuerung von Pflanzenschutzmitteln von 33 % bis 54 % des Verkaufspreises vorsah, führte nicht zur gewünschten Reduktion (PEDERSEN et al. 2011, S. 9 ff.). Auch aktuelle Untersuchungen lassen keinen eindeutigen Effekt erkennen (PEDERSEN et al. 2015, S. 77 ff.). Darauf wurde mit einer Reform der Besteuerung im Jahr 2013 reagiert (Tz. 480). In Frank-

reich konnte hingegen beobachtet werden, dass es nach der Einführung der Steuer zu einer Reduktion des Absatzes von Pflanzenschutzmitteln gekommen ist (Eurostat 2015). Für Norwegen gibt es Hinweise, dass die Differenzierung der Steuer nach Risiko zu einer Substitution von Pflanzenschutzmitteln mit hohem Risiko durch Mittel mit niedrigerem Risiko führte (SPIKKERUD 2006, S. 287 f.; STRØM PRESTVIK et al. 2013, S. 39 ff.).

Die Lenkungswirkung einer Abgabe hängt stark von der Preiselastizität der Pflanzenschutzmittelnachfrage und der Höhe des Abgabensatzes ab. SKEVAS et al. (2013, S. 99) haben Ergebnisse aus drei Metaanalysen zur Preiselastizität der Pflanzenschutzmittelnachfrage in Europa und den USA zusammengestellt. Die Autoren fanden Ergebnisse von − 0,02 bis − 1,1. Bei einem Preisanstieg von 100 % würde die Nachfrage demnach um 2 % bis 110 % zurückgehen. Eine Abgabe setzt dynamische Anreize für Innovationen und technischen Fortschritt, wodurch die Preiselastizität langfristig steigt. Die Preiselastizität der Pflanzenschutzmittelnachfrage wird jedoch nicht nur durch die Kosten von alternativen Maßnahmen und möglichen Ertragseinbußen determiniert. Die Entscheidung über den Einsatz von Pflanzenschutzmitteln ist von weiteren Faktoren wie der Einstellungen zu Risiko, Zielen neben der Gewinnmaximierung oder den vorhanden Informationen abhängig (WATERFIELD und ZILBERMAN 2012). Ein Hindernis kann beispielsweise mangelndes Wissen hinsichtlich alternativer Maßnahmen sein (FALCONER und HODGE 2000, S. 180). Darüber hinaus verhalten sich landwirtschaftliche Akteure nicht immer gewinnmaximierend und sprechen so unterschiedlich gut auf ökonomische Instrumente an, wie beispielsweise eine Untersuchung in Dänemark dokumentiert (PEDERSEN et al. 2012).

483. Die Ergebnisse der Länderbeispiele und die ermittelten Elastizitäten deuten darauf hin, dass nur eine entsprechend hohe Abgabe eine Lenkungswirkung entfalten kann. Die empirischen Untersuchungen in den skandinavischen Ländern und Frankreich weisen keinen eindeutigen Effekt der Abgabe hinsichtlich der Lenkungswirkung nach. Es ist jedoch grundsätzlich schwierig, die isolierte Wirkung einer Abgabe zu ermitteln, da sie meist zusammen mit anderen Instrumenten eingesetzt wird. Darüber hinaus wird die Nachfrage nach Pflanzenschutzmitteln von zahlreichen Faktoren, wie zum Beispiel Witterung oder Preisentwicklungen auf dem Agrarrohstoffmarkt, beeinflusst und senkende Effekte einer Abgabe können überkompensiert werden.

Empfehlungen

484. Der SRU empfiehlt die Einführung einer Abgabe auf Pflanzenschutzmittel. Die Abgabe sollte in den NAP eingebunden und dort mit einer klaren Zieldefinition verbunden sein. Eine wichtige Funktion der Abgabe ist die Generierung von finanziellen Mitteln. Die erzielten Einnahmen sollten für Beratung, Monitoring, Forschungsförderung und Ausgleichszahlungen für Härtefälle eingesetzt werden (Empfehlungen des SRU zur Erfassung der Anwendungsdaten und zum Monitoring, Abschn. 6.6.2). Darüber hinaus sollte die Abgabe möglichst eine Lenkungswirkung entfalten. Dafür ist die Wahl der Bemessungsgrundlage von großer Bedeutung. Die Abgabe muss nach dem Risiko der einzelnen Mittel differenziert sein. Interessante Ansätze sind die differenzierte Herleitung der Bemessungsgrundlage in Dänemark und Norwegen sowie der Vorschlag von MÖCKEL et al. (2015). Eine derartige Abgabe kann grundsätzlich zur Substitution von schädlichen durch weniger schädliche Mittel führen, aber auch den gesamten Einsatz von Pflanzenschutzmitteln reduzieren. Sie kann somit sowohl über die Lenkungswirkung als auch durch die Finanzierung von Beratung und Forschung einen vermehrten integrierten Pflanzenschutz fördern. Erfahrungen aus dem Ausland und Forschungsergebnisse zeigen jedoch, dass die Lenkungswirkung einer Abgabe auf Pflanzenschutzmittel mit Unsicherheiten verbunden ist. Es wäre daher sinnvoll, die Abgabe in Deutschland schrittweise einzuführen, um Erfahrungen über ihre Lenkungswirkung und die notwendige zielführende Ausgestaltung zu sammeln.

6.6.5 Verbesserung der Datenlage bei Bioziden

485. Belastbare Daten zum Eintrag, zum Verbleib und zur Wirkung in der Umwelt sind notwendig, um den Bewertungs- und Zulassungsbehörden Informationen über die Wirkung ihrer Risikomanagementmaßnahmen zu geben. Die entsprechende Datengrundlage ist aber bei Bioziden im Vergleich zu Pflanzenschutzmitteln erheblich schlechter. Das liegt einerseits daran, dass es schwierig ist, für die sehr heterogene Anwendung von Biozidprodukten (Tz. 401) entsprechende Anwendungsdaten zu erfassen. Es muss daher zuerst ermittelt werden, welche Biozidprodukte prioritär zu einer schädlichen Umweltwirkung beitragen (RÜDEL et al. 2015b). Zum anderen gibt es bei den Bioziden im Unterschied zu den Pflanzenschutzmitteln keine Verpflichtungen zur Erhebung von Verkaufs- oder Anwendungsdaten. Analog zu den Pflanzenschutzmitteln wäre es daher sinnvoll, Biozidprodukte in die Pflanzenschutzmittel-Statistikverordnung aufzunehmen (UBA 2014a). Leider hat die Europäische Kommission (2015) eine solche Erweiterung im Mai 2015 abgelehnt. Angesichts der Anwendungsmengen und der vielfältigen möglichen Eintragspfade von Biozidprodukten (Tz. 404) sollte die Bundesregierung prüfen, inwieweit national zumindest die Verkaufsdaten für bestimmte prioritäre Biozidprodukte erhoben werden können. Langfristig sollte ähnlich wie für Pflanzenschutzmittel eine Anwendungsdatenbank aufgebaut werden (Abschn. 6.6.2), die sämtliche für die Belastung der Biodiversität relevanten Anwendungen von Biozidprodukten und ihren Wirkstoffen erfasst. In Verbindung mit den Anwendungsdaten zu Pflanzenschutzmitteln wäre dies ein wichtiger Schritt für eine integrierte Betrachtung der Umweltbelastung durch Pestizide.

486. Auch bei den Monitoringdaten gibt es erhebliche Lücken. Nach einer Auswertung eines Netzwerks von Referenzlaboratorien und Forschungsinstituten (NOR-MAN Netzwerk) werden mehr als 60 % der in Europa eingesetzten Biozide nur ungenügend in der Umwelt gemonitort (DULIO 2015). Eine Untersuchung in Deutschland ergab, dass die wenigen bioziden Wirkstoffe, die in Monitoringprogrammen aufgelistet sind, überwiegend auch Pflanzenschutzmittelwirkstoffe sind (RÜDEL und KNOPF 2012). Um Biozide zum Beispiel in die Routinemonitoringprogramme für Oberflächengewässer (Tz. 423 f.) aufzunehmen, benötigen die Länder Hinweise zur Relevanz der biozidaen Stoffe. Es wäre daher sinnvoll, anhand von Verwendungsmustern und Eintragspfaden und mithilfe von gezielten Einzelmessungen diejenigen Biozide herauszufiltern, für die aus Umweltsicht ein umfassenderes Monitoring notwendig ist. Das UBA hat hierzu ein Konzept erarbeitet, das auf einer gestuften Herangehensweise beruht und eine Beschränkung auf diejenigen Biozide vorsieht, die aufgrund ihrer Eintragsmengen und -pfade relevant sind (RÜDEL et al. 2015b; UBA 2014a). Der SRU unterstützt dieses Vorgehen, denn es werden dringend bessere Monitoringdaten zu Bioziden benötigt, um die Umweltbelastungen durch Biozide besser einschätzen zu können.

6.7 Fazit

487. Der derzeitige Einsatz von Pflanzenschutzmitteln in der Landwirtschaft ist ein wichtiger Faktor für den weiterhin anhaltenden Rückgang der Biodiversität in der Agrarlandschaft. Außerdem trägt er zur Belastung der Oberflächen- und Grundwasserkörper bei. Aussagen zu Auswirkungen von Biozideinträgen sind aufgrund der schlechten Datenlage bisher kaum möglich.

Zwar werden Pestizide in der Zulassung bereits einer umfangreichen Umweltrisikobewertung unterzogen, diese weist aber Defizite auf und stößt darüber hinaus auch an ihre Grenzen. Somit müssen neben der stetigen Weiterentwicklung des Zulassungsverfahrens auch weitere Maßnahmen ergriffen werden, um den Schutz der Biodiversität zu verbessern. Voraussetzung für ein effizientes Management der mit der Anwendung von Pestiziden verbundenen Risiken ist eine bessere Informationsgrundlage zu den räumlich differenzierten Anwendungsmengen und den daraus modellierten Einträgen in die Umwelt, ein adäquates Umweltmonitoring und das Vorhandensein von Indikatoren, die Aussagen zur Wirkung von Pestiziden in der Umwelt zulassen. Hier besteht aus Sicht des SRU unbedingt Nachbesserungsbedarf. Dabei muss insbesondere für die Biozide eine bessere Grundlage zur Erfassung der Umweltbelastung geschaffen werden.

Um beim Einsatz von Pflanzenschutzmitteln in der Landwirtschaft einen besseren Schutz der Biodiversität zu gewährleisten, müssen Refugien (z. B. Blühstreifen) und Pufferzonen (z. B. Gewässerrandstreifen) geschaffen werden, die frei von jeglichem Pflanzenschutzmitteleinsatz sind. Entsprechende Ausgleichsflächen können über Agrarumweltmaßnahmen und über das Greening geschaffen werden. Dafür ist es aber erforderlich, sowohl die Agrarumweltprogramme als auch das Greening weiter zu entwickeln und mit ausreichend finanziellen Mitteln auszustatten. Es sollte darüber hinaus dringend geprüft werden, ob die Landwirte über Anwendungsauflagen im Rahmen der Zulassung von Pflanzenschutzmitteln verpflichtet werden können, solche Flächen bereitzustellen. Weitere wichtige Maßnahmen zur Minderung des Eintrags von Pflanzenschutzmitteln in die Ökosysteme sind die Ausweitung des ökologischen Landbaus, ein gutes Beratungsangebot insbesondere zum integrierten Pflanzenschutz und eine adäquate Kontrolle der Pflanzenschutzmittelanwendung. Eine risikodifferenzierte Abgabe auf Pestizide kann dazu beitragen, finanzielle Mittel für Monitoring, Beratung und Maßnahmen zum Biodiversitätsschutz zu generieren. Darüber hinaus hat eine Abgabe das Potenzial, risikoreiche Mittel zurückzudrängen und den Stoffeinsatz insgesamt zu mindern.

6.8 Literatur

Agra-Europe (11.02.2016): Naturland meldet 276 neue Betriebe, S. 26 (Länderberichte).

Andersen, M. S., Dengsoe, N., Pedersen, A. B. (2001): An Evaluation of the Impact of Green Taxes in the Nordic Countries. København: Nordic Council of Ministers. TemaNord 2001:566.

Arena, M., Sgolastra, F. (2014): A meta-analysis comparing the sensitivity of bees to pesticides. Ecotoxicology 23 (3), S. 324–334.

Baker, N. J., Bancroft, B. A., Garcia, T. S. (2013): A meta-analysis of the effects of pesticides and fertilizers on survival and growth of amphibians. Science of the Total Environment 449, S. 150–156.

Balzer, F., Schulz, D. (2015): Umweltbelastende Stoffeinträge aus der Landwirtschaft. Möglichkeiten und Maßnahmen zu ihrer Minderung in der konventionellen Landwirtschaft und im ökologischen Landbau. Dessau-Roßlau: Umweltbundesamt. http://www.umweltbundesamt.de/sites/default/files/medien/378/publikationen/umweltbelastende_stoffeintraege_aus_der_landwirtschaft_1.pdf (21.07.2015).

Barth, N., Brandtner, W., Cordsen, E., Dann, T., Emmerich, K.-H., Feldhaus, D., Kleefisch, B., Schilling, B., Utermann, J. (2000): Boden-Dauerbeobachtung. Einrichtung und Betrieb von Boden-Dauerbeobachtungsflächen. In: Bachmann, G., König, W., Utermann, J. (Hrsg.): Bodenschutz. Bd. 3. Losebl.-Ausg., 32. Erg.-Lfg., XI/00. Berlin: Erich Schmidt, Kap. 9152.

Baumann, A. (2015): Die Agrarumweltprogramme 2015–2020 und ihre absehbare Eignung zum Stopp des Artenschwunds am Beispiel Baden-Württembergs. Natur und Landschaft 90 (6), S. 278–282.

Beketov, M., Liess, M. (2008): Acute and delayed effects of the neonicotinoid insecticide thiacloprid on seven freshwater arthropods. Environmental Toxicology and Chemistry 27 (2), S. 461–470.

Berger, G., Graef, F., Pfeffer, H. (2013): Glyphosate applications on arable fields considerably coincide with migrating amphibians. Scientific Reports 2013 (3), Art. 2622. http://www.nature.com/articles/srep02622 (29.10.2015).

Berghahn, R., Mohr, S., Hübner, V., Schmiediche, R., Schmiedling, I., Svetich-Will, E., Schmidt, R. (2012): Effects of repeated insecticide pulses on macroinvertebrate drift in indoor stream mesocosms. Aquatic Toxicology 122–123, S. 56–66.

BfN (Bundesamt für Naturschutz) (2016): Erfassungsanleitung für den HNV-Farmland-Indikator. Version 7, Stand: 2016. Bonn: Bundesamt für Naturschutz.

BfN (2011a): Indikator „Artenvielfalt und Landschaftsqualität". Bonn: BfN. https://www.bfn.de/0315_vogelindikator.html (20.01.2016).

BfN (Hrsg.) (2011b): Rote Liste gefährdeter Tiere, Pflanzen und Pilze Deutschlands. Bd 3: Wirbellose Tiere (Teil 1). Bonn-Bad Godesberg: BfN. Naturschutz und Biologische Vielfalt 70,3.

BfN (Hrsg.) (2009): Rote Liste gefährdeter Tiere, Pflanzen und Pilze Deutschlands. Bd 1: Wirbeltiere. Bonn-Bad Godesberg: BfN. Naturschutz und Biologische Vielfalt 70,1.

Blacquiere, T., Smagghe, G., Gestel, C. A. van, Mommaerts, V. (2012): Neonicotinoids in bees: a review on concentrations, side-effects and risk assessment. Ecotoxicology 21 (4), S. 973–92.

BLE (Bundesanstalt für Landwirtschaft und Ernährung), DVS (Deutsche Vernetzungsstelle Ländliche Räume) (2015): ELER in Deutschland. Übersicht über die in den Programmen der Länder angebotenen Maßnahmen (Stand der Programme: Erstgenehmigungen Dez. 2014 – Mai 2015). Bonn: BLE, DVS.

BLE, DVS (2010): ELER in Deutschland. Übersicht über die in den Programmen der Länder angebotenen Maßnahmen. Bonn: BLE, DVS.

BMEL (Bundesministerium für Ernährung und Landwirtschaft) (2016): Indikatoren und Deutscher Pflanzenschutzindex – Behandlungsindex (BI). Berlin: BMEL. https://www.nap-pflanzenschutz.de/indikatoren-forschung/indikatoren-und-deutscher-pflanzenschutzindex/deutscher-pflanzenschutzindex-2015-behandlungsindex/ (08.01.2016).

BMEL (2015a): Die Förderung des ökologischen Landbaus. Berlin: BMEL. https://www.bmel.de/DE/Landwirtschaft/Nachhaltige-Landnutzung/Oekolandbau/_Texte/D-Foerderung.html (21.01.2016).

BMEL (2015b): Indikatoren und Deutscher Pflanzenschutzindex. Berlin, Bonn: BMEL. https://www.nap-pflanzenschutz.de/index.php?id=860&L=0 (20.01.2016).

BMEL (2015c): Ökologischer Landbau in Deutschland. Bonn: BMEL.

BMEL (2015d): Rahmenplan der Gemeinschaftsaufgabe „Verbesserung der Agrarstruktur und des Küstenschutzes" für den Zeitraum 2015 – 2018. Sonderrahmenplan: Maßnahmen des Küstenschutzes in Folge des Klimawandels (2009 – 2025). Bonn: BMEL.

BMEL (2015e): Sitzung des Forums Nationaler Aktionsplan zur nachhaltigen Anwendung von Pflanzenschutzmitteln (NAP) 3. und 4. Dezember 2014, im Bundesministerium für Ernährung und Landwirtschaft, Bonn. Bonn: BMEL.

BMEL (2015f): Eine Zukunftsstrategie für den ökologischen Landbau. Berlin: BMEL. https://www.bmel.de/DE/ Landwirtschaft/Nachhaltige-Landnutzung/Oekolandbau/_Texte/ZukunftsstrategieOekologischerLandbau.html (16.11.2015).

BMEL (2013): Nationaler Aktionsplan zur nachhaltigen Anwendung von Pflanzenschutzmitteln. Berlin: BMEL.

BMU (Bundesministerium für Umwelt, Naturschutz und Reaktorsicherheit) (2007): Nationale Strategie zur biologischen Vielfalt, vom Bundeskabinett am 7. November 2007 beschlossen. Berlin: BMU.

BMUB (Bundesministerium für Umwelt, Naturschutz, Bau und Reaktorsicherheit) (2015a): Indikatorenbericht 2014 zur Nationalen Strategie zur biologischen Vielfalt. Berlin: BMUB. http://www.bmub.bund.de/fileadmin/ Daten_BMU/Download_PDF/Naturschutz/indikatorenbericht_2014_biolog_vielfalt_bf.pdf (10.06.2015).

BMUB (2015b): Naturschutz-Offensive 2020. Für biologische Vielfalt! Berlin: BMUB.

BMUB, UBA (Umweltbundesamt) (2013): Wasserwirtschaft in Deutschland. Teil 2: Gewässergüte. Bonn: BMUB. http://www.umweltbundesamt.de/sites/default/ files/medien/376/publikationen/wasserwirtschaft_in_ deutschland_teil_2_gewaesserguete.pdf (02.07.2014).

Boatman, N. D., Brickle, N. W., Hart, J. D., Milsom, T. P., Morris, A. J., Murray, A. W. A., Murray, K. A., Robertson, P. A. (2004): Evidence for the indirect effects of pesticides on farmland birds. Ibis 146 (Suppl. 2), S. 131–143.

Bright, J. A., Morris, A. J., Winspear, R. (2008): A review of Indirect Effects of Pesticides on Birds and mitigating land-management practices. Bedfordshire: Royal Society for the Protection of Birds. RSPB Research Report 28. http://www.rspb.org.uk/Images/bright_morris_winspear_tcm9-192457.pdf (30.10.2015).

Brühl, C. A., Alscher, A., Hahn, M., Berger, G., Bethwell, C., Graef, F., Schmidt, T., Weber, B. (2015): Protection of Biodiversity in the Risk Assessment and Risk Management of Pesticides (Plant Protection Products & Biocides) with a Focus on Arthropods, Soil Organisms and Amphibians. Dessau-Roßlau: Umweltbundesamt. UBA-Texte 76/2015.

Bund-Länder-Arbeitsgruppe „Pflanzenschutz und Biodiversität", JKI (Julius Kühn Institut – Bundesforschungsinstitut für Kulturpflanzen) (2015): Bericht über die bereits vorliegenden Erkenntnisse wissenschaftlicher Expertisen über mögliche direkte und indirekte Einflüsse des Pflanzenschutzes auf die Biodiversität in der Agrarlandschaft. Quedlinburg, Braunschweig: Bund-Länder-Arbeitsgruppe „Pflanzenschutz und Biodiversität", JKI.

BUND Brandenburg (o. J.): Auswertung der Proben aus Feldsöllen in der Uckermark, Barnim, Landkreis Oderspree 2013 und 2012. Potsdam: BUND Brandenburg.

Bundesregierung (2002): Perspektiven für Deutschland. Unsere Strategie für eine nachhaltige Entwicklung. Berlin: Presse- und Informationsamt der Bundesregierung.

Bundesregierung, Freie Hansestadt Bremen, Freie und Hansestadt Hamburg, Mecklenburg-Vorpommern, Niedersachen, Schleswig-Holstein (2015): Entwurf des MSRL-Maßnahmenprogramms zum Meeresschutz der deutschen Nord- und Ostsee – Bericht gemäß § 45h Absatz 1 des Wasserhaushaltsgesetzes. Stand: 31.03.2015. Berlin: Bundesregierung. http://www.meeresschutz.info/ oeb-anhoerung.html?file=tl_files/meeresschutz/beteiligung/art13-massnahmen/ENTWURF_Massnahmenprogramm.pdf (10.06.2015).

Bunzel, K., Liess, M., Kattwinkel, M. (2014): Landscape parameters driving aquatic pesticide exposure and effects. Environmental Pollution 186, S. 90–97.

Bürger, J., Mol, F. de, Gerowitt, B. (2008): The „necessary extent" of pesticide use – Thoughts about a key term in German pesticide policy. Crop Protection 27 (3–5), S. 343–351.

BVL (Bundesamt für Verbraucherschutz und Lebensmittelsicherheit) (2015a): Absatz an Pflanzenschutzmitteln in der Bundesrepublik Deutschland. Ergebnisse der Meldungen gemäß § 64 Pflanzenschutzgesetz für das Jahr 2014. Braunschweig: BVL.

BVL (2015b): Jahresbericht Pflanzenschutz-Kontrollprogramm 2013. Berlin: BVL. BVL-Reporte 9.1.

BVL (2015c): Widerrufene und ruhende Zulassungen (letzte Änderung: 28. September 2015). Braunschweig: BVL. http://www.bvl.bund.de/DE/04_Pflanzenschutzmittel/01_Aufgaben/02_ZulassungPSM/01_ZugelPSM/03_Widerrufe/psm_ZugelPSM_widerrufe_node. html#doc1406016bodyText2 (30.10.2015).

BVL (2014a): Absatz an Pflanzenschutzmitteln in der Bundesrepublik Deutschland. Ergebnisse der Meldungen gemäß § 64 Pflanzenschutzgesetz für das Jahr 2013. Braunschweig: BVL.

BVL (2014b): Handbuch Pflanzenschutz-Kontrollprogramm. Bund-Länder-Programm zur Überwachung des Inverkehrbringens und der Anwendung von Pflanzenschutzmitteln nach dem Pflanzenschutzgesetz. Stand: April 2014. Braunschweig: BVL, AG PMK. http://www. bvl.bund.de/SharedDocs/Downloads/04_Pflanzenschutz-mittel/08_psm_kontrollprg/psm_KontrolleUeber-wachung_pskp_handbuch.pdf;jsessionid=FFC-B68382A9E59D186F624EF6D180643.2_cid322?__blob=publicationFile&v=5 (30.10.2015).

BVL (2013): Fachbeirat Naturhaushalt. Protokoll der 31. Sitzung am 26. und 27. Februar 2013 im BVL Braunschweig. Braunschweig: BVL.

BVL, IfA (Institut für Agrarökologie) (2012a): Modul 2: Gesetzliche Grundlagen. Ludwigshafen: IfA, BVL. Folienserie Pflanzenschutz und Naturhaushalt. Was man darüber wissen sollte! http://www.folienserie.agroscience. de/index.php?option=com_content&view=category& layout=blog&id=47&Itemid=137&lang=de (21.01.2016).

BVL, IfA (2012b): Modul 3: Verbleib von Pflanzenschutz-mitteln in der Umwelt. Stand: Mai 2012. Ludwigshafen: BVL, IfA. Folienserie Pflanzenschutz und Naturhaushalt. Was man darüber wissen sollte! http://www.folienserie. agroscience.de/ (18.11.2015).

BVL, IfA (2012c): Modul 5: Begleittext. Risikobewertung und -management im Naturhaushalt. Ludwigshafen: BVL, IfA. Folienserie Pflanzenschutz und Naturhaushalt. Was man darüber wissen sollte! http://www.folienserie.agros-cience.de/ (30.10.2015).

BVL, IfA (2012d): Modul 9: Nach der Zulassung eines Pflanzenschutzmittels. Ludwigshafen: IfA, BVL. Folien-serie Pflanzenschutz und Naturhaushalt. Was man darüber wissen sollte! http://www.folienserie.agroscience.de/ index.php?option=com_content&view=article& id=175&catid=47&Itemid=137&limitstart=2&lang=de (21.01.2016).

Campbell, L. H., Avery, M. I., Donald, P., Evans, A. D., Green, R. E., Wilson, J. D. (1997): A review of the indirect effects of pesticides on birds. Peterborough: Joint Nature Conservation Committee. JNCC Report 227.

Carr, J. A., Gentles, A., Smith, E. E., Goleman, W. L., Urquidi, L. J., Thuett, K., Kendall, R. J., Giesy, J. P., Gross, T. S., Solomon, K. R., Kraak, G. van der (2003): Response of larval Xenopus laevis to atrazine: Assessment of growth, metamorphosis, and gonadal and laryngeal morphology. Environmental Toxicology and Chemistry 22 (2), S. 396–405.

Danish Environmental Protection Agency (2013): Back-ground and content of the new pesticide tax. Notat. Køben-havn: The Danish Environmental Protection Agency. http://eng.mst.dk/media/mst/69753/Background%20 doc_The%20pesticide%20tax.pdf (27.10.2015).

The Danish Government (2013): Protect water, nature and human health – Pesticides strategy 2013–2015. Kopen-hagen: The Danish Government. http://c-ipm.org/filead-min/c-ipm.org/Danish_NAP__in_EN_.pdf (13.01.2016).

Decourtye, A., Devillers, J. (2010): Ecotoxicity of Neo-nicotinoid Insecticides to Bees. In: Thany, S. H. (Hrsg.): Insect Nicotinic Acetylcholine Receptors. New York, NY: Springer. Advances in Experimental Medicine and Biology 683, S. 85–95.

Deutscher Bundestag (2011): Unterrichtung durch die Bundesregierung. Vierter Bericht über die Substitution risikoreicher durch risikoärmere Biozid-Wirkstoffe und Biozid-Produkte , über den aktuellen Sachstand zur Umsetzung der Biozid-Richtlinie und des Überprüfungs-programmes der Altwirkstoffe sowie der aktuellen Entwicklungen auf EU-Ebene. Berlin: Deutscher Bundes-tag. Bundestagsdrucksache 17/6903.

Dröschmeister, R. (2001): Bundesweites Naturschutz-monitoring in der Normallandschaft mit der Ökologischen Flächenstichprobe. Natur und Landschaft 76 (2), S. 58–69.

Dulio, V. (2015): The NORMAN network. Special view on biocides as emerging substances. Vortrag, Workshop: Environmental monitoring of biocides in Europe – com-partment-specific strategies, 25.–26.06.2015, Dessau-Roßlau.

EASAC (European Academies Science Advisory Council) (2015): Ecosystem services, agriculture and neonicoti-noids. Halle, Brussels: EASAC. EASAC policy report 26.

ECHA (European Chemicals Agency) (2015): Guidance on the Biocidal Products Regulation. Volume IV: Environ-ment, Part B: Risk Assessment (active substances). Version 1.0. Helsinki: ECHA. http://echa.europa.eu/do-cuments/10162/15623299/bpr_guidance_ra_vol_iv_ part_b_en.pdf (12.02.2016).

EEA (European Environment Agency) (2013): The Euro-pean Grassland Butterfly Indicator: 1990-2011. Luxem-bourg: Publications Office of the European Union. EEA Technical Report 11/2013.

EFSA (European Food Safety Authority) (2015a): Con-clusion on the peer review of the pesticide risk assessment of the active substance glyphosate The EFSA Journal 13 (11), 4302.

EFSA (2015b): Pestizide. Parma: EFSA. http://www.efsa. europa.eu/de/topics/topic/pesticides (20.01.2016).

EFSA (2013): Guidance on tiered risk assessment for plant protection products for aquatic organisms in edge-of-field surface waters. EFSA Panel on Plant Protection Products and their Residues (PPR). Scientific Opinion. The EFSA Journal 11 (7), 3290.

El Hassani, A. K., Dacher, M., Gary, V., Lambin, M., Gauthier, M., Armengaud, C. (2008): Effects of sublethal doses of acetamiprid and thiamethoxam on the behavior of the honeybee (Apis mellifera). Archives of Environ-mental Contamination and Toxicology 54 (4), S. 653–661.

Enzian, S., Gutsche, V. (2004): GIS-gestützte Berechnung der Ausstattung von Agrarräumen mit naturnahen terres-trischen Biotopen auf der Basis der Gemeinden. 2. Ausgabe des Verzeichnisses der regionalisierten Kleinstrukturen. Kleinmachnow: Biologische Bundesanstalt für Land- und Forstwirtschaft, Institut für Folgenabschätzung im Pflanzenschutz. http://www.jki.bund.de/fileadmin/dam_uploads/_SF/kleinstrukturen/Beschreibung%20der%20Methode%20zur%20Ermittlung%20der%20Kleinstrukturen.pdf (30.10.2015).

Europäische Kommission – Generaldirektion Landwirtschaft und ländliche Entwicklung (2015): Stützungsregelungen. Das Integrierte Verwaltungs- und Kontrollsystem (InVeKoS). Brüssel: Europäische Kommission. http://ec.europa.eu/agriculture/direct-support/iacs/index_de.htm (20.01.2016).

Europäische Kommission – Generaldirektion Umwelt (2009): Assessment of different options to address risks from the use phase of biocides. Final report. Brüssel: Europäische Kommission, Generaldirektion Umwelt.

Europäische Kommission (2015): Note for discussion with Competent Authorities for Biocidas Products. Subject: Draft Commission report on the sustainable use of biocides. Brüssel: Europäische Kommission. http://www.biozid.info/uploads/media/EU-Commission_Draft_COM_report_Sustainable_use_of_biocides.pdf (21.01.2016).

Europäische Kommission (2011): Mitteilung der Kommission an das Europäische Parlament, den Rat, den Europäischen Wirtschafts- und Sozialausschuss und den Ausschuss der Regionen. Lebensversicherung und Naturkaptial: Eine Biodiversitätsstrategie der EU für das Jahr 2020. KOM(2011) 244 endg. Brüssel: Europäische Kommission.

Eurostat (2015): Absatz von Pflanzenschutzmitteln. Luxemburg: Eurostat. http://ec.europa.eu/eurostat/de/home?p_auth=otIO1IZ8&p_p_id=estatsearchportlet_WAR_estatsearchportlet&p_p_lifecycle=1&p_p_state=maximized&p_p_mode=view&_estatsearchportlet_WAR_estatsearchportlet_action=search&text=aei_fm_salpest (13.01.2016).

Falconer, K., Hodge, I. (2000): Using economic incentives for pesticide usage reductions: responsiveness to input taxation and agricultural systems. Agricultural Systems 63 (3), S. 175–194.

Feltham, H., Park, K., Goulson, D. (2014): Field realistic doses of pesticide imidacloprid reduce bumblebee pollen foraging efficiency. Ecotoxicology 23 (3), S. 317–323.

Forster, R. (2009): Bee poisoning caused by insecticidal seed treatment of maize in Germany in 2008. Julius-Kühn-Archiv 423, S. 126–131.

Forum Nationaler Aktionsplan zur nachhaltigen Anwendung von Pflanzenschutzmitteln (2015): Empfehlung des Forums Nationaler Aktionsplan zur nachhaltigen Anwendung von Pflanzenschutzmitteln (NAP). Offizialberatung zum integrierten Pflanzenschutz. Berlin: Forums Nationaler Aktionsplan zur nachhaltigen Anwendung von Pflanzenschutzmitteln (NAP) des BMEL. https://www.nap-pflanzenschutz.de//fileadmin/user_upload/_imported/fileadmin/SITE_MASTER/content/Dokumente/Grundlagen/Forum/2014/Anlage-04_Forum_NAP_141203_-_Empfehlung_Beratung_abgestimmt.pdf (21.01.2016).

Freier, B., Sellmann, J., Strassemeyer, J., Schwarz, J., Klocke, B., Kehlenbeck, H., Zornbach, W. (2015): Netz Vergleichsbetriebe Pflanzenschutz. Jahresbericht 2013. Analyse der Ergebnisse der Jahre 2007 bis 2013. Kleinmachnow: Julius Kühn-Institut. Berichte aus dem Julius Kühn-Institut 178.

Fryday, S., Thompson, H. (2012): Toxicity of pesticides to aquatic and terrestrial life stages of amphibians and occurrence, habitat use and exposure of amphibians species in agricultural environments. Parma: European Food Safety Authority. EFSA-Q-2011-00790.

Geest, B. van der (2012): Bee poisoning incidents in the Pomurje region of Eastern Slovenia in 2011. Julius-Kühn-Archiv 437, S. 124.

Geiger, F., Bengtsson, J., Berendse, F., Weisser, W. W., Emmerson, M., Morales, M. B., Ceryngier, P., Liira, J., Tscharntke, T., Winqvist, C., Eggers, S., Bommarco, R., Pärt, T., Bretagnolle, V., Plantegenest, M., Clement, L. W., Dennis, C., Palmer, C., Onate, J. J., Guerrero, I., Hawro, V., Aavik, T., Thies, C., Flohre, A., Hänke, S., Fischeri, C., Goedhart, P. W., Inchausti, P. (2010): Persistent negative effects of pesticides on biodiversity and biological control potential on European farmland. Basic and Applied Ecology 11 (2), S. 97–105.

Geisbauer, C., Hampicke, U. (2012): Ökonomie schutzwürdiger Ackerflächen. Was kostet der Schutz von Ackerwildkräutern? Greifswald: DUENE e.V., Universität Greifswald.

Gill, R. J., Ramos-Rodriguez, O., Raine, N. E. (2012): Combined pesticide exposure severely affects individual- and colony-level traits in bees. Nature 491 (7422), S. 105–108.

Godfray, H. C. J., Blacquière, T., Field, L. M., Hails, R. S., Petrokofsky, G., Potts, S. G., Raine, N. E., Vanbergen, A. J., McLean, A. R. (2014): A restatement of the natural science evidence base concerning neonicotinoid insecticides and insect pollinators. Proceedings of the Royal Society / B 281 (1786), 20140558.

Goulson, D., Nicholls, E., Botías, C., Rotheray, E. L. (2015): Bee declines driven by combined stress from parasites, pesticides, and lack of flowers. Science 347 (6229), 1255957.

Grajewski, R., Schmidt, T. (2015): Agrarumweltmaßnahmen in Deutschland – Förderung in den ländlichen Entwicklungsprogrammen im Jahr 2013. Braunschweig: Johann Heinrich von Thünen-Institut. Thünen Working Paper 44.

GTF (Glyphosate Task Force) (2012): Literaturdatenbank: Amphibien. Darmstadt: Genius GmbH. http://www.gly-phosat.de/literaturdatenbank-amphibien (29.10.2015).

Gutsche, V. (2012): Managementstrategien des Pflanzenschutzes der Zukunft im Focus von Umweltverträglichkeit und Effizienz. Journal für Kulturpflanzen 64 (9), S. 325–341.

Gutsche, V., Roßberg, D. (1997): Die Anwendung des Modells SYNOPS 1.2 zur synoptischen Bewertung des Risikopotentials von Pflanzenschutzmittelwirkstoffgruppen für den Naturhaushalt. Nachrichtenblatt des Deutschen Pflanzenschutzdienstes 49 (11), S. 173–285.

Gutsche, V., Strassemeyer, J. (2007): SYNOPS – ein Modell zur Bewertung des Umwelt-Risikopotentials von chemischen Pflanzenschutzmitteln. Nachrichtenblatt des Deutschen Pflanzenschutzdienstes 59 (9), S. 197–210.

Hallmann, C. A., Foppen, R. P. B., Turnhout, C. A. M. van, Kroon, H. de, Jongejans, E. (2014): Declines in insectivorous birds are associated with high neonicotinoid concentrations. Nature 511 (7509), S. 341–343.

Hardy, T., Bopp, S., Egsmose, M., Fontier, H., Mohimont, L., Steinkellner, H., Streissl, F. (2012): Risk assessment of plant protection products. The EFSA Journal 10 (10), S. 1–10.

Hasenbein, S., Lawler, S. P., Geist, J., Connon, R. E. (2016): A long-term assessment of pesticide mixture effects on aquatic invertebrate communities. Environmental Toxicology and Chemistry 35 (1), S. 218–232.

Hayes, T. B. (2005): Rachel Carson Memorial Lecture: From silent spring to silent night: endocrine disruption, amphibian declines, and environmental justice. Pesticides News 70, S. 12–17.

Hayes, T. B., Case, P., Chui, S., Chung, D., Haeffele, C., Haston, K., Lee, M., Mai, V. P., Marjuoa, Y., Parker, J., Tsui, M. (2006): Pesticide mixtures, endocrine disruption, and amphibian declines: are we underestimating the impact? Environmental Health Perspectives 114 (Suppl. 1), S. 40–50.

Helmholtz-Zentrum für Umweltforschung UFZ (o. J.): Spear – Species at risk. Leipzig: Helmholtz-Zentrum für Umweltforschung UFZ. http://www.systemecology.eu/de/spear/spear-system/ (21.07.2015).

Henry, M., Beguin, M., Requier, F., Rollin, O., Odoux, J.-F., Aupinel, P., Aptel, J., Tchamitchian, S., Decourtye, A. (2012): A Common Pesticide Decreases Foraging Success and Survival in Honey Bees. Science 336 (6079), S. 348–350.

Henry, M., Cerrutti, N., Aupinel, P., Decourtye, A., Gayrard, M., Odoux, J. F., Pissard, A., Ruger, C., Bretagnolle, V. (2015): Reconciling laboratory and field assessments of neonicotinoid toxicity to honeybees. Proceedings of the Royal Society / B 282 (1819), 20152110.

Hoevenagel, R., Noort, E. van, Kok, R. de (1999): Study on a European Union wide regulatory framework for levies on pesticides. Zoetermeer: EIM.

Hoffmann, J., Berger, G., Wiegand, I., Wittchen, U., Pfeffer, H., Kiesel, J., Ehlert, F. (2012): Bewertung und Verbesserung der Biodiversität leistungsfähiger Nutzungssysteme in Ackerbaugebieten unter Nutzung von Indikatorvogelarten. Kleinmachnow: Julius Kühn-Institut. Berichte aus dem Julius Kühn-Institut 163.

Hoffmann, J., Jaquier, S. (2013): Agrarvögel – ökologische Bewertungsgrundlage für Biodiversitätsziele in Ackerbaugebieten: Schlussfolgerungen für die Politikberatung. In: Hoffmann, J. (Hrsg.): Tagungsband: Fachgespräch „Agrarvögel – ökologische Bewertungsgrundlage für Biodiversitätsziele in Ackerbaugebieten". Berlin: Julius Kühn-Institut. Julius-Kühn-Archiv 442, S. 151–156.

Hofmann, F., Schlechtriemen, U. (2014a): Durchführung einer Bioindikation auf Pflanzenschutzmittelrückstände mittels Luftgüte-Rindenmonitoring, Passivsammlern und Vegetationsproben. Bremen, Northeim: TIEM Integrierte Umweltüberwachung GbR.

Hofmann, F., Schlechtriemen, U. (2014b): Immissionsmessungen: Durchführung einer Bioindikation auf Pflanzenschutzmittelrückstände mittels Luftgüte-Rindenmonitoring, Passivsammlern und Vegetationsproben. Dortmund: TIEM Integrierte Umweltüberwachung GbR.

Hogg, D., Andersen, M. S., Elliot, T., Sherrington, C., Vergunst, T., Ettinger, S., Elliot, L., Hudson, J., Brink, P. ten, Withana, S., Razzini, P., Hjerp, P., Illes, A., Geeraerts, K., Ghiurca, A. (2015): Study on Environmental Fiscal Reform Potential in 14 EU Member States: Appendices. Final Report to DG Environment of the European Commission. Luxembourg: Publications Office of the European Union. No 07.0201/2014/685390/ENV.D.2.

Holzschuh, A., Dormann, C. F., Tscharntke, T., Steffan-Dewenter, I. (2011): Expansion of mass-flowering crops leads to transient pollinator dilution and reduced wild plant pollination. Proceedings of the Royal Society / B 282 (1818), S. 3444–3451.

Hoppe, P. P., Safer, A. (2011): Das Deutsche Bienenmonitoring-Projekt: Anspruch und Wirklichkeit. Eine kritische Bewertung. o. O.: Hoppe, Safer. https://www.nabu.de/insekten/DasDeutscheBienenmonitoring2011.pdf (22.01.2016).

Hotes, S., Ebermann, V. (2010): BIOLOG. Biodiversität und Globaler Wandel. München: oekom.

IfLS (Institut für Ländliche Strukturforschung) (2016): Biodiversitätsförderung im ELER (ELERBiodiv). Frankfurt am Main: IfLS. http://www.ifls.de/index.php?id=projekt-144&L=0 (21.01.2016).

Illies, I., Berg, S., Pistorius, J., Bischoff, G. (2011): Effects on honey bee colonies following a granular application of Santana® containing the active ingredient clothianidin in maize in 2010 and 2011. 11th International Symposium of the ICP-BR Bee Protection Group, 02.11.2011, Wageningen.

Iwasa, T., Motoyama, N., Ambrose, J. T., Roe, R. M. (2004): Mechanism for the differential toxicity of neonicotinoid insecticides in the honey bee, Apis mellifera. Crop Protection 23 (5), S. 371–378.

Jahn, B., Stang, C., Ohe, P. von der, Schuboth, B., Minx, G., Petersen, E. (2015): Alternativen zum Biozid-Einsatz – Das Informationsportal des Umweltbundesamtes zu alternativen Maßnahmen im neuen Gewand. UMID: Umwelt und Mensch – Informationsdienst 2015 (1), S. 50–55.

Jahn, T., Hötker, H., Oppermann, R., Bleil, R., Vele, L. (2014): Protection of biodiversity of free living birds and mammals in respect of the effects of pesticides. Dessau-Roßlau: Umweltbundesamt. UBA-Texte 30/2014.

JKI (Julius Kühn Institut – Bundesforschungsinstitut für Kulturpflanzen) (o. J.): Kleinstrukturen in der Agrarlandschaft. Berlin: JKI. http://www.jki.bund.de/de/startseite/fachinformationen/pflanzenschutz/pflanzenschutzverfahren/kleinstrukturen.html (30.10.2015).

JKI (2015a): Bundestagsabgeordnete besuchen „Demonstrationsbetrieb integrierter Pflanzenschutz" in Mecklenburg-Vorpommern. Berlin: JKI. http://demo-ips.jki.bund.de/index.php?menuid=2&reporeid=237 (14.01.2016).

JKI (2015b): Übersicht zu Behandlungsindizes. Kleinmachnow: JKI. http://papa.jki.bund.de/index.php?menuid=43 (14.01.2016).

Joachimsmeier, I., Pistorius, J., Schenke, D., Kirchner, W. (2012): Guttation and risk for honey bee colonies (Apis mellifera L.): Use of guttation drops by honey bees after migration of colonies – a field study. Julius-Kühn-Archiv 437, S. 76–79.

Johann Heinrich von Thünen-Institut (2016a): Dachprojekt Greening: Ökologische Begleitforschung zum Greening der Gemeinsamen Agrarpolitik. Braunschweig: Johann Heinrich von Thünen-Institut. https://www.ti.bund.de/de/lr/projekte/dachprojekt-greening-oekologische-begleitforschung-zum-greening-der-gemeinsamen-agrarpolitik/ (21.01.2016).

Johann Heinrich von Thünen-Institut (2016b): Projekt: Wie Agrarumweltprogramme wirken. Braunschweig: Johann Heinrich von Thünen-Institut. https://www.ti.bund.de/de/lr/projekte/wie-agrarumweltprogramme-wirken/ (21.01.2016).

Kattwinkel, M., Liess, M. (2014): Competition matters: species interactions prolong the long-term effects of pulsed toxicant stress on populations. Environmental Toxicology and Chemistry 33 (7), S. 1458–65.

Kaufmann-Boll, C., Tischler, B., Siebigs, A. (2012): Bodendaten in Deutschland. Übersicht über die wichtigsten Mess- und Erhebungsaktivitäten für Böden. Dessau-Roßlau: Umweltbundesamt.

Kloas, W., Lutz, I. (2006): Amphibians as model to study endocrine disrupters. Journal of chromatography / A 1130 (1), S. 16–27.

König, H. (2003): Naturausstattung der nordrhein-westfälischen Normallandschaft. Zahlen und Trends zu Biotoptypen, Strukturen, Flora und Avifauna aus der Ökologischen Flächenstichprobe (ÖFS) Nordrhein-Westfalen. LÖBF-Mitteilungen 28 (2), S. 15–24.

Krauss, J., Gallenberger, I., Steffan-Dewenter, I. (2011): Decreased Functional Diversity and Biological Pest Control in Conventional Compared to Organic Crop Fields. PLoS ONE 6 (5), e19502.

Kudsk, P., Orum, J. E. (2013): Farmers possibility for shifting to pesticides with lower load and manage resistance – Herbicides. Vortrag, International seminar on a new Danish pesticide tax, 30.05.2013, København.

Lakner, S., Holst, C. (2015): Betriebliche Umsetzung der Greening-Auflagen: die ökonomischen Bestimmungsgründe. Natur und Landschaft 90 (6), S. 271–277.

Landwirtschaftskammer Niedersachsen (2015): Neues verschärftes Anwendungsverbot für Pflanzenschutzmittel mit dem Wirkstoff Chloridazon/Anwendungsverbot für Bentazon auf leichten Böden. Stand: 16.07.2015. Oldenburg: Landwirtschaftskammer Niedersachsen. https://www.lwk-niedersachsen.de/index.cfm/portal/2/nav/187/article/16302.html (30.10.2015).

Landwirtschaftskammer Nordrhein-Westfalen – Pflanzenschutzdienst (2015): Jahresbericht 2014. Münster: Landwirtschaftskammer Nordrhein-Westfalen, Pflanzenschutzdienst. https://www.landwirtschaftskammer.de/landwirtschaft/pflanzenschutz/pdf/jahresbericht-2014.pdf (21.01.2016).

LAWA (Bund/Länder-Arbeitsgemeinschaft Wasser) (2015): Bericht zur Grundwasserbeschaffenheit. Pflanzenschutzmittel. Berichtszeitraum 2009 bis 2012. Berlin: Kulturbuch-Verlag.

LAWA (Länderarbeitsgemeinschaft Wasser), LABO (Länderarbeitsgemeinschaft Boden) (2002): Gemeinsamer Bericht von LAWA und LABO zu Anforderungen an eine nachhaltige Landwirtschaft aus Sicht des Gewässer- und Bodenschutzes vor dem Hintergrund der Wasserrahmenrichtlinie. Hannover: LAWA.

Lawrence, T., Sheppard, W. S. (2013): Neonicotinoid Pesticides and Honey Bees. Pullmann: Washington State University. Washington State University Extension Fact Sheet FS122E. http://cru.cahe.wsu.edu/CEPublications/FS122E/FS122E.pdf (22.01.2016).

Liess, M., Foit, K., Becker, A., Hassold, E., Dolciotti, I., Kattwinkel, M., Duquesne, S. (2013): Culmination of Low-Dose Pesticide Effects. Environmental Science & Technology 47 (15), S. 8862–8868.

Liess, M., Ohe, P. C. von der (2005): Analyzing effects of pesticides on invertebrate communities in streams. Environmental Toxicology and Chemistry 24 (4), S. 954–965.

Liess, M., Schäfer, R. B., Schriever, C. A. (2008): The footprint of pesticide stress in communities – Species traits reveal community effects of toxicants. Science of the Total Environment 406 (3), S. 484–490.

Lindemann, M. (2014): Neonicotionoide. Stuttgart: Thieme. Römpp Online. https://roempp.thieme.de/roempp4.0/do/data/RD-14-02425 (18.11.2015).

Mann, R. M., Hyne, R. V., Choung, C. B., Wilson, S. P. (2009): Amphibians and agricultural chemicals: Review of the risks in a complex environment. Environmental Pollution 157 (11), S. 2903–2927.

Martel, A., Blooi, M., Adriaensen, C., Van Rooij, P., Beukema, W., Fisher, M. C., Farrer, R. A., Schmidt, B. R., Tobler, U., Goka, K., Lips, K. R., Muletz, C., Zamudio, K. R., Bosch, J., Lötters, S., Wombwell, E., Garner, T. W. J., Cunningham, A. A., Spitzen-van der Sluijs, A., Salvidio, S., Ducatelle, R., Nishikawa, K., Nguyen, T. T., Kolby, J. E., Van Bocxlaer, I., Bossuyt, F., Pasmans, F. (2014): Recent introduction of a chytrid fungus endangers Western Palearctic salamanders. Science 346 (6209), S. 630–631.

Maxim, L., Sluijs, J. van der (2013): Seed-dressing systemic insecticides and honeybees. In: EEA (European Environment Agency) (Hrsg.): Late lessons from early warnings: sience, precaution, innovation. Copenhagen: EEA. EEA Report 1/2013, S. 369–406.

Mendelson, J. R., Lips, K. R., Gagliardo, R. W., Rabb, G. B., Collins, J. P., Diffendorfer, J. E., Daszak, P., Ibáñez D., R., Zippel, K. C., Lawson, D. P., Wright, K. M., Stuart, S. N., Gascon, C., Silva, H. R. da, Burrowes, P. A., Joglar, R. L., La Marca, E., Lötters, S., Preez, L. H. du, Weldon, C., Hyatt, A., Rodriguez-Mahecha, J. V., Hunt, S., Robertson, H., Lock, B., Raxworthy, C. J., Frost, D. R., Lacy, R. C., Alford, R. A., Campbell, J. A., Parra-Olea, G., Bolaños, F., Domingo, J. J. C., Halliday, T., Murphy, J. B., Wake, M. H., Coloma, L. A., Kuzmin, S. L., Price, M. S., Howell, K. M., Lau, M., Pethiyagoda, R., Boone, M., Lannoo, M. J., Blaustein, A. R., Dobson, A., Griffiths, R. A., Crump, M. L., Wake, D. B., Brodie, E. D. (2006): Confronting Amphibian Declines and Extinctions. Science 313 (5783), S. 48.

Möckel, S. (2013): Small Water Bodies and the Incomplete Implementation of the Water Framework Directive in Germany. Journal for European Environmental and Planning Law 10 (3), S. 262–275.

Möckel, S., Gawel, E., Kästner, M., Knillmann, S., Liess, M., Bretschneider, P. (2015): Einführung einer Abgabe auf Pflanzenschutzmittel in Deutschland. Berlin: Duncker & Humblot. Studien zu Umweltökonomie und Umweltpolitik 10.

Möckel, S., Köck, W., Rutz, C., Schramek, J. (2014): Rechtliche und andere Instrumente für vermehrten Umweltschutz in der Landwirtschaft. Dessau-Roßlau: Umweltbundesamt. UBA-Texte 42/2014.

Morrissey, C. A., Mineau, P., Devries, J. H., Sanchez-Bayo, F., Liess, M., Cavallaro, M. C., Liber, K. (2014): Neonicotinoid contamination of global surface waters and associated risk to aquatic invertebrates: A review. Environment International 74, S. 291–303.

Münze, R., Hannemann, C., Orlinskiy, P., Gunold, R., Paschke, A., Foit, K., Becker, J., Kaske, O., Paulsson, E., Peterson, M., Jernstedt, H., Kreuger, J., Schürrmann, G., Liess, M. (2016): Insecticide loads in Wastewater Treatment Plant effluents severely impact the receiving waters: The ecological implications for macroinvertebrate communities and leaf litter breakdown. Water Research. Im Erscheinen.

Niens, C., Marggraf, R. (2010): Handlungsempfehlungen zur Steigerung der Akzeptanz von Agrarumweltmaßnahmen – Ergebnisse einer Befragung von Landwirten und Landwirtinnen in Niedersachen. Berichte über Landwirtschaft 88 (1), S. 5–36.

NLWKN (Niedersächsicher Landesbetrieb für Wasserwirtschaft, Küsten- und Naturschutz) (2014a): Gewässerüberwachungssystem Niedersachsen (GÜN). Güte- und Standsmessnetz Grundwasser. Norden: NLWKN. Grundwasser 18.

NLWKN ((2014b): Orientierende Untersuchungen niedersächsischer Oberflächengewässer auf aktuell in Deutschland zugelassener Pflanzenschutzmittel und auf Stoffe der sog. Metaboliten-Liste. Norden: NLWKN.

NLWKN (2013): Pflanzenschutzmittelmonitoring in Oberflächengewässern innerhalb der Europäischen Wasserrahmenrichtlinie. Hildesheim: NLWKN. www.nlwkn.niedersachsen.de/download/83299 (29.10.2015).

Nöh, I. (2012): Why is a Biocide Monitoring necessary? Introduction of the Regulatory Background. Vortrag, Workshop „Environmental Monitoring of Biocides in Europe", 5.–6.11.2012, Berlin.

Ollerton, J., Erenler, H., Edwards, M., Crockett, R. (2014): Extinctions of aculeate pollinators in Britain and the role of large-scale agricultural changes. Science 346 (6215), S. 1360–1362.

Oppermann, R. (2015): Ökologische Vorrangflächen: Optionen der praktischen Umsetzung aus Sicht von Biodiversität und Landwirtschaft. Natur und Landschaft 90 (6), S. 263–270.

Oppermann, R., Kasperczyk, N., Matzdorf, B., Reutter, M., Meyer, C., Luick, R., Stein, S., Ameskamp, K., Gelhausen, J., Bleil, R. (2013): Reform der Gemeinsamen Agrarpolitik (GAP) 2013 und Erreichung der Biodiversitäts- und Umweltziele. Bonn-Bad Godesberg: Bundesamt für Naturschutz. Naturschutz und Biologische Vielfalt 135.

Orlinskiy, P., Münze, R., Beketov, M., Gunold, R., Paschke, A., Knillmann, S., Liess, M. (2015): Forested headwaters mitigate pesticide effects on macroinvertebrate communities in streams: Mechanisms and quantification. Science of the Total Environment 524–525, S. 115–123.

Osterburg, B., Nitsch, H., Laggner, B., Roggendorf, W. (2009): Auswertung von Daten des Integrierten Verwaltungs- und Kontrollsystems zur Abschätzung von Wirkungen der EU-Agrarreform auf Umwelt und Landschaft. Braunschweig: Johann Heinrich von Thünen-Institut. Arbeitsberichte aus der vTI-Agrarökonomie 07/2009.

PAN (Pesticide Action Network), BUND (Bund für Umwelt und Naturschutz), NABU (Naturschutzbund Deutschland), Greenpeace (2012): Nationaler Aktionsplan zur nachhaltigen Anwendung von Pestiziden (Enwurf vom 27.09.2012). Stellungnahmen. Hamburg/Berlin: PAN Germany, BUND, NABU, Greenpeace e.V.

Park, M. G., Blitzer, E. J., Gibbs, J., Losey, J. E., Danforth, B. N. (2015): Negative effects of pesticides on wild bee communities can be buffered by landscape context. Proceedings of the Royal Society / B 282 (1809), 20150299.

Pedersen, A. B., Nielsen, H. Ø., Andersen, M. S. (2015): The Danish Pesticide Tax. In: Lago, M., Mysiak, J., Gómez, C. M., Delacámara, G., Maziotis, A. (Hrsg.): Use of Economic Instruments in Water Policy. Insights from International Experience. Cham, Heidelberg, New York, Dordrecht, London: Springer. Global Issues in Water Policy 14, S. 73–87.

Pedersen, A. B., Nielsen, H. Ø., Andersen, M. S. (2011): The Danish Pesticide Tax: WP3 EX-POST Case studies. Brüssel: Europäische Kommission, EPI Water. Deliverable no.: D3.1 – Review reports.

Pedersen, A. B., Nielsen, H. Ø., Christensen, T., Hasler, B. (2012): Optimising the effect of policy instruments: a study of farmers´ decision rationales and how they match the incentives in Danish pesticide policy. Journal of Environmental Planning and Management 55 (8), S. 1094–1110.

Perović, D., Gámez-Virués, S., Börschig, C., Klein, A.-M., Krauss, J., Steckel, J., Rothenwöhrer, C., Erasmi, S., Tscharntke, T., Westphal, C. (2015): Configurational landscape heterogeneity shapes functional community composition of grassland butterflies. Journal of Applied Ecology 52 (2), S. 505–513.

Pfeffer, H., Kalettka, T., Stachow, U., Drews, H. (2011): Ökologie und Gefährdung von Amphibien. In: Berger, G., Pfeffer, H., Kalettka, T. (Hrsg.): Amphibienschutz in kleingewässerreichen Ackerbaugebieten. Grundlagen, Konflikte, Lösungen. Rangsdorf: Natur & Text, S. 37–52.

Pieper, C., Schwebke, I., Noeh, I., Uhlenbrock, K., Hübner, N.-O., Solecki, R. (2014): Antimikrobielle Produkte im Haushalt – eine Betrachtung zu Auswirkungen auf Gesundheit und Umwelt sowie zum Nutzen für den Anwender. medizin hygiene prävention 39 (3), S. 68–76.

Pisa, L. W., Amaral-Rogers, V., Belzunces, L. P., Bonmatin, J. M., Downs, C. A., Goulson, D., Kreutzweiser, D. P., Krupke, C., Liess, M., McField, M., Morrissey, C. A., Noome, D. A., Settele, J., Simon-Delso, N., Stark, J. D., Sluijs, J. P. van der, Dyck, H. van, Wiemers, M. (2015): Effects of neonicotinoids and fipronil on non-target invertebrates. Environmental Science and Pollution Research 22 (1), S. 68–102.

Potts, S., Biesmeijer, K., Bommarco, R., Breeze, T., Carvalheiro, L., Franzén, M., González-Varo, J. P., Holzschuh, A., Kleijn, D., Klein, A.-M., Kunin, B., Lecocq, T., Lundin, O., Michez, D., Neumann, P., Nieto, A., Penev, L., Rasmont, P., Ratamäki, O., Riedinger, V., Roberts, S. P. M., Rundlöf, M., Scheper, J., Sørensen, P., Steffan-Dewenter, I., Stoev, P., Vilà, M., Schweiger, O. (2015): Status and trends of European pollinators. Key findings of the STEP project. Sofia: Pensoft Publishers.

Relyea, R. A. (2005): The Lethal Impact of Roundup on Aquatic and Terrestrial Amphibians. Ecological Applications 15 (4), S. 1118–1124.

Rosenkranz, P., Ohe, W. von der, Moritz, R. F. A., Genersch, E., Büchler, R., Berg, S., Otten, C. (2014): Deutsches Bienenmonitoring – „DeBiMo". Schlussbericht. Hohenheim: Universität Hohenheim. https://www.uni-hohenheim.de/fileadmin/einrichtungen/bienenmonitoring/Dokumente/DEBIMO-Bericht-2011-2013.pdf (30.10.2015).

Roßberg, D. (2013): Erhebungen zur Anwendung von Pflanzenschutzmitteln in der Praxis im Jahr 2011. Journal für Kulturpflanzen 65 (4), S. 141–151.

Rüdel, H., Jäger, S., Nöh, I. (2015a): Results from the prioritisation of biocides for environmental monitoring in Germany. Vortrag, Workshop: Environmental monitoring of biocides in Europe – compartment-specific strategies, 25.–26.06.2015, Dessau-Roßlau.

Rüdel, H., Knopf, B. (2012): Vorbereitung eines Monitoring-Konzepts für Biozide in der Umwelt. Bericht zu FKZ 360 04 036. Schmallenberg: Fraunhofer Institut für Molekularbiologie und Angewandte Oekologie IME.

Rüdel, H., Michaelis, K., Pohl, K. (2015b): How to implement a compartment-specific biocide monioring under consideration of existing monitoring programmes. Vortrag, Workshop: Environmental monitoring of biocides in Europe – compartment-specific strategies, 25.–26.06.2015, Dessau-Roßlau.

Rundlöf, M., Andersson, G. K. S., Bommarco, R., Fries, I., Hederstrom, V., Herbertsson, L., Jonsson, O., Klatt, B. K., Pedersen, T. R., Yourstone, J., Smith, H. G. (2015):

Seed coating with a neonicotinoid insecticide negatively affects wild bees. Nature 521 (7550), S. 77–80.

Sander, A. (2012): Bewertung des EPLR M-V. Anlage 1: Modulbericht Biodiversität. Zahlungen für Agrarumweltmaßnahmen (ELER-Code 214). Schutzgüter Biodiversität und Landschaft. Bewertung der neuen Maßnahmen Schaf- und Ziegenweide sowie Schonstreifen. Hannover: entera. http://www.europa-mv.de/cms2/Europamv_prod/ Europamv/de/eufoerderinstrumente/Europaeische_ Fonds_in_Mecklenburg-Vorpommern/Foerderperiode_2007-2013/ELER/_Dokumentenliste/Laufende_Bewertung_des_EPLR_MV/Bewertungsbericht_MV_2012_ fr_2011_Modulbericht_Biodiversitt.pdf (24.02.2016).

Schleswig-Holsteinischer Landtag (2015): Bericht der Landesregierung. Pestizidrückstände in Gewässern. Drucksache 18/3165(neu). Kiel: Schleswig-Holsteinischer Landtag. Drucksache 18/3319.

Schmid-Egger, C., Witt, R. (2014): Ackerblühstreifen für Wildbienen – Was bringen sie wirklich? Ampulex 6, S. 13–22.

Schmidt, T. G., Röder, N., Dauber, J., Klimek, S., Laggner, A., Witte, T. de, Offermann, F., Osterburg, B. (2014): Biodiversitätsrelevante Regelungen zur nationalen Umsetzung des Greenings der Gemeinsamen Agrarpolitik der EU nach 2013. Braunschweig: Johann Heinrich von Thünen-Institut. Thünen Working Paper 20.

Schütz, C., Berger, G., Weber, B., Brühl, C. (2011): Wirkung von Pflanzenschutzmitteln auf Amphibien. In: Berger, G., Pfeffer, H., Kalettka, T. (Hrsg.): Amphibienschutz in kleingewässerreichen Ackerbaugebieten. Grundlagen, Konflikte, Lösungen. Rangsdorf: Natur & Text, S. 219–230.

Schwarz, J. (2014): Wissenschaftliche Bewertung der aktuellen Absatzzahlen für Pflanzenschutzmittelwirkstoffe. Vortrag, Sitzung des Forums Nationaler Aktionsplan zur nachhaltigen Anwendung von Pflanzenschutzmitteln, 3.12. – 04.12.2014, Bonn.

Sgolastra, F., Renzi, T., Dragetti, S., Medrzycki, P., Lodesani, M., Maini, S., Porrini, C. (2012): Effects of neonicotinoid dust from maize seed-dressing on honey bees. Bulleting of Insectology 65 (2), S. 273–280.

Siebers, J., Binner, R., Wittich, K.-P. (2003): Investigation on downwind short-range transport of pesticides after application in agricultural crops. Chemosphere 51 (5), S. 397–407.

Skatteministeriet (2015): Afgifter – provenuet af afgifter og moms 2009-2016. København: Skatteministeriet. http://www.skm.dk/skattetal/statistik/provenuoversigter/ afgifter-provenuet-af-afgifter-og-moms-2009-2016 (13.01.2016).

Skevas, T., Oude Lansink, A. G. J. M., Stefanou, S. E. (2013): Designing the emerging EU pesticide policy: A literature review. NJAS – Wageningen Journal of Life Sciences 64–65, S. 95–103.

Solecki, R., Pfeil, R. (2013): Pflanzenschutzmittel und Biozidprodukte. In: Marquardt, H., Schäfer, S. G., Barth, H. (Hrsg.): Lehrbuch der Toxikologie. 3., vollst. überarb. und erw. Aufl. Stuttgart: Wissenschaftliche Verlagsgesellschaft, S. 695–739.

Solecki, R., Stein, B., Frische, T., Matezki, S., Wogram, J., Streloke, M. (2014): Paradigm shift in the risk assessment of cumulative effects of pesticide mixtures and multiple residues to humans and wildlife: German proposal for a new approach. Journal für Verbraucherschutz und Lebensmittelsicherheit 9 (4), S. 329–331.

Solomon, K. R., Thompson, D. G. (2003): Ecological Risk Assessment for Aquatic Organisms from Over-Water Uses of Glyphosate. Journal of Toxicology and Environmental Health / B 6 (3), S. 289–324.

Spikkerud, E. (2006): Taxes as a Tool to Reduce Health and Environmental Risk from Pesticide Use in Norway. In: OECD (Organisation for Economic Co-operation and Development) (Hrsg.): Evaluating Agri-environmental Policies. Design, Practice and Results. Paris: OECD, S. 281–290.

SRU (Sachverständigenrat für Umweltfragen) (2015): Stickstoff: Lösungsstrategien für ein drängendes Umweltproblem. Sondergutachten. Berlin: Erich Schmidt.

SRU (2012): Umweltgutachten 2012. Verantwortung in einer begrenzten Welt. Berlin: Erich Schmidt.

SRU (2008): Umweltgutachten 2008. Umweltschutz im Zeichen des Klimawandels. Berlin: Erich Schmidt.

SRU (1985): Umweltprobleme der Landwirtschaft. Sondergutachten. März 1985. Stuttgart: Kohlhammer.

Stanley, D. A., Smith, K. E., Raine, N. E. (2015): Bumblebee learning and memory is impaired by chronic exposure to a neonicotinoid pesticide. Scientific Reports 5, Art. 16508.

Stehle, S., Schulz, R. (2015): Pesticide authorisation in the EU – environment unprotected? Environmental Science Pollution Research 22 (24), S. 19632–19647.

Strassemeyer, J. (2014): Sitzung des Forums Nationaler Aktionsplan zur nachhaltigen Anwendung von Pflanzenschutzmitteln, 3. und 4. Dezember 2014, Bundesministerium für Ernährung und Landwirtschaft, Bonn. Tischvorlage zu TOP 4. Ergebnisse der Berechnung des Risikoindikators SYNOPS. Berlin, Kleinmachnow: Bundesministerium für Ernährung und Landwirtschaft, Julius Kühn-Institut – Bundesforschungsinstitut für Kulturpflanzen. https://www.nap-pflanzenschutz.de// fileadmin/user_upload/_imported/fileadmin/SITE_MASTER/content/Dokumente/Grundlagen/Forum/2014/05_ Tischvorlage_TOP_4_JKI_SYNOPS.pdf (22.01.2016).

Strassemeyer, J., Gutsche, V. (2010): The approach of the German pesticide risk indicator SYNOPS in frame of the National Action Plan for Sustainable Use of Pesticides. Paris: OECD. http://www.oecd.org/tad/sustainable-agriculture/44806454.pdf (20.01.2016).

Strøm Prestvik, A., Netland, J., Hovland, I. (2013): Evaluering av avgiftssystemet for plantevernmidler i Norge. Oslo: Norsk Institutt for Bioøkonomi. http://nilf.no/publikasjoner/Notater/2013/n201315hele.pdf (01.12.2015).

Sudfeldt, C., Dröschmeister, R., Frederking, W., Gedeon, K., Gerlach, B., Grüneberg, C., Karthäuser, J., Langgemach, T., Schuster, B., Trautmann, S., Wahl, J. (2013): Vögel in Deutschland 2013. Münster, Bonn, Güstrow: Dachverband Deutscher Avifaunisten, Bundesamt für Naturschutz, Länderarbeitsgemeinschaft der Vogelschutzwarten.

Sudfeldt, C., Dröschmeister, R., Langgemach, T., Wahl, J. (2010): Vögel in Deutschland 2010. Münster, Bonn, Güstrow: Dachverband Deutscher Avifaunisten, Bundesamt für Naturschutz, Länderarbeitsgemeinschaft der Vogelschutzwarten.

Tagfalter-Monitoring Deutschland (2015): Tagfalter-Monitoring Deutschland (TMD). Halle (Saale): Tagfalter-Monitoring Deutschland, Helmholtz-Zentrum für Umweltforschung, Department Biozönoseforschung. http://www.tagfalter-monitoring.de/ (21.01.2016).

UBA (Umweltbundesamt) (2014a): Biozide. Vorschlag für einen europäischen Ansatz für eine nachhaltig umweltgerechte Verwendung. Dessau-Roßlau: UBA. Position.

UBA (2014b): Daten. Chemikalien in der Umwelt. Belastung der Umwelt durch Schadstoffe. Stand: 09.09.2014. Dessau-Roßlau: UBA. http://www.umweltbundesamt.de/daten/chemikalien-in-der-umwelt/belastung-der-umwelt-durch-schadstoffe (18.11.2015).

UBA (2014c): UBA kritisiert übermäßigen Einsatz von Glyphosat. Dessau-Roßlau: UBA. http://www.umweltbundesamt.de/themen/uba-kritisiert-uebermaessigen-einsatz-von-glyphosat (29.10.2015).

UBA (2013a): Themen. Boden – Landwirtschaft. Boden schützen. Boden beobachten und bewerten. Stand: 02.08.2013. Dessau-Roßlau: UBA. http://www.umweltbundesamt.de/themen/boden-landwirtschaft/boden-schuetzen-beobachten-bewerten (22.01.2016).

UBA (2013b): Themen. Chemikalien. Biozide. Umweltrisikobewertung. Stand: 20.06.2013. Dessau-Roßlau: UBA. http://www.umweltbundesamt.de/themen/chemikalien/biozide/umweltrisikobewertung (21.01.2016).

UBA (2010): Umsetzung der Verordnung (EG) 1107/2009 und der Richtlinie 128/2009/EG in Deutschland: Maßnahmen zum Schutz der biologischen Vielfalt auf Agrarflächen vor den Auswirkungen der Anwendung von Pflanzenschutzmitteln. Dessau-Roßlau: UBA. https://www.nap-pflanzenschutz.de/gremien/forum-nap/archiv/stellungnahmen/pflanzenschutz-und-biodiversitaet/ (14.11.2012).

UBA, BgVV (Bundesinstitut für gesundheitlichen Verbraucherschutz und Veterinärmedizin), RKI (Robert Koch-Institut) (2000): Antibakterielle Reinigungsmittel im Haushalt nicht erforderlich. Bundesbehörden halten Reinigung mit herkömmlichen Mitteln zur Sicherung der Hygiene für ausreichend. UMID: Umwelt und Mensch – Informationsdienst 2000 (3), S. 34–35.

Ulrich, U., Krüger, C., Hörmann, G., Fohrer, N. (2015): Datenlage zur Belastung der Kleingewässer durch Pestizide in Deutschland: ein Statusbericht. Hydrologie und Wasserbewirtschaftung 59 (5), S. 227–238.

UNEP (United Nations Environment Programme) (2009): Stockholm Convention on Persistent Organic Pollutants (POPs). Châtelaine: Secretariat of the Stockholm Convention. http://chm.pops.int/TheConvention/Overview/TextoftheConvention/tabid/2232/Default.aspx (18.11.2015).

Wagner, N., Hendler, R. (2015): Schutz von Amphibienlaichgewässern vor Pestizideinträgen durch Gewässerrandstreifen – Effektivität und amphibientoxikologische Erkenntnisse. Natur und Landschaft 90 (5), S. 224–229.

Wagner, N., Reichenbecher, W., Teichmann, H., Tappeser, B., Lötters, S. (2013): Questions concerning the potential impact of glyphosate-based herbicides on amphibians. Environmental Toxicology and Chemistry 32 (8), S. 1688–1700.

Waterfield, G., Zilberman, D. (2012): Pest Management in Food Systems: An Economic Perspective. Annual Review of Environment and Resources 37 (1), S. 223–245.

Whitehorn, P. R., O'Connor, S., Wackers, F. L., Goulson, D. (2012): Neonicotinoid Pesticide Reduces Bumble Bee Colony Growth and Queen Production. Science 336 (6079), S. 351–352.

Whittaker, K., Koo, M. S., Wake, D. B., Vredenburg, V. T. (2013): Global Declines of Amphibians. In: Levin, S. A. (Hrsg.): Encyclopedia of Biodiversity. Vol. 3. 2nd ed. Waltham, Mass.: Academic Press, S. 691–699.

Zubrod, J. P., Englert, D., Feckler, A., Koksharova, N., Konschak, M., Bundschuh, R., Schnetzer, N., Englert, K., Schulz, R., Bundschuh, M. (2015a): Does the current fungicide risk assessment provide sufficient protection for key drivers in aquatic ecosystem functioning? Environmental Science & Technology 49 (2), S. 1173–1181.

Zubrod, J. P., Feckler, A., Englert, D., Koksharova, N., Rosenfeldt, R. R., Seitz, F., Schulz, R., Bundschuh, M. (2015b): Inorganic fungicides as routinely applied in organic and conventional agriculture can increase palatability but reduce microbial decomposition of leaf litter. Journal of Applied Ecology 52 (2), S. 310–322.

Ausblick

488. Umweltpolitik wird künftig verstärkt einen transformativen Anspruch erheben müssen. Eine deutlich geringere Inanspruchnahme natürlicher Ressourcen geht mit grundlegenden Änderungen in den großen Systemen einher, beispielsweise bei der Energieversorgung, der Mobilität, der Siedlungsentwicklung, der Ernährung und den Stoffkreisläufen. In all diesen Systemen sind langfristig orientierte Transformationen erforderlich, wie sie auch die Vereinten Nationen mit den 17 Zielen für eine nachhaltige Entwicklung beschlossen haben. Dies stellt qualitativ neue Anforderungen an eine erfolgreiche Umweltpolitik und an staatliche Koordination insgesamt. Dabei müssen neue Wege in der Umweltpolitik und auch in anderen Politikfeldern gefunden werden. Von zentraler Bedeutung sind

- Richtungs- und Planungssicherheit durch mittel- und langfristig gesetzte umweltpolitische Ziele,

- Lernfähigkeit durch transparente und partizipationsoffene Verfahren sowie regelmäßige Anpassung der Maßnahmen und Instrumente,

- strategische Allianzen mit den Gewinnern und Konsensstiftung durch kompensatorische und abfedernde Maßnahmen für die Verlierer eines ökologischen Strukturwandels,

- die strategische Neuausrichtung wichtiger umweltrelevanter Sektoren, so wie es mit den klimapolitischen Zielen der Bundesregierung und der Energiewende im Ansatz gerade geschieht.

Umweltpolitik muss langfristig angelegte Schutz- und Erhaltungsziele gegen kurzfristige Nutzungsinteressen effektiv durchsetzen, so insbesondere im Hinblick auf den Schutz des Klimas und der Biodiversität. Das setzt im Einzelfall Konfliktfähigkeit und insgesamt erhebliche rechtliche, fachliche, personelle und finanzielle Ressourcen für eine konstruktive Konfliktbewältigung voraus. Ein transformativer Wandel kann nur gelingen, wenn sich hierfür breite gesellschaftliche, politische und auch wirtschaftliche Bündnisse bilden.

Umweltpolitik muss positive Verstärkungen und Rückkopplungseffekte zwischen nationaler, europäischer und internationaler Politik anstoßen und den Tendenzen einer Behinderung nationaler Vorreiterrollen oder einer Absenkung von Schutzstandards durch internationale Handelsabkommen oder im europäischen Rahmen widerstehen. Eine ambitionierte Umweltpolitik wird nur gelingen, wenn sie vermag, ihren gesamtwirtschaftlichen Nutzen verstärkt in das Zentrum der öffentlichen Debatte zu rücken und das Argument von Standortrisiken durch umweltpolitische Maßnahmen zu entkräften oder zu relativieren.

Umweltpolitik muss daher ihre Standpunkte und Ziele öffentlich besser vermitteln und in große Zusammenhänge einordnen, um einen breiten gesellschaftlichen Rückhalt auch für weitreichende Veränderungen zu sichern. Zusammengefasst: Zukunfts- und Umweltanliegen müssen in den Mittelpunkt gerückt werden und als übergreifende Aufgabe der gesamten Bundesregierung verstanden werden.

Abkürzungsverzeichnis

AgrarZahlVerpflV	=	Agrarzahlungen-Verpflichtungenverordnung
ALG	=	Arbeitslosengeld
ATKIS	=	Amtliches Topographisch-Kartographisches Informationssystem
BAuA	=	Bundesanstalt für Arbeitsschutz und Arbeitsmedizin
BauGB	=	Baugesetzbuch
BauNVO	=	Baunutzungsverordnung
BBSR	=	Bundesinstitut für Bau-, Stadt- und Raumforschung
BBU	=	Verband Berlin-Brandenburgischer Wohnungsunternehmen e. V.
BDEW	=	Bundesverband der Energie- und Wasserwirtschaft e. V.
BesAR	=	Besondere Ausgleichsregelung
BfN	=	Bundesamt für Naturschutz
BfR	=	Bundesinstitut für Risikobewertung
BGB	=	Bürgerliches Gesetzbuch
BI	=	Behandlungsindex
BIP	=	Bruttoinlandsprodukt
BMBF	=	Bundesministerium für Bildung und Forschung
BMEL	=	Bundesministerium für Ernährung und Landwirtschaft
BMJV	=	Bundesministerium der Justiz und für Verbraucherschutz
BMUB	=	Bundesministerium für Umwelt, Naturschutz, Bau und Reaktorsicherheit
BMVBS	=	Bundesministerium für Verkehr, Bau und Stadtentwicklung (seit Dezember 2013: BMVI – Bundesministerium für Verkehr und digitale Infrastruktur)
BMWi	=	Bundesministerium für Wirtschaft und Energie
BNatSchG	=	Bundesnaturschutzgesetz
BSG	=	Bundessozialgericht
BVerfG	=	Bundesverfassungsgericht
BVerfGE	=	Entscheidungen des Bundesverfassungsgerichts
BVerwGE	=	Entscheidungen des Bundesverwaltungsgerichts
BVL	=	Bundesamt für Verbraucherschutz und Lebensmittelsicherheit
BVT	=	beste verfügbare Technik
CBD	=	Convention on Biological Diversity – Übereinkommen über die biologische Vielfalt
CDU	=	Christlich Demokratische Union Deutschlands
ChemBiozidMeldeV	=	Biozid-Meldeverordnung
ChemG	=	Chemikaliengesetz
CO_2	=	Kohlendioxid
CO_{2eq}	=	CO_2-Äquivalent
COP 21	=	21st Conference of the Parties – 21. Konferenz der Vertragsstaaten der Klimarahmenkonvention
DBU	=	Deutsche Bundesstiftung Umwelt
DDT	=	Dichlordiphenyltrichlorethan

DirektZahlDurchfG	=	Direktzahlungen-Durchführungsgesetz
DirektZahlDurchfV	=	Direktzahlungen-Durchführungsverordnung
DIW	=	Deutsches Institut für Wirtschaftsforschung
EASAC	=	European Academies Science Advisory Council
EEG	=	Erneuerbare-Energien-Gesetz
EEX	=	European Energy Exchange (ein Marktplatz für Energie und energienahe Produkte)
EFRE	=	Europäischer Fonds für regionale Entwicklung
EFSA	=	European Food Safety Authority – Europäische Behörde für Lebensmittelsicherheit
EMS	=	Energiemanagementsystem
EnergieStG	=	Energiesteuergesetz
EnWG	=	Energiewirtschaftsgesetz
EPEX	=	European Power Exchange (eine Börse für kurzfristigen Stromgroßhandel in Deutschland, Frankreich, Österreich, der Schweiz und Luxemburg)
EU	=	Europäische Union
EU ETS	=	European Union Emissions Trading System – Emissionshandelssystem der Europäischen Union
EuGH	=	Europäischer Gerichtshof
EZFH	=	Ein- und Zweifamilienhäuser
F+E	=	Forschung und Entwicklung
FFH-Richtlinie	=	Fauna-Flora-Habitat-Richtlinie
FoPS	=	Forschungsprogramm Stadtverkehr
GAK	=	Gemeinschaftsaufgabe Verbesserung der Agrarstruktur und des Küstenschutzes
GAP	=	Gemeinsame Agrarpolitik
GG	=	Grundgesetz
GHD	=	Gewerbe, Handel und Dienstleistungen
GIS	=	Geoinformationssysteme
GRW	=	Gemeinschaftsaufgabe Verbesserung der regionalen Wirtschaftsstruktur
GWh	=	Gigawattstunde(n)
HNV-Fläche	=	High Nature Value Farmland – Landwirtschaftsfläche mit hohem Naturwert
IEA	=	International Energy Agency
InVeKos	=	Integriertes Verwaltungs- und Kontrollsystem
IUCN	=	International Union for Conservation of Nature and Natural Resources
JKI	=	Julius Kühn-Institut – Bundesforschungsinstitut für Kulturpflanzen
KBU	=	Kommission Bodenschutz beim Umweltbundesamt
KfW	=	Kreditanstalt für Wiederaufbau
KMU	=	kleine und mittlere Unternehmen
kWh	=	Kilowattstunde(n)
KWK	=	Kraft-Wärme-Kopplung
LABO	=	Bund/Länder-Arbeitsgemeinschaft Bodenschutz
LAWA	=	Bund/Länder-Arbeitsgemeinschaft Wasser
LEEN-Netzwerke	=	Lernende Energieeffizienz-Netzwerke

MFH	=	Mehrfamilienhäuser
MSR	=	Marktstabilitätsreserve
MW	=	Megawatt
NAP	=	Nationaler Aktionsplan zur nachhaltigen Anwendung von Pflanzenschutzmitteln
NAPE	=	Nationaler Aktionsplan Energieeffizienz
NGOs	=	Non-Governmental Organisations – Nichtregierungsorganisationen
NRW	=	Nordrhein-Westfalen
ÖFS	=	Ökologische Flächenstichprobe
OGewV	=	Oberflächengewässerverordnung
PA	=	Produktarten
PAPA	=	Panel Pflanzenschutzmittel-Anwendungen
PBT-Stoffe	=	persistente, bioakkumulierbare und toxische Stoffe
PEC	=	predicted environmental concentration – abgeschätzte Umweltkonzentration
PflSchG	=	Pflanzenschutzgesetz
POP	=	persistent organic pollutants – persistente organische Schadstoffe
ppb	=	parts per billion – Teile pro Milliarde
ProgRess	=	Deutsches Ressourceneffizienzprogramm
PV	=	Photovoltaik
RACs	=	regulatory acceptable concentrations – regulatorische akzeptable Umwelt-konzentrationen
REFINA	=	Forschung für die Reduzierung der Flächeninanspruchnahme und ein nachhaltiges Flächenmanagement
ROG	=	Raumordnungsgesetz
SG	=	Sozialgericht
SGB	=	Sozialgesetzbuch
SLOSS-Debatte	=	Single-Large-Or-Several-Small-Reserves-Debatte
SÖM	=	sozioökonomisches Monitoring
SpaEfV	=	Spitzenausgleich-Effizienzsystemverordnung
SPD	=	Sozialdemokratische Partei Deutschlands
SPEAR-Index	=	SPEciesAtRisk-Index
SRU	=	Sachverständigenrat für Umweltfragen
StromGVV	=	Stromgrundversorgungsverordnung
StromStG	=	Stromsteuergesetz
SYNOPS(-Modell)	=	Berechnungsmodell zur synoptischen Bewertung des Risikopotenzials von chemischen Pflanzenschutzmitteln
UBA	=	Umweltbundesamt
UFZ	=	Helmholtz-Zentrum für Umweltforschung
UNCED	=	United Nations Conference on Environment and Development – Konferenz der Vereinten Nationen über Umwelt und Entwicklung
UNESCO	=	United Nations Educational, Scientific and Cultural Organization – Organisation der Vereinten Nationen für Erziehung, Wissenschaft und Kultur

UQN	=	Umweltqualitätsnorm
UZVR	=	unzerschnittene verkehrsarme Räume
vPvB-Stoffe	=	sehr persistente und sehr bioakkumulierbare Stoffe (very persistent, very bioaccumulative)
WHECA	=	Warm Homes and Energy Conservation Act 2000
WHG	=	Wasserhaushaltsgesetz
WoGG	=	Wohngeldgesetz
WTO	=	World Trade Organization – Welthandelsorganisation
WWF	=	World Wide Fund For Nature

Stichwortverzeichnis

Die Zahlenangaben beziehen sich auf Textziffern. *Kursiv* aufgeführte Angaben beziehen sich auf *Kapitel* oder *Abschnitte.*

Rechtsquellenverzeichnis

Abfallrahmenrichtlinie	Richtlinie 2008/98/EG des Europäischen Parlaments und des Rates vom 19. November 2008 über Abfälle und zur Aufhebung bestimmter Richtlinien
AEUV	Vertrag über die Arbeitsweise der Europäischen Union
Agrarzahlungen-Verpflichtungen-verordnung – AgrarZahlVerpflV	Verordnung über die Einhaltung von Grundanforderungen und Standards im Rahmen unionsrechtlicher Vorschriften über Agrarzahlungen
BauGB	Baugesetzbuch
BauNVO	Baunutzungsverordnung
BGB	Bürgerliches Gesetzbuch
Biozid-Meldeverordnung – ChemBiozidMeldeV	Verordnung über die Meldung von Biozid-Produkten nach dem Chemikaliengesetz
Bundes-Bodenschutzgesetz – BBodSchG	Gesetz zum Schutz vor schädlichen Bodenveränderungen und zur Sanierung von Altlasten
Bundes-Immissionsschutzgesetz – BImSchG	Gesetz zum Schutz vor schädlichen Umwelteinwirkungen durch Luftverunreinigungen, Geräusche, Erschütterungen und ähnliche Vorgänge
Bundesnaturschutzgesetz – BNatSchG	Gesetz über Naturschutz und Landschaftspflege
CBD	Übereinkommen über die biologische Vielfalt vom 5. Juni 1992 (Convention on Biological Diversity)
Chemikaliengesetz – ChemG	Gesetz zum Schutz vor gefährlichen Stoffen
Delegierte Verordnung (EU) Nr. 1062/2014	Delegierte Verordnung (EU) Nr. 1062/2014 der Kommission vom 4. August 2014 über das Arbeitsprogramm zur systematischen Prüfung aller in Biozidprodukten enthaltenen alten Wirkstoffe gemäß der Verordnung (EU) Nr. 528/2012 des Europäischen Parlaments und des Rates
Deponierichtlinie	Richtlinie 1999/31/EG des Rates vom 26. April 1999 über Abfalldeponien
Direktzahlungen-Durchführungs-gesetz – DirektZahlDurchfG	Gesetz zur Durchführung der Direktzahlungen an Inhaber landwirtschaftlicher Betriebe im Rahmen von Stützungsregelungen der Gemeinsamen Agrarpolitik
Direktzahlungen-Durchführungs-verordnung – DirektZahlDurchfV	Verordnung zur Durchführung der Direktzahlungen an Inhaber landwirtschaftlicher Betriebe im Rahmen von Stützungsregelungen der Gemeinsamen Agrarpolitik
Düngegesetz – DüngeG	Düngegesetz
Düngeverordnung – DüV	Verordnung über die Grundsätze der guten fachlichen Praxis beim Düngen
Durchführungsverordnung (EU) Nr. 485/2013	Durchführungsverordnung (EU) Nr. 485/2013 der Kommission vom 24. Mai 2013 zur Änderung der Durchführungsverordnung (EU) Nr. 540/2011 hinsichtlich der Bedingungen für die Genehmigung der Wirkstoffe Clothianidin, Thiamethoxam und Imidacloprid sowie des Verbots der Anwendung und des Verkaufs von Saatgut, das mit diese Wirkstoffe enthaltenden Pflanzenschutzmitteln behandelt wurde
Elektrizitätsbinnenmarktrichtlinie	Richtlinie 2009/72/EG des Europäischen Parlaments und des Rates vom 13. Juli 2009 über gemeinsame Vorschriften für den Elektrizitätsbinnenmarkt und zur Aufhebung der Richtlinie 2003/54/EG
Elektro- und Elektronikgerätegesetz – ElektroG	Gesetz über das Inverkehrbringen, die Rücknahme und die umweltverträgliche Entsorgung von Elektro- und Elektronikgeräten

ELER-Durchführungsverordnung	Verordnung (EG) Nr. 1974/2006 der Kommission vom 15. Dezember 2006 mit Durchführungsbestimmungen zur Verordnung (EG) Nr. 1698/2005 des Rates über die Förderung der Entwicklung des ländlichen Raums durch den Europäischen Landwirtschaftsfonds für die Entwicklung des ländlichen Raums (ELER)
ELER-Verordnung	Verordnung (EU) Nr. 1307/2013 des Europäischen Parlaments und des Rates vom 17. Dezember 2013 mit Vorschriften über Direktzahlungen an Inhaber landwirtschaftlicher Betriebe im Rahmen von Stützungsregelungen der Gemeinsamen Agrarpolitik und zur Aufhebung der Verordnung (EG) Nr. 637/2008 des Rates und der Verordnung (EG) Nr. 73/2009 des Rates
Emissionshandels-Richtlinie	Richtlinie 2003/87/EG des Europäischen Parlaments und des Rates vom 13. Oktober 2003 über ein System für den Handel mit Treibhausgasemissionszertifikaten in der Gemeinschaft und zur Änderung der Richtlinie 96/61/EG des Rates
Energiedienstleistungsgesetz – EDLG	Gesetz über Energiedienstleistungen und andere Energieeffizienzmaßnahmen
Energieeffizienz-Richtlinie	Richtlinie 2012/27/EU des Europäischen Parlaments und des Rates vom 25. Oktober 2012 zur Energieeffizienz, zur Änderung der Richtlinien 2009/125/EG und 2010/30/EU und zur Aufhebung der Richtlinien 2004/8/EG und 2006/32/EG
Energieeinsparungsgesetz – EnEG	Gesetz zur Einsparung von Energie in Gebäuden
Energieeinsparverordnung – EnEV	Verordnung über energiesparenden Wärmeschutz und energiesparende Anlagentechnik bei Gebäuden
EnergieStG	Energiesteuergesetz
Energiewirtschaftsgesetz – EnWG	Gesetz über die Elektrizitäts- und Gasversorgung
Erneuerbare-Energien-Gesetz – EEG 2014	Gesetz für den Ausbau erneuerbarer Energien
EU-Biozidprodukte-Verordnung	Verordnung (EU) Nr. 528/2012 vom 22. Mai 2012 über die Bereitstellung auf dem Markt und die Verwendung von Biozidprodukten
EU-Pflanzenschutzmittel-Verordnung	Verordnung (EG) Nr. 1107/2009 über das Inverkehrbringen von Pflanzenschutzmitteln und zur Aufhebung der Richtlinien 79/117/EWG und 91/414/EWG des Rates
EU-Verordnung zu invasiven Arten	Verordnung (EU) Nr. 1143/2014 des Europäischen Parlaments und des Rates vom 22. Oktober 2014 über die Prävention und das Management der Einbringung und Ausbreitung invasiver gebietsfremder Arten
EU-Vertrag – EUV	Vertrag über die Europäische Union
Fauna-Flora-Habitat-Richtlinie – FFH-Richtlinie	Richtlinie 92/43/EWG des Rates vom 21. Mai 1992 zur Erhaltung der natürlichen Lebensräume sowie der wildlebenden Tiere und Pflanzen
GAK-Gesetz – GAKG	Gesetz über die Gemeinschaftsaufgabe „Verbesserung der Agrarstruktur und des Küstenschutzes"
GG	Grundgesetz der Bundesrepublik Deutschland
Grundwasserrichtlinie	Richtlinie 2006/118/EG des Europäischen Parlaments und des Rates vom 12. Dezember 2006 zum Schutz des Grundwassers vor Verschmutzung und Verschlechterung
Meeresstrategie-Rahmenrichtlinie – MSRL	Richtlinie 2008/56/EG des Europäischen Parlaments und des Rates vom 17. Juni 2008 zur Schaffung eines Ordnungsrahmens für Maßnahmen der Gemeinschaft im Bereich der Meeresumwelt

NEC-Richtlinie	Richtlinie 2001/81/EG des Europäischen Parlaments und des Rates vom 23. Oktober 2001 über nationale Emissionshöchstmengen für bestimmte Luftschadstoffe
Nitratrichtlinie	Richtlinie 91/676/EWG des Rates vom 12. Dezember 1991 zum Schutz der Gewässer vor Verunreinigung durch Nitrat aus landwirtschaftlichen Quellen
Oberflächengewässerverordnung – OGewV	Verordnung zum Schutz der Oberflächengewässer
Ökodesign-Richtlinie	Richtlinie 2009/125/EG des Europäischen Parlamentes und des Rates vom 21. Oktober 2009 zur Schaffung eines Rahmens für die Festlegung von Anforderungen an die umweltgerechte Gestaltung energieverbrauchsrelevanter Produkte
Pflanzenschutzgesetz – PflSchG	Gesetz zum Schutz der Kulturpflanzen
Pflanzenschutzmittel-Statistikverordnung	Verordnung (EG) Nr. 1185/2009 des Europäischen Parlaments und des Rates vom 25. November 2009 über Statistiken zu Pestiziden
Pflanzenschutz-Rahmenrichtlinie	Richtlinie 2009/128/EG des Europäischen Parlaments und des Rates vom 21. Oktober 2009 über einen Aktionsrahmen der Gemeinschaft für die nachhaltige Verwendung von Pestiziden
POP-Übereinkommen	Stockholmer Übereinkommen über persistente organische Schadstoffe
Regelbedarfs-Ermittlungsgesetz – RBEG	Gesetz zur Ermittlung der Regelbedarfe nach § 28 des Zwölften Buches Sozialgesetzbuch
Richtlinie 2008/105/EG	Richtlinie 2008/105/EG des Europäischen Parlaments und des Rates vom 16. Dezember 2008 über Umweltqualitätsnormen im Bereich der Wasserpolitik und zur Änderung und anschließenden Aufhebung der Richtlinien des Rates 82/176/EWG, 83/513/EWG, 84/156/EWG, 84/491/EWG und 86/280/EWG sowie zur Änderung der Richtlinie 2000/60/EG
Richtlinie 2013/39/EU	Richtlinie 2013/39/EU des Europäischen Parlaments und des Rates vom 12. August 2013 zur Änderung der Richtlinien 2000/60/EG und 2008/105/EG in Bezug auf prioritäre Stoffe im Bereich der Wasserpolitik
Richtlinie 79/117/EWG	Richtlinie 79/117/EWG des Rates vom 21. Dezember 1978 über das Verbot des Inverkehrbringens und der Anwendung von Pflanzenschutzmitteln, die bestimmte Wirkstoffe enthalten
ROG	Raumordnungsgesetz
SGB II	Sozialgesetzbuch, Zweites Buch (II) – Grundsicherung für Arbeitsuchende
SGB XII	Sozialgesetzbuch, Zwölftes Buch (XII) – Sozialhilfe
Spitzenausgleich-Effizienzsystemverordnung – SpaEfV	Verordnung über Systeme zur Verbesserung der Energieeffizienz im Zusammenhang mit der Entlastung von der Energie- und der Stromsteuer in Sonderfällen
Stromgrundversorgungsverordnung – StromGVV	Verordnung über Allgemeine Bedingungen für die Grundversorgung für Haushaltskunden und die Ersatzversorgung aus dem Niederspannungsnetz
StromStG	Stromsteuergesetz
Verordnung (EU) Nr. 283/2013	Verordnung (EU) Nr. 283/2013 der Kommission vom 1. März 2013 zur Festlegung der Datenanforderungen für Wirkstoffe gemäß der Verordnung (EG) Nr. 1107/2009 des Europäischen Parlaments und des Rates über das Inverkehrbringen von Pflanzenschutzmitteln

Verordnung (EU) Nr. 284/2013	Verordnung (EU) Nr. 284/2013 der Kommission vom 1. März 2013 zur Festlegung der Datenanforderungen für Pflanzenschutzmittel gemäß der Verordnung (EG) Nr. 1107/2009 des Europäischen Parlaments und des Rates über das Inverkehrbringen von Pflanzenschutzmitteln
Verpackungsrichtlinie	Richtlinie 94/62/EG des Europäischen Parlaments und des Rates vom 20. Dezember 1994 über Verpackungen und Verpackungsabfälle
Vogelschutzrichtlinie	Richtlinie 2009/147/EG des Europäischen Parlaments und des Rates vom 30. November 2009 über die Erhaltung der wildlebenden Vogelarten (kodifizierte Fassung)
Wasserhaushaltsgesetz – WHG	Gesetz zur Ordnung des Wasserhaushalts
Wasserrahmenrichtlinie – WRRL	Richtlinie 2000/60/EG des Europäischen Parlaments und des Rates vom 23. Oktober 2000 zur Schaffung eines Ordnungsrahmens für Maßnahmen der Gemeinschaft im Bereich der Wasserpolitik
WEEE-Richtlinie	Richtlinie 2012/19/EU des Europäischen Parlaments und des Rates vom 4. Juli 2012 über Elektro- und Elektronik-Altgeräte
WHECA	Warm Houses and Conservation Act 2000 (Großbritannien)
WoGG	Wohngeldgesetz

Bundesministerium für Umwelt, Naturschutz und Reaktorsicherheit

Erlass über die Einrichtung eines Sachverständigenrates für Umweltfragen bei dem Bundesministerium für Umwelt, Naturschutz und Reaktorsicherheit

Vom 1. März 2005

§ 1

Zur periodischen Begutachtung der Umweltsituation und Umweltbedingungen der Bundesrepublik Deutschland und zur Erleichterung der Urteilsbildung bei allen umweltpolitisch verantwortlichen Instanzen sowie in der Öffentlichkeit wird ein Sachverständigenrat für Umweltfragen gebildet.

§ 2

(1) Der Sachverständigenrat für Umweltfragen besteht aus sieben Mitgliedern, die über besondere wissenschaftliche Kenntnisse und Erfahrungen im Umweltschutz verfügen müssen.

(2) Die Mitglieder des Sachverständigenrates für Umweltfragen dürfen weder der Regierung oder einer gesetzgebenden Körperschaft des Bundes oder eines Landes noch dem öffentlichen Dienst des Bundes, eines Landes oder einer sonstigen juristischen Person des öffentlichen Rechts, es sei denn als Hochschullehrer oder -lehrerin oder als Mitarbeiter oder Mitarbeiterin eines wissenschaftlichen Instituts, angehören. Sie dürfen ferner nicht Repräsentant oder Repräsentantin eines Wirtschaftsverbandes oder einer Arbeitgeber- oder Arbeitnehmerorganisation sein oder zu diesen in einem ständigen Dienst- oder Geschäftsbesorgungsverhältnis stehen; sie dürfen auch nicht während des letzten Jahres vor der Berufung zum Mitglied des Sachverständigenrates für Umweltfragen eine derartige Stellung innegehabt haben.

§ 3

Der Sachverständigenrat für Umweltfragen soll die jeweilige Situation der Umwelt und deren Entwicklungstendenzen darstellen. Er soll Fehlentwicklungen und Möglichkeiten zu deren Vermeidung oder zu deren Beseitigung aufzeigen.

§ 4

Der Sachverständigenrat für Umweltfragen ist nur an den durch diesen Erlass begründeten Auftrag gebunden und in seiner Tätigkeit unabhängig.

§ 5

Der Sachverständigenrat für Umweltfragen gibt während der Abfassung seiner Gutachten den jeweils fachlich betroffenen Bundesministerien oder ihren Beauftragten Gelegenheit, zu wesentlichen sich aus seinem Auftrag ergebenden Fragen Stellung zu nehmen.

§ 6

Der Sachverständigenrat für Umweltfragen kann zu einzelnen Beratungsthemen Behörden des Bundes und der Länder hören sowie Sachverständigen, insbesondere Vertretern und Vertreterinnen von Organisationen der Wirtschaft und der Umweltverbände, Gelegenheit zur Äußerung geben.

§ 7

(1) Der Sachverständigenrat für Umweltfragen erstattet alle vier Jahre ein Gutachten und leitet es der Bundesregierung jeweils im Monat Mai zu.

Das Gutachten wird vom Sachverständigenrat für Umweltfragen veröffentlicht.

(2) Der Sachverständigenrat für Umweltfragen erstattet zu Einzelfragen zusätzliche Gutachten oder gibt Stellungnahmen ab. Das Bundesministerium für Umwelt, Naturschutz und Reaktorsicherheit kann den Sachverständigenrat für Umweltfragen mit der Erstattung weiterer Gutachten oder Stellungnahmen beauftragen. Der Sachverständigenrat für Umweltfragen leitet Gutachten oder Stellungnahmen nach Satz 1 und 2 dem Bundesministerium für Umwelt, Naturschutz und Reaktorsicherheit zu.

§ 8

(1) Die Mitglieder des Sachverständigenrates für Umweltfragen werden vom Bundesministerium für Umwelt, Naturschutz und Reaktorsicherheit nach Zustimmung des Bundeskabinetts für die Dauer von vier Jahren berufen. Dabei wird auf die gleichberechtigte Teilhabe von Frauen und Männern nach Maßgabe des Bundesgremienbesetzungsgesetzes hingewirkt. Wiederberufung ist möglich.

(2) Die Mitglieder können jederzeit schriftlich dem Bundesministerium für Umwelt, Naturschutz und Reaktorsicherheit gegenüber ihr Ausscheiden aus dem Rat erklären.

(3) Scheidet ein Mitglied vorzeitig aus, so wird ein neues Mitglied für die Dauer der Amtszeit des ausgeschiedenen Mitglieds berufen; Wiederberufung ist möglich.

§ 9

(1) Der Sachverständigenrat für Umweltfragen wählt in geheimer Wahl aus seiner Mitte einen Vorsitzenden oder eine Vorsitzende für die Dauer von vier Jahren. Wiederwahl ist möglich.

(2) Der Sachverständigenrat für Umweltfragen gibt sich eine Geschäftsordnung. Sie bedarf der Genehmigung des Bundesministeriums für Umwelt, Naturschutz und Reaktorsicherheit.

(3) Vertritt eine Minderheit bei der Abfassung der Gutachten zu einzelnen Fragen eine abweichende Auffassung, so hat sie die Möglichkeit, diese in den Gutachten zum Ausdruck zu bringen.

§ 10

Der Sachverständigenrat für Umweltfragen wird bei der Durchführung seiner Arbeit von einer Geschäftsstelle unterstützt.

§ 11

Die Mitglieder des Sachverständigenrates für Umweltfragen und die Angehörigen der Geschäftsstelle sind zur Verschwiegenheit über die Beratungen und die vom Sachverständigenrat als vertraulich bezeichneten Beratungsunterlagen verpflichtet. Die Pflicht zur Verschwiegenheit bezieht sich auch auf Informationen, die dem Sachverständigenrat gegeben und als vertraulich bezeichnet werden.

§ 12

(1) Die Mitglieder des Sachverständigenrates für Umweltfragen erhalten eine pauschale Entschädigung sowie Ersatz ihrer Reisekosten. Diese werden vom Bundesministerium für Umwelt, Naturschutz und Reaktorsicherheit im Einvernehmen mit dem Bundesministerium des Innern und dem Bundesministerium der Finanzen festgesetzt.

(2) Die Kosten des Sachverständigenrates für Umweltfragen trägt der Bund.

§ 13

(1) Im Hinblick auf den in § 7 Abs. 1 neu geregelten Termin für die Zuleitung des Gutachtens an die Bundesregierung kann das Bundesministerium für Umwelt, Naturschutz und Reaktorsicherheit die bei Inkrafttreten dieses Erlasses laufenden Berufungsperioden der Mitglieder des Sachverständigenrates ohne Zustimmung des Bundeskabinetts bis zum 30.06.2008 verlängern.

§14

Der Erlass über die Einrichtung eines Rates von Sachverständigen für Umweltfragen bei dem Bundesminister für Umwelt, Naturschutz und Reaktorsicherheit vom 10. August 1990 (GMBl. 1990, Nr. 32, S. 831) wird hiermit aufgehoben.

Berlin, den 1. März 2005

Der Bundesminister für Umwelt, Naturschutz und Reaktorsicherheit

Jürgen Trittin

Publikationsverzeichnis

Umweltgutachten, Sondergutachten, Materialienbände, Stellungnahmen Kommentare zur Umweltpolitik und Thesenpapiere

Ab **2007** sind Umweltgutachten und Sondergutachten im Buchhandel oder über die Erich-Schmidt-Verlag GmbH und Co., Genthiner Str. 30 G, 10785 Berlin, zu beziehen.

Umweltgutachten und Sondergutachten von **2004 bis 2006** sind erhältlich im Buchhandel oder direkt bei der Nomos-Verlagsgesellschaft Baden-Baden; Postfach 10 03 10, 76484 Baden-Baden, im Internet unter www.nomos.de.

Bundestagsdrucksachen können bei der Bundesanzeiger Verlagsgesellschaft mbH, Postfach 100534, 50445 Köln, im Internet unter www.bundesanzeiger.de erworben werden.

Ab 1998 stehen die meisten Publikationen als Download im Adobe PDF-Format auf der Webseite des SRU zur Verfügung (www.umweltrat.de).

Umweltgutachten

Umweltgutachten 2012
Verantwortung in einer begrenzten Welt

Berlin: Erich Schmidt Verlag, 2012, 422 S.,
ISBN 978-3-503-13898-2
(Bundestagsdrucksache 17/10285)

Umweltgutachten 2008
Umweltschutz im Zeichen des Klimawandels

Berlin: Erich Schmidt Verlag, 2008, 597 S.,
ISBN 978-3-503-11091-9
(Bundestagsdrucksache 16/9990)

Sondergutachten

Stickstoff:
Lösungsstrategien für ein drängendes Umwelt-problem

Berlin: Erich Schmidt Verlag, 2015, 348 S.,
ISBN 978-3-503-16300-7
(Bundestagsdrucksache 18/4040)

Fluglärm reduzieren:
Reformbedarf bei der Planung von Flughäfen und Flugrouten

Berlin: Erich Schmidt Verlag, 2014, 114 S.,
ISBN 978-3-503-15683-2
(Bundestagsdrucksache 18/1375)

Den Strommarkt der Zukunft gestalten

Berlin: Erich Schmidt Verlag, 2013, 108 S.,
ISBN 978-3-503-15625-2
(Bundestagsdrucksache 18/281)

Vorsorgestrategien für Nanomaterialien

Berlin: Erich Schmidt Verlag, 2011, 354 S.,
ISBN 978-3-503-13833-3
(Bundestagsdrucksache 17/7332)

Wege zur 100 % erneuerbaren Stromversorgung

Berlin: Erich Schmidt Verlag, 2011, 396 S.,
ISBN 978-3-503-13606-3
(Bundestagsdrucksache 17/4890)

Materialien zur Umweltforschung

Nr. 47

Die Transatlantische Handels- und Investitions-partnerschaft (TTIP) – Regulatorische Zusammen-arbeit und Investitionsschutz und ihre Bedeutung für den Umweltschutz (Rechtsgutachten)

Prof. Dr. Peter-Tobias Stoll, Dr. Till Patrik Holterhus, Henner Gött
Berlin: SRU, 2015, 125 S.

Nr. 46

„Analyse und Bewertung der Instrumente zur Umsetzung der Wasserrahmenrichtlinie sowie Verknüpfung zu den institutionellen Rahmen-bedingungen – Wasserfachliche Aspekte"

Dr. Jeanette Völker
Berlin: SRU, 2015, 117 S.

Nr. 45

Schienengüterverkehr 2050 – Szenarien für einen nachhaltigen Güterverkehr

Michael Holzhey, René Naumann, Felix Berschin, Ingo Kühl, Thomas Petersen
Berlin: SRU, 2012, 38 S.

Nr. 44

Systemkonflikt in der Transformation der Stromver-sorgung

Fraunhofer IWES
Berlin: SRU, 2011, 24 S.

Nr. 43

Planungs-, genehmigungs- und naturschutzrecht-liche Fragen des Netzausbaus und der untertägigen Speichererrichtung zur Integration erneuerbarer Energien in die deutsche Stromversorgung

Prof. Dr. Jens-Peter Schneider
Berlin: SRU, 2011, 99 S.

Nr. 42

Möglichkeiten und Grenzen der Integration verschiedener regenerativer Energiequellen zu einer 100% regenerativen Stromversorgung der Bundes-republik Deutschland bis zum Jahr 2050

Deutsches Zentrum für Luft- und Raumfahrt
Berlin: SRU, 2010, 80 S.

Nr. 41

Optionen der elektrischen Energieübertragung und des Netzausbaus – Technische Möglichkeiten und Kosten transeuropäischer Elektrizitätsnetze als Basis einer 100% erneuerbaren Stromversorgung in Deutschland mit dem Zeithorizont 2050

Prof. Dr. Heinrich Brakelmann, Prof. Dr. Istvan Erlich
Berlin: SRU, 2010, 87 S.

Nr. 40

Möglichkeiten des großräumigen (transeuro-päischen) Ausgleichs von Schwankungen großer Teile intermittierender Elektrizitätseinspeisungen aus regenerativen Energiequellen in Deutschland im Rahmen einer 100% regenerativen Stromversorgung mit dem Zeithorizont 2050

Dr. Gregor Czisch
Berlin: SRU, 2010, 135 S.

Nr. 39

Umsetzung der EU-Wasserrahmenrichtlinie in Deutschland – Bestandsaufnahme, Monitoring, Öffentlichkeitsbeteiligung und wichtige Bewirtschaf-tungsfragen

Tanja Leinweber
Berlin: SRU, 2009, 51 S.

Nr. 38

**Zwischen Wissenschaft und Politik
35 Jahre Gutachten des Sachverständigenrates für Umweltfragen**

Hans-Joachim Koch, Christian Hey
Berlin: Erich Schmidt Verlag, 2009, 304 S.,
ISBN: 978-3-503-11642-3

Stellungnahmen

Nr. 19

Umwelt und Freihandel:
TTIP umweltverträglich gestalten
Februar 2016, 56 S.

Novellierung der Düngeverordnung:
Nährstoffüberschüsse wirksam begrenzen
August 2013, 22 S.
(in Zusammenarbeit mit den Wissenschaftlichen Beiräten für Agrarpolitik und für Düngungsfragen beim Bundesministerium für Ernährung, Landwirtschaft und Verbraucherschutz)

Nr. 18

Fracking zur Schiefergasgewinnung
Ein Beitrag zur energie- und umweltpolitischen
Bewertung
Mai 2013, 56 S.

Nr. 17

Für einen wirksamen Meeresnaturschutz
Fischereimanagement in Natura 2000Gebieten in
der deutschen AWZ
November 2012, 23 S.

Nr. 16

Fischbestände nachhaltig bewirtschaften
Zur Reform der Gemeinsamen Fischereipolitik
November 2011, 50 S.

Nr. 15

100% erneuerbare Stromversorgung bis 2050:
klimaverträglich, sicher, bezahlbar
Mai 2010, 92 S.

Nr. 14

Für eine zeitgemäße Gemeinsame Agrarpolitik
(GAP)
November 2009, 28 S.

Nr. 13

Abscheidung, Transport und Speicherung von
Kohlendioxid
Der Gesetzentwurf der Bundesregierung im Kontext
der Energiedebatte
April 2009, 23 S.

Kommentare zur Umweltpolitik

Nr. 16

Kurzkommentar zu ProgRess II
September 2015, 10 S.

Nr. 15

Der Entwurf des deutschen Maßnahmenprogramms zum Schutz der Nord- und Ostsee
August 2015, 10 S.

Nr. 14

10 Thesen zur Zukunft der Kohle bis 2040
Juni 2015, 32 S.

Nr. 13

Energy Efficiency as a Key Driver for Decarbonization and Prosperity
Contribution to the European Commission's public consultation "Progress towards the 2020 energy efficiency objective and a 2030 energy efficiency policy framework"
Mai 2014, 8 S.
(nur in englischer Sprache)

Nr. 12

An Ambitious Triple Target for 2030
Comment to the Commission's Green Paper "A 2030 Framework for Climate and Energy Policies" (COM(2013) 169 final)
Juni 2013, 12 S.
(nur in englischer Sprache)

Nr. 11

Die Reform der europäischen Agrarpolitik: Chancen für eine Neuausrichtung nutzen
Januar 2013, 30 S.

Nr. 10

Respecting environmental limits – A challenge for the 7th Environmental Action Programme
Recommendations by the German Advisory Council on the Environment
Mai 2012, 22 S.
(nur in englischer Sprache)

Nr. 9

Ökologische Leitplanken setzen, natürliche Lebensgrundlagen schützen – Empfehlungen zum Fortschrittbericht 2012 zur nationalen Nachhaltigkeitsstrategie
September 2011, 22 S.

Nr. 8

Laufzeitverlängerung gefährdet Erfolg der erneuerbaren Energien
September 2010, 12 S.

Nr. 7

Towards Sustainable Fisheries
Comment to the Commission's Green Paper "Reform of the Common Fisheries Policy" (COM(2009)163 final)
Oktober 2009, 10 S.
(nur in englischer Sprache)

Nr. 6

Klimaschutz in der Finanzkrise
Dezember 2008, 23 S.

THESENPAPIERE

Weichenstellungen für eine nachhaltige Stromversorgung
Mai 2009, 25 S.